新編諸子集成

淮南子集釋

下

何寧 撰

中華書局

淮南子集釋卷十五

漢涿郡高誘注〇陶方琦云：此篇許注。

兵畧訓

兵，防也。防亂之萌，皆在畧謀，解諭至論用師之意也。故曰兵畧。〇寧案：兵無防訓。注「兵，防也，防亂之萌」，日本藏古鈔本淮南鴻烈兵畧閒詁殘卷作「兵防世亂之萌」，疑今本「也」字卽「世」字之形譌，下「防」字乃後人所加。

古之用兵者，非利土壤之廣而貪金玉之畧，畧，獲得也。〇劉文典云：御覽二百七十一引「畧」作「略」。〇寧案：「土壤」當爲「壤土」，字之倒也。齊俗篇「及其已用之後，則壤土草蔛而已」，人間篇「有裂壤土以安社稷者」，管子七臣篇「亡國踣家者非無壤土也」，是其證。古殘卷正作「壤土」。太平御覽引同。又案：「畧」作「路」疑是高本，文子上義篇亦作「路」。將以存亡繼絶，平天下之亂，而除萬民之害也。凡有血氣之蟲，含牙帶角，〇寧案：「帶」當爲「戴」，音近而誤。原道篇「牛岐蹏而戴角」，地形篇「戴角者無上齒」，本經篇「句爪居牙戴角出距之獸於是鷙矣」，脩務篇「血氣之精，含牙戴角」，皆其證。古殘卷正作「戴角」，太平御覽二百七十一、九百四十四引同。前爪後距，有角者觸，有齒者噬，有毒者螫，〇劉文典云御覽九百四十四引「螫」作「蠚」。〇寧案：古殘卷「螫」作「蛞」，同「蠚」。太平御覽二百七十一引仍作「螫」，「螫」「蠚」古通。廣韻昔韻：「螫亦作蠚。」史記田儋傳「蝮螫手則斬手」，索隱：「螫音臞，又音釋」。有蹏者趹，喜而相戲，怒而相害，天之性也。人有衣食之情，而物弗能足也，○寧案：古殘卷無「也」字。故羣居雜處，分不均，求不澹，則争。争則强脅弱而勇侵怯。○寧案：古殘卷無「而」字。人無筋骨之强，爪牙之利，故割革而爲甲，鑠鐵而爲刃。貪昧饕餮之人，殘賊天下，萬人搔動，○寧案：古殘卷作「萬民騷動」。太平御覽二百七十一引同。文子上義篇同。今本作「人」，避唐諱改。「騷」與「搔」通。莫寧其所。有聖人勃然而起，乃討强暴，平亂世，夷險除穢，以濁爲清，以危爲寧，故不得不中絶。中絶，謂若殷王中相絶滅。○俞樾云：此當作「故人得不中絶」，言聖人勃然而起，夷險除穢，故人類不至於中絶也。今作「不得不中絶」，於義難通。文子上義篇亦然，則其誤久矣。○馬宗霍云：注以「中相絶滅」釋「中絶」，則正文似不誤。此承上文「貪昧饕餮之人，殘賊天下」而言，則所謂中絶者，絶彼殘賊之命也。許君舉殷王爲例，故曰「若」。殷王，葢謂紂也。○寧案：馬説是也。注「殷王」當作「夏、殷」。下文云：「使夏、桀、殷紂有害於民而立被其患」，以夏、殷竝舉，此不當獨指殷王。古殘卷正作「夏、殷」。兵之所由來者遠矣！黄帝嘗與炎帝戰矣。炎帝，神農之末世也，與黄帝戰於阪泉，黄帝滅之。顓頊嘗與共工争矣。共工與顓頊争爲帝，觸不周山。○莊逵吉云：太平御覽引注下有「天柱折也」四字。○寧案：注，古殘卷作「觸不周之山也」。注本天文篇，「觸」上疑有「怒」字。文選辨命論注引原道篇亦作「怒觸不周之山」。故黄帝戰於涿鹿之野，黄帝與蚩尤戰于涿鹿。涿鹿在上谷。○寧案：古殘卷「涿」作「蜀」，注同。「野」作「墅」。涿、蜀音近字通。野、墅古今字。堯戰於丹水之浦，堯以楚伯受命，滅不義於丹水。丹水在南陽。○顧廣圻云：注「伯」當作「不」。○寧案：注，古殘卷「滅」作「伐」。舜伐有苗，有苗，三苗也。啟攻有扈，禹之子啟伐有扈於甘。甘在右扶風郡。○吴承仕云：今本作「右扶風郡」者，「郡」即「鄠」字之譌。左馮翊、右扶風漢人例不言郡。○寧案：吴説是也。尚書甘誓釋文：「京兆鄠縣即有扈之國也。甘，有扈郊地名。」太平御覽二百七十一引注正作「甘在右扶風鄠縣也」。古殘卷作「右扶風郛」，鄠、郛音近，是其證。自五帝而弗能偃也，又況衰世乎！○寧案古殘卷「又」作「有」。

夫兵者，所以禁暴討亂也。炎帝爲火災，故黄帝禽之；共工爲水害，故顓頊誅之。教之以道，導之以德而不聽，則臨之以威武。臨之威武而不從，○寧案：古殘卷兩「臨」字作「堪」，通「戡」。又「威武」上有「以」字，是也。此重述上句。太平御覽二百七十一引亦有「以」字。則制之以兵革。故聖人之用兵也，若櫛髮耨苗，所去者少，而所利者多。○寧案：韓非子六反篇云：「古者有諺曰：爲政猶沐也，雖有棄髮，必爲之。」八説篇云：「沐者有棄髮。」尸子恕篇云：「農夫之耨，去害苗者也。賢者之治，去害義者也。」此淮南所本。古殘卷無下「所」字。殺無罪之民，而養無義之君，害莫大焉；殫天下之財，而澹一人之欲，禍莫深焉。使夏桀、殷紂，有害於民而立被其患，不至於爲炮烙；○寧案：「炮烙」當作「炮格」，俞平議有説，見要畧篇。古殘卷正作「格」，景宋本同。晋厲、宋康，行一不義而身死國亡，不至於侵奪爲暴。此四君者，皆有小過而莫之討也，故至於攘天下，攘，亂。○楊樹達云：説文吅部云：「𤕦，亂也。」此假推攘字爲之。害百姓，○寧案：古殘卷「害」作「虐」，疑「虐」字是。説文：「虐，殘也。殘，賊也。」下文「反爲殘賊」，又「故聞敵國之君，有加虐於民者」，即承此「虐」字言之。且上文云「使夏桀、殷紂，有害於民而立被其患，不至於爲炮烙」，則害於民已在爲炮烙之前。此云「虐百姓」，乃别於上「害」字言之也。肆一人之邪，而長海内之禍，此大倫之所不取也。○王念孫云：「大」當爲「天」，字之誤也。「論」與「倫」同。（王制「凡制五刑，必即天論」，鄭注：「論或爲倫。」釋文：「論音倫，理也。」「倫」、「論」古多通用。莊本改「論」爲「倫」，未達假借之義。）倫，道也，（見小雅正月篇毛傳、論語微子篇包咸注。）言爲天道之所不取也。文子上義篇正作「天倫」。所爲立君者，以禁暴討亂也。今乘萬民之力，而反爲殘賊，是爲虎傅翼，曷爲弗除！○鍾佛操云：周書寤儆篇：「無爲虎傅翼，將飛入邑，擇人而食。」注云：「爲虎傅翼，喻助凶暴。」即此所本。夫畜池魚者必去猵獺，猵，獺之類，食魚者也。○吴承仕云：政和證類本草引此文許慎注曰：「猵，獺類。」是也。説文「猵，獺屬。」文例同。今本注文誤衍「之」字，當删。○寧案：蘇頌本草圖經引文作「養池魚者，不畜猵獺。」蘇公曾校淮南，應從之訂正。又案：注「食魚者也」，古殘卷、道藏本、景宋本皆無此四字，乃後人妄加。養禽獸者必去豺狼，○俞樾云：主術篇「夫華騮緑耳，一日而至千里，然其使之搏兎不如豺狼」，太平御覽獸部引作「狼契」。王氏引之曰：「狼、契皆犬名也。廣雅曰：『狼、狐、狂、獖，犬屬也。』玉篇：『猰，公八切，襆犬也。』猰與契通。犬能搏兎而馬不能，故曰不如狼契。」今以其説推之，此文「豺狼」亦當作「狼契」，蓋猵獺能食魚，狼契能搏獸，故猵獺不可與池魚並畜，而狼契不可與禽獸同養。若豺狼，本非人之所養，又何待言去乎？此於義不可通。○劉文典云：主術篇「豺狼」之當爲「狼契」，有御覽可證，故王氏云然，未可以彼例此。豺狼非人所養，猵獺又豈人之所養哉？俞説未安。○寧案：劉説是也。文選四子講德論：「是以養雞者，不畜狸，牧獸者，不育豺。」文即本此。注引文子曰：「夫養禽獸者必除豺狼，又況牧民乎？」（見文子上義篇。）知本文固作「豺狼」也。俞氏臆説耳。又況治人乎？○寧案：古殘卷「又」作「有」。

故霸王之兵，以論慮之，以策圖之，以義扶之，非以亡存也，將以存亡也。故聞敵國之君，有加虐於民者，則舉兵而臨其境，責之以不義，刺之以過行。兵至其郊，乃令軍師曰：○馬宗霍云：太平御覽二百七十一引「軍師」作「軍帥」，是也。○寧案：文子上義篇亦作「軍帥」。「毋伐樹木，毋抉墳墓，○寧案：「抉」，道藏本、景宋本作「扣」。王引之云：「扣乃抇字之誤。本或作抉者，後人以意改之耳。」（説在齊俗篇）王説是也。古殘卷作「掘」，太平御覽二百七十一引同。呂氏春秋懷寵篇、文子上義篇亦作「掘」。抇、掘聲近義通。是其證。毋爇五穀，爇，燒也。毋焚積聚，毋捕民虜，毋收六畜」。○莊逵吉云：太平御覽此下有注云：「無聚所征國民爲採取，無收其六畜以自饒利。」○寧案：莊引太平御覽二百七十一「國民」下脱「以」字。「採取」疑「俘奴」形譌。奴猶虜。當是高注佚文。乃發號施令曰：「其國之君，○王念孫云：「其」當爲「某」，字之誤也。太平御覽兵部二引此正作「某國」。司馬法仁本篇亦云：「某國爲不道，征之。」○馬宗霍云：「其」字爲指事之詞，有專指者，有泛指者。專指者多承上文，泛指與某同意。此文「其國之君」，本承上文「敵國之君」而言，其國卽指敵國也。但敵國亦泛言之，初無主名，則其國猶某國矣。司馬法仁本篇上下文勢與此不同，彼「某」字不可爲「其」，此「其」字自可通「某」，未必定爲「某」字之誤。○寧案：「乃發號司令曰」以下，乃軍令獨立爲文，不能直承上文「敵國」，當以王説爲是。古殘卷正作「某國之君」。傲天侮鬼，決獄不辜，殺戮無罪，此天之所以誅也，民之所以仇也。○俞樾云：兩「以」字皆衍文。呂氏春秋懷寵篇作「若此者，天之所誅也，人之所讎也」，無兩「以」字。文子上義篇同。○寧案：古殘卷無兩「以」字，太平御覽引同。兵之來也，以廢不義而復有德也。○寧案：長短經兵權篇引「復」作「授」，古殘卷作「授」。有逆天之道，帥民之賊者，○俞樾云：「帥」字義不可通。呂氏春秋作「衛」是也。當由「衛」誤作「衞」，因改爲「帥」耳。○

蔣禮鴻云：帥者，帥循，非誤字。國語魯語：「幕能帥顓頊。」韋昭注：「帥，循也。」是其義也。「帥民之賊」猶言「從民之賊」，義極易曉。呂氏春秋「衛」字正當作「衞」。俞說殊謬。**身死族滅。以家聽者祿以家，以里聽者賞以里，以鄉聽者封以鄉，以縣聽者矦以縣。」尅國不及其民，廢其君而易其政，**○楊樹達云：政謂公卿也。左傳閔公二年曰：「君與國政之所圖也。」史記晉世家集解引賈逵注云：「國政，正卿也。」又哀公十年曰：「莊公害故政，欲盡去之。」杜注云：「故政，輒之臣。」史記衛世家作「莊公欲盡誅大臣」。皆其證也。**尊其秀士而顯其賢良，振其孤寡，**○寧案：北堂書鈔百十三、太平御覽二百七十一引「振」皆作「賑」。漢書文帝紀「其議所以振貸之」，師古曰：「振，起也，爲給貸之令其存立也。諸振救、振贍，其義皆同。今流俗作字從貝者，非也，自有別訓。」說文：「賑，富也。」**恤其貧窮，出其囹圄，賞其有功。百姓開門而待之，淅米而儲之，**淅，漬也。**唯恐其不來也。此湯、武之所以致王，而齊桓之所以成霸也。**○寧案：「齊桓」下當沾「晉文」二字。上句以湯、武竝舉，此句不得但言齊桓。古殘卷、道藏本、中立本、茅本、景宋本皆作「齊桓晉文」。太平御覽二百七十一引同。**故君爲無道，民之思兵也，若旱而望雨，渴而求飲，夫有誰與交兵接刃乎！故義兵之至也，至於不戰而止。**○莊逵吉云：太平御覽作「至於不戰而心服」。○寧案：「至於不戰而止」，義不可通，「於」下當有「境」字。上文云：「故聞敵國之君，有加虐於民者，則舉兵而臨其境，責之以不義，刺之以過行。」故此曰「至於境」也。文子上義篇有「境」字。又「止」字乃「心」字形近而譌。道應篇「心柸治」，今本「心」誤爲「止」，是其證。「心」下有「服」字，因「心」字之誤爲後人所删。太平御覽二百七十一引敚「境」字而「心服」二字未敚誤。**晚世之兵，君雖無道，莫不設渠壍傅堞而守。**傅，守也。

堞，城上女牆。○馬宗霍云：傅之本義不爲守，且句末已有「守」字，若傅又訓守，則守堞而守，詞亦不馴。今案説文人部云：「傅，相也。」引申之義，爲輔爲護。説文土部云：「塹，坑也。」「壍」即「塹」之隸增。渠塹可以引水。設猶開也。此謂開渠壍引水以傅城堞而守之也。「堞」之本字作「⿰土葉」，从土，葉聲。此从枼，亦隸省字。漢書趙充國傳「設以子女貂裘」，顏師古注云：「設謂開許之也。」是設得訓開之證。○寧案：古殘卷「渠」作「深」，形近而誤。注「牆」作「垣」。攻者，非以禁暴除害也，欲以侵地廣壤也。是故至於伏尸流血，相支以日，○俞樾云：「相支以日」，甚爲無義。文子上義篇作「相交於前」，當從之。「交」與「支」形似而誤。「交」誤爲「支」，因改「於前」爲「以日」，使成文義耳。○馬宗霍云：支猶持也。相持以日，即曠日持久之意。俞校未必是。太平御覽兵部二引與今本同。後漢書蘇竟傳「天之所壞，人不得支」，李賢注云：「支，持也。」即支得訓持之證。○于省吾云：按俞説非是。上既言「至於伏尸流血」，下無須再言「相交於前」明矣。「相支以日」，謂其兵連禍結而不解也。下云「而霸王之功不世出者，自爲之故也」，相支以日與不世出之義相因。○寧案：馬、于説是也。本經篇云：「標株欂櫨，以相支持。」以「支持」連文。廣韻：「支，持也。」而霸王之功不世出者，自爲之故也。夫爲地戰者不能成其王，爲身戰者不能立其功。○寧案：「爲身戰」，古殘卷「戰」作「求」。舉事以爲人者衆助之，舉事以自爲者衆去之。衆之所助，雖弱必强；衆之所去，雖大必亡。

兵失道而弱，得道而强；將失道而拙，得道而工；國得道而存，失道而亡。所謂道者，體圓而法方，○莊逵吉云：太平御覽作「取圓而法方。」背陰而抱陽，左柔而右剛，履幽而戴明，○寧案：太平御覽二百七十一引「戴明」作「觀暘」。變化無常，得一之原，以應無方，是謂神明。夫圓者天也，方者地也。天圓而無端，故不可得而觀；地方而無垠，故莫能窺其門。○王念孫云：「不可得而觀」，本作「不得觀其形」，後人以形與端韻不相協，故改爲「不可得而觀」也。不知元、耕二部，古或相通。（說文褱從袁聲，而唐風杕杜篇「獨行瞏瞏」與菁、姓爲韻。齊風還篇「子之還兮」與閒、肩、儇爲韻，而漢書地理志引作「子之營兮」。淮南精神篇曰：「以道爲紃，有待而然，抱其太清之本，而無所容與，而物無能營。」齊俗篇曰：「其歌樂而無轉，其哭哀而無聲。」道應篇曰：「爲三年之喪，令類不蕃，高辭卑讓，使民不爭。」又莊子大宗師篇曰：「夫道有情有信，無爲無形，可傳而不可受，可得而不可見。」逸周書時訓篇曰：「螻蟈不鳴，水潦淫漫。蚯蚓不出，嬖奪后命。王瓜不生，困於百姓。」漢書貢禹傳曰：「何以孝弟爲，財多而光榮；何以禮義爲，史書而仕宦；何以謹慎爲，勇猛而臨官。」外戚傳悼李夫人賦曰：「超兮西征，屑兮不見。」太玄進次二曰：「進以中刑，大人獨見。」聚測曰：「鬼神無靈，形不見也。燕聚嘻嘻，樂淫衍也。宗其高年，鬼待敬也。」易林姤之臨曰：「禹召諸侯，會稽南山，執玉萬國，天下康寧。」升之震曰：「當變立權，摘解患難，渙然冰釋，大國以寧。」皆以元、耕二部通用。）形字正與端爲韻也。人能觀天而不能知其形，故曰「不得觀其形」，非謂不可得而觀也。文子自然篇正作「故不得觀其形」。○楊樹達云：王校非也。下文云「聖人藏於無原，故情不可得而觀」，與此句例正同。文言不可得而觀者，謂天無端可觀，非謂天不可得觀。亦猶下文言地無垠，故無門可窺，非謂地不可得窺也。上下二句文例不同者，以協韻故耳。王氏誤解文義，疑天不可得觀爲不可通，故欲改從文子之文，又礙於端、觀爲韻，故爲元、耕通韻之說。不悟文子乃以誤解文義而妄改，不足據依也。天化育而無形象，地生長而無計量，渾渾沉沉，孰知其藏！○寧案：王念孫云「沉沉」當作「沆沆」，説在俶真篇。凡物有朕，唯道無朕。言萬物可朕也。而道不可朕也。○俞樾云：高注曰「言萬物可朕也，而道不可朕也」，則正文及注文「朕」字皆「勝」字之誤，故以可不可言。若是「朕」字，則但當言有無，不當言可不可也。文子自然篇作「夫物有勝，唯道無勝」，當據以訂正。○楊樹達云：俞校非也。原道篇云：「夫道者，覆天載地，廓四方，析八極，高不可際，深不可測，植之而塞於天地，橫之而彌於四海，施之無窮而無所朝夕，舒之幎於六合，卷之不盈於一握」，皆唯道無朕之説也。許注云云者，疑許君所據本字作「勝」，與高作「朕」者不同，故有可勝不可勝之説。後人取許注入高注本，見正文作「朕」，乃改許注之「勝」爲「朕」以就本文。今就注文言之，自以作可勝不可勝義爲長。然本文言有朕無朕，則以作「朕」爲是。俞氏欲依注以改正文，殊非矜慎之方也。集證不知俞校之誤，改「朕」爲「勝」，謬矣。○馬宗霍云：本書繆稱篇「道之有篇章形埒者」，許君彼注云：「形埒，兆朕也。」是朕猶形也。此之正文注文，「朕」字皆當訓「形」。下文云「所以無朕者，以其無常形勢也」，亦正以「形」字申「朕」字。許君以「朕」字之義下文已見，故於本注仍就「朕」字爲説，不再加釋，而但以可不可釋正文之有無。然則凡物有「朕」，猶言凡物有形也。「唯道無朕」，猶言唯道無形也。物有形，故注云「可朕」，可朕者，謂可得而形之也。道無形，故注云「不可朕」，不可朕者，謂不可得而形之也。文子「朕」字作「勝」，蓋形近傳寫之誤。俞氏據彼誤文訂此不誤，疏矣。劉家立淮南集證又依俞説擅改此文，尤謬。太平御覽兵部二引正文注文竝與今本同。所以無朕者，以其無常形勢也。輪轉而無窮，象日月之運行，若春秋有代謝，若日月有晝夜，終而復始，明而復晦，○寧案：「若日月有晝夜」，文義不通。日卽晝，月卽夜，何日月復有晝夜也？當删「若」字「有」字。涉上句「若春秋有代謝」而誤衍也。「日月晝夜，終而復始，明而復晦」，乃總承上文「象日月之運行，若春秋有代謝」言之。唯日月運行，春秋代謝，而日月晝夜生焉，晦冥變化存焉，故曰「終而復始，明而復晦」也。文子自然篇正作「日月晝夜」，是其證。莫能得其紀。制刑而無刑，故功可成；物物而不物，○莊逵吉云：御覽引作「象物而不物」。○寧案：鮑刻太平御覽引作「象物」，非也。宋本引作「故功可成矣，物而不物」，「象」字又誤作「矣」，則「象」字之爲誤字可知矣。吕氏春秋必己篇云：「物物而不物於物」。高注：「物物而不物，言制作。」本書詮言篇亦云：「非不物而物物者也，物物者亡乎萬物之中。」文子自然篇作「物物而不物。」皆此作「物物」之證。故勝而不屈。刑，兵之極也，至於無刑，可謂極之矣。○莊逵吉云：太平御覽引無「之」字。○王念孫云：「刑」並與「形」同。「可謂極之矣」當作「可謂極之極矣」。形者兵之極，至於無形，故曰極之極。太平御覽引此正作「可謂極之極矣」。（鈔本如是。刻本作「可謂極矣」，乃後人妄删。）是故大兵無創，與鬼神通。五兵不厲，天下莫之敢當；建鼓不出庫，諸矦莫不慴㥄沮膽其處。故廟戰者帝，神化者王。所謂廟戰者，法天道也；神化者，法四時也。○寧案：「法四時」疑當作「則四時」。本經篇云：「霸者則四時。」古殘卷正作「則」。脩政於境内而遠方慕其德，○寧案：古殘卷「遠方」作「遠近」。制勝於未戰而諸矦服其威，内政治也。○寧案：「内政治」三字與「脩政於境内」義複，疑後人所加。太平御覽二百七十一引作「而諸矦服其威也」，無三字。文子自然篇襲此文作「修政于境内而遠方懷德，制勝于未戰而諸矦賓服也」，亦無三字。靜而法天地，動而順日月，喜怒而合四時，叫呼而比雷霆，音氣不戾八風，詘伸不獲五度。獲，誤也。五度，五行也。下至介鱗，上及毛羽，條脩葉貫，萬物百族，○寧案：王念孫曰，「脩」當爲「循」。說在原道訓。由本至末，莫不有序。是故入小而不偪，偪，迫也。處大而不窕，浸乎金石，潤乎草木，宇中六合，振豪之末，或曰：宇中，四宇也。六合，六合内。莫不順比。道之浸洽，滑淖纖微，無所不在，○馬宗霍云：本書原道篇云「夫道者，甚淖而滑，甚纖而微」，與此文可互參。高氏彼注云：「滑亦淖也。夫饘粥多瀋者謂之滑。」是滑淖連文，蓋漢時方語。說文水部云：「滑，多汁也。」「瀋，汁也。」則高、許訓同。是以勝權多也。

夫射，儀度不得，則格的不中；格，射之椹質也。的，射準也。○蔣禮鴻云：正文及注「格」字均當作「招」。說見齊俗篇。驥一節不用，而千里不至。夫戰而不勝者，非鼓之日也，鼓之日，謂陳兵擊鼓鬭之日也。○寧案：「鼓之日」，古殘卷重「之」字，注同，於義爲長。素行無刑久矣。故得道之兵，車不發軔，軔，車下支。○寧案：注「車下支」，道藏本、中立本、茅本、景宋本作「車不支」。作「下」作「不」皆「木」字之誤。「車木支」蓋「支車木」之誤倒也。離騷「朝發軔於蒼梧兮」，王注：「軔，搘輪木也。搘，一作支。」彼作「支輪木」，此作「支車木」，義同。廣韻：「支，持也。」說文「持，握也。」謂握持之，使車不得行也。故洪興祖補曰：「軔，止車之木，將行則發之也。」騎不被鞍，鼓不振塵，旗不解卷，卷，束也。甲不離矢，刃不嘗血，朝不易位，賈不去肆，農不離野，招義而責之，○馬宗霍云：國語周語「好盡言以招人過」，韋昭注云：「招，舉也。」漢書陳勝項籍傳贊「招八州而朝同列」，顏師古注引鄧展曰：「招，舉也。」又引蘇林曰：「招音翹。」「招義」之「招」，亦當音翹而訓舉。「招義而責之」，謂舉示以義而責讓之也。大國必朝，小城必下。因民之欲，乘民之力，而爲之去殘除賊也。故同利相死，同情相成，同欲相助。○王念孫云：「同欲相助」當作「同欲相趨，（趨，七句反，向也。）同惡相助。」今本上句脫「相趨」二字，下句脫「同惡」二字，「同欲」「同惡」相對爲文。且利、死爲韻，情、成爲韻，欲、趨爲韻，惡、助爲韻，欲與助則非韻矣。（古韻欲、趨屬候部，惡、助屬御部，故欲與助非韻。）史記吴王濞傳「同惡相助，同好相留，同情相成，同欲相趨，同利相死」，是其證。（文子自然篇作「同行者相助」，此以意改耳。呂氏春秋察微篇亦云「同惡固相助」。）

順道而動，天下爲嚮；因民而慮，天下爲鬬。獵者逐禽，車馳人趍，各盡其力，無刑罰之威而相爲斥闉要遮者，斥，候也。闉，塞也。同所利也。同舟而濟於江，卒遇風波，百族之子，捷捽招杼船，捷，疾取也。

〇李哲明云：注有捝文。「取」上當捝「杼」字。「杼」假爲「抒」。倉頡篇：「抒，取也。」説文：「捽，持頭髮也。」是捽有持義。「捽招」如漢書金日磾傳言「捽胡」矣。呂覽本生篇「共射其一招」，注：「招，埻的也。」凡標的皆可云招。蓋持標的物相召呼，手口並施，謀共相救也。抒船者，引取其船而進之，使得急出險也。履險之際，間不容髮，故云捷。〇楊樹達云：李釋「招」爲埻的，非也。余謂「招」乃「櫂」之假字。方言卷九云：「楫謂之橈，或謂之櫂，是其義也。「捷捽招抒船」，謂疾持楫以引船耳。李不明通假，强加訓釋，非也。〇馬宗霍云：韓非子云：「孝子愛親，百數之一也。今以身處危而人尚可以戰，是以百族之子愛于上，皆若孝子之愛親也。」本文「百族之子」四字蓋出於韓非。彼言身處危，此言卒遇風波，是亦危也，故用彼成語耳。捷義爲疾，注訓「疾取」，疑連「捽」字爲訓。注文「捷」下蓋傳寫奪「捽」字。説文云：「捽，持頭髮也。」引申之義爲取。漢書貢禹傳「捽屮杷土」，顔師古注云：「捽，拔取也」。是其證。故捷捽爲疾取矣。余謂本文「捽招」當連文爲義。「招」讀與「翹」同。翹猶懸也，高懸曰招，因之高懸之物亦謂之招。舟中帆檣卽招也。呂氏春秋别類篇「射招者欲其中小也」，高誘注云：「招，埻藝也。」射埻曰招，故帆檣亦得曰招。帆檣爲風所撼，則船爲之簸摇，必落帆卧檣而後不致傾覆。「捽招」者，言拔取帆檣而落之卧之也。杼者，説文訓

「機之持緯者」。引申之義爲「持。」當風波卒發時，落帆卧檣卽所以持船之危，故曰抒船。其事間不容髮，須衆力疾爲之，故又曰捷若左右手。○寧案：楊謂招爲櫂之假字，然持櫂引船，非待風波而後始爲之也。李謂捽招爲持標的物相召呼，義亦難明。馬以捽招爲落帆卧檣，庶幾近之。

若左右手，不以相德，其憂同也。故明王之用兵也，爲天下除害，而與萬民共享其利，民之爲用，猶子之爲父，弟之爲兄，威之所加，若崩山決塘，敵孰敢當！故善用兵者，用其自爲用也；不能用兵者，用其爲己用也。用其自爲用，則天下莫不可用也；用其爲己用，所得者鮮矣。○寧案：古殘卷「天下莫不可用」下無「也」字。「所得」上有「則其」二字。

兵有三詆：詆，要事也。○李哲明云：詆者，柢之借字，本作氐。爾雅釋言：「柢，本也。」三詆云者，猶言兵之本務有三也。事必務本而後得其要也。○劉文典云：北堂書鈔百十三引「詆」作「體」。○吴承仕云：「詆」疑當作「柢」，猶言根柢也。訓爲要事，義亦比近。朱本作「爲大詆要事也」，疑有衍文。○于省吾云：按「詆」乃「柢」之借。爾雅釋言：「柢，本也。」汜論篇「而利民爲本」，注：「本，要。」故注訓爲要事也。劉文典謂書鈔引「詆」作「體」。按：書鈔不解詆之義而改之也。下文總束三柢曰：「今夫天下皆知事治其末，而莫知務修其本，釋其根而樹其枝也。」正與柢義相應。○馬宗霍云：玉篇言部云：「詆，法也。」與本注可相參。○寧案：注，道藏本、景宋本與中立本（朱本）同。古殘卷「爲」作「謂」，古通用。詆讀曰抵。漢書食貨志師古曰：「抵，歸也。」大歸猶大要。呂氏春秋論威篇「夫兵有大要」，卽此注所本。

治國家，理境內，行仁義，布德惠，立正法，塞邪隧，羣臣親附，百姓和輯，上下一心，君臣同力，諸侯服其威，而四方懷其德，脩政廟堂之上，而折衝千里之外，拱揖指撝而天下響應，○寧案：北堂書鈔引

「指撝」作「指麾」同。通「揮」。此用兵之上也。地廣民衆，主賢將忠，國富兵强，約束信，號令明，兩軍相當，鼓錞相望，錞，錞于，大鐘也。〇于省吾云：按師獸毁，十五錞鐘。周禮鼓人「以金錞和鼓」，注：「錞，錞于也，圜如碓頭，大上小下，樂作鳴之，與鼓相和。」未至兵交接刃而敵人奔亡，〇王念孫云：「兵交」當爲「交兵」。文子上義篇正作「交兵接刃」。下文亦云「不待交兵接刃」。〇寧案：王説是也。上文亦云：「夫有誰與交兵接刃乎。」古殘卷正作「交兵」。此用兵之次也。知土地之宜，習險隘之利，明奇正之變，察行陳解瀆之數，〇俞樾云：「解瀆」當爲「解續」。解之言解散也，續之言連續也，解續猶言分合。下文曰「出入解續」，是其證。維枹綰而鼓之，綰，貫。枹係於臂以擊鼓也。〇王念孫云：「維枹綰而鼓之」，殊爲不詞。一切經音義二十引此作「綰枹而鼓之」，無「維」字，是也。「枹」字本在「綰」字下，故高注先釋綰，後釋枹。因「枹」字誤在「綰」字上，後人又以高注言「枹係於臂」，因加「維」字耳。不知「綰」字已兼維係之義，無庸更言維也。〇陶方琦云：一切經音義十八引許注：「綰，貫也。」案説文：「綰，惡也。」桂氏説文義證云：「惡卽貫之譌文。」玉篇亦云：「綰，貫也。」〇寧案：王説是也。古殘卷無「維」字。唐本玉篇糸部引亦無「維」字。引許注：「綰，貫也。」王氏誤許爲高也。又大藏音義七十六引許注：「綰，貫也，攝也。」九十引：「綰猶攝也。」九十七引：「綰猶貫也。」是許有二義。白刃合，流矢接，涉血屬腸，〇顧廣圻云：「屬」疑「履」。〇寧案：「屬腸」古殘卷作「屨腸」。説文：「屨，履也。」王念孫云「屬」當爲「蹷」，恐義是而字非也。輿死扶傷，流血千里，暴骸盈場，乃以決勝，此用兵之下也。今夫天下皆知事治其末，而莫知務脩其本，釋其根而樹其枝也。〇于省吾云：唐鈔本「釋」上有「是」字，語氣完足。

夫兵之所以佐勝者衆，而所以必勝者寡。甲堅兵利，車固馬良，畜積給足，士卒殷軫，殷，衆也。軫，乘輪多盛貌。○梁玉繩云：「殷軫」卽「隱賑」也。蜀都賦劉淵林注：「隱，盛也。賑，富也。」羽獵賦「殷殷軫軫」，注：「盛貌。」○楊樹達云：許注以軫字從車，故釋爲「乘輪多盛貌」，此望文爲説，非勝義也。今謂「軫」當讀爲「賑」。爾雅釋言云：「賑，富也。」説文云：「賑，富也，从貝辰聲。」張衡西京賦云：「鄉邑殷賑。」淮南之「殷軫」，卽張衡賦之「殷賑」也。古音辰聲㐱聲同，故多通作。説文云：「袗，禪衣也。」或从辰作裖。禮記玉藻云：「振絺綌，不入公門。」鄭注云：「振讀爲袗。」並其證也。○寧案：注讀「殷，衆。」「也」當爲「殷」，後人妄改。「乘輪」當作「委輪」，形似而譌。氾論篇「得相委輪」，高注：「運所有，輪所無。」後漢書張純傳「督委輪」，注：「委輪，轉運也。」此注謂殷軫爲轉運多盛兒，非作「乘輪多盛兒」釋軫也。古殘卷正作「殷，衆。殷軫，委輪多盛貌」。（殘卷「殷衆」二字誤入正文。）此軍之大資也，而勝亡焉。○曾國藩云：「勝亡焉」，猶云勝不係乎此也，全不係乎此也。明於星辰日月之運，刑德奇賌之數，奇賌，陰陽奇祕之要。○莊逵吉云：説文解字云：「該，軍中約也。」又漢書有「五音奇胲」，史記倉公傳作「奇咳」。古字賌、胲、咳皆應作該。五音奇胲，兵家書也，故許慎以爲軍中約。○陶方琦云：漢書藝文志注引許注：「胲，軍中約也。」案藝文志引許君説乃淮南注也。「胲」卽「賌」字，今注脱此文，當補。説文作「該」，亦曰「軍中約」，與淮南訓正合。○吴承仕云：朱本注末有「非常之術」四字。（景宋本畧同。）案説文「奇侅，非常也」。此注與説文應，莊本誤奪。○寧案：注，道藏本與朱本同。古殘卷作「非常行也」，「行」卽「術」之誤字。背鄉左右之便，此戰之助也，而全亡焉。○于鬯云：全卽下文「故全兵先勝而後戰」之「全」。良將之所以必勝者，恒有不原之智，○于鬯云：「原」當讀爲「傆」。説文人部云：「傆，黠也。」傆之言儇也。

說文又云：「儇，慧也。」然則與智義相近。不原之智，猶言不智之智，故與下句「不道之道」爲對。○于省吾云：按原猶源也。廣雅釋詁：「源，度也。」周禮大司徒「測土深」，注：「測猶度也。」是度、測同訓。下文「是故聖人藏於無原」，猶言藏於不測也。不道之道，難以衆同也。○寧案：古殘卷「以」作「與」，聲相通。夫論除謹，論除，論賢除吏。謹，慎也。○于省吾云：按「論」、「掄」字通。說文：「掄，擇也。」呂氏春秋當染「勞於論人而佚於官事」，注：「論猶擇也。」是其證。動靜時，吏卒辨，兵甲治，正行伍，連什伯，明鼓旗，此尉之官也。軍尉，所以尉鎮衆也。○于省吾云：按唐鈔本「尉」上有「大」字。「此大尉之官也」下有「營軍辨，賦地極，錯軍處，此司馬之官也」十五字。又有注文「軍司馬，司主兵馬者也」。○王引之云：「下言五官，而上祇有四官，寫者脱其一也。『兵甲治』下當有『此司馬之官也』一句。自『論除謹』至『兵甲治』皆司馬之事，非尉之事，且句法亦與下不同。自『正行伍』以下，乃是尉之事耳。」按此應據唐鈔本訂補。且五官分職，既言大尉，其權亦必甚重。此文司馬，係就軍司馬言之，非大司馬也，不應增於「兵甲治」下明矣。前後○王引之云：「前後」上奪一字。知險易，見敵知難易，發斥不忘遺，發，有所見。斥，斥度，候視也。○寧案：注古殘卷「見」上有「發」字。此候之官也。軍候，候望者也。○陶方琦云：史記索隱二十四引許注：「斥，度，候視也。侯，望也。」按索隱引敚「軍候」二字。漢書李廣傳「遠斥候，未嘗遇害」，是也。說文人部：「候，伺望也。」與注淮南同。隧路亟，隧，道也。亟，言治軍隧道疾也。行輜治，行輜，道路輜重也。○寧案：注「道路輜重」，文不成義。古殘卷作「行道路之輜重也」，是也。賦丈均，賦治軍壘，尺丈均平也。○寧案：注，古殘卷「尺丈」作「丈尺」。處軍輯，井竈通，此司空之官也。軍司空，補空脩繕者。○陳直云：高注軍司空，以漢官況古制也。西漢有軍司空，見漢書杜延年傳。有軍司空令，見馮奉世傳。收藏於後，遷舍不離，無淫輿，無遺輜，此輿之官也。輿，衆也，候領輿衆，在軍之後者。○寧案：注「候領輿衆」，古殘卷作「獲輿衆」。「獲」疑「護」。凡此五官之於將也，猶身之有股肱手足也，○梁玉繩云：續漢書輿服志注引淮南子：「軍正執豹皮，所以制正其衆。」疑是此篇缺文。○王引之云：下言「五官」，而上祗有四官，寫者脱其一也。「兵甲治」下當有「此司馬之官也」一句。自「論除謹」至「兵甲治」，皆司馬之事，非尉之事，且句法亦與下不同。自「正行伍」以下，乃是尉之事耳。司馬也，尉也，候也，司空也，輿也，所謂「五官」也。左傳成二年晉軍有司馬、司空、輿帥、候正、亞旅，襄十九年晉軍有軍尉、司馬、司空、輿尉、候奄，官名與此畧同，而其數皆五，足以相證矣。（漢書百官公卿表：「衛尉，秦官，諸屯衛候司馬皆屬焉。」續漢書百官志：「大將軍營五部，部校尉一人，軍司馬一人。部下有曲，曲有軍候一人。」通典兵類引一説曰：「凡立軍，二百人立候，四百人立司馬，八百人立尉。」）○寧案：五官缺一，從于省吾説據唐鈔本補。必擇其人，技能其才，○于鬯云：此「能」字疑涉下文「能」字而衍。「技其才」與「擇其人」爲對。技其才者，才各有技，静字而動用之也，即猶之擇之義也。下文云：「使官勝其任」，即承「擇其人」而言，「人能其事」，即承「技其才」而言。此處不得有「能」字，且致句法參差不可讀。○寧案：王念孫校「技」下衍「能」字，説在繆稱訓。使官勝其任，人能其事，告之以政，申之以令，使之若虎豹之有爪牙，飛鳥之有六翮，莫不爲用。然皆佐勝之具也，非所以必勝也。兵之勝敗，本在於政。政勝其民，下附其上，則兵强矣。民勝其政，下畔其上，則兵弱矣。故德義足以懷天下之民，事業足以當天下之急，選舉足以得賢士之心，謀慮足以知强弱之勢，此必勝之本也。○寧案：古殘卷作「强弱之權」。

地廣人衆，不足以爲强；堅甲利兵，不足以爲勝；高城深池，不足以爲固；嚴令繁刑，不足以爲威。爲存政者，雖小必存；爲亡政者，雖大必亡。昔者楚人地，南卷沅、湘，卷，屈取也。沅、湘二水名。○劉文典云：「昔者楚人地」初學記地部中引作「昔荆楚之地」。○于省吾云：按唐鈔本作「昔楚之地」，雖無「荆」字，而「之」譌作「人」，固無疑也。北繞潁、泗，潁、泗，二水名也。西包巴、蜀，東裹郯、邳，巴、蜀、郯、邳，地名。○王念孫云：郯、淮本作郯、邳，（注同。）此後人妄改之也。淮乃水名，非地名，與高注不合。太平御覽州郡部十三引此正作郯、邳。沅、湘、潁、泗皆水名，巴、蜀、郯、邳皆地名。漢郯縣故城在今邳州東北，下邳故城在今邳州東，二縣相連，故並言之。史記楚世家亦云鄒、費、郯、邳。○寧案：藏本作「淮」。古殘卷正作郯、邳。（注同。）莊本不誤。潁、汝以爲洫，洫，溝也。江、漢以爲池，垣之以鄧林，鄧林，沔水上險。○寧案：注，古殘卷作「鄧林，江水上之隘也。」許注以方城爲楚北塞，則鄧林當是楚北境。畢沅山海經校注正以鄧林爲楚之北境。尚書禹貢正義曰「漢上曰沔」，則此注云沔水是也。緜之以方城，緜，落也。方城，楚北塞也，在南陽葉。○陶方琦云：唐本玉篇糸部、大藏音義九十引許注：「緜，絡也。」案：漢書揚雄傳「緜絡天地」，許君即本此爲訓。山高尋雲，谿肆無景，肆，極也。極谿之深，不見景也。○王念孫云：御覽引作「山高尋雲霓，谿深肆無景」，是也。「谿深」二字連讀，今本脱「深」字，則與上句不對。「肆無景」三字連讀，故高注云：「肆，極也。極谿之深，不見景也。」若以「谿肆」連讀，則文不成義矣。晉書羊祜傳「高山尋雲霓，深谷肆無景」，即用淮南語。○寧案：王校是也。古殘卷作「山高尋景雲，深谿肆無景」，雖文有倒誤，然皆爲五字句。後人不能是正，故删去上「景」字以成其義，又删下句「深」字以與之相儷，如今本。宋本太平御覽一百六十七引作「山高尋雲霓，深谿肆無景」，上句校而下句仍作「深谿」。三本相參，其致誤之迹可見矣。地利形便，卒民勇敢，蛟革犀兕，以爲甲冑，〇于省吾云：按唐鈔本「蛟」作「鮫」。文選吴都賦「扈帶鮫函」，劉注：「鮫函，鮫魚甲可爲鎧。」按蛟、鮫有别，蛟龍屬，鮫魚屬。然古書多互錯。脩鎩短鏦，鏦，小矛也。〇陶方琦云：華嚴經音義上引許注：「鏦，小矛也。」按説文：「鏦，矛也。」訓同。方言：「矛，吴、揚、江、淮、南楚、五湖之間或謂之鏦。」字通「穳」。倉頡篇：「穳，短矛也。」短矛即小矛。齊爲前行，積弩陪後，積弩，連弩也。錯車衛旁，〇于省吾云：按唐鈔本「錯」作「銷」。氾論篇「銷車以鬭」，注：「銷讀組綃之綃也。」疾如錐矢，錐，金簇翦羽之矢也。合如雷電，解如風雨。〇王引之云：「錐」當爲「鍭」，注内「箭羽」當爲「翦羽」，皆字之誤也。爾雅：「金簇翦羽謂之鍭。」（説文同。方言曰：「箭，江、淮之間謂之鍭。」大雅行葦篇曰：「四鍭既鈞。」周官司弓矢曰：「殺矢、鍭矢，用諸近射田獵。」考工記矢人曰：「鍭矢參分，一在前，二在後。」隱元年穀梁傳曰：「聘弓鍭矢不出竟場。」「鍭」字，亦作「翭」。士喪禮記曰：「翭矢一乘，骨鏃短衛。」）是其明證矣。下文云「疾如鏃矢」，「鏃」亦「鍭」之誤。（「矦」字隸書作「矦」，「隹」字隸書作「隹」，二形相似。「族」字隸書或作「族」，形與「矦」亦相似。故鍭矢之字，非誤爲「錐」，即誤爲「鏃」。）齊策「疾如錐矢，戰如雷電，解如風雨」，文與此同，則「錐矢」亦是「鍭矢」之誤。高注以錐矢爲小矢，非也。史記蘇秦傳又誤作「鋒矢」。索隱引吕氏春秋貴卒篇「所爲貴錐矢者，爲其應聲而至」，今本吕氏春秋誤作「鏃矢」。莊子天下篇「鏃矢之疾」，「鏃」亦「鍭」之誤。郭象音族，非也。鶡冠子世兵篇「發如鏃矢」，「鏃」，本或作「鍭」，亦當以作「鍭」者爲是。〇寧案：王説是也，古殘卷正作「鍭矢」。注：「鍭，金鏃翦羽矢也。」（莊本翦字不誤。）又「解如風雨」，殘卷「如」作「似」。然而兵殆於垂沙，垂沙，地名。〇陶方琦云：史記集解引許注：「垂涉，地名。」按：垂沙不誤。荀子議兵篇及韓詩外傳四竝作垂沙。楚策三：「垂沙之事，死者以千數。」史記作垂涉。「涉」或作「渉」，與「沙」相似。衆破於柏舉。楚國之强，大地計衆，中分天下。○王念孫云：「大」當爲「支」，字之誤也。氾論篇云：「度地計衆。」度與支皆計也。大戴禮保傅篇：「燕支地計衆，不與齊均。」盧辯曰：「支猶計也。」賈子胎教篇作「度地計衆」。然懷王北畏孟嘗君，脅于齊也。背社稷之守而委身强秦，懷王入秦，秦留之藍田也。兵挫地削，身死不還。二世皇帝，二世，秦始皇少子胡亥也。勢爲天子，富有天下，人迹所至，舟楫所通，莫不爲郡縣。然縱耳目之欲，窮侈靡之變，不顧百姓之飢寒窮匱也，興萬乘之駕，○寧案：古殘卷「駕」作「騎」。而作阿房之宫，阿房，地名，秦所築也。○寧案：注云「阿房地名」，地名不可以言築。古殘卷「築」下有「宫」字，則阿房非地名也。史記秦始皇本紀索隱云：「此以其形名宫也，言其宫四阿旁廣也，故云下可建五丈之旗也。阿房，後爲宫名。」疑「地名」乃「宫名」之誤。發閭左之戍，秦皆發閭左民，未及發而秦亡也。○寧案：注。「未及發」下當脱「右」字。史記陳涉世家「發閭左適戍漁陽」，索隱：「閭左，謂居閭里之左也。秦時復除者居閭左。今力役凡在閭左者盡發之也。又云凡居以富强爲右，貧弱爲左。秦役戍多，富者役盡，兼取貧弱者也。」許注應即前説，古殘卷正作「未及發右」。收太半之賦，貲民之三而稅二。○鍾佛操云：注，「貲」宋本作「賈」，是也，謂估其物價，民得其一而稅其二也。百姓之隨逮肆刑挽輅首路死者，隨逮，應召也。肆刑，極刑。輅，輓輦横木也。○寧案：「挽」當作「枕」，形近而譌。覽冥篇「奮首於路，身枕格而死」，王念孫云：「格音胡格反，與輅同，謂輓車横木也。」彼文與此「枕輅首路」，文異而義盡同。古殘卷正作「枕輅」，是其證。一旦不知千萬之數。○馬宗霍云：説文「隨，從也。从辵，墯省聲。」「逮，唐逮，及也。从辵，隶聲。」「隶，及也。从又，𡰪省。又持𡰪者，從後及之也。」據此，是隶爲隶捕本字。逮从隶聲，故逮之義亦爲捕。漢書常山憲王舜傳「逮諸證者」，顔師古注云：「逮，捕也。」又王莽傳下「逮治黨與」，顔注云：「逮，逮捕之也。」又淮南厲王長傳「逮諸縣傳淮南王不發封餽侍者」，顔注云：「逮，追捕之也。」皆其證。本文之「隨逮」，猶言相從被捕也。注釋隨逮爲應召，似未當。又案説文：「肆，極陳也。」段玉裁曰：「陳當作敶。敶，列也。極陳者，窮極而列之也。」今案列謂行列。本文之「肆刑」，蓋言被捕者多，次第入于刑網，如就行列者然，故謂之肆刑。凡役作戍守之人皆是，非必盡誅戮之也。注以極刑釋之，亦失之偏重。

天下敖然若焦熱，○馬宗霍云：荀子富國篇「天下敖然若燒若焦」，爲此文所本。楊倞注云：「敖讀爲熬。」是也。傾然若苦烈，○馬宗霍云：「傾然」與上文「敖然」相對。彼假「敖」爲「熬」，則傾猶傷也。國語吴語「體有所傾」，韋昭注云：「傾，傷也。」是其證。○寧案：古殘卷「敖」正作「熬」。又「烈」作「列」，則又假「列」爲「烈」也。上下不相寧，吏民不相憀。憀，賴。○孫志祖云：憀讀爲睦，憀、睦古通用。戍卒陳勝興於大澤，攘臂袒右，陳勝字涉，汝陰人也。大澤，沛蘄縣。袒右，脱右臂衣也。○寧案：注，古殘卷汝陰作汝南。史記陳涉世家：「陳勝者，陽城人也。」索隱：「蓋陽城舊屬汝南，今爲汝陰。」稱爲大楚，而天下響應。當此之時，非有牢甲利兵，勁弩强衝也，○寧案：「牢」當作「堅」，避隋諱改。上文云「甲堅兵利」，又云「堅甲利兵，不足以爲勝。」古殘卷正作「堅」。伐棘棗而爲矜，棘棗，酸棗也。矜，矛柄。○王念孫云：「棘棗」本作「樲棗」，（注同。）此亦後人妄改之也。魏風園有桃傳云：「棘，棗也。」説文：「棘，小棗叢生者。」皆不訓爲酸棗。改樲爲棘，則與高注不合矣。史記司馬相如傳「枇杷樲柿」，索隱：「徐廣曰：『樲，棗也。而善反。』説文曰：『樲，酸小棗也。』淮南子云：『伐樲棗以爲矜。』」索隱引作「樲棗」，而「酸小棗」之訓又與高注合，則正文、注文皆作「橪棗」明矣。下句注云「撚矜以內鑽鑿」，撚卽橪字之誤。○楊樹達云：賈誼過秦論云：「鉏耰棘矜，非銛於句戟長鎩也。」漢書徐樂傳云：「陳涉起窮巷，奮棘矜。」又嚴安傳云：「起閭巷，杖棘矜。」此皆陳涉以棘爲矜之證，不得以「棘」爲誤字而删之也。竊疑本文當作「伐棘橪以爲矜」。注當云「棘，棗。橪，酸棗也」。注文脱去一「橪」字耳。索隱引作「伐橪棗以爲矜」者，棘，二束相竝，棗，二束相重，傳寫易誤，又誤倒耳。下句云：「周錐鑿而爲刃」，錐、鑿二事，棘、橪二事，文正相對。若作橪棗，則與下文不類矣。且橪爲酸棗而稱曰橪棗，古人無此語例，故知王校之非矣。集證從王説改棘爲橪，誤矣。○寧案：楊校似亦有據，竊以爲此正後人改「橪」爲「棘」之所本，不足以明「棘」非誤字也。且下句「錐鑿」，于校當爲「鑽鑿」，而「棘棗」古殘卷正作「橪棗」，注同，與史記索隱合，尤爲王校之證。周錐鑿而爲刃，周，內也，撚矜以內鑽鑿也。○于省吾云：按唐鈔本「錐」作「鑽」，是也。如本作「錐」，注不應曰「內鑽鑿」。漢書刑法志：「其次用鑽鑿。」是「鑽鑿」古人連稱之證。○寧案：注，古殘卷「鑽鑿」下有「鑽鏨」二字。説文：「鑽，所以穿也。」與「鏨」義近。剡摲筡，奮儋钁，摲，剡鋭也。钁，斫也。○李哲明云：「筡」借爲「梌」。玉篇：「梌，文加切，刺木也。」廣韻：「梌，他胡切，鋭也。」廣雅釋詁作「捈」。云「捈，鋭也。」刺木必鋭，故均以鋭訓梌。禮器「有摲而播也」，鄭云：「摲之言芟也。」文選長揚賦注：「摲，舉手擬也。」依文義當作「摲剡筡」。爾雅釋詁：「剡，利也。」儀禮聘禮釋文：「剡，鋭也。」摲與奮對文。摲剡筡者，舉鋭利之刺木也。於義至明。説文：「钁，大鉏也。」廣韻云：「方言名爲鹵斫」，故注云「斫也」。六韜軍用篇：「棨钁，刃廣六寸，柄長六尺以上。」爾雅「斫謂之櫡」，注云：「钁也。」皆可以疏明注義。齊俗篇注：「钁屬。」微異其文。○寧案：注「摲剡鋭也」，疑「摲」下有奪文，蓋先釋摲而後釋剡，正正文摲、剡二字誤倒之證。古殘卷作「槧剡也，槧族鋭也」，亦不可解。以當脩戟强弩，攻城略地，莫不降下。天下爲之麋沸螘動，○楊樹達云：「麋」字誤，當作「糜」。景宋本作「糜」不誤。○寧案：楊説是也。釋名「糜，煮米使糜爛也。」後漢書張讓傳「盜賊糜沸」，義與此同。古殘卷亦作「糜」。雲徹席卷，方數千里。勢位至賤，而器械甚不利，然一人唱而天下應之者，積怨在於民也。○寧案：古殘卷「唱」作「倡」，無「而」字，「應」作「和」，無「於」字。武王伐紂，東面而迎歲，太歲在寅。○寧案：天文篇：「太歲迎者辱」。至汜而水，汜，地名。水，有大雨水也。至共頭而墜，共頭，山名，在河曲。共山墜隕也。○于省吾云：按唐鈔本「墜」作「山隊」二字。荀子儒效作「至共頭而山隧」，「隧」同「隊」，古「墜」字。又注文「在河曲」，唐鈔本作「在河內也」，當從之。荀子注：「共，河內縣名。共頭蓋共縣之山名。」按：古謂大河以北爲河內，至河曲在今山西永濟縣，與此無涉。○寧案：共頭即共首。莊子讓王篇「共伯得乎共首」，釋文：「共山之首共丘山，今在河內共縣西。本或作丘首。」彗星出而授殷人其柄。時有彗星，柄在東方，可以埽西人也。當戰之時，十日亂於上，風雨擊於中，○寧案：言上言中，不得無下。風雨而曰中，則下於風雨者爲何？蓋「中」字即「下」字之誤也。古殘卷正作「風雨擊於下」。然而前無蹈難之賞，而後無遁北之刑，白刃不畢拔，而天下得矣。是故善守者無與御，而善戰者無與鬭，明於禁舍開塞之道，乘時勢因民欲而取天下。

故善爲政者積其德，善用兵者畜其怒，德積而民可用，怒畜而威可立也。○寧案：古殘卷「民可用」下有「也」字。故文之所以加者淺，則勢之所勝者小，德之所施者博，而威之所制者廣。○王念孫云：上二句當作「故文之所加者淺，則勢之所服者小」。今本「加」上衍「以」字，「服」字又誤作「勝」。（「服」、「勝」左畔相似，又因上下文多「勝」字而誤。）下言「威之所制者廣」，威之所制，猶言勢之所服耳。服與制義相近，若作勝則非其指矣。漢書刑法志作「文之所加者深，則武之所服者大」。文子下德篇作「文之所加者深，則權之所服者大」。皆其證。○寧案：王説是也。繆稱篇作「德之所施者博，則威之所行者遠；義之所加者淺，則武之所制者小」，武之所制，猶勢之所服也。古殘卷「加」上無「以」字，「勝」字正作「服」。惟「勢」字作「權」與文子同，知文子所據本作「權」也。又古殘卷道藏本、中立本、茅本、景宋本「而」作「則」，當據改。威之所制者廣，則我强而敵弱矣。故善用兵者，先弱敵而後戰者也，故費不半而功自倍也。湯之地方七十里而王者，脩德也；智伯有千里之地而亡者，窮武也。故千乘之國，行文德者王；萬乘之國，好用兵者亡。故全兵先勝而後戰，德先勝之，而後乃戰，湯、武是也。敗兵先戰而後求勝。德均則衆者勝寡，力敵則智者勝愚，○于省吾云：按唐鈔本「勝愚」作「制遇」，是也。上言「德均則衆者勝寡」，下言「智侔則有數者禽無數」，（「智」舊作「勢」，依王念孫説改。唐鈔本亦作「智」。）三句平列。今本「制」作「勝」，則與「勝寡」之「勝」複。愚、遇古籍多通用。智侔則有數者禽無數。侔，等也。○王念孫云：劉本改「者侔」爲「勢侔」。案：劉改非也。「者」當爲「智」，字之誤也。（者、智下半相似，又因上下文「者」字而誤。）「力敵」二字，承「衆者勝寡」而言，言衆寡相等則智者勝愚也。「智侔」二字，又承智者勝愚而言，言智相等則有數者禽無數也。劉改爲「勢侔」，則義與上句不相承，且與力敵相複矣。數謂兵法也。詮言篇曰：「慮不勝數，事不勝道。」故曰「智侔則有數者禽無數」也。文子上禮篇正作「智同則有數者禽無數」。○寧案：藏本、宋本作「者侔」，莊本不誤。

凡用兵者，必先自廟戰：主孰賢？將孰能？民孰附？國孰治？蓄積孰多？士卒孰精？甲兵孰利？器備孰便？故運籌於廟堂之上，而決勝乎千里之外矣。

夫有形埒者，天下訟公也。〇寧案：古殘卷、道藏本、景宋本皆無「公也」二字。史記呂后本紀「訟言誅之」，徐廣曰：「訟一作公。」韋昭曰：「訟猶公也。」見之。有篇籍者，世人傳學之。此皆以形相勝者也，善形者弗法也。〇楊樹達云：「善形者」三字，文不可通，「形」字因上下文「形」字而衍。下文曰「皆非善者也」，又云「善者之動也」，皆承此文言之，此文作「善者」明矣。〇寧案：楊說是也。古殘卷正作「善者」。所貴道者，貴其無形也。無形則不可制迫也，不可度量也，〇楊樹達云：「制迫」文義不貫，「制」疑「刼」字刑近之誤。「度量」，景宋本同。劉家立集證作「量度」是也。此文以迫、度爲韻，作「度量」則失其韻矣。〇寧案：古殘卷「度量」正作「量度」，可爲劉氏之證。不可巧詐也，不可規慮也。智見者人爲之謀，形見者人爲之功，〇寧案：「功」古殘卷作「巧」，下言「可巧詐者」是也。衆見者人爲之伏，器見者人爲之備。動作周還，倨句詘伸，可巧詐者，皆非善者也。善者之動也，神出而鬼行，星耀而玄逐，進退詘伸，不見朕埶；〇王念孫云：「逐」當爲「運」，玄運，天運也。（後漢書張衡傳注引桓譚新論曰：「玄者，天也。」釋名曰：「天謂之玄。」）言如星之耀，如天之運也。覽冥篇曰：「日行而月動，星耀而玄運，電奔而鬼騰，進退屈伸，不見朕垠。」是其明證也。運字古讀若云。（呂氏春秋諭大篇引夏書「天子之德廣運」，與文爲韻。管子形勢篇「受辭者，名之運也」，與尊爲韻。越語「廣運百里」，韋注曰：「東西爲廣，南北爲運。」西山經「廣員百里」，廣員卽廣運。墨子非命上篇「譬猶運鈞之上而立朝夕者也」，中篇「運」作「員」。莊子天運篇釋文曰：「天運，司馬作天員。」管子戒篇「四時云下而萬物化」，「云」卽「運」字。說文「鴆，一名運日」，劉逵吳都賦注作「雲日」。）與墊爲韻。若作「逐」則失其韻矣。鸞舉麟振，鳳飛龍騰，發如秋風，疾如駭龍。龍魚也，飛之疾者也。當以生擊死，以盛乘衰，以疾掩遲，以飽制飢。○王念孫云：此本作「發如猋風，疾如駭電，以生擊死，以盛乘衰，以疾掩遲，以飽制飢」。今本「猋風」作「秋風」，字之誤也。（俗書「猋」字作「焱」，形與「秋」相近。）舊本北堂書鈔武功部六引此作「炎風」，「炎」亦「猋」之誤。（陳禹謨依俗本改爲「秋風」。）發如猋風，言其疾也。漢書韓長孺傳「匈奴，輕疾悍亟之兵也，至如猋風，去如收電」，顏師古曰：「猋，疾風也。」故月令「猋風暴雨總至」，呂氏春秋孟春篇作「疾風」。若作秋風，則非其指矣。「疾如駭電」，今本作「駭龍」，龍字涉上文「龍騰」而衍，「龍」下「當」字即「電」字之誤。後人誤以「當」字下屬爲句，（「以生擊死」四句之上加一「當」字，則義不可通。）故於「駭龍」之下妄加注釋耳。（今本注云：「龍魚也，飛之疾者也。」案：海外西經之龍魚，不得謂之駭龍，且與上句「猋風」不類，明是後人妄加此注，以附會「駭龍」二字之義，非高氏原文也。）楚辭九歎「淩驚靁以軼駭電兮」，駭電與猋風事正相類，故以比用兵之神速。管子兵法篇云：「追亡逐遁若飄風，（飄與猋同。月令猋風，淮南時則篇作飄風。爾雅「迴風爲飄」，月令注作「回風爲猋」。漢書蒯通傳「飄至風起」，顏注：「飄讀曰猋。」）擊刺若雷電。」呂氏春秋決勝篇云：「若雷電飄風暴雨。」漢書云：「至如猋風，去如收電。」義竝與此同。舊本北堂書鈔引此，正作「疾如駭電」，無「龍」、「當」二字。（陳禹謨依俗本改爲「駭龍」，又加「當」字。）○寧案：道藏本、景宋本擊作繫，古通。若以水滅火，若以湯沃雪，何往而不遂，何之而不用達。○劉績云：衍「用」字。○寧案：劉說是也。古殘卷用、達二字乙轉，中立本無用字。在中虛神，在外漠志，○寧案：神不當言中，志不當言外。疑當作「志在中虛，神在外漠」。今本「志」字誤在「漠」字下。俶真篇「時既者其神漠」，正神漠連文。運於無形，出於不意。與飄飄往，與忽忽來，莫知其所之；與條出，與間入，莫知其所集。○顧廣圻云：「飄飄」「忽忽」，疑皆不當重。「條」疑當作「倏」，「閒」疑當作「闇」。飄、忽、倏、闇皆同義。荀子議兵篇「善用兵者，感忽悠闇，莫知其所從出」，新序作「奄忽」，倏卽悠也，闇卽奄也。（楊倞注：「感忽悠闇，皆謂倏忽之閒也。」是矣。又云「悠闇，遠視不分辨之貌」則非。）飄往忽來與倏出闇入對文。○寧案：顧說是也。古殘卷作「與飄往，與忽來，莫知其所之，與條出，與閔入，莫知其所集」，不重飄、忽二字。唯「往」又誤「住」，「闇」又誤「閔」。卒如雷霆，疾如風雨，若從地出，若從天下，獨出獨入，莫能應圉。○寧案：「應圉」「應」當爲「壅」，形近而誤。脩務篇「破敵陷陣，莫能壅御」，（御同圉。）字正作壅。玉篇：「壅，塞也。」與圉義近，故連用。古殘卷正作「壅圉」。下文「應圉」誤同。疾如鏃矢，○寧案：古殘卷「鏃」作「鏃」，是也。說見前。何可勝偶？一晦一明，孰知其端緒？未見其發，固已至矣。故善用兵者，見敵之虛，乘而勿假也，追而勿舍也，迫而勿去也。擊其猶猶，陵其與與，○寧案：古殘卷「猶猶」作「摇摇」。摇字是也。禮記檀弓「咏斯猶」，注：「猶當讀爲摇，聲之誤也。秦人猶、摇聲相近。」疾雷不及塞耳，用疾雷之聲，不暇復塞耳也。○吴承仕云：「用」疑當爲「聞」。各本作「用」者，草書形近之誤。○寧案：吴說是也。古殘卷、道藏本正作「聞」。疾霆不暇掩目。○寧案：「不及」，「不暇」，古殘卷皆作「不給」，與下文「眯不給撫，呼不給吸」一例。善用兵若聲之與響，○寧案：「疾雷」以下六句，皆言兵貴神速，「善用兵」三字疑涉上而衍。若鏜之與鞈，鞈，鼓鞞聲。○陶方琦云：大藏音義引作「闛閤」，卽上林賦「鏗鎗闛鞈」也。「鞈」又因闛字從門作「閤」，誤字。說文「鼞，鼓聲也。」「鼛，鼓聲也。」說文鼞下引詩「擊鼓其鼞」，此三家詩。毛傳作「擊鼓其鏜」。鼞爲正字，鏜與闔古通假字。説文「鼙」篆下又作「鞈」，今注作鎧鞈不誤也。○寧案：大藏音義八十四引許注作「闔闔，鼓鞸聲也。」下「闔」字當是「鞈」誤爲「閤」，又誤爲「闔」也。今本注「鞈」上脱「鎧」字。

眯不給撫，呼不給吸。當此之時，仰不見天，俯不見地，手不麾戈，兵不盡拔，擊之若雷，薄之若風，炎之若火，淩之若波。敵之静不知其所守，動不知其所爲。

○寧案：「敵之静不知其所守，動不知其所爲」，二句文義不明。古殘卷「之」作「人」，無兩「其」字，是也。「敵人静不知所守，動不知所爲」者，言善用兵者，神速猛厲，使敵人動静失常也。集證本不知「之」乃「人」字之誤，删「敵之」二字，使兩「其」字不知所指，妄矣。

故鼓鳴旗麾，當者莫不廢滯崩阤，天下孰敢厲威抗節而當其前者！故淩人者勝，待人者敗，爲人杓者死。

杓，所擊也。○于鬯云：「杓」當讀爲「的」，故高注云：「杓，所擊也。」莊子庚桑楚篇云：「我其杓之人邪！」郭注云：「不欲爲物標杓。」陸釋云：「杓，郭音的。」是亦讀「杓」爲「的」矣。標杓即標的也。朱駿聲説文通訓以此「杓」字假借爲「扚」，殆誤讀高注。説文手部云：「扚，疾擊也。」是扚爲擊者，非所擊。高不但以擊訓杓。以所擊訓杓，明是的也，非扚也。○楊樹達云：「杓」當讀爲「的」。詩賓之初筵云：「發彼有的。」毛傳云：「的，質也。」的爲射質，故注云「所擊」。集證以説文杓訓擊，徑改正文之「杓」爲「扚」，删注文「所」字，肊改不可從。○馬宗霍云：説文木部云：「杓，枓柄也。」注以「所擊」釋之，非其本義。莊子庚桑楚篇：「我其杓之人邪！」淮南此文似取其意。郭象莊子注云：「不欲爲物標杓。」陸德明釋文云：「杓，郭音的。」然則爲人杓，猶言爲人標的也。許君蓋亦讀「杓」爲「的」。標的者，射擊之所集也，故曰「爲人杓者死」。劉家立淮南集證改正文之「杓」爲「扚」，因又改注文之「所擊也」爲「擊也」，殊謬。○寧案：于、楊、馬説是也。古殘卷「杓」作「的」，注同。顧千里亦校「杓」爲「扚」，集證或從朱、顧之誤而不能正。

兵静則固，專一則威，分決則勇，心疑則北，力分則弱，故能分人之兵，疑人之心，則錙銖有餘；不能分人之兵，疑人之心，則數倍不足。故紂之卒，百萬之心；○寧案：「故紂之卒百萬之心」，文不成義，且與下句不相儷。「紂之卒」下脱「百萬而有」四字，蓋兩「百萬」相亂而誤也。書泰誓：「受有臣億萬，惟億萬心。予有臣三千，惟一心。」此淮南文所本。古殘卷正作「紂之卒百萬，而有百萬之心」。武王之卒三千人，皆專而一。故千人同心，則得千人力；○寧案：「力」上當有「之」字，與下句一律。古殘卷正作「千人之力」。萬人異心，則無一人之用。將卒吏民，動静如身，乃可以應敵合戰。故計定而發，分決而動，將無疑謀，卒無二心，動無墮容，口無虚言，事無嘗試，應敵必敏，發動必亟。故將以民爲體，而民以將爲心。心誠則支體親刃，心疑則支體撓北。○王念孫云：「親刃」二字，義不可通。劉本作「親力」，義亦不可通。「刃」當爲「⿰黍刃」，寫者脱其半耳。説文：「䵒，黏也。」引隱元年左傳「不義不䵒」。或作「⿰黍刃」。今左傳作「暱」：親⿰黍刃即親暱也。支體親暱，謂從心也。支體撓北，謂不從心也。親暱之暱，古音在職部，故與北爲韻。小雅菀柳篇「無自暱焉」，與息、極爲韻，是其證。○馬宗霍云：説文：「刃，刀堅也。」引申爲堅固之義。「支體親刃」，猶言支體親固也。「刃」未必是誤字。又案「刃」通作「仞」，見左傳昭三十二年與論語子張篇釋文。「仞」通作「軔」，見孟子盡心篇上趙岐注與孫奭孟子音義引丁公箸音。管子制分篇「攻堅則軔」，尹知章注云：「軔，牢固之名也。」亦刃有固義之旁證。王氏又以韻求之，淮南此節上下文皆不韻。○寧案：廣雅釋言：「儭，仞也。」廣雅即本於淮南。「親刃」字未可意改。心不專一，則體不節動；將不誠心，則卒不勇敢。〇王念孫云：「誠必」與「專一」相對爲文，「勇敢」與「誠必」相因爲義。管子九守篇曰：「用賞者貴誠，用刑者貴必。」荀子致士篇曰：「人主之患，不在乎不言用賢，而在乎不誠必用賢。」呂氏春秋論威篇曰：「又況乎萬乘之國而有所誠必乎，則何敵之有矣！」賈子道術篇曰：「伏義誠必謂之節。」枚乘七發曰：「誠必不悔，決絶以諾。」是古書多以「誠必」連文。劉本「誠必」作「誠心」，因上文「心誠」而誤。諸本與劉本同，唯道藏本作「誠必」。莊不從藏本而從諸本，謬矣。〇寧案：王說是也。時則篇「誠信以必」，齊俗篇「推誠行必」，説苑説叢篇云「或好誠必」，皆「誠必」連文之證。古殘卷、景宋本亦作「誠必」。故良將之卒，若虎之牙，若兕之角，若鳥之羽，若蚈之足，蚈，馬蠸也。可以行，可以舉，可以噬，可以觸，强而不相敗，衆而不相害，一心以使之也。故民誠從其令，雖少無畏；民不從令，雖衆爲寡。〇于省吾云：按唐鈔本「從」下無「其」字，「寡」作「累」是也。下言「民不從令」與「民誠從令」反正爲義，有「其」字，於文爲贅。後人以寡與衆反正爲義，而改「累」爲寡，不知「雖衆爲寡」，反與「雖少無畏」不相對。且累與畏韻，作「寡」則失其韻矣。〇寧案：太平御覽二百七十一引亦作「民誠從令」，無「其」字。故下不親上，其心不用；卒不畏將，其形不戰。守有必固，而攻有必勝，不待交兵接刃而存亡之機固以形矣。〇寧案古殘卷「以」作「已」，「形」作「刑」，字通。

兵有三勢，有二權。〇莊逵吉云：御覽引「權」作「鈴」。下「知權」「事權」同。程文學云：「鈴當作鈐爲是。」〇呂傳元云：程氏謂「鈴」爲「鈐」，蓋據下文「鈐勢」而言。此文之「權」自應作「權」，與下文「鈐勢」不相涉。漢書藝文志兵家有形勢，有權謀，足證此「權」不當作「鈐」矣。御覽所據蓋别本。〇寧案：宋本、鮑本、太平御覽引「權」皆作「鈐」，不作

「鈐」。楊樹達云：「本書權、鈐通用。」説在詮言篇。有氣勢，有地勢，有因勢。將充勇而輕敵，卒果敢而樂戰，三軍之衆，百萬之師，志厲青雲，氣如飄風，聲如雷霆，誠積踰而威加敵人，此謂氣勢。○于省吾云：按唐鈔本「積」下有「精」字。「誠積」與「精踰」相對，當據補。硤路津關，○莊逵吉云：太平御覽引「硤」作「狹」。大山名塞，龍蛇蟠，蟠，宛屈也。○寧案：注，宋本太平御覽引同。鮑本引「宛」作「寃」。宛字是也，形近而譌。説文：「宛，屈草自覆也。」故以「宛屈」連文。卻笠居，○莊逵吉云：太平御覽此下有注云：「卻，偃覆也。笠，簦也。」羊腸道，○莊逵吉云：太平御覽此下有注云：「羊腸，一屈一伸。」此二注別本亦或有之。○寧案：古殘卷、道藏本、中立本、茅本、景宋本皆有此二注。發笱門，發笱，竹笱，所以捕魚，其門可入而不得出。○王念孫云：「卻笠居」，後漢書杜篤傳注引作「簦笠居」，是也。「簦笠」與「龍蛇」相對爲文，謂山形偃覆如簦笠，故高注有偃覆之語。今本作「卻笠居」，注云：「卻，偃覆也。笠，登。」（太平御覽引同。）案「卻笠」二字文不成義，訓卻爲偃覆亦義不可通，疑傳寫錯誤也。（注內「登」字卽「簦」字之誤，疑當作「偃覆如簦笠」。）「發笱」二字於義無取。「發笱」當作「魚笱」，「羊腸」、「魚笱」相對爲文。高注「發笱，竹笱，所以捕魚，其門可入而不得出」，「發笱」二字，亦因正文而衍。太平御覽兵部二及後漢書注引此並作「魚笱門」。御覽引注文亦無「發笱」二字。○寧案：古殘卷「發笱」作「蕟笱」。「發」字草書作「泼」，與「蕟」形似。未知「魚」字何以誤作「蕟」、「發」也。一人守隘而千人弗敢過也，○寧案：古殘卷「隘」作「險」。後漢書杜篤傳注及太平御覽二百七十一引同。此謂地勢。因其勞倦怠亂，飢渴凍暍，推其旝旝，擠其揭揭，擠，排也。旝旝，欲仆也。揭揭，欲拔也。○王念孫云：説文玉篇廣韻集韻皆無「㩡」字。「㩡」當爲「搯」，字之誤也。（注同。）「搯」，古「搖」

字也。（考工記矢人「夾而搖之」，釋文：「搖，本又作㨪。」漢書天文志：「元光中，天星盡㨪。」）注內「欲臥」當爲「欲仆」，亦字之誤也。搖搖者，動而欲仆也。因其欲仆而推之，故曰「推其搖搖」。武王户銘曰：「若風將至，必先搖搖。」意與此相近也。太平御覽兵部二引此正作「推其搖搖」。隸書「㨪」字或作「搖」，（漢書司馬相如傳「消搖乎襄羊」。）因誤而爲「搶」。管子白心篇「夫不能自搖者，夫或㨪之」，「㨪」亦「搖」字之誤。蓋世人少見「㨪」「搖」二字，故傳寫多差。而楊慎古音餘乃於侵韻收入「搶」字，引淮南子「推其搶搶，擠其揭揭」，不知其字而以意爲之，斯爲謬矣。○寧案：王校是也。古殘卷正文正作「搖搖」。（注作「揞揞」，卽「搶」之再誤。）今本作搶，又誤从扌爲从方也。此謂因勢。善用間諜，言軍之反閒也。○寧案：注「言」字乃「諜」字之誤。許君注首冠「言」字，皆釋句而非釋詞，此非釋句也。古殘卷、道藏本正作「諜」。說文：「諜，軍中反閒也。」與此合。太平御覽二百七十一引「諜」上有「間」字，涉正文而衍。審錯規慮，設蔚施伏，隱匿其形，草木蕃盛曰蔚。○寧案：注，古殘卷、道藏本、中立本、景宋本皆無「蕃」字。太平御覽二百七十一引同。出於不意，敵人之兵，無所適備，此謂知權。○王念孫云：「設蔚施伏」，當作「設施蔚伏」。高注：「草木盛曰蔚。」伏兵於其中，故曰蔚伏，可言「設蔚伏」，不可言「設蔚」也。且「審錯規慮」、「設施蔚伏」相對爲文，若作「設蔚施伏」，則與上句不對。（太平御覽引此已誤。）下文云「設規慮，施蔚伏」，是其明證矣。「敵人之兵，無所適備」，太平御覽引此「敵人」上有「使」字，於義爲長。○寧案：太平御覽引有「使」字，是也。古殘卷正作「使敵人之兵」。陳卒正，前行選，進退俱，什伍搏，前後不相撚，撚，蹂蹈也。○莊逵吉云：太平御覽「撚」作「蹍」。注云：「蹍，蹀踏也。」○寧案：注，宋本、藏本作「揉蹈」，莊本作「蹂」是也。說文：「撚，一曰蹂也。」是其證。左右不相干○劉家立云：今本「陳卒」上少一字，疑

「摶前後不相撚」之「摶」字，當在「陳卒」之上。「前後不相撚，左右不相干」正相對爲文也。「摶」字今誤作「搏」。按：摶，結聚也。管子內業篇注云：「摶氣如神，萬物備存。」此言「摶陳卒」，亦結聚之義也。○楊樹達云：劉校改「搏」字當爲「摶」，是也。此文以選、摶、撚、干爲韻，作「搏」則失其韻矣。下文云「摶則能禽缺」，今本「摶」亦誤作「搏」。○俞氏樾校訂之，與此正可參證。「陳卒正」以下四句，皆三字爲句，劉失其讀，乃欲乙「摶」字於「陳卒」二字之上，大謬。又案：選者，齊也。說見王氏經義述聞。撚，說文云：「執也。一曰：㚒也。」一曰之訓，與此訓合。許氏本之淮南也。受刃者少，傷敵者衆，此謂事權。權勢必形，吏卒專精，選良用才，官得其人，計定謀決，明於死生，舉錯得失，莫不振驚。○王念孫云：「失」當爲「時」，聲之誤也。太平御覽引此正作「舉錯得時」。○寧案：王說是也。「莫不振驚」者，驚其「明於必勝之數」也，失字於義不貫。古殘卷正作「舉錯得時」。故攻不待衝隆雲梯而城拔，雲梯，可依雲而立，所以瞰敵之城中。戰不至交兵接刃而敵破，明於必勝之攻也。○王念孫云：「攻」當爲「數」，此涉上下文「攻」字而誤也。數，術也。太平御覽引此正作「必勝之數」。○寧案：王校是也。古殘卷作「必勝之數」。故兵不必勝，不苟接刃，攻不必取，不爲苟發。故勝定而後戰，鈴縣而後動。○馬宗霍云：上文「二權」「知權」「事權」「權勢」諸「權」字，太平御覽兵部二引皆作「鈐」。淮南書中「權」「鈐」二字多通用。疑本文「鈴縣」當作「鈐縣」。「鈐」與「鈴」形近，傳寫筆誤。「鈐縣」猶「權縣」也。漢書刑法志「日縣石之一」，顏師古注引服虔曰：「縣，稱也。」權然後知輕重，故曰「權縣」。權其輕重而後動，卽孟子「量敵而後進」之意。○寧案：馬說是也。古殘卷作「權縣」，景宋本作「鈐縣」。參閱詮言篇「有常術而無鈐謀」條。故衆聚而不虛散，兵出而不徒歸。唯無一動，○寧案：道藏本、中立本、景宋本皆有注云：「無，且。」動則淩天振地，抗泰山，〇寧案：「抗」，景宋本作「抏」，是也。形近而譌。說文：「抏，動也。」蕩四海，鬼神移徙，鳥獸驚駭。如此則野無校兵，敵家之兵，不來相交復也。〇寧案：注，「交」當爲「校」，字之誤也。論語泰伯篇「犯而不校」，包曰：「言見侵犯而不報」，即此「校」字之義。故注以「復」字足成其義。古殘卷正作「校復」。國無守城矣。

靜以合躁，治以持亂，〇王念孫云：「持」當爲「待」，字之誤也。（隸書待、持二字相似，公食大夫禮「左人待載」，古文待爲持。大戴禮禮三本篇「待年而食」，荀子禮論篇作「持手而食」。）待，猶禦也，言以治禦亂也。（待與禦同義，説見經義述聞左傳「待諸乎」下。）作持則非其指矣。孫子軍爭篇「以治待亂，以靜待譁」，即淮南所本。文選五等論「以治待亂」，李善注引此文云「靜以合躁，治以待亂」，尤其明證矣。無形而制有形，無爲而應變，雖未能得勝於敵，敵不可得勝之道也。敵先我動，則是見其形也；彼躁我靜，則是罷其力也。形見則勝可制也，力罷則威可立也。視其所爲，因與之化；觀其邪正，以制其命；餌之以所欲，以罷其足。彼若有間，〇寧案：「間」，莊本誤「問」，據宋本、藏本改正。急塡其隙，極其變而束之，盡其節而仆之。敵若反靜，爲之出奇，彼不吾應，獨盡其調。言我之盡調以待敵也。若動而應，有見所爲，彼持後節，彼謂敵。持後節，敵在後，使先己。與之推移。彼有所積，必有所虧，精若轉左，陷其右陂。右陂，西也。〇寧案：唐本玉篇阜部引「陷其右（今本「右」誤作「名」。）陂」，許叔重曰：「陂，面也。」此當據改。（或作「右陂，右面也」。）釋名釋山：「山旁曰陂。」許訓陂爲面，面猶旁也。海内西經「面有九井」，本書墬形篇作「旁有九井」。此「西」字蓋形近而譌。敵潰而走，後必可移。敵迫而不動，名之曰奄遲，擊之如雷霆，斬之若草木，燿之若火電，欲疾以遬，人不及步鋗，車不及轉轂，○王引之云：「鋗」字義不可通，「鋗」當作「趨」。隸書「趨」字作「趍」，（見漢武都太守李翕西狹頌。）與「鋗」相似而誤。淮南書中「趨」字多有作「趍」者，（諸本多改作「趨」，唯藏本未改。）故知「鋗」爲「趍」之誤。人不及步趨者，用兵神速，敵人不及走避也。趨字入聲則音促，正與上下文之木、遬、轂、木、角、格爲韻。○于鬯云：鋗諧肙聲，肙諧口聲，「口」非口舌字也，當作「○」，實古文「環」字，故睘聲與肙聲同也。環之言還也，步鋗者，猶言步還也。「人不及步鋗」，與下句「車不及轉轂」，文既相偶，義亦相同。○章太炎云：按鋗借爲蜎。爾雅釋魚云：「蜎，蠉。」說文：「蠉，蟲行也。」由蟲行引申爲凡行之誼。○馬宗霍云：說文金部云：「鋗，小盆也。」集韻一先鋗下收此義，引申之，凡小而圜者亦謂之鋗。集韻三十三綫又出鋗字，與旋同音，隨戀切，云「車鐶也」。卽其證。然則步鋗者，小步之意，猶步旋也。人不及小作周旋，與上句欲疾以遬正相應。鋗有車鐶一義，故「步鋗」與「轉轂」相對爲文。余疑「步鋗」爲漢時成語。「鋗」與「趍」形不甚相似，王氏謂「鋗」字義不可通，爲「趍」之誤，説未必允。卽以韻論，上文木、遬之間「電」字不入韻，下文角、格之間「多」字不入韻，是知遬、轂之間「鋗」字亦可不入韻矣。○于省吾云：按王說非是。「鋗」「趍」形不相近，無由致誤。「鋗」乃「錯」字之譌。易小過初六「飛鳥以凶」，王注：「無所錯足。」步之言錯，猶足之言錯也。「錯」字正與上下文爲韻。○陳直云：「不及步鋗」當讀爲「不及步旋」。古代涓、環、旋三字皆通用，故「環淵」一作「涓淵」。兵如植木，弩如羊角，○梁玉繩云：左定十年傳「立如植」是也。人雖衆多，勢莫敢格。諸有象者，莫不可勝也；諸有形者，莫不可應也。是以聖人藏形於無，而遊心於虛。風雨可障蔽，而寒暑不可開閉，○

王念孫云：「開」當爲「關」。寒暑無所不入，故不可關閉，作開則義不可通矣。俗書「關」字作「閞」，「開」字作「開」，二形相似而誤。（詳見道應篇「東開鴻濛之光」下。）以其無形故也。夫能滑淖精微，貫金石，窮至遠，放乎九天之上，放，寄。蟠乎黄盧之下，唯無形者也。○楊樹達云：放訓寄，他無所見。孟子離婁下篇云「放乎四海」，趙岐注云：「放，至也。」此放字亦當訓至。「盧」讀爲「壚」。說文土部云：「壚，黑剛土也。」善用兵者，當擊其亂，不攻其治，是不襲堂堂之寇，不擊填填之旗。填填，旗立牢端貌。○梁玉繩云：「填」與「鎮」通。○楊樹達云：「是」字衍文，景宋本無之。「填填」疑當作「正正」。淮南文恒以真青二部字爲韻，此以「填」爲「正」，亦以真部字爲青部字也。○鍾佛操云：北堂書鈔一百十七引兵書要訣云：「無要正正之旗，無擊堂堂之陳。」容未可見，以數相持。彼有死形，因而制之。敵人執數，動則就陰。以虚應實，必爲之禽。虎豹不動，不入陷阱；麋鹿不動，不離罝罘；飛鳥不動，不絓網羅；魚鼈不動，不擐蜃喙。○楊樹達云：說文手部云：「擐，貫也。」「蜃」，景宋本作「脣」是。「蜃」字誤。喙，口也。景宋本作「啄」，乃「喙」形近之誤。集證本改「吻」，不知何據。○寧案：「蜃」，道藏本、中立本、茅本皆作「脣」，楊說是。「喙」當爲「吻」，景宋本、中立本作「啄」，蓋「吻」字形近之誤，校者不知，改作「喙」耳。說文：「脣，口耑也。」「吻，口邊也。」故爲類，作「喙」則與耑、邊不類矣。人間篇：「及至良工執竿投而擐脣吻者，能以其所欲而釣者也。」是其塙證。主術篇「急緩之於脣吻之和」，亦以「脣吻」連文。集證改「吻」不誤，惜不得所據耳。物未有不以動而制者也。是故聖人貴静。静則能應躁，後則能應先，數則能勝疏，博則能禽缺。○俞樾云：「博與缺義不相應，與上文「静則能應躁，後則能應先，數則能勝疏」不一律矣。「博」當作「摶」，字之誤也。說文手部「摶，圜也。」故與缺相對爲文。太玄中次六曰：「月闕其摶。」月之有闕有摶，即此文摶、缺對文之證。〇寧案：俞説是也。呂氏春秋決勝篇：「勝失之兵，必積必摶，摶則勝離矣。」離與缺義近。

故良將之用卒也，同其心，一其力，勇者不得獨進，怯者不得獨退，止如邱山，發如風雨，所淩必破，靡不毀沮，動如一體，莫之應圉，是故傷敵者衆，而手戰者寡矣。夫五指之更彈，不若捲手之一挃；挃，擣也。〇陶方琦云：注「擣也」，據大藏音義七十八引作「摶」，於義爲長。廣雅釋詁：「摶，擊也。」説文：「摶，一曰：至也。」蒼頡篇亦曰：「摶，至也。」至卽通挃。史記淮陰侯傳「孟賁之狐疑，不如庸夫之必至」，「至」亦同「挃」。以挃訓摶，即以摶訓挃，一義之互通也。萬人之更進，不如百人之俱至也。今夫虎豹便捷，熊羆多力，然而人食其肉而席其革者，不能通其知而壹其力也。夫水勢勝火，章華之臺燒，章華，楚之高臺。以升勺沃而救之，雖涸井而竭池，無奈之何也；舉壺榼盆盎而以灌之，其滅可立而待也。今人之與人，非有水火之勝也，而欲以少耦衆，不能成其功亦明矣。兵家或言曰：「少可以耦衆。」此言所將，非言所戰也。或將衆而用寡者，勢不齊也；勢不齊，士不同力也。將寡而用衆者，用力諧也。若乃人盡其才，悉用其力，〇于鬯云：此似當作「若乃人不盡其才，悉其力」。「用」字涉上文而衍。衍「用」字，因脱「不」字。下文云：「以少勝衆者，自古及今未嘗聞也。」則其義可見矣。〇寧案：于説是也。劉家立集證改「用力諧也」爲「力不諧也」，大謬。以少勝衆者，自古及今，未嘗聞也。

神莫貴於天，勢莫便於地，動莫急於時，用莫利於人。○劉文典云：御覽二百七十一引「人」下有「和」字。○寧案：太平御覽引「人」下有「和」字，無「凡」字。四句言天、地、時、人，皆各舉一名爲五字句，此不得獨作「人和」，令句法參差也。且下文云「勢勝人」，又曰「任人者」，正承此言之，皆言人而不言人和。又下文云：「故上將之用兵也，上得天道，下得地利，中得人心」，於「天」下足「道」字，「地」下足「利」字，「人」下足「心」字，亦不曰人和。則此不得有「和」字明矣。「和」字蓋「凡」字之誤。凡此四者，兵之幹植也，然必待道而後行可一用也。夫地利勝天時，巧舉勝地利，勢勝人。故任天者可迷也，任地者可束也，任時者可迫也，任人者可惑也。夫仁勇信廉，人之美才也。然勇者可誘也，仁者可奪也，信者易欺也，廉者易謀也。將衆者，有一見焉，則爲人禽矣。由此觀之，則兵以道理制勝，而不以人才之賢，亦自明矣。是故爲麋鹿者，則可以罝罘設也；麋鹿有兵而不能以鬬，無術之軍也。○寧案：注「麋鹿有兵」，「有」當爲「之」。下文注云「魚鼈之兵」、「鴻鵠之兵」可證。爲魚鼈者，則可以網罟取也；魚鼈之兵，散而不集。爲鴻鵠者，則可以矰繳加也；鴻鵠之兵，高而無被。唯無形者，無可柰也。是故聖人藏於無原，故其情不可得而觀；運於無形，故其陳不可得而經。○馬宗霍云：詩大雅靈臺篇「經始靈臺，經之營之」，毛傳云：「經，度之也。」逸周書周祝篇「人出謀聖人是經」，孔晁注云：「經，經度之也。」本文「不可得而經」，義亦爲度。言聖人設陳，運於無形，不可得而測度也。無法無儀，來而爲之宜；無名無狀，變而爲之象。深哉睭睭，遠哉悠悠，且冬且夏，且春且秋，上窮至高之末，下測至深之底，變化消息，無所凝滯，建心乎窈冥之野，而藏志乎九旋之淵，九旋，九回之淵，至深者也。○陶方琦云：文選江賦注、莊子釋文引許注：「九旋之淵至深。」案：文選注引有敓文，莊子釋文引淮南許注作「至深也」，敓文又甚。說文：「淵，回水也。」又「淀」下云：「回泉也。」○寧案：注，疑「九回」二字當重。文選江賦注，莊子應帝王釋文引許注蓋約引，非敓文也。陶文「文選江賦注」下衍「莊子釋文」四字，當刪。雖有明目，孰能窺其情！

兵之所隱議者天道也，○馬宗霍云：爾雅釋言：「隱，占也。」郭璞注云：「隱，度。」邢昺疏云：「占者，視兆以知吉凶也。」事關天道，必先占度而後議，故曰「隱議」。○于省吾云：按廣雅釋詁：「隱，度也。」度議平列。下言「所圖畫者地形也」，「隱議」與「圖畫」對文。又下文云：「故善用兵者，上隱之天，下隱之地，中隱之人。」隱亦度也。○寧案：于說是也。「隱議」即「隱儀」。俶真篇「不可隱儀揆度而通光燿者」，爾雅郭注：「隱，度。」說文：「儀，度。」是隱、儀同訓並列，即揆度也。馬氏未達「議」字之義。所圖畫者地形也，所明言者人事也，所以決勝者鈐勢也。故上將之用兵也，上得天道，下得地利，中得人心，乃行之以機，發之以勢，是以無破軍敗兵。及至中將，上不知天道，下不知地利，專用人與勢，雖未必能萬全，勝鈐必多矣。下將之用兵也，博聞而自亂，多知而自疑，居則恐懼，發則猶豫，是以動爲人禽矣。今使兩人接刃，巧拙不異，而勇士必勝者何也？○寧案：「勇士」道藏本作「勇澄」，疑「澄」字是也。說文作「澂」，「清也」。說山篇高注：「澄，止水也。」引申之，有靜而清澈之意。此謂勇而靜且明者必勝也。淮南「士」皆作「武」，今本作「勇士」，正後人竄改之迹。其行之誠也。夫以巨斧擊桐薪，不待利時良日而後破之。○楊樹達云：爾雅釋木云：「榮，桐木。」王氏經義述聞釋桐木爲小木，引淮南此文爲證，最爲精諦。法言學行篇云：「師乎！師乎！桐子之命也。」以桐子爲小子，亦其證也。加巨斧於桐薪之上，而無人力之奉，雖順招搖，挾刑德，招搖，斗杓也。刑，十二辰也。德，十日也。而弗能破者，以其無勢也。故水激則悍，矢激則遠。○梁玉繩云：「水激則悍」二句，見鶡冠子，又見說苑說叢。○陳直云：賈誼鵩鳥賦亦用此二語，蓋皆本於鶡冠子。夫栝淇衛箘簬，栝，箭栝也。淇衛箘簬，箭之所出也。○莊逵吉云：御覽引「簬」作「簵」。御覽凡兩引此注，一引與此同，又一處引注云：「箘簵，箭竹也，出于淇地。衛，箭羽也。」程文學云：釋名：「箭羽，齊人曰衛，所以導衛矢也。」疑是許慎注。○劉文典云：藝文類聚六十引注與莊氏所舉又一處引注正同。今注內「箘簬」二字，疑涉正文而衍。○寧案：劉疑注衍「箘簬」二字，是也。史記河渠書「而下淇園之竹以爲楗」，集解引晉灼曰：「衛之苑也，多竹篠。」義與此同。又案：莊言御覽一引，見三百五十七，標「高誘曰」。又一處見三百四十七，以衛爲箭羽，與原道篇「彎棊衛之箭」注合，程疑許注。愚疑許、高當互易。載以銀錫，載，飾也，飾箭以銀錫。○劉文典云：北堂書鈔百二十五、藝文類聚六十、太平御覽三百四十七引「載」並作「飾」。雖有薄縞之幨，縞，細繒也。腐荷之矰，荷，蓮華也。矰猶矢也。○洪頤煊云：詩澤陂「有蒲與荷」，鄭箋：「芙蕖之莖曰荷。」證類本草引陸機疏亦作「其莖曰荷」。蓮花不可以爲矢，高注非。然猶不能獨射也。○王念孫云：「腐荷之矰」，「矰」本作「櫓」。「不能獨射」，「射」本作「穿」。高注本作「櫓，大楯也。」（說文及儒行注、襄十年左傳注並同。「楯」本作「盾」。）此言栝淇衛箘簬而載之以銀錫，則雖薄縞之幨，腐荷之盾，亦不能穿。下文曰：「若假之筋角之力，（各本脫「若」字，今據舊本北堂書鈔及藝文類聚太平御覽引補。）弓弩之勢，則貫兕甲而徑於革盾矣。」正與此相反也。氾論篇曰：「隆衝以攻，渠幨以守。」高彼注曰：「幨，幰也，所以禦矢也。」韋昭注吴語曰：「渠，楯也。」幨與盾皆所以禦五兵，故彼言「渠幨以守」，此言「薄縞之幨，腐荷之櫓，猶不能穿。」（齊策云：「攻城之費，百姓理襜蔽，舉衝櫓。」襜與幨同。）若矰則非其類矣。且腐荷之櫓不能穿，謂矢不能穿櫓也。今本作「腐荷之矰」，矰卽是矢，則其義不可通矣。後人不知矰爲櫓之誤，乃改「不能獨穿」爲「不能獨射」以牽合矰字，又改高注之「櫓大楯也」爲「矰猶矢也」以牽合正文，甚矣其謬也。舊本北堂書鈔武功部十三引此正作「腐荷之櫓」，（陳禹謨依俗本改「櫓」爲「矰」，下「不能獨穿」同。）太平御覽兵部八十八楯下引此同，又引高注云：「櫓，大楯也。」又今本「不能獨射」，舊本北堂書鈔及藝文類聚軍器部、太平御覽兵部七十八、八十八、珍寶部十一，並引作「不能獨穿」，今據以訂正。假之筋角之力，弓弩之勢，則貫兕甲而徑於革盾矣。○向宗魯云：「徑」本作「經」。經與徑古字通用。書鈔一百二十五、（原本不誤。孔刻從錢校大謬。）御覽三百四十七、又三百五十七引皆作「經」。三百五十七有注云：「經猶達也。」夫風之疾，至於飛屋折木，虛舉之下大遲，自上高丘，虛舉，不駕也。風疾飛之，下大遲復上高丘也。○孫詒讓云：注以「不駕」釋「虛舉」，則「舉」疑當作「轝」，卽「輿」之俗。「大遲」宋本作「大達」，疑當作「大逵」。注同。此似言疾風能飛屋折木，而虛轝不能自下大逵而上高丘，必藉人力推之，以喻兵勢之得失。注釋「虛舉」亦云「風疾飛之」，則與「人之有所推」之文不合，殆非也。○寧案：孫校似是。然「轝」上著一「虛」字，似謂虛轝不能自下大逵，而任載可上高丘者，人之有所推也。荀子宥坐篇：「三尺之岸，虛車不能登也，百仞之山，任負車登。何則？陵遲故也。」行文略似。「虛」上著「若」字，義自顯。惟正文及注皆猶有敚誤。人之有所推也。是故善用兵者，勢如決積水於千仞之隄，若轉員石於萬丈之谿。○寧案：孫子軍形篇：「勝者之戰，若決積水於千仞之谿。」兵勢篇：「故善戰人之勢，如轉圓石於千仞之山。」即此文所本。天下見吾兵之必用也，則孰敢與我戰者！故百人之必死也，賢於萬人之必北也，況以三軍之衆，赴水火而不還踵乎！雖誂合刃於天下，誰敢在於上者！誂，卒也。雖卒然合，與天下争，人誰敢在其上者。○洪頤煊云：說文：「誂，相呼誘也。从言兆聲。」廣雅釋詁「誂，誘也。」○寧案：誂無卒義，誘合義亦難通。疑是「詐」字之誤。「詐」通「詐」，借爲「乍」。唐本玉篇：「詐，土亞反。說文：『暫語也。』野王案：今並爲『乍』字。」僖公三十三年公羊傳「詐戰不日」，何休注：「詐，卒也。」詐書爲詒，與「誂」形近。

所謂天數者，左青龍，右白虎，前朱雀，後玄武。角、亢爲青龍，參、井爲白虎，星、張爲朱雀，斗、牛爲玄武。用兵軍者，右參、井，左角、亢，背斗、牛，向星、張，此順北斗之銓衡也。○寧案：「朱雀」，景宋本作「朱鳥」。注同。天文篇亦作朱鳥，當從之。注「用兵軍者」，衍「軍」字。據道藏本、景宋本刪。所謂地利者，後生而前死，左牡而右牝。高者爲生，下者爲死，邱陵爲牡，谿谷爲牝。所謂人事者，慶賞信而刑罰必，動静時，舉錯疾。此世傳之所以爲儀表者，固也，然而非所以生。儀表者，○譚獻云：顧廣圻疑「者」上脱文。案：「非所以生」句絶，「儀表者」云云，不誤。因時而變化者也。是故處於堂上之陰而知日月之次序，見瓶中之水而知天下之寒暑。○俞樾云：「於」字衍文也。「處堂上之陰」者，謂察堂上之陰也。兵畧篇曰：「相地形，處次舍」，是處與相同義。主術篇曰：「援白黑而示之，則不處焉。」不處猶不察也。蓋物居其所謂之處，使物各得其所，亦謂之處。國語魯語曰「夫仁者講功，而知者處物」是也。故處即有辨别之義。後人不達，而妄加「於」字，

「處於堂上之陰」，於義殊不可通。且「處堂上之陰」本與「見瓶中之冰」相對，今增「於」字，則句法亦參差不齊矣。○譚獻云：「暑」當誤衍。上句「序」亦衍。○寧案：譚說是也。又「水」當爲「冰」。呂氏春秋察今篇：「故審堂下之陰，而知日月之行，陰陽之變；見瓶中之冰，而知天下之寒，魚鼈之藏。」此淮南所本。是其證。道藏本、景宋本正作「瓶中之冰」。中立本誤作「水」而莊本從之，謬矣。夫物之所以相形者微，唯聖人達其至。故鼓不與於五音而爲五音主，水不與於五味而爲五味調，將軍不與於五官之事而爲五官督。故能調五音者，不與五音者也；能調五味者，不與五味者也；能治五官之事者，不可揆度者也。是故將軍之心，滔滔如春，曠曠如夏，湫漻如秋，典凝如冬，典，常。凝，正也。常正如冬也。○俞樾云：高注曰：「典，常。凝，正也。」此未得典字之義。典讀爲「頎典」之「典」。考工記輈人「是故輈欲頎典」，鄭注曰：「頎典，堅刃貌。」然則典凝猶堅凝也，與上句「湫漻如秋」一律。若訓典爲常，則失其義矣。○章太炎云：案典當借爲鎭。方言：「鎭，重也。」釋名典亦訓鎭。廣雅釋詁：「鎭，重也。」又云：「凝，定也。」然則典凝者，鎭定也。冬時閉固不泄，故鎭定象之。考工記輈人「輈欲頎典」，注：「頎典，堅刃貌。」然則典凝亦猶堅凝也。○劉文典云：北堂書鈔百十五引「曠曠」作「潤潤」，「湫」作「淋」，「典凝」作「慘惻」。又有注云：「滔滔，寬伏如春日之倡也。」○吳承仕云：注文「正」字並當作「止」，形近而譌也。文選別賦注引廣雅：「凝，止也。」荀子王制「好假道人而無所疑止。」（御覽二百七十三引注亦作「正」，誤與各本同。）○鍾佛操云：陳本書鈔其「曠」改「闊」，是永興避煬帝諱也。因形而與之化，隨時而與之移。夫景不爲曲物直，響不爲清音濁。觀彼之所以來，各以其勝應之。是故扶義而動，推理而行，掩節而斷割，掩，覆也。

覆其節制斷割也。○于省吾云：案：注訓掩爲覆，非是。「掩」「按」古字通。詳道應篇「不掩以繩」下。掩節而斷割，卽按節而斷割也。因資而成功，使彼知吾所出而不知吾所入，知吾所舉而不知吾所集。始如狐狸，彼故輕來；合如兕虎，敵故奔走。○鍾佛操云：孫子兵法九地篇：「始如處女，敵人開户；後如脱兔，敵不及拒。」夫飛鳥之摯也俛其首，○寧案：禮儒行篇「鷙蟲攫搏」，注「鷙」與「摯」同。疏：「獸摯從執下著手，鳥鷙從執下著鳥。今鷙包兩義，以獸鷙從鳥。」則此摯包兩義，鳥摯從手也。猛獸之攫也匿其爪，虎豹不外其爪而噬不見齒。○王念孫云：「虎豹不外其爪」與上句「匿其爪」相複。「爪」當作「牙」，此卽涉上句「爪」字而誤。「噬不見齒」若仍指虎豹言之，則又與「不外其牙」相複，當作「噬犬不見其齒」，與上句相對爲文。今本脱去「犬」字、「其」字。舊本北堂書鈔武功部四引此正作「虎豹不外其牙，噬犬不見其齒」。（陳禹謨依俗本改爲「虎豹不外其爪，而噬不見齒」。）太平御覽兵部二同。故用兵之道，示之以柔而迎之以剛，○莊逵吉云：太平御覽此下有注云：「迎，逆敵家。」示之以弱而乘之以强，爲之以歙而應之以張，○莊逵吉云：太平御覽此下有注云：「歙，弱。張，强也。歙讀如脅。」○寧案：太平御覽二百七十一引「爲之以歙」作「爲之欲歙」，作「欲」於義爲長。且此文「故用兵之道」以下十句，皆兩兩儷列爲文，此作「爲之欲歙而應之以張」與下句「將欲西而示之以東」正以兩「欲」字相偶也。又御覽引有注云：「歙，弱。張，强。」與上句「示之以弱而乘之以强」義複。莊子山木篇「則呼張歙之」，司馬云：「張，開也。歙，斂也。」釋此於義爲當。將欲西而示之以東，先忤而後合，前冥而後明，若鬼之無迹，若水之無創。故所鄉非所之也，所見非所謀也，舉措動静，莫能識也，若雷之擊，不可爲備。○劉文典云：意林引作「若欲西者，示之以東，使知吾所出，而不知吾所入，若鬼無迹，若水無創，若電之激，不可備也」。所用不復，故勝可百全。與玄明通，莫知其門，是謂至神。〇寧案：玄明不當爲連語。北堂書鈔百十七引作「明與玄通」是也。上文「示之以柔而迎之以剛」以下六句，正謂明與玄通也。

兵之所以强者，民也；〇王念孫云：文子上義篇作「兵之所以强者，必死也」，於義爲長。下句「民之所以必死者，義也」，即承此句言之。上文曰：「百人之必死，賢於萬人之必北。」是兵之所以强者必死也。今本作「兵之所以强者，民也」，「民」字疑涉下句而誤。〇劉文典云：「兵之所以强者，民也」，實兵家之精義。上文「因民之欲，乘民之力，政勝其民，下附其上，則兵强矣」，即此文「兵之所以强者，民也」之說。文子上義篇「國之所以强者，必死也；所以死者，必義也」，文義本不可通，未可據彼改此。且此文「兵之所以强者，民也；民之所以必死者，義也；義之所以能行者，威也」，三句正相連貫，第一句以民字終，第二句以民字起，第二句以義字終，第三句以義字始，文義句法皆相銜接。若依文子改之，則文義句法俱不合矣。王說未諦，不可從也。〇寧案：劉說是也。荀子議兵篇「凡用兵攻戰之本，在乎壹民，士民不親附，則湯、武不能以必勝也。故善附民者，是乃善用兵者也。故兵要在乎善附民而已。」（韓詩外傳三第三十六章畧同）故曰：「兵之所以强者，民也。」呂氏蕩兵篇「凡兵也者，威也，威也者，力也，民之有威力，性也」，義與此文尤近。民之所以必死者，義也；義之所以能行者，威也。是故合之以文，齊之以武，是謂必取；〇馬宗霍云：淮南此文出孫子行軍篇。曹操孫子注曰：「文，仁也。武，法也。」李筌注曰：「文，仁恩。武，威罰。」此文無注，可借彼注釋之。又「合之以文」，今本孫子作「令之以文」。曹、李不釋「令」字。「合」與「令」形近，傳寫易掍。疑淮南所據爲孫子古本。仁主於愛，故曰「合之」。法主於刑，故曰「齊之」。就文義而言，亦以作「合」爲長。此又可據淮南以訂孫子者也。威儀竝行，是謂至强。○馬宗霍云：上文云：「民之所以必死者，義也，義之所以能行者，威也。」則本文「威儀」之「儀」，當作「義」。「威義竝行」，即承上文而申之也。文子上義篇亦作「威義」，可證。此由「威儀」連文，人所習見，故傳寫致誤耳。夫人之所樂者生也，而所憎者死也。然而高城深池，矢石若雨，平原廣澤，白刃交接，而卒争先合者，彼非輕死而樂傷也，爲其賞信而罸明也。是故上視下如子，則下視上如父；○莊逵吉云：太平御覽此「視」作「事」。下「視上如兄」、「視上如父」兩句同。○寧案：作「視」於義爲長。此言將卒之相親，如父子兄弟，非謂上使下，下事上也。孟子離婁篇「君之視臣如手足，則臣視君如腹心；君之視臣如犬馬，則臣視君如國人；君之視臣如土芥，則臣視君如寇讎」，是其比。上視下如弟，則下視上如兄。上視下如子，則必王四海；下視上如父，則必正天下。上親下如弟，○王念孫云：「上親下如弟」，「親」亦當爲「視」，字之誤也。上文正作「上視下如弟」。○劉文典云：王謂「親」當爲「視」，是也。御覽二百八十一引此文，正作「上視下如弟」；文子上義篇作「上視下如弟，即必難爲之死」，「不」雖誤爲「必」，「視」字尚不誤，皆其證矣。則不難爲之死；下視上如兄，則不難爲之亡。是故父子兄弟之寇，不可與鬬者，積恩先施也。故四馬不調，造父不能以致遠；弓矢不調，羿不能以必中；君臣乖心，則孫子不能以應敵。孫子名武，吴王闔閭之將也。○寧案：注，道藏本、中立本、茅本、景宋本「將」下有「軍」字。是故内脩其政以積其德，外塞其醜以服其威，察其勞佚以知其飽飢，○顧廣圻云：「以」字疑衍。故戰日有期，視死若歸。故將必與卒同甘苦俟飢寒，○俞樾云：「俟」字義不可通，乃「併」字之誤。「併」與「并」通。廣雅釋詁：「并，同也。」「併飢寒」與「同甘苦」一律。○譚獻云：俟即時，所謂時其飢寒。○劉文典云：此疑當作「將必與卒同甘苦勞佚飢寒」。御覽二百八十一引作「故將必與卒同甘苦佚飢寒」，雖敓「勞」字，「俟」作「佚」尚不誤。此承上文「察其勞佚以知其飽飢」而言。今本既敓「勞」字，「佚」又譌爲「俟」，義遂不可通矣。下文「險隘不乘，上陵必下，所以齊勞佚也」，「佚」上亦有「勞」字。○馬宗霍云：俟猶候也，「俟飢寒」猶言候其飢寒也。文選班孟堅幽通賦「俟草木之區别兮」，曹大家注曰：「俟，候也。」即其證。俞說未必是。太平御覽二百八十一引作「佚飢寒」，「佚」即「俟」字傳寫筆誤。劉文典集解謂此本作「將必與卒同甘苦勞佚飢寒」，御覽引「佚」上「敓一勞字。此文佚更譌爲俟，而義遂不可通」，其説更非也。○寧案：俞、譚、劉、馬四説皆非也。馬謂「俟」字不誤，「俟猶候也」。然此文云「將必與卒同甘苦俟飢寒」，則卒亦得候飢寒也，文意豈如是乎？譚謂「俟」即「時」，謬與馬同。劉氏欲增字，不知「甘苦」即承上文「勞佚」言之，故下文言「齊勞佚」則不更言甘苦。此作「甘苦勞佚飢寒」，文則累矣。蓋「俟」當爲「共」。「共」與「失」形近，因誤爲「佚」，如鮑本太平御覽引。又誤爲「俟」，如今本。宋本太平御覽引正作「共飢寒」，是其明證。道應篇「供其情」，「佚」誤爲「供」，可例此。故其死可得而盡也。故古之善將者，必以其身先之：暑不張蓋，寒不被裘，所以程寒暑也；○鍾佛操云：北堂書鈔一百十五引六韜云：「將冬不服裘，夏不操扇，天雨不張幔蓋，名曰禮將。將不身服禮，無以知士卒之寒暑。」○寧案：宋本太平御覽引「程」作「均」。險隘不乘，上陵必下，○楊樹達云：「上」字無義，字當作「丘」。劉子新論兵術篇云：「隘險不乘，丘陵必下，所以齊勞佚也。」用淮南此文，字正作「丘」。是其證也。景宋本作「士」，字亦誤。所以齊勞佚也；軍食孰然後敢食，軍井通然後敢飲，所以同飢渴也；〇鍾佛操云：北堂書鈔百十五引六韜云：「軍不舉火，將不火食。」黃石公三略云：「軍井未達，將不言渴。」合戰必立矢射之所及，以共安危也。〇王念孫云：「矢射」當爲「矢石」，聲之誤也。（太平御覽兵部十三引此已誤。）意林引此正作「矢石」。劉書新論兵術篇同。上文云「所以程寒暑」、「所以齊勞佚」、「所以同飢渴」，則此「以共安危」上亦當有「所」字。〇劉文典云：王說是也。意林引作「所以同安危也」，「共」雖作「同」，「以」上尚未敚「所」字，可證王說。〇寧案：呂氏春秋貴直篇亦作「矢石之所及」。又鮑本太平御覽二百八十一引作「所以共安危也」。宋本太平御覽誤與此同。故良將之用兵也，常以積德擊積怨，以積愛擊積憎，何故而不勝！主之所求於民者二：求民爲之勞也，欲民爲之死也。民之所望於主者三：飢者能食之，勞者能息之，有功者能德之。民以償其二積，而上失其三望，〇王念孫云：「二積」當爲「二責」，此因上文諸「積」字而誤。二責謂爲主勞，爲主死，故曰主之所求於民者二。求猶責也。太平御覽兵部十二引此正作「責」。國雖大，人雖衆，兵猶且弱也。若苦者必得其樂，勞者必得其利，斬首之功必全，死事之後必賞，死事，以軍事死，賞其後子孫也。〇蔣禮鴻云：「斬首之功必全」，「全」字無義，當作「㞷」，古文「封」字也。四者既信於民矣，主雖射雲中之鳥，而釣深淵之魚，彈琴瑟，聲鐘竽，敦六博，敦者，致也。〇王念孫云：古無訓敦爲致者。六博言致，亦於義無取。今案「敦六博，投高壺」，敦亦投也。敦音都回反。邶風北門篇「王事敦我」，鄭箋曰：「敦猶投擲也。」是敦與投同義。投謂投箸也。楚辭招魂注曰：「投六箸，行六棊，故爲六博。」是也。〇吴承仕云：王說是也。注「致也」，「致」當爲「𣪘」。呂氏春秋去尤篇字亦作「投」，並與「投」字聲義同。注自不誤，傳寫譌「𣪘」爲

「致」，遂不可通。投高壺，〇劉文典云：太平御覽引「壺」作「墻」。〇寧案：「壺」作「墻」，鮑本太平御覽二百八十一引如是。宋本太平御覽引作「壼」。蓋「壼」卽「壺」之形誤，後人不知，妄加土旁，故譌作「墻」耳。兵猶且强，令猶且行也。是故上足仰，則下可用也；德足慕，則威可立也。

將者必有三隧、四義、五行、十守。所謂三隧者，上知天道，下習地形，中察人情。凡此三事者，人所從蹊隧。所謂四義者，便國不負兵，負，程也。〇王念孫云：「負」與「程」義不相近，「負」當爲「員」，草書之誤也。（太平御覽兵部四引此已誤。）説山篇云：「春至旦，不中員程。」漢書尹翁歸傳云：「責以員程。」是員與程同義。員爲程式之程，又爲程量之程。儒行曰：「鷙蟲攫搏不程勇者，引重鼎不程其力。」鄭注曰：「程，猶量也。搏猛引重，不量勇力堪之與否也。」此言「便國不員兵」，亦謂不程量其兵之衆寡，故高注訓員爲程也。〇楊樹達云：此文義不可通，注亦難解，疑有誤字。王校改「負」爲「員」，則決不可從。説文云：「員，物數也。」凡云員程者，皆爲數量之程限。尹翁歸傳注云：「員，數也。」是也。鹽鐵論水旱篇「有司多爲大器，務應員程」，謂務合規定之數量也。王氏不考説文，不檢羣書，而謂員、程同義，疏矣。爲主不顧身，見難不畏死，決疑不辟罪。所謂五行者，柔而不可卷也，剛而不可折也，仁而不可犯也，信而不可欺也，勇而不可陵也。所謂十守者，神清而不可濁也，謀遠而不可慕也，〇楊樹達云：「慕」字無義。集證本作「篡」，似近之。景宋本亦誤。〇馬宗霍云：説文心部云：「慕，習也」。爾雅釋詁云：「狎，習也。」慕與狎同訓，是「不可慕」猶不可狎也。禮記曲禮上「賢者狎而敬之」，鄭玄注云：「狎，近也。」是不可狎猶不可近也。操固而不可遷也，知明而不可蔽也，不貪於貨，不淫於物，不嚂於辯，○莊逵吉云：御覽引「嚂」作「濫」。○寧案：太平御覽二百七十三引作「嚂」。玉篇：「嚂，貪也。」呂氏春秋權勳篇「虞公濫於寶與馬」，高注：「濫，貪也。」嚂、濫字可相通。此謂不惑於辯口。不推於方，○劉文典云：御覽引「方」作「名」。不可喜也，不可怒也。是謂至於，窈窈冥冥，孰知其情！○王念孫云：「於」當爲「旍」。古書「旌」字或作「旍」，形與「於」相近，因誤爲「於」。（續漢書天文志「會稽海賊曾旍等千餘人」，今本「旍」誤作「於」。）旌、冥、情三字爲韻。「旌」與「精」同。主術篇曰：「故至精之像，窈窈冥冥，不知爲之者誰而功自成。」老子曰：「窈兮冥兮，其中有精。」莊子在宥篇曰：「至道之精，窈窈冥冥。」皆其證也。列子説符篇「東方有人焉，曰爰旌目」，後漢書張衡傳注引作爰精目。漢濟陰太守孟郁脩堯廟碑「師工旌密」，即「精密」。是「精」與「旌」古字通。○寧案：王説是也。呂氏春秋論威篇「窅窅乎冥冥，莫知其情，此之謂至威之誠」，此淮南所本。彼言誠，此言精，精亦誠也。太平御覽二百七十三引作「至矣」，非是。發必中銓，○楊樹達云：「銓」字無義，字當作「鈐」，形近誤也。本書「鈐」字恆作「權」字用，「發必中鈐」，猶論語言「慮中權」矣。言必合數，動必順時，解必中揍，揍，理也。○馬宗霍云：説文手部無「揍」字。史記扁鵲傳「君有疾在腠理」，文選左思魏都賦「腠理則治」，李善注云：「呂氏春秋：『伊尹曰：用新去陳，腠理遂通。』高誘曰：『腠理，肌脈也。』」據此則本文「揍」當作「腠」，故許君以「理」訓之。今正文注文皆因「揍」、「腠」形近，傳寫致誤。「腠」又通「奏」。儀禮公食大夫禮「載體進奏」，鄭玄注云：「奏謂皮膚之理也。」是其證。説文肉部亦無「腠」字，古蓋假「奏」爲之耳。通動静之機，明開塞之節，審舉措之利害，若合符節；疾如彍弩，勢如發矢，一龍一蛇，動無常體，莫見其所中，莫知其所窮，攻則不可守，守則不可攻。

蓋聞善用兵者，必先脩諸己，而後求諸人，先爲不可勝，而後求勝。脩己於人，求勝於敵，己未能治也，而攻人之亂，是猶以火救火，以水應水也，何所能制！今使陶人化而爲埴，則不能成盆盎；陶人化爲埴，陶人復變爲埴土，不能化埴土也。工女化而爲絲，則不能織文錦：○寧案：呂氏春秋不屈篇：「惠子曰：使工女化而爲絲，不能治絲；大匠化而爲木，不能治木；聖人化而爲農夫，不能治農夫。」此淮南所本。同莫足以相治也。故以異爲奇。兩爵相與鬬，未有死者也，鸇鷹至則爲之解，以其異類也。故靜爲躁奇，有出於人。○吳承仕云：唐卷子本玉篇奇字引此文，又引許注云：「奇，有出於人也。」奇訓不偶，亦爲有餘，不偶者勝人，有餘者過人，故以奇爲有出於人。詮言篇「屈奇之服」，注云：「奇，長也。」義亦與此相近。各本注首誤奪奇字，義不可通。治爲亂奇，飽爲飢奇，佚爲勞奇。奇正之相應，若水火金木之代爲雌雄也。善用兵者，持五殺以應，五殺，五行。故能全其勝；拙者，處五死以貪，故動而爲人禽。

兵貴謀之不測也，形之隱匿也，出於不意，不可以設備也。謀見則窮，形見則制。故善用兵者，上隱之天，下隱之地，中隱之人。隱之天者，無不制也。○劉家立云：案：此以天地人並舉，下文方解釋其義，羼入「隱之天者，無不制也」二句，殊爲不倫。疑是「上隱之天」注文，寫者誤衍於此，而其義正不可通也。○寧案：劉謂「隱之天者」二句衍文，是也，謂是注文羼入，疑非，不得注「上隱之天」而「下隱之地，中隱之人」二句無注。蓋讀者所記，寫者誤入耳。何謂隱之天？大寒甚暑，疾風暴雨，大霧冥晦，因此而爲變者也。何謂隱之地？山陵邱阜，林叢險阻，可以伏匿而不見形者也。何謂隱之人？蔽之於前，望之於後，出奇行陳之間，發如雷霆，疾如風雨，攓巨旗，攓，卷取也。止鳴鼓，而出入無形，莫知其端緒者也。故前後正齊，四方如繩，出入解續，不相越淩，○孫詒讓云：「續」宋本作「贖」。上文亦云「察行陣解贖之數」，然不知「解贖」何義，注亦並無說。攷釋名釋衣服云：「齊人謂如衫而小袖曰侯頭。侯頭猶解瀆，臂直通之言也。」疑解續、解贖、解瀆義同，解贖亦往來通達之語，猶解瀆爲直通之言也。○寧案：道藏本「續」亦作「贖」。上文云「明奇正之變，察行陣解贖之數」，奇、正乃正反對舉，與解贖對文。此言「出入解續，不相越淩」，與下言「離合散聚不失行伍」，文正相麗。出與入，離與合，散與聚，亦皆正反對舉。俞氏謂解贖猶言分合，其說近是也，與釋名「解瀆」，恐非一義。且孫謂「解贖爲直通之言」，則上文行陳直通也，又何察爲！翼輕邊利，邊利，翼軍之邊而利。○馬宗霍云：本文翼與邊對，輕與利對。凡行陳之法，以輕軍爲左右翼，故曰「翼輕」。翼在兩邊，軍輕則行動便利，故曰「邊利」。下文云「或前或後，離合散聚，不失行伍」，即承「輕、利」二字而申之也。注以「翼軍之邊而利」釋之，不釋「輕」字，其意似尚未融。○寧案：注「邊利，翼軍之邊而利」，義不可通。道藏本作「翼，軍之翼。之邊而利」，亦不可解。景宋本作「翼，軍之翼，在辺而利」。疑「在」乃「輕」字之誤，「輕」字脱去右半，車字草書與在字草書形似。「辺」即「邊」，「邊」字俗書作「边」，故誤爲「辺」。文當作「翼，軍之翼，輕邊而利」。今本「之」下脱「翼輕」二字，後人遂於句首妄加「邊利」二字，謬也。或前或後，離合散聚，不失行伍，此善脩行陳者也，明於奇正賌、陰陽，刑德、五行，望氣、候星，龜策、禨祥，○陳觀樓云：「正」字後人所加。「奇賌」以下皆二字連讀。上文云「明於刑德奇賌之數」，高注：「奇賌，陰陽奇秘之要。」是其證。說文作「奇侅」，史記倉公傳作「奇咳」，漢書藝文志作「奇胲」，竝字異而義同。此善爲天道者也。設規慮，施蔚伏，見用水火，出珍恠，鼓譟軍，所以營其耳也。〇呂傳元云：「設規慮，施蔚伏」，「出珍恠，鼓譟軍」，皆三字爲句，「見用水火」不得四字爲句，當衍「見」字，文偭一例。曳梢肆柴，揚塵起堨，〔梢，小柴也。堨，埃。〕〇陶方琦云：文選班固西都賦注引許注：「堨，埃也。」按今注脱「也」字，依宋本補。説文：「堨，壁閒隙。」「埃，塵也。」西都賦：「軼堨埃之混濁。」〇楊樹達云：襄公十八年左傳記晉圍齊，「使乘車左實右僞，以旆先，輿曳柴而從之」，即此「曳梢」之謂也。所以營其目者，〇馬宗霍云：上文云「所以營其耳也」，耳目對舉。則本文「所以營其目者」，「者」猶「也」也，然非「也」之誤字。古人行文，自有此例。論語陽貨篇：「惡紫之奪朱也，惡鄭聲之亂雅樂也，惡利口之覆邦家者。」彼「者」字與「也」亦同義。即其證。此善爲詐佯者也。錞鉞牢重，固植而難恐，勢利不能誘，死亡不能動，此善爲充榦者也。〔充，盈。榦，强也。〕〇陶方琦云：文選陸機辨亡論注引許注：「榦，强也。」按説文：「彊，弓有力也。」釋名釋兵：「矢，其體曰榦，言梃榦也。」義正相近。剽疾輕悍，勇敢輕敵，疾若滅没，此善用輕出奇者也。相地形，處次舍，治壁壘，審煙斥，〇孫詒讓云：煙、闉同聲叚借字。上文云：「無刑罰之威，而相爲斥闉要遮者，同所利也。」是其證。〇寧案：「煙」當爲「堙」，形近而誤也。上文「而相爲斥闉要遮者」，許注：「闉，塞也。」山海經海内經「以堙洪水」，郭注「以塞洪水也」。又詩鄭風出其東門毛傳：「闉，曲城也。」左傳襄公六年「堙之環城」，注：「堙，土山也。」正義曰：「宣十五年公羊傳曰：『子反乘堙而窺宋城。』是堙爲土山，使高與城等而攻之也。」「堙之環城」，即曲城之引申。是「闉」本字，「堙」借字。此「煙」字疑非原文。居高陵，舍出處，此善爲地形者也。因其飢渴凍暍，勞倦怠亂，恐懼窘步，乘之以選卒，擊之以宵夜，此善因時應變者也。易則用車，易，平地也。險則用騎，涉水多弓，水中不可引弩，故以弓便。隘則用弩，隘可以手弩以爲距。○劉家立云：「涉水多弓，隘則用弩」，與上下文不相協，疑當作「涉水用弓，距隘用弩」。注云：「隘可用手弩以爲距」，則正文有「距」字明矣。且「易則用車」四句，皆作「用」字，下文「晝則多旌」三句，皆作「多」字，若作「涉水多弓」，則既不相類，文義尤不可通。此「多」字卽涉下文而誤也。○于省吾云：按「涉水多弓」不詞，本應作「涉則用弓」。此言水中不便於用弩鏃以發矢，故曰用弓。注「故以弓便」，「以」字正釋「用」字。且「易則用車」與「險則用騎」對文，「涉則用弓」與「隘則用弩」對文，今作「涉水多弓」，因注文「水」字及下文「晝則多旌，夜則多火，晦冥多鼓」而誤。「晝則多旌，夜則多火」，二句平列，「晦冥多鼓」爲單句，此古人文字奇偶之變，極整齊亦極錯落，中間不應作「涉水多弓」以自紊其詞例也。○寧案：劉說是也。一二句易與險對，三四句涉水與距隘對，亦古人行文變化處。若如于說，則注中不得有距字。晝則多旌，夜則多火，晦冥多鼓，此善爲設施者也。凡此八者，不可一無也，然而非兵之貴者也。夫將者，必獨見獨知。獨見者，見人所不見也；獨知者，知人所不知也。見人所不見，謂之明；知人所不知，謂之神。神明者，先勝者也。先勝者，守不可攻，戰不可勝，攻不可守，○寧案：守、戰、攻三者異義，故上文「善守者無與御，善戰者無與鬭」，守戰對舉；「攻不待衝隆雲梯而城拔，戰不至交兵接刃而敵破」，攻戰對舉。劉家立集證删「戰不可勝」四字而無說，謬甚。虛實是也。上下有隙，將吏不相得，所持不直，卒心積不服，言積怨不服之也。○于鬯云：「所」上疑脱「主」字，與下句「卒」相對。○寧案：「所持不直，卒心積不服」，與「上下有隙，將吏不相得」，相麗爲文，「所」上不當有「主」字。且上承「夫將者」而言，此言「卒心」而文義自明。于說非是。所謂虛也。主明將良，上下同心，氣意俱起，所謂實也。若以水投火，所當者陷，所薄者移，牢柔不相通，而勝相奇者，虛實之謂也。○楊樹達云：「勝」下當有「敗」字。此脱。景宋本亦脱。奇者，説文云：「異也。」「勝敗相奇」，與「牢柔不相通」文正相對，又與下文「虛實」相應，否則不可通。故善戰者不在少，善守者不在小，勝在得威，敗在失氣。夫實則鬬，虛則走，盛則强，衰則北。吴王夫差地方二千里，帶甲七十萬，南與越戰，棲之會稽，○寧案：文選鵩鳥賦「越棲會稽兮」，引高誘淮南子注云：「山處曰棲。」當是此處高注佚文。北與齊戰，破之艾陵，西遇晉公，禽之黄池，晉公謂平侯也。禽之，服晉也。○吴承仕云：左氏哀十三年傳：「公會單平公、晉定公、吴夫差於黄池。吴、晉争先，乃先晉人。」正義曰：「吴語説此事云：『吴公先歃，晉侯亞之。』與此異。」此注以禽之爲服晉者，用國語吴先晉後之文，故不與内傳同也。又案：平侯當云定侯，晉平公前卒已五十年矣。注云平侯，疑是傳寫失之。○于省吾云：按邘王壺，「黄池」作「黄沱」。此用民氣之實也。其後驕溢縱欲，拒諫喜諛，憢悍遂過，憢，勇急也。不可正喻，大臣怨懟，百姓不附，越王選卒三千人，禽之干隧，因制其虛也。夫氣之有虛實也，若明之必晦也。故勝兵者非常實也，敗兵者非常虛也。善者，能實其民氣以待人之虛也；不能者，虛其民氣以待人之實也。故虛實之氣，兵之貴者也。

凡國有難，君自宮召將，詔之曰：「社稷之命，在將軍卽今國有難，願請子將而應之。」○王念孫云：「卽」當爲「身」，「在將軍身」爲句，「今國有難」爲句。隸書「身」字或作「身」，與「卽」字左半相似，因誤而爲「卽」。「願請子將而應之」，「請」字涉下文「還請」而衍。藝文類聚武部太平御覽兵部五、七十一、儀式部一引此并作「社稷之命，在將軍身，今國有難，願子將而應之」。是其證。○寧案：王説是也。景宋本作「在將軍耳」，太平御覽二百七十四引同。「耳」卽「身」字之缺筆甚明。又太平御覽二百七十四引作「請子將而應之」，「請」卽「願」字之誤。六韜立將篇作「願將軍帥師應之」，文雖小異，無「請」字。將軍受命，乃令祝史太卜齋宿三日，之太廟，鑽靈龜，卜吉日以受鼓旗。○寧案：「齋宿三日」北堂書鈔一百二十、太平御覽三百四十又六百八十引無「宿」字。六韜立將篇亦無「宿」字。君入廟門，西面而立；將入廟門，趍至堂下，北面而立。主親操鉞，持頭，授將軍其柄，曰：「從此上至天者，將軍制之。」復操斧，持頭，授將軍其柄，曰：「從此下至淵者，將軍制之。」將已受斧鉞，答曰：「國不可從外治也，軍不可從中御也。二心不可以事君，疑志不可以應敵。臣既以受制於前矣，鼓旗斧鉞之威，臣無還請，願君亦以垂一言之命於臣也。○王念孫云：「亦以垂一言之命」，「以」當爲「無」。今作「以」者，涉上文「既以」而誤。「軍不可從中御」，故曰「臣無還請，君亦無垂一言之命於臣」。兩「無」字相因爲義。今本下「無」字作「以」，則義不可通。太平御覽兵部五引此正作「無」。君若不許，臣不敢將。君若許之，臣辭而行。乃爪鬋，鬋爪，送終之禮，去手足爪。設明衣也，明衣，喪衣也。在於闇冥，故言明。○劉家立云：御覽三百三十五引此作「古將之出，鑿凶門，設明衣，鬋指爪」。此節三字爲文。今本「鬋指爪」作「爪鬋」，則義不可通。此寫者之脱誤也。○寧案：御覽三百三十五引無此文。廣韻：「爪，手足爪也。」許注「去手足爪」卽訓「鬋爪」，則正文不當有「指」字，今本「爪鬋」二字誤倒耳。注可證。藝文類聚五十九引無「指」字，御覽二百七十四引同，且「爪鬋」正作「鬋爪」。又二書「設明衣」下無「也」字，據刪。鑿凶門而出，凶門，北出門也。將軍之出，以喪禮處之，以其必死也。○陶方琦云：御覽三百三十五引許注：「明衣，送終衣也。翦手足指爪者，示必死也。」按此御覽所引乃敚文，「明衣」下敚去十字。「送終衣」卽今注「送終禮」，「禮」與「衣」字相似。今注「以其必死也」，「其」字乃「示」字。「其」古作「亓」，與「示」相似。乘將軍車，載旌旗斧鉞，累若不勝。其臨敵決戰，不顧必死，○劉文典云：北堂書鈔百十五、藝文類聚五十九引「決」竝作「攻」，於義爲長。○寧案：「決」與「必死」相應。太平御覽二百七十四引作「決」，六韜立將篇同。無有二心。是故無天於上，無地於下，無敵於前，無主於後，進不求名，退不避罪，○劉文典云：北堂書鈔百十五引「避」作「辭」。○寧案：北堂書鈔引當是「辟」字之誤。「辭」俗書作「辞」，與「辟」形似。唯民是保，利合於主，國之實也，上將之道也。○王念孫云：「實」當爲「寶」，字之誤也。孫子地形篇：「故進不求名，退不避罪，唯民是保，而利合於主，國之寶也。」此卽淮南所本。今作國之實則義不可通矣。且寶與保、道爲韻，若作實則失其韻矣。（上下文皆用韻。）如此，則智者爲之慮，勇者爲之鬭，氣厲青雲，疾如馳騖，是故兵未交接而敵人恐懼。若戰勝敵奔，畢受功賞，吏遷官，益爵祿，割地而爲調，決於封外，卒論斷於軍中。言有罪而誅。顧反於國，放旗以入斧鉞，○呂傳元云：「放」當爲「㫃」，字之譌也。説文：「㫃，讀若偃。」此猶言偃其旌旗也。後人不識「㫃」爲古文「偃」，故改爲「放」字耳。報畢於君曰：「軍無後治。」乃縞素辟舍，請罪於君。君曰：「赦之！」退，齊服。大勝三年反舍，大勝敵者，還三年，乃反故舍也。中勝二年，下勝期年。兵之所加者，必無道國也，○寧案：道藏本、中立本、茅本、景宋本「國」上有「之」字，太平御覽二百七十四引同，當據沾。故能戰勝而不報，取地而不反，民不疾疫，將不夭死，五穀豐昌，風雨時節，戰勝於外，福生於内，是故名必成而後無餘害矣。

淮南子集釋卷十六

漢涿郡高誘注

說山訓 山爲道本，仁者所處。說道之旨，委積若山，故曰說山，因以題篇。

魄問於魂曰：「道何以爲體？」魄，人陰神也。魂，人陽神也。陰道祖於陽，故魄問魂，道以何等形體也。○莊逵吉云：太平御覽引作「魂問於魄」。下魂、魄並互異。○寧案：鮑本太平御覽八百八十六引作「魂問於魄」，下文魂、魄同今本。宋本太平御覽仍作「魄問於魂」，與高注合。莊失檢。曰：「以無有爲體。」道無形，以無有爲體也。魄曰：「無有有形乎？」○寧案：宋本、鮑本太平御覽引「有形」皆作「無形」。魂曰：「無有。」「何得而聞也？」言無有形狀，何以可得而知也。魂曰：「吾直有所遇之耳！」言遇，遭遇知之也。○王念孫云：「何得而聞也」上，本有「魄曰無有」四字。魄問魂曰：「無有何得而聞也？」故魂答曰：「吾直有所遇之耳。」今本脱此四字，則義不可通。（此因兩「魄曰無有」相亂而脱其一。）藝文類聚靈異部下、太平御覽妖異部二所引並有此四字。○吴承仕云：注當云「吾適遭遇知之也」，「適」譌作「遇」，文不成義。注蓋以適訓直，適、直聲近義通，皆爲語詞。朱本作「言以遭遇知之耳」，語雖易憭，恐是後人所改。○寧案：鮑本太平御覽引，「何得而聞也」上有「無形也魄曰無有」七字。宋本太平御覽有敚文，然七字不敚。疑此文當作「魂曰：『無有無形也。』魄曰：『無有何得而聞也。』」藝文類聚引敚「無形也」三字。視之無形，聽之無聲，謂之幽冥。幽冥者，所以喻道，而非道也。」似道而非道也。魄曰：「吾聞得之矣！得猶知也。○王念孫云：「聞」字涉上文而衍。乃内視而自反也。」魂曰：「凡得道者，形不可得而見，名不可得而揚。揚，猶稱也。「揚」或作「象」。今汝已有形名矣，何道之所能乎！」魄曰：「言者，獨何爲者？」魄詰魂曰：子尚無形，何故有言？○寧案：注「詰」，道藏本、中立本、茅本、景宋本作「謂」非。「吾將反吾宗矣。」宗，本也。魂將反于無形。○俞樾云：「吾將反吾宗矣」上當有「魂曰」二字，此乃魂之言也。「吾將反吾宗」者，魂欲反其宗也，故下文曰：「魄反顧魂，忽然不見。」惟反其宗，所以不見也。高解「反吾宗」曰：「魂將反于無形」，則其所據本正有「魂曰」二字。不然，何知其是魂而非魄乎？○寧案：道藏本、中立本、茅本、景宋本高注作「魄言將反於無有」。「魄」當爲「魂」，即因上脱「魂曰」二字而誤。魄反顧魂，忽然不見，不見魂也。反而自存，亦以淪於無形矣。魄反而自存，亦以入於無形之中矣。「形」或作「有」。○馬宗霍云：爾雅釋詁云：「存，察也。」禮記禮運篇「處其所存」，又大傳篇「五曰存愛」，鄭玄注竝云：「存，察也。」本文「反而自存」，存亦爲察，言反而自察也。

人不小學，不大迷；小學不博，不能通道，故大迷也。不小慧，不大愚。小慧不能通物，故大愚也。○王念孫云：「學」當爲「覺」，字之誤也。「小覺」與「大迷」相對，「小慧」與「大愚」相對。今作「小學」，則非其指矣。文子上德篇正作「不小覺，不大迷」。又案：高注本作「小覺不能通道，故大迷也」。今本作「小學不博，不能通道」者，「覺」誤爲「學」，後人因加「不博」二字也。下注云「小慧不能通物，故大愚也」，與此相對爲文，則此注原無「不博」二字明矣。○寧案：王刪「不博」二字是也，然「學」即「覺」也。説文：「斅，覺悟也。學，篆文斅省。」廣雅釋詁「學，覺也。」此無庸改字。

人莫鑑於沫雨，而鑑於澄水者，以其休止不蕩也。沫雨，雨潦上覆瓮也。澄，止水也。蕩，動也。「沫雨」或作「流潦」。詹公之釣，千歲之鯉不能避；詹公，詹何也，古得道善釣者。有精術，故能得千歲之鯉也。○王念孫云：「千歲之鯉不能避」，本作「得千歲之鯉」。高注「故得千歲之鯉也」，是其證。今本作「千歲之鯉不能避」者，句首脱去「得」字，則文不成義，後人不解其故，遂於句末加「不能避」三字耳。（初學記鱗介部、太平御覽資産部十四、鱗介部八引此，並作「詹公之釣千歲之鯉」，則所見本已脱「得」字，但尚無「不能避」三字。埤雅云：「詹何之釣，千歲之鯉不能避。」則所見本已有此三字矣。）下文「引輴者爲之止」下，又衍「也」字。（因下文「精之至也」而衍。）此文以鯉、止、喜三字爲韻，如今本則失其韻矣。曾子攀柩車，引輴者爲之止也；曾子至孝，送親喪悲哀，攀援柩車，而挽者感之，爲之止。輴，棺下輪也。輴讀若牛行輴輴之「輴」也。○寧案：注「輴，棺下輪也」，當作「輴，下棺車也」。玉篇：輴同𨊴，「下棺車」。説文：「下棺車曰𨊴。」據以訂正。又玉篇：「𤘤，牛行遲也。」本此。老母行歌而動申喜，精之至也。申喜，楚人也，少亡其母。聞乞人行歌聲，感而出視之，則其母也。故曰「精之至」。○向宗魯云：「精之至也」四字，乃總括詹公以下六事之詞，非指申喜一人，當移在「文君垂泣」下。又案：注楚當作周。吕氏精通篇云：「周有申喜者。」此注當本之。○寧案：注「少亡其母」，莊本「其」誤作「二」，據宋本、藏本改正。瓠巴鼓瑟，而淫魚出聽；瓠巴，楚人也，善鼓瑟。淫魚喜音，出頭於水而聽之。淫魚長頭身相半，長丈餘，鼻正白，身正黑，口在頷下，似鬲獄魚，而身無鱗，出江中。○陶方琦云：説文魚部「鱏」字下引傳曰：「伯牙鼓琴，鱏魚出聽。」定是淮南。攷蜀志郤正傳注及文選魏都賦注並引淮南作鱏魚，即許本也。論衡亦作鱏魚，左思魏都賦亦作「感鱏魚」，皆用淮南許本。高本作淫魚，與韓詩外傳同。（文選洞簫賦注引淮南作淫魚，高本也。）其外荀子作流魚，大戴禮作沈魚，皆由聲近得通。**伯牙鼓琴，駟馬仰秣；**仰秣，仰頭吹吐，謂馬笑也。○楊樹達云：荀子勸學篇云：「伯牙鼓琴，而六馬仰秣。」楊倞釋「仰秣」爲「仰首而秣」。「秣」字與「䬴」字同。說文䬴訓「食馬穀」，引申之，馬食穀亦爲䬴。高云「仰頭吹吐，謂馬笑」，非其義，當從楊說。○馬宗霍云：荀子勸學篇「伯牙鼓琴而六馬仰秣」，即此文所本。楊倞彼注云：「仰首而秣，聽其聲也。」案詩周南漢廣篇「言秣其馬」，毛傳云：「秣，養也。」小雅鴛鴦篇「乘馬在廄，摧之秣之」，毛傳云：「秣，粟也。」以粟養馬曰秣。其本字作「䬴」，說文食部云「䬴，食馬穀也」，是也。引申之，馬食穀亦曰秣。則仰首而秣，蓋謂仰首而食穀也。高注「仰頭吹吐」，非「秣」字之義。尋文選馬融長笛賦李善注引韓詩外傳曰：「瓠巴鼓琴而六馬仰沫。」韓傳亦本荀子，而「秣」作「沫」，从水不从禾。沫者，莊子至樂篇「乾餘骨之沫爲斯彌」，陸德明釋文引李頤注云：「沫，口中汁也。」與「秣」義異。余疑高本淮南蓋作「仰沫」，故以「仰頭吹吐」釋之。吹謂吹氣，吐謂吐涎，與李頤「口中汁」之解正合。其狀似笑，故又云「謂馬笑也」。今本淮南正文作「秣」，蓋校者依荀子改，故與注文不相應。而荀子古本當作「沫」，又由淮南高注與文選李注所引韓詩外傳可以互證而得。再就情事論，馬因聞樂仰首而笑，因笑而張口流沫，亦以作「仰沫」爲長。後人習熟秣馬之語，乃改荀子之「沫」爲「秣」。於是諸書之襲用荀子此文者皆作「仰秣」矣。（明沈氏野竹齋刊本韓詩外傳亦作「仰秣」。李善所據者爲唐以前本，獨作「沫」字，得以證成高注，真一字千金也。校淮南與荀子者皆未及此，故特表而出之。）○寧案：據上下文「琴」下當有「而」字。景宋本正有「而」字。文選長笛賦注引亦有「而」字。**介子歌龍蛇，而文君垂泣。**介子，介推也。從晉文公重耳出奔翟，遭難絶糧，介子推割肌啗之。公子復國，賞從亡者，子推獨不及，故歌曰：「有龍矯矯，而失其所。」有蛇從之，而啖其口。龍既升雲，蛇獨泥處。」龍以喻文公，蛇以自喻也。于是文公覺悟，求介子推不得而號泣之。○向宗魯云：注「肌」乃「股」之壞字。莊子盜跖篇云：「介子推自割其股以食文公。」韓詩外傳十云：「介子推割股，天下莫不聞。」説苑復恩篇云：「一蛇割股。」楚辭九章「介子忠而立枯兮」，章句亦云：割股肉以食文公。」（韓非子用人篇「不忍口腹而仁割其肌」，「肌」亦「股」之壞字。）○寧案：呂氏春秋介立篇引介之推賦詩曰：「有龍于飛，周徧天下。五蛇從之，爲之丞輔。龍反其鄉，得其處所。四蛇從之，得其露雨。一蛇羞之，橋死於中野。」與此注引文異。

故玉在山而草木潤，玉，陽中之陰也。故能潤澤草木。淵生珠而岸不枯。珠，陰中之陽也，有光明，故岸不枯。○陶方琦云：史記集解一百二十八引許注：「滋潤鐘於明珠，致令岸枯也。」按：二注文異。史記龜筴傳「玉處于山而木潤，淵生珠而岸不枯」，徐廣曰：「一本無不字」，引許君説淮南云云。是淮南許本作「淵生珠而岸枯」也。徐爲漢後人，當親見淮南最初本，所引許注，塙而可徵。

螾無筋骨之强，爪牙之利，螾，一名蜷蠕也。○寧案：「蜷蠕」，疑當作「蠢蝡」。時則篇高注：「丘螾，蠢蝡也。」書作「蝽蝡」，故「蜷蠕」乃形近而譌。上食晞堁，下飲黄泉，用心一也。晞，乾也。堁，土塵也，楚人謂之堁。一，精專也。○劉文典云：主術篇許注「堁，塵塺也，楚人謂之堁」，與此注合。蓋高承用許注。説文土部：「塺，塵也。」注「土」字疑「塺」之壞字也。○寧案：説林篇高注：「堁，土塵也。楚人謂之堁。」與此注同，土非誤字。

清之爲明，杯水見眸子；濁之爲闇，河水不見太山。視日者眩，聽雷者聾。○王念孫云：人視日則眩，聽雷則未必聾也。玉篇：「聵，女江切。淮南子曰：『聽雷者聵。』注云：『耳中聵聵然。』」埤蒼云：「耳中聲也。」（廣韻與埤蒼同。）據此則古本作「聽雷者聵」今本「聵」作「聾」而無「耳中聵聵」之注，則後人以意删改之耳。○寧案：玉篇引注，疑是許注。蓋許作聵而高作聾也。說林篇「聽有音之音者聾」，義與此同。

人無爲則治，有爲則傷。道貴無爲，故治也。有爲則傷，道不貴有爲也。傷猶病也。○寧案：注，中立本作「道貴無爲，故無爲者治；不貴有爲，故有爲者傷。傷，病也」。無爲而治者，載無也。言無爲而能致治者，常載行其無爲。爲者，不能有也；爲者，有爲也。有謂好憎情欲，不能恬澹靜漠，故曰「不能無爲」也。○王念孫云：「不能有也」，本作「不能無爲也」。下文「不能無爲者」，即承此句而申言之。高注云「好憎情欲，不能恬澹靜漠，故曰不能無爲也」。是其明證矣。今本作「不能有」者，涉下文「不能有爲」而誤。文子精誠篇正作「爲者，不能無爲也」。不能無爲者，不能有爲也。不能行清靜無爲者，不能大有所致，致其治，立其功也，故曰「不能有爲」也。○寧案：注，道藏本、中立本、景宋本皆不重「致」字，「不能大有所致其治立其功」作一句讀。日刻改正淮南鴻烈解「大有所」作「大有爲」。人無言而神，無言者，道不言也。道能化，故神。有言者則傷。道貴不言，故言有傷。無言而神者載無，道貴無言，能致于神。載，行也，常行其無言也。有言則傷其神。之神者，道賤有言，而多反有言，故曰「傷其神」。鼻之所以息，耳之所以聽，終以其無用者爲用矣。無用者，謂鼻耳中空處也。○王念孫云：「無言而神」，「有言則傷」，相對爲文，「有言」下不當有「者」字，此因上下文「者」字而誤衍也。下文「有言則傷其神」，「有言」下亦無「者」字。「無言而神者載無」，「無」下當有「也」字。上文云：「人無爲則治，有爲則傷。無爲而治者，載無也。」皆與此文同一例。陳氏觀樓曰：「『有言則傷其神』絶句。（高注『故曰傷其神』，是以神字絶句。）『之神者』三字，乃起下之詞，不連上句讀。之，此也。言此神者，鼻之所以息，耳之所以聽也。高注『道賤有言』云云，本在『有言則傷其神』之下，後人誤以『則傷其神之神者』作一句讀，而移高注於『之神者』之下，則上下文皆不可讀矣。」念孫案：文子作「有言則傷其神之神者」，（今本「有」字誤在「傷」字下，又脱「其」字。）已誤讀淮南之文。後人移高注於「之神者」之下，即爲文子所惑也。物莫不因其所有，而用其所無，以其所無用爲用也。以爲不信，視籟與竽。籟，三孔籥也，以其管孔空處以成音也，故曰「視籟與竽」也。

念慮者不得卧，詩曰：「耿耿不寐，如有殷憂。」又曰：「展轉伏枕，寤寐永歎。」止念慮，則有爲其所止矣。止，猶去也，强自抑去念慮，非真無念慮，則與物所止矣。○馬宗霍云：上文云：「物莫不因其所有而用其所無。」此文「有」字如加引號則意明。「其」字指「止念慮」一事而言。凡有皆起於念慮，念慮既去，則有亦自止。高注似不甚了。○寧案：「有爲」謂止也，蓋止之即爲也。「其」，指止念慮者。止念慮，即有爲於念慮，故曰「止念慮則有爲其所止」也。有爲其所止，亦一念慮也，故下文曰：「兩者俱忘。」馬氏謂「有字如加引號則意明」，於義似亦不甚了。兩者俱忘，則至德純矣。兩者，念慮與不念慮也。忘二者則神内守，故至德純一也。○吴承仕云：朱本「不念慮」上有「强」字。案：上文「止念慮」注云：「强自抑去念慮，非真無念慮。」則此注云「强不念慮」，正承上文言之。莊本脱「强」字，非其義也。○寧案：吴説是也。有爲其所止，故曰强也。道藏本、茅本、景宋本皆有「强」字。

聖人終身言治，所用者非其言也，用所以言也。非其言，非其所常言也。用所以言者，用當所治之言。歌者有詩，然使人善之者，非其詩也。善之者，善其音之清和也。不善其詩，故曰「非其詩」也。鸚鵡能言，而不可使長。鸚鵡，鳥名，出于蜀郡，赤喙者是，其色縹緑，能效人言。長，主也。○王念孫云：「不可使長」，「長」下當有「言」字。高注曰「不知所以長言」，下注又曰「不能自爲長主之言」，則有「言」字明矣。脱去「言」字，則文不成義。藝文類聚鳥部中、太平御覽羽族部十一引此皆有「言」字。○俞樾云：藝文類聚鳥部、太平御覽羽族部引此並作「不可使長言」，當從之。高注曰：「長，主也。」又曰：「不知所以長言。」下注又曰：「不能自爲長主之言。」則未得長字之義。長，主也。則長猶典也。「不可使長言」，猶曰不可使典言，謂不可使典主教令也。○馬宗霍云：王謂本文「不可使長，長下當有言字」，其説是也。俞樾説同。但王氏於本注訓長爲主，未加申釋。俞氏則謂「長，主也。則長猶典也。不可使長言，猶曰不可使典言，謂不可使典主教令也」。余案高注以主訓長，則「長言」猶「主言」也。鸚鵡能效人言，祇可傳言，未必能達人之意。故下文云：「得其所言，而不得其所以言。」所以言者，即人言之本意也。本書氾論篇「得其所以言」，彼注云：「得其未言時之本意。」與此可相參。人之本意且不能得，自不能代人爲主而有言矣，故曰「不可使長言」也。高氏於下文又以「教令之言也」釋之。「教令之」三字爲一讀，即謂鸚鵡受人之教令而後能言也。則不能主言之意尤顯。俞氏誤解注文「教令」二字，乃謂不可使典主教令，失之遠矣。**是何則？得其所言，而不得其所以言。**得其言者，知效人言也。不知所以長言，教令之言也。故曰「不得其所以言」。**故循迹者，非能生迹者也。**循，隨也，隨人故迹，不能創基造制，自爲新迹，如鸚鵡知效人言，不能自爲長主之言也。

神蛇能斷而復續，而不能使人勿斷也。○劉文典云：御覽九百三十三引「續」作「屬」。**神龜能見夢元王，而不能自出漁者之籠。**宋元王夜夢見得神龜而未獲也。漁者豫且捕魚得龜，以獻元王，元王剥以卜，故曰「能見夢元王，而不能自出漁者之籠」也。

四方皆道之門户牖嚮也，在所從闚之。故釣可以教騎，騎可以教御，御可以教刺舟。

此四術者，皆謹敬加順其道，故可以相教。

越人學遠射，參天而發，適在五步之内，不易儀也。越人習水便舟，而不知射，射遠反直仰向天而發，矢勢盡而還，故近在五步之内。參猶望也。儀，射法。言不曉射，故不知易去參天之法也。○王引之云：參猶值也，言正值人上也。墨子經篇曰：「直，參也。」直與值同。參天而發，謂值天而發。高訓參爲望，失之。世已變矣，而守其故，譬猶越人之射也。言其守故，不知變也。○寧案：藝文類聚七十四引作「越人學遠參天而發，鏑在五步内。今學者欲學古而不知變，是越人射也」。疑是許本。「遠」下又誤脱「射」字。

月望，日奪其光，陰不可以乘陽也。月十五日與日相望，東西中繩，則月食，故奪月光也。差則虧，至晦則盡，故曰「陰不可以乘陽」也。日出星不見，不能與之争光也。星，陰也，不能奪日之光也。故末不可以强於本，指不可以大於臂，下輕上重，其覆必易。一淵不兩鮫。鮫，魚之長，其皮有珠，今世以爲刀劍之口是也。一説：魚二千斤爲鮫。○王念孫云：「一淵不兩鮫」，即承上文言之，以明物不兩大之意，而語勢未了，其下必有脱文。太平御覽鱗介部二引此，「一淵不兩鮫」下有「一棲不兩雄，（韓子揚権篇曰：「毋弛而弓，一棲兩雄。」）一則定，兩則争」，凡十一字。又引高注云：「以（喻）日月不得竝明，一國不可兩君也。」（上文「一淵不兩鮫」下引「鮫，魚之長，其皮有珠」云云，與今本高注同，則此所引亦是高注。）今本皆脱，當據補。文子上德篇亦云：「一淵不兩蛟，一雌不二雄。一卽定，兩卽争。」○陶方琦云：大藏音義引許注曰：「鮫，龍屬也，池魚滿三千六百，則鮫來爲之長。」説文：「蛟，龍之屬也，池魚滿三千六百，蛟來爲之長，能率魚而飛，置笱水中，卽蛟去。」此引許注正同説文。高注中一説，卽許義也。道應篇「兩蛟挾繞其船」，許注曰：「蛟，龍屬也，魚滿二千五百斤，蛟來爲之主也。」與此說亦同。高注作「鮫」，訓爲皮可飾刀劍，即說文「鮫，海魚也，皮可飾刀」，與蛟不同也。○寧案：長短經是非篇引語曰：「一棲不兩雄，一泉無二蛟。」知二句蓋古諺，今本敚一。呂氏春秋知分篇高注：「魚滿二千斤爲蛟。」此一說與知分篇同，是高注之一說，非必許說也。許注謂「魚滿三千六百，（道應篇許注作「二千五百斤」，文有誤。）鮫來爲之長」，三千六百謂魚數。此一說「魚二千斤爲鮫」，指魚重。陶以爲許義，非是。

水定則清正，動則失平。故惟不動，則所以無不動也。江、河所以能長百谷者，能下之也。夫惟能下之，是以能上之。上，大也。○寧案：尸子明堂篇「孔子曰：『大者河海乎，下之也。』夫河下天下之川，故廣；人下天下之士，故大。」此淮南所本。

天下莫相憎於膠漆，膠漆相持不解，故曰「相憎」。一說：膠入漆中則敗，漆入膠亦敗，以多少推之，故曰「相憎」。○陶方琦云：意林引許注：「膠漆相抱，不得還其本也。」按：二注異。高注上一說與許同，當即許注也。而莫相愛於冰炭。冰得炭則解歸水，復其性，炭得冰則保其炭，故曰「相愛」。○陶方琦云：意林引許注：「冰得炭則解，故得還其本也。」案：今高注亦即是許義。膠漆相賊，冰炭相息也。牆之壞，愈其立也；壞，反本還爲土，故曰「愈其立也」。○寧案：注「故曰愈其立也」六字，莊本脱，據宋本藏本補。冰之泮，愈其凝也；以其反宗。泮，釋，反水也。宗，本也。

泰山之容，○寧案：道藏本、中立本、茅本、景宋本有注云：「容，形。」當據沾。巍巍然高，去之千里，不見埵堁，遠之故也。埵堁，猶席翳也。埵讀似望，作江、淮間人言能得之也。○吴承仕云：朱本「席」作「塵」。邵瑞彭曰：「席」當爲「坲」，六朝俗書「席」「坲」形多相亂。顏氏家訓書證篇云：「席中加帶，惡上安西。」故「坲」字轉寫爲「席」矣。承仕案：邵説是也。楚辭九歎「舉霓旌之坲翳兮」，是「坲翳」連文之證。○寧案：據注文「埵讀似望」，則「埵堁」乃「壤堁」之誤。朱本「席」作「塵」，是也。廣雅釋詁「壤堁，翳塵也」，即本此爲訓。壤讀似望，作江、淮間人言能得耳。邵校「席」爲「坲」，吴亦從之，疑非。秋豪之末，淪於不測。○劉家立云：「秋豪之末，淪於不測」，語勢未了，疑當有「小之故也」四字。上文云：「泰山之容，巍巍然高，去之千里，不見埵堁，遠之故也。」無此四字，與上文不一律。下文云：「故小不可以爲内者，大不可以爲外矣。」高注云：「小不可爲内，復小於秋豪之末，謂無有也。」正承接「秋豪之末」而言。無此四字，文氣亦不接。此寫者之脱誤也。是故小不可以爲内者，大不可以爲外矣。小不可爲内，復小於秋豪之末，謂無有也。無有無形者，至大不可爲外也。

蘭生幽谷，不爲莫服而不芳。性香。○梁玉繩云：「幽宫」非幽室之謂，如大山之宫小山之宫。莊改爲「幽谷」誤。○寧案：道藏本、景宋本作「幽宫」，故梁校云然。舟在江海，不爲莫乘而不浮。性浮。君子行義，不爲莫知而止休。性仁義也。○劉文典云：「止休」，北堂書鈔百三十七作「止也」。書鈔又引文子「君子行義，不爲莫已知而止也。」今本文子上德篇作「君子行道，不爲莫知而止」，亦無休字。「休」，疑衍文也。○寧案：文子上句作「舟浮江海，不爲莫乘而沉」，故下句作「不爲莫知而止」，此文上二句言「不芳」、「不浮」，則此未必衍「休」字。北堂書鈔引或是異本。

夫玉潤澤而有光，其聲舒揚，舒，緩也。揚，和也。涣乎其有似也。似君子也。涣讀人謂貴家爲腴主之「腴」也。〇李哲明云：「貴家爲腴主」，義不可通。「腴」是「餪」字之誤。玉篇「餪，饋女。」廣韻：「女嫁三日送食曰餪。」意貴家餪餽特豐腆，故當時有此言。〇吴承仕云：朱東光本「涣」並作「澳」，「腴」作「腰」。承仕案：文當作「澳」。作「涣」者，形近而譌。此文以澳爲𩞁，由幽旁轉之也。「温燠」亦作「温郁」，「薁棣」亦作「郁棣」，王褒聖主得賢臣頌「卑辱奥渫」，李善引如淳曰：「奥音郁。」此皆澳、郁聲轉通假之明證也。「澳乎有似」，猶云「郁郁乎其有文章」矣。高讀澳爲「奥主」之奥。左氏昭十三年傳「國有奥主」，記禮運「故人以爲奥也」，此注家比況作音之義也。至注中「貴家」之文，（寫宋本作「富貴家」。）或爲漢末諺言，或後人傳寫有誤，今難質言矣。各本譌「澳」爲「涣」，注文又譌爲「腴」爲「腰」，文義遂不可説，不有朱本，將何由尋其蹤跡哉！〇寧案：涣、腴皆澳字之誤，吴説是也。論語泰伯篇「涣乎其有文章」，故澳以形近誤爲涣。曲禮：「爲人子者，居不主奥。」疏：「居不主奥者，主猶坐也。奥者，室内西南隅也。室嚮南，户近東南角，則西南隅隱奥無事，故呼其名爲奥。常推尊者於閑樂無事之處，故尊者居必主奥也。」高注「貴家爲奥主」，當即尊者主奥之義。**無内無外，不匿瑕穢，**無内無外，表裏通也。匿，藏也。**近之而濡，望之而隧。夫照鏡見眸子，**〇向宗魯云：「照鏡」，照字衍，鏡猶照也。「鏡見眸子」與下二句文義一律，皆狀玉之美。若如今本多一「照」字，則似言鏡也者，與上下文皆不貫矣。〇寧案：向説是也。然「夫」字乃起下之詞，則以下三句文義不了，夫字當亦後人妄加。**微察秋豪，明照晦冥。故和氏之璧、隨侯之珠，出於山淵之精，君子服之，順祥以安寧，**服，佩也。君子佩而象之，無有情欲，能順善以安其身。**侯王寶之，爲天下正。**寶，重也。侯王重其天性，若凡民之重珠玉，故以爲天下正，無所阿私也。**陳成子恒之刼子淵捷也，**陳成子將弒齊簡公，使勇士十六人，脅其大夫子淵捷，欲與分國，捷不從，故曰刼之也。○孫志祖云：注此事見新序義勇篇，「十六人」作「六人」，「子淵捷」作「子淵棲」，疑誤。○向宗魯云：子淵捷見左昭二十六年傳。○寧案：注「齊簡公」下，莊本脱「使」字，據宋本、藏本補。子罕之辭其所不欲不欲玉之寶也。而得其所欲，所欲不貪爲寶。孔子之見黏蟬者，○寧案：即痀僂者承蜩。事見莊子達生篇，又見列子黄帝篇。前後七事皆有注，此不當無注，疑脱。白公勝之倒杖策也，倒杖策，傷其頤，血流及屨而不覺，言精有所在也。衛姬之請罪於桓公，衛姬，衛女，齊桓公夫人也。桓公有伐衛之志，衛姬望見桓公色而知之，故請公殺，贖衛之罪。子見子夏曰「何肥也」，道勝，無情欲，故肥也。魏文侯見之反被裘而負芻也，知其皮盡，則毛無所傅也。○王念孫云：「子見子夏」，當作「曾子見子夏」，事見韓子喻老篇。「魏文侯見之反被裘而負芻也」，當作「魏文侯之見反被裘而負芻也」。自「陳成子恒之劫子淵捷也」以下，皆與此文同一例。魏文侯事見新序雜事篇。○寧案：「子見子夏」韓子及精神篇作「子夏見曾子」。兒説之爲宋王解閉結也，○寧案：事見吕氏春秋君守篇。道藏本、中立本、茅本、景宋本此下皆有注云：「結不可解者而能解之，解之以不解。」莊本脱，當據補。此皆微眇可以觀論者。微眇，爲見始知終也。○寧案：注「爲」，景宋本作「謂」，古通用。

人有嫁其子而教之曰：「爾行矣，慎無爲善！」曰：「不爲善，將爲不善邪？」應之曰：「善且由弗爲，況不善乎！」此全其天器者。器猶性也。孟子曰人性善，故曰「全其天性」。○寧案：世説新語賢媛篇劉孝標注引作「人有嫁其女而教之者，曰：『爾爲善，善人疾之。』對曰：『然則當爲不善乎？』曰：『善尚不可爲，而況不善乎？』」與今本異，當是梁時所見淮南如是。意林引作「人有嫁其女者，教之曰：『慎無爲善。』女問其故，曰：『善尚不爲，況不善乎？』」文義不順，當有刪節。文選馬汧督誄注引同今本，惟「者」下有「也」字。注「故曰全其天性」，性當爲器，此重述正文，蓋涉上「人性善」而誤。

拘囹圄者以日爲脩，當死市者以日爲短，○王念孫云：「死市」本作「市死」。初學記政理部、太平御覽刑法部八引此竝作「市死」。釋名亦云：「市死曰棄市。」○劉文典云：意林引作「拘囹圄者患日長，當死市者患日短」。日之脩短有度也，有所在而短，有所在而脩也，則中不平也。中，心也。故以不平爲平者，其平不平也。

嫁女於病消者，夫死則後難復處也。以女爲妨夫，後人不敢娶，故難復嫁處也。一說：女以天下人皆消，不肯復嫁之也。○于鬯云：處，謂處女也。處女者，女未嫁之稱，今嫁於病消者，則不能有人道之接，是雖嫁而實仍處女也。然既嫁矣，夫死將曰寡婦，不可復曰處女，故曰「難復處」也。高注列兩說，竝非。○劉文典云：「夫死則」下，舊有「言女妨」三字，而今本脱之，故注「以女爲妨夫」遂無所指。意林引正作「嫁女於消渴者，夫死則言女妨」。御覽七百四十三引作「嫁女於疾消渴者，夫死後則難可復處」，是「消」下尚有「渴」字，而今本竝脱之也。○金其源云：按釋名釋疾病：「消，弱也，如見割削筋力弱也。」素問痿論：「五臟使人痿。」注：「痿，謂痿弱無力以運動。」是消與痿俱爲力弱之義。史記五宗世家「又陰痿」，正義曰：「不能御婦人。」就嫁女言夫病消，當是男女之事，屬於陰痿，則病消謂不能御婦人。嫁於不能御婦人者，雖嫁猶處女也。然而夫死後如嫁，不得復稱處女，故曰「後難復處」也。○寧案：高注前說謂「以女爲妨夫，後人不敢娶」，則何獨舉病消者死而女妨夫也？後說謂「女以天下人皆消，不肯復嫁之」，寧有是理邪？則非病消死者，女視天下人何如哉？于說金說得之矣。意林引於「夫死則」下有「言女妨」三字，蓋竝注意引之。使舊本如是，則後說贅設矣。劉氏過信類書，致有此失。故沮舍之下，不可以坐；沮舍，壞也。○劉文典云：廣韻麻韻𢊍字下引，作：「𢊍屋之下，不可坐也。」○吴承仕云：注「舍」字涉本文而衍。廣韻引淮南沮作「𢊍，壞也」。文異而音義同。倚牆之傍，不可以立。爲踏壓也。

執獄牢者無病，執，主也。厲鬼畏之，故不病。○楊樹達云：「執」當讀爲「縶」。成公九年左傳云：「南冠而縶者，誰也？」杜注云：「縶，拘執。」執獄牢，謂拘執於獄牢也。下文「心無累也」，統此三句言之。高注似失其義。罪當死者肥澤，計決之心無外思。一說：治當死者罪已定，無憂，故肥澤也。刑者多壽，心無累也。刑者，宫人也。心無情欲之累，精神不耗，故多壽也。

良醫者，常治無病之病，故無病。治正性，神内守，故無病也。聖人者，常治無患之患，故無患也。○寧案：道藏本、景宋本有注云：「治也。」「治」下有奪文。「也」字句當云：「故無患也。」以上下文注例知之。夫至巧不用劍，巧在心手，故不用劍也。○王引之云：「至巧不用劍」，本作「至巧不用鉤繩」。（高注同。原道篇曰：「規矩不能方員，鉤繩不能曲直。」莊子駢拇篇曰：「待鉤繩規矩而正者，是削其性也。」又見下。）齊俗篇曰：「規矩鉤繩者，此巧之具也，而非所以爲巧也。」即此所云「至巧不用鉤繩也」。太平御覽工藝部九引齊俗篇注云「巧存於心也」，（今齊俗篇脱此注。）即此注所云「巧在心手，故不用鉤繩也」。然則今本正文及注内兩「劍」字皆「鉤」字之誤，而「鉤」下又脱「繩」字明矣。又案：御覽引此，亦作「至巧不用劍」，而引高注則云：「巧在心手，故不用劍繩。」然則御覽所引本作鉤繩，而今本作劍者，又後人據誤本淮南改之也。善閉者不用關楗。善閉其心，故不關楗也。○寧案：注，道藏本、中立本、景宋本重「閉其心」三字。淳于髡之告失火者，此其類。淳于髡，齊人也。告其鄰突將失火，使曲突徙薪，鄰人不從，後竟失火。言者不爲功，救火者焦頭爛額爲上客。刺不備豫。喻凡人不知豫閉其情欲，而思得人救其禍。○梁玉繩云：見漢書霍光傳。此作淳于髡事，未詳所出。○楊樹達云：此事見漢書霍光傳及桓譚新論。新論以爲淳于髡事，與此同。

以清入濁必困辱，以濁入清必覆傾。君子之於善也，猶采薪者，見一芥掇之，見青蔥則拔之。言無所舍也。君子行善亦如之。○寧案：集證本「芥」下補「則」字，當從之。天二氣則成虹，地二氣則泄藏，陰陽相干二氣也。人二氣則成病。邪氣干正氣，故成病。陰陽不能且冬且夏，陰不能陽，陽不能陰，冬自爲冬，夏自爲夏也。月不知晝，日不知夜。言不能相兼也。○寧案：太平御覽四引云：「日不知夜，月不知晝，日月爲明而不能相兼也。」疑御覽兼引注意，非異本也。

善射者發不失的，善於射矣，而不善所射；所射者死，故曰不善。善釣者無所失，善於釣矣，而不善所釣。所釣者魚也，于魚不善也。故有所善則不善矣。○寧案：「有所善則不善」，疑「則」下脱「有所」二字。有所善謂善於射、善於釣，有所不善謂不善所射、不善所釣，兩「有所」相因爲義，脱二字則非其指矣。景宋本作「則有不善矣」，有「有」字，無「所」字，足見脱誤之迹。

鐘之與磬也，近之則鐘音充，充，大也。○莊逵吉云：太平御覽引「充」作「亮」。○吴承仕云：呂氏春秋必己篇「禍充天地」，注云：「充猶大。」與此訓同，則高本自作充也。御覽引作「亮」，與下句「磬聲章」爲韻，於義亦通。唯與注義不相應，當是異本。○寧案：北堂書鈔一百八引亦作「亮」。遠之則磬音章，磬，石也，音清明，遠聞而章著也。○寧案：太平御覽五百七十五引「章」作「彰」。「章」古「彰」字。物固有近不若遠，遠不若近者。

今曰稻生於水，而不能生於湍瀨之流；湍，急水也。紫芝生於山，而不能生於盤石之上；根無所植也。○呂傳元云：「紫」字當衍。此與上文「稻生於水而不能生於湍瀨之流」相對爲文，多一「紫」字便不一例。太平御覽藥部二引此無「紫」字。慈石能引鐵，及其於銅，則不行也。行猶使也，不能使隨也。

水廣者魚大，山高者木脩。○于鬯云：文子上德篇此下有「地廣者德厚」一句，此似亦當有，故下文反承其義云「廣其地而薄其德」，於文爲足。○寧案：文子「地廣者德厚」，即此文「廣其地而薄其德」句之改寫耳，不當據以增此。廣其地而薄其德，譬猶陶人爲器也，揲挻其土而不益厚，破乃愈疾。愈，益也。疾，速也。揲，讀「揲脈」之「揲」。○吳承仕云：史記扁鵲列傳「揲荒爪幕」，徐廣曰：「揲音舌。」「揲脈」與「揲荒」同意，蓋醫術也。○寧案：吳說是也。釋名釋姿容：「衇摘，猶譎摘也，如醫別人衇知疾之意。」是「衇摘」即「摘衇」，猶「揲脈」也。說文：「揲，閱持也。」脈同衇。

聖人不先風吹，不先雷毀，不得已而動，故無累。月盛衰於上，則蠃蛖應於下，同氣相動，動，感。不可以爲遠。月盛則蠃蛖內減，故曰「蠃蛖應於下」。月，陰精也，蠃蛖亦陰也，故曰「同氣」也。精能相感，故曰「不可爲遠」。○吳承仕云：天文篇「月虛而魚腦減，月死而蠃蛖膲」，此注正用彼文，當云「月衰則蠃蛖內減」。今本「衰」誤爲「盛」，蓋傳寫失之。○向宗魯云：注當作「月盛則蠃蛖內盈，月衰則蠃蛖內減」。寫者誤合爲一句，則不可通。呂氏精通篇：「月望則蛖蛤實，羣陰盈；月晦則蛖蛤虛，羣陰虧。」（天文訓：「月死而蠃蛖膲。」）文義一例，宜據以訂正。○寧案：正文云「月盛衰於上」，注不得言衰不言盛。吴以爲「盛」乃「衰」字之誤，非是。向說得之。

執彈而招鳥，揮棁而呼狗，欲致之，顧反走。故魚不可以無餌釣也，獸不可以虛氣召也。召猶致也。○俞樾云：「氣」當作「器」。莊子人閒世篇「氣息茀然」，釋文曰：「向本作譩器，云：器，氣也。」是器、氣聲近義通。大戴記文王官人篇「其氣寬以柔」，逸周書官人篇氣作器，此古書以器爲氣之證。「獸不可以虛器召」，猶上句云「魚不可以無餌釣」也。文子上德篇正作「獸不可以空器召」。○寧案：道藏本、中立本、茅本、景宋本「氣」皆作「器」。

剥牛皮鞟以爲鼓，正三軍之衆，然爲牛計者，不若服於軛也。狐白之裘，天子被之而坐廟堂，然爲狐計者，不若走於澤。言物貴于生也。

亡羊而得牛，則莫不利失也；斷指而免頭，則莫不利爲也。○孫志祖云：困學紀聞引莊子逸篇云：「亡羊而得牛，斷指而得頭。」故人之情，於利之中則爭取大焉，於害之中則爭取小焉。

將軍不敢騎白馬，爲見識者。一說：白，凶服，故不敢騎也。傳曰：「晉襄公與姜戎，子墨衰，敗秦師于殽。」言其變凶服也，故不敢騎白馬也。○寧案：注引僖公三十三年左傳，「與」乃「興」字形譌，「衰」下猶當有「絰」字。亡者不敢夜揭炬，爲人見之。保者不敢畜噬狗。保，城郭居也。保饒人也，不敢畜噬人狗也。○洪頤煊云：保，酒家傭也。鶡冠子世兵篇：「伊尹酒保。」韓非子外儲說右上篇：「宋人有酤酒者，升槩甚平，遇客甚謹，爲酒甚美，著然不售，酒酸。問其所知長者楊倩，倩曰：『汝狗猛邪？』曰：『狗猛，則酒何故而不售？』曰：『人畏焉。或令孺子懷錢挈壺罋而往酤，而狗迓而齕之，此酒所以酸而不售也。」」是說其事，高注非。○俞樾云：高注曰：「保，城郭居也。」然以居城郭者謂之保者，義殊未安。此「保」字乃阿保之「保」。禮記內則篇「其次爲保母」，是也。保者不敢畜噬狗，恐其驚孺子也。上句云「亡者不敢夜揭炬」，亡者、保者，皆以事言，非以地言。○寧案：洪說近之。鶡冠子天則篇亦云：「酒保先貴食者。」陸注：「酒保，貨酒者也。」俞以爲阿保之保，謂噬狗恐驚孺子。案：說文：「噬，啗也。」玉篇：「噬，齧噬也。」此謂狗之齧人者。若謂驚孺子，則謂狗吠，與噬義不合。

雞知將旦，鶴知夜半，而不免於鼎俎。鶴夜半而鳴也。以無智謀，不能免于鼎俎。以喻將軍當兼五材，不可以無權譎。

山有猛獸，林木爲之不斬；園有螫蟲，藜藿爲之不采。言人畏也。○莊逵吉云：御覽一引作「螫毒」，一引作「螫蟲」，兩異。

爲儒而踞里閭，儒尚禮義，踞里閭，非也。爲墨而朝吹竽，墨道尚儉，不好樂，縣名朝歌，墨子不入。吹竽，非也。欲滅迹而走雪中，拯溺者而欲無濡，是非所行而行所非。

今夫闇飲者，非嘗不遺飲也，使之自以平，則雖愚無失矣。○馬宗霍云：本文無注，義亦不甚可憭。以意推之：說文「闇，閉門也」，引申之意爲幽暗。非猶未也。遺猶散溢也。使者，大戴禮記衛將軍文子篇「有衆使也」，盧辯注云：「使，舉也。」此葢謂飲酒於暗室者，酒未嘗不散溢也。若舉酒者能自持其平，卽在暗室中亦可無失。此人人能爲之事，不待於智者，故曰雖愚無失矣。文意重在「平」字。是故不同于和而可以成事者，天下無之矣。和猶適也。

求美則不得美，不求美則美矣；心自求美名，則不得美名也，而自損，則有美名矣。故老子曰「致數輿無輿」也。○寧案：「不求美」當作「求不美」。求醜則不得醜，求不醜則有醜矣；不求美又不求醜，則無美無醜矣，是謂玄同。玄，天也。天無所求也。人能無所求，故以之同也。○吴承仕云：「故以之同也」，「之」當作「天」，「以」讀爲「與」。注言人能無求，則與天同，故謂之「玄同」。○馬宗霍云：注文「故以之同」，「以」猶「與」也，古「以」「與」二字通。儀禮鄉射禮「各以其耦進」，鄭玄注云：「今文以爲與。」是其證。「之」者，指事之詞，卽謂天也。言人能無所求，故與天同也。高於上文已釋玄爲天，故下文卽以「之」字代之。此行文常例。吴承仕淮南舊注校理謂注文「之當作天」，非是。又案：説文「玄，幽遠也」，引申之爲玄冥。老子「同謂之玄」，王弼注云：「玄者冥也。」余謂此文「玄同」卽本之老子。無美無醜，則美醜皆不可見，冥然無迹，故謂之「玄同」耳。太玄玄告云：「天以不見爲玄，地以不形爲玄。」亦取玄冥之義也。高注必以天擬之，似失之泥。○于省吾云：按吴讀「以」爲「與」，是也；謂「之」當作「天」，非也。「之」字卽指天言，無由誤作天也。

申徒狄負石自沈於淵，而溺者不可以爲抗；申徒狄，殷末人也，不忍見紂亂，故自沈於淵。抗，高也。

弦高誕而存鄭，誕者不可以爲常。弦高矯鄭伯之命，以十二牛犒秦師而却之，故曰「誕而存鄭」。誕非正也，故曰「不可以爲常」也。○王念孫云：誕下不當有「者」字，此涉上文「溺者」而誤。高注曰：「誕非正也，故曰不可以爲常。」則無「者」字明矣。泰族篇「弦高誕而存鄭，誕不可以爲常」，亦無「者」字。○寧案：原本玉篇言部引「弦高誕而存鄭」，又引許叔重曰：「誕，謾也。」大藏音義六十七引許注同。事有一應而不可循行。

人有多言者，猶百舌之聲。百舌，鳥名，能易其舌，效百鳥之聲，故曰百舌。以喻人雖事多言，無益於事。○陶方琦云：玉燭寶典五月引許注：「百舌，鳥名，能變易其舌，效百鳥之聲，故曰百舌。」案此注羼入高注中，故同，非有杜氏明引，烏能別而出之。○吴承仕云：注「以喻人雖事多言」，「事」字誤衍。人有少言者，猶不脂之户也。言其不鳴，故不脂之，喻無聲也。一説：不脂之户難開閉，亦喻人少言語也。六畜生多耳目者不詳，讖書著之。詳，善也。多耳目，人以爲妖災也。喻人有多言而少誠實，比之于不詳也。○寧案：中立本、景宋本「詳」作「祥」，古同。

百人抗浮，不若一人挈而趨，抗，舉也。浮，瓠也。百人共舉，不如一人持之走便也。○梁玉繩云：戰國策云：「百人輿瓢而趨，不如一人持而走。」與此意同。物固有衆而不若少者。

引車者二六而後之，轅三人，兩轅六人，故謂二六。一説：十二人。○楊樹達云：引車者在車前，不得云後之，文不可通，蓋有誤。愚疑當作「引車者二，而六後之」，「六而」二字誤例耳。事固有相待而成者。兩人俱溺，不能相拯，一人處陸則可矣。故同不可相治，必待異而後成。同，謂君所謂可，臣亦曰可，君所謂否，臣亦曰否，猶以水濟水，誰能食之，是謂同，故不可以相治。異，謂濟君之可，替君之否，引之當道，是謂異也，故可以成事也。

千年之松，下有茯苓，上有兔絲；茯苓，千歲松脂也。兔絲生其上而無根，一名女蘿也。○王念孫云：「千年之松」四字，後人所加也。此言聖人從外知内，以見知隱，故上有兔絲，則知下有伏苓，（以下二句例之，則此當云「上有兔絲，下有伏苓」。今云「下有伏苓，上有兔絲」者，變文協韻耳。）上有叢蓍，則知下有伏龜。兔絲在伏苓之上，故曰「上有兔絲」，非謂在松之上也。伏苓在兔絲之下，故曰「下有伏苓」，亦非謂在松之下也。若云「千年之松，下有伏苓，上有兔絲」，則是以上下爲松之上下矣。然則「上有叢蓍，下有伏龜」，又作何解乎？高注云「伏苓，千歲松脂也，兔絲生其上而無根」，此謂松脂入地千年爲伏苓，（博物志引神仙傳曰：「松脂入地千年，化爲伏苓。」）非謂千年之松下有伏苓也。且注云「兔絲生其上」，「其」字指伏苓而言，不指松言，則正文内本無「千年之松」四字明矣。呂氏春秋精通篇注、太平御覽藥部六、嘉祐本草補注、埤雅引此，皆無「千年之松」四字。史記續龜策傳引傳曰「下有伏靈，上有兔絲」，亦無千年松之語。（今本「伏」作「茯」乃後人所改，呂氏春秋精通篇注引此正作「伏」，説林篇「伏苓抇，兔絲死」，字亦作「伏」，今據改。）○寧案：酉陽襍俎廣知篇引淮南子云：「兔絲，琥珀苗也。」疑是此處許注。上有叢蓍，下有伏龜；聖人從外知内，以見知隱也。

喜武非俠也，俠，輕也。○金其源云：按史記遊俠傳云：「儒以文亂法，而俠以武犯禁。」又云：「功見言信，俠客之義。」是俠謂俠客，每與儒以文武相對竝稱，故下句曰「喜文非儒也」。喜文非儒也，好方非醫也，好馬非騶也，知音非瞽也，知味非庖也，此有一槩而未得主名也。此六術者，皆善之而未純，無所適名，故曰「一槩而未得主名」。

被甲者，非爲十步之内也，百步之外，則爭深淺，深則達五藏，○寧案：大藏音義八十四引淮南子云：「深則汰五藏。」又九十三引許注淮南子云：「汰，達也。」蓋許本作「汰」，高本作「達」。左傳宣四年「伯棼射王汰輈」，杜注：「汰，過也。」過、達義近。淺則至膚而止矣。死生相去，不可爲道里。言相遠也。

楚王亡其猨，而林木爲之殘；楚王，莊王旅也。猨捷躁，依木而處，故殘林以求之。宋君亡其珠池中，魚爲之殫。殫，盡也。○劉文典云：「楚王亡其猨，而林木爲之殘；宋君亡其珠池中，魚爲之殫」，句法不一律。御覽九百十引作「楚王亡其猨於林，木爲之殘；宋王亡其珠於池，魚爲之殫」，當從之。藝文類聚八十四引作「楚王亡其猨，而林木爲之殘；宋王亡其珠於池中，而魚爲之殫。」白帖九十七「爲之殘」作「爲之殊害」，又引注云：「言殘林木以求之。」○寧案：劉校未允。高注云：「猨捷躁，依木而處，故殘林以求之。」則其所以殘林求之者，以猨性依木而處，故求之於林也；非亡其猨於林，始殘林求之也。太平御覽四百六十九引作「楚王亡其猨，而林木爲之殘；宋王亡其珠，池魚爲之殫」，與注釋所以殘林之故合。如劉校，則非澤失火而林憂矣。下句蓋衍「中」字。「宋君亡其珠，池魚爲之殫」者，宋君問珠之所在，曰：「投之池中。」故竭池求之也。事見呂氏春秋必己篇。高注云：宋君，「宋景公也，春秋時，宋未僭稱王也。」疑此宋君有注。故澤失火而林憂。憂見及也。○莊逵吉云：太平御覽引作「林木憂」。○寧案：太平御覽四百六十九引作「故澤火而林木憂」。

上求材，臣殘木；上求魚，臣乾谷；上求楫，而下致船；上言若絲，下言若綸。綸，大繳也。上有一善，下有二譽；上有三衰，下有九殺。衰、殺皆喻踰也。傳曰：「上之所好，下尤甚焉。」故有九殺也。○劉文典云：羣書治要引「踰」作「儉」。○吴承仕云：等衰隆殺，禮家之常言，過制爲奢，降省爲儉，故注以衰殺喻儉也。治要所引近之。誤「儉」作「踰」，翩其反矣。

大夫種知所以强越，而不知所以存身；自爲越所殺也。○寧案：注，「自」乃「身」字殘形。萇弘知周之所存，而不知身所以亡；亡，爲周所殺也。○王念孫云：下二句「存」上脱「以」字，「身」下脱「之」字。知遠而不知近。遠謂强越存周也。近謂其身也。

畏馬之辟也不敢騎，辟，旁也。○梁玉繩云：辟，音義如偏僻之僻，言馬行不正，易臨危險，故訓爲旁。○吳承仕云：「馬之辟」，疑當讀如禮「主人辟」「賓辟」之「辟」。鄭彼注云：「辟，逡遁。」此言馬辟，謂馬逡遁不中道行也。以義審之，則注當云：「辟，旁出也。」今本奪「出」字，文義難憭。○馬宗霍云：高氏以旁訓辟，蓋讀「辟」爲「僻」。荀子議兵篇「旁辟曲私之屬」，楊倞注云：「旁，偏頗也。辟讀爲僻。」此旁辟連文而讀爲僻之證也。又成相篇「邪枉辟回失道途」，楊注亦同。旁辟卽偏邪枉回之意。言畏馬之行不由正，恐失道途，故不敢騎也。推高意或當如此。其說亦通。然余謂本文「辟」字似當讀如「辟易」之「辟」。國語吳語「員不忍稱疾辟易」，韋昭注曰：「辟易，狂疾。」漢書項籍傳「喜人馬俱驚，辟易數里」，顔師古注曰：「辟易謂開張而易其本處。辟音頻亦反。」然則「畏馬之辟」者，蓋言畏馬之馳驟狂奔，不受控勒耳。懼車之覆也不敢乘，是以虛禍距公利也。虛，空也。不孝弟者，或詈父母，生子者所不能任其必孝也，然猶養而長之。任，保也。

范氏之敗，有竊其鐘負而走者，范氏，范吉射，范會之玄孫，范鞅獻子之子昭子也。敗者，趙簡子伐之，故人竊其鐘也。一曰：知伯滅范氏也。鎗然有聲，懼人聞之，遽掩其耳。憎人聞之，可也；自掩其耳，悖矣。悖，惑也。

升之不能大於石也，升在石之中；夜之不能脩其歲也，夜在歲之中；仁義之不能大於道德也，仁義在道德之包。仁義小，道德大也。在道德包裹，猶升在斛之中，夜在歲之内也。○王念孫云：「脩其歲」

亦當作「脩於歲」。○王紹蘭云：其猶於也。管子大匡篇：「君子聞之，曰：『召忽之死也，賢其生也；管仲之生也，賢其死也。』」謂召忽死賢於生，管仲生賢於死，是其例矣。此文前後自作「於」，中句自作「其」，正見古人行文之法，不拘一律。○劉文典云：王念孫説是也，宋本「其」正作「於」。

先針而後縷，可以成帷；先縷而後針，不可以成衣。針成幕，蔂成城。事之成敗，必由小生，言有漸也。幕，帷也。上曰幕，旁曰帷。縷非針無以通，故宜先也。蔂，土籠也。始一匱，以上於城，故曰「事之成敗，必由小生。」○寧案：「先針而後縷」四句疑在「染者」句上。下文「萬事由此，所先後上下，不可不審」三句，正總「先針而後縷」、「先青而後黑」、「下漆而上丹」三事言之。「事之成敗，必由小生，言有漸也」三句，乃總「針成幕，蔂成城」二事，與先針後縷無涉。高注「縷非針無以通，故宜先也」二句，當在「不可以成衣」句下，蓋釋先針後縷。因正文倒亂，故注亦錯置。使今本非誤，則注不當先釋幕，後釋縷，置縷於幕蔂之間矣。

染者先青而後黑則可，先黑而後青則不可。工人下漆而上丹則可，下丹而上漆則不可。萬事由此，○劉文典云：御覽七百五十二、九百六十一引「萬事由此」下竝有「也」字。○寧案：道藏本、中立本、茅本、景宋本「由」皆作「猶」，古通。所先後上下，不可不審。審，知也。

水濁而魚噞，魚短氣黃噞出口于水上。○梁玉繩云：主術訓注：「魚短氣出口於水。」此注「黃」字不解，乃「喁」字之譌。○寧案：梁謂黃乃喁字之譌，似是也。主術篇注「魚短氣出口於水」，不出噞字，疑此黃噞二字衍文。文選吴都賦、長笛賦注兩引淮南作「水濁則魚噞喁」，蓋讀者書「噞喁」二字於噞字側，喁誤爲黃，致「黃噞」二字亂入注中耳。形勞則神亂。

形亂神不治也。故國有賢君，折衝萬里。衝，兵車也，所以衝突敵城也。言賢君德不可伐，故能折遠敵之衝車于千里之外，使敵不敢至也。魏文侯禮下段干木而秦兵不敢至，此之謂也。○王念孫云：「故國有賢君」二句，與上意絕不相屬，蓋錯簡也。案上文云：「山有猛獸，林木爲之不斷；園有螫蟲，藜藿爲之不采。」此云「故國有賢君，折衝萬里」，故字正承彼文而言。「賢君」當作「賢臣」，謂國有賢臣，則敵國不敢加兵，亦猶山之有猛獸，園之有螫蟲也。鹽鐵論崇禮篇：「故春秋傳曰：『山有虎豹，葵藿爲之不採；國有賢士，邊境爲之不割。』」漢書蓋寬饒傳：「臣聞山有猛獸，藜藿爲之不采；國有忠臣，姦邪爲之不起。」義竝與此同。且采與里爲韻。今本下二句誤在此處，則既失其義，又失其韻矣。且「賢臣」作「賢君」，亦與上文取譬之義不合。高注有「賢君德不可伐」之語，恐是後人依已誤之正文改之也。觀注內引魏文侯禮下段干木而秦不敢伐之事，則本作「賢臣」明矣。晏子春秋襍篇曰：「夫不出於尊俎之間，而知衝千里之外，其晏子之謂也。」（「知」與「折」同。後人不曉「知」字之義，而刪去「衝」字，又於「晏子之謂也」下增「可謂折衝矣」五字，大謬。辯見晏子。）呂氏春秋召類篇曰：「夫脩之於廟堂之上，而折衝乎千里之外者，其司城子罕之謂乎！」是凡曰折衝千里者，多指賢臣言之。且「國有賢臣」與「山有猛獸」云云同意，故鹽鐵論以虎豹喻賢士，而漢書亦以猛獸喻忠臣也。文子上德篇「山有猛獸，林木爲之不斷；園有螫蟲，葵藿爲之不采；國有賢臣，折衝千里」，皆用淮南之文，則此二句本在上文「山有猛獸」云云之下，而「賢君」本作「賢臣」明矣。又案：「萬里」亦當依文子作「千里」。敵國之遠，可言千里，不可言萬里也。據高注云「折衝車於千里之外」，則正文本作「千里」明矣。

因媒而嫁，而不因媒而成；媒人以禮成爲室家也。因人而交，不因人而親。以德親也。○劉文典云：

御覽五百四十一引「因媒」上有「女」字。○寧案：太平御覽引「因媒而嫁」上有「女」字，疑非。「因媒而嫁，不因媒而成；因人而交，不因人而親」對文。若上句有「女」字，則下句似亦謂女因人而交，非其義也。且御覽引「因媒而成」作「因媒而親」，尋韓詩外傳七有「薑桂因地而生，不因地而辛；女因媒而嫁，不因媒而親」，蓋御覽引文與韓詩外傳相亂，或誤外傳作淮南耳。又今本次「而」字涉上下「而」字而衍。意林引無次「而」字，亦無「女」字。行合趨同，千里相從；雖遠必至。行不合趨不同，對門不通。詩所謂「室邇人遠」，故曰「對門不通」也。海水雖大，不受胔芥。日月不應非其氣，陽燧取火，方諸取水，氣相應也。非此不得，故曰「不應非其氣」也。君子不容非其類也。

人不愛倕之手，而愛己之指；倕讀詩「惴惴其栗」之惴也。倕，堯之巧工也。雖倕巧人，不能以倕巧，故愛其手也。謂倕手無益於己，故自愛其指也。○寧案：注引詩見秦風黃鳥。不愛江、漢之珠，而愛己之鉤。江、漢雖有美珠，不爲己用，故不愛也。鉤，釣鉤也，可以得魚，故愛之。○王念孫云：正文「鉤」字本作「釣」，注本作「釣，鉤也。」釣爲釣魚之鉤，又爲鉤之別名，故必須訓釋。若「鉤」字，則不須訓釋矣。古多謂鉤爲釣，故廣雅亦云：「釣，鉤也。」下文云「操釣上山，揭斧入淵」，說林篇云「一目之羅不可以得鳥，無餌之釣不可以得魚」，（以上兩「釣」字，高氏皆無注者，注已見於此也。然則此注本作「釣，鉤也」，明矣。）鬼谷子摩篇云「如操釣而臨深淵」，東方朔七諫云「以直鍼而爲釣兮，又何魚之能得」，皆其明證矣。道藏本作「愛己之鉤」，注作「鉤，釣也，」此因正文釣誤爲鉤，後人遂顛倒注文以就之耳。劉績不得其解，又改高注爲「鉤，釣鉤也」，以曲爲附會，而舊本之蹤跡遂不可尋矣。（諸本及莊本同。）淺學人但知釣爲釣魚之鉤，而不知其又爲鉤之別名，故書傳中釣字多改爲鉤，詳見莊子「鉤餌」下。○劉文典云：「鉤」古音拘，故與

「珠」爲韻。（禮記樂記「倨中矩，句中鉤，累累乎端如貫珠」，太玄經迎次四「裳有衣襦，男子目珠，婦人啑鉤」，皆鉤字與珠爲韻。）呂氏春秋重己篇「人不愛倕之指，而愛己之指，有之利故也。人不愛崑山之玉，江、漢之珠，而愛己之一蒼璧小璣，有之利故也。」即此所本。呂氏春秋以「倕之指」與「己之指」相對，「崑山之玉」、「江、漢之珠」與「己之一蒼璧小璣」相對。淮南以「倕之手」與「己之指」相對，「江漢之珠」與「己之鉤」相對。蓋皆取其價雖相懸，而質則相類耳。帶鉤以玉爲之，故以之與江漢之珠爲比，釣魚之鉤非其類也。高氏以釣鉤釋之，已非其指，王氏至欲改正文之鉤爲釣，既乖淮南子之意，又失其韻矣。○楊樹達云：高訓鉤爲釣，本是誤訓。王因此糾纏，謂正文「鉤」當作「釣」，殊爲無理。劉云賤物不類，亦失其指。文意固謂物雖賤，在己則必愛也。蓋古衣有帶，帶有鉤，此文鉤字指帶鉤言之。國語晉語四云：「申孫之矢，集於桓鉤。」呂氏春秋貴卒篇云：「管子扜弓射公子小白，中鉤。」韋、高注皆釋鉤爲帶鉤，是也。説林篇云：「滿堂之坐，視鉤各異，於環帶一也。」又本書鉤爲帶鉤之明證也。又此文珠、鉤爲韻，如王校改爲「釣」，則失其韻矣。（校補説同。）○于省吾云：王念孫謂正文「鉤」字本作「釣」。劉台拱云：「鉤，帶鉤也。説林訓『滿堂之坐，視鉤各異，於環帶一也』，可見當時之俗，以此相矜。」劉文典云：「鉤以玉爲之，故得與江、漢之珠相對爲譬，釣鉤賤物，豈其類哉！」按二劉説是也。晉語「申孫之矢，集于桓鉤」，注：「鉤，帶鉤也。」呂氏春秋貴卒「管仲扜弓射公子小白中鉤」注：「鉤，帶鉤也。」莊子胠篋「竊鉤者誅」，釋文：「鉤謂帶也。」按近世發現之周、秦帶鉤，或以銅爲之，或以玉爲之，此就玉鉤而言也。注及王説竝非。

以束薪爲鬼，以火煙爲氣。以束薪爲鬼，朅而走；夜行見束薪以爲鬼，故去而走。以火煙爲氣，殺豚烹狗：以火煙爲吉凶之氣，殺牲以禳之，惑也。○蔣禮鴻云：「以火煙爲氣」，「氣」當爲「氛」。左傳昭公二十五年：「喪，氛也。」杜注：「氛，惡氣也。」惡氣故須禳之，若氣則無分於善惡，非其義矣。此涉注「吉凶之氣」而誤。

先事如此，不如其後。此先事之人也如此，不如徐徐出其後者也。

巧者善度，知者善豫。豫，備也。羿死桃部不給射，慶忌死劍鋒不給搏。桃部，地名。羿，夏之諸侯，有窮君也。爲弟子逢蒙所殺，不及攝己而射也。搏，捷也。慶忌，吴王僚之子也。要離爲闔閭刺之，故死劍，不及設其捷疾之力。○莊逵吉云：「桃部」即「桃棓」。詮言訓注云：「桃棓，大杖，以桃木爲之。」注義異。○梁玉繩云：路史夷羿傳「龐門取桃棓殺之」，則是杖也。注「桃部，地名」，即棓字。詮言注「大杖」不同，是許、高之别。○于省吾云：按注以不給爲不及，是也。晉語「豫而後給」，注：「給，及也。」兵畧篇「疾雷不及塞耳」，唐鈔本「及」作「給」，是其證。惟注訓搏爲捷，義猶未符。荀子富國「是猶烏獲與焦僥搏也」，注「搏，鬭也。」此言慶忌死於劍鋒，不及與要離搏鬭也。

滅非者户告之曰：「我實不與。」我諛亂，謗乃愈起。○馬宗霍云：諛亂連文，義不可通，疑「諛」爲「俞」之借字。荀子脩身篇「以不善和人者謂之諛」，楊倞注云：「諛與俞義同。」尋莊子駢拇篇「雖通如俞兒」，陸德明釋文云：「『俞兒』淮南子一本作『申兒』」，疑申當爲臾。」據陸氏此説，是「臾」與「俞」通。故從臾得聲之「諛」，義與「俞」同矣。俞者，廣雅釋詁一云：「俞，益也。」國語越語下「辭俞卑，禮俞尊」，韋昭注云：「俞，益也。」（此從宋公序補音本。一本俞作愈。）諛義既同俞，俞義又爲益，然則「諛亂」猶益亂也。亂有紛煩之意。大戴禮記曾子立事篇云：「好道煩言，亂也。」以煩言釋本文「亂」字，最爲切當。「我諛亂」者，猶言我益煩言也。止謗莫如勿辨，我益煩言，謗乃愈起耳。止言以言，止事以事，譬猶揚堁而弭塵，抱薪而救火。止言當以默，止事當以卜。今以言止言，以事止事，猶揚堁止塵塵愈起，抱薪救火火愈熾也。**流言雪汙，譬猶以涅拭素也。**流，放也。雪，除也。涅，黑也。素，白也。○劉文典云：文選長笛賦注引高誘淮南子注：「雪，拭也。」○寧案：呂氏春秋不苟篇「故雪殺之恥」，高注：「雪，除也。」與此同。

矢之於十步貫兕甲，於三百步不能入魯縞；騏驥一日千里，其出致釋駕而僵。釋，稅。僵，仆也。猶矢于三百步不能穿魯縞，言力竭勢盡也。○陶方琦云：史記集解一百八引許注：「魯之縞至薄。」按高無注。小爾雅廣服：「繒之精者曰縞。」史記韓長孺傳注引漢書音義曰：「縞，曲阜之地，俗善作之，尤爲輕細，故以喻之。」新論慎隟篇：「魯縞質薄，疊之折軸。」與淮南許注義亦同。

大家攻小家則爲暴，○陳直云：鹽鐵論未通篇云：「大抵逋負，皆在大家。」史記平準書云：「中家以上大抵皆遇告。」漢書霍光傳云：「便樂成小家子。」蓋大中小三家爲漢時之口頭語。**大國并小國則爲賢。**憂世不能上德，苟任勞力，而以辟土斥境，并兼人國爲賢也。○寧案：「憂世」，景宋本作「夏世」，藏本作「衰世」，衰字是也。「上德」二本皆作「尚德」，上、尚古通。「勞力」當作「勢力」，形近而譌。「斥境」，道藏本作「拓境」，景宋本作「折境」。說文「斥」作「㡿」。大藏音義十四：「許注淮南子云：㡿，拓也。」又作「柝」，「折」即「柝」之誤字。原道篇「柝八極」，許本作「斥」，說詳原道。

小馬非大馬之類也，小知非大知之類也。小馬不可以進道致千里，故不得與大馬同類。小知不可以治世長民，故不得與大知同類。○顧廣圻云：上「非」字疑衍。注「小馬不可以進道」，「不」字疑當作「亦」。「不得與大馬同類」，宋本「得」上無「不」字。道藏本同。各本「得」上有「不」字非。此言小馬爲大馬之類，而小知則非大知之類也。呂氏春秋别類篇：「小方，大方之類也；小馬，大馬之類也；小智，非大智之類也。」是其證。○俞樾云：上「非」字衍文也。本作「小馬，大馬之類也；小知，非大知之類也。」言馬則小大同類，知則大小迥殊，正以馬之類明知之不類也。孟子告子篇「然則犬之性猶牛之性，牛之性猶人之性與」，亦以物之同，見人之不同，與此語意相近。吕氏春秋别類篇曰：「小方，大方之類也；小馬，大馬之類也；小智，非大智之類也。」即淮南所本。後人不達其旨，誤謂兩句一律，於上句亦增「非」字，失之矣。然觀高注曰：「小馬不可以進道致千里，故不得與大馬同類；小知不可以治世長民，故不得與大知同類。」則其所據本已衍「非」字。

被羊裘而賃，固其事也；貂裘而負籠，甚可怪也。籠，土籠也。

以潔白爲汙辱，譬猶沐浴而抒溷，薰燧而負彘。燒薰自香也。楚人謂之薰燧。

治疽不擇善惡醜肉而并割之，○向宗魯云：「善惡」與下「苗莠」對文。「醜肉」二字乃「惡」字之注，誤入正文。○楊樹達云：「善惡醜肉」，文冗贅不可通，疑「醜」字乃「惡」字之注文，傳寫者誤入正文也。「不擇善惡肉」與「不察苗莠」文正相對。劉家立集證删去「善惡」二字，不惟與下句不類，亦與「并割之」之「并」字不相貫注矣。○寧案：楊説是也。説文：「醜，可惡也。」是惡亦醜也。尚書洪範「六極：五曰惡」，傳：「醜陋。」故高氏以醜訓惡。向謂「醜肉」二字乃注文，則「善惡」二字文義不明，似謂疽分善惡者。劉家立删「善惡」二字，則醜肉何擇焉？農夫不察苗莠而并耘之，豈不虚哉！

壞塘以取龜，發屋而求狸，掘室而求鼠，割脣而治齲，桀、跖之徒，君子不與。舉事所歧如是者，則盜跖之徒也，君子不與也。○寧案：注「敳」，各本作「施」。説文：「敳，聲讀與施同。」「盜跖」當同正文作「桀、跖」。道藏本、景宋本皆作桀、跖。

殺戎馬而求狐狸，援兩鼈而失靈龜，斷右臂而争一毛，折鏌邪而争錐刀，○劉文典云：御覽九百三十二引「一毛」作「一手」，「錐刀」作「雞刀」。○寧案：宋本太平御覽引仍作「一毛」。狸、龜爲韻，毛、刀、高爲韻，作「手」則失其韻矣。又左傳昭六年「錐刀之末，皆盡争之」，即此文所本。蓋雞、錐形似，御覽因以致誤。用智如此，豈足高乎！高猶貴也。

寧百刺以針，無一刺以刀；寧一引重，無久持輕；寧一月饑，無一旬餓。饑，食不足。餓，困乏也。萬人之蹪，愈於一人之隧。楚人謂躓爲蹪。愈，勝也。隧，陷也。○李哲明云：「隧」借爲「墜」。列子仲尼篇「天隧而塵不揚」，荀子儒效篇「至共頭山隧」，皆讀爲「墜」。

有譽人之力儉者，春至旦，不中員呈，猶讁之。察之，乃其母也。讁，責怒也。稱譽人力儉，呈作不中科員而責怒也。君子視之，乃自呈作其母，以爲力挾。以此譽人，孰如毁之。故諺曰：「問誰毁之？小人譽之。」此之謂也。○寧案：注，「以爲力挾」，疑「挾」當爲「儉」，正文可證。謂人以員呈責其母，或譽爲力儉，實足明其大不義也。呈假爲程。漢書尹翁歸傳「責以員程」，師古曰：「員，數也，計其人及日數爲功程。」故小人之譽人，反爲損。損，毁也。

東家母死，其子哭之不哀。西家子見之，歸謂其母曰：「社何愛速死，吾必悲哭社。」江淮謂母爲社。社讀雖家謂公爲阿社之社也。○劉文典云：御覽四百九十九引「東家」上有「楚人有」三字，「哭之不哀」作「哭之不悲」，「何愛」作「何憂」。○馬宗霍云：注文「雖家」二字未詳。本書時則篇「半夏生，木堇榮」，高氏彼注云：「木堇朝榮莫落，雒家謂之朝生。」又説林篇「以瓦鈘者全」，高注云：「鈘者提馬，雒家謂之投翮。」「雒」與「雖」形近，則本注「雖家」之「雖」，疑爲「雒」字傳寫之誤。此蓋引方俗語以作音，「雒家」或即雒地人家之省稱，猶上文「萬人之蹪」，注稱「楚人謂躓爲蹪」之例耳。○寧案：「哀」疑太平御覽作「悲」，是也。下文「吾必悲哭社」，「雖死亦不能悲哭也」，正承此「悲」字言之。又御覽引「憂」字乃「愛」字形近之誤。襄公二十三年左傳「吾非愛死也，知不集也」，即此「愛」字之義。呂氏春秋長利篇：「我國士也，爲天下惜死；子不肖人也，不足愛也。」高注：「惜，愛也。愛亦惜也。」此謂何惜速死。又案御覽四百九十九引注「江淮」下有「間」字，當據沾。馬氏疑「雖」字乃「雒」字之誤，是也。許注多稱楚人，高注多稱雒家。脩務篇「弔死問疾以養孤孀」，高注：「雒家謂寡婦曰孀婦。」馬氏失引。夫欲其母之死者，雖死亦不能悲哭矣。謂學不暇者，雖暇亦不能學矣。言有事務不暇學，如此曹之人，雖閒暇無務，亦不能學也。

見窾木浮而知爲舟，見飛蓬轉而知爲車，見鳥迹而知著書，以類取之。窾，穴，讀曰科也。○陶方琦云：宋蘇頌校淮南題序引許注，「舟」作「周」。按蘇氏校正淮南子序云：「許于篇内多用叚借，以周爲舟是也。」初學記二十五引此作「見窾木浮而知爲周」，正作「周」，知初學記引乃許本也。攷工記曰「作舟以行水」，故書「舟」爲「周」。鄭司農云：「周當爲舟。」許注淮南多用古本也。○寧案：注「穴」字，乃「空」字之誤也。原道篇「員者常轉，窾者主浮」，高注：「窾，空也，讀科條之科也。」廣雅釋詁三云：「科，空也。」是其證。

以非義爲義，以非禮爲禮，譬猶倮走而追狂人，盜財而予乞者，竊簡而寫法律，蹲踞而誦詩、書。○陶方琦云：大藏音義八十九引許注：「蹲卽踞也。」案：説文：「蹲，踞也。」與淮南訓正同。

割而舍之，鏌邪不斷肉；執而不釋，馬氂截玉。氂，馬尾也。聖人無止，無以歲賢昔，日愈昨也。賢、愈，猶勝也。言今歲勝於昔歲，今日勝於昨日，喻聖人自脩進也。○楊樹達云：「以」與「已」同。○馬宗霍云：此文舊讀皆以「聖人無止」爲一句，「無以」二字屬下讀。經籍纂詁一先賢字條所引卽如此。但高注以下句爲聖人自修進之喻。自修進所以釋聖人之無止也，則下句首不當作「無以」。若作「無以」，是謂聖人不能今歲勝昔歲，今日勝昨日，意適相反矣。或謂「無以」二字可屬上讀，「以」通作「已」，已猶止也。則聖人無止無止，古人行文似亦不得有此累句。劉家立淮南集證本「無以」作「是以」，仍屬下讀，似可從。又案：漢書貨殖傳集注引孟康曰：「無，發聲助也。」助詞不爲義。則「無以」猶「以」也，亦通。○寧案：「無以」疑當作「爲以」，「無」字草書作「[illegible]」，與爲字行書相似，因以致誤。俶真篇「猶蓋之爲一橑而輪之爲一輻」，今本兩「爲」字誤「無」，此與同例。又案：注，道藏本、中立本、景宋本「猶勝」下有「互文」二字，無「也」字。

馬之似鹿者千金，天下無千金之鹿；○楊樹達云：韓非子外儲説右上篇云：「夫馬似鹿者而題之千金，然而有千金之馬，而無千金之鹿者，何也？馬爲人用，鹿不爲人用也。」此淮南文所本。玉待礛諸而成器，礛諸，攻玉之石，言物有待賤而貴者也。礛，廉，或直言藍也。○梁履繩云：戰國楚策「被[illegible]磻」，「[illegible]」一本作「礛」，蓋亦通用。此注云「或直言藍」，「礛」與「藍」本同音，亦作「藍」。戰國中山策有「藍諸君」，「藍諸」必是地名，產生攻玉之石，特不知何所耳。案「礛廉」當從説林訓注「礛讀廉氏之廉」。○于省吾云：按「礛諸」亦作「厱諸」。説文：「厱諸，治玉石也。」亦作「礛

「礛儲」，廣雅釋器：「礛儲，礪也。」○寧案：礛，説林注音有奪誤。脩務篇高注：「礛讀廉氏之廉，一曰濫也。」説山、説林、脩務三篇皆高注，蓋高讀廉而許讀藍。

有千金之璧，而無錙錘之礛諸。六銖曰錙，八銖曰錘，言其賤也。

受光於隙照一隅，受光於牖照北壁，受光於户照室中無遺物，況受光於宇宙乎？天下莫不藉明於其前矣。四方上下曰宇，往古來今曰宙，謂四極之内，天地之間，故天下莫不借明于日月之前。由此觀之，所受者小，則所見者淺，所受者大，則所照者博。

江出岷山，河出昆侖，濟出王屋，潁出少室，漢出嶓冢，已説在地形也。分流舛馳，注於東海。○陶方琦云：大藏音義引許注：「舛，相背也。」其卷九十六云：「淮南子作僢。」與玉篇引淮南子「分流僢馳，僢，相背也」正合。然諸引許君淮南子注皆作「舛，相背也」。説文：「舛，對卧也，从夂㐄相背。」淮南注文却與之同。所行則異，所歸則一。一，同也。

通於學者，若車軸轉轂之中，不運於己，與之致千里，終而復始，轉無窮之源。不通於學者，若迷惑，告之以東西南北，所居聆聆，聆聆，猶了了，言迷解也。背而不得，不知凡要。背而不得，更復惑，故曰「不知凡要」也。○寧案：「通於學者」以下十二句，與齊俗篇畧同。彼注云：「聆聆，意曉解也。」齊俗篇許注，正見許、高之異。

寒不能生寒，熱不能生熱，不寒不熱，能生寒熱。故有形出於無形，未有天地能生天地者也，至深微廣大矣！未有天地生天地，故無形生有形也。○寧寧：道藏本、中立本、景宋本注首有「初」字，今本脫。

雨之集無能霑，待其止而能有濡；集，下也。此其至，未能有所霑。止者所止，故能有濡也。○寧案：注有誤字。景宋本「此」作「比」，「所止」作「所至」，是也。比猶及也。矢之發無能貫，待其止而能有穿。唯止能止衆止。止，諭矢止乃能穿物。一曰：止已情欲，乃能止歸衆物，令不得已乎！

因高而爲臺，就下而爲池，各就其勢，不敢更爲。

聖人用物，若用朱絲約芻狗，若爲土龍以求雨，芻狗待之而求福，求，猶得也，待芻狗之靈而得福也。土龍待之而得食。土龍致雨，雨而成穀，故得待土龍之神而得穀食。一說：土龍待請雨之祈，得食酒肉者也。○劉文典云：高注「故得待土龍之神而得穀食」，上「得」字衍文。文選應休璉與廣川長岑文瑜書注引無「得」字，是其證。○寧案：此言聖人用物如用芻狗、土龍，待之以得福得食也，注一說非也。

魯人身善制冠，妻善織屨，往徙於越而大困窮。○寧案：北堂書鈔百二十七、百三十六、太平御覽六百八十四引無「窮」字。韓非子說林上篇云「魯人身善織屨，妻善織縞，而欲徙於越」，即此文所本。以其所脩而遊不用之鄉。○寧案：北堂書鈔、太平御覽引作「以有用遊於不用之鄉也」。韓非子作「以子之所長，遊於不用之國」，作「脩」作「長」，皆承上二「善」字言之，於義爲長。譬若樹荷山上，荷，水菜，夫渠也。其莖曰茄，其本曰密，其根曰蕅，其花曰夫容，其秀曰菡萏，其實曰蓮。蓮之茂者花，花之中心曰薏，幽州總謂之光。荷，讀如燕人强秦言胡同也。○寧案：高注「荷，水菜」，荷無稱水菜者，「菜」當作「華」，形近而誤也。蜀藏本正作「水華」。又「蓮之茂者花，花之中心曰

「蕸」，義不可通。爾雅釋草：「荷，芙蕖，其莖茄，其葉蕸，其本密，其華菡萏，其實蓮，其根藕，其中菂，菂中薏。」郭注：「的，蓮中子也。」蓋「茂」字乃「藏」字之誤，「藏」書作「蔵」，其中缺壞而爲「茂」。「花」字乃「的」字之誤，「的」通「菂」，菂與花形近。「蓮之藏者的」，即「其中的」也。「的之中心曰薏」，即「的中薏」也。說文荷字，段注引高注正作「蓮之藏者菂，菂之中心曰薏」。是其證。而畜火井中，操釣上山，揭斧入淵，欲得所求，難也。方車而蹠越，乘桴而入胡，方，出。蹠，至。桴，筏。一曰瓠。言非其所宜也。○陶方琦云：御覽七百七十引許注：「桴，木筏。」按：桴筏之訓乃舊義，高注一曰，乃別解也。文亦與許注異。說文作「泭」，「編木以渡也」，與木筏義同。筏應作栰。論語「乘桴浮於海」，馬注：「桴，編竹木，大曰栰，小曰桴。」爾雅「庶人乘泭」，孫注：「方木置水中爲泭，栰也。」泭字又作䈏。廣雅：「䈏，筏也。」○吳承仕云：方無出義，疑當作「方，出旁也」。或當作「方，旁出也」。大射禮「左右曰方」，鄭注云：「方，出旁也。」此言「方車」，蓋與方射同義。謂平原宜車，左右旁出，無所不可，若適越則非所宜矣。晉語「不如捷而行」，韋解曰：「旁出爲捷。」名異而事同。各本奪「旁」字，義不可說。○楊樹達云：吳說非是。車可左右旁出，不得云「方車」也。愚疑「出」者「並」之誤字。說文云：「方，併船也。」引申之義爲併，「併」又通作「並」。「出」，俗寫作「亗」，因誤「並」而爲「出」矣。氾論篇「乃爲窬木方版以爲舟航」，高注云：「方，並也。」是其證矣。○馬宗霍云：高注釋方爲出。方無出義。余謂「方車」之「方」，當讀如爾雅釋水「大夫方舟」之「方」。孔穎達詩疏引李巡爾雅注云：「併兩船曰方舟。」說文云：「方，併船也。象兩舟總頭形。」是方之本義爲併船。引申之，凡併謂之方。儀禮鄉射禮「不方足」，鄭玄注云：「方猶併也。」漢書楊雄傳上「雖方征僑與偓佺兮」，顏師古注云：「方謂竝行也。」又敘傳下「文武方作」，顏注引晉灼曰：「方，竝也。」皆其證。「併」與

「竝」同。説文「竝」「併」互訓。然則本文「方車而蹠越」，猶言竝車而至越也。竝字隸俗作「並」，與「出」字形近。余疑注文之「出」，蓋「並」字傳寫筆誤耳。吴承仕淮南舊注校理謂注文奪「旁」字，當作「方，出旁也」，或當作「方，旁出也」。未必是。◯金其源云：按東京賦「方其用財取物」，薛綜注：「方，將也。」史記田叔傳「爲人將車」，索隱：「將車猶御車也。」是方車猶將車，即御車也。欲無窮，不可得也。無求之處也。◯寧案注「無求之處也」五字當在上文「難也」下。

楚王有白蝯，王自射之，則搏矢而熙；熙，戲也。使養由基射之，始調弓矯矢，未發，而蝯擁柱號矣，由基，楚王之臣，養姓。調，張。矯，直。擁，抱。號，呼。幽通賦曰：「養流睇而猨號。」是也。◯王念孫云：「擁柱」當爲「擁樹」，聲之誤也。文選幽通賦注引此作「抱樹」。太平御覽兵部八十一引作「擁樹」。◯向宗魯云：呂覽博志載此事云：「荆廷嘗有神白猨」云云。彼云「荆廷」則正宜有柱。柱、樹不同，乃高、許之異，非必樹是而柱非也。（擁、抱亦然。疑高作「擁柱」，許作「抱樹」。御覽「擁樹」當作「抱樹」。）◯楊樹達云：熙無戲義，字假爲「娭」。説文云：「娭，戲也。」◯寧案：文選幽通賦注引「楚」下無「王」字，「熙」作「顧」，「擁柱」作「抱樹」。勵志詩六臣注引同。太平御覽三百五十引「楚王」作「楚人」，「柱」作「樹」。七百四十五引同今本。惟勵志詩李善注本引作「楚共王遊於林中，有白猨緣木而矯，王使左右射之，騰躍避矢不能中，於是使由基撫弓而眄，猨乃抱木而長號。何者？誠在於心，而精通於物。」與六臣本及太平御覽引皆異，疑是許本，六臣注及御覽引是高本。今本「楚王」乃「楚廷」之誤，（「廷」脱去「廴」與「王」相似。）呂氏春秋博志篇可證。本或奪「廷」字，（如幽通賦注及勵志詩六臣注引。）或補「人」字。（如太平御覽三百五十引。）由於

「廷」字之誤及許本有「抱木」之文，故「擁」或作「抱」，「熙」或作「顧」，「柱」或作「樹」，皆寫者所臆改耳。又案：太平御覽三百五十引注作「由基，楚共王之臣養叔也」。文小異。

有先中中者也。有先未中必中之徵，精相動也。

咼氏之璧，夏后之璜，揖讓而進之，以合歡；夜以投人，則爲怨：時與不時。不時，謂夜也。「咼」古「和」字。○劉文典云：藝文類聚三十引「時與不時」下有「也」字。○楊樹達云：咼，說文訓口戾不正，與「和」異字，非古「和」字也，音近假用耳 高說非是。○寧案：文選盧子諒覽古詩注引蔡邕琴操作「瑀氏璧」，李云「瑀，古和字」。此「瑀」省作「咼」耳。

畫西施之面，美而不可說；規孟賁之目，大而不可畏：君形者亡焉。生氣者，人形之君。規畫人形，無有生氣，故曰「君形亡」。

人有昆弟相分者，無量，多不可計。而衆稱義焉。夫惟無量，故不可得而量也。

登高使人欲望，臨深使人欲闚，處使然也。射者使人端，釣者使人恭，事使然也。端然後中，恭然後得，故曰「事使然」也。○寧案：六句互見說苑說叢篇。

曰殺罷牛可以贖良馬之死，莫之爲也。殺牛必亡之數，牛者所以植穀者，民之命，是以王法禁殺牛。民犯禁殺之者誅，故曰「必亡之數」。○于鬯云：此但謂殺牛牛必亡耳，高注牽王法禁殺牛言，似屬支論。又案：下文云「以必亡贖不必死」，是謂牛必亡，而馬不必果死也。然則上文言「殺罷牛可以贖良馬之死」，彼「死」字疑有誤，或是「病」字。○吳承仕云：注文當云「牛者所以植穀。穀者民之命」。爾雅翼引此注，正有兩「穀」字，是也。今本誤奪其一，文不成義。○

楊樹達云：高説無理。此言殺牛則牛必死，而馬之死尚未可必。必亡之數謂牛，不謂人也，犯禁殺牛，何至誅乎！○寧案：于氏前説是也，後説非然也。此謂恐良馬死，故重其死而贖之，故曰「贖良馬之死」。恐死非必死也，故又曰「贖不必死」。若作「贖良馬之病」，則是謂贖之令其不病，就病與不病言，非以生死言也，與下文「贖不必死」文不一貫。又案：注當重「穀」字，是也。呂氏春秋順民篇注「穀者民命也」，與此「穀者民之命」正同。以必亡贖不必死，未能行之者矣。

季孫氏刧公家，魯大夫季桓子斯，一曰康子肥，脅定公而專其政。傳曰：「禄之去公室。」○梁玉繩云：據論語當作季康子時事，畧見呂氏舉難篇。孔子説之，先順其所爲，而後與之入政，曰：「舉枉與直，如何而不得？舉直與枉，勿與遂往。」直順其謀而從，勿遂大，與同小。此所謂同汚而異塗者。

衆曲不容直，衆枉不容正，故人衆則食狼，狼衆則食人。

欲爲邪者必相明正，欲爲曲者必相達直。○顧廣圻云：「相」疑衍。下句「相」，宋本無。「爲邪」「爲曲」，爲，治也。○寧案：中立本無兩「相」字。又「爲治」之訓，與下文義不合，顧説非。公道不立，私欲得容者，自古及今，未嘗聞也。此以善託其醜。託，寄也。若麗姬欲殺太子申生，先稱之於獻公，然後得行其害，此其類也。

衆議成林，無翼而飛，衆人皆議，平地生林，無翼之禽能飛，凡人信之，以爲實然。三人成市虎，三人從市中來，皆言市中有虎，市非虎處，而人信以爲有虎，故曰「三人成市虎」。一里能撓椎。撓，弱。一里之人，皆言能屈椎者，人則信之也。○梁玉繩云：戰國秦策云：「三人成虎，十人揉椎，衆口所移，無翼而飛。」漢書景十三王傳「朋黨執虎，十夫橈椎」，師古曰：「橈，曲也。音女教切。」○寧案：「三人成市虎」，又見魏策二龐葱與魏王答問。

夫游没者不求沐浴，已自足其中矣。故食草之獸，不疾易藪；疾，患也。水居之蟲，不疾易水；○王念孫云：「食草」本作「草食」。「草食」與「水居」相對爲文，寫者誤倒耳。太平御覽蟲豸部一引此正作「草食」。莊子田子方篇同。○寧案：王説是也。高注云：「草食故食草」，尤其明證。行小變而不失常。小變，易水易草也。草食故食草，水居故水中，故曰不疾，失其常也。○寧案：高注當作「故曰不疾，不失其常也」，今本「失」上敓「不」字。

信有非禮而失禮；○王念孫云：當作「信有非而禮有失」。下文「此信之非」，「此禮之失」，皆承此句言之。今本「而禮」二字誤倒，又脱一「有」字，衍一「禮」字，遂致文不成義。尾生死其梁柱之下，此信之非也；尾生扶人，與婦人私期橋梁之下，故尊其誓，水至不去，没休而死，故曰「信之非」也。○馬宗霍云：「扶」者，「㳎」之隸變。説文㫃部云：「㳎古文旅。古文以爲魯、衞之魯。」是「扶人」即「魯人」也。孔氏不喪出母，此禮之失者。禮，庶子喪出母期。孔氏，子上，名白，仲尼之曾孫，孔伋之子也。子上之母被出，卒于外。記曰：「子上之母死，不喪。門人問諸子思曰：『子先君其喪出母乎？』曰：『然。』『子不使白，何也？』曰：『昔我先君無所失道，道隆從而隆，道污從而污，伋則安能及乎！是不爲伋也妻，不爲白也母。』孔氏之不喪出母，自子思始。」故曰孔氏之失也。○寧案：注「子上之母被出」，道藏本、中立本、景宋本作「後出子白之母」，諸家改如今本。疑「後出」當作「伋出」，故稱「子白之母」。「後」字草書作「彶」，與「伋」形似，因以致誤耳。「記曰」以下，見禮記檀弓。「子不使白何也」，今本作「子之不使白也喪之何也」。「是不爲伋也妻，不爲白也母」，今本作「不爲伋也妻者，是不爲白也母」。高注引疑有奪誤。又案：「故曰孔氏之失也」，「孔」字乃「禮」字之誤，衍

「氏」字。「禮」字俗書作「礼」，與「孔」形似，涉正文「孔氏」，故又加「氏」字耳。上句注文「故曰信之非也」，復述正文，此當與同例：「故曰禮之失也。」

曾子立孝，不過勝母之閭；○寧案：「立孝」當作「至孝」，涉下「立廉」而誤。文選吴季重答東阿王書注引作「至孝」，困學紀聞十引同，上文「曾子攀柩車」，注云「曾子至孝」，皆其證。墨子非樂，不入朝歌之邑；曾子立廉，不飲盗泉。○梁玉繩云：史記鄒陽列傳「縣名勝母而曾子不入」，索隱：「按：淮南子及鹽鐵論並云里名勝母，曾子不入，蓋以名不順故也。尸子以爲孔子至勝母縣，暮而不宿，則不同也。」又水經淇水注：「晉灼曰：史記樂書『紂爲朝歌之音，朝歌者，歌不時也。』故墨子聞之，惡而回車，不逕其邑。論語比考讖曰：『邑名朝歌，顔淵不舍，七十弟子掩目，宰予獨顧，由蹷墮車。』」又説苑説叢云：「邑名勝母，曾子不入；水名盗泉，孔子不飲：醜其聲也。」亦互異。○劉文典云：「曾」當爲「孔」，涉上「曾子立孝」而誤也。尸子：「孔子至於勝母，暮矣而不宿，過於盗泉，渴矣而不飲，惡其名也。」（文選陸士衡猛虎行注引、水經沂水注引畧同。）列女傳：「樂羊子妻曰：妾聞志士不飲盗泉之水。」（寧案：集解附録一載此文「水經沂水注」五字不當在括弧内，引論語比考讖文亦有誤。「比考讖」比誤爲撰。）注引論語撰考讖「水名盗泉，仲尼不漱」。後漢書鍾離意傳：「臣聞孔子忍渴於盗泉之水。」説苑説叢篇：「邑名勝母，曾子不入；水名盗泉，孔子不飲：醜其聲也。」論衡問孔篇：「孔子不飲盗泉之水，曾子不入勝母之閭，避惡去汙，不以義耻辱名也。」諸書皆以不飲盗泉爲孔子事，非曾子也。且上文已言「曾子立孝，不過勝母之閭」，下更言「曾子立廉」，於詞亦複矣。御覽四百二十六引此已誤，惟四百十三引「曾子立孝」，「曾」誤爲「孔」，可攷「曾」、「孔」二字互譌之跡。所謂養志者也。

紂爲象箸而箕子唏，見象箸知當復作玉杯，有玉杯必有熊蹯豹胎，以極廣侈，故箕子爲之驚號啼也。○鍾佛操云：文選七命注引：「六韜曰：『殷君陳玉杯象箸。』韓子曰：『紂爲象箸。』箕子曰：『象箸玉杯，不盛菽粟者也。』」魯以偶人葬而孔子嘆，惡其象人而用之，知後世必用殉，故孔子爲之長嘆也。○寧案：孟子梁惠王上篇：「仲尼曰：『始作俑者，其無後乎！』爲其象人而用之也。」故聖人見霜而知冰。見微霜降，大寒至，必堅冰。

有鳥將來，張羅而待之，得鳥者，羅之一目也；今爲一目之羅，則無時得鳥矣。今被甲者，以備矢之至；若使人必知所集，則懸一札而已矣。事或不可前規，物或不可慮，○王念孫云：「物或不可慮」，文義未明，且與上句不對。文子上德篇「事或不可前規，物或不可豫慮」，（賈誼鵩鳥賦：「天不可預慮兮，道不可預謀。」）即用淮南之文。今本蓋脱「豫」字。卒然不戒而至，故聖人畜道以待時。道能均化，無不稟受，故聖人畜養以待時，時至而應，若武王伐紂也。

髡屯犂牛，既犐以犞，決鼻而羈，髡屯，醜牛貌。犂牛，不純色。犐，無角。犞，無尾。決鼻羈頭而牽。○于鬯云：曾釗周禮注疏小箋牧人下引此，謂「屯」當作「毛」，未知然否。生子而犧，尸祝齊戒，以沈諸河，犧者，牲也。尸，祭神之主。祝，祈福祥之辭。祀河曰沉。○王念孫云：説文、玉篇、廣韻、集韻皆無「犐」、「犞」二字，「犐」、「犞」當爲「科」、「橢」。（橢，他果反。）後人從牛作「犐」、「犞」，傳寫者又誤爲「犐」、「犞」耳。科與橢皆禿貌也，故高注云「科無角，橢無尾」，其實無角亦可謂之橢。呂氏春秋至忠篇「荆莊哀王獵於雲夢，射隨兕」，「隨」與「橢」同。（齊俗篇「窺面於盤水則員，於杯則隨」，「隨」即「橢」字。）説苑立節篇作「射科雉」（「雉」與「兕」同。集韻：「兕或作雉。」）史記齊世家「蒼兕蒼兕」，徐廣曰：「本或作蒼雉。」管蔡世家曹惠伯兕，十二諸侯年表「兕」作「雉」。）隨兕、科雉，皆謂兕之無角者也。太玄窮次四「土不和，木科橢」，范望曰：「科橢，枝葉不布。」集韻引宋惟榦說云：「科橢，木首杌也。」義與此科、橢相近。橢字集韻又音徒禾切，故太玄與和爲韻，此與羈、犧、河爲韻。（羈，古讀若歌。下文「遺人馬而解其羈」，與犧、多爲韻，犧讀若俄，犧古讀若訶。魯頌閟宫篇「享以騂犧」，與宜、多爲韻。宜亦讀若俄。）今誤作「[illegible]」，則失其韻矣。○楊樹達云：王說是也。科之言空也。廣雅釋詁三云：「科，空也。」說文穴部云：「窠，空也。」今語尚云「科頭」，謂空頭也。「橢」正字當作「鬌」。說文髟部云：「鬌，髮墮也。」髮墮故爲禿也。方言十二云：「鬌，尾梢盡也。」亦與高無尾之義合。河伯豈羞其所從出，辭而不享哉！詩曰：「采葑采菲，無以下體。」論語曰：「犂牛之子解且角，雖欲勿用，山川其舍諸。」○寧案：注「解」，道藏本、景宋本作「騂」。騂，赤色。作「解」假字。

得萬人之兵，不如聞一言之當；當，謂明天時、地利，知人之言，可以不戰屈人之兵也。○吳承仕云：注「知人」，疑當作「人和」，語本孟子。謂一言之當，不外此天時、地利、人和三事也。各本「和」誤爲「知」，文又譌倒耳。得隋侯之珠，不若得事之所由；得咼氏之璧，不若得事之所適。由，用。適，宜適也。

撰良馬者，非以逐狐狸，將以射麋鹿；○于鬯云：撰之言選。○馬宗霍云：「撰良馬」之「撰」，當讀如周官大司馬「羣吏撰車徒」之「撰」。鄭玄注云：「撰讀曰算。算車徒謂數擇之也。」賈公彥疏申注云：「數擇之也者，以解撰爲數擇，取其善者。」本文亦謂擇取馬之良者也。○寧案：「麋鹿」當作「鹿麋」，以習言「麋鹿」誤倒。此以狸、麋爲韻，（上文「發屋而求狸」，與龜爲韻。）下二句衣、犀爲韻，作「麋鹿」則失其韻矣。砥利劍者，非以斬縞衣，將以斷兕犀。故高山仰止，景行行止，鄉者其人。言有高山，我仰而止之，人有大行，我則而行之，故曰「鄉者其人」也。見彈而求鴞炙，彈可以彈鴞鳥，而我因其求炙也。○寧案：注「因」下脱「望」字。下句注云「因望其夜鳴」，文正一例。景宋本正作「因望其求炙」。見卵而求晨夜，雞知將旦，鶴知夜半，見其卵因望其夜鳴，故曰「求晨夜」。○俞樾云：「晨」當作「辰」。淺人誤謂與夜對文，故加日作晨，不知非其義也。辰者，時也。詩東方未鳴篇「不能辰夜」，毛傳曰：「辰，時也。」正義曰：「不能時節此夜之漏刻。」然則辰夜卽時夜也。莊子齊物論篇正作「見卵而求時夜」。蓋皆本於毛詩，淮南用其文，莊子用其義耳。○寧案：俞説是也。説文「辰，農之時也。」故辰有時義。太平御覽九百十六引墨子云：「鶴雞時夜而鳴。」見黂而求成布，雖其理哉，亦不病暮。黂，麻之有實者，可以爲布，因求其成，故曰「雖其理哉，亦不病暮，」言其早也。黂，讀傳曰「有蜚不爲災」之「蜚」。

象解其牙，不憎人之利之也；利，猶取也。死而棄其招簀，不怨人取之。招簀，稱死者浴牀上之柄也。怨亦憎，變文爾。簀讀功績之「績」也。○于省吾云：按「招」本應作「柖」。廣雅釋器：「浴牀謂之柖。」○寧案：于説是也。玉篇柖字引此作「死而弄其柖責。絡牀爲柖。」蓋並注意引之。「弄」當是「弃」，「責」當是「簀」，「絡」當是「浴」，尤爲「招」當爲「柖」之證。又案：注，道藏本、中立本、景宋本作「招簀，死者浴牀上称柄」，「称柄」當是「棧棚」形近而譌。説文：「簀，牀棧也。」「棧，棚也。」故「棧棚」連文。後人不知「称柄」乃「棧棚」之誤，故移「称」字於「死者」上，而於「柄」上加「之」字，「称」又書作「稱」，而錯誤之迹晦矣。説文：「柄，屋枅上標。」爾雅釋宮郭注：「柄卽櫨也。」蓋斗拱也。與此義不合。又「變文」，中立本、景宋本作「互文」，義同。道藏本作「玄文」，「玄」亦「互」字之誤。人能以所不利利人則可。所不利，若子罕不利玉人之寶。利，于玉人自得玉以爲寶。故曰「可」也。○寧案：注，道藏本、中立本、景宋本「于」作「若」，「若玉人自得玉以爲寶」，與上句「若子罕不利玉人之寶」同一句式，莊本改「若」爲「于」，義不可通。

狂者東走，逐者亦東走，東走則同，所以東走則異。○寧案：文本韓非子說林上篇。韓子「狂者」作「往者」，是當據淮南校韓子。上文云「倮走而逐狂人」是也。溺者入水，拯之者亦入水，入水則同，所以入水者則異。異以不伙。故聖人同死生，愚人亦同死生，聖人之同死生，通於分理，愚人之同死生，不知利害所在。徐偃王以仁義亡國，國亡者非必仁義；徐國今下邳、徐、僮是。偃，謚。居衰亂之世，脩行仁義，爲楚文王所滅。滅者多以不義，故曰亡國不必仁義。○寧案：注當作「故曰國亡者非必仁義」。比干以忠靡其體，被誅者非必忠也。比干以忠諫紂而誅。世之見誅者多以不忠，故曰「被誅者非必忠」。故寒顫，懼者亦顫，此同名而異實。同名於顫，異者寒與懼。顫讀天寒凍顫之「顫」，字亦如此。○王念孫云：「寒」下亦當有「者」字。上文「狂者東走，逐者亦東走」，與此文同一例。○寧案：王說是也。景宋本正作「寒者顫」。

明月之珠，出於蛖蜄，周之簡圭，生於垢石，珠有夜光、明月，生於蛖中。簡圭，大圭，美玉出於石中，故曰生垢石。○劉文典云：文選西都賦注引許注：「夜光之珠，有似明月，故曰明月也。」初學記鱗介部引「周之簡圭，生於垢石」，作「周人簡珪，産於古石」。文選應德璉侍五官中郎將建章臺集詩注引作「周之簡珪，産於垢土」。○寧案：文選西都賦注引許注「夜光之珠」云云，當在氾論篇「明月之珠，不能無纇」句下，不當置此。初學記引「周人簡珪，産於古石」，「人」乃「之」之譌，「垢」誤作「后」，又譌「古」，非異文也。文選建章臺集詩注引「垢石」作「垢土」非。高注「美玉出於石中，故曰生垢石」，是其證。太平御覽九百四十一引墨子佚文「周之靈珪，出於土石，楚之明月，出於蚌蜃」，卽淮南文所本。大蔡神龜，出於溝壑。大蔡，元龜之所出地名，因名其龜爲大蔡，臧文仲所居蔡是也。○寧案：注首不當有「大」字，涉正文「大蔡」而衍也。視下文自知。萬乘之主，冠錙錘之冠，履百金之車。六銖曰錙，八銖曰錘，言賈值小。物有賤而在上，有貴而在下。「車」或作「履」也。牛皮爲賤，正三軍之衆。鼓聲氣，故可以齊三軍之衆也。○寧案：「牛皮爲賤」，「賤」當爲「鼓」，故注云「鼓聲氣，故可以齊三軍之衆也」。上文云「剥牛皮鞟以爲鼓，正三軍之衆」，是其明證。景宋本正作「鼓」。又案：高注「鼓聲氣」，左傳莊公十年「一鼓作氣」，是其義。劉氏集證正文改「賤」爲「鼓」是也。注文改「氣」爲「疾」，不言所據，謬矣。

欲學歌謳者，必先徵羽樂風；徵，南方火。羽，北方水。五音正樂正夫理情性，動天地，感鬼神，莫近於詩。樂風者，上以風化下，下以風刺上，故曰風也。○于省吾云：按注訓「樂風」之「風」爲風化，非是。風者，歌曲之謂也。山海經大荒西經：「祝融生太子長琴，是處榣山，始作樂風。」注：「創制樂風曲也。」然則樂風卽樂之歌曲也。○寧案：注「正夫」當作「正得失」。「失」誤作「夫」，又脱「得」字，義不可通。詩大序云：「正得失，動天地，感鬼神，莫近於詩。」此高注所本，是其證。道藏本作「正失」，「失」字不誤，脱「得」字。景宋本正作「正得失」。欲美和者，必先始於陽阿、采菱。陽阿、采菱，樂曲之和聲。有陽阿，古之名倡，善和也。○王念孫云：下「必先」二字，因上「必先」而衍。「始於」與「必先」相對爲文，不當更有「必先」二字。北堂書鈔樂部一、藝文類聚樂部一、太平御覽樂部三引此，並作「始於陽阿、采菱」，無「必先」二字。○陶方琦云：御覽五百六十五引許注：「楚樂之名也。」按二注文異。楚辭「涉江、采菱，發陽阿些」，王注：「楚人歌曲也。」與許説同。○寧案：北堂書鈔、藝文類聚、太平御覽引「欲美和者」作「奏雅樂者」，蓋許本也。北堂書鈔一百五引許注云：「此楚樂也。」陳本「楚樂」下有「之名」二字，與太平御覽五百六十五引合。又案：今本高注「有陽阿」云云，與上文義不相屬。凡高注有二説，無言「又曰」者，知「有」非「又」字。宋本作「百陽阿」，蓋「一曰」之誤也。「一曰」誤合爲「百」，又以形近誤爲「有」耳。説林篇「錯在其間」，高注：「錯小鼎，又曰鼎無耳爲錯。」「又曰」二字卽「有」字分寫之誤，「有」卽「百」字形近之譌，「百」乃「一曰」之合寫。道藏本、景宋本皆作「一曰」，是其證。彼注誤與此同。此皆學其所不學，而欲至其所欲學者。

燿蟬者務在明其火，釣魚者務在芳其餌。明其火者，所以燿而致之也；芳其餌者，所以誘而利之也。燿，明。芳，香也。明火香餌則蟬、魚至，以言治國，明其德，美其政，天下之人，如蟬、魚之歸明火香餌也。○馬宗霍云：高注云：「燿，明也。」按：「明其火」，文中已見「明」字，則上文「燿」字不當訓明。左氏昭公三年傳「焜燿寡人之望」，陸德明釋文引服虔注云：「燿，照也。」此亦謂照蟬者務在明其火也。○寧案：馬説是也。荀子致仕篇「燿蟬者，務在明其火」，卽淮南所本。郝懿行云：「燿俗燿字。燿者，照也。」欲致魚者先通水，欲致鳥者先樹木。水積而魚聚，木茂而鳥集。好弋者先具繳與矰，繳，大綸。矰，短矢。繳，所以繫者，繳射之注飛鳥。詩云：「弋鳧與鴈。」○寧案：注「繳所以繫者」，中立本「者」作「矰」，於義爲明。蓋「矰」字缺左半，與「者」形似而譌。好魚者先具罟與罛，罟，細网。傳曰：「數罟不入汙池。」罛，大网。詩曰：「施罛濊濊，鱣鮪潑潑。」是也。未有無其具而得其利。言未見君無道而能得民心也。

遺人馬而解其羈，遺人車而稅其轙，轙，所以縛衡也。○于省吾云：按景宋本「轙」作「轙」，注同。說文：「轙，車衡載轡者。」爾雅釋器：「載轡謂之轙。」郭注：「車軛上環，轡所貫也。」急就篇「軹軾軫軨轙軜衡」，顔注：「轙，車衡上貫轡環也。衡者，横也，横木在馬頸上者。」轙爲貫轡之環，注稱縛衡之説，當未允也。所愛者少，而所亡者多。故里人諺曰：「烹牛而不鹽，敗所爲也。」烹羹不與鹽，不成羹，故曰「敗所爲」。禮記曰：「客絮羹，主人辭不能烹。」知烹爲羹也。

桀有得事，謂若作瓦以蓋屋，遺後世也。○洪亮吉云：有虞氏已有瓦棺，則瓦非自夏始。周書云神農作瓦器，蒼頡篇陶作瓦，舜始爲陶，衆經音義「陶」又通作「姚」。余以爲神農作瓦近之。故孟子云「舜陶於河濱」，明舜時已有瓦矣。古史考云夏昆吾作瓦，世本夏臣昆吾更增加瓦器。昆吾係夏桀時人，故又以爲桀作瓦也。○寧案：注「若作瓦」，道藏本、景宋本「若」作「知」，是也。「知」誤作「如」，又改寫作「若」耳。堯有遺道，遺，失。謂不能放四凶，用十六相是也。一説：不傳丹朱而傳舜天下，有不慈之名，故曰「有遺道」也。○寧案：注「傳舜」，道藏本、中立本、茅本、景宋本作「禪舜」，當據改。嫫母有所美，嫫母，古之醜女，而行貞正，故曰「有所美」。嫫讀「模範」之「模」。西施有所醜。西施，古之好女，雖容儀光豔，未必貞正，故曰「有所醜」也。○梁玉繩云：西施之醜，卽蒙不潔，脩務所謂「銜腐鼠，蒙蝟皮，衣豹裘，帶死蛇」，注非是。○寧案：脩務篇「若使之銜腐鼠」云者，設辭也，焉能以設辭論人美醜？梁説未足多，高注未必非也。故亡國之法有可隨者，治國之俗有可非者。有可隨，猶嫫母有所美。有可非，猶西施有所醜。琬琰之玉，在洿泥之中，雖廉者弗釋；琬琰，美玉。釋，舍也。弊箄甑瓾，在袇茵之上，雖貪者不摶。瓾，甑帶。摶，取也。瓾讀鼃黽之「鼃」也。○王念孫云：說文、玉篇、廣韻、集韻、類篇皆無「瓾」字。「瓾」當作「𤭛」，字之誤也。說文：「窐，甑空也。」（「空」與「孔」通。）玉篇「𤮐」或作「𤭛」，亦作「窐」，「胡圭、古畦二切，甑下空也。」楚辭哀時命「璋珪襍於甑窐兮」，璋珪與甑窐美惡相縣，故以爲喻。此云「弊箅甑𤭛在旃茵之上，雖貪者不搏」，亦爲其惡也。（見下文。）𤭛字不得音黽，注當作「𤭛，讀鼃黽之鼃」。「𤭛」、「鼃」皆從圭聲，故讀「𤭛」如「鼃」。太平御覽器物部二引此已誤作「𤬪」。洪興祖楚辭補注所引與御覽同，唯注内音鼃尚不誤。楊慎古音餘於梗韻收入瓾字，引高注「瓾讀鼃黽之黽」，則爲俗本所惑也。（各本「箅」誤作「箄」，辯見齊俗「弊箄」下。各本「旃」誤作「袇」，太平御覽引作「旃」，今據改。「旃」與「氈」同。茵，褥也。原道篇曰「席旃茵，傅旄象」，是也。）○寧案：注「甑帶」，「帶」即「蔕」。老子第五十九章「深根固柢」，宋本作「深根固蔕」，「蔕」即「柢」之借字。爾雅釋器「邸謂之柢」，郭注：「根柢，皆物之邸。邸，即底，通語也。」是甑蔕即甑底也。說文「箅，蔽也，所以蔽甑底也。」「蔕，瓜當也。」當即底也。（說林篇「三寸之管而無當」，高注：「當猶底也。」）甑蔕即甑底，與說文義合。又案：說文：「窐，甑空也。」可訓𤭛爲空，不得訓𤭛爲底。正文注文似均不可通，疑有字誤，爲後人妄改。太平御覽四百九十二引「瓾」作「縻」，注同。說文：「縻，牛轡也。」玉篇：「牛縻也。」廣韻：「繫也。」引申之，故高注訓甑帶。釋名釋衣服：「帶，蔕也，著於衣，如物之繫蔕也。」疑作「縻」字是也。縻、黽聲近，故曰「讀鼃黽之黽也」。宋本、藏本作「鼃黽之黽」，莊本改作「鼃黽之鼃」，未必是。

美之所在，雖污辱，世不能賤；惡之所在，雖高隆，世不能貴。世不能賤者，喻賢者在下位卑污之處。世不能貴者，喻小人在上位高顯之處。

春貸秋賦民皆欣，春饑而予，秋豐而收，故民欣也。春賦秋貸衆皆怨，得失同，喜怒爲別，其時異也。○寧案：「得失同，喜怒別」對文。集證本「爲別」二字乙轉，「爲」字下屬，是也。中立本正作「得失同，喜怒別，爲其時異也」。

爲魚德者，非挈而入淵，爲蝯賜者，非負而緣木，縱之其所而已。喻爲政，官方定物，能文者居文官，能武者居武官，故曰「縱之其所而已」。○莊逵吉云：太平御覽作「縱其所之而已」。○王念孫云：「縱之其所而已」，「所」下當有「利」字。淵者魚之所利，木者蝯之所利，故曰「縱之其所利而已」。高注「故曰縱之其利而已也」，「利」上當有「所」字。各本正文脱「利」字，（困學紀聞引此已誤。）而注文「利」字尚存。莊本又改「利」字爲「所」字，則並注文亦無利字矣。文子上德篇作「縱之所利而已」，與高注「利」字合，則正文原有「利」字明矣。○劉文典云：王説是也。御覽四百七十七引作「縱其所之，利之而已矣」，有「利」字。○楊樹達云：淵木雖爲魚蝯之所樂，然由人挈而入之，負而緣之，皆失其所以爲樂矣。淵爲魚之所，木爲蝯之所，縱之其所者，謂縱之於其所，即縱魚使之入淵，縱蝯使之緣木也。原文明白，不必加「利」字，王説非是。劉家立集證不知王校之謬，增「利」字以從之，謬矣。○馬宗霍云：本文「縱之其所」之「所」，當讀如詩魏風碩鼠「爰得我所」之「所」。毛傳鄭箋此「所」字無訓。孔穎達詩疏以「得我所宜」釋之。商頌殷武篇「有截其所」，鄭箋云：「所猶處也。」玄應一切經音義二大般涅槃經第三卷無所條引三倉：「所，處也。」淮南本文「所」字義亦爲處。處即凥處。故廣雅釋詁二又云：「所，凥也。」「凥」今通作「居」。魚以淵爲其居處，蝯以木爲其居處，性也。之猶於也，「縱之其所」，言縱於其處也。縱於其處則其性得矣，故曰「爲魚德」「爲蝯賜」也。王應麟困學紀聞十引此文與今本同。文子上德篇作「縱之所利而已」，王念孫不信紀聞，過信文子，謂本文「所下當有利字」，以「所」字爲語助，殆未必是。太平御覽四百七十七引作「縱其所之，利之而已矣」。劉文典又據御覽有「利」字，而以王說爲是。余謂文子、御覽皆有增易，往往失淮南原書之舊。且御覽分爲兩句，「利」字不在「所」字下，亦不能證成王說也。○寧案：楊、馬說是也。孟子萬章篇上：「子産曰：得其所哉！得其所哉！」趙注：「嘉得魚之志也。」孫疏謂「得其所養」，亦謂「魚得志於水」也。即此「所」字之義。魚、蝯各縱之淵，木而得志焉，非謂利也。道藏本高注作「縱之其利而已也」，此王說所據。蓋「所」以形近誤作「利」，不當據以增字。又案：太平御覽引「淵」下「木」下皆有「也」字。

貂裘而襍，不若狐裘而粹，襍猶駁。粹，純也。故人莫惡於無常行。無常行，猶論語「人而無恒，不可作爲巫醫」，故曰惡也。○寧案：論語今本作「不可以作巫醫」。此當作「不可以爲巫醫」。「作」寫爲「乍」，與「以」形似，因以致誤。

有相馬而失馬者，失，猶不知也。然良馬猶在相之中。良馬有夭壽骨法，非能相不知，故曰「在相之中」。

今人放燒，○劉文典云：「放燒」義不可通，「放」當爲「於」，字之誤也。御覽八百六十九引正作「今人於燒」，是其證。或操火往益之，或接水往救之，兩者皆未有功，而怨德相去亦遠矣。○楊樹達云：「接」字無義，疑假作「唼」。漢書王陵傳云：「始與高帝唼血而盟。」顔注云：「唼，小歠也。」字或作「啑」。一切經音義卷八引字書云：「啑，喋也，所洽反，謂以口微吸之也。」水固可救火，然一唼之水，不足以止燒，故云「未有功」耳。

郢人有買屋棟者，求大三圍之木，郢，楚都，在今江陵北郢是也。棟，欐木材。○吳承仕云：文當云「在今江陵北，故郢是也」。說文：「郢，故楚都，在南郡江陵北十里。」太平寰宇記：「荆州江陵縣，故郢城在縣東北十二里。」說畧同。此文誤奪「故」字，文不成義。（徐松曰：古文苑孫叔敖碑：「楚都南郢。南郢卽南郡江陵縣也。」夢溪筆談云：「今郢州本謂之北郢，非古之楚都。」據此則注文「北郢」二字，不爲連語可知。）○寧案：吴謂「北郢」二字非連語，是也。「北」下沾「故」字，則義可通而字非。脩務篇「至於郢見楚王」，高注：「郢，楚都也，今南郡江陵北里郢是也。」新編諸子集成本集解點校者以「北里」爲地名，非是。「北」下當據説文沾「十」字，蓋高承許説。説山、脩務皆高注，知此「北」下蓋脱「十里」二字。而人予車轂，○王念孫云：意林及太平御覽居處部十五引此，「予」下並有「之」字，於義爲長。跪而度之，巨雖可而脩不足。巨，大也。脩不足，言其短。○莊逵吉云：「脩」各本作「長」。依太平御覽改。又「巨」字作「大」。○寧案：太平御覽兩引。一百八十七作「大」，涉注文而誤。九百五十二仍作「巨」。

蘧伯玉以德化，伯玉，衛大夫蘧瑗。趙簡子將伐衛，使史默往視之，曰：「蘧伯玉爲政，未可以加兵。」故曰「以德化」。○寧案：注，道藏本、中立本、景宋本作「故曰德化也」。公孫鞅以刑罪，所極一也。公孫鞅，衛公子叔痤之子，自衛奔秦，相孝公，制相坐法，故曰以刑罪。秦封爲商君，因曰商鞅。商在京兆東南。瑗以德化，鞅以刑罪，故曰「所極一」也。病者寢席，寢，卧。席，蓐。○寧案：注文四字莊本脱，據宋本、藏本補。醫之用針石，巫之用糈藉，所救鈞也。醫師在男曰覡，在女曰巫。石針所抵，殫人雍痤，出其惡血。糈，米，所以享神。藉，菅茅，皆所以療病求福祚，故曰「救鈞」。○寧案：注「石針所抵」，義不可通。「抵」當爲「砭」字之誤也。道藏本、中立本、景宋本作「砥」，蓋砭以形近誤作砥，又誤從手旁耳。説文：「砭，以石刺病也。」國策秦策二「扁鵲怒而投其石」，高注：「石砭所以砭彈人臃腫也。」（上「砭」字乃「針」字之誤。）漢書藝文志「箴石」，師古曰：「石謂砭石，卽石箴也。古者攻病則有砭。」是其證。又案：

殫當爲彈，景宋本不誤。

貍頭愈鼠，雞頭已瘻，鼠齧人瘡，貍愈之，瘻，頸腫疾。雞頭，水中芡，幽州謂之雁頭，亦愈之也。○陶方琦云：御覽九百十二引許注：「貍食鼠。」按：二注文異。「鼠」即「癙」字。爾雅釋詁：「癙，病也。」孫注：「畏之病也。」許、高並以貍制鼠之説相釋，以癙有從鼠之義也。山海經「脱扈之山，植楮可以已癙」，郭注：「癙，病也。」淮南子曰：『貍頭已癙。』」又御覽九百十二「貍頭止癙」，注：「癙，寒熱病也。」或亦是許注。此引必係敓文。（物類相感志引許君註曰：「貍能執鼠，故愈也。」是全文。然「食」作「執」，「已」作「愈」。）○蔣超伯云：噎膈病有一種鼠膈者，酒食置無人處尚可下咽，有似鼠之畏人旋又吐也。治法以新生貍奴胞衣，焙製入藥，或可冀痊。見吳儀洛醫學述。今之貓，古謂之貍。高謂「鼠嚙人瘡」，失之。○劉文典云：御覽七百四十二引作「貍頭已癙」，與山海經注所引合。○寧案：山海經中山經郭注：「瘻，癰屬也，中多有虫。淮南子曰：『雞頭已瘻。』」又案：高注「亦愈之也」，疑當作「已亦愈也」，蓋釋「已」字。**䖟散積血，**○陶方琦云：御覽九百四十五引作「䖟戢積血」，又引許注：「䖟食血。」案：高無注。説文：「䖟，齧牛尾蟲也。」○寧案：玉篇：「戢，聚也。」積血當言散，不當言聚，疑戢乃散字形譌。御覽九百六十一引仍作「散」。**斲木愈齲，**○劉文典云：御覽七百四十引注云：「啄木，食齲蟲也。」**此類之推者也。**推，行也。**膏之殺鼈，**○寧案：「膏之殺鼈」，「膏之」與下句「鵲矢」不類，「膏之」當作「青涅」。膏、青形近而譌，後人又改「涅」爲「之」耳。藝文類聚九十六、太平御覽九百三十二引淮南萬畢術云：「青泥殺鼈，得莧復生。」説文：「藍，染青草也。」「涅，澱也。」青涅即藍澱。爾雅釋器「澱謂之涅」，郭注：「滓澱也，今江東呼涅。」釋名釋采帛云：「緇，滓也，泥之黑者曰滓。」是青泥即青涅，與鵲矢文正相對。萬畢術即本此書爲説，應從之訂正。（齊民要術收種篇引淮南術曰：「從冬至日數至來年正月朔日」云云，卽與本書天文篇同，知此亦本淮南。）鵲矢中蝟，中亦殺也。○寧案：史記龜策列傳集解引「郭璞曰：『蝟能制虎，見鵲仰地。』」淮南萬畢曰：『鵲令蝟反腹者，蝟憎其意而心惡之也。』」爛灰生蠅，爛，腐。漆見蟹而不乾，乾，燥。○寧案：太平御覽九百四十二引博物志曰：「蟹漆相合成水。」此類之不推者也。推與不推，若非而是，若是而非，孰能通其微！

天下無粹白狐，○寧案：「狐」上當有「之」字，與下句一律。呂氏春秋用衆篇有「之」字。而有粹白之裘，掇之衆白也。善學者若齊王之食雞，必食其蹠，數十而後足。蹠，雞足蹠也。喻學取道衆多然後優。○楊樹達云：食蹠數十，不足爲多，「十」當作「千」，形近誤也。呂氏春秋用衆篇云：「善學者若齊王之食雞也，必食其蹠，數千而後足。」此淮南所本，字正作「千」。○寧案：食蹠數千，多則多矣。然似亦誇飾近誣。鮑本太平御覽六百七引呂氏春秋作「數十」，與今本合。楊説未必是也。

刀便剃毛，至伐大木，非斧不尅，尅，截。物固有以尅適成不逮者。

視方寸於牛，不知其大於羊；總視其體，乃知其大相去之遠。遠猶多也。○王念孫云：「乃知其大」，「大」字因上文而衍。「乃知其相去之遠」，文義甚明，句中不當有「大」字。○于省吾云：按：有「大」字於文可通。「乃知其大」，逗，「相去之遠」，句。「乃知」貫「大」與「相去之遠」爲言。「乃知其大」，係申述上文「視方寸於牛，不知其大於羊，總視其體」之義。

孕婦見兔而子缺脣，見麋而子四目。小馬大目，不可謂大馬；大馬之目眇，可謂之眇馬；○寧案：墨子小取篇：「之馬之目盼，則爲之馬盼；之馬之目大，而不謂之馬大。」淮南卽襲此文。莊子天下篇釋文司馬彪曰：「狗之目眇，謂之眇狗；狗之目大，不曰大狗。」義與此同。此文「大馬之目眇」，「大」字無義，疑當作「小」，承上小馬言之也。猶墨子之作「之馬」，司馬彪之作「狗」，主名不當改變，蓋涉上句大馬而誤也。或謂衍「大」字亦非，其理同。又案：「可謂之眇馬」，「可」當爲「卽」。景宋本作「所」，「所」與「卽」草書形似。與「可」形亦似，故涉上又誤爲「可」耳。墨子作「則爲之馬盼」，「則」、「卽」通用，是其證。道藏本正作「卽」。物固有似然而似不然者。故決指而身死，決，傷也。○寧案：決指者不必身死也，疑「故」下當有「或」字，與下「或」字相因爲義。蓋承上「物固有似然而似不然者」言之，故曰「或」也。或斷臂而顧活，顧，反。○陶方琦云：史記索隱十六引許注：「顧，反也。」按：此乃舊訓，故同。説林訓「偷肥其體而顧近于死」，高注「顧，反也。」類不可必推。

厲利劍者必以柔砥，柔，濡。擊鐘磬者必以濡木，○馬宗霍云：柔、濡二字皆見正文，高卽訓柔爲濡，是謂二字義同也。説文厂部云：「底，柔石也。」「砥」爲「底」之或體。則「柔砥」卽柔石也。管子版法篇「藏温濡」，尹知章注云：「濡，古軟字。」集韻二十八獮「濡」與「輭」、「軟」同訓柔也。廣韻二十八獮以「軟」爲「輭」之俗，則「濡木」卽輭木，亦卽柔木也。又案：説文「厲」本訓「旱石」。旱石者，剛於柔石者也。禹貢「厲砥砮丹」，鄭玄注云：「厲，磨刀刃石也。精者曰砥。」是厲與砥皆爲磨刀之石，而有精粗之别。本文「砥」則用其本義。「厲」則取義於磨，用其引申之義也。經傳磨厲字多作「礪」，大徐本説文新坿有之。轂強必以弱輻，兩堅不能相和，兩強不能相服。故梧桐斷角，馬氂截玉。言柔勝剛也。○梁玉繩云：「氂」，藏本作「犛」，古犛、氂通寫。

媒但者，非學謾也，但成而生不信。但猶詐也。立慬者，非學鬬爭也，慬立而生不讓。○王念孫云：「但」與「誕」同，故高注曰：「誕猶詐也。」「他」與「訑」同，謾訑，詐欺也。說文：「謾，欺也。」又曰：「沇州謂欺曰訑。」（玉篇：湯何、達可二切。）急就篇「謾訑首匿愁勿聊」，顏師古曰：「謾訑，巧黠不實也。」或謂之訑謾。」楚辭九章：「或訑謾而不疑。」訑、詑、他，字異而義同。燕策：「燕王謂蘇代曰：『寡人甚不喜訑者言也。』蘇代對曰：『周地賤媒，爲其兩譽也，之男家曰女美，之女家曰男富。』」故曰「媒但者非學謾他，但成而生不信」也。「謾他」與「鬬争」相對爲文。各本「謾他」並誤作「謾也」，或又於「鬬争」下加「也」字，以與「謾也」相對，其謬滋甚。惟道藏本不誤。莊刻仍依各本作「謾也」，又於「鬬争」下加「也」字，故特辯之。○寧案：景宋本亦不誤。中立本「他」誤作「也」，「鬬争」下猶無「也」字。茅本有「也」字。知誤從明人始也，莊從茅本耳。故君子不入獄，爲其傷恩也；不入市，爲其侳廉也：侳，辱也。積不可不慎者也。

走不以手，縛手走不能疾；飛不以尾，屈尾飛不能遠：○寧案：太平御覽三百九十四引作「飛不以尾，挫尾則飛不能遠；走不以手，縛手則走不能疾。」物之用者必待不用者。故使之見者，乃不見者也；使鼓鳴者，乃不鳴者也。不鳴乃無聲也。○寧案：道藏本、中立本、茅本、景宋本作「使止見者」，義不可通。莊本改「止」爲「之」。之乃泛指，與下句「鼓鳴」不類。然無以據正。

嘗一臠肉，知一鑊之味；有足曰鼎，無足曰鑊。○寧案：「肉」下當有「而」字，與下文「而知燥溼之氣」、「而知歲之將暮」、「而知天下之寒」一律。說林篇作「而知一鑊之味」，呂氏春秋察今篇同。中立本正有「而」字。懸羽與炭，而知燥溼之氣。燥故炭輕，溼故炭重。○于省吾云：景宋本「溼」作「濕」。泰族「夫濕之至也，莫見其形，而炭已重矣」，與注說可互證。以小明大。見一葉落，而知歲之將暮；○寧案：「一葉」下據藝文類聚九、太平御覽十七、六十八引補「之」字，與下句一律。睹瓶中之冰，而知天下之寒。○俞樾云：「寒」下當有「暑」字。兵畧篇曰：「是故處堂上之陰，而知日月之次序；見瓶中之冰，而知天下之寒暑。」彼以暑與序爲韻，此以暑與暮爲韻，今删「暑」字則失其韻矣。上文曰：「嘗一臠肉，知一鑊之味；懸羽與炭，而知燥溼之氣。」味氣爲韻。則此文亦必有韻可知。當據兵畧篇補。○寧案：吕氏春秋察今篇無「暑」字。譚獻曰：兵畧篇「暑字誤衍，上句序字亦衍」。俞說未必是。以近論遠。論，知也。○劉文典云：藝文類聚九、御覽六十八引「論」並作「諭」。○寧案：高注云：「論，知也。」論有知義，則藝文類聚、太平御覽引作「諭」，當是論字之誤。說林篇有「以近喻遠」之文，彼自作「喻」，不必同也。人間篇「然而有道者之所辟也」，王念孫校「道」當爲「論」，說古或謂知爲論甚詳。

三人比肩，不能外出户，户不容故也。一人相隨，可以通天下。言不竝也。○王念孫云：一人不得言相隨，「一人」當作「二人」。二人不竝行，則可以通天下，故高注云：「言不竝也。」○梁玉繩云：「不能外出户」疑當作「不能出外户」。禮運云「外户而不閉」是也。

足蹷地而爲迹，暴行而爲影，此易而難。蹷，履也。履地迹自成，行日中影自生，是其易；使迹正影直，是其難也。○寧案：蹷地而爲迹，暴行而爲影對文，「足」字疑衍。玉篇：「蹷，足蹈也。」

莊王誅里史，孫叔敖制冠浣衣；里史，佞臣。惡人死，叔敖自知當見用，故制冠浣衣。○梁玉繩云：說苑指武篇「管仲誅史附里」，荀子宥坐作「管仲誅付里乙，子産誅鄧析、史付」。此云「莊王誅里史」，未詳。○俞樾云：「制」疑「刷」字之誤。爾雅釋詁：「刷，清也。」故與「浣衣」對文。○劉文典云：「制」、「褻」古通用，「制冠」即「褻冠」也。蔡邕獨斷云：「長冠，楚製也。」是其證矣。俞氏欲改字釋之，非是。且「清冠」亦不詞。○寧案：太平御覽六百八十四引「里史」作「史里」。注「制冠」作「作冠」，「作」字正釋「制」字。**文公棄荏席，後黴黑，咎犯辭歸，**晉文棄其卧席之下黴黑者，咎犯感其捐舊物，因曰：「臣從君周旋，臣之罪多矣。臣猶自知之，況君乎？請從此亡。」故曰「辭歸」。○王引之云：高讀「棄荏席後黴黑」爲一句，非也。「棄荏席」爲句，「後黴黑」爲句。謂於荏席則棄之，於人之黴黑者則後之也。韓子外儲説左篇云：「文公反國，至河，令籩豆捐之，席蓐捐之，手足胼胝、面目黧黑者後之。咎犯聞之，再拜而辭。」是其證。（説苑復恩篇同。）○陶方琦云：意林引許注：「晉文公棄席之黑者，捐故舊也，故咎犯辭去。」按：二注文微異，當是高承用許注説。韓子外儲篇、説苑復恩篇皆以「棄荏席，後黴黑」作二事，論衡感類篇作「徹麋墨」。此作一義解，與諸家異。**故桑葉落而長年悲也。**桑葉時將茹落，長年懼命盡，故感而悲也。○王念孫云：「桑葉」當爲「木葉」。長年見木落而悲，不當專指桑葉言之。庾信枯樹賦引此，正作「木葉」。文選蜀都賦注、文賦注、太平御覽人事部一百二十九所引，竝與枯樹賦同。○梁玉繩云：「長年」讀長幼之「長」，若如字讀，則必避諱作「脩」矣。○吴承仕云：注言「茹落」，義不可説。「茹」疑當爲「苑」，字之誤也。俶真篇「形苑而神壯」，注云：「苑，枯病也。苑讀如南陽苑。」「苑落」猶言枯病而落矣。○馬宗霍云：「桑葉」王念孫校當作「木葉」，是也。高注「茹落」連文者，案吕氏春秋功名篇「以茹魚去蠅蠅愈至」，高氏彼注云：「茹，臭也。」文選左思魏都賦「神惢形茹」，李善注引吕覽此語而釋之曰：「茹，臭敗之義也。」李卽承用高説而以「敗」字足之。茹有敗義，則「茹落」猶「敗落」矣。又文選五臣注呂向曰：「物之自死曰茹。言心死也。」可與高、李之訓相參。吳承仕淮南舊注校理乃謂「茹落義不可説，茹疑當爲苑，字之誤也」。疏矣。○于省吾云：按文選魏都賦「神惢形茹」，注：「茹，臭敗之義也。」注言「茹落」，猶敗落也。○寧案：太平御覽九百五十二引作「凡見葉落而知歲，故葉落而長年悲」。（故「下」脱「木」字，因列在木部一木上，以是知之。）疑今本脱上句則文義不明。又案：高注「時將茹落」，「將」當作「既」。正文言「木葉落」，無將義，喻莊王誅里史，文公棄荏席，後徽黑，皆言事之已成，不謂事之將發也。道藏本、中立本、茅本、景宋本皆作「時既茹落」。俶真篇高注：「既，盡也。」

鼎錯日用而不足貴，錯，小鼎，雖日見用，不能和五味，故不足貴。周鼎不爨而不可賤，周家大鼎，不日炊火以供味，而能和味，故曰「不可賤」。○王引之云：古無謂小鼎爲錯者，「錯」當爲「鐕」。「鐕」字本在「鼎」字上，鐕鼎，小鼎也。言小鼎雖日用而不足貴，周鼎雖不爨而不可賤也。説文曰：「鐕，鼎也。（廣雅同。）讀若彗。」説林篇「水火相憎，鐕在其間，五味以和」，彼注云：「鐕，小鼎。」正與此注相同，則「錯」爲「鐕」之誤明矣。鐕，小貌也。小鼎謂之鐕，小棺謂之槥，小星貌謂之嘒，其義一也。○于鬯云：此二句義本甚明，不煩解説。而高注解上句云「雖日見用，不能和五味，故不足貴」，解下句云「不日炊火以供味，而能和味，故曰不可賤」，支離甚矣。且既日用矣，焉有不能和五味；既不爨矣，又何有於和味？是卻當謂「鼎錯雖能和五味而不足貴，周鼎雖不和五味而不可賤」，注義不惟支離，又適相背矣。蓋高實探下文「不用而爲有用」之語，而爲是説，不知彼言有用，不必泥也。○劉文典云：御覽七百六十五箕箒條下引此文作「掃箒日用而不足貴」，疑「鐕」始譌爲「箒」，後人又改爲「掃箒」也。御覽箕箒條下引此，是其譌已在宋前矣。○寧案：王校「錯」當爲

「鐕」，非也。説文：「鐕，鼎也。」玉篇「銅器三足有耳也。」廣韻：「鐕，大鼎。」無訓鐕爲小鼎者。愚謂「錯」乃「鬵」字之誤，蓋「鬵」誤爲「鐕」，再誤爲「錯」，又誤倒耳。廣韻：「鬵，小鼎。」與此注合。説林篇「水火相憎，鐕在其間」，彼「鐕」正「鬵」字之誤。彼注云：「一曰鼎無耳」，與玉篇「鐕，銅器三足有耳」，義相異。説詳彼文。物固有以不用而爲有用者。不用，謂鼎不爨也。爲用，謂調五味也。○寧案：下「有」字涉上「有」字而衍。注云「爲用，謂調五味也」，是其證。又案：高注依于説義不可通，當曰：「爲用，謂不可賤也。」地平則水不流，重鈞則衡不傾，流，行。傾，邪也。物之尤必有所感，尤，過也。輕重則衡低卬，故曰「必有所感」。感，動也。物固有以不用爲大用者。衡行物，物所不用，乃用之乃知物之輕重，故曰「以不用爲大用」也。○吳承仕云：「衡行物」，朱本「行」作「稱」。「乃用之」，朱本「乃」作「然」。案：朱本近之。景宋本作「然後用之」，「後」字衍。○寧案：吳説是也。「稱」，俗作「秤」，與「行」形近，因以致誤。「乃用之」，道藏本、茅本亦作「然用之」。

先倮而浴則可，以浴而倮則不可；○劉文典云：「以浴」疑當作「先浴」。先祭而後饗則可，禮食必祭，示有所先。饗猶食也。先饗而後祭則不可：爲不敬，故曰不可也。物之先後，各有所宜也。

祭之日而言狗生，○俞樾云：「生」當作「胜」。説文肉部：「胜，犬膏臭也。」「狗胜」猶言狗臭。○楊樹達云：祭之日言狗臭，未爲大失，俞説非也。愚謂狗生乃詈人之辭。漢書儒林傳記江翁之詈王式曰：「何狗曲也。」後漢書劉寬傳記寬罵客蒼頭曰：「畜產！」此皆漢人以狗畜詈人之證。產、生同義，「狗生」猶言「畜產」也。祭貴嚴肅，以惡語詈人，乃爲不宜耳。今街巷閒時聞此語，觀此知漢初已然矣。取婦夕而言衰麻，置酒之日而言上冢，皆所不宜。渡江、河而言陽侯之波。陽陵國侯溺死，其神能爲大波，爲人作害，因號陽侯之波，舟人所不欲言。○梁玉繩云：覽冥、道應、説山竝言陽侯。注「陽陵國侯」云云。漢書揚雄傳注應劭曰：「陽侯有罪，自投江，其神爲大波。」當别有據。陶潛四八目本論語摘輔象以陽侯爲伏羲六佐之之一，主江海。淮南所稱當指此。○寧案：「祭之日而言狗生，取婦夕而言衰麻，置酒之日而言上冢，渡江、河而言陽侯之波」，文意未盡。「置酒之夕而言上冢」句下，注云「皆所不宜」，四字當是正文，在「陽侯之波」句下。上文舉「先倮而浴」，「以浴而倮」，「先祭而後饗」，「先饗而後祭」四事，結曰：「物之先後，各有所宜也。」此舉「祭之日而言狗生」四事無結語。「皆所不宜」四字，正以總述四事，與上結語「各有所宜」文正相對，安得於第三事下注曰「皆所不宜」乎？蓋鈔書人誤以正文入注耳。茅本删四字尤非。以上文例之，句末猶當有「也」字。

或曰知其且赦也而多殺人，不仁。或曰知其且赦也而多活人，乃仁人也。其望赦同，所利害異。○王念孫云：兩「知其且赦也」，「其」皆當爲「天」。「天」字或作「兲」，「其」字或作「亓」，二形相似而誤。知天且赦而多殺人，若漢桓帝時河内張成善説風角，推占當赦，遂教子殺人是也。意林引此作「或知天將赦而多殺人，或知天將赦而多活人」，太平御覽刑法部十八引作「或曰知天且赦也而殺人，或曰知天且赦也而活人」，是其證。「其望赦同，所利害異」，「所」上亦當有「其」字。御覽引此正作「其所利害異」。○向宗魯云：兩「或」字下不當有「曰」字。下文「或吹火而然，或吹火而滅」，語意正同，沾「曰」字則文不成義。意林引此無兩「曰」字，宜據删。○楊樹達云：赦由天主，今古未聞，「其」字不誤。意林所引「天」爲誤字，不足據依。王氏校書，向極謹嚴，此條疏謬，令人驚異。○寧案：赦不由天主，固也。然彼決乎大内之中，在人主喜怒之際，誰復知之者，故推占之術生，所以假之天意耳。太平御覽六百五十二引風角書曰：「春甲寅日，風高去地三四丈，鳴條，從甲上來，爲大赦，期六十日。」又曰：「候占法，冬至後盡丁巳之日，南風從巳上來，滿三日以上，必有大赦。」又引望氣經曰：「黃氣四出，注期五十日，赦。」故曰「知天且赦」也。楊説未必是，王校未必非也。

故或吹火而然，或吹火而滅，所以吹者異也。

烹牛以饗其里，而罵其東家母，德不報而身見殆。殆，危害也。

文王汚膺，鮑申傴背，以成楚國之治。文王，楚武王之子。汚膺，陷胷也。鮑申，楚相。傴背，僂。成治，言賢也。○梁玉繩云：「鮑申傴背」，卽葆申笞背。事見呂氏直諫篇。○陶方琦云：御覽三百七十一引許注：「洿，虚也。」按二注文異。説文：「膺，胷也。」義得通。洿，説文曰：「窊下也。」窊下卽虚陷義。洿從夸得聲，夸有虚義。（呂氏春秋本生篇「非夸以爲名」，高注：「夸，虚也。」）故訓爲虚。○向宗魯云：高注未明。汚膺，謂伏地受笞而汚其膺也。傴背，謂行笞而俯其身也。事見呂氏直諫篇。（「鮑」呂氏作「葆」，説苑、漢書人表皆作「保」。「保」正字，「葆」通用，「鮑」聲誤。○寧案：注，道藏本、中立本、茅本、景宋本「武王之子」下有「熊疵」二字，據沾。**裨諶出郭而知，以成子産之事。**裨諶，鄭大夫，謀於野則獲，謀於國則否。鄭國有難，子産載如野，與議四國之事，故曰「成子産之事」。論語曰：「裨諶草創之，世叔討論之，東里子産潤色之。」○寧案：高注引論語「世叔討論之」下，應有「行人子羽修飾之」句，不得引裨諶、世叔、子産而獨畧子羽也。

朱儒問徑天高於脩人，○王念孫云：「天高」上不當有「徑」字，蓋衍文也。意林及太平御覽人事部十八引此，皆無「徑」字。**脩人曰：「不知。」**○劉文典云：意林引作「長人曰：『吾不知也。』」御覽三百七十七引「脩人曰」下亦有

「吾」字。**曰：「子雖不知，猶近之於我。」**〇寧案：太平御覽三百七十七引句末有「也」字，意林引文雖畧異，亦有「也」字，於義爲長。**故凡問事必於近者。**脩人，長人也。〇寧案：「問事必於近者」，文義不明。「近」下當有「之」字，承上句「近之」言也。太平御覽三百七十七引正作「必於近之者」。

寇難至，躄者告盲者，盲者負而走，兩人皆活，得其所能也。故使盲者語，使躄者走，失其所也。〇寧案：集解本據太平御覽七百四十引「盲」皆作「瘖」，蓋以盲者不能視，安能負躄者走乎，故以意改之耳。不知盲者不能視，故寇難至必人告之；盲者負躄者，而躄者導之，則可走。若作瘖者，能視亦能走，何所藉助於躄者乎？

郢人有鬻其母，爲請於買者曰：「此母老矣！幸善食之而勿苦。」郢，楚都。鬻，買也。食，養也。〇莊逵吉云：「太平御覽引作『而無多苦也』。」〇寧案：「郢人有鬻其母」，文意未盡。呂氏春秋長利篇注引「母」下有「者」字，太平御覽八百二十八引同，應據沾。又案：注，買當爲賣，宋本、藏本不誤。**此行大不義而欲爲小義者。**

介蟲之動以固，介蟲，魚鼈屬。動，行也。〇劉文典云：御覽九百四十四引注作「介，甲，龜鼈之屬」，宋本、藏本同。〇寧案：魚，鱗蟲，非介蟲也。墬形篇：「凡鱗者生於庶魚。」「介者生於庶龜。」中立本、茅本與宋本、藏本同，當據正。**貞蟲之動以毒螫，**貞蟲，細要蜂蜾蠃之屬。無牝牡之合曰貞，而有毒，故能螫。螫讀解釋之「釋」也。**熊羆之動以攫搏，**攫，搏也。熊羆多力故能撥。攫，有所搏也。〇寧案：注「攫，搏也」，道藏本、中立本、茅本、景宋本作「攫撥」，無「也」字。若以撥釋攫，則「攫」字注不當兩釋。疑正文當作「撥攫」，注文「攫撥」二字當乙轉。注蓋出「撥攫」二字而分釋之也。詩蕩「本實先撥」，毛傳：「撥，猶絶也。」疏：「撥者，撥去之，去其餘根。」此謂熊羆多力，能撥絶樹木之根株也。正文「撥攫」誤倒作「攫撥」，注亦隨之。後人多見「攫搏」連文，故正文又誤作「攫搏」，注未改，而注中「撥」字無著矣。今本又改注文爲「攫搏」，以就正文之誤，又下加「也」字，而文義混亂不堪矣。**兕牛之動以觝觸，**兕，獸名，有角。牛，犁牛也。**物莫措其所脩而用其短也。**措，置也。○寧案：「短」上依景宋本沾「所」字。「措其所脩」「用其所短」對文。

治國者若鎒田，去害苗者而已。今沐者墮髮而猶爲之不止，以所去者少，所利者多。

砥石不利而可以利金，金，刀劍之屬。**擏不正而可以正弓，**擏，弓之掩牀，讀曰檠。○寧案：擏，脩務篇「弓待檠而後能調」，從木，字通，同「檠」。**物固有不正而可以正，不利而可以利。**不正者擏，正者弓也。不利者砥，利者金也。

力貴齊，知貴捷。得之同，遬爲上；齊讀齏之齏。齊、捷皆疾。○楊樹達云：說文云：「齌，炊餔疾也。」引申之義爲疾。「齊」殆「齌」之假字。○寧案：注「齏之齏」，景宋本作「蒜齏之齏」，今本脱「蒜」字。蒜齏，蒜之擣碎者，蓋以通俗語作音釋。**勝之同，遲爲下。所以貴鏌邪者，以其應物而斷割也。劙靡勿釋，牛車絶轔。**劙，切。楚人謂門切爲轔，車行其上則斷之。孟子曰：「城門之軌，非兩馬之力。」轔讀近藺，急舌言之乃得也。○劉家立云：說文、玉篇、廣韻、集韻皆無「劙」字，「劙」疑爲「削」之誤。「靡」當作「劘」。玉篇：「劘，削也。」言鏌邪應物斷割，能削劘勿釋，如牛車之絶轔也。高注「劙，切」，應作「轔，切」。漢書外戚傳「切皆銅沓冒黄金塗」，師古注曰：「切，門限也，音千結反。」此云「楚人謂門切爲轔」，則本作「轔，切」明矣。後人因正文有「劙」字，妄改爲「劙，切」，而不知其不可通也。説林篇「亡馬不發户轔」，彼注云：「楚人謂户限爲轔」，與此注可以互證。○楊樹達云：劉説非也。「劙」當讀爲「剴」。説文云：「剴，摩也。」古音幾與豈同，故多通作。荀子大畧篇云：「幾爲知計哉！」楊倞注：「幾讀爲豈。」史記黥布傳云：「幾是乎！」徐廣曰：「幾亦作豈。」並其證也。「靡」當讀爲「摩」。易繫辭上傳云：「剛柔相摩。」王注云：「摩，相切摩也。」釋文引京房云：「相磑切也。」又引馬融云：「摩，切也。」靡與摩聲類同，故二字亦通作。史記齊太公世家云：「與齊侯兵合靡笄下。」徐廣曰：「靡一作摩。」又蘇秦傳云：「期年，以出揣靡」，索隱云：「靡，讀亦爲摩。」並其證也。剴、摩同義，故説文以摩訓剴，而淮南子以「劙靡」連言之，作「削」則非其義矣。「所以貴鏌邪者」二句，承上文「得之同，遬爲上」言之；「劙靡勿釋」二句，承上文「勝之同，遲爲下」言之。劉云：「鏌邪應物斷割，能削靡勿釋如牛車之絶轔也。」既應物斷割矣，尚何劙靡勿釋之有乎！高注「劙，切」，劙字亦不誤。詩小雅雨無正疏引書大傳注云：「剴，切也。」高訓劙爲切，亦讀「劙」爲「剴」也。劉氏但知轔之爲門切，而不知劙之爲摩切，乃徑改本文及高注之「劙」爲「轔」。抑思注文已言「楚人謂門切爲轔」，何用複舉轔切之訓乎！如此校書，可謂無知妄作者矣。○于省吾云：按注以劙爲切，是讀「劙」爲「鐖」。然「鐖靡」連稱，於古無徵，此劙靡當即「羈縻」之假字。漢書刑法志「是猶以鞿而御馯突」，集注引晉灼：「鞿，古羈字也。」是「劙」可讀「羈」之證。「靡」「縻」字通，古籍習見。史記司馬相如傳：「其義羈縻勿絶而已。」索隱：「羈，馬絡頭也。縻，牛紖也。」此分言之耳。合言之則牛馬均可稱羈縻也。○寧案：于謂劙靡爲羈縻之假字，然「羈縻勿釋，牛車絶轔」，義不可通。楊説是也。原本玉篇石部磯字：「劉熙曰：『磯，切也。』野王案：謂摩切也，淮南『磯摩勿釋』是也。」與「劙」字同義，是「劙」乃「磯」之或體。古本淮南蓋作「磯」。又通作「剴」。原本玉篇磑字：「野王案：摩切爲剴。」「靡」「摩」通作，又作「劘」。漢書賈鄒枚路傳「賈山自下劘上」，孟康曰：「劘謂剴切也。」蘇林曰：「劘音摩，厲也。」是劘靡、磯摩、剴劘，字異而義同。又案：注上「切」字爲摩切之「切」，下「切」字爲門砌之「砌」。西京賦「設切厓隒」，李善曰：「切與砌通。」（五臣作「砌」。）唐本玉篇石部引薛綜曰：「砌，限也。」門切即門限。

爲孔子之窮於陳、蔡而廢六藝，則惑；六藝，禮、樂、射、御、書、數。○馬宗霍云：史記孔子世家云：「孔子以詩、書、禮、樂教，弟子蓋三千焉，身通六藝者七十有二人。」又云：「孔子布衣，傳十餘世，學者宗之。自天子王侯，中國言六藝者，折中於夫子。」禮記經解篇：「孔子曰：入其國，其教可知也。」下文即述詩、書、樂、易、禮、春秋六教。淮南本文六藝上承孔子，當指六經而言，大戴記所謂大藝也。禮、樂、射、御、書、數乃周官保氏以教國子者，大戴記所謂小藝，似不足以當此。爲醫之不能自治其病，病而不就藥，則勃矣。不擇于事曰勃也。○俞樾云：藥當讀爲「𤻲」。説文疒部：「𤻲，治也。或作療。」古每以「藥」爲之。詩板篇「不可救藥」，韓詩外傳作「不可救療」，毛用叚字，韓用正字也。「病而不就藥」，謂不就其療治。申鑒俗嫌篇曰：「藥者，療也。」○寧案：「病而」二字當乙轉。上句云「而廢六藝則惑」，此云「而病不就藥則勃」，正同一句式。

淮南子集釋卷十七

漢涿郡高誘注

說林訓

木叢生曰林。說萬物承皐，若林之聚矣，故曰「說林」，因以題篇。〇吴承仕云：「承皐」當作「烝皐」，形聲相近而誤。烝皐猶言衆多也。〇寧案：「承皐」當作「盛皐」。盛猶皐也，盛、承音近而誤。蜀藏本正作「盛皐」。吴說義是而字非也。

以一世之度制治天下，譬猶客之乘舟，中流遺其劍，遽契其舟桅，契，刻也。桅，船弦板也。墮劍於中流，刻于船弦，言識其於此下失劍也。桅讀如左傳襄王出居鄭地汜之「汜」也。〇王念孫云：「桅」與「汜」聲不相近，偏考書傳，亦無謂船弦板爲桅者。「桅」當爲「柂」，「柂」與「汜」同聲，故讀從之。「柂」字本作「舵」。廣雅曰：「舵謂之舷。」謂船兩邊也。集韻、類篇竝云「舵」或作「柂」。「柂」字草書作「栀」，因譌爲「桅」矣。楊慎古音餘於陷韻收入桅字，引淮南子「遽契其舟桅」，音汜，則爲俗本所惑也。暮薄而求之，其不知物類亦甚矣！日暮薄岸而求劍於其所刻桅下，故曰「不知物類」也。〇寧案：事見呂氏春秋察今篇。注道藏本、景宋本「而」下有「止」字。呂氏春秋云：「舟止，從其所契者入水求之。」故此高注云「薄岸而止」。夫隨一隅之迹，而不知因天地以游，惑莫大焉。隨一隅之迹，刻桅之類，惑無有大于此也。雖時有所合，然而不足貴也。譬若旱歲之土龍，疾疫之芻狗，是時爲帝者也。土龍以求雨，芻狗以求福，時見貴也。○譚獻云：各本「是」下有「時」字，疑「是」即「時」字之誤。○寧案：道藏本、中立本、茅本、景宋本「是」下皆無「時」字。曹氏之裂布，蛷者貴之，然非夏后氏之璜。楚人名布爲曹。今俗間以始織布繫著其旁，謂之曹布。燒以傅蝫蛷瘡則愈，故蛷者貴之。半壁曰璜，璜以發衆，國家之寶，故曰「然非夏后氏之璜」也。○俞樾云：高氏所據本疑無「氏」字。若有「氏」字，則「曹」是人之氏族，何得以布言之乎？今有「氏」字者，蓋涉下文「夏后氏之璜」而衍，非高本之舊也。惟高注義亦未安。若從前一説，則曹卽布之異名，言曹不必更言布。若從後一説，則當以「曹布」連文，不當曰「曹之裂布」也。「曹」疑當讀爲「褿」。廣雅釋器曰：「褿，褅也。」玉篇巾部曰：「𢅋，藉也。」𢅋卽褿之異文。又衣部曰：「褅，小兒衣也。」然則褿者，疑是小兒承藉菌㬥之布，故亦謂之褅。褅猶席也。漢書宣帝紀注引李奇曰：「緥，小兒大藉也。」卽其類也。「褿之裂布」者，説文衣部：「裂，繒餘也。」字通作「烈」。爾雅釋詁：「烈，餘也。」烈布卽餘布，言承藉小兒，其四邊所有之餘布也。是其爲物至賤，然而蛷者貴之，正上文「時有所合」之意。○洪亮吉云：説文「胡曹作衣」，曹氏或卽指此。無古無今，無始無終，未有天地而生天地，至深微廣大矣。言其深微廣大，故能生天地也。

足以蹍者淺矣，然待所不蹍而後行；蹍，履也。待所履而行者則不得行，故曰待所不履而後行。○王念孫云：「足以蹍」，「以」亦當爲「所」。文子上德篇作「足所踐」，是其證。智所知者褊矣，然待所不知而後明。褊，狹。知所知，所不知以成明矣。○吳承仕云：注文「所不知以成明」，「所」上合有「待」字，尋義自明，各本並奪。游者以足蹷，以手抪，○于省吾云：按説文：「抪，摧也。」桂氏説文義證云：「摧也者，疑推之譌。」徐鍇韻譜：『抹，推也。』玉篇：

『𢫦，引推也。』廣韻：『𢫦，推𢫦。』」按：桂説是也。不得其數，愈蹷愈敗。愈，益也。敗猶没也。○馬宗霍云：高注未釋「蹷」、「𢫦」二字。「蹷」即「蹶」之隸變。「𢫦」即「𣥍」之隸變。説文足部云：「蹶，僵也。从足，厥聲。一曰跳也。」手部云：「𢫦，㨗也。从手，市聲。」「㨗，拭也。从手，堇聲。」段玉裁謂「𢫦即拂拭本字」。游泳者足不可僵，亦非以足跳以手拭也，則兩字本義皆非淮南此文所取。余謂「蹶」當讀如「蹶張」之「蹶」。「𢫦」借作「拔」，當讀爲「拔剌」之「拔」。周官大司馬「中夏教茇舍」，鄭玄注云：「茇讀如萊沛之沛。」拔與茇同从犮聲。𢫦與沛同从市聲。𢫦讀爲拔，猶茇讀如沛也。「蹶張」者，漢書申屠嘉傳「材官蹶張」，顏師古注引如淳曰：「材官之多力，能腳踏彊弩張之，故曰蹶張。」「拔剌」者，文選張衡思玄賦「彎威弧之拔剌兮」，李善注：「拔，方割切。剌力達切。」又引舊注曰：「拔剌，彎弓貌。」後漢書張衡傳「拔剌」作「撥剌」，李賢注：「撥剌，張弓貌也。」與文選舊注同。拔、撥雙聲字。游者入水，屈伸其足如踏弓，以手左右分水如張弓，故曰以足蹶以手𢫦矣。及其能游者，非手足者矣。不用手足而自游也。

鳥飛反鄉，兔走歸窟，狐死首邱，寒將翔水，各哀其所生。寒將，水鳥。哀猶愛也。○俞樾云：文子上德篇作「各依其所生也」。「哀」與「依」古聲同，此作哀者，即依之叚字耳。高注曰：「哀，猶愛也。」非是。○陶方琦云：文選謝惠連擣衣詩注引許注：「寒螿，蟬屬也。」案：二注文義竝異。文子上德作「寒螿得木」，許本當同，與高作水鳥解者正異。文選劉鑠儗古詩注亦引淮南作「寒螿」。爾雅釋蟲：「蜺，寒蜩。」郭注：「寒螿也。似蟬而小，青色。」莊子逍遥遊釋文司馬注：「惠蛄，寒蟬也，一名蝭蟧。」陸云：「即楚辭所云寒螿。」玉篇：「螿，寒蟬屬。」與許注同。○吕傳元云：俞謂高注哀猶愛非是，此説大誤。樂記云：「肆直而慈愛者宜歌商。」鄭注：「愛或爲哀。」是哀、愛古通用字也。○于省吾云：陶方琦云：「文選謝惠連擣衣詩注引許注：「寒蜚，蟬屬也。」」按：當從許說。水鳥翔木，與下句「各哀其所生」之義不符。且上文鳥、兔、狐竝言，不應於鳥之外再言水鳥也。○寧案：許本作木，故注云「寒蜚蟬屬」，高本作水，故注云「寒將水鳥」。文以窟、木爲韻，高氏疑據誤本。

毋貽盲者鏡，毋予躄者履，毋賞越人章甫，非其用也。賞，遺也。章甫，冠。越人斷髮，無用冠爲。○蔣禮鴻云：正文及注「賞」字皆當作「資」，字之誤也。莊子逍遥遊篇曰：「宋人資章甫而適諸越，越人斷髮文身，無所用之。」卽淮南子所本，是其證也。周禮天官外府：「共其財用之幣齎。」掌皮：「歲終則會其財齎。」鄭司農注竝曰：「齎或爲資。」是資與齎通。說文：「齎，持遺也。」故高注曰：「資，遺也。」

椎固有柄，不能自椓；目見百步之外，不能自見其眦。喻人能有所爲，而不能自爲也。

狗彘不擇甂甌而食，偷肥其體，而顧近其死；偷，取也。顧，反也。肥則烹之，故近其死也。○馬宗霍云：「偷」字與上句「不擇」二字相應，則偷亦有苟且之意。禮記表記篇「安肆曰偷」鄭玄注，又大戴記文王官人篇「欲色嘔然以偷」盧辯注，又爾雅釋言「佻，偷也」孫炎注，又國語晉語「其下偷以幸」韋昭注，竝云：「偷，苟且也。」是其證。苟且取肥，故謂之偷。引申之，偷猶貪也。偷、貪雙聲字。貪肥其體，故不擇而食矣。說文頁部云：「顧，還視也。从頁，雇聲。」還視者，返而視也。引申之義則爲反，故高注以反訓之。史記絳侯世家「彭祖顧得侯」，司馬貞索隱引許慎注淮南子云：「顧，反也。」此所引不審是何篇之注，而高氏本注正與之同。凡用「顧」字作語詞者，義多爲反，或爲但，本文之「顧」亦語詞也。○于省吾云：注「偷，取也。」按：注說非是。荀子榮辱「今夫偷生淺知之屬」，注：「偷者，苟且也。」史記淮南衡山王列傳「王亦偷欲休」，集解引徐廣：「偷，苟且也。」晉語「民孰偷生」，注：「偷，苟也。」「偷肥其體」言苟肥其體。上云「狗彘不擇甂甌而食」，不擇與苟且之義相符。○寧案：偷讀爲愈，與下文顧字相應。文子上德篇正作「愈肥其體」。

鳳皇高翔千仞之上，故莫之能致。七尺曰仞，非聖德君不致，故曰「莫之能致」也。

月照天下，蝕於詹諸；騰蛇游霧，而殆於蝍蛆；詹諸，月中蝦蟇，食月，故曰「食於詹諸」。殆猶畏也。蝍蛆，蟋蟀，爾疋謂之蜻蛚之大腹也，上蛇，蛇不敢動，故曰「殆于蝍蛆」也。○莊逵吉云：「殆」，太平御覽作「困」。○梁玉繩云：莊子齊物論「蝍且甘帶」，釋文：「且字或作蛆。李云：『蝍且，蟲名也。』廣雅云：『蜈公也。』爾雅云：『蒺蔾蝍蛆。』郭璞注云：『似蝗，大腹，長角，能食蛇腦。』帶，崔云：『蛇也。』司馬云：『小蛇也。蝍蛆好食其眼』」。○陶方琦云：大藏音義引許注曰：「蝍蛆一名吴公也。」御覽九百四十六引舊注曰：「蝍蛆蓋吴公也。」此卽許注。廣雅：「蝍蛆，吴公也。」字林亦同。皆本許義。玉篇：「蝍蟟蝍蛆，能食蛇，亦名吴公。」○吴承仕云：爾雅「蒺蔾蝍蛆」，郭注云：「似蝗而大腹，長角，能食蛇腦。」廣雅以蝍蛆爲吴公，莊子所謂「蝍蛆甘帶」者也。此注與郭注爾雅義近，與廣雅異。御覽九百四十九引注正同今本，而九百四十六引注則云「蝍蛆蓋吴公也」。尋本草蜈蚣條，陶隱居引淮南此文而說之曰：「其性能制蛇，見大蛇，便緣而噉其腦。」疑此注與郭璞說近者爲高義，與弘景說近者爲許義。○于省吾云：按莊子齊物論「蝍且甘帶」，釋文：「且字或作蛆。李云：『蝍且，蟲名也。』廣雅云：『蜈公也。』爾雅云：『蒺蔾蝍蛆。』郭璞注云：『似蝗，大腹，長角，能食蛇腦。』」按「蜈公」今廣雅釋蟲作「吴公」。王念孫疏證云：「本草蜈蚣，陶注云：『亦名蝍蛆，其性能制蛇，見大蛇，便緣而噉其腦』是也。」按郭注與此注合，二說可並存。

烏力勝日，而服於鵻禮：能有脩短也。烏在日中而見，故曰勝日，服猶畏也。雖禮，爾疋謂裨苙，秦人謂之祀祝。間蠶時晨鳴人舍者，鴻鳥皆畏之。故曰「能有脩短」也。○孫志祖云：「裨苙」，案今爾雅本作「鵧鷑」，即俗稱批頰鳥也。○王引之云：「禮」當爲「札」。「札」譌爲「礼」，後人因改爲「禮」耳。（廣雅「札，甲也」，今本「札」譌作「禮」。莊子人間世篇「名也者，相札也」，崔譔曰：「札或作禮。」）埤雅引此作「雖禮」，則所見本已誤。廣雅曰：「車榪，焦札也。」鈔本太平御覽引廣雅作「鵖礼」，刻本作「雖禮」，亦是鈔本譌「札」爲「礼」，刻本又改爲「禮」也。今本廣雅作「鵖杔」，「杔」亦「札」之譌。鵖、雖二字往往相亂，說文曰：「雖，祝鳩也。」昭十七年左傳注則云：「祝鳩，鵖鳩也。」然則淮南之雖札，即廣雅之鵖札也。此六句以諸、蛆爲韻，日、札爲韻。（成十六年左傳「七札」之「札」，徐邈音側乙反，正與日字相協。）若作「禮」，則失其韻矣。○寧案：高注「祀祝」當作「祝祝」，形近而誤。「裨苙」上脱「之」字。爾雅義疏云：「祝祝、雖札，聲亦相轉，又名車榪，亦名加格，皆語聲相變耳。」

莫壽於殤子，而彭祖爲夭矣。生寄死歸，殤子去所寄，歸所安，故曰以爲壽。彭祖蓋楚先，壽八百歲，不早歸，故以爲夭。論語曰：「竊比于我老彭。」蓋謂是也。一說：彭祖蓋黄帝時學仙者，言不如殤子早歸神明矣。○寧案：注「歸所安」，宋本、藏本「安」皆作「卜」。顧廣圻校宋本注「卜」疑「止」。又案：「故曰以爲壽」，「曰」字疑衍，與下文「故以爲夭」同例。此非複述正文，不當曰「故曰」。宋本、藏本皆誤。

短綆不可以汲深，器小不可以盛大，非其任也。任讀甚任之「任」。○寧案：「短綆」當作「綆短」，與「器小」相對。莊子至樂篇「綆短者不可以汲深」，即淮南所本，是其證。又案：注「甚任」當爲「堪任」。景宋本作「勘」，字通。詩周頌小毖傳：「堪，任。」故高注「堪任」連文作音釋。

怒出於不怒，爲出於不爲。不怒乃是怒。不爲乃是爲也。視於無形，則得其所見矣；聽於無聲，則得其所聞矣。言皆易恤無聲，故得有聞。○寧案：莊子庚桑楚篇「出怒不怒，則怒出於不怒矣。出爲無爲，則爲出於無爲矣」。此淮南所本。又鄧析子轉辭篇與本文同。至味不慊，○孫志祖云：「慊」，玉篇口部引作「嗛」，「嗛，銜也」。○寧案：大藏音義九十五引亦作「嗛」，引許注：「嗛，銜也，口有所銜食也。」說文「嗛，口有所銜也」。許注與說文合。此高氏訓快。戰國策趙策「膳啗之嗛於口」，高注：「嗛，快也。」與此合。「嗛」與「慊」通，蓋高作「慊」而許作「嗛」。至言不文，至樂不笑，至音不叫，大匠不斲，大豆不具，大勇不鬭，慊，快。叫，譟呼也。不斲，不自斲削。豆，簠簋籩豆之器。大勇，人聞自畏之，不復鬭也。○俞樾云：大匠、大勇，皆以人言，而大豆獨以器言。且「大豆不具」，義亦難通，殆非也。淮南原文本作「大庖不豆」。呂氏春秋貴公篇曰：「大匠不斲，大庖不豆，大勇不鬭」，即淮南所本。高氏彼注曰：「但調和五味，使神人享之而已，不復自列簠簋籩豆也。」疑高氏此注亦與彼同。今但存「豆，簠簋籩豆之器」七字，蓋後人刪改之，以合於既誤之正文，非其舊也。又案：豆者，剅之叚字。廣雅釋詁：「剅，裂也。」「大庖不剅」謂不自割裂，與不斲，不鬭一律，說詳呂氏春秋。○寧案：俞說迂矣。且以「豆」爲「剅」之叚，不豆謂不自割裂，義亦難通。此當作「大庖不具」。「豆」字依呂氏春秋作「庖」，呂氏春秋「豆」字依淮南作「具」，兩書實可互校。具，說文「共置也」。段注：「共、供古今字，當从人部作供。」故呂氏春秋高注曰：「不復自列簠簋籩豆也。」此注文當作「不具，不復自列簠簋籩豆之器」。今「具」以形近誤作「豆」，又上脫「不」字，下脫「不復自列」四字，而文義遂不通矣。得道而德從之矣。譬若黃鐘之比宮，太蔟之比商，無更調焉。更，改也。

以瓦鉒者全，以金鉒者跋，以玉鉒者發。 鉒，讀象金之銅柱餘之「柱」。鉒者提馬，雒家謂之投翩。全者金步徐。跋者刺跋走。發者疾迅發，讀射百發之「發」。〇劉文典云：呂氏春秋去尤篇引莊子作「以瓦投者翔，以鉤投者戰，以黃金投者殆」。今本莊子達生篇作「以瓦注者巧，以鉤注者憚，以黃金注者殙」。列子黃帝篇「注」作「摳」，餘同莊子。〇吳承仕云：此三語原出莊子達生，呂氏春秋去尤篇、列子黃帝篇並承用之。莊子作「注」，呂氏作「投」，此作「鉒」，聲義大同。（列子作「摳」，則以爲藏彄字，别有意義。）蓋博戲勝算之名。注云「提馬」，即投壺爲勝者立馬之馬，今方俗謂博進之算爲注馬，其遺語也。呂氏「全」作「翔」，「跋」作「戰」，「發」作「殆」，皆以舒促緩急言之。翔者，安舒不迫之貌。此文注疑與呂氏義近，本文似亦當作「翔」，故有步徐之訓。注云「雒家謂之投」。（句）「翩」即「翔」字形近之譌。疑注文當云：「翔者翔步徐，跋者刺跋走，發者疾迅發。」如是，則文句比順，亦不與呂氏義旨相違。自本文譌作「全」，莊本注作「金者金步徐」，朱本作「全者金步徐」，並踳駮不可讀。今固不能質言爲「翔」，然高注本字不作全，則可知也。全義與跋發不相應，一矣。全字定無徐步之訓，二矣。且下文注云：「掘律，氣不安祥也。」景宋本作安翔，或亦與此注有關乎。（孫人和見余此説，因語余曰：「以瓦鉒者全」，「全」當爲「羊」，形近而誤。「羊」即「翔」之省。吉祥字，古亦作「羊」，是其比。）〇馬宗霍云：莊子達生篇云：「以瓦注者巧。以鉤注者憚。以黃金注者殙。其巧一也，而有所矜，則重外也。凡外重者内拙。」呂氏春秋去尤篇引莊子作「以瓦投者翔。以鉤投者戰。以黃金投者殆。其祥一也，而有所殆者，必外有所重者也。外有所重者泄蓋内掘」。列子黃帝篇作「以瓦摳者巧。以鉤摳者憚。以黃金摳者惛。巧一也，而有所矜，則重外也。凡重外者拙内。」淮南本文與三書畧同。呂覽明稱莊子。列子、淮南雖不稱莊子而實亦襲之莊子也。（列子書出依託。）然文義各小異。莊子「注」字郭象無訓。陸德明釋文引李頤云：「注，擊也。」唐成玄英莊子疏云：「注，射也。」列子「注」字作「摳」，張湛注云：「互有所投曰摳。」（殷敬順釋文云：「摳，探也。以手藏物，探而取之，亦曰藏摳。」別爲一解，與張注異。）呂覽作「殶」。高誘彼文無解。畢沅呂覽校語云：「此殶字無攷。」淮南本文作「鉒」，高注云：「鉒者，提馬。雒家謂之投翮。」余謂此蓋以博戲爲喻。凡博，以物投入局中者曰注。宋史寇準傳載王欽若譖準，謂「博者輸錢欲盡，乃罄所有出之，謂之孤注。」殆古語之遺。因之「注」有「投」義。猶禮記「投壺」之「投」也。莊子李注釋「注」爲「擊」。擊與投義近。成疏釋「注」爲「射」。皇侃謂「投壺與射爲類」。疑成亦取於投壺也。「殶」字不見説文。篇、韻諸書均無之。字彙補始收「殶」字，云：「朱遇切，同注。」即采之呂覽。呂覽既轉引莊子，疑本亦作「注」。校者以爲此「注」字義當爲投，乃沾「投」字於其旁，傳寫者遂去注之「水」，去投之「扌」，合而成「殶」字耳。「鉒」字亦不見説文。廣雅釋詁四云：「鉒，置也。」置謂放置，舍置。由此義而廣之，置亦投也。故王念孫廣雅疏證引莊子及淮南本文以爲「注」與「鉒」通之證。列子字雖作「摳」，而張氏以「互有所投」釋之，則「摳」猶「注」矣。高氏訓「鉒」爲「提馬」者，案投壺禮有「爲勝者立馬」之文。又稱所投之矢爲籌。後世因以賭博記勝負之具曰籌馬。提與投爲雙聲。疑「提馬」蓋漢時方俗語有是名耳。高又云「雒家謂之投翮」者，雒家亦方俗語。此正欲證「提」、「投」爲一語之轉。「翮」、「馬」亦雙聲相轉也。又案淮南此文雖自莊子出，而以瓦、金、玉爲貴賤之等，易莊子之「鉤」爲「玉」而次于「金」之上，則已自爲詞例，與呂覽、列子之全依莊子者微殊。故亦不可概據莊子以相律。末句莊子作「凡外重者內拙」。以上文言巧，故舉拙以對巧。淮南作「所重者在外則內爲之掘」，高注釋爲「掘律，氣不安祥也」。不以「掘」爲「拙」之通借字。此就淮南本文起義，自無不可。王念孫從陳觀樓説，謂「掘卽拙字」。

説雖有據，不足以難高注也。至「以瓦鉒者全」之「全」字，高注釋爲「全步徐」，（莊達吉本注文「全」誤作「金」。）義不甚憭。或注文有譌，或正文不作「全」，此當存疑，不可臆決。○寧案：注「鉒讀象金之銅柱餘之柱」當作「鉒讀象郡銅柱之柱」。後漢書馬援傳注引廣州記曰：「援到交阯，立銅柱，爲漢之極界也。」漢書地理志：「交趾郡、日南郡（故秦象郡。）屬交州。」故曰象郡銅柱。高氏蓋以馬援事蹟作音釋耳。「提馬」即「投馬」。下文「以火提人」，高注：「猶以火投人。」史記荆軻傳：「侍醫夏無且以其所奉藥囊提荆軻也。」提荆軻即投荆軻也。世説新語任誕篇「投馬絶叫，傍若無人」是也。又曰「投翻」。「翻」又作「反」。人間篇「射朋張中反兩而笑」，六博經作「翻」。（列子釋文引博經云：「翻一魚獲三籌。」）此「翩」即「翻」字之譌。吴氏以爲「翩」當爲「翔」，下屬爲句，非是。又案「金者金步徐」，道藏本、茅本、景宋本「徐」皆作「除」。中立本作「全者全發除」。未能輒定。是故所重者在外，則内爲之掘。所重，謂金與玉。掘律，氣不安祥也。○陳觀樓云：「掘」即「拙」字也。莊子達生篇作「凡外重者内拙」，是其證。史記貨殖傳「田農掘業」，徐廣曰：「古拙字一作掘。」○劉文典云：陳説是也。列子黄帝篇作「凡重外者拱内」，張注：「拱本作拙。又唯忘内外，遺輕重，則無巧拙矣。」是張湛所見本字亦作「拙」。吕氏春秋去尤篇作「外有所重者，泄蓋内掘」。逐獸者，目不見泰山，見獸而已。嗜慾在外，則明所蔽矣。蔽者，見利之物，不見其害。○馬宗霍云：「則明所蔽」之「所」猶「或」也。言嗜慾在外，則明或爲之蔽也。「所」有「或」義，見王氏經傳釋詞。劉家立淮南集證於「所」字上增「有」字，作「明有所蔽」，非是。○寧案：高注「見利之物」，當作「見物之利」。「利」「物」二字誤倒。

聽有音之音者聾，聽無音之音者聰，不聾不聽，與神明通。卜者操龜，筮者端策，以問於數，安所問之哉！策，四十九策。可以占遠，可以問于數。數，可卜筮者也。○寧案：注「可以占遠」，義不可通。「遠」字乃「吉凶」二字合寫之誤。「吉」即「遠」字上部，「凶」即「遠」字下部。道藏本、中立本、茅本、景宋本皆作「可以占吉凶」。

舞者舉節，坐者不期而拚皆如一，○于省吾云：按「拚」景宋本作「拚」，是也。說文：「拚，拊手也。」字亦作「抃」。呂氏春秋古樂：「帝嚳乃令人抃。」注：「兩手相擊曰抃。」○寧案：于說是也。道藏本亦作「拚」。謂坐者不期而招手相和也。所極同也。

日出暘谷，○陶方琦云：史記集解一百十七、漢書司馬相如傳注引許注：「熱如湯也。」按：高無注。高本當作「暘谷」，許本作「湯谷」也。說文「叒」字下云：「日初出東方湯谷所登榑桑。」「暘」字下引商書「曰暘谷」，按：乃洪範「曰暘若」之譌文，知許氏定作「湯谷」也。今淮南許、高注襍，正文用許本而遺敓其注。觀史記漢書注引許注如是，益信正文作「湯谷」無疑。又史記索隱引淮南子曰「日出湯谷」，文選蜀都賦注及繆襲挽謌詩注皆引淮南作「日出湯谷」，即此處文也。漢書楚辭、論衡諸本並作「湯谷」，與許本同。海內東經「下有湯谷」，注：「湯谷，谷中水熱也。」亦與許說同。說文：「湯，熱水也。」○寧案：道藏本、茅本、景宋本皆作「湯谷」。入於虞淵，莫知其動，須臾之間，俛人之頸。俛猶戾也。○陶方琦云：玉篇引作「須臾而軥人之頸」。又引許注曰：「軥，戾也。」高本「俛」字乃「抱」字之誤。廣雅：「軫軥，戾轉也。」即本許注。○寧案：「俛」乃「挽」字之譌。廣雅「軫軥」當爲「軫軳」。說在原道篇。

人莫欲學御龍，而皆欲學御馬；莫欲學治鬼，而皆欲學治人：急所用也。御龍治鬼，不益世用，故以御馬治人爲急務矣。

解門以爲薪，塞井以爲臼，人之從事，或時相似。或，有也。相似，似其愚。水火相憎，鏏在其間，五味以和。鏏，小鼎。又曰鼎無耳爲鏏。鏏讀曰彗。鏏受水而火炊之，故曰「在其間」。○梁玉繩云：明藏本「鏏」作「鼑」。○向宗魯云：宋本「憎」下注不當有。○寧案：明藏本作「鼑」，是也。景宋本無「鏏」字，「憎」下雙行注「彗鼎」。二字蓋卽正文「鼑」字之分寫。後人不識「鼑」字，以爲注文作「彗鼎」，因删之，又添「鏏」字於「憎」字下，並改注文「鼑」作「鏏」，如道藏本，而莊本從之，謬矣。向氏亦爲所惑，不察正文義不可通。廣韻：「鼑，小鼎。」「鏏，大鼎。」玉篇：「鏏，三足有耳。」此高注「一曰：鼎無耳」，（今本「一曰」誤作「又曰」。）正見鼑、鏏有別。中立本亦作「鼑」，注文除注首誤作「鏏」外，餘三「鼑」字不誤。骨肉相愛，讒賊間之，而父子相危。楚平王、晉獻公是也。夫所以養而害所養，譬猶削足而適履，殺頭而便冠。「所以養」諭讒賊。「害所養」諭骨肉。殺亦削也。頭大冠小不相宜，削殺其頭以便冠也。○梁玉繩云：注「以便冠也」下，藏本有「愚之殺頭或作頤」七字，疑有脱文。明藏本同。不知莊本何以删去。○寧案：景宋本作「以便其冠，愚之至。頭或作頤」。中立本作「愚之甚」。茅本已删七字，而莊本從之也。

昌羊去蚤蝨而來蚙窮，昌羊，昌蒲。蚙窮，蝠蜒，入耳之蟲也。○梁玉繩云：泰族訓「蚙」作「蛉」，是也。○吳承仕云：御覽九百五十一引高注云：「蚙窮，幽、冀謂之蜻蚳，入耳之蟲。」案：此篇爲高誘注，文有奪誤，當據御覽校補。方言云：「蚰蜒，北燕謂之蛆蚭。」北燕卽幽、冀，蛆蚭、蜻蚳聲相近。注文「蜻」蓋作「育」，初譌爲「蛍」，轉寫爲「蝠」。「蚳」、

「蜓」亦形近致譌，又有奪文，故與御覽所引不同，非許、高異義也。除小害而致大賊，欲小快而害大利。○呂傳元云：宋本「欲」作「故」，（藏本、汪本、茅本同。）無「而」字。王引之云：「而」字因上句而衍。愚案「欲小快而害大利」與上句「除小害而致大賊」相對爲文，非統上之詞也。「欲」與「故」形近致誤，宋本蓋誤奪「而」字，似未可據也。○寧案：呂說是也。泰族篇作「故事有利於小而害於大，得於此而亡於彼者」，亦二句相對爲文，此當與同例。

牆之壞也，不若無也，然逾屋之覆。不若其無爲牆。屋之覆，爲敗屋，牆之壞，更爲土，歸於本，故曰「逾屋之覆」也。

璧瑗成器，礛諸之功；礛諸，治玉之石。詩云：「他山之石，可以爲錯。」礛讀一曰廉氏之廉。○寧案：注當作「礛讀廉氏之廉，一曰濫也」。依脩務篇高注改。蓋高讀廉而許讀藍。鏌邪斷割，砥礪之力。力亦功，互文也。

狡兔得而獵犬烹，高鳥盡而强弩藏。烹猶殺，藏猶殘，喻不復用也。○梁玉繩云：文選陳孔璋爲袁紹檄豫州注引文子曰：「狡兔得而獵犬烹，高鳥盡而良弓藏。」

䖟與驥致千里而不飛，無糗糧之資而不飢。

失火而遇雨，失火則不幸，遇雨則幸也。故禍中有福也。

鬻棺者，欲民之疾病也，○梁玉繩云：漢書刑法志：「諺曰：『鬻棺者欲歲之疫。』」非憎人欲殺之，利在於人死也。」亦卽孟子「巫匠亦然」之意。○劉文典云：御覽五百五十一及八百四十引「疾病」竝作「疾疫」，於義爲長。○楊樹達云：劉說是也。漢書刑法志曰：「諺曰：鬻棺者欲歲之疫。」正作「疫」字。畜粟者，欲歲之荒饑也。荒，大饑，粟不熟。○劉文典云：御覽三十五引注云：「謂將取厚利。」疑是許注。○寧案：注「粟」當爲「穀」，涉正文而誤。爾雅釋天：「穀不熟爲饑。」説文同。襄二十四年穀梁傳：「二穀不升謂之饑。」是其證。景宋本正作「穀不熟」。

水静則平，平則清，清則見物之形，弗能匿也，故可以爲正。匿，猶逃也。

川竭而谷虚，虚，無水也。邱夷而淵塞，夷，平。塞，滿也。脣竭而齒寒。○寧案：「竭」當作「揭」。戰國策韓策：「脣揭者其齒寒。」高注：「揭，猶反也。」莊子胠篋篇作「竭」，當亦「揭」字之誤。

河水之深，其壤在山。言非一朝一夕。

均之縞也，一端以爲冠，一端以爲絑，冠則戴致之，絑則屣履之。○王念孫云：「戴致」二字，義不相屬，「致」當爲「跂」，字之誤也。廣韻：「跂，跂戴物也。」跂亦戴也，屣亦履也。跂之言跂閣也。廣雅曰：「跂，閣載也。」又曰：「載，閣跂也。」載與戴古字通。文子上德篇作「冠則戴枝之」。爾雅曰：「支，載也。」支、枝與跂，亦聲近而義同。太平御覽布帛部六引此無「致」、「屣」二字，此以意删，不可從。

知己者不可誘以物，物不能惑。明於死生者不可却以危，危無能懼之。○寧案：王念孫説「却」當爲「刼」，説在道應訓。故善游者不可懼以涉。涉不能溺。

親莫親於骨肉，節族之屬連也，骨肉，謂一人之身，故曰節族之連也。心失其制，乃反自害，言心失制度，則自害身也。況疏遠乎！疏遠，喻他人也。

聖人之於道，猶葵之與日也，雖不能與終始哉，其鄉之誠也。鄉，仰。誠，實。

宮池涔則溢，旱則涸；涔，多水也。○馬宗霍云：高注不釋「宮」字。余謂宮當讀如「頖宮」之「宮」。禮記王制曰：「天子曰辟雍，諸侯曰頖宮。」藝文類聚引新論曰：「王者始作圓池似璧形，實水其中，以環壅之，名曰辟雍。」太平御覽引同。頖之言半，字亦作「泮」。白虎通云：「諸侯曰泮宮者，半於天子宮也。半者象璜也。」然則辟雍即宮也。本文「宮池」猶言辟雍之池，亦即壅水以爲池也。壅水乃無原之水，故涔則溢，旱則涸矣。又案本書氾論篇「牛蹏之涔」，高彼注云：「涔，雨水也。」俶真篇「夫牛蹏之涔」，高彼注云：「涔，潦水也。」本文「涔」與「旱」對。高訓涔爲多水，不如訓爲雨潦之水更切。○寧案：注，道藏本、中立本、景宋本作「多雨也」。今本雨誤水。江水之原，淵泉不能竭。竭，盡也。

蓋非橑不能蔽日，輪非輻不能追疾，然而橑輻未足恃也。○寧案：說文：「轑，車蓋弓也。」太平御覽七百二引注「橑，蓋骨也」，與說文合，當是許注。

金勝木者，非以一刃殘林也；土勝水者，非以一墣塞江也。○陶方琦云：御覽三十七又三百四十六引許注：「墣，塊也。」案：說文：「墣，塊也。」與注淮南訓同。（御覽又引賈逵國語注曰：「墣，塊也。」）玉篇引淮南子「非以一墣塞江」，「圤，塊也。」即采許君舊說。

躄者見虎而不走，非勇，勢不便也。傾者易覆也，倚者易軵也，幾易助也，溼易雨也。軵讀軵濟之「軵」。幾，近也。○顧廣圻云：吳君高越紐録云：「濕易雨，饑易助。」是「幾」當作「饑」。○于省吾云：按「軵」應讀作「踣」。從付從咅古字通。時則「蟄蟲培户」，「培户」即「附户」。風俗通山澤「培塿無松柏」，說文「培塿」作「附婁」，是其證。爾雅釋言：「斃，踣也。」孫注：「前覆曰仆。」「仆」同「踣」。上言「傾者易覆也」，踣亦覆也，互文耳。○寧案：注「軵濟之軵」，「濟」當爲「擠」。氾論篇「太祖軵其肘」，高注：「軵，擠也。」故曰「軵擠之軵也」。景宋本正作「擠」。

設鼠者機動，釣魚者泛杭，任動者車鳴也。動，發也。發則得鼠。泛，釣浮。杭，動。動則得魚。任者，輂也。詩云：「我任我輂。」〇王念孫云：御覽獸部二十三引此「杭」作「抗」。案杭、抗二字，義與動皆不相近，字當爲「扤」。

「扤」誤爲「抗」，又誤爲「杭」耳。說文：「扤，動也。」小雅正月篇「天之扤我」，毛傳曰：「扤，動也。」考工記輪人「則是以大扤」，鄭注曰：「扤，搖動貌。」司馬相如上林賦曰：「揚翠葉，扤紫莖。」「扤」字亦作「抈」。晉語「故不可抈也」，韋注曰：「抈，動也。」「設鼠者機動，釣魚者泛扤」，扤亦動也。機動則得鼠，泛動則得魚，故高注曰「扤，動，動則得魚」也。〇俞樾云：高說失之。黍苗篇「我任我輂，我車我牛」，毛傳曰：「任者，輂者，車者，牛者。」鄭箋曰：「有負任者，有輓輂者，有將車者，有牽牛者。」是毛、鄭皆以任、輂爲二事。若曰「任者輂也」，亦將曰「車者牛也」，其可通乎？今按：此任卽所謂任木也。考工記輈人曰：「凡任木、任正者，十分其輈之長，以其一爲之圍；衡任者，五分其長，以其一爲之圍。」鄭康成說任正、衡任，未得其義。宋戴侗六書故曰：「任正者，輈也。衡任者，軸也。」近世學者程氏瑤田則謂：「必在輿下者，始足當任木之名。隧深四尺四寸，輈在四尺四寸下者，任正也。車廣六尺六寸，軸在六尺六寸下者，衡任也。」金氏榜則謂：「凡任木，縱者皆名任正，橫者皆名衡任。任正者，輈也，伏兔也。衡任者，軸也，衡也。」其說皆本戴氏而推之，可以說此文「任動車鳴」之義。〇于鬯云：「設鼠者機動」，「設」字無義，疑「投」字之誤。賈誼新書階級篇云：「里諺曰：欲投鼠而忌器。」又云：「鼠近於器，尚憚弗投。」又云：「投鼠而不忌器之習也。」（亦見漢書賈誼傳。）是漢人有投鼠之技。〇于省吾云：按：注說之誤，已詳俞氏平議。但俞謂任爲考工記之任木，任木而祇稱之曰任，於古無徵。此「任」字當卽任載之「任」。「動」本應作「重」，涉上文「勁」字而譌。金文「動」字作「童」，重、童古同用。此言載重者車鳴也。呂氏春秋博志：「以重載則不能數里，任重也。」是任重乃古人成語。

芻狗能立而不能行，蛇牀似麋蕪而不能芳。蛇牀臭，麋蕪香。謂許由無德，烏獲無力，莫不醜於色。醜，猶怒也。一曰：愧也。

人莫不奮于其所不足。奮，厲也。以兔之走，使犬如馬，則逮日歸風；言其疾也。○孫詒讓云：「歸」當爲「遺」，聲之誤也。呂氏春秋本味篇云：「馬之美者，遺風之乘。」高注云：「行速謂之遺風。」○劉文典云：「使犬如馬」，「犬」當爲「大」，字之誤也。御覽九百七、事類賦獸部二十三引，「犬」並作「大」，是其證。又案：「逮」，御覽引作「逐」；「歸」，御覽、事類賦引並作「追」，於義爲長。○楊樹達云：「歸風」與「追風」同，淮南作「歸」用假字，御覽改爲本字耳，二字皆从自聲，故得通假耳。又案孫氏札迻校此文標「使大如馬」，「大」字下注云：「莊本作犬誤，今从宋本正。」集解不録。胡君適之序集解，乃力贊劉君引御覽作「大」之美，譏切孫氏。劉君爲校補，不知宋本不誤，又特訂「犬」爲「大」。兩君似皆未見札迻者，何也？○蔣禮鴻云：「犬」字宋本及王氏襍志覽冥篇「追猋歸忽」條所引竝作「大」。然兔大如馬，何以必其逮日歸風？及兔爲馬，走不速則或然，何遽不能走？皆不可解。今謂此字仍當作「犬」，「如馬」二字乃「加鶩」之誤。商君書定分篇云：「一兔走，百人逐之，非以兔爲可分以爲百，由名分之未定也。（自「爲」至「定」十二字，據羣書治要補。）賣兔者滿市，（「兔」字據治要補。）而盜不敢取，由名分已定也。故名分未定，堯、舜、禹、湯且將如騖而逐之。」「如騖」治要及長短經竝作「加務」，「務」即「騖」之省文，「騖」乃「鶩」之別體，「如」則「加」字之誤也。加鶩者，謂加力馳逐也。此言兔逸而犬追，則犬必加力而能疾速矣。若犬爲馬，則馬無情於逐兔，故不走也。「使犬加鶩」，「使」乃俾使之「使」，非假使之「使」。主術篇曰：「華騮緑耳，一日而至千里，然其使之搏兎不如狼契，（今本作「豺狼」，依王引之説改。狼、契皆犬也。）伎能殊也。」正與此文同義。○寧案：「犬」，中立本亦作「大」，「大」字是也。高注「言其疾也」，景宋本作「言其妄也」，亦以「妄」字爲是。今本作「疾」，蓋後人不解其義，以意改之耳。物或有似然而不然者，以兎之走，使大如馬，則逮日歸風，蓋似然而不然者也。不通於論者，以爲兎速，馬亦速，以兎之小，尚速也如此，若重以如馬之大，其可量乎！此蓋以大小論者也。上文云：「人莫不奮於其所不足。」夫兎之小，兎所不足也。其速也如此，蓋奮於其所不足使然耳。以爲重以如馬之大，則逮日歸風，謬矣。故高注曰：「言其妄也。」下文曰「及其爲馬，則又不能走矣」，正以爲兎之速，在其小而奮於其所不足，及其爲馬，則何所畏於逐兎者乎？則無所奮於不足矣。故曰「不能走矣」。蔣先生謂「大」當作「犬」，又改「如馬」爲「加鶩」，以「馬無情於逐兎」爲解，其説迂矣。且何與於「人莫不奮於其所不足」乎？及其爲馬，則又不能走矣。

冬有雷電，夏有霜雪，然而寒暑之勢不易，小變不足以妨大節。

黄帝生陰陽，黄帝，古天神也。始造人之時，化生陰陽。上駢生耳目，桑林生臂手，上駢、桑林皆神名。此女媧所以七十化也。女媧，王天下者也。七十變造化。此言造化治世，非一人之功也。

終日之言必有聖之事，百發之中必有羿、逢蒙之巧，然而世不與也，其守節非也。非者，非其真也。

牛蹏彘顱亦骨也，而世弗灼，必問吉凶於龜者，以其歷歲久矣。

近敖倉者不爲之多飯，臨江、河者不爲之多飲，期滿腹而已。敖倉，古常滿倉，在滎陽北。

蘭芝以芳，未嘗見霜；芳，香。○王念孫云：「芝」當爲「芷」，字本作「茝」，即今之白芷也。隸書「止」與「之」相亂，因誤而爲「芝」。古人言香草者必稱蘭芷，芝非香草，不當與蘭並稱。（古人所謂芝者，祗是木上所生。内則人君燕食有芝栭，盧植曰：「芝，木芝也。」庾蔚曰：「無華葉而生者曰芝栭，與神農經所稱五色神芝者不同。」然神農經亦但稱五色神芝爲聖王休祥，而不以爲香草也。）凡諸書中言蘭芝，言芝蘭者，皆是「芷」字之誤。（廣雅釋天「天子祭以鬯，諸侯以薰，大夫以茝蘭」，周官鬱人疏引王度記作「芝蘭」。荀子宥坐篇「芷蘭生於深林，非以無人而不芳」，説苑襍言篇作「芝蘭」。説苑襍言篇「如入蘭芷之室，久而不聞其香」，家語六本篇作「芝蘭」。皆字形相近而誤，其他可以類推。）太平御覽天部十四引此已誤作「蘭芝」。文子上德篇正作「蘭芷」。又下文「蘭芝欲脩而秋風敗之」，「芝」亦「芷」之誤。又脩務篇「佩玉環，揄步，（「步」上脱一字，説見脩務。）襍芝若」，高注曰：「襍佩芝若香草。」案：「芝」亦「芷」之誤。司馬相如子虛賦「衡蘭芷若」，張揖曰：「芷，白芷也。若，杜若也。」故注云「襍佩芷若香草」。若芝，則非其類矣。賈子勸學篇正作「襍芷若」。列子周穆王篇同。○劉文典云：御覽十四引注云：「先霜刈之。」疑是許注。

鼓造辟兵，壽盡五月之望。鼓造，蓋謂梟。一曰：蝦蟇。今世人五月望作梟羹，一作蝦蟇羹。言物不當爲用。○莊逵吉云：「造」即「戚」字，故戚然改容一作「造然」。毛詩「戚施」，説文解字作「鼀鼁」，云「詹諸也」，詹諸即蝦蟇矣。○孫志祖云：夏小正傳「屈造」即「鼓造」。○朱芹云：鼓造二字切音爲梟，則作梟者是。望，謂五月五日也。○陳直云：高説恐非是。「鼓造辟兵」者，謂鼓鑄帶鉤也。「壽盡五月之望」者，謂時過五月則不能再鑄也。傳世有「□方辟兵」鉤，是鼓造辟兵之證。又有「五月丙午神鉤」，「建初七年五月五日造」鈎，「漢六年五月丙午張師信印」鈎，是壽盡五月之證。另有「永寧元年五月二十一日丙午鈎」，鑄造在五月望日以後，蓋少數也。（以上均見小校經閣金文卷十三。）○寧案：陳説牽附，未必是也。謂「鑄造在五月望日以後，蓋少數」，是不得曰「壽盡五月之望」也。且上句「蘭芷以芳，未嘗見霜」，太平御覽引注云：「先霜刈之。」二句當同義。如陳説，則義與上句相遠矣。文子上德篇襲此文「鼓造」作「蟾蜍」，與高注一曰合。舊注云：「斯皆有用而見害，曷若無名以全身。」又引萬畢術云：「蟾蜍五月中殺塗五兵，入軍陳而不傷。」知漢時固有此説也。

舌之與齒，孰先礲也？礲，磨盡也。錞之與刃，孰先弊也？錞，矜下銅鐏也。錞不休而刃先弊。錞讀頓首之頓。○吴承仕云：朱本、景宋本「休」作「朽」，作朽是也，與上文舌齒孰先礲同意，作休者，形近而誤。繩之與矢，孰先直也？矢，箭。○寧案：「直」當爲「折」，聲近而誤。三句皆言柔勝剛，曰礲、曰弊、曰折，其義一也。道藏本文子纘義正作「折」，道藏七卷本文子朱弁注「齒剛先弊，矢直先折」，是其證。

今鱓之與蛇，蠶之與蠋，狀相類而愛憎異。人愛蟬與蠶，畏蛇與蠋，故曰異也。○劉文典云：廣韻燭韻蜀字下引此文「蠋」作「蜀」。説文虫部：「蜀，葵中蠶也。」今本作「蠋」者，疑後人依韓非子説林下篇、内儲説上篇改之耳。○寧案：注，「故曰異也」四字莊本脱，據宋本、藏本補。

晉以垂棘之壁得虞虢，説在齊俗篇也。驪戎以美女亡晉國。美女，驪姬也。亡猶亂。

聾者不謌，無以自樂；盲者不觀，無以接物。接，猶見也。

觀射者遺其埶，埶，事。觀書者忘其愛，○孔廣栻云：越語「用人無藝」，韋昭注：「藝，射的也。」意有所在，則忘其所守。

古之所爲不可更，則推車至今無蟬匷。蟬匷，車類。匷讀如「孔子射於矍相」之「矍」。○莊逵吉云：說文解字竹部有篗字，云「收餘者也」。方言：「篗，榬也。」郭璞注：「所以絡絲也。」然則蟬匷即篗字矣。依義推車之「推」字亦當爲「維」。○孫志祖云：「推」當爲「椎」，即椎輪也。○寧案：孫說是也。鹽鐵論非鞅篇「推車之蟬攫」，「推」字誤與此同。「蟬攫」即「蟬匷」也。散不足篇：「古者椎車無柔。」廣雅釋器：「⿰車單⿰車矍、輮，輞也。」「柔」通「輮」，「蟬」通「⿰車單」，「匷」「攫」通「⿰車矍」。「椎車無柔」即椎車無蟬匷，此「推」當爲「椎」之明證。椎車即椎輪。文選序「椎輪爲大輅之始」，向曰：「椎輪，古棧車。」蓋給役之車也。方言：「維車，趙、魏之間謂之轣轆車，東齊海岱之間謂之道軌。」說文：「維，箸絲於筟車也。」莊伯鴻謂「推」當爲「維」，方言箋疏亦以「維」、「推」字異而義同，失之矣。又莊引說文，「餘」乃「絲」字之誤。

使但吹竽，使工厭竅，雖中節而不可聽。但，古不知吹人。但讀燕言鉏同也。○王念孫云：高讀與燕言鉏同，則其字當從且，不當從旦。說文：「伹，拙也。从人，且聲。」玉篇七閭、祥閭二切，引廣雅云：「伹，鈍也。」（今本廣雅「伹」誤作「但」，辯見廣雅疏證。）廣韻：「伹，拙人也。」意與高注「不知吹人」相近。又高注讀燕言鉏同，與說文从人且聲及玉篇七閭、祥閭二音竝相近，若然則「但」爲「伹」之誤也。「使氏厭竅」，「氏」當爲「工」。隸書「工」字或作「互」，「氏」字或作「互」，二形相似，故「工」誤爲「氏」。大戴禮帝繫篇「青陽降居江水」，今本「江」誤作「泜」，是其例也。厭與擪同。說文：「擪，一指按也。」玉篇烏協切。（泰族篇曰：「所以貴扁鵲者，貴其擪息脈血，知病之所從生也。」韓子外儲說右篇曰：「田連、成竅，天下善鼓瑟者也。然而田連鼓上，成竅擫下，而不能成曲，共故也。」楚辭九辯「自壓按而學誦」，「壓」一作

「厭」。擪、擫、壓、厭，竝字異而義同。）言使不善吹者吹竽，而使樂工爲之按竅，音雖中節而不可聽也。文子上德篇作「使工捻竅」，（捻與厭同義。文選笙賦「厭焉乃揚」，李善曰：「厭猶捻也。」）則「氐」爲「工」之誤，明矣。○俞樾云：高注曰「但，古不知吹人」，此殆望文生訓。且既不知吹矣，又何能中節乎？文子上德篇作「使倡吹竽，使工捻竅」，然則「但」、「氐」二字乃「倡」、「工」之誤。倡也、工也，特爲異名以別之，明非一人，實則同義。蓋倡與工雖善吹竽，然必自吹之而自厭之。若一人吹竽，一人厭竅，則雖中節而不可聽矣。韓子外儲説右篇曰：「田連、成竅，天下善鼓瑟者也。然而田連鼓上，成竅擫下，而不能成曲。」此意卽淮南所本。倡也、工也，猶曰田連也，成竅也。彼舉其人以實之，此則不舉其人耳。「倡」字闕壞而成「但」字。隸書「工」或作「互」，「氐」或作「互」，二形相似，故「工」誤作「氐」。高據誤本作注，曲爲之説，失之矣。○寧案：宋本、藏本作「使氐厭竅」，故王、俞校云然。莊本作工不誤。俞氏校「但」爲「倡」是也。無其君形者也。君，官主也。

與死者同病，難爲良醫；與亡國同道，難與爲謀。「謀」或作「豫」也。○楊樹達云：作「豫」者非也。文以醫、謀爲韻，作「豫」則失其韻矣。劉家立集證改正文作「難爲與謀」，改注文作「與或作豫也」，無據妄改。

爲客治飯而自藜藿，名尊於實也。尊，重。享仁義之名，重於治飯之實也。○王念孫云：「自藜藿」本作「自食藜藿」。今本脱「食」字，則文義不明。舊本北堂書鈔酒食部三出「爲客治飯，自食藜藿」八字，注云：「淮南子云：爲客治飯而自食藜藿，名尊於實也。」（陳禹謨本「食」字誤在「藜藿」下。）太平御覽飲食部八引同。

乳狗之噬虎也，伏雞之搏狸也，恩之所加，不量其力。

使景曲者形也，形曲則景曲也。使響濁者聲也，聲濁則響濁也。○于鬯云：「濁」當讀爲「觸」。使響觸者聲也」，義自明，濁則失義矣。高注云：「聲濁則響濁也。」然則聲清則響清，何以偏言濁？史記律書云：「濁者，觸也。」亦聲訓也。明二字可通矣。

情泄者，中易測。不閉其情欲，發泄于外，故其中心易測度知也。華不時者，不可食也。華，實。若今八九月食晚瓜，令人病虐，此之類，故不可食。喻人多言，不時適，不可聽用也。〇寧案：注，道藏本、景宋本「故」下有「曰」字。

蹠越者，或以舟，或以車，雖異路，所極一也。蹠，至也。極亦至，互文耳。一，同也。佳人不同體，美人不同面，而皆說於目；佳，美。梨橘棗栗不同味，而皆調於口。調，適。

人有盜而富者，富者未必盜；有廉而貧者，貧者未必廉。蔐苗類絮而不可爲絮，蔐苗，荻秀，楚人謂之蔐。蔐讀敵戰之「敵」。幽、冀謂之荻苕也。〇王念孫云：「蔐」本作「藡」，（注同）。故注讀如敵戰之「敵」。注內「荻秀」本作「萑秀」，「楚人謂之蔐」本作「楚人謂之藡苗」。「藡」與「荻」同。（玉篇：「藡，徒歷切，萑也。或作荻。」）藡苗者，荻之穗也。（苗音他六、徒歷二反，字從由，不從田。）荻華如絮而不温，故曰「類絮而不可以爲絮」。（各本脫「以」字，今據下文及太平御覽補。）荻或謂之萑。廣雅曰：「藡，萑也。」齊民要術引陸機毛詩疏曰：「薍或謂之荻，至秋堅成卽謂之萑。」是萑、藡一物也，其穗則謂之藡苗，故注云「藡苗，萑秀，楚人謂之藡苗。」玉篇苗音他六、徒歷二切。苗與苕一聲之轉，故幽、冀謂之荻苕也。豳風鴟鴞傳曰：「荼，萑苕也。」正義曰：「謂薍之秀穗也。」萑苕卽荻苕，荻苕猶藡苗耳。太平御覽布帛部六、百卉部七引此，並作「藡苗類絮而不可以爲絮」，又引高注「藡苗，萑秀也。」今本「藡」字皆誤作「蔐」，（說文：

「蔏，艸也。從艸，商聲。」玉篇舒羊切，引字書「蔏陸，蓫薚也」，音義與此迥異。）注內「楚人謂之藡」下又脱「苗」字，（注言楚人謂藋秀爲藡苗，脱去「苗」字，則義不可通。太平御覽引此已誤。）「藋秀」又改爲「荻秀」，而不知「荻」即「藡」字也。莊本改「蔏」爲「蔏」，而又不知説文、玉篇、廣韻、集韻之皆無「蔏」字也。○陶方琦云：大藏音義引許注曰：「荻，藋也。」陸氏詩疏：「亂，或謂之荻，至秋堅成即刈，謂之藋。」大藏音義引許注「荻藋」之「藋」，乃「萑」之譌。廣雅釋草「藡，萑也」，即本許注，而高注之「蔏」應作「藡」。大藏音義三十一云：「藡，古荻字。」○于省吾云：王念孫謂「蔏本作藡，莊本改蔏爲蔏，不知説文、玉篇、廣韻、集韻之皆無蔏字也。」按景宋本亦作「蔏」。金文「適」字通作「商」，則「藡」之作「蔏」，正古文之僅存者。王説非也。麤不類布而可以爲布。麤，麻之有實者。麤讀左傳「有蜚不爲災」之「蜚」也。

出林者不得直道，○呂傳元云：「出」當爲「步」，字之譌。俗書「步」作「歩」，與「出」形近而譌也。步林不得直道，行險不得履繩，語正相因，若作「出」則非其指矣。文子上德篇正作「步林者不得直道」。泰族篇「猶出林之中不得直道」，「出」亦當作「步」。○寧案：「出」字義可通，繆稱篇亦云「出林者不得直道」，本書文凡三見，皆作「出」，呂氏必欲依文子改字，恐未必然。行險者不得履繩。繩亦直也。

羿之所以射遠中微者，非弓矢也；造父之所以追速致遠者，非轡銜也。

海內其所出，故能大；雷雨出於海，復隨溝還入，故曰「內其所出」。○寧案：注「溝」下當沾「瀆」字。中立本、景宋本作「復隨溝溝還入」，後人不知下「溝」字乃「瀆」字之誤，故删之耳。蜀藏本正作「溝瀆」。輪復其所過，故能遠。其所過，轉不止也。○吴承仕云：注「其所過」上當有「復」字，各本並奪。

羊肉不慕螘，螘慕於羊肉，羊肉羶也；醯酸不慕蚋，蚋慕於醯酸。〇王念孫云：下三句當作「醯不慕蚋，蚋慕於醯，（句）醯酸也」，與上三句相對爲文。今本「醯不慕蚋」句內衍一「酸」字，「醯酸也」句內又脫「醯」字「也」字，則文不成義。太平御覽蟲豸部二引此已誤，唯「也」字未脫。〇于鬯云：「羊肉羶也」四字，蓋注文溷入正文。〇寧案：此文疑當作「羊肉不慕螘，螘慕於羊肉，羶也；醯不慕蚋，蚋慕於醯，酸也。」呂氏春秋功名篇「缶醯，黄蚋聚之，有酸」，即淮南所本。淮南「酸也」承上醯字言之，猶呂氏春秋「有酸」承上醯字言之也，不重「醯」字，文義已明。「羊肉羶也」句當同例。太平御覽九百四十五引作「羊肉不慕蟻，蟻慕於羊肉，膻也；醯酸不慕蚋，蚋慕於醯，酸也」，是其證。唯上「酸」字涉下而衍，蓋後人將「蚋慕於醯酸也」作一句讀，故又於上句加「酸」字耳。今本重「羊肉」二字，疑後人據莊子徐無鬼篇所加。王念孫又據以重「醯」字，未必是也。于說尤非。不得上句有注而下句無注。

嘗一臠肉而知一鑊之味，懸羽與炭而知燥溼之氣，以小見大，以近喻遠。

十頃之陂，可以灌四十頃，畜水曰陂。而一頃之陂，可以灌四頃，大小之衰然。衰，差也。〇王念孫云：「可以灌四頃」當作「不可以灌四頃」。此言以十頃之陂可以灌四十頃例之，則一頃之陂，亦可以灌四頃。然而不可以灌四頃者，十頃大而一頃小，大則所灌者多，小則所灌者少，故曰大小之衰然也。下文云：「百梅足以爲百人酸，一梅不足以爲一人和」，意與此同。今本脱去「不」字，則失其義矣。

明月之光，可以遠望而不可以細書；甚霧之朝，可以細書而不可以遠望尋常之外。〇莊逵吉云：太平御覽作「不可以望尋常之外」，無「遠」字爲是。〇王念孫云：莊說是也。「遠」字即因上文「遠望」而衍。舊本北堂書鈔天部二引此亦無「遠」字。

事各有宜。

畫者謹毛而失貌，謹悉微毛，留意於小，則失其大貌。射者儀小而遺大。儀望小處而射之，故耐中。

治鼠穴而壞里閭，潰小皰而發痤疽，皰，面氣也。痤疽，癰也。○陶方琦云：大藏音義引許注曰：「皰，面氣之瘡也。」此高氏承用許注。說文「皰，面生氣也」，與注淮南同。玉篇：「皰，面皮生氣也。」○寧案：北堂書鈔百五十八引「皰」作「靤」。大藏音義五十九皰沸條注：「淮南子作靤同，彭孝反。」知淮南本作靤。廣韻：「皰，面生氣也。」「靤，面瘡。」二字音同義通。若珠之有纇，玉之有瑕，置之而全，去之而虧。置其纇瑕也。

榛巢者處林茂，安也；○孫詒讓云：「茂」宜當爲「莽」，形近而誤。漢書揚雄傳長楊賦云：「羅千乘於林莽。」○馬宗霍云：案：孫說非也。「林莽」之「莽」，本字當作「茻」。說文：「茻，衆艸也。」艸上爲巢，不得謂之安。本文「榛巢」之「榛」，蓋爲「橧」之借字。禮記禮運篇：「冬則居營窟，夏則居橧巢。」本文亦正以「榛巢」與「窟穴」爲對。橧猶增也。禮運篇釋文：「橧，本又作增。」本書原道篇「本處榛巢」，高氏彼注云：「聚木曰榛。」聚與增義亦近。增聚有層累之意，則橧巢猶「層巢」、「累巢」矣。「茂」者，說文訓「艸豐盛」。引申之，木豐盛亦謂之茂。詩小雅天保篇「如松柏之茂」，爾雅釋木「如松柏曰茂」，是其證。欲巢之安，必於林木茂盛之處，故曰「處林茂」。林茂猶言茂林。古人行文此例甚多，若改云「林莽」，失其恉矣。窟穴者託埵防，便也。埵防，高處隄防也。○寧案：「埵」當作「垛」，形近而誤。玉篇「塍，視陵切，隄也，埒也，畔也。說文云：稻田畦也。亦作塍。同垛。」故高注云：「高處隄防也。」又說文「埵，堅土也，丁果切，讀若朵。」玉篇云：「确也，堅土也。」若作「埵」則失其指矣。**王子慶忌足蹻麋鹿，手搏兕虎，置之冥室之中，不能搏龜鼈，勢不便也。**慶忌，吴王僚之子也。

湯放其主而有榮名，湯，契後十三世主癸之子履。放其主，謂伐桀。爲民除害，故有榮名也。○寧案：高注「十三世」當作「十二世」。書胤征「自契至於成湯，八遷」，孔傳：「十四世凡八徙國都。」則契後至癸爲十二世也。史記殷本紀載契子昭明至癸凡十二世。景宋本正作「十二世」。**崔杼弒其君而被大謗，**崔杼，齊大夫崔野之子。弒君齊莊公也。○梁仲子云，崔野，當作崔夭。新唐書宰相世系表野八世孫夭生杼，通志氏族略三與世系表同。**所爲之則同，其所以爲之則異。**所以爲則異，湯殺君以利與民，杼以利與身，故曰異。○寧案：注「殺君」，景宋本作「弒君」。似應作「湯放主，以利與民；杼弒君，以利與身」。承上「放其主」、「弒其君」。

呂望使老者奮，呂望鼓刀釣魚，年七十始學讀書，九十爲文王作師，佐武王伐紂，成王封之於齊，故老者慕之而自奮勵。**項託使嬰兒矜，以類相慕。**項託年七歲，窮難孔子而爲之作師，放使小兒之疇自矜大也。○梁玉繩云：項託七歲爲孔子師，見脩務訓，亦見戰國策秦策、史記甘羅傳，並作項橐，音同通用。隸釋逢盛碑作后橐。唐吴筠項橐詩「太項冥虚極」稱太項，不可解。○寧案：注，「放」字道藏本景宋本作「故」，當據正。又史記甘羅傳「大項橐」，卽吴筠詩「大項」所本。

使葉落者風摇之，使水濁者魚撓之。虎豹之文來射，虎豹以有文轉來使人射取之。○寧案：注「轉」字，宋本、藏本作「章」，應據正。**蝯狖之捷來乍。**蝯，狖屬，仰鼻而長尾。乍暫疾。以其操捷，來使疾擊而取之。

○王念孫云：繆稱篇作「猨狖之捷來措」。高注：「措，刺也。」「措」與「乍」古同聲而通用，當以彼注爲是。又「操」當爲「躁」。各本「使」下脱「人」字，今據上句注補。○洪頤煊云：「乍」當作「笮」。繆稱訓：「蝯狖之捷來措。」漢書梁平王傳，晉灼曰：「許慎云：『措，置。』字借以爲笮耳。」莊子應帝王篇：「猨狙之便、執斄之狗來藉。」釋文：「司馬云：藉，繩也，由捷見結縛也。崔云：藉，繫也。」措、藉亦聲相近。○俞樾云：高注訓乍爲暫疾，而以「疾擊取之」申明其義，此曲説也。「乍」與「作」通，當讀爲「斮」。爾雅釋器「魚曰斮之」，禮記内則篇作「魚曰作之」，卽其例也。成二年公羊疏引樊光曰：「斮，砍也。」砍乃斫之俗字。斫者，擊也。「猨狖之捷來斮」，謂見斫擊也，方與上句「虎豹之文來射」文義一律。繆稱篇曰「猨狖之捷來措」，高注曰：「措，刺也。」刺、擊義亦相近。○吴承仕云：注當云：「狖，蝯屬。」傳寫誤倒耳。「狖」字亦作「蜼」。爾雅：「蜼，卬鼻而長尾。」郭注：「蜼，似獼猴而大。」覽冥篇注云：「狖，猨屬也，長尾而卬鼻。」説義並與此同。蓋猨爲大名，狖爲别種，不得以狖釋蝯，事證甚顯白也。各本並誤，失之遠矣。○楊樹達云：二語又見詮言篇，字作「措」，與繆稱篇同。高注曲説，俞氏駁之，是已。洪氏讀「乍」爲「笮」，笮爲壓笮迫笮字，與本文不相會。俞讀「乍」爲「斮」，義固可通，然非此文本字也。諸家之説，王氏爲通，然亦未盡。按説文簎訓刺，爲繆稱、詮言二篇「措」之本字，繆稱篇已言之。莊子應帝王篇之「籍」，亦「簎」之假字。司馬訓爲繩，崔訓爲繫者，皆非也。其「乍」字亦假爲「簎」，乍、昔古音同，故乍聲昔聲字古多通用。洪氏引漢書注云：「措」借爲「笮」。俞氏引爾雅「魚曰斮之」，禮記内則篇作「作」，皆其例也。今更廣證之：説文二篇下齒部云：「齰，齧也。从齒，昔聲。或从乍作齚。」一也。易繫辭云：「可與酬酢。」釋文云：「酢，京作醋。」二也。儀禮特牲饋食禮云：「尸以醋主人。」鄭注云：「古文醋作酢。」三也。又有司徹云：「尸以醋主婦。」鄭注云：「今文醋曰酢。」四也。周禮春官典同云：「修聲筰。」杜子春云：「筰讀爲行扈唶唶之唶。」五也。又秋官序官柞氏，鄭司農云：「柞讀爲音聲唶唶之唶。」又考工記輪人云：「轂小而長則柞。」鄭司農云：「柞讀爲迫唶之唶。」六也。墨子非樂篇云：「厚措斂乎萬民。」辭過篇云：「厚作斂於百姓。」七也。史記商君傳集解引新序云：「冐室歸籍。」索隱云：「籍音胙，字合作『胙』。本紀『周歸文、武胙於孝公者』是也。」八也。説文言部云：「諎，大聲也。从言，昔聲。讀若笮。」九也。又矛部云：「矠，矛屬。从矛，昔聲。讀若笮。」十也。（按繆稱篇乃許注，王、俞竝云高注，誤。）○寧案：高注「暫疾」，「暫」當爲「繫」，形近而譌。「疾」字涉下而衍，因「繫」誤爲「暫」，故後人以意增入耳。「擊」，景宋本作「繫」，擊、繫古通。（説詳主術訓。）「來使疾繫而取之」，正以申言「乍繫」之訓。莊子應帝王篇「虎豹之文來田，猨狙之便執斄之狗來藉」，司馬云：「藉，繩也，由捷見結縛也。」崔云：「藉，繫也。」莊子文乃淮南所本。又列子仲尼篇「長幼羣聚而爲牢藉」，張注：「藉，本作籍，謂以竹木圍繞，又刺也。」以竹木圍繞，與繫義近，是莊子「藉」亦本作「籍」。字有繫、刺二義。説文：「籍，刺也。」引周禮「籍魚鼈」。周禮鼈人「以時籍魚鼈龜蜃」，鄭注：「籍，謂以杈刺泥中搏取之。」字又作「矠」。國語魯語「矠魚鼈以爲夏槁」，韋注：「矠，擉也，於時擉刺魚鼈以爲槁儲也。」繆稱篇、詮言篇作「措」，許注：「措，刺也」。汪遠孫曰：「籍本字，矠叚借字，措則籍之省。」又乍、措古同聲通用。是藉、籍、矠、措、乍皆通叚字。楊謂乍聲昔聲字多通用，是也。繆稱篇許注取刺義，本篇高注取繫義。楊氏知有刺義，以莊子籍有繫義爲非，於高注未能校；不省景宋本「擊」字作「繫」，字通，正與莊、列藉有繫義合，而從俞氏以高注爲「曲説」之論，誤矣。

行一棊不足以見智，彈一弦不足以見悲。

三寸之管而無當，當，猶底也。天下弗能滿；十石而有塞，百斗而足矣。

以篙測江，篙終而以水爲測，惑矣。篙擿船，以篙渡江，篙没，因以江水爲盡，故曰惑也。○陶方琦云：一切經音義十三引許注：「刺船竹，長二丈，以鐵爲鏃者也。」按：二注文異。方言：「所以刺船謂之橋。」説文新坿亦有「篙」字，曰：「所以刺船也。」○于鬯云：此但言「以篙測江」，是欲測江水之淺深，非謂船以篙渡江，此高注可商者。而其言「篙没因以江水爲盡」，一「盡」字義顯，疑正文下「測」字本作「盡」，涉上「測」字而誤也，宜依注訂正。○吴承仕云：高注景宋本「擿船」下有「橈」字，是也。主術篇「七尺之橈」，注云：「橈，刺船棹。」棹即篙也，橈、篙互訓。此奪「橈」字，文不成義。○寧案：于説非也。上「測」字乃「測度」之「測」，今本高注作「以篙渡江」，（宋本、藏本同。）「渡」通「度」。漢書律曆志：「度者，所以度長短也。」師古曰：「度音大各反。」下「測」字訓盡。原道篇「深不可測」，高注：「度深曰測，一曰盡也。」（當作「測，盡也。一曰度深曰測」。）此上「測」字即前義，下「測」字即後義。高氏訓測爲盡，本書屢見，而于氏竟欲改字，疏也。

漁者走淵，漁讀論語之「語」也。木者走山，所急者存也。朝之市則走，夕過市則步，所求者亡也。走讀奏記之「奏」。

豹裘而裸，不若狐裘之粹，粹，純。○向宗魯云：古人少用豹爲裘，大夫以爲飾耳。「豹」當作「貂」，説山篇不誤。○寧案：向謂豹當作貂，是也。貂裘極珍貴，故説山篇云：「貂裘而負籠，甚可怪也。」此謂貂裘雖貴而裸，不若狐裘雖次而純。脩務篇「若使之銜腐鼠，蒙蝟皮，衣豹裘，帶死蛇，則布衣韋帶之人過者，莫不左右睥睨而掩鼻。」以豹裘與腐鼠、蝟皮、死蛇爲類，若此作豹裘，則非其指矣。白璧有考，考，釁污也。不得爲寶：言至純之難也。

戰兵死之鬼憎神巫，兵死之鬼，善行病人，巫能祝劾殺之。憎，畏也。○王念孫云：「戰」字後人所加。古人所謂兵者，多指五兵而言，兵死謂死於兵也。曲禮曰：「死寇曰兵。」釋名曰：「戰死曰兵。言死爲兵所傷也。」周官冢人曰：「凡死於兵者，不入兆域。」皆是也。後人謂戰士爲兵，故妄加「戰」字耳。「兵死之鬼憎神巫，盗賊之輩醜吠狗」，二句相對爲文。加一「戰」字，則文不成義，且與下句不對。據高注云：「兵死之鬼，善行病人」，則無「戰」字明矣。（説文：「兵死及牛馬之血爲粦。」論衡偶會篇：「軍功之侯，必斬兵死之頭。」）○寧案：高注「祝劾殺之」下，道藏本、景宋本有「憎神巫」三字，應作「故憎神巫」，乃統上之詞。因奪「故」字，後人以三字下屬爲累，故删之耳。**盗賊之輩醜吠狗。**醜，猶惡也。

無鄉之社，易爲黍肉；無國之稷，易爲求福。無祀，不禋于神，而卒祀之，故易爲黍肉，易爲求福也。○王念孫云：此四句以社、黍爲韻，稷、福爲韻，今本作「黍肉」，則失其韻矣。福字古讀若偪。○鍾佛操云：北堂書鈔八十七引「無鄉」作「荒鄉」，「無國」作「蕪國」。注「無祀」作「蕪亂」，「卒」作「享」，「爲求」作「從求」，有「也」字。此當據以改正。○寧案：「橆」乃蕃橆字，隸變作「無」，遂借爲有無字而用「廡」。書洪範「庶草蕃無」，今作「廡」。

聾無耳而目不可以瞀，精于明也。不可以瞀，瞀之則見也。**瞽無目**目無所見。**而耳不可以察，精于聰也。**不可以察，察之則聞。○王引之云：正文、注文皆義不可通。正文當作「聾無耳而目不可以獘，精於明也。瞽無目而耳不可以塞，精於聰也」。注當作「不可以獘，視之則見也。不可以塞，聽之則聞也」。獘與蔽通。（主術篇：「聰明光而不獘，耳目達而不闇。」秦策「南陽之獘幽」，高注：「獘，隱也。」齊語「使海於有蔽」，管子小匡篇作「獘」。是蔽、獘古字通。）今作「瞀」者，涉上文「目」字而誤。（太平御覽鱗介部四引此已誤。）塞，猶蔽也。（鄭注郊特牲曰：「管氏樹塞門，塞，猶蔽也。」）作「察」者，亦字之誤。後人不知其誤，故妄改注文以從之耳。文子上德篇正作「聾無耳而目不可以蔽，精於明也。瞽無目而耳不可以蔽，精於聰也」。○馬宗霍云：正文、注文皆不誤，王校非也。説文目部云：「瞥，過目也。从目敝聲。」「察」與「詧」同。顔氏家訓書證篇：「詧，古察字也。」説文言部云：「詧，言微輕詧也。从言，察省聲。」此蓋謂聾因無耳，視覺特鋭，過目則見也，故曰「精於明」。瞽因無目，聽覺特敏，微言則聞也，故曰「精於聰」。王氏乃謂義不可通，疏矣。○寧案：馬説是也。劉晝新論專學篇：「瞽無目而耳不可以察，專於聽也。聾無耳而目不可以聞，專於視也。」語本淮南。「聞」字乃「瞥」字之誤。説文聞，古文作「䎽」，與瞥形近。「瞥」誤作「䎽」，又寫作「聞」耳。使如王説，則高注下「瞥」字無由誤作「視」，下「察」字無由誤作「聽」也。

遺腹子不思其父，無貌于心也；不知父貌。不夢見像，無形于目也。目初不見父像，故曰「無形于目」也。

蝮蛇不可爲足，虎豹不可使緣木。蝮蛇有毒螫人，不爲足，爲足益甚。虎，猛獸，不可使能緣木。○劉文典云：御覽九百三十三引作「虎豹不可使緣木，蝮蛇不可以安足」。藝文類聚九十六引作「豹獸不可使緣木，蝮蛇不可使安足」。○向宗魯云：此當從類聚、御覽補「安」字，二句上下亦當互易。類聚引「虎豹」作「豹獸」，乃唐人避諱改，非異文也。○寧案：注「虎猛獸」，「虎」下當據正文補「豹」字。劉績本注作虎豹。

馬不食脂，桑扈不啄粟，非廉也。桑扈，青雀，一名竊脂。○梁玉繩云：爾雅「桑扈竊脂」，郭注：「俗謂之青雀，觜曲，食肉，好盗脂膏，因名云。」此訓言馬好食粟而不竊脂，桑扈好盗脂而不食粟，皆性有偏嗜，而非能廉也。注疑有脱文。○寧案：道藏本、景宋本「非」下有「云」字。注「一名」作「馬不」。「馬不竊脂」與上文義不相屬，故後人改作「一名」以就其奪誤耳。**秦通崤塞，而魏築城也。**魏徙都于大梁，聞秦通治崤關，知欲來東兼之，故築城設守備也。**飢馬在廄，寂然無聲，投芻其旁，争心乃生。**○寧案：吕氏春秋首時篇：「飢馬盈廄，嘆然未見芻也，飢狗盈窖，嘆然未見骨也，見骨與芻，動不可禁。」此淮南所本。又見秦策三應侯説秦王。

引弓而射，非弦不能發矢，引，張弓也。發，遣也。**弦之爲射，百分之一也。**

道德可常，權不可常，故遁關不可復，亡犴不可再。遁，逃。犴，獄。常以權變出關塞。獄犴亡逃，不可復由其入。故曰「權不可常」也。○梁玉繩云：亡犴即越獄也。注云「不可復由其入」，疑譌。○譚獻云：注脱誤。參劉績本校「遁，逃也。犴，獄也。常以權變出於關塞。犴獄亡逃於野，不可復用其術由之入。故曰權不可常也。」○楊樹達云：此言權變之事，不可以爲常，猶逃關亡獄，爲偶然徼幸之事，不可再有也。注意未明。逃關，避稽察。亡犴，謂自獄逃亡。○寧案：楊説是也。注，中立本補曰：「以詐而遁關，以計而亡犴，俱可一而不可再。」後人多臆改，致不可通。

環可以喻員，不可以輪；絛可以爲繶，不必以紃。紃亦繶，婉轉數也。

日月不竝出，狐不二雄，神龍不匹，猛獸不羣，鷙鳥不雙。

循繩而斲則不過，懸衡而量則不差，衡，稱也。**植表而望則不惑。**

損年則嫌于弟，益年則疑于兄，不如循其理，若其當。理，道。當猶實也。○馬宗霍云：若與循爲對文，若猶順也，言不如循其道，順其實也。詩魯頌閟宫篇「魯侯是若」，毛傳云：「若，順也。」是其證。

人不見龍之飛舉而能高者，風雨奉之。奉，助也。蠹衆則木折，隙大則牆壞。懸垂之類，有時而隧；隧，墮也。○楊樹達云：「隧」假爲「隊」。説文𨸏部云：「隊，從高隊也。」今通作「墜」。枝格之屬，有時而弛。弛，落也。○莊逵吉云：説文解字有「挌」字，云：「枝挌也。從丰，各聲。」釋名：「胑，枝也。似木之枝格也。」此言人之四胑如枝格。又「戟，格也。旁有格」。解字言：「戟，有枝兵也。」此言戈戟如枝格。史記始皇本紀：「或走或格之者輒死。」魯連傳：「曹子以一劍之任，枝桓公之心。」枝、格，殆假義歟！漢書梁孝王傳「義格」，如淳注：「格者，枝閣不得下。」枝閣亦卽枝格。二字高無注義，因爲推廣之。

當凍而不死者，不失其適；死乃爲適適，又死，故曰「不失其適」也。○寧案：注「適適」當作「失適」，「又死」當作「不死」，景宋本不誤，應據改。道藏本亦作「失適」。當暑而不暍者，不亡其適：亡，亦失之。未嘗適，亡其適。亡，無也，言不凍亦暍，何適之有。○王引之云：「未嘗適，亡適」，當作「未嘗不適，亡適」。上言「不亡其適」，乃亡失之亡；此言「亡適」，乃遺忘之忘。（「忘」字古通作「亡」。要畧曰：「齊景公獵射亡歸。」韓子難二曰：「晉文公慕於齊女而亡歸。」齊策曰：「老婦已亡矣。」趙策曰：「秦之欲伐韓、梁，東闚於周室，甚，惟寐亡之。」竝與「忘」同。荀子勸學篇「怠慢忘身，禍災乃作」，大戴禮「忘」作「亡」。呂氏春秋權勳篇「是忘荆國之社稷而不恤吾衆也」，淮南人間篇「忘」作「亡」。）言人心有所謂適，則有所謂不適。當凍而不死，當暑而不暍者，能不失其適矣，而猶未忘乎其爲適也。若隨所往而未嘗不適者，則忘乎其爲適矣。莊子達生篇曰：「忘足，屨之適也。忘要，帶之適也。知忘是非，心之適也。不内變，不外從，事會之適也。始乎適而未嘗不適者，忘適之適也。」（郭象注：「識適者，猶未適也。」）此卽淮南所本。高解「未嘗不適，亡適」云：「亡，無。言不凍不暍，何適之有。」未達正文之意。然據此則正文本作「未嘗不適」，而今本脱「不」字，明矣。○寧案：「未嘗適亡其適」，王校沾「不」字，是也。又「其」字涉上而衍，道藏本、中立本、景宋本皆無「其」字。又案：注「亦暍」，景宋本作「不暍」，應據改。

湯沐具而蟣蝨相弔，大厦成而燕雀相賀，厦，屋也。憂樂別也。柳下惠見飴，曰可以養老；盜跖見飴，曰可以黏牡；見物同，而用之異。柳下惠，魯大夫展無駭之子，名獲，字禽。家有大柳樹，惠德，因號柳下惠。一曰：柳下，邑。牡，門户籥牡也。○莊逵吉云：柳下惠義，藝文類聚以爲許昚注。○陶方琦云：藝文類聚八十九、御覽九百五十七、事類賦柳部引許注：「展禽之家有柳樹，身行惠德，因號柳下惠。一曰：邑名。」案：二注文畧異，然乃許注羼入高注中者。藝文類聚引許注，亦與今高注詳畧不同。○寧案：唐本玉篇食部引作「曾子見餳，可以養老；盜跖見餳，可以黏牡。須也」。有脱文。疑當作「各有所須也」。「須」通「需」。本篇乃高本，作「柳下惠見飴」，則當是許本作「曾子見餳」。然藝文類聚、太平御覽、事類賦引注釋柳下惠，豈類書誤高爲許也？又案：注「惠德」上，當據類書引補「身行」二字。呂氏春秋異用篇：「仁人之得飴，以養疾侍老也；跖與企足得飴，以開閉取揵也。」卽淮南文所本。

蠶食而不飲，二十二日而化；○王念孫云：「二十二」當作「三十二」。爾雅翼引此已誤。盧辯注大戴禮易本命篇及太平御覽資産部五、蟲豸部一竝引作「三十二日」。○寧案：宋本、鮑本太平御覽八百二十五（資産部五）引作

「三十日」，九百四十四（蟲豸部一）引作「二十二日」，與王引異。齊民要術五引春秋考異郵曰：「蠶，陽物，大惡水，故蠶食而不飲。陽立於三春，故蠶三變而後消。死於七，三七二十一，故二十一日而繭。」據此，則「二十二」應作「二十一」。積畫易誤，亦未能輒定。蟬飲而不食，三十日而脱；〇鐘佛操云：文選左太冲吳都賦、班孟堅幽通賦、孫子荆爲石仲容與孫皓書、陸士衡漢高祖功臣頌注引，「脱」均作「蜕」。〇寧案：道藏本、景宋本「脱」均作「蜕」，太平御覽九百四十四引同。説文：「蜕，蛇蟬所解皮也。」蜉蝣不食不飲，三日而死。人食礜石而死，蠶食之而不飢；礜石出陰山。一曰：能殺鼠。魚食巴菽而死，鼠食之而肥。菽，豆總名。〇陳直云：巴菽，巴豆也。高注僅訓菽爲豆總名，未諦。〇寧案：上二注，道藏本、中立本、景宋本皆無，當是後人所加。類不可必推。推，猶知也。

瓦以火成，不可以得火；竹以水生，不可以得水。瓦得火則破，竹得水浸則死。

揚堁而欲弭塵，被裘而以翣翼，豈若適衣而已哉！堁，土塵也。楚人謂之堁。翣，扇也。楚人謂之翣也。

槁竹有火，弗鑽不爇；土中有水，弗掘無泉。掘，猶窮也。〇王念孫云：「弗掘無泉」，本作「弗掘不出」，謂不掘則泉不出，非謂無泉也。後人改「不出」爲「無泉」者，取其與「爇」字爲韻耳。不知此四句以火與水隔句爲韻，（火古讀若毁，説見唐韻正。）而鑽與爇、掘與出，則於句中各自爲韻。若云「弗掘無泉」，則反失其韻矣。（太平御覽火部二引此已誤。）且泉即水也，既云「土中有水」則不得又言「無泉」矣。文子上德篇正作「土中有水，不掘不出」。

蜕象之病，人之寶也；蜕，大蛤，中有珠。象牙還以自疾，故人得以爲寶。○劉文典云：御覽九百四十一引注「疾」作「病」。人之病，將有誰寶之者乎？人之利欲爲病，無人寶之，故曰「將有誰寶」也。○劉文典云：宋本及御覽引注，「人之」竝作「人以」，義較長。

爲酒人之利而不酤則竭，爲車人之利而不僦則不達。握火投人，反先之熱。皆一介之人物，思自守者，不欲使酒人車人得利，不酤僦而先自竭，先不達，猶以火投人，先自熱爛也。○楊樹達云：「竭」字無義，字假爲「㵣」。説文欠部云：「㵣，欲飲歠。从欠，渴聲。」今字作「渴」。此謂恐賣酒人獲利而不酤酒，則渴而欲飲也。○寧案：投，宋本、藏本作「提」。韓詩外傳七「果園梨栗，後宮婦女以相提擲」，是提猶擲也。史記荆軻傳「乃引其匕首以擿秦王」，索隱：「擿與擲同。」説文「擿，投也。」故此高注以投釋提。莊本改「提」爲「投」，非是。又案：「反先之熱」，無爛義，注不當以「熱爛」爲連語。蜀藏本「爛」作「者」，是也。中立本作「手」，亦非。

隣之母死，往哭之，妻死而不泣，有所刼以然也。嫌於情色，故曰有所刼迫之。然，如是也。○吴承仕云：注「嫌於情色」，朱本作「嫌猶哀嫌於情色」。案：文當作「嫌獨哀於情色，故曰有所刼迫之」。各本並譌亂不可讀。○寧案：道藏本、景宋本皆有「嫌猶哀」三字。吴説是。

西方之倮國，鳥獸弗辟，與爲一也。一，同也。倮國在西南方。

一膊炭熯，一膊，一挺也。掇之則爛指；萬石俱熯，去之十步而不死；百廿觔爲石。同氣異積也。大勇小勇，有似於此。

今有六尺之席，卧而越之，下材弗難；植而踰之，上材弗易：勢施異也。百梅足以爲百人酸，一梅不足以爲一人和。喻衆能濟少，少不能有所成也。有以飯死者，而禁天下之食，有以車爲敗者，而禁天下之乘，則悖矣。申生雉經，晉不絶繩。子胥自沉，吴不斷水。○王念孫云：御覽疾病部四噎下引此「飯」作「噎」，是也。「噎」通作「饐」，因誤而爲「飯」。呂氏春秋蕩兵篇：「夫有以饐死者，欲禁天下之食，悖。」即淮南所本也。今俗語猶云「因噎廢食」。若云「以飯死」，則文不成義。○劉家立云：「申生雉經」四句，今本作噎死車敗之注文，繹其文義，與上五句全不相涉，此正文之誤書作注也。○寧案：「有以車爲敗者」，「爲」字無義，「爲」當爲「馬」，形近而誤也。「以噎死」、「以車馬敗」，同一句式。太平御覽七百四十一引正作「有以車馬敗」，引「悖矣」作「不亦悖哉」。又案：注四句，猶云有雉經者，而絶天下之繩，有自沉者，而斷天下之水，悖矣。故曰「不絶繩」、「不斷水」。正文言噎死車敗，故高注舉史事以實之，其義正同，劉氏何云全不相涉也？謂是正文誤入注文，無據，而集證輕爲竄易，謬矣。

釣者静之，罛者扣舟，罩者抑之，罣者舉之，爲之異，得魚一也。罛者，以柴積水中以取魚。扣，擊也。魚聞擊舟聲，藏柴下，壅而取之。罛，讀沙糝。今沇州人積柴水中捕魚爲罛，幽州名之爲涔也。○莊逵吉云：「罛」，據爾雅、説文解字當作「罧」。今爾雅作「槮謂之涔」。「槮」亦即「糝」字。○王念孫云：説文、玉篇、廣韻、集韻皆無「罛」字，「罛」當爲「罧」，字之誤也。（注同。）説文：「罧，積柴水中以養魚。从网，林聲。」字林山沁反。（見毛詩、爾雅釋文）故高注云「罧，讀沙糝」也。（太平御覽飲食部八引通俗文曰：「沙入飯曰糝。」）周頌潛篇「潛有多魚」，毛傳曰：「潛，糝也。」爾雅「槮謂之涔」，孫炎曰：「積柴養魚曰槮。」槮與罧同。兗州謂之罧，幽州謂之涔，方俗語有輕重耳。罜非取魚之具，意林、埤雅及初學記武部、太平御覽資産部十四引此竝作「罾者舉之」，是也。罩者下罩而得魚，故言「抑」；罾者舉罾而得魚，故言「舉」。○劉文典云：意林引此文「罛者扣舟」作「網者動之」，「爲之異」作「爲道異」。○寧案：文選西征賦注云：「曳纖經於前，鳴長根於後，所以驚魚令入網也。淮南子曰：『魚者扣舟』。」引「罛」作「魚」，又以爲驚魚入網。魚非取魚之具，疑是李善所改。又案：「罜」景宋本正作「罾」，王說是。

見象牙乃知其大於牛，見虎尾乃知其大於狸，一節見而百節知也。吴伐越，至會稽，獨獲骨節專車。見一節大，餘節不得小，故曰百節知。○吴承仕云：朱本、景宋本並作「隨會稽」。案：「隨」當爲「隳」。魯語說苑家語述此事，並云：「吴伐越，隳會稽。」此高注所本也。作「隨」者，形近之譌。淺人以「隨」字不可通，乃妄改爲「至」，其疏陋有如此者。又案：「獨獲骨節」，「獨」字無義，不審其致誤所由。○寧案：「獲骨節專車」，事在魯哀元年。國語魯語記此事作「獲」，說苑辯物篇作「得」。疑「獨」字即「得」字之誤而衍。蓋讀者注「得」字於「獲」字旁，因誤入正文，得以形近誤爲「獨」耳。

小國不鬬於大國之間，畏見嫌也。○吴承仕云：「嫌」當作「兼」，言並兼於大國也，形近誤爲「嫌」。兩鹿不鬬於伏兕之旁。畏見食也。○劉文典云：御覽八百九十引「鹿」作「虎」。○劉家立云：「畏見嫌也」「畏見食也」兩句，今本俱作注文，此寫者之誤也。此篇及說山篇，文法均自作解語，如下文「虎有子，不能攫搏者，輒殺之，爲墮武也」，即其證。冢、壠、簦、笠句下，王氏石臞補「名異實同也」五字，又其例。若作注文，則「小國」「兩鹿」二句，語勢未了，而文不成義矣。又下文「橘柚有鄉，萑葦有叢，獸同足者相從游，鳥同翼者相從翔，以類聚也」，今本「以類聚也」四字亦寫作注文，與此處同一失。○寧案：劉説非。此文前後二句文意實同，不當解説分見。王據下句補「名異實同」，不當例此。

佐祭者得嘗，救鬭者得傷。○梁玉繩云：周語下：「佐饍者嘗焉，佐鬭者傷焉。」此文意亦相似。蔭不祥之木，爲雷電所撲。蔭，木景。撲，擊也。○莊逵吉云：太平御覽作「雷霆所撲」。

或謂冢，或謂隴，或謂笠，或謂簦。頭蝨與空木之瑟，名同實異也。頭中蝨，空木瑟，其音同，其實則異也。○王念孫云：「或謂簦」下當有「名異實同也」五字。言冢與壠，笠與簦，名異而實同；若頭蝨與空木之瑟，則名同而實異也。○陳直云：史記韓襄王孽子虮虱，戰國策作几瑟。「虱」與「瑟」音同而字異，與本文所舉，正同例。

日月欲明，而浮雲蓋之；蓋，猶蔽也。蘭芝欲脩，而秋風敗之。脩，長。○寧案：「脩」疑本作「長」，讀長養之「長」，淮南不諱長養字。高序已明淮南避父諱，故書中脩字不更作訓釋。校者不知，改正文長字爲脩，又注「脩長」二字，誤矣。又「芝」當爲「芷」，王念孫説見前。

虎有子，不能搏攫者，輒殺之，爲墮武也。墮，廢也。武，威之也。○吳承仕云：洪焱祖注爾雅翼引作「武威乏也」，疑「武威乏也」四字爲句。

龜紐之璽，賢者以爲佩；龜紐之璽，衣印也。紐，係。佩，服也。○陳直云：此説漢制二千石用龜紐，諸侯王則用獅紐也。土壤布在田，能者以爲富。能勤者，播植嘉穀，以爲饒富也。○寧案：「土壤」疑當作「壤土」。

予拯溺者金玉，不若尋常之纆索。金玉雖寶，非拯溺之具，故曰不如尋常之纆索。○寧案：王念孫云：

「今本溺上有拯字，乃涉注文而衍。此謂與溺者金玉，不如與之繩索，使得援之以出水，非謂與拯溺者也。」「纏索二字亦誤，纏是纆字，其索字則後人所加。」説在道應篇「臣有所與供儋纆采薪者九方堙」句下。案：王説是也。（道藏本作「纏」，故王校爲「纆」。景宋本、莊本不誤。）太平御覽三百九十六引亦無「拯」字。長短經卑政篇引作「齊溺人以金玉，不如尋常之纆」，「齊」乃「濟」字之誤，無「拯」字。「纆」下無「索」字。太平御覽八百十引亦無「索」字。

視書上有酒者，下必有肉；上有年者，下必有月：以類而取之。類，猶事也。

蒙塵而眯，固其理也；爲其不出户而堁之也。爲不出户而塵堁眯之，非其道。○王引之云：如高注，則正文「爲其不出户而堁之」下，當有「非其道」三字，而寫者脱之也。道亦理也。「固其理也」，「非其道也」相對爲文。爲，猶謂也。蓋出户而後蒙塵，蒙塵而後眯。若謂不出户而堁之，則無是理也。今本無「非其道」三字，則文不成義，且與上文不對矣。又道與理爲韻，若無此三字，則失其韻矣。下文「雖欲養之，非其道」，亦與酒爲韻。

屠者羹藿，爲車者步行，陶者用缺盆，匠人處狹廬，○王念孫云：「羹藿」本作「藿羹」。「藿羹」與「步行」相對爲文。諸書多言「藿羹」，無言「羹藿」者，此寫者誤倒也。「爲車者步行」本作「車者步行」。古者百工各以其事爲名，故考工記曰：「攻木之工：輪、輿、弓、廬、匠、車、梓。」此言車者，猶考工記言車人也。後人誤以車爲車馬之車，故又加「爲」字耳。「陶者」本作「陶人」，與「匠人」相對爲文。今本「人」作「者」，因上二句而誤。「盧」與「廬」同。（荀子富國篇「若盧屋妾」，卽廬屋。孟子屋廬子，廣韻作屋盧子。）道藏本、劉本竝作「盧」，莊改「盧」爲「廬」，未達假借之義。太平御覽器物部三引此正作「屠者藿羹，車者步行，陶人用缺盆，匠人處狹盧」。意林引作「屠者食藿羹，車者多步行，陶人用缺盆，匠人處狹盧」，「食」字「爲」字「多」字，皆馬總以意加之，餘與御覽同。○寧案：「陶者」當作「陶人」，下文「陶人棄索」亦可證。又案。景宋本作「廬」，宋本太平御覽七百五十八引亦作「廬」，莊氏改字亦有據。爲者不必用，用者弗肯爲。爲者不得用，以利動也。用者不肯爲，以富寵也。○寧案：「爲者不必用」，「必」當作「得」，字之誤也。謂不必用，則猶或用之，與「屠者藿羹」四句不相應。注云「爲者不得用」，是正文本作「得」也。道藏本、中立本、茅本、景宋本正作「得」。

轂立，三十輻各盡其力，不得相害。使一輻獨入，衆輻皆棄，豈能致千里哉？○俞樾云：文子上德篇作「轂虛而中立」，是此文「轂」下脱「虛而中」三字。「一輻」文子作「一軸」，亦當從之。蓋一軸在轂中，三十輻在轂外，若一軸獨入，而三十輻皆棄，卽不成爲輪矣，故不可以致千里也。○楊樹達云：俞校「一輻」當作「一軸」，非也。果如俞説，則文當云：「如有軸而無輻，不能致千里矣。」惟三十輻各盡力，故以「一輻獨入，衆輻皆棄」對勘言之，言不能止有一輻也。上文既未及軸，何至忽言軸乎？文子誤字不可從，「虛而中」三字亦不必補。劉家立集證依俞説增改，非是。○蔣禮鴻云：俞氏補「虛而中」三字是也，改「輻」爲「軸」則非。此言事有用衆而成，偏任而廢者。「三十輻各盡其力」與「一輻獨入」，兩「輻」字，「各」、「獨」二字語意皆緊接，豈有誤乎？俞氏改「輻」爲「軸」，蓋由「入」字推斷之，以爲軸可以入轂，輻不可以言入耳。不知下文云「輻之入轂，各值其鑿」，輻自可云入。彼文之「輻」，豈亦可改作「軸」乎？○寧案：本文不誤，楊説是也。景宋本文子、文子纘義亦皆作「一輻」，不作「一軸」，俞氏蓋據誤本。尋繹文義，重在「相害」二字。謂三十輻不相害，各盡其力，則能致千里。若一輻獨入，衆輻不與同力，是相害也。故「皆棄」云者，蓋謂二十九輻棄一輻。蔣氏謂「此言事有用衆而成，偏任而廢者。」文子纘義舊注亦云：「爲車者，必假衆輻，求致遠之用；治國者，亦藉羣才，保久安之業。」以爲在上位者任人之喻，似皆未得「相害」之義，致文義不相貫注。

夜行者，掩目而前其手，涉水者，解其馬載之舟，事有所宜，而有所不施。

橘柚有鄉，藿葦有叢。○楊樹達云：「橘柚有鄉，藿葦有叢」，二句當倒。鄉、翔爲韻，本文上下皆有韻。又案：藿字，景宋本同，劉家立集證作「雈」，是也。○寧案：説文「雈，薍也。从艸，雈聲。胡官切。」詩七月「八月萑葦」，毛傳：「薍爲萑，葭爲葦。」釋文：「萑，户官反。」與説文合。廣韻：「雈，葦。易亦作『萑』，俗作『藿』，藿本自音灌。」又説文蒹字段注：「凡經言雈、葦，言蒹、葭，言葭、菼，皆并舉二物。蒹、菼、雈一也，今人所謂荻也。葭、葦一也，今人所謂蘆也。」獸同足者相從游，鳥同翼者相從翔。以類聚也。

田中之潦，流入於海；附耳之言，聞於千里也。附，近也。近耳之言，謂竊語。聞於千里，千里知之。語曰：「欲人不知，莫如不爲。」

蘇秦步，曰何故；步，徐行也。人問何故。趍，曰何趍馳：○孫志祖云：下「趍」字疑衍。步與故叶，趍與馳叶。○王引之云：「馳」字非原文所有，蓋後人見字書韻書「趍趙」之「趍」音馳，故旁記「馳」字，而寫者遂誤入正文也。不知此「趍」字（七俱反）乃「趨」之變體，與音馳之「趍」相似而實非也。步爲徐行，趨爲疾行，故先言步，後言趨。高注：「步，徐行也。」正以别於下句之「趨」也。「步，曰何故」，步與故爲韻；「趨，曰何趨」，趨與趨爲韻。或曰：當作「趨，曰何馳」，今知不然者，馳乃馬疾行之名，人行不得言馳也。○俞樾云：此當作「蘇秦步，曰何步；趨，曰何趨；馳，曰何馳」。因首句高注有「何故」二字，遂誤正文「何步」爲「何故」，而「馳」下又脱「曰何馳」三字，則文不成義矣。○李哲明云：疑下「趍」字衍，或作「蘇秦曰：步何故趍，趍何故馳」。蓋趍疾於步，馳疾於趍，以起下「有爲」二句。言進必以漸，毋爲急疾，欲有爲則謀議之，自得其序。急疾則反多事，多事必煩苛矣。譬之安步可至，何故求速而趍且馳也？注謂「蘇秦爲多事之人」，匪唯無意義，且此篇文例，但襍徵叢説，無議及一人之得失者，「人問何故」之説亦失之。○寧案：俞説近是也。莊子田子方篇：「夫子步，亦步也；夫子趨，亦趨也；夫子馳，亦馳也。」其義雖異，其句法實淮南所本。以蘇秦爲多事之人，故其一步一趍一馳，人皆苛察而論議之也。有爲則議，多事固苛。蘇秦爲多事之人，故見議見苛也。

皮將弗覩，毛將何顧！畏首畏尾，身凡有幾！畏始畏終，中身不畏，凡有幾何。言常畏也。

欲觀九州之土，足無千里之行，心無政教之原，而欲爲萬民之上則難。無其術，故曰難。○寧案：正文及注，各本皆有奪誤。景宋本作「而欲爲萬民之上也」。注：「土足，無其術，故所子曰難也。」道藏本正文同今本。注：「無其術，故曰難也。」文子上德篇襲此文作「而欲爲萬民之上者難矣」。正文當從文子。今本「者」誤作「則」，奪「矣」字。景宋本奪「者難」二字，「矣」誤作「也」。注當作「上，君。無其術，故孔子曰難也。」景宋本「上君」誤作「土足」，涉正文而誤。呂氏春秋慎小篇高注：「上，君也。」可證。惟「所」疑「孔」字形誤，尚無確據。後人以「土足」「所子」四字不可解，故删之，改「矣」爲「也」，如藏本。今本又删「也」字。宋本佳處，藏本不如也。

旳旳者獲，提提者射。旳旳，明也。爲衆所見，故獲。提提，安也。若鳥不飛，獸不走，提提安時，故爲人所射。○王念孫云：注訓提提爲安，雖本爾雅，然非此所謂「提提」也。旳旳、提提，皆明也，語之轉耳。提與題同。説文：

「題」（音提。）顯也。」顯亦明也。莊子養生主篇曰：「爲善無近名，爲惡無近刑。」管子白心篇曰：「爲善乎毋提提，爲不善乎將陷於刑。」是提提爲明也。「的的者獲，提提者射」，卽莊子（達生篇）所謂「飾知以驚愚，脩身以明汙，昭昭乎如揭日月而行」，故不免者也。故下文卽云「大白若辱，大德若不足。」若訓提提爲安，則旣與上句不類，又與下句不屬矣。○俞樾云：王氏念孫謂的的、提提皆明也，引管子白心篇「爲善乎無提提」爲證，其説得之矣。惟未説獲字之義。今按：的的猶提提也，獲猶射也，兩句實止一意。儀禮鄉射禮篇「獲者坐而獲」，鄭注曰：「射者中，則大言獲。」是古謂射中爲獲。上句言獲，下句言射，變文以成辭耳。故大白若辱，大德若不足。若辱，自同於衆人。若不足者，實若虛之貌。○莊逵吉云：鄭康成儀禮注曰：「以白造緇曰辱。」辱者，汙辱也，故與白對。注家皆未得其義。○譚獻云：「辱」卽「黷」。

未嘗稼穡粟滿倉，未嘗桑蠶絲滿囊，得之不以道，用之必橫。橫，放。○寧案：注二字莊本脱，據宋本、藏本補。

海不受流胔，太山不上小人；骨有肉曰胔。有不義之骸流入海，海神蕩而出之，故曰不受。太山，東岳也，王者所封禪處，不令凶亂小人得上其上也。穷光不升俎，穷光，胞也。俎豆之實唯肩髀，而脇肋不得升也。○吳承仕云：洪焱祖注爾雅翼引此文注云「穷光，胞也。俎豆之實，唯肩髀兩脇，胞不得升也。」與禮經豚解體解之名物畧相應。今本「兩」誤爲「而」，「胞」誤爲「肋」，似謂俎豆之實，唯用肩髀，而脇肋不得升。文義絶不可通，可謂差之豪氂，謬以千里矣。應據洪引注文正之。騶駮不入牲。犧牲以純色也。

中夏用箑，快之，至冬而不知去；褰衣涉水，至陵而不知下：未可以應變。〇王念孫云：「陵」當爲「陸」，字之誤也。陸與水相對，作「陵」則非其指矣。意林引此正作「陸」。

有山無林，有谷無風，有石無金。林生於山，山未必皆有林；風出於谷，谷未必皆有風；金生於石，石未必皆有金。喻聖人出衆人，衆人未必皆聖賢也。〇寧案：注，「聖人出衆人」，據中立本「出」下沾「于」字。

滿堂之坐，視鉤各異，滿堂坐人，視其鉤各異形。〇陳直云：傳世之鉤，由戰國至秦、漢，大小形式，無一同者。本文所論，極爲正確。於環帶一也。鉤與環帶一法也。類雖異，所用者同。〇馬宗霍云：帶所以繫腰，鉤所以綴帶使之合，本文「環帶」之「環」猶合也。蓋言滿堂坐人，鉤雖各異其形，其於綴帶使合之用則一也。高注乃謂「鉤與環帶一法也」，似連「環帶」二字爲一物之名，殆失其誼矣。

獻公之賢，欺於驪姬；殺申生也。叔孫之智，欺於豎牛。三日不食而餓死也。故鄭詹入魯，春秋曰「佞人來，佞人來」。鄭詹，鄭文公大夫。以齊桓公卒，不使鄭伯朝齊，而使朝於楚，齊人執之，自齊逃至魯，魯謂之佞人。以方驪姬、豎牛，故曰「佞人來，佞人來」。〇于鬯云：此注殊誤。此見公羊莊十七年傳云：「佞人來矣！佞人來矣！」此時鄭尚厲公，非文公也。齊桓方霸，更何得言卒乎！不朝齊之説，取左傳以説此，亦恐不合。因一「故」字，以爲承上驪姬、豎牛而言，然亦不可云「以方驪姬、豎牛，故曰佞人來，佞人來」也。且驪姬、豎牛之事，皆在叔詹之後。〇楊樹達云：此注錯誤不可曉。鄭詹自齊入魯，見莊公十七年公羊傳。鄭文公立於莊公二十二年，則詹不得爲鄭文公大夫，一也。齊桓公卒於僖公十七年，遠在詹入魯之後，則齊之執詹，不因不朝齊之故，二也。記事既誤，「佞人來」語出公羊，高不一言，又若全未見公羊傳者，何也？

君子有酒，鄙人鼓缶，雖不見好，亦不見醜。醜，惡也。○寧案：景宋本作「雖不可好」。文子上德篇同。

人性便絲衣帛，或射之則被鎧甲，爲其不便，以得所便。便，利也。○陳觀樓云：「便絲衣帛」，當作「便衣絲帛」。「衣絲帛」與「被鎧甲」相對。文子上德篇作「衣緜帛」。○寧案：「不便」上據道藏本、景宋本沾「所」字。

輻之入轂，各值其鑿，不得相通，猶人臣各守其職，不得相干。干，亂也。

嘗被甲而免射者，被而入水；嘗抱壺而度水者，抱而蒙火：可謂不知類矣。○楊樹達云：瓠可以度水，「壺」則「瓠」字之假也。易林云：「枯瓠不朽，利以濟舟，渡踰江海，無有溺憂。」是其事也。詩七月云「八月斷壺」，毛傳云：「壺，瓠也。」鶡冠子云：「中流失船，一壺千金。」與此文皆假「壺」爲「瓠」。

君子之居民上，若以腐索御奔馬，雍容恐失民之意。若履薄冰，蛟在其下，蛟，魚屬，皮有珠，能害人，故曰「蛟在其下」。若入林而遇乳虎。言常驚懼恐也，化不洽於民，民不附。○吴承仕云：文當作「言常驚懼，恐化不洽於民，民不附。」今本「恐」下誤衍「也」字，文不成義。

善用人者，若蚈之足，衆而不相害；蚈，馬蚈，幽州謂之秦渠。蚈讀蹊徑之「蹊」也。若脣之與齒，堅柔相摩而不相敗。摩，近。敗，毁也。

清醠之美，始於耒耜；醠，清酒。周禮「醠齊」是。醠讀瓮㼜之「㼜」也。〇寧案：說文：「醠，濁酒也。」今本周禮天官作「盎」，古文叚借也。鄭曰：「自醴以上尤濁縮酌者，盎以下差清。」故高注曰清酒。此非與許不合也，但言差清，則固濁也。盎清於醴，而濁於緹、沈，卽緹、沈亦非全清也。黼黻之美，在於杼軸。白與黑爲黼，青與赤爲黻，皆文衣也。〇寧案：注「赤」當爲「黑」。攷工記：「畫繢黑與青謂之黻。」說文：「黑與青相次文。」當據正。

布之新不如紵，紵之弊不如布，或善爲新，或惡爲故。善，猶宜也。〇王念孫云：「或惡爲故」，本作「或善爲故」，言紵善爲新，布善爲故也。今本作「或惡爲故」者，後人不曉文義而妄改之耳。太平御覽布帛部七引此，正作「或善爲故」。〇寧案：王說是也。景宋本作「或善爲故」。⿰酉獻酺在頰則好，在顙則醜。⿰酉獻酺，著頰上窒也。窒者在顙似槷，故醜。繡以爲裳則宜，以爲冠則譏。詩曰「袞衣繡裳」，故曰宜。譏，人譏非之也。〇王念孫云：「譏」本作「議」。高注本作「議，人議非之也」。今本「議」皆作「譏」者，後人以議與宜韻不相協而改之，因并改高注耳。不知宜字古讀若俄，（說見唐韻正。）與議字不相協，而議字古亦讀若俄，（小雅北山篇「或出入風議」與爲爲韻，爲古讀若譌。淮南俶真篇「立而不議」，與和爲韻。詮言篇「行有迹則議」，與訶爲韻。史記太史公自序「王人是議」，與禾爲韻。）與宜字正相協也。太平御覽布帛部二引此正作「以爲冠則議」。詮言篇云「行有迹則議」，又其一證也。〇劉文典云：御覽八百十五引「裳」作「被」，意林同。〇寧案：高注引詩「袞衣繡裳」，知高本固作「裳」也。太平御覽意林引作「被」，當是許本。

馬齒非牛蹏，檀根非椅枝，故見其一本而萬物知。知，猶別也。

石生而堅，蘭生而芳，少自其質，長而愈明。質，性也。明，猶盛也。〇王念孫云：「少自其質」，「自」

當依劉本作「有」，字之誤也。文子上德篇作「少而有之，長而逾明」。○寧案：中立本「自」作「有」。

扶之與提，謝之與讓，故之與先，諸之與已，也之與矣，相去千里。○俞樾云：「故之與先」，本作「得之與失」。草書「得」字作「ろ」，「故」字作「攷」，兩形相似；隸書「失」字或作「失」，「先」字或作「先」，兩形亦相似。因誤「得」爲「故」，誤「失」爲「先」耳。「之與矣」三字，衍文也。蓋校者見淮南舊本有「得之與失」句，因補注於「諸之與已也」下，而傳寫又脱「得」字，且誤「失」爲「矣」耳。文子上德篇正作「扶之與提，謝之與讓，得之與失，諸之與已，相去千里」。可據以訂正。○于鬯云：「也」、「邪」同用，故「也」者，辭之反也，「矣」者，辭之正也。○楊樹達云：謝謂辭謝，讓謂誚讓，諸謂許諾，已謂拒其請。禮記表記篇云：「是故君子與其有諾責也，寧有已怨。」鄭注云：「已謂不許也。」言諾而不與，其怨大於不許。」荀子王霸篇云：「刑賞已諾，信乎天下矣。」楊倞注云：「諾，許也。已，不許也。」逸周書官人篇云：「已諾無決。」史記游俠傳云：「已諾必誠。」枚乘七發云：「決絶以諾。」「以」與「已」同。此皆以已、諾爲對文。「扶提」未詳。「提」疑與上文「握火提人」之「提」同，謂投擲也。○向宗魯云：禮表記：「君子與其有諾責也，寧有已怨。」注：「已謂不許也。」諾、已對文，足爲此文「諸之與已」之證。○寧案：于氏謂「也之與矣」爲辭之反正，強説也。茅本無「之與矣」三字，可爲俞説之證。

汙準而粉其顙；腐鼠在壇，楚人謂中庭爲壇。燒薰於宫；入水而憎濡，懷臭而求芳：雖善者弗能爲工。「善」或作「巧」。

再生者不穫，華大早者不胥時落。不胥時落，不待秋時而零落也。○陳觀樓云：「大」與「太」同。「旱」當爲「早」，字之誤也。再生者不穫，以其不及時也。華太早者先落，以其先時也。文子上德篇作「華太早者不霜而落」。

○寧案：道藏本、景宋本「早」誤作「旱」，莊本不誤。

毋曰不幸，甑終不墮井。抽簪招燐，有何爲驚！燐，血精，似野火，招之應聲而至。血灑汙人，以簪招則不至，故曰何驚也。

使人無度河，可；中河使無度，不可。不可，言不能也。○寧案：世説新語德行篇記華歆、王朗乘船避難事，是也。

見虎一文，○寧案：茅本注云：「一文，一班也。」道藏本、中立本、景宋本皆無，當是明人所加。不知其武；見驥一毛，不知善走。

水蠆爲蟌，孑孑爲蟁，水蠆化爲蟌，蟌，青蜓也。孑孑，結蠆，水中到跂蟲。讀廉絜。○寧案：上下皆偶句，此「水蠆爲蟌」上脱「蝦蟆爲鶉」四字。齊俗篇正作「蝦蟇爲鶉，水蠆爲蟌」。（今本「蟌」字誤作「蟌蕊」。）應據補。注當作「老蝦蟇化爲鶉，水中蠆蟲化爲蟌。蟌者蜻蜓也」。今本脱上句，又「水」下脱「中」字，「蠆」下脱「蟲」字，據太平御覽九百四十九引補。王念孫以爲此蓋許注，（説見齊俗訓。）非是。太平御覽引乃齊俗篇高注佚文，與本篇高注應合。又案：「孑孑」當作「孑孓」，注同。注「結蠆」乃「結蟨」之誤。王念孫廣雅疏證云：「爾雅『蜎蠉』，郭璞注云：『井中小蛣蟩赤蟲。』廣雅云：『一名孑孓。』釋文：『孑，紀列反。孓，孓月反。』各本孓譌作孑。」是孑孓、結蟨、蛣蟩，字異而音義一也。又「讀廉絜」上當有「孓」字。「孓」字疑有音釋，因誤爲「孑」，爲後人所刪。兔齧爲螚。兔所齧草，靈在其心中，化爲螚。螚讀能而心之惡。一説：兔齧，蟲名。○陶方琦云：物類相感志引許注：「兔所齧沫著者爲䗁，如蝱而斑色，能齧人。」案：高注中一説即許義。玉篇亦作蝁，（廣韻同。）曰「似蝱而小，青斑色，能螫人」，即引許君注也。○吴承仕云：「蝁讀能而心之惡」，各本並同。洪亮吉以「惡」爲「慝」字之誤。承仕案：洪説爲慝，聲形俱不相近，且義亦難憭。今謂高注蓋讀蝁爲能恧之恧，而心者，誤離恧形爲二，「惡」俗書或作「恶」，即恧字形近之譌，並傳寫失之也。能恧猶云能耐，能、耐同訓同字，因一聲之轉而分爲二文，是能耐之耐，本無正體，經典相承，借耐字爲之。（説文：「耏，罪不至髡也。从而从彡，或从寸，諸法度字从寸。」承仕案：耏、耐並从而得聲。）訓慙之恧亦從而聲，古音與耐同，故能耐亦得作能恧。高讀蝁爲能耐之耐，又寫耐作恧耳。廣韻去聲代部，耐、蝁並奴代切。○向宗魯云：案：注語不可解。宋本作「人讀能而心之惡」，「能」疑當作「蝁」，「蝁」「人」二字又互易，「而心」即「恧」字誤分爲二，「惡」亦「恧」之誤。此本作「蝁讀人恧之恧」，謂若人慚恧之恧也。能聲而聲古音無別，字亦互通，故能聲之「蝁」，讀若而聲之「恧」也。○寧案：向校未善。道藏本亦作「人讀能而心之惡」，「人」字今本作「蝁」是也。蓋重文書作「く」，故誤爲「人」耳。吴説近之。或「能恧」下有奪文，無可據補，疑「忍」字。荀子仲尼篇「能耐任之」，注：「耐，忍也。」故以「恧忍」比況作音釋。書恧爲耐，故曰「蝁讀能耐忍之耐」也。

物之所爲，出於不意，弗知者驚，知者不怪。怪，惑也。

銅英青，金英黃，玉英白，黂燭揜，膏燭澤也。燭光揜澤，諭光明有明味也。以微知明，以外知内。

象肉之味，不知於口；鬼神之貌，不著於目；捕景之説，不形於心。皆所不嘗見之。

冬冰可折，夏木可結，時難得而易失。○劉家立云：「冬冰可折，夏木可結」，折、結二字乃寫者互誤也，當乙正。○寧案：太平御覽九百五十二引仍作「冬冰可折，夏木可結」，文子上德篇同。藝文類聚八十八木部引六韜作「冬冰可折，夏條可結」，太平御覽二十一引同。折、結二字，未可輕乙。

木方茂盛，終日采而不知；秋風下霜，一夕而殫。殫，盡也。

病熱而強之餐，○于鬯云：「熱」當作「濕」，蓋「濕」誤爲「温」，後人因改爲「熱」耳。人閒訓云：「病濕而強之食」，此其明證。而彼道藏本「濕」字正誤作「温」。王褋志轉以作「温」爲是，且引文子微明篇亦作「温」。然今文子卻作「病濕而強餐之」，「熱」亦「濕」字，非「温」字。蓋病濕則不能食，故欲強之餐，而不知適所以甚其病也。故下文云「欲救之反爲惡」也。人閒訓云：「此衆人之所以爲養也，而良醫之所以爲病也。」若作「病熱」，則儘有病熱而能食者，又何必強之餐？強之餐又何至反爲惡，爲良醫之所病？此理淺顯，王氏特惑於道藏本耳。且下文云「救暍而飲之寒」，若病熱，與暍不更意複乎。救暍而飲之寒，救經而引其索，拯溺而授之石，欲救之，反爲惡。惡猶害也。

雖欲謹，亡馬不發户轔；言馬亡不可發户限而求。轔，户限也，楚人謂之轔。轔讀似隣，急氣言乃得之也。○寧案：「户」字涉注文而衍。注云「轔，户限也」，則正文不得更言户也。且「亡馬不發轔」與「就酒不懷蓐」相對爲文，作「户轔」則不對矣。雖欲豫，就酒不懷蓐。

孟賁探鼠穴，鼠無時死，必噬其指，失其勢也。孟賁，勇士，探鼠於穴，故曰「失其勢」。

山雲蒸，柱礎潤；礎，柱下石礩也。○陶方琦云：一切經音義十八引許注：「楚人謂柱碣曰礎。」案二注文異。墨子（備城門篇）「柱下傅舄」，「舄」卽「碣」字。玉篇：（石部。）「礎，柱碣也。」卽本許義。○劉文典云：文選江賦注、江文通襍體詩注、廣絶交論注引，竝作「山雲蒸而柱礎潤」。○寧案：唐本玉篇石部引亦有「而」字。引許注：「楚人謂柱碣曰也。」脱「礎」字。伏苓掘，兔絲死。所生者亡，故死。一家失熛，百家皆燒；讒夫陰謀，百姓暴骸。論語曰：「惡利口之覆邦家。」故曰「百姓暴骸」。

粟得水溼而熱，○劉文典云：御覽七百五十七引無「水」字，八百四十引無「溼」字，疑許、高本異而寫者誤合之。○寧案：「溼」字疑衍。下文以水、火對舉，是其證。中立本又於下句「火」下加一「蒸」字以與此相儷，非是。御覽一引無「水」字者，蓋誤本作「水溼」，彼以意删之耳。甑得火而液，水中有火，火中有水。疾雷破石，陰陽相薄。自然之勢。○王念孫云：「自然之勢」四字，乃是正文，非注文。言疾雷破石，此陰陽相薄，自然之勢也。太平御覽火部二引此四字在正文內，是其證。

湯沐之於河，有益不多。流潦注海，雖不能益，猶愈於已。已，止也。

一目之羅，不可以得鳥；無餌之釣，不可以得魚。○劉台拱云：廣韻鑯字注云：「鈎逆鋩。」引此文作「無鑯之鈎，不可以得魚」。今各本俱作「無餌之釣」，係後人妄改。○寧案：説山篇云：「得鳥者，羅之一目也，今爲一目之羅，則無時得鳥矣。」又云：「魚不可以無餌釣也，獸不可以虚器召也。」此云「一目之羅」，「無餌之釣」，與説山篇合。廣韻引作「無鑯之鈎」，（方言箋疏引淮南同。）疑是許、高本之異。今本唯「鈎」誤作「釣」耳。

兔絲無根而生，蛇無足而行，魚無耳而聽，蟬無口而鳴，有然之者也。然，如是也。○劉文典云：御覽九百四十四引此文「無足」作「不足」，「有然之者也」作「自然之音也」。○寧案：上下句皆作「無」，次句不得獨作

「不」。「有然之者也」乃總上之詞，作「自然之音」，則義不可通。「自」字「音」字，皆形近而譌。上文「少有其質」，「有」字亦誤爲「自」。蜀藏本作「自然之者也」，「有」亦誤「自」而「者」不誤。宋本太平御覽正作「有然之者也」。

鶴壽千歲以極其游，蜉蝣朝生而暮死，而盡其樂。脩短各得其志。○寧案：「而盡其樂」，道藏本同，意林引作「亦極其樂」，作「亦」於義爲長。景宋本脱「而」字。

紂醢梅伯，文王與諸侯構之；構，謀也。桀辜諫者，湯使人哭之。哭，猶弔也。

狂馬不觸木，猘狗不自投於河，雖聾蟲而不自陷，又況人乎！聾，無知也。

愛熊而食之鹽，愛獺而飲之酒，雖欲養之，非其道。熊食鹽而死，獺飲酒而敗，故曰「非其道」也。

心所説，毁舟爲杕；心所欲，毁鐘爲鐸。鐸，大鈴也。金口木舌爲木鐸，金舌爲金鐸。杕，舟尾，讀詩「有杕之杜」也。楊樹達云：「杕」字，景宋本同。劉家立集證作「杕」是也。今俗作「柁」字。

管子以小辱成大榮，管子相子糾，不能死，爲魯所囚，是其辱。卒相桓公，以至霸，是其大榮也。蘇秦以百誕成一誠。誠，信也。○陶方琦云：大藏音義引作「蘇秦以百詭成一信」。又引許注曰：「詭，詐也，謾也。」衆經音義引説文：「恑，變詐也。」恑、詭訓通。○劉文典云：白帖二十六引作「蘇秦以百詐成一信」。御覽四百三十引「誠」亦作「信」。○寧案：原本玉篇引「蘇秦以百詭成一信」，引許叔重曰：「詭，謾。」與大藏音義合。蓋許本作「詭」作「信」，高本作「誕」作「誠」，白帖、太平御覽引則許本偶改耳。

質的張而弓矢集，林木茂而斧斤入，非或召之，形勢所致者也。待利而後拯溺人，亦必以利溺人矣。利溺人者，利人之溺，得其利也。〇俞樾云：「以」字衍文。高注曰：「利溺人者，利人之溺，得其利也。」則其所據本無「以」字。〇寧案：高注疑非。「待利而後拯溺人」，謂拯溺者得金帛之利而後拯，不得則見死而不救，是溺人者非水也，利也。故曰「亦必以利溺人也」。高以爲利人之溺，俞氏又删「以」字以就高説，則二句文義不順。

舟能沉能浮，愚者不加足。舟船能載浮物，愚者不敢加足，畏其沉。詩曰：「汎汎楊舟，載沉載浮。」是也。〇孫志祖云：舟但能浮，故人乘之，使亦能沉，雖愚者亦不登矣。〇楊樹達云：此謂舟不堅者。雖愚者亦不敢乘之也。高注未了。〇寧案：孫説是也。舟能沉能浮，雖愚者不加足，猶世人所以貴騏驥者，以其一日千里也，使驅之不進，引之不止，則人君不以取道里。此乃設詞，楊以爲謂舟不堅者，亦非。彼能識舟之堅與不堅，斯亦不愚矣。騏驥驅之不進，引之不止，人君不以取道里。

刺我行者，欲與我交；訾我貨者，欲與我市。刺，猶非。訾，毁也。

以水和水不可食，一絃之瑟不可聽。以其失和，故不可聽，刺專用也。

駿馬以抑死，直士以正窮；〇寧案：「抑」當作「枊」，从木不从手。説文：「枊，馬柱也。从木，卬聲。」道藏本作「柳」，聲誤，从木不誤。二字可互校。賢者擯於朝，美女擯於宫。擯，棄也。

行者思於道，而居者夢於牀，慈母吟於巷，適子懷於荆。精相往來也。〇王念孫云：「巷」當爲「燕」，字之誤也。道與牀相對，燕與荆相對，今本「燕」作「巷」，則非其指矣。「精相往來也」五字，乃是正文，非注文。呂氏春秋精通篇：「身在乎秦，所親愛在於齊，死而志氣不安，精或往來也。」高彼注曰：「淮南記曰：慈母在於燕，適子念於荆，言精相往來也。」太平御覽人事部十九：「淮南子曰：適子懷於燕，慈母吟於荆，情相往來也。」詞雖小異，而字皆作「燕」，且「精相往來」句皆與上二句連引。○寧案：太平御覽引作「喻於荆」，不作「吟」。蓋「喻」誤爲「吟」，再誤爲「念」。今本猶有倒誤。

赤肉懸則烏鵲集，鷹隼鷙則衆鳥散，物之散聚，交感以然。食其食者不毀其器，食其實者不折其枝。塞其源者竭，背其本者枯。

交畫不暢，連環不解，其解之不以解，暢，達。不得達至也。交，止也。解連環，言不可解則得解也。

○吴承仕云：注「交，止也」，「止」當爲「五」。交畫者，兩畫對構，其形如「五」之古文「乂」，故訓爲五。「交五」亦爲「交午」，「止」當爲「互」之誤字。素問六元正紀大論云：「上下交互。」後漢書左雄傳云：「選代交互。」史記樂書云：「四暢交於中。」「五」形近譌作「止」，義不可通。又案：朱本作「言此不可解，則説德解法也」。事本吕氏春秋君守篇。本書人閒篇亦用其説。謂知其本不可解，則已得解法矣。得、德古字通。○楊樹達云：「止」字義不可通。吴説訂爲「五」，亦恐未是。愚疑正義云：「交，互也。」正文「不以解」疑當作「以不解」。注「不可解」，「可」字疑衍。○寧案：楊謂正文「不以解」當作「以不解」，高注當删「可」字，是也。説山篇「兒説爲宋王解閉結」，高注：「解之以不解。」又人間篇：「至乎以不解解之者，可與及言論也。」可證。

臨河而羨魚，不如歸家織網。羨，願。○劉文典云：白帖九十八引「歸家織網」作「退而結網」。○寧案：文選歸田賦注引同今本。

明月之珠，蝄之病而我之利；○劉文典云：藝文類聚九十七引「蝄之病」作「螺蚌之病」。○寧案：太平御覽九百四十一引作「蜃螔之病」是也。「蜃螔之病」與「禽獸之利」對文，今本奪「蜃」字則不對矣。（「螔」字莊本誤作「蚘」，各本皆不誤，今正。）藝文類聚引作「螺螔」，非是。説山篇「明月之珠，出於螔蜃」，是其證。劉家立集證謂「此言虎爪象牙，乃獸之利，未言及禽」，因刪「禽」字。不知「禽」字古訓鳥獸總名，曲禮「猩猩能言，不離禽獸」，與此同例。虎爪象牙，禽獸之利，而我之害。我，猶人也。

易道良馬，使人欲馳；飲酒而樂，使人欲謌。是而行之，故謂之斷；非而行之，必謂之亂。斷，猶治也。

矢疾不過二里也，步之遲，百舍不休，千里可致。○寧案：景宋本注云：「步，行。」

聖人處於陰，衆人處於陽；聖人行於水，衆人行於霜。水有形而不可毁，故聖人行之，無迹。霜雪履有迹，故衆人行之也。○王念孫云：此本作「聖人行於水，無迹也；衆人行於霜，有迹也。」今本脱「無迹也」，「有迹也」六字，則文義不明。文選洛神賦注引此作「聖足行於水，無迹也；衆生行於霜，有迹也」。太平御覽天部十四引此，作「聖人行於水，無迹；衆人行於霜，有迹」。是其證。據高注云「水有形而不可毁，故聖人行之，無迹」，則正文本有「無迹也」三字明矣。下注當云「霜雪有形而可毁，故衆人行之，有迹」。今本云「霜雪履有迹，故衆人行之也」，則後人依已誤之正文改之耳。○俞樾云：四語相對成文且陽、霜爲韻，非有脱誤。文選洛神賦注引作「聖足行於水，無迹也；衆生行於霜，有迹也」，太平御覽天部引作「聖人行於水，無迹；衆人行於霜，有迹」，疑「無迹也」「有迹也」是許叔重注，引者竝注文舉之，使其意明顯耳。王氏念孫欲據以增入正文，然則「處於陰」「處於陽」下又將增入何語乎？足知其非矣。

異音者不可聽以一律，異形者不可合於一體。合，同也。農夫勞而君子養焉，君子，國君。養焉，以化澤懊休之。○楊樹達云：二語本趙策趙文諫武靈王胡服語。「農夫勞而君子養焉」，謂農夫勞而君子見養於是也。孟子云：「君子勞心，小人勞力，勞力者食人，勞心者食於人。」又云：「無君子莫治野人，無野人莫養君子。」此云「農夫勞」，即孟子所謂「小人勞力」也。「君子養焉」，即孟子所謂「勞心者食於人」，「無野人莫養君子」也。高注失其義。又按：漢書嚴助傳載淮南王諫救南越書亦有此二語。顏注云：「言農夫勤力於耕稼，所得五穀，以養君子也。」其說得之。○寧案：注「懊」當爲「燠」，形近而誤也。昭公三年左傳：「民人痛疾而或燠休之。」杜注：「燠休，痛念之聲。」正義曰：「賈逵云：燠，厚也。休，美也。服虔云：燠休，痛其痛而念之，若今時小兒痛，父母以口就之，曰：『燠休。』代其痛也。」亦作「噢咻」。玉篇：「噢咻，痛念之聲也。」愚者言而智者擇焉。擇可用者而用之也。

舍茂林而集於枯，不弋鵠而弋烏，難與有圖。圖，謀也。言其愚也。

寅邱無壑，泉原不溥；言汙小潦水名寅。寅之邱無大壑，故泉流不得溥。○梁玉繩云：地形篇「八夤」，御覽三作「八寅」。注曰：「一曰：下濕曰寅。」此「寅邱」亦取其義。○俞樾云：寅丘，謂大丘也。方言：「夤，大也。」廣雅釋詁同。「寅」即「夤」之叚字，言丘雖大而無壑，則泉原不溥也。下文曰：「尋常之壑，灌千頃之宅。」尋常言其小，則寅丘必言其大矣。高注以爲汙潦水名，非是。尋常之壑，灌千頃之澤。言有原也。○梁玉繩云：「尋常之壑」誤，各本作「谿」。○寧案：「千頃」，景宋本作「十頃」。

見之明白，處之如玉石；見之闇晦，必留其謀。玉之與石，言可別也。闇晦，不明。留，猶思謀也。

以天下之大，託於一人之才，譬若懸千鈞之重於木之一枝。言不能任。負子而登牆，謂之不祥，爲其一人隕而兩人傷。負，抱也。隕，墜也。善舉事者，若乘舟而悲謌，一人唱而千人和。言能得衆人之心也。

不能耕而欲黍粱，不能織而喜采裳，○劉文典云：御覽八百四十二引「喜采裳」作「意衣裳」。○寧案：劉引乃鮑本太平御覽。宋本太平御覽作「憙衣裳」，是也。蓋「憙」以形近誤爲「意」，「衣」以形近誤爲「采」，「喜」則「憙」之省文。「黍粱」與「衣裳」對文，作「采」則不對矣。無事而求其功，難矣。

有榮華者必有憔悴，有羅紈者必有麻蒯。言有盛必有衰。○陶方琦云：文選潘岳藉田賦注引許注：「紈，素也。」案：說文：「紈，素也。」與注淮南同說。○寧案：大藏音義八十七引許注：「紈，素也。」

鳥有沸波者，河伯爲之不潮，畏其誠也。鳥，大鵬也。翱翔水上，扇魚令出，沸波攫而食之。故河伯深藏於淵，畏其精誠，爲不見。○吴承仕云：邵瑞彭曰：埤雅「大鵰翱翔水上」云云，即據此注。爾雅：「鴡鳩王鴡。」郭注云：「鵰類，好在江渚山邊食魚。」郝懿行義疏即以沸波當之，是也。注「鵬」字爲「鵰」字形近之誤。承仕案：邵說是也。景宋本正作「鵰」。故一夫出死，千乘不輕。主術篇曰：「兵莫憯于志，莫邪爲下。」言匹夫志意出死必戰，雖大國兵車千乘，不輕之也。

蝮蛇螫人，傅以和堇則愈，和堇，野葛，毒藥。○寧案：呂氏春秋勸學篇「救病而飲之以堇」，注：「堇，毒藥。」可證此衍「和」字。物故有重而害反爲利者。○向宗魯云：害、而二字當乙。○寧案：向說是也。「重害」指蝮蛇螫人與堇毒。蜀藏本正作「重害而反爲利」。

聖人之處亂世，若夏暴而待暮，夏，日中甚熱。暮，涼時。言聖人居亂世，忍以待涼。○寧案：注「暮涼時」，疑當作「暮時涼」。桑榆之閒，逾易忍也。言亂世將盡，如日在西方桑榆間，將夕，故曰「易忍」。

水雖平，必有波；衡雖正，必有差；尺寸雖齊，必有詭。詭，不同也。

非規矩不能定方圓，非準繩不能正曲直；用規矩準繩者，亦有規矩準繩焉。準平繩直之人，能平直爾，故曰「亦有規矩準繩」。

舟覆乃見善游，馬奔乃見良御。善游，故覆舟不溺；良御馬奔車不敗，故見之。

嚼而無味者，弗能内於喉；視而無形者，不能思於心。形，象。無形于目，不能思之于心。

兕虎在於後，隨侯之珠在於前，弗及掇者，先避患而後就利。隨國在漢東，姬姓之後，出游于野，見大蛇斷在地，隨侯令醫以續傅斷蛇，得愈，去，後銜大珠報之，蓋明月之珠，因號隨侯之珠，世以爲寶也。○向宗魯云：注當作以續斷傅蛇。本艸：「續斷主傷折跌，續筋骨」，故以此藥傅蛇。○寧案：注「姬姓之後」，「後」當爲「侯」，覽冥篇高注作「姬姓諸侯」，是其證。道藏本、景宋本正作「姬姓之侯」。又案：覽冥篇高注作「隨侯見大蛇傷斷，以藥傅之」。向說雖巧合續斷之名，然疑「續」字當爲「藥」。「藥」俗書作「葯」，左半形近，因以致誤。

逐鹿者不顧兔，○劉文典云：御覽九百六引「兔」上有「雉」字。○寧案：太平御覽引「鹿」作「麞」，在麞目。

麋字是也。雉字衍文。漢書孝昭上官皇后傳「逐麋之狗，安顧菟邪？」是其證。決千金之貨者，不爭銖兩之價。言在大不顧小。

弓先調而後求勁，馬先馴而後求良，勁，強。馴，擾也。人先信而後求能。人非信不立也。

陶人棄索，車人掇之；屠者棄銷，而鍛者拾之：所緩急異也。

百星之明，不如一月之光；十牖之開，不如一户之明。○寧案：「十牖之開」，「之」當作「畢」。「不如一户之明」，「如」當作「若」。涉上而誤。道藏本、中立本、茅本、景宋本皆作「十牖畢開，不若一户之明」，太平御覽百八十四引同，當據正。文子上德篇襲此文亦作「畢」。

矢之於十步貫兕甲，及其極，不能入魯縞。言勢有極。

太山之高，背而弗見；秋豪之末，視之可察。察，別。言用明矣。

山生金，反自刻；木生蠹，反自食；人生事，反自賊。賊，敗也，害也。物自然也。

巧冶不能鑄木，巧工不能斲金者，形性然也。○孫詒讓云：「工巧」當作「巧匠」，今本「匠」譌爲「工」，而文又到，遂不可通。泰族訓云：「故良匠不能斲金，巧冶不能鑠木。」是其證。○劉文典云：文子上德篇作「巧冶不能銷木，良匠不能斲冰」，「良匠」猶「巧匠」也。孫說近確。○楊樹達云：北堂書鈔九十九引公孫尼子云：「良匠不能斲冰，良冶不能鑄木。」此淮南文所本。彼文云「良匠」，孫云「工」當作「匠」是也。彼文「斲冰」無義，當依此及泰族篇作「斲金」。○寧案：孫說是也。道藏本、中立本、茅本、景宋本作「工匠」，「工」字即「巧」字之殘形，而「匠」字不誤。莊本倒「工巧」爲

「巧工」亦非。

白玉不琢，美珠不文，質有餘也。性自然，不復飾。

故跬步不休，跛鼈千里；跬，猶咫尺也。累積不輟，可成邱阜。輟，止。○寧案：但言「累積不輟」，不明所累何物。「積」當爲「墤」，形近而誤。廣韻怪韻：「墤，俗云土塊。」即「凷」之叚字也。説文：「凷，墣也。」或作「塊」。文子上德篇作「累凷」，是其證。荀子修身篇「累土而不輟，丘山崇成」，即此文所本。

城成於土，木直於下，非有事焉，所緣使然。

凡用人之道，若以燧取火，疏之則弗得，疏，猶遲也。數之則弗中，數，猶疾也。正在疏數之閒。得其節，火乃生。○金其源云：按孔子家語賢君：「故夫不比於數而比於疏，不亦遠乎！」注：「數，近。疏遠也。」以陽燧取火，當是遠近之度，非疾徐之節。

從朝視夕者移，從枉準直者虧。枉，邪。聖人之偶物也，若以鏡視形，曲得其情。偶，猶周也。○金其源云：按文選文賦「徒悦目而耦俗」，注：「耦與偶古字通。」莊子齊物論「荅然似喪其耦」，釋文：「耦，對也。」「偶物」謂對物也。故下云「若以鏡視形，曲得其情」。

楊子見逵路而哭之，爲其可以南可以北；道九達曰逵，閔其別也。○莊逵吉云：太平御覽作「楊朱見岐路而哭之」。○寧案：文選北山移文、辭隋王牋引作「岐路」，謝玄暉觀朝雨詩、盧諶贈劉琨詩、謝宣遠於安城答謝靈運詩引作「逵路」，疑高作「逵」而許作「岐」也。墨子見練絲而泣之，爲其可以黄可以黑。練，白也。閔其化也。

趍舍之相合，猶金石之一調，相去千歲，合一音也。金曰鐘，石曰磬，雖久不變，故曰「相去千歲，合一音也」。

鳥不干防者，雖近弗射；鳥，燕之屬是也。其當道，雖遠弗釋。當道，爲作防害者，故曰「不釋」也。

酤酒而酸，買肉而臭，然酤酒買肉，不離屠沽之家，故求物必於近之者。

以詐應詐，以譎應譎，若披簑而救火，毁瀆而止水，乃愈益多。〇王念孫云：「毁瀆」當爲「鑿瀆」。俗書「鑿」字或作「鑿」，因誤爲「毁」。覽冥篇「鑿竇而止水」，「瀆」與「竇」同。意林引此正作「被簑救火，鑿瀆止水」。〇寧案：王說是也。顔氏家訓書證篇云：「鑿頭生毁。」此其例。

西施毛嬙，狀貌不可同，世稱其好，美鈞也。〇寧案：「不可同」，衍「可」字。堯、舜、禹、湯，法籍殊類，得民心一也。俱一于人。聖人者，隨時而舉事，因資而立功，洿則具擢對，旱則脩土龍。擢對，貯水器也。土龍，致雨物也。〇于省吾云：按：「擢對」乃「銚鋭」之假字。集韻三十四嘯：「銚，燒器。」或作「鑃」。从翟、从兆古字通。周禮守祧「掌守先王先公之廟祧」，鄭司農注：「濯讀爲祧。」爾雅釋魚「蜃小者珧」，釋文：「珧，衆家本作濯。」釋訓「佻佻契契」，文選魏都賦注作「嬥嬥契契」，是其證也。鋭从兑聲，兑、對聲韻竝同。朱駿聲以「對」爲「羋」字之誤，失之。方言五：「盌謂之盂，或謂之銚鋭。」方言十三：「盂謂之銚鋭。」〇蔣禮鴻云：注以濯對爲貯水器，他無可徵，殆非也。「擢對」當作「擢泭」，泭、對形近而誤。説文：「泭，編木以渡也。」詩漢廣傳：「方，泭也。」釋文曰：「泭，本亦作滑。」「滑」與「對」字形尤相近。擢者，漢書元后傳：「輯濯越歌。」顔師古注：「輯與楫同，濯與櫂同，皆所以行船也。」釋名釋船曰：「在旁撥水曰櫂。櫂，濯也，濯於水中也，且言使舟櫂進也。」是濯、擢皆與櫂同，具擢淓者，卽具舟楫耳。宋孔平仲談苑卷二述江南民諺云：「夏雨甲子，乘船入市。」解之曰：「乘船入市者，多雨也。」其意正與淮南同。

臨淄之女，織紈而思，行者爲之悖戾；臨淄，齊都。悖，麤惡也。室有美貌，繒爲之纂繹。不密緻，志有感，故纂讀曰綾繹纂之纂。○寧案：道藏本、中立本、茅本、景宋本「美貌」皆作「美容」。注有脱誤。「感」疑當爲「惑」。「故」下疑脱「纂繹」二字，蓋兩「纂」字相亂而誤。又「綾」字諸本作「淩」。釋名釋采帛：「綾者，淩也。」

徵羽之操，不入鄙人之耳；徵羽正音，小人不知，不入其耳。抮和切適，舉坐而善。抮，轉也。轉其和，更作急調，激楚之音非正樂，故舉坐而善之。○俞樾云：高注曰：「抮，轉也。轉其和，更作急調。」然則正文疑當作「抮和適切」。切者，急切也。適，猶之也，往也。言轉其和平之音，而適於急切之調也。

過府而負手者，希不有盜心；府，藏貨所主也。故侮人之鬼者，過社而搖其枝。侮，猶病也。

晉陽處父伐楚以救江，故解捽者不在於捌格，在於批伉。批，擊也。伉，推。擊其要也。○王引之云：伉，抌字之誤也。（隸書「冘」字或作「冗」，「亢」字或作「宂」，二形相似，故「抌」字右邊或誤爲「冗」，或誤爲「亢」，其左邊手旁又誤爲人旁，故藏本作「伉」，劉本作「伉」也。列子「攩拯挨抌」，釋文：「抌，一本作抗。」此「冘」誤爲「亢」之證也。俗書「沈」字作「沉」，此「冘」誤爲「冗」之證也。）注內「推」字當爲「椎」。方言曰：「拯、抌，椎也。」（郭璞曰：「抌，都感反，亦音甚。」今本方言「椎」字亦誤作「推」。一切經音義卷四、卷八所引，竝作「椎」，今據改。）南楚凡相椎搏曰拯，或曰攩。」列子黄帝篇曰：「攩拯挨抌。」説文：「椎，擊也。」「捶，反手擊也。」「抌，深擊也。」「捶」與「批」同，故高注云「批，擊；抌，椎」矣。

或謂史記孫子傳「夫解襍亂紛糾者不控捲，救鬭者不搏撠，批亢擣虛，形格勢禁，則自爲解耳」，語意畧與此同，此言「批伉」，卽史記之「批亢」。今知不然者，史記「批亢擣虛」，是謂批其亢、擣其虛，（日知録曰：「亢」與劉敬傳「搤其肮」之「肮」同，謂喉嚨也。）此文「捌格」「批抌」皆兩字平列，則與史記異義。且高注訓抌爲椎，則非伉字明矣。○于省吾云：案王説滯於注義，而改「伉」爲「抌」，訓批抌爲擊椎，擊椎安能解捽？且王謂「捌格」平列，擊椎與捌格有何别乎？説文新附攴謂「捌」即「别」之俗字。按：「别」之通詁爲分，字亦作「扒」。廣雅釋言：「扒，擘也。」擘與分義相因。格、挌字通。説文：「挌，擊也。」「伉」作「伉」是也。批伉猶言搤亢，此言解人之捽而相争者，不在於與之分别格擊，在於批其亢，使不得盡其力，而争自息。别格、批亢，相對爲文。王謂皆兩字平列，疏矣。此與孫子傳言「搏撠」言「批亢」，文義畧同，不應釋此而别爲之説也。注訓伉爲推，伉、抗古字通，抗拒與推，義相因也。○蔣禮鴻云：或引史記爲説者是也。王氏謂捌格、批抌皆兩字平列，實非。淮南子之捌格、批伉，與史記之控捲、搏撠、批亢、擣虛凡六詞，詞例皆同，謂捌其格，批其伉，控其捲，搏其撠，批其亢，擣其虛也。説文無「捌」字，廣韻以捌爲無齒杷，非此文之義，其字从手从别，乃以手分解耳。格者，人相鬭，以手枝格之處。言欲解鬭者，不在於格處解之，當批其伉，則自解耳。（史記「控捲」之「捲」，卽淮南子要畧篇「使之無凝竭底滯捲握而不可散」之「捲」。「搏撠」之「撠」，玉篇曰：「撠，揭，持之也。」皆謂糾結不可解之處。解史記者多誤。）且伉與江合韻，改「抌」則失韻矣。高注云云，玩「擊其要也」一語，明係總上「批擊伉推」而言，以「要」代「伉」字，則「伉」字不得爲動字，而解如方言之「椎」矣。疑注本作「伉，睺」。類篇：「睺，胡溝切，咽也。」卽「喉」之異文，與日知録所舉「搤其肮」肮字同義。俗書「侯」或作「侯」，與「隹」相似，月旁又爛挩左邊一筆，故「睺」誤作「推」耳。又案：廣雅釋言：「扒，擘也。」王氏疏證引淮南子此文云：

「此言解捽者不在分別架格，但擊其要則捽自解也。捌與扒同。」則亦不以捌格兩字平列。父子一家之說而不同，當從疏證爲是。

木大者根擢，○孫志祖云：山海經海内經引「擢」作「欋」。釋名釋道云：「齊、魯謂四齒杷爲欋。」此言其植根厚而四布於地也。○楊樹達云：根擢，謂其根四布也。說文行部云：「衢，四達謂之衢。」釋名釋道云：「齊、魯間謂四齒杷爲欋。」山海經中山經中次七經云：「少室之山，其上有木焉，其名曰帝休，葉狀如楊，其枝五衢。」又中次十一經云：「宣山其上有桑焉，其枝四衢。」衢、欋、擢義並同。說詳余釋衢篇。○寧案：「擢」乃「攉」字之譌，又誤爲「欋」。攉、捲、拳通用，攉乃古文，捲乃拳之借字。道藏本山海經海内經郭注引淮南子正作「木大者根拳」。謂「根盤錯也」。是其證。山高者基扶，其，下跐也。○吴承仕云：注當作「基，下趾也」。今本「其」、「跐」字皆形近而誤。說文：「止，下基也。」基、止互訓，是其證。（景宋本跐作趾，唯此一字不誤。）○寧案：吴說是也。中立本「其」作「基」。又案：正文「扶」通「枎」。枎正字，扶借字。說文：「枎疏，四布也。」蹠巨者志遠，體大者節疏。○王念孫云：蹠者，足也。足大與志遠義不相通，「志」當爲「走」，言足大者舉步必遠也。氾論篇曰：「體大者節疏，蹠距者舉遠。」是其證。隸書「走」、「志」相似，故「走」誤爲「志」。

狂者傷人，莫之怨也；嬰兒詈老，莫之疾也：賊心亡。賊，害也。○陳觀樓云：「亡」字當爲「亡也」二字之譌。亡，無也。言狂者與嬰兒，皆無賊害之心，故人莫之怨也。意林引此作「無心也」，蓋脱「賊」字。○寧案：陳說是也。景宋本作「賊心亡止」，「止」即「也」字之誤。

尾生之信，不如隨牛之誕，尾生效信於婦人，信之失。隨牛、弦高，矯君命爲誕以存國，故不如隨牛誕也。

○俞樾云：高注曰：「隨牛弦高，矯君命爲誕以存國。」然隨牛未知何人。據人閒篇注，曰「蹇他、弦高之黨」，未聞其有隨牛也。「隨牛」疑當作「隨生」，即謂漢初之隨何也。生猶先生也。史記儒林傳索隱曰：「自漢以來，儒者皆號生，亦先生省字呼之耳。」然則稱隨何爲隨生，乃漢時常語也。隨何爲漢初辯士，故曰尾生之信，不如隨生之誕。陸士衡漢高祖功臣頌曰：「隨何辯達，因資於敵，紓漢披楚，唯生之績。」此卽隨何稱生之證。○楊樹達云：隨何以辯稱於漢，不聞以誕稱也，辯士豈皆誕者乎？俞說非其實矣。高說隨牛，容有所本，今文籍無徵，所當闕疑，不當肊論也。○于省吾云：俞說未允。人閒：「鄭伯乃以存國之功賞弦高，弦高辭之曰：誕而得賞，則鄭國之信廢矣，爲國而無信，是俗敗也。」氾論：「乃矯鄭伯之命，犒以十二牛賓秦師而却之，以存鄭國。故事有所至，信反爲過，誕反爲功。」說山：「弦高誕而存鄭，誕者不可以爲常。」「隨牛」雖待攷，然注說當有所本，未可廢也。○陳直云：「隨牛之誕」，疑「隨朱之誕」之誤字。謂隨侯救蛇得珠之報，其事甚誕也。○俞樾疑「隨牛」爲「隨生」之誤字，謂隨何也。然于「誕」字之義未安。○寧案：注云「隨牛弦高，矯君命爲誕以存國」，正文言隨牛，注何得又出弦高？疑弦高卽所以足「隨牛」。「隨牛」非人名，弦高將西販牛，故曰隨牛耳。隨牛卽跟牛，猶今押車者謂之跟車 此以所從業相代，取「隨牛」與「尾生」字義相對，尾猶隨也。陳直謂「隨牛」當爲「隨朱」。「隨珠之誕」，何得曰矯君命以存國也？

而又況一不信者乎？一猶常也，況常不爲信不爲誕乎？「一」或作「一」，一猶待也。○吴承仕云：朱本「待」作「侍」。案：注文「一或作一」以下，語不可通。此注當云：「壹，或作臺。臺，猶持也。」俶真篇「臺簡以游太清」，注云：「臺，猶持也。」莊子庚桑楚：「靈臺有持。」臺、持疊韻爲訓，葢舊義也。古書「壹」字轉寫多改從「一」，「臺」形近「壹」，又轉譌作「一」，「持」又誤爲「待」，蹤迹幾不可尋矣。（邵說畧同。）

憂父之疾者子，治之者醫，論語曰：「父母唯其疾之憂。」故曰憂之者子。○馬宗霍云：高引論語見爲政篇。何晏集解引馬融注曰：「言孝子不妄爲非，唯疾病然後使父母憂。」是馬意謂父母憂子之疾也。淮南本文子憂父疾，而高氏引論語證之，是高解論語與馬氏異。如高説，則論語正文「父母」二字當自爲一讀。王充論衡問孔篇云：「武伯善憂父母，故曰惟其疾之憂。」高注正與之合。孝經孝行章：「子曰：孝子之事親也，病則致其憂。」禮記曲禮云：「父母有疾，冠者不櫛，行不翔，言不惰，琴瑟不御，食肉不至變味，飲酒不至變貌，笑不至矧，怒不至詈。疾止復故。」皆以人子憂父母疾爲孝。知高注自有據。或謂馬融注用古論義，疑高注蓋用魯論義也。進獻者祝，治祭者庖。庖，宰也。

淮南子集釋卷十八

漢涿郡高誘注○陶方琦云：此篇許注。

人閒訓

人閒之事，吉凶之中，徵得失之端，反存亡之幾也，故曰人閒。○寧案：道藏本、景宋本無「故曰人閒」四字。

清淨恬愉，人之性也；儀表規矩，事之制也。知人之性，其自養不勃；知事之制，其舉錯不惑。○馬宗霍云：「勃」與「悖」通。「悖」爲「誖」之或體。說文言部云：「誖，亂也。」然則「自養不勃」，猶言自養不亂也。左氏莊公十一年傳「其興也悖焉」，陸德明釋文云：「悖，一作勃，同。」莊子庚桑楚篇「徹志之勃」，釋文云：「勃，本又作悖。」卽「勃」、「悖」二字相通之證。發一端，散無竟，周八極，總一筦，謂之心。○俞樾云：「總一筦」三字，當在「周八極」之上，蓋言發於一端而散於無竟，總於一筦而周於八極，猶下文所云「執一而應萬」也。兩句誤倒，失其義矣。見本而知末，觀指而睹歸，執一而應萬，握要而治詳，謂之術。居知所爲，○王念孫云：謂，猶爲也。下文曰「國危不能安，患結不能解，何謂貴智」？僖五年左傳曰「一之謂甚，其可再乎」？大戴禮少閒篇曰「何謂其不同也」？韓詩外傳曰「王欲用女，何謂辭之」？列女傳仁智傳曰「知此謂誰」？新序雜事篇曰「何謂至於此也」？漢書文帝紀曰「是謂本末者，無以異也」，以上諸「謂」字，並與「爲」同義。又莊子讓王篇「其何窮之爲」，呂氏春秋慎人篇「爲」作

「謂」，呂氏春秋精諭篇「胡爲不可」，淮南道應篇「爲」作「謂」，漢書高帝紀「酈食其爲里監門」史記「爲」作「謂」，皆語之轉耳。劉本依文子改「謂」作「爲」，而諸本從之，蓋未通古義也。○寧案：道藏本作「謂」，景宋本作「爲」，本固或作「爲」也。行知所之，事知所秉，動知所由，○王念孫云：四「智」字竝讀爲「知」。（智字古有二音二義，一爲智慧之智，一爲知識之知。說見管子法法篇「不智」下。）劉本依文子微明篇改「智」爲「知」而諸本多從之，蓋未達假借之義也。又下文：「曉自然以爲智，知存亡之樞機，禍福之門户，舉而用之，陷溺於難者，不可勝計也。」案：「然」字當在「曉」字下，「智」卽「知」字也，不當更有「知」字。「曉然自以爲智存亡之樞機，禍福之門户」十六字連讀。後人不識古字，而讀「曉然自以爲智」絶句，故又加「知」字以聯屬下文耳。今本「然」字又誤在「自」字下，則更不可讀矣。○寧案：四「知」字道藏本、景宋本作「智」，中立本改「知」，茅本未改。謂之道。道者，置之前而不𨏉，錯之後而不軒，○楊樹達云：說文車部云：「𨏉，抵也。从車，埶聲。陟利切。」王引之春秋名字解詁云「抵，卽今低字」，是也。詩云：「如輊如軒。」毛傳云：「輊，摯也。」考工記云：「軒摯之任。」「輊」蓋「𨏉」之或作，「摯」則同音假字也。詩、考工與此文並以𨏉與軒爲對文。又按：「軒」無高舉之義，字蓋假爲「掀」。說文手部云：「掀，舉出也。从手，欣聲。」欣字古音在痕部，痕部、寒部古多通用。玉篇云：「掀，許言切，舉也。」掀从欣聲而讀入寒部，故古書多假寒部之「軒」字爲之耳。○馬宗霍云：「𨏉」通作「輊」，「錯」猶「置」也。詩小雅六月篇「如輊如軒」，毛傳云：「輊，摯也。」惠棟九經古義引淮南此文，以爲「摯」當作「𨏉」，从車不从手。說文車部有「𨏉」無「輊」。（大徐本作𨏉，从車，埶聲。小徐本作𨏉，从車執聲。韻會四寘引與小徐本同，今從之。）𨏉訓「抵也」。案卷子原本玉篇零卷車部云：「說文：『𨏉，低也。』野王案：車前低頓曰𨏉，後曰軒也。」又曰：「輊亦𨏉字也。」據此，則今本說文「𨏥」之訓「抵」，蓋「低」之誤字，「輊」則「𨏥」之或體也。軒猶舉也，起也。𨏥、軒本言車之低昂。低昂由於輕重，故𨏥又言車重，軒又言車輕。凡車前重則後輕，重則𨏥，輕則軒。廣韻六至云：「𨏥，車前重也。」是也。淮南此文蓋以車爲喻，言道之爲物，置之前不見其𨏥，置之後不見其軒，亦即無重無輕，不低不昂，自然均平調適之意。

內之尋常而不塞，布之天下而不窕。是故使人高賢稱譽己者，心之力也；使人卑下誹謗己者，心之罪也。夫言出於口者不可止於人，行發於邇者不可禁於遠。事者，難成而易敗也；名者，難立而易廢也。千里之隄，以螻螘之穴漏；百尋之屋，以突隙之煙焚。

突，竈突也。○莊逵吉云：「突隙」當作「窔隙」。窔音式鍼切，與犬出穴中之「突」字異。○王引之云：突隙之煙，不能焚屋，明是「熛」字之誤。說林篇曰：「一家失熛，百家皆燒。」是其證也。太平御覽蟲豸部四引此正作「突隙之熛」。世人多見「煙」，少見「熛」，故諸書中「熛」字多誤作「煙」。說見呂氏春秋「煙火」下。○陶方琦云：羣書治要引許注：「突，竈突也。」按：二注正同。說文：「突，竈突也。」與注淮南說正合。○吴承仕云：莊逵吉曰：突當作窔，音式鍼切，與犬出穴中之突字異。脩務篇「孔子無黔突」，莊說同，並改本文及注文「突」字爲「窔」。承仕案：莊說非也。竈窗突出，可以洩煙，故謂之突。字亦作「堗」，廣雅「竈窗謂之堗」是也。諸子傳記言竈突者多矣，使皆改突爲窔，文義豈復可通。莊氏馮臆妄作，致爲疏失。而劉氏集解於脩務篇文注中突字，並依莊本作窔，誠足以疑誤後學矣。（說文：「窔，一曰竈突。」疑亦後人誤增，未足馮信。就使突一名窔，亦不得據之以盡改古書也。）○寧案：語出韓非子喻老篇。又呂氏春秋慎小篇：「巨防容螻，而漂邑殺人；突洩一熛，而焚宫燒積。」畢沅云：「或謂『突』當作『窔』。案說文：『窔，深也，一曰竈突』，然則窔特竈突之一名。說文亦但云『一曰竈突』，不云『竈窔』，何得以『突』爲『突』之誤？故今仍作『突』字。又『熛』舊本訛作『煙』，今從日抄改正。」王、吴説與畢校吕覽同。堯戒曰：「戰戰慄慄，日慎一日。人莫蹪於山，而蹪於蛭。」蹪，躓也。蛭，蟻也。○莊逵吉云：各本皆作「垤」，惟藏本作「蛭」，依義作「垤」爲是。○陶方琦云：羣書治要引許注：「蹪，躓也。垤，蟻封也。」按：二注正同。今注「蛭」乃「垤」字之誤。詩東山毛傳：「垤，蟻塚也。」方言：「楚郢以南，蟻土謂之垤。」○寧案：陶説是也。景宋本作「垤」，注脱「封」字。中立本正作「垤，蟻封也」，與羣書治要引合。吕氏春秋慎小篇：「人之情，不蹷於山，而蹷於垤。」此淮南所本。彼高注亦云：「垤，蟻封也。」是故人皆輕小害易微事以多悔。○于鬯云：「害」字疑衍，讀「微」字爲句，「事」字屬「以多悔」爲句。「人皆輕小易微，事以多悔」，猶後文云「聖人敬小慎微，動不失時」，其文義相反，句法可類也。（今案文子微明篇作「凡人皆輕小害，易微事，以至于大患」，則此「多悔」上或脱「至於」二字，或下文疊一「患」字亦可。○劉文典云：羣書治要引「人」下有「者」字，「以」上有「是」字。宋本「皆」作「者」。○寧案：景宋本「皆」作「者」，道藏本同，「者」即「皆」字形近而譌，羣書治要引「者」亦「皆」字之誤而衍。文選文賦注引作「人輕小害，至於多悔」，蓋約引。「輕小」下有「害」字，知「易微」下亦當有「事」字。于説非是。今本十三字作一句讀，義自可通。中立本、茅本同今本。患至而後憂之，是猶病者已惓而索良醫也，惓，劇也。○陶方琦云：羣書治要引許注：「惓，劇也。」按二注正同。説文作倦：「倦，罷也。」○寧案：道藏本、中立本、茅本、景宋本「猶」作「由」，古通用。雖有扁鵲、俞跗之巧，猶不能生也。俞跗，黄帝時醫。○陶方琦云：羣書治要引許注：「俞夫，黄帝時醫。」（羣書治要引正文及注「跗」竝作「夫」。）按二注正同。史記扁鵲列傳「醫有俞跗」，應劭曰：「俞跗，黄帝時醫。」周禮疾醫注「岐伯、榆柎」，韓詩外傳作踰跗，楊雄解嘲作臾跗。○寧案：道藏本景宋本注作「俞夫」。夫禍之來也，人自生之；福之來也，人自成之。禍與福同門，利與害爲鄰，非神聖人，莫之能分。凡人之舉事，莫不先以其知規慮揣度，揣，商量高下也。而後敢以定謀。其或利或害，此愚智之所以異也。曉自然以爲智知存亡之樞機，禍福之門户，舉而用之，陷溺於難者，不可勝計也。使知所爲是者事必可行，則天下無不達之塗矣。○寧案：「使知所爲是者」，文義不明，「所」下據景宋本沾「以」字。是故知慮者，禍福之門户也；動靜者，利害之樞機也。百事之變化，國家之治亂，待而後成，是故不溺於難者成，○楊樹達云：「是故不溺於難者成」八字與上文不貫，疑因下文「是故」句而衍。○寧案：楊疑八字衍文，是也。蓋「成是故」三字誤重，後人不能删，因上文云「陷溺於難者不可勝計」，故於兩「成是故」間加「不溺於難者」五字，以與上文相應，而不知其不可通也。是故不可不慎也。

天下有三危：少德而多寵，一危也；才下而位高，二危也；身無大功而受厚禄，三危也。○寧案：「受」字當爲「有」，字之誤也。此言天下有三危，以少與多，下與高，無與有正反相對舉，作「受」則不類矣。道藏本、中立本、茅本、景宋本皆作「而有厚禄」。文子符言篇同。故物或損之而益，或益之而損。何以知其然也？昔者楚莊王既勝晉於河、雍之間，莊王敗晉荀林父之師於邲。邲，河、雍地也。○楊樹達云：說文水部云：「灉，河灉水也，在宋。」又汳下云：「汳水受陳留浚儀陰溝，至蒙爲雝水，東入於泗。」水經云：「陰溝首受大河於卷縣。」晉、楚之戰，晉軍争濟，舟中之指可掬，即是處也。」案水名灉爲正字，雝爲省形假字，雍則雝之變體也。注「河、雍地」，文不可通，當作「河、雍間地」。歸而封孫叔敖，辭而不受，○劉文典云：北堂書鈔四十八引，「孫叔敖」三字重。○寧案：

景宋本作「而辭不受」，義可通。道藏本作「而不辭受」，「不辭」二字誤倒。**病疽將死，**○王念孫云：此事又見列子説符篇、吕氏春秋異寶篇，皆不言孫叔敖病疽死。「病疽將死」當作「病且死」。史記滑稽傳「孫叔敖病且死，屬其子曰」，賈子胎教篇「史鰌病且死，謂其子曰」，文義竝與此同。列子、吕氏春秋作「孫叔敖疾將死」，將亦且也。今作「病疽將死」者，「且」字因與「病」字相連而誤爲「疽」，後人以下文「謂其子曰」云云，乃未死以前之事，故於「死」上加「將」字，而不知「疽」爲「且」之誤也。○俞樾云：諸書無言孫叔敖以病疽死者，「疽」乃「疒且」二字之誤，「病」、「將」二字，皆衍文也。説文疒部：「疒，痾也。人有疾痛，象倚著之形。」是古疾病字止作疒。其从矢之「疾」，蓋疾速字，而非疾病字也。後人叚「疾」爲「疒」，「疾」行而「疒」廢矣。「疒且死」，卽疾且死也。其事亦見列子説符篇、吕氏春秋異寶篇，竝作「疾將死」，將猶且也。彼作「疾」，此作「疒」，古今字耳。因「疒且」二字誤合爲「疽」字，後人乃於上加「病」字，下加「將」字，失之矣。**謂其子曰：「吾則死矣，王必封女，**○王念孫云：「吾則死」下，本無「矣」字，此後人不曉「則」字之義而妄加之也。則猶若也。言吾若死，王必封女也。列子、吕氏春秋竝作「爲我死」，爲亦若也。（「爲」字古與「若」同義。管子戒篇「管仲寢疾，桓公往問之，管仲曰：夫江、黄之國近於楚，爲臣死乎，君必歸之楚而寄之」是也。）若我死猶言吾若死，吾若死猶言吾則死也。古者「則」與「若」同義。三年問曰：「今是大鳥獸則失喪其羣匹，越月踰時焉則必反巡。」言若失喪其羣匹也。荀子議兵篇曰：「大寇則至，使之持危城則必畔，遇敵處戰則必北。」言大寇若至也。趙策曰：「彼則肆然而爲帝，過而遂正於天下，則連有赴東海而死矣。」言彼若爲帝而正於天下也。（史記魯仲連傳「彼則」作「彼卽」，卽亦若也。説見下。）燕策，太子丹謂荆軻曰：「誠得劫秦王，使悉反諸侯之侵地，則大善矣。則不可，因而刺殺之。」言若不可也。韓詩外傳曰：「臣之里，有夫死三日而嫁者，有終身不嫁者，則自爲娶，將何娶焉？」言若自爲娶也。史記項羽紀項王謂曹咎等曰：「謹守成皋，則漢欲挑戰，慎勿與戰。」漢書項籍傳作「卽漢欲挑戰」，則與卽古字通，而同訓爲若，（漢書西南夷傳注：「卽，猶若也。」）故史記高祖紀作「若漢挑戰」也。襄二十七年公羊傳：「甯殖病將死，謂喜曰：『我卽死，女能固內公乎』？」賈子胎教篇：「史鰌病且死，謂其子曰：我卽死，治喪於北堂。」」史記孔子世家：「季桓子病，顧謂其嗣康子曰：『我卽死，若必相魯。』」彼言「我卽死」，此言「吾則死」，皆謂吾若死也。「吾若死」之下加一「矣」字，則文不成義矣。女必讓肥饒之地，而受沙石之閒有寢丘者，其地确石而名醜。寢丘，今汝南固始地，前有垢谷，後有莊丘，名醜。〇吳承仕云：「莊」字或作「庄」。承仕案：字當作「戾」。「戾」壞爲「庄」，又轉寫作「莊」。史記正義引呂氏春秋云：「孫叔敖將死，戒其子曰：『汝無受利地。荆、楚閒有寢丘者，其爲地不利，而前有妬谷，（「妬」卽「垢」字之誤。）後有戾丘，其名惡，可長有也』。」（今呂氏春秋無垢谷、戾丘二語，文句亦有異同，疑張守節襍采他書，非悉依呂氏也。）「垢戾」亦作「詬厲」，（見莊子人閒世。）爲恥辱罪惡之稱。今譌爲「莊」，則違名醜之義矣。〇楊樹達云：如許說，則寢丘前後地名之醜，非寢丘之醜也。尋史記魏其武安侯傳云：「武安者，貌侵。」韋昭注云：「侵，短小也，醜惡也。」襄公二十四年穀梁傳云：「五穀不升，謂之大侵。」楚辭守志云：「障覆天兮祲氛。」王逸注云：「祲，惡氣貌。」寢、侵、祲音近，然則「寢」字自有惡義，故曰名醜耳。荆人鬼，好事鬼也。越人禨，禨，祥也。〇陶方琦云：許本作「吳人鬼，越人鱴」。（說文鬼部鱴字下。）按說文：「鱴，鬼俗也。淮南傳曰：『吳人鬼，越人鱴』。」是許舊注本如是也。今本作「荆」，作「禨」，乃後人因呂氏春秋異寶篇而改。（列子說符亦作「楚人鬼，越人禨」。）禨祥之訓，亦呂覽高注文也。列子盧重元注引淮南亦作「吳人鬼，越人鱴」。漢書趙王彭祖傳注引淮南亦作「越人䰦」。（玉篇：「䰦，鬼俗也。吴人鬼，越人䰦」。廣韻七尾亦引作「吴人鬼，越人䰦」。）唐以前人猶見許注完本，故皆與説文所引同。**人莫之利也。」**○王引之云：「受沙石」下有脱文，此當作「女必讓肥饒之地，而受沙石之地。楚、越之間，有有寑之丘者，其地确而名醜」云云。今本「沙石」下脱「之地」二字，「之閒」上又脱「楚越」二字，「有有寑之丘者」又脱一「有」字及「之」字，「确」下又衍「石」字。下文云孫叔敖請沙石之地，則此當作「受沙石之地」明矣。列子云「楚、越之間有寢丘者」，呂氏春秋云「楚、越之閒有有寢之丘者」，則此亦當作「楚、越之間」，故下文云「荆人鬼，越人禨」也。「有有寑之丘者」，今本作「有寑丘者」，涉注文而誤也。注但言「寑丘」者，詳言之則曰有寑之丘，畧言之則曰寑丘。故列子作寑丘，而吕氏春秋作有寢之丘。（今本亦脱「有」字，唯「之」字未脱。）下文云其子請有寑之丘，又云孫叔敖請有寑之丘，則此亦當作有寑之丘明矣。地确，謂瘠薄之地。墨子親士篇曰「墝埆者其地不育」是也。（墝埆與磽确同。）不専指石而言。且地确、名醜，相對爲文，「确」下尤不當有「石」字。此因上文「沙石」而誤衍耳。○寧案：「受沙石」下，王補「之地」二字，兩「之地」複。竊謂「肥饒」下「之地」二字當在「沙石」下，今誤倒。**孫叔敖死，王果封其子以肥饒之地，其子辭而不受，請有寑之丘。楚國之俗，功臣二世而爵禄，惟孫叔敖獨存。**○王引之云：「俗」當爲「法」，隸書去、谷二字相似，（隸書「去」字或作「厺」，形與「谷」相似，故從「去」之字，或誤爲「谷」。廣雅「渡，去也」，「去」誤爲「谷」；「祛，開也」，「祛」誤爲「裕」：皆其類也。列子説符篇「白公遂死於浴室」，吕氏春秋精諭篇作「法室」，亦以相似而誤。）「法」誤爲「浴」，後人因改爲「俗」耳。此謂楚國之法如是，非謂其俗也。「功臣二世而爵禄」，文不成義，當有脱誤。韓子喻老篇作「楚邦之法，禄臣再世而收地，唯孫叔敖獨在」。○俞樾云：「二世而爵禄」，文義未完，疑本作「二世而奪禄」。下文曰「夫孫叔敖之請有寢之丘，沙石之地，所以累世不奪也」，「奪」字即承此而言，因「奪」與「爵」草書相似，又以文在「禄」上，故「奪」誤爲「爵」耳。夫所謂孫叔敖獨存者，存其寢丘之地也，禄也，非爵也，不當兼言爵。韓子喻老篇作「楚邦之法，禄臣再世而收地」，亦言禄不言爵，則「爵」字之誤無疑矣。○楊樹達云：王校謂「功臣二世而爵禄」，文不成義，俞氏遂改「爵」爲「奪」，並非也。愚謂爵者，盡也。「功臣二世而爵禄」，謂功臣二世而盡其禄也。白虎通爵篇云：「爵者，盡也，各量其職，盡其才也。」隱公元年左傳云：「未王命，故不書爵。」服虔注云：「爵者，醮也，所以醮盡其材也。」詩卷耳疏引五經異義韓詩説云：「一升曰爵。爵，盡也。」説文酉部云：「釂，飲酒盡也。」又水部云：「潐，盡也。」又欠部云：「𣤵，盡酒也。」爵、釂、醮、潐、𣤵，音義並相近。劉家立集證不知俞説之誤，改「爵禄」爲「奪禄」以從之，斯爲謬矣。此所謂損之而益也。何謂益之而損？昔晉厲公南伐楚，東伐齊，西伐秦，北伐燕，兵横行天下而無所綣，綣，屈也。威服四方而無所詘，○王念孫云：兵行天下，威服四方，相對爲文。「横」字蓋後人所加。○楊樹達云：王説太泥。劉家立集證從王説刪去「横」字，非是。遂合諸侯於嘉陵。氣充志驕，淫侈無度，暴虐萬民。内無輔拂之臣，外無諸侯之助。戮殺大臣，親近導諛。○楊樹達云：「導」當讀爲「諂」，字之假也。説文言部云：「讇，諛也。」或作「諂」。儀禮士虞禮記云：「中月而禫。」注云：「古文禫或爲導。」禮記喪大記云：「禫而内無哭者。」注云：「禫或皆作道。」説文木部云：「棪讀若三年導服之導。」諂、禫、棪音並相近。此文讀「導」爲「諂」，猶禮文之「禫」或作「導」、「道」，説文之「棪」讀若「導」矣。明年出遊匠驪氏，欒書、中行偃劫而幽之，欒書、中行偃，皆大夫。○寧案：注「皆」字，景宋本作「昔」，疑當爲「晉」。許、高注釋人名皆先出國名。

「晉」俗書作「晋」，與「皆」「昔」形近而誤。諸侯莫之救，百姓莫之哀，三月而死。夫戰勝攻取，地廣而名尊，此天下之所願也，然而終於身死國亡。此所謂益之而損者也。夫孫叔敖之請有寢之邱，沙石之地，所以累世不奪也。晉厲公之合諸侯於嘉陵，○寧案：劉家立集證謂上文「氣充志驕」四字錯簡，當移此「嘉陵」字下。余謂此處當重出四字，與「沙石之地」一例，不必損彼益此。所以身死於匠驪氏也。衆人皆知利利而病病也，唯聖人知病之爲利，知利之爲病也。夫再實之木根必傷，掘藏之家必有殃，掘藏，謂發冢得伏藏，無功受財。○楊樹達云：說文茻部云：「葬，藏也。」葬、藏音近，本文即假「藏」爲「葬」。許云「發冢」，得其義矣。又云「得伏藏」，非。○寧案：文子符言篇云：「再實之木，其根必傷；掘藏之家，其後必殃。」「根必傷」與「後必殃」對文，疑此「必有殃」當從文子。以言大利而反爲害也。張武教智伯奪韓、魏之地而禽於晉陽，張武，智伯臣也。禽于晉陽，爲趙襄子所殺。申叔時教莊王封陳氏之後而霸天下。申叔時，楚大夫。莊王滅陳，已乃復之。孔子讀易至損、益，未嘗不憤然而歎，○王念孫云：憤然非歎貌，「憤」當爲「嘳」，「嘳」與「喟」同。「嘳」誤爲「噴」，（隸書「賁」字或作「賁」，形與「貴」相近，故從「貴」從「賁」之字或相亂。莊子天運篇「乃憤吾心」，憤本又作憒，潛夫論浮侈篇「懷憂憒憒」，後漢書王符傳作憤憤，是其例也。）後人又改爲「憤」耳。太平御覽學部三引此作「喟然而歎」，說苑敬慎篇、家語六本篇竝云「孔子讀易，至於損、益，喟然而歎」，是其明證矣。說文：「喟，太息也。或作嘳。」徐鍇曰：「韓詩外傳『嘳然太息』作此字。」文選舞賦「嘳息激昂」，李善亦引外傳云：「魯哀公嘳然太息。」今外傳嘳作喟，後人改之也。又晏子襍篇「晏子嘳然而歎」，亦作此噴字。曰：「益損者，其王者之事與！」

事或欲以利之，適足以害之；或欲害之，乃反以利之。利害之反，禍福之門户，不可不察也。○王念孫云：「或欲利之」，「或欲害之」相對爲文，「利之」上不當有「以」字，此因下句「以」字而誤衍也。太平御覽學部三引此無「以」字。「禍福之門户」，「户」字亦因上文「禍福之門户」而衍。「利害之反」，「禍福之門」，相對爲文，則「户」字可省。覽冥篇「利害之路，禍福之門」，即其證。太平御覽引此無「户」字。文子微明篇同。陽虎爲亂於魯，陽虎，季氏之臣也。陽虎、季氏專魯國也。○寧案：注「陽虎、季氏專魯國也」，據中立本「陽虎」下沾「叛」字。陽虎初爲季氏家臣，季平子卒，欲去三桓，劫定公與叔孫州仇，以伐孟氏，故曰陽虎叛季氏，專魯國也。事見定公八年左傳。魯君令人閉城門而捕之，得者有重賞，失者有重罪。○莊逵吉云：太平御覽引作「得者有賞，失者夷族。」圉三帀，而陽虎將舉劍而伯頤。伯，迫也。○莊逵吉云：御覽引作「圍三帀矣，陽虎將舉劍而自刎頸」。○寧案：「圉」乃「圍」字之誤。道藏本、中立本、茅本、景宋本及太平御覽引皆作「圍」。門者止之曰：「天下探之不窮，不窮言深遠。○王念孫云：「門者止之曰」下不當有「天下探之不窮」六字，蓋錯簡也。（高注同。）太平御覽兵部八十二引此，作「門者止之曰：『我將出子。』」無「天下探之不窮」六字。○楊樹達云：王説非也。「天下探之不窮」，謂天下甚大，可以逃死，無爲自殺也。後漢書范滂傳記詔急捕滂，縣令郭揖出解印綬，欲引滂與俱亡。曰：「天下大矣，子何爲在此？」語意正與此同，可以爲證。御覽不得其義而删去，豈可據信耶！○于省吾云：按王説非是。探謂索取，窮謂窮盡。漢書淮南王安傳「深探其獄」，注：「探，窮其根原。」「天下探之不窮」，言天下索取之而不能盡也。下言「我將出子」，意謂城門雖閉，而有隙可乘，正以天下探之不盡，而可脱出也。無此六字，則語氣未足。我將出子。」陽虎因赴圍而逐，揚劍提戈而走。○莊逵吉云：太平御覽引作「左持劍，右提戈，赴圍而走。」門者出之，顧反取其出之者，以戈推之，○寧案：太平御覽三百五十一引作「門者出之。楊虎既出，顧出之者，以戈推之」。當是高本。攘袪薄腋。袪，袂也。○梁玉繩云：後漢書班固傳注引高誘注淮南子曰：「袪，舉也。」出之者怨之曰：「我非故與子反也，○王念孫云：「我非故與子反也」，「反」當爲「友」。言素與陽虎無交，而爲之蒙死被罪也。今作「反」者，涉上下文「反」字而誤。○馬宗霍云：王説未必是。上文言「陽虎爲亂於魯，魯君令人閉城門而捕之。門者出之」。亂即反也。孝經孝治章「禍亂不作」，邢昺疏引皇侃曰：「臣下反逆爲亂也。」大戴記子張問入官篇「争之至又反於亂」，盧辯注云：「亂，反亂也。」皆亂可訓反之證。門者違君令而出之，從其迹言，是黨於陽虎與之同反也。然門者初未與謀，其出之也，臨時起意，故曰「我非故與子反」。「故」猶「本」也，言我非本參與子之反也。若依王説「反」作「友」，友自含故舊之義。則但云「我非與子友也」已足，不必有「故」字。爲之蒙死被罪，而乃反傷我。宜矣其有此難也！」魯君聞陽虎失，○俞樾云：「失」當讀爲「逸」。荀子哀公篇「其馬將失」，楊注曰：「失讀爲逸。」是其證也。桓八年左傳「隨侯逸」，杜注曰：「逸，逃也。」楊虎逸即楊虎逃。古字「逸」與「佚」通，故亦通作「失」。○劉文典云：上文「魯君令人閉城門而捕之，得者有重賞，失者有重罪」。此「失」字即承上文而言，俞説未審。大怒，問所出之門，使有司拘之，以爲傷者受大賞，而不傷者被重罪。○王念孫云：「以爲」二字與下文義不相屬，太平御覽引此作「以爲傷者戰鬬者也，不傷者爲縱之者，傷者受厚賞，不傷者受重罪」，是也。今本無「傷者戰鬬」以下十三字，此因兩「傷者」相亂，故寫者誤脱之耳。○呂傳元云：「受大賞」當作「受重賞」。「受重賞」「被重罪」承上文「得者有重賞，失者有重罪」而言也。宋本「大」正作「重」。此所謂害之而反利者也。○王念孫云：「利」下脱「之」字。太平御覽引此有「之」字。上文云「或欲害之而反以利之」，是其證。又下文「此所謂與之而反取者也」，「取」下亦脱「之」字，上文云「或與之而反取之」，是其證。何謂欲利之而反害之？楚恭王與晉人戰於鄢陵，戰酣，晉人，晉厲公也。恭王傷而休。晉人射恭王中目。司馬子反渴而求飲，豎陽穀奉酒而敬之。豎，小使也。陽穀其名。○寧案：文本吕氏春秋權勳篇。豎陽穀，成公十六年左傳韓子十過、飾邪二篇、説苑敬慎篇、漢書古今人表皆作穀陽。魏志徐邈傳：「徐邈曰：昔子反斃於穀陽。」唯吕氏春秋作陽穀。左傳正義曰：「吕氏春秋與此不同者，傳依簡牘本紀，彼采傳聞異辭，所説既殊，其文亦異。」子反之爲人也嗜酒，而甘之不能絶於口，遂醉而卧。恭王欲復戰，使人召司馬子反，辭以心痛。○王念孫云：「心痛」本作心疾，此後人以意改之也。後漢書文苑傳注引此作「辭以疾」，蓋脱「心」字。吕氏春秋權勳篇、韓子十過、飾邪二篇、説苑敬慎篇竝作「辭以心疾」。○寧案：王念孫據道藏本、劉本重「子反」二字是也。景宋本亦重「子反」二字，後漢書劉梁傳注引同。韓子飾邪篇、吕氏春秋説苑皆重「子反」二字，韓子十過篇重「司馬子反」。王駕而往視之，入幄中而聞酒臭。恭王大怒，曰：「今日之戰，不穀親傷，不穀，不禄也。人君謙以自稱也。所恃者司馬也，而司馬又若此，是亡楚國之社稷，而不率吾衆也。○王念孫云：「亡」與「忘」同。「率」當爲「恤」，聲之誤也。吕氏春秋、韓子、説苑竝作「不恤吾衆。」○楊樹達云：王讀「率」爲「恤」，是也，謂「率」爲誤字則非也。率、恤二字古通作。書多士云：「罔不明德恤祀。」史記魯世家「恤」作「率」，是其證也。不穀無與復戰矣！」於是罷師而去之，斬司馬子反爲僇。○王念孫云：後漢書注引此「爲僇」上有「以」字，是也。今本脱「以」字則詞意不完。呂氏春秋、韓子、説苑皆有「以」字。故豎陽穀之進酒也，非欲禍子反也，誠愛而欲快之也，而適足以殺之。此所謂欲利之而反害之者也。夫病溼而強之食，病暍而飲之寒，此衆人之所以爲養也，而良醫之所以爲病也。○王念孫云：劉本「温」誤作「濕」，莊本又改爲「溼」，皆非也。病温者不可以食，若作病溼則非其指矣。文子微明篇作「病温而強餐之熱，病暍而強飲之寒」。説林篇云：「病熱而強之餐，救暍而飲之寒。」熱亦温也。又按：「強之食」，「食」當依説林篇作「餐」，字之誤也。餐、寒爲韻，養、病爲韻。（病古音蒲浪反，説見唐韻正。）若作食則失其韻矣。悦於目，悦於心，○寧案：上「悦」字中立本作「快」，文子微明篇同，疑「快」字是。愚者之所利也，然而有道者之所辟也。○王念孫云：劉本依文子改「有論」爲「有道」，而莊本從之，非也。「有論」謂有知也，對上文「愚者」而言，言悦目悦心，愚者之所欲，而有知者不以此傷性。若作「有道」，則非其指矣。古或謂知爲論。説山篇：「以小明大，以近論遠。」呂氏春秋直諫篇：「凡國之存也，主之安也，必有以也。不知所以，雖存必亡，雖安必危，所以不可不論也。」高注竝云：「論，知也。」大戴禮保傅篇：「天子不論先聖王之德，不知君國畜民之道。」論亦知也。荀子解蔽篇：「坐於室而見四海，處於今而論久遠。」謂知久遠也。又脩務篇：「故夫攣子之相似者，唯其母能知之。玉石之相類者，唯良工能識之。書傳之微者，唯聖人能論之。」論與知、識同義。彼注訓論爲叙，失之。○寧案：道藏本、景宋本皆作「有論」。故聖人先忤而後合，衆人先合而後忤。

有功者，人臣之所務也；有罪者，人臣之所辟也。或有功而見疑，或有罪而益信，何也？則有功者離恩義，有罪者不敢失仁心也。魏將樂羊攻中山，樂羊，文侯之將。其子執在城中，城中縣其子以示樂羊。樂羊曰：「君臣之義，不得以子爲私。」攻之愈急。中山因烹其子，而遺之鼎羹與其首，樂羊循而泣之，○陶方琦云：宋蘇頌校淮南題序引許本、「揗」作「循」。按：蘇氏云，許于卷内多有叚借用字。以「揗」爲「循」，亦叚借也。說文手部：「揗，摩也。」又彳部：「循，順也。」廣疋釋詁：「循，摩順也。」漢書李陵傳「數數自循其刀鐶」，注：「循，摩順也。」以「揗」爲「循」，古字叚借之例，齊俗訓「虚循撓」，「循」亦「揗」之叚借。曰：「是吾子。」已，爲使者跪而啜三杯。○楊樹達云：「三杯」當作「一杯」，字之誤也。國策魏策一、韓非子說林上篇、說苑貴德篇字並作「一」。使者歸報，中山曰：「是伏約死節者也，○孫志祖云：「伏」疑「仗」。不可忍也。」遂降之。爲魏文侯大開地有功。自此之後，日以不信，此所謂有功而見疑者也。

何謂有罪而益信？孟孫獵而得麑，孟孫，魯大夫。使秦西巴持歸烹之，麑母隨之而嗁。秦西巴弗忍，縱而予之。孟孫歸，求麑安在，秦西巴對曰：「其母隨而嗁，臣誠弗忍，竊縱而予之。」孟孫怒，逐秦西巴。居一年，取以爲子傅。左右曰：「秦西巴有罪於君，今以爲子傅，何也！」孟孫曰：「夫一麑而不忍，又何況於人乎！」○寧案：「不忍」當作「弗忍」，與上兩「弗忍」同。景宋本正作「弗忍」。此謂有罪而益信者也。○寧案：「此」下脱「所」字。上文「此所謂有功而見疑者也」，下文「此所謂奪人而反爲人所奪者也」，「此所謂與之而反取者也」，此與同一句式。

故趨舍不可不審也。此公孫鞅之所以抵罪於秦而不得入魏也。公孫鞅，商君也。爲秦伐魏，欺魏公子卬而殺之。後有罪走魏，魏人不入也。功非不大也，然而累足無所踐者，不義之故也。○馬宗霍云：詩小雅正月篇「謂地蓋厚，不敢不蹐」，毛傳云：「蹐，累足也。」孔穎達疏申傳曰：「足所以履地，故知蹐累足。說文云：『蹐，小步也。』王述之曰：『地厚已不敢累足，懼陷於在位之羅網也。』」本文「累足」之義與毛傳同。又案說文走部云：「趚，側行也。」下引正月詩字又作「趚」。蹐與趚通，是累足又猶側足。然則「累足無所踐」者，蓋言雖小步側行，亦無可踐之處。質言之，即無地可以容足也。

事或奪之而反與之，或與之而反取之。智伯求地於魏宣子，宣子弗欲與之。○梁玉繩云：戰國魏策作魏桓子。左傳成十三年曹宣公，檀弓作桓公。鄭注：「宣言桓，聲之誤也。」任登，國策作任章。韓子十過篇作請地於魏宣子，諫者爲趙葭，語亦異。○孫志祖云：說苑權謀篇作魏宣子、任增。○俞樾云：「弗欲與之」，本作「欲弗與之」。下文「求地而弗與」，即承此而言。戰國趙策作「魏桓子欲勿與」。○劉文典云：俞說是也。韓非子十過篇作「韓康子欲勿與」，可證俞說。○寧案：戰國策趙策作魏宣子。俞失檢。任登曰：「智伯之强，威行於天下，求地而弗與，是爲諸侯先受禍也。不若與之。」宣子曰：「求地不已，爲之奈何？」任登曰：「與之使喜，必將復求地於諸侯，諸侯必植耳。植耳，竦耳而聽也。○金其源云：竊謂植即莊子田子方「列士壞植散羣」之「植」。釋文：司馬云：「行列也。」耳者，漢書東方朔傳「至則靡耳」，是助句之詞，言諸侯相與成植以應之耳，故下云「與天下同心而圖之」。與天下同心而圖之，一心所得者，非直吾所亡也。」○楊樹達云：「一心」二字衍文，疑本正文「同心」之注文而誤入正文也。魏宣子裂地而授之。又求地於韓康子，韓康子不敢不予。諸侯皆恐。又求地於趙襄子，襄子弗與。於是智伯乃從韓、魏圍襄子於晉陽。○于鬯云：此從字爲「從橫」之

「從」。三國通謀，禽智伯而三分其國。此所謂奪人而反爲人所奪者也。何謂與之而反取之？晉獻公欲假道於虞以伐虢，遺虞垂棘之璧，與屈産之乘。虞公惑於璧與馬，而欲與之道。宮之奇諫宮之奇，虞臣也。曰：「不可！夫虞之與虢，若車之有輪，輪依於車，車亦依輪。○王念孫云：「輪」本作「輔」，此後人妄改之也。韓子十過篇云：「夫虞之有虢也，如車之有輔，輔依車，車亦依輔。」呂氏春秋權勳篇同，此皆淮南所本。僖五年左傳亦云「輔車相依」。虞之與虢，相恃而勢也。若假之道，虢朝亡而虞夕從之矣。」○俞樾云：「勢」字義不可通，疑本作「相恃而存也」。呂氏春秋權勳篇曰：「夫虢之不亡也恃虞，虞之不亡也亦恃虢也。若假之道，則虢朝亡而虞夕從之矣。」即淮南所本。虢不亡恃虞，虞不亡恃虢，故曰相恃而存也。今本誤作「勢」者，蓋因呂氏春秋此文之上有「虞、虢之勢是也」句，韓子十過篇亦有「虞虢之勢正是也」句，疑淮南不當無此句，因以意竄改，非其舊矣。○于鬯云：「相恃而勢」，「而」當作「之」。○楊樹達云：「勢」字不誤，俞説非也。文本當作「虞之與虢，相恃之勢也」，「之」誤爲「而」，文遂不可通耳。劉家立集證不知俞説之非，改「勢」爲「存」以從之，謬矣。○馬宗霍云：俞説非是。本文「勢」字承上文「輔依於車，車亦依輔」而言。輔車相依，正喻其勢。然則「相恃而勢」者，而猶爲也，言相恃爲勢也。荀子王霸篇「既能當一人，則身有何勞而爲」。楊倞注云：「而爲皆助語也。」又易繫辭傳「結繩而治」，説文解字叙篇云：「結繩爲治，而統其事。」此上句即本之繫辭。因下句有「而統」字，遂易上句「而治」作「爲治」，亦「而」可通「爲」之證也。俞氏不悟「而」、「爲」二字在語詞中可以互用，故疑本句勢字義不可通耳。○于省吾云：按此文如本作「相恃而存也」，後人無由改「存」爲「勢」。俞氏不解「而勢」之義而爲臆説也。「而」猶「如」也，詳經傳釋詞。如勢者，即承上文「輔依於車，車亦依輔」爲言，謂虞之與虢相恃如輔車之勢也。韓非、呂覽均言虞、虢之勢，與此義不殊，特彼就虞、虢言之，此就輔車言之。此就輔車言之，故有如字耳。○寧案：疑「勢」當爲「是」。韓子十過篇云：「虞、虢之勢正是也。」呂氏春秋云：「虞、虢之勢是也。」故本文云：「虞之與虢相恃而是也。」而是卽如是，謂如輔車之相依也。後人不知「而」、「如」古通，惑於二書皆言勢，故改「是」爲「勢」耳。虞公弗聽，遂假之道。荀息伐虢，遂克之。荀息，晉大夫。還反伐虞，又拔之。此所謂與之而反取者也。○寧案：上文云「或與之而反取之」，此「反取」下亦當有「之」字。

聖王布德施惠，非求其報於百姓也；○劉文典云：此句與下文「非求福於鬼神也」相對爲文，「其」字疑衍。說苑貴德篇無「其」字。郊望禘嘗，郊，祭天。望，祭日月星辰山川也。禘、嘗，祭宗廟也。非求福於鬼神也。山致其高而雲起焉，水致其深而蛟龍生焉，○王念孫云：「雲」下脫「雨」字。「雲雨」、「蛟龍」相對爲文。太平御覽鱗介部二引此正作「雲雨」起焉。說苑貴德篇、文子上德篇及論衡龍虛篇引傳竝同。荀子勸學篇「積土成山，風雨興焉；積水成淵，蛟龍生焉」，亦以「風雨」、「蛟龍」相對。君子致其道而福祿歸焉。夫有陰德者，必有陽報，有陰行者，必有昭名。○王念孫云：「陰行」本作「隱行」，此涉上文「陰德」而誤也。陰與陽相對，隱與昭相對，今本隱作陰則非其指矣。說苑、文子竝作「隱行」。下文「有陰德也」、「有隱行也」，卽承此文言之。古者，溝防不脩，水爲民害，禹鑿龍門，辟伊闕，平治水土，使民得陸處。百姓不親，五品不慎，○莊逵吉云：太平御覽「慎」作「順」。契教以君臣之義，父子之親，夫妻之辨，○莊逵吉云：太平御覽「辨」作「別」。○寧案：太平御覽五十九引「妻」作「婦」。長幼之序。田野不脩，民食不足，后稷乃教之辟地墾草，糞土種穀，令百姓家給人足。故三后之後，謂夏、殷、周。無不王者，有陰德也。周室衰，禮義廢，孔子以三代之道，教導於世，其後繼嗣至今不絶者，有隱行也。秦王趙政兼吞天下而亡，趙政，始皇生於趙，故名趙政。○楊樹達云：注説誤也。史記秦本紀：秦之先本姓趙氏，故名趙政，非以生於趙也。智伯侵地而滅，商鞅支解，李斯車裂，李斯，上蔡人也。爲秦相，趙高譖之，二世車裂之於雲陽。三代種德而王，齊桓繼絶而霸。故樹黍者不獲稷，樹怨者無報德。○劉文典云：御覽八百四十二引作「三代積德而王，齊桓繼絶而霸。故樹黍者無不穫稷，樹恩者無不報德」。宋本「獲」亦作「穫」。○寧案：太平御覽引作「樹黍者無不穫稷」，理不可通，衍「無」字甚明。上下句對文，故下句必衍「不」字。下句衍「不」字，則「恩」字乃後人妄改審矣。劉氏不辨一詞何也？上文言夏、殷、周之先人，但稱禹、契、稷，重在種德，而不在積；且「種」字與下文「樹」字相應，「積」字當是「種」字形近而譌，唯「穫」字是也。説文犬部：「獲，獵所獲也。从犬，蒦聲。」禾部：「穫，刈穀也。从禾，蒦聲。」黍稷不當言獲。文子上德篇亦作「穫」。昔者，宋人好善者，○王念孫云：「好善」上脱「有」字。列子説符篇作「宋人有好行仁義者」，論衡福虛篇作「宋人有好善行者」，皆有「有」字。三世不解。家無故而黑牛生白犢，以問先生，先生曰：「此吉祥，以饗鬼神。」先生，凡先人生者也。以享鬼神，白犢純色，可以爲犧牲也。○俞樾云：「吉祥」下脱「也」字。列子説符篇、論衡福虛篇竝作「此吉祥也」，當據補。○寧案：俞補「也」字是也，下文云「此吉祥也」，此當同例。居一年，其父無故而盲。牛又復生白犢，其父又復使其子以問先生。其子曰：「前聽先生言而失明，今又復問之，柰何？」其父曰：「聖人之言，先忤而後合。其事未究，固試往復問之。」○劉文典云：列子説符篇「固試往復問之」作「姑復問之。」「固」疑當爲「姑」，聲近而誤也。其子又復問先生，先生曰：「此吉祥也，復以饗鬼神。」歸，致命其父，其父曰：「行先生之言也。」居一年，其子又無故而盲。

其後楚攻宋，圍其城。楚莊王時，圍宋八月。○陶方琦云：列子釋文引許注：「楚莊王圍宋九月。」按：今本「八月」當作「九月」。左傳宣十四年：「秋九月，楚子圍宋。」十五年：「夏，楚子去宋。」杜注：「在宋積九月。」呂覽慎勢篇：「莊王圍宋九月。」宋本淮南正作「九月」。○寧案：道藏本、中立本、茅本皆作「九月」。當此之時，易子而食，析骸而炊，○寧案：列子、論衡作「易子而食之，析骸而炊之」。淮南道藏本、中立本、景宋本有下「之」字，蓋奪上「之」字。今本當補不當删。丁壯者死，老病童兒皆上城牢守而不下。楚王大怒，城已破，諸城守者皆屠之。此獨以父子盲之故，得無乘城。軍罷圍解，則父子俱視。視，復明也。○寧案：道藏本、中立本、景宋本皆無注，蓋後人所增。夫禍福之轉而相生，其變難見也。近塞上之人有善術者，○莊逵吉云：御覽作「北塞之人有善道者」。○王念孫云：「近塞」本作「北塞」，此後人以意改之也。北塞，謂北方之塞，若改爲近塞，則不知爲何方之塞矣。漢書叙傳：「北叟頗識其倚伏。」顏師古注引此正作「北塞上之人」。後漢書蔡邕傳「得北叟之後福」，李賢注云：「北叟，塞上叟也。」藝文類聚禮部下、獸部上、太平御覽禮儀部四十、獸部八引此竝作「北塞上之人」。下文「近塞之人，死者十九」，亦本作「塞上之人」。漢書、後漢書注及藝文類聚、太平御覽、文選幽通賦注竝引作「塞上之人」。○俞樾云：近，謂近時也。此蓋淮南舉近事言之，故曰「近」，非連塞字爲義也。班孟堅幽通賦「北叟頗識其倚伏」，即用此事，而云「北叟」者，以下文言「胡人大入塞」，故知是北方之塞耳。乃顏師古注漢書叙傳引此文，作「北塞上之人」，蓋涉正文「北叟」而誤，非顏注之舊，是以李善注文選幽通賦止云「塞上之人」。若使本作「北塞」，則正宜引之以證「北叟」之義，安得刪去之？唯其是「近」字，故可有可無也。後漢書蔡邕傳「得北叟之後福」，李賢注曰：「北叟，塞上叟也。」但言塞上，不言北塞上，然則淮南子原文不作北塞明甚。而藝文類聚太平御覽引此文，竝作「北塞上之人」，則爲漢書注所誤。王氏念孫反據以訂正淮南，謬矣。下文「近塞之人死者十九」，則當作「塞上之人」。漢書、後漢書注、文選注及諸類書所引，無作「近塞」者，可知近字之非。然亦無作「北塞」者，又可見此文作「北塞上」之誤矣。○楊樹達云：俞氏訂正王說，是也。然釋近爲近時仍非，近自謂附近也。○寧案：楊說是也。王謂：「改爲近塞，則不知何方之塞。」案下句明言「馬無故亡而入胡」，則其爲北塞可知，蓋蒙下「胡」字而省。下文「近塞之人死者十九」，正承此「近塞」而言。曰「近塞上之人有善術者」，非謂善術者一人近塞上也，則下云死者十九，當亦近塞上之人，不得作「塞上」也。俞改非是。漢書敘傳注、藝文類聚、太平御覽引前作「北塞上」，幽通賦注引前作「塞上」，刪「近」字，故彼下文皆不作「近塞」。諸書所引文大同小異，蓋據誤本各有改易，不得以彼證此矣。

馬無故亡而入胡，○莊逵吉云：太平御覽引作「其馬無故亡入胡中」。○寧案：莊引太平御覽五百六十一如是，藝文類聚四十引同。又藝文類聚九十三引作「其馬亡入胡中」，太平御覽八百九十六引同。人皆弔之。其父曰：「此何遽不爲福乎！」○莊逵吉云：太平御覽作「此何知乃不爲福」，下「爲禍」「爲福」二句同。○王念孫云：「何遽不爲福」，本作「何遽不能爲福」，能與乃同。（乃、能古字通，說見漢書谷永傳「能或滅之」下。）言何遽不乃爲福也。下文曰：「此何遽不能爲禍乎！」即其證。此及下文兩「何遽不爲福」，藝文類聚禮部、太平御覽禮儀部竝引作「何遽不乃爲福」。又「何遽不能爲禍」亦引作「何遽不乃爲禍」。居數月，其馬將胡駿馬而歸，人皆賀之。其父曰：「此何遽不能爲禍乎！」家富良馬，〇王念孫云：「良馬」本作「馬良」，與「家富」相對爲文。漢書、後漢書注及藝文類聚、太平御覽引此竝作「家富馬良」。其子好騎，墮而折其髀，〇寧案：藝文類聚四十、又九十三、太平御覽五百六十一、八百九十六及漢書叙傳顔注、後漢書蔡邕傳李注引皆作「墮而折髀」，當據删「其」字。人皆弔之。其父曰：「此何遽不爲福乎！」居一年，胡人大入塞，〇寧案：藝文類聚兩引及太平御覽兩引皆作「胡夷大出」，無「塞」字。漢書及後漢書注引作「胡夷大入」，亦無「塞」字。丁壯者引弦而戰，〇王念孫云：「引」本作「控」，此亦後人以意改之也。文選幽通賦注、太平御覽禮儀部引此竝作「控弦而戰」。漢書注及藝文類聚禮部、獸部、太平御覽獸部竝引作「皆控弦而戰」。藝文類聚又引注云：「控，張也。」則本作「控」明矣。近塞之人，死者十九，〇向宗魯云：御覽八百九十六標作説苑，「死者十九」下有注云：「十人戰，九人死。」疑高注語。〇寧案：藝文類聚引淮南此文同太平御覽八百九十六，亦有注云：「十人戰，九人死。」知太平御覽標説苑乃淮南之誤。此獨以跛之故，父子相保。〇寧案：藝文類聚兩引、太平御覽兩引及後漢書注引「父子」作「子父」。故福之爲禍，禍之爲福，化不可極，深不可測也。

或直於辭而不害於事者，或虧於耳以忤於心而合於實者。〇王念孫云：「不害」當爲「不周」。隸書「害」作「[illegible]」，與「周」相似而誤。（道應篇「周鼎著倕而使齕其指」，文子精誠篇「周」誤作「害」。宣六年公羊傳「靈公有周狗，謂之獒」，爾雅釋畜注誤作「害」。）楚辭離騷「雖不周於今之人兮」，王注曰：「周，合也。」氾論篇曰：「苟周於事，不必循舊」，謂合於事也。此言「不周於事」，亦謂不合於事也。此言「直於辭而不周於事」，下言「虧於耳忤於心而合於實」，合亦周也。下文高陽魋命匠人爲室之言，所謂「直於辭」也，室成而終敗，所謂「不周於事」也。若云「不害於事」則與此意相反矣。劉績不知「害」爲「周」之誤，故删去「不」字耳。又下文此所謂「直於辭而不可用者也」，「不可用」亦當作「不周於事」。凡言「此所謂」者，皆復舉上文之詞，不當有異。此因「周」誤作「用」，後人遂改爲「不可用」，而不知其與上文不合也。又下文：「仁者百姓之所慕也，義者衆庶之所高也，然世或用之而身死國亡者，不同於時也。」「同」亦當爲「周」，不周於時，不合於時也。齊俗篇曰：「事周於世則功成，務合於時則名立」是也。文子微明篇正作「不周於時」。隸書害、用、同三字並與周相似，故傳寫多誤。○寧案：「虧於耳」下衍「以」字。下文「何謂虧於耳忤於心而合於實」，無「以」字，「此所謂虧於耳忤於心而得事實者也」亦無「以」字。**高陽魋**或曰：高陽魋，宋大夫。○寧案：太平御覽九百五十二引注作「或曰：高陽楚時王魋，宋大夫也」。今本及太平御覽引皆有奪誤。吕氏春秋別類篇作高陽應。高注曰：「高陽，宋邑，因以爲氏。應，名也。或作高魋，宋大夫也。」高注「或曰」即許注。疑此「或曰」二字衍文。吕氏春秋注「高魋」，奪「陽」字。**將爲室，**○梁玉繩云：韓子外儲説左上作虞慶爲屋，語畧同。**問匠人。匠人對曰：「未可也。木尚生，加塗其上，必將撓。**○楊樹達云：「撓」當作「橈」。説文云：「橈，曲木也。」**以生材任重塗，今雖成，後必敗。」**○劉文典云：「成」當爲「善」，作「成」者，後人依韓非子外儲説左上篇改之也。下文「今雖惡，後必善」，「其始成，竘然善也，而後果敗」，皆承此而言。作「成」則與下文不合矣。吕氏春秋別類篇、御覽九百五十二引此文，並作「今雖善」，尤其確證矣。○楊樹達云：集解校「成」作「善」，然此文「成」字於義爲長。蓋文云「今雖成，後必敗」，以成、敗對言；下文「今雖惡，後必善」，以善、惡對言也。韓非子外儲説左上篇云「今雖成，久必壞」，字正作「成」，故知「成」非誤字矣。○寧案：楊説是也。言成者，初不必其善或惡，成而已矣。此乃匠人之言。下文「其始成」，正承此言之。若改「成」爲「善」，既曰「今雖善」也，下文何復設言「今雖惡」？呂氏春秋作「今雖善」，而後文不言「今雖惡」，知淮南雖本呂氏春秋，而文有改易，未可據彼以改此也。太平御覽一百七十四引作「今雖成」。又案「後必敗」，太平御覽引作「後將必敗」，與上言「必將撓」文正相應。呂氏春秋同。疑此「必」上亦當有「將」字。高陽魋曰：「不然。夫木枯則益勁，塗乾則益輕，以勁材任輕塗，今雖惡，後必善。」匠人窮於辭，無以對，受令而爲室。其始成，竘然善也，竘，高壯貌。○于省吾云：按注說未允。方言七：「竘，貌治也。吳、越飾貌爲竘，或謂之巧。」貌治之説，與善義應，且與下文「而後果敗」之説相符。而後果敗。此所謂直於辭而不可用者也。何謂虧於耳忤於心而合於實？靖郭君將城薛，靖郭君，齊威王之子也，封於薛。賓客多止之，弗聽。靖郭君謂謁者曰：「無爲賓通言。」齊人有請見者，曰：「臣請道三言而已，過三言，請烹。」靖郭君聞而見之。賓趨而進，再拜而興，因稱曰：「海大魚。」則反走。靖郭君止之曰：「願聞其說。」賓曰：「臣不敢以死爲熙。」熙，戲也。靖郭君曰：「先生不遠道而至此，爲寡人稱之。」賓曰：「海大魚，網弗能止也，釣弗能牽也，○寧案：「釣」疑當作「鉤」，鉤、釣形似故誤。莊子外物篇「牽巨鉤，錎，没而下」，是也。戰國策齊策：「君不聞大魚乎？網不能止，鉤不能牽，蕩而失水，則螻蟻得意焉。」此淮南所本。字正作「鉤」。蕩而失水，則螻螘皆得志焉。今夫齊，君之淵也，○楊樹達云：「淵」當作「海」，字之誤也。賓以「海大魚」爲喻，故云「齊，君之海也」。若作「淵」，則與上文設喻不相承矣。韓非子説林下篇正作「海」。國策齊策一作「水」，則與上文「蕩而失水」之「水」字相承，文亦可通。君失齊，則薛能自存乎？」靖郭君曰：「善。」乃止不城薛。此所謂虧於耳忤於心而得事實者也。夫以無城薛止城薛，其於以行說，乃不若「海大魚」。故物或遠之而近，或近之而遠。

或說聽計當而身疏，或言不用計不行而益親。何以明之？三國伐齊，圍平陸。三國：韓、魏、趙也。○于鬯云：此三國未詳。高注云「韓、魏、趙也」，當因習稱韓、魏、趙爲三國而言之耳，未必有據。下文括子曰：「三國之地，不接於我，踰鄰國而圍平陸」，則獨一韓可當之，魏、趙地皆接於齊也。齊地東接魏、趙，南接楚，北接燕，然則韓之外，惟有一秦耳。如此，止二國，而云三國，豈尚從一小國與？要高注實不足信。又案：戰國齊策魯仲連遺燕將書有「魏攻平陸」之語，考其事即史記魏世家及六國表所書昭王十二年，與秦、趙、燕共伐齊，敗之濟西之役。蓋言「魏攻」者，實秦、趙、燕假道於魏，而魏遂與之共伐耳，正所謂踰鄰國而圍平陸也。則三國者，秦、趙、燕也。「三國之地，不接於我」者，謂不接於平陸，固不必及趙、燕與齊有相接之處也。若魏則正接平陸，故齊策又云：「有陰、平陸，則梁門不啟。」然則，此言三國，必去魏而言秦、趙、燕矣。非魏則三國不能攻平陸，故魯連又舍三國而專言魏，且與彼上句「楚攻南陽」作偶對也。附考如此，未審是否。括子以報於牛子，括子、牛子，齊臣。曰：「三國之地，不接於我，踰隣國而圍平陸，利不足貪也。然則求名於我也。請以齊侯往。」牛子以爲善。括子出，無害子入，無害子，亦齊臣。牛子以括子言告無害子。無害子曰：「異乎臣之所聞。」牛子曰：「國危而不安，患結而不解，何謂貴智！」○王念孫云：謂與爲同。（爲、謂古字通，說見秦策「蘇代僞爲秦王曰」下。）「國危而不安，患結而不解」，本作「國危不而安，患結不而解」。不而者，不能也。能、而古聲相近，故

「能」或作「而」。（原道篇「而以少正多」，高注：「而，能也，能以寡統衆。」又注呂氏春秋去私、不屈、士容三篇，竝云：「而，能也。」逸周書皇門篇曰：「譬若衆畋，常扶予險，乃而予于濟。」墨子尚同篇曰：「故古者聖王，唯而審以尚同，以爲正長，是故上下情通。」又曰：「天下之所以治者，何也？唯而以尚同一義爲政故也。」非命篇曰：「不而矯其耳目之欲。」莊子逍遥游篇曰：「知效一官，行比一鄉，德合一君，而徵一國。」荀子哀公篇曰：「君以此思哀，則哀將焉而不至矣。」楚辭九章曰：「不逢湯、武與桓、繆兮，世孰云而知之。」齊策：「管燕謂其左右曰：子孰而與我赴諸矦乎？」又「秦始皇使遺君王后玉連環曰：齊多知，而解此環不？」而字竝與能同。故鄭注屯卦讀「而」爲「能」。堯典「柔遠能邇」，漢督郵班碑作「渘遠而邇」。皋陶謨「能哲而惠」，衛尉衡方碑作「能悊能惠」，史記夏本紀作「能知能惠」。論語憲問篇「愛之能勿勞乎」，鹽鐵論授時篇「能」作「而」。呂氏春秋不侵篇「能治可爲管、商之師」，齊策「能」作「而」。又禮運正義曰，劉向説苑「能」字皆作「而」。今説苑中「能」字無作「而」者，皆後人改之也。唯論衡之感虚福虚亂龍講瑞指瑞感類定賢諸篇，「能」字多作「而」。其作「能」者，亦是後人所改。）後人不曉「而」字之義，故改「不而」爲「而不」耳。此言所貴乎智者，國危能安，患結能解也。若國危不能安，患結不能解，則何爲貴智乎？下文張孟談對趙襄子曰：「亡不能存，危弗能安，無爲貴智。」語意正與此同。吴語：「危事不可以爲安，死事不可以爲生，則無爲貴智矣。」不可猶不能也。後人改爲「國危而不安，患結而不解」，非也。若謂國不安，患不解，則與「何爲貴智」四字義不相屬。若謂國危而不安之，患結而不解之，則是不仁，而非不智矣。

無害子曰：「臣聞之，有裂壤土以安社稷者，聞殺身破家以存其國者，不聞出其君以爲封疆者。」〇王念孫云：首句本作「臣聞裂壤土以安社稷者」，與下二句文同一例。因「臣聞」下衍「之」字，後人遂於「之」下加「有」字，而句法參差不協矣。牛子不聽無害子之言，而用括子之計，三國之兵罷，而平陸之地存。自此之後，括子日以疏，無害子日以進。故謀患而患解，圖國而國存，括子之智得矣。無害子之慮無中於策，謀無益於國，然而心調於君，有義行也。〇俞樾云：「調」當爲「周」。楚辭離騷「雖不周於今之人兮」，王逸注曰：「周，合也。」心周於君，謂心合於君也。作「調」者，古字通用。文子微明篇正作「心周於君」。今人待冠而飾首，待履而行地。冠履之於人也，寒不能煖，煖，温。風不能障，暴不能蔽也。然而冠冠履履者，〇寧案：景宋本「冠冠」作「戴冠」。其所自託者然也。夫咎犯戰勝城濮，而雍季無尺寸之功，然而雍季先賞，而咎犯後存者，其言有貴者也。故義者，天下之所賞也。〇王念孫云：「賞」當爲「貴」，此承上句「其言有貴者也」言之。文子微明篇作「仁義者，天下之尊爵也」，是其證。今本「貴」作「賞」者，涉上文「雍季先賞」而誤。百言百當，不如擇趨而審行也。〇寧案：「夫咎犯戰勝城濮」以下五十四字，疑是錯簡，應在下文「吾豈可以先一時之權，而後萬世之利也哉」下。觀上下文例，皆先叙事而後立論。如上文云：「或説聽計當而身疏，或言不用計不從而益親，何以明之？」此啟下之詞。然後舉括子、無害子爲例。然後論曰：「故謀患而患解」云云，至「其所自託者然也」，一段總結上文。下文「或無功而先舉，或有功而後賞，何以明之？」又啟下文，然後舉雍季、咎犯爲例。何得於舉例之前，下文未啟，先插入論雍季、咎犯一段，與上下不相屬，而叙城濮戰後，反不置論，使行文層次混亂也。其爲錯簡明矣。

或無功而先舉，或有功而後賞。何以明之？昔晉文公將與楚戰城濮，問於咎犯曰：「爲奈何？」○劉文典云：「奈何」上敚「之」字。韓非子難一及御覽三百十三引此文，竝作「爲之奈何」。咎犯曰：「仁義之事，君子不厭忠信；戰陳之事，不厭詐僞。○劉文典云：「君子」二字疑衍。「仁義之事」、「戰陳之事」，「不厭忠信」、「不厭詐譎」，相對爲文，不當有「君子」二字。韓非子難一篇作「繁禮君子，不厭忠信；戰陳之閒，不厭詐僞」。呂氏春秋義賞篇作「繁禮之君，不足於文；繁戰之君，不足於詐」。說苑權謀篇作「服義之君，不足於信；服戰之君，不足於詐」。御覽三百十三引淮南此文作「仁義之軍，不厭忠信；戰陳之戎，不厭詐僞」。皆以四字爲句。有「君子」二字，則句法既不一律，義亦不可通矣。疑一本作「之事」，一本作「君子」，校者旁注「君子」二字，寫者誤入正文。君其詐之而已矣。」辭咎犯，問雍季，雍季對曰：「焚林而獵，愈多得獸，後必無獸。以詐僞遇人，雖愈利，後無復。○莊逵吉云：太平御覽此下亦有「利」字。○俞樾云：「愈」當爲「愉」，古「偷」字也。周官大司徒職「以俗教安，則民不愉」，釋文云：「愉音偷。」是其證也。愉利即偷利，謂雖偷取利，而後不可復也。呂氏春秋義賞篇曰：「今雖偷可，後將無復。」○呂傳元云：「後無復」，當有奪文。宋本、藏本、汪本、茅本皆作「後亦無復」。御覽兵部四十四引同。「後亦無復」與上文「後必無獸」對言。呂覽義賞篇作「後將無復」，韓非子難一作「後必無復」，知此文亦當作「後亦無復」矣。○寧案：太平御覽三百十三引「愈」作「偷」。韓非子難一篇作「焚林而田，偷多獸，後必無獸；以詐遇民，偷取一時，後必無復」。此「愈」字蓋卽「偷」之借字。呂氏春秋義賞篇「雖今偷可」，高注：「偷一作愈。」又本書說林篇「狗彘不擇甂甌而食，偷肥其體」，文子上禮篇作「愈肥其體」。紀案：「愈一本作俞。」荀子正論篇「心至愈而志無所詘」，注：「愈讀爲愉。」又荀子仲尼篇「俞務而俞遠」，並讀作「愈」。是偷、愉、愈、俞，古皆通用，此無庸改字。又案：「後無復」，中立本亦作

「後亦無復」，呂說是。君其正之而已矣。」於是不聽雍季之計，而用咎犯之謀，與楚人戰，大破之。還歸賞有功者，先雍季而後咎犯。左右曰：「城濮之戰，咎犯之謀也。君行賞先雍季，何也？」文公曰：「咎犯之言，一時之權也。雍季之言，萬世之利也。吾豈可以先一時之權，而後萬世之利也哉！」○王念孫云：此本作「吾豈可以一時之權，而先萬世之利也哉！」先，音悉薦反，後人誤讀爲悉前反，遂改爲「先一時之權，而後萬世之利」，失之矣。太平御覽兵部四十四引此，正作「吾豈可以一時之權，而先萬世之利哉」，呂氏春秋義賞篇作「焉有以一時之務，先百世之利者乎」，皆其證。智伯率韓、魏二國伐趙，圍晉陽，決晉水而灌之。城下緣木而處，○王念孫云：太平御覽兵部五十二引此「城下」作「城中」，是也。趙策及韓子十過篇、史記趙世家竝作「城中」。縣釜而炊。襄子謂張孟談曰：「城中力已盡，糧食匱乏，大夫病，○王念孫云：「糧食匱乏」，太平御覽引此無「乏」字，是也。今本「乏」字，蓋高注之誤入正文者耳。（高注主術、要略二篇竝云：「匱，乏也。」此處脱去注文「乏」字，又誤入正文耳。）力盡、糧匱、士大夫病，盡、匱、病相對爲文，則匱下不當有乏字。韓子、趙策皆無乏字，是其證。「大夫病」御覽引作「武夫病」。案：此本作「武大夫病」。淮南一書通謂士爲武。韓子作「士大夫羸」，趙策作「士大夫病」，此作「武大夫病」，一也。下文「中行穆伯攻鼓，餽聞倫曰：『請無罷武大夫，而鼓可得也。』」是其明證矣。御覽作「武夫病」者，不解「武大夫」之語而删去「大」字也。今本作「大夫病」者，亦不解「武大夫」之語而删去「武」字也。士大夫皆病，而但言大夫，則偏而不舉矣。爲之奈何？」張孟談曰：「亡不能存，危不能安，無爲貴智士。○王念孫云：劉本依趙策改「智伯」（道藏本如是）爲「智士」非也。此謂亡不能存，危不能安，則無爲貴智，非謂無爲貴智士。上文牛子謂無害子曰：「國危不能安，患結不能解，何謂貴智。」「智」下亦無「士」字。吴語亦云：「危事不可以爲安，死事不可以爲生，則無爲貴智矣。」趙策誤衍「士」字，而劉據之以改本書，謬矣。太平御覽引此作「無爲貴智」，韓子作「則無爲貴智矣」，皆無「士」字。○寧案：王説是也。景宋本正作「無爲貴智」。臣請試潛行，潛行，伏行也。○楊樹達云：説文水部云：「潛，涉水也。」又云：「泳，潛行水中也。」時智伯決水灌趙，故張孟談請潛水而行，許釋潛行爲伏行，失之泛矣。○寧案：秦策一「使張孟談於是潛行而出」，高注：「潛行，私行。」氾論篇「張孟談潛與韓、魏通謀」，楚策一述申包胥入秦亦曰「贏糧潛行」。此楊説非是。見韓、魏之君而約之。」乃見韓、魏之君，説之曰：「臣聞之，脣亡而齒寒。今智伯率二君而伐趙，趙將亡矣。趙亡，則君爲之次矣。○王念孫云：「君爲之次」，「君」上脱「二」字。（太平御覽引此已誤。）上下文皆作「二君」，韓子、趙策亦云「趙亡，則二君爲之次」。又下文「言出君之口，入臣之耳」，「君」上亦脱「二」字。太平御覽引此正作「言出二君之口」。韓子、趙策作「謀出二君之口」。及今而不圖之，禍將及二君。」○寧案：道藏本、中立本、茅本、景宋本作「不及今而圖之」是也。若作「及今而不圖之」，則謂圖之已晚，非謂機在今日，非其指矣。二君曰：「智伯之爲人也，粗中而少親，○楊樹達云：粗中無義，「粗」當讀爲「怚」。説文心部云：「怚，驕也。」史記王翦傳云：「秦王怚而不信人。」此云「怚而少親」，與史記「怚而不信人」語意正同。粗、怚二字聲類同，故可通假。王翦傳集解云：「怚，一作粗。」知彼文亦有作「粗」之本，與此假「粗」爲「怚」者正同矣。我謀而洩，事必敗。○寧案：中立本「敗」下有「矣」字。韓子十過篇作「則其禍必至矣」。爲之奈何？」張孟談曰：「言出君之口，入臣之耳，人孰知之者乎？且同情相成，同利相死，君其圖之！」二君乃與張孟談陰謀與之期。〇王念孫云：太平御覽引此作「二君乃與張孟談謀，（句。）陰與之期」，是也。「陰與之期」，謂陰約舉事之期也。趙策作「陰約三軍與之期日夜」，是其證。今本「陰」字誤入上句「謀」字上，則非其指矣。〇寧案：此文疑當作「二君乃與張孟談陰謀，與之期日」，今本「期」下脫「日」字。韓子十過篇作「二君因與張孟談約三軍之反，與之期日」。「因」卽「陰」之聲誤。趙策作「二君卽與張孟談陰約三軍，與之期日」。「陰與張孟談約三軍之反」，「陰約三軍」，卽此所謂「陰謀」也。下文云「三國陰謀同計」，正與此「陰謀」同。二書皆作「與之期日」，此下文「至期日之夜」，卽承此「期日」言。則「期」下當有「日」字明矣。蓋「期日」誤作「其日」，（與下文誤「其日」同。）合寫譌作「朞」，又寫作「期」，因以脫誤。太平御覽三百二十一引作「二君乃與張孟談謀，陰與之盟」，「盟」字卽「期日」二字之合寫。因「期日」誤作「盟」，故後人倒「陰謀」爲「謀陰」耳。王氏念孫引太平御覽「盟」作「期」，引趙策連下句（夜遣入晉陽）「夜」字爲句，文皆誤。張孟談乃報襄子。至其日之夜，〇俞樾云：「其」當作「期」，謂所期之日之夜也。韓子十過篇正作「至於期日之夜」。〇劉文典云：俞說是也。戰國策趙策作「使張孟談見韓、魏之君曰：『夜期殺守隄之吏，而決水灌智伯軍。』」文雖小異，「其」亦作「期」，可證俞說。〇寧案：太平御覽三百二十一引正作「期日之夜」，尤爲俞說之證。趙氏殺其守隄之吏，決水灌智伯。〇王念孫云：「智伯」下當有「軍」字。下句「智伯軍救水而亂」，卽承此句言之。太平御覽引此已脫「軍」字。韓子、趙策皆作「灌智伯軍」。智伯軍救水而亂，韓、魏翼而擊之，襄子將卒犯其前，大敗智伯軍，殺其身而三分其國。襄子乃賞有功者，而高赫爲賞首。羣臣請曰：「晉陽之存，張孟談之功也，而赫爲賞首，何也？」襄子曰：「晉陽之圍也，寡人國家危，社稷殆，羣臣無不有驕侮之心者，唯赫不失君臣之禮，吾是以先之。」由此觀之，義者，人之大本也。雖有戰勝存亡之功，不如行義之隆。故君子曰：「美言可以市尊，美行可以加人。」○王念孫云：「君子」本作「老子」，此淺學人改之也。今老子作「美言可以市，尊行可以加人」，無下「美」字，而以「市」字絶句，「尊」字下屬爲句。道應篇引老子亦有下「美」字，則所見本異也。

或有罪而可賞也，或有功而可罪也。○寧案：兩「也」字當爲兩「者」字，與上文「或直於辭而不周於事者，或虧於耳忤於心而合於實者」同例。下文云「此有罪而可賞者也」、「此有功而可罪者也」，是其證。太平御覽六百二十七引作「或有罪而可賞，或有功而可罪者」，上句脱「者」字，而下句正作「者」。劉家立集證不知兩「也」字乃「者」字之誤，遂删之而不能正。又下加「何以明之」四字，謂「上下文皆有，此處亦應有」。不審上文「或欲利之，適足以害之；或欲害之，乃反以利之」，「事或奪之而反與之，或與之而反取之」，「或直於辭而不周於事者，或虧於耳忤於心而合於實者」，句下皆不曰「何以明之」，亦不曰「何以知其然也」。劉氏乃欲以上下文證成其説，疏矣。西門豹治鄴，西門豹，文侯臣。○寧案：太平御覽六百二十七引句首有「始」字，於義爲長，蓋此謂始可罰而終可賞也。廩無積粟，府無儲錢，庫無甲兵，官無計會，人數言其過於文侯。文侯身行其縣，果若人言。文侯曰：「翟璜任子治鄴而大亂，子能道則可，不能，將加誅於子。」○王念孫云：「子能道」太平御覽治道部八引作「子能變道」，是也。變道，謂易其道也。晏子春秋襍篇：「崔杼謂晏子曰：『子變子言，則齊國吾與子共之。子不變子言，戟既在脰，劍既在心，唯子圖之！』」語意與此相似。今本脱去「變」字，則文不成義。西門豹曰：「臣聞王主富民，霸主富武，亡國富庫。今王欲爲霸王者也，○王念孫云：「今王」當作「今君」，此涉上下文「王」字而誤也。魏自惠王始稱王，此對文侯言之，不當稱王。下文云「君以爲不然」，則本作「君」明矣。太平御覽引此正作「君」。○寧案：王說是也。景宋本作「君」。臣故稸積於民。君以爲不然，臣請升城鼓之，甲兵粟米可立具也。」於是乃升城而鼓之。一鼓，民被甲括矢，甲，鎧也。括，箭也。○吴承仕云：「括，箭也」，景宋本「也」作「矢」。承仕案：各本注文並不可通。御覽六百二十七引文作「民挾甲笴」，注云：「甲，鎧。笴，箭矢也。」疑本文當作「挾甲笴」。「笴」或作「括」，歌、泰二部相轉，注訓爲箭矢是也。「挾甲笴」與「操兵弩」對文。今本「括矢」之「矢」，卽涉注文而衍。「被」卽「挾」字之譌。蓋甲可言被，箭笴不得言被也。下文「秦皇披録圖」，今本「披」誤爲「挾」，是其比。操兵弩而出。再鼓，負輦粟而至。服，駕牛也。輦，擔也。○王念孫云：太平御覽引此作「服摙載粟而至」，是也。據高注云：「服，駕牛也。」則「負」本作「服」。今作「負」者，聲之誤耳。一切經音義十一引此作「摙載粟米而至」，與御覽所引小異，而皆有「載」字，則今本脱「載」字明矣。「摙」與「輦」同，謂人挽車也。服輦載粟而至者，或服或輦，載粟而至也。管子海王篇曰：「行服連軺輂者，必有一斤一鋸一椎一鑿，若其事立。」「連」亦與「輦」同。（周禮鄉師注：「故書輦作連。」鄭司農云：連讀爲輦。」巾車「連車組輓」，釋文：「連，本亦作輦。」）服、輦皆車名，故管子、淮南皆並稱服輦，許、高注皆訓輦爲擔，於義少疏矣。（許注見一切經音義。）○陶方琦云：一切經音義引作「摙載粟米而至」，又引許注：「摙，擔也。」按：故書輦作連，周禮鄉師鄭注「連讀爲輦」。摙字説文不收，當卽連字。説文：「連，負車也。」（各本作「員連」，誤，此依段説。）與輦義通。管子海王篇「行服連軺輂者」，服連卽服摙。玉篇：「摙，運也。」廣韻：「摙，擔運物也。」南史何遠傳「摙水還之」，義亦近擔。玄應曰：「摙，今皆作輂。」知淮南今本輂字乃後人所改，注訓爲擔則並同。（御覽六百二十七引作「再鼓，服摙載粟而至」，「摙」乃「摙」之形似而誤。）○金其源云：注以「駕牛」釋負而曰服者，周禮冬官車人：「牝服二柯有三分柯之二。」司農注：「服讀爲負。」是服、負古通，服卽負也。易繫辭：「服牛乘馬，引重致遠。」注：「服，駕牛也。」謂負者，車之駕牛者也。以擔釋輂者，左傳莊公十二年「以乘車輂其母」，注：「乘車非兵車，駕人曰輂。」釋名釋姿容「擔，任也。任，力所勝也。」謂輂者，人力所勝任，車之駕人者也。文侯曰：「罷之。」西門豹曰：「與民約信，非一日之積也，一舉而欺之，後不可復用也。」燕常侵魏八城，○寧案：太平御覽六百二十七引「常」作「嘗」，當據改。莊本「八」誤「入」，景宋本不誤，今正。臣請北擊之，以復侵地。」遂舉兵擊燕，復地而後反。此有罪而可賞者也。解扁爲東封，解扁，魏臣，治東封者。上計而入三倍，有司請賞之。文侯曰：「吾土地非益廣也，人民非益衆也，入何以三倍？」對曰：「以冬伐木而積之，於春浮之河而鬻之。」文侯曰：「民春以力耕，○莊逵吉云：太平御覽作「寒以力耕」。暑以强耘，秋以收斂，冬閒無事，以伐林而積之，○王念孫云：「暑以強耘」，當從齊民要術所引作「夏以强耘」。夏與春秋冬相對，變夏言暑，則與上下文不類矣。「以伐林而積之」，當從太平御覽所引作「又伐林而積之」。又字承上春耕、夏耘、秋收而言，今本「又」作「以」則義不可通矣。（此因上文三「以」字而誤。）○寧案：王說是也。「夏」誤爲「暑」，後人又改「春」爲「寒」，以與之相對，如莊引，（宋本太平御覽如是。）鮑本太平御覽仍作「春以力耕」。負軶而浮之河，是用民不得休息也。民以敝矣，○寧案：道藏本、中立本、茅本、景宋本「敝」作「弊」。「獘」乃「敝」之或體，弊乃俗書。雖有三倍之入，將焉用之？」此有功而可罪者也。○寧案：道藏本、中立本、景宋本無「也」字，上文「此有罪而可賞者也」，景宋本亦無「也」字。疑兩「也」字當刪。

賢主不苟得，忠臣不苟利。何以明之？中行穆伯攻鼓，弗能下。中行穆伯，晉大夫。鼓，北翟。○陶方琦云：羣書治要引許注：「中行繆伯，晉大夫。鼓，北翟。」二注正同。繆、穆古通。○向宗魯云：事見左昭十五年傳餽聞倫曰：「鼓之嗇夫，聞倫知之，餽聞倫，晉人也。○劉文典云：羣書治要引「餽聞倫」作「餽閒倫」。（注同。）注「晉人也」作「晉大夫」。○寧案：貞觀政要誠信篇亦作「餽閒倫」。請無罷武大夫而鼓可得也。」穆伯弗應。左右曰：「不折一戟，不傷一卒，而鼓可得也，君奚爲弗使？」○寧案：羣書治要引「使」作「取」，貞觀政要同。作「取」是也。下文得地不取者，見其本而知其末也」，文正相承，蓋後人以爲使餽聞倫所臆改。穆伯曰：「聞倫爲人，佞而不仁，若使聞倫下之，吾可以勿賞乎？若賞之，是賞佞人。佞人得志，是使晉國之武，舍仁而後佞，○俞樾云：「後」字義不可通，乃「從」字之誤。佞人得志，故晉國之士，皆舍仁而從佞也。晉國之武，卽晉國之士。淮南一書，通謂「士」爲「武」。○于鬯云：姚廣文云：「後」疑卽「厚」，以聲近而借。佞人而賞，是厚於佞人也。○呂傳元云：俞說非也。「後」乃「爲」之訛，猶言晉國之士，舍仁而爲佞也。宋本、藏本、汪本、茅本正作「爲」。○馬宗霍云：「後」與「從」形相似，俞說近之。但羣書治要引此文「後」字作「爲」，「舍仁而爲佞」，則義可通矣。○于省吾云：按俞說非是。景宋本「後」作「爲」，當據訂。○寧案：「爲」字是也。中立本亦作「爲」。貞觀政要誠信篇同。（貞觀政要述此事與本文同，當是本於淮南。）雖得鼓，將何所用之！」攻城者，欲以廣地也。得地不取者，見其本而知其末也。秦穆公使孟盟舉兵襲鄭，孟盟，百里奚之子也。過周以東。鄭之賈人弦高、蹇他蹇他，弦高之黨。○寧案：呂氏春秋悔過篇作弦高、奚施。相與謀曰：「師行數千里，數絶諸侯之地，○莊逵吉云：太平御覽作「又數過諸侯之地」。其勢必襲鄭。凡襲國者，以爲無備也。今示以知其情，必不敢進。」乃矯鄭伯之命，以十二牛勞之。三率相與謀三率，白乙、孟明、西乞。○寧案：注「三率」下，道藏本、中立本、茅本、景宋本皆有「秦將」二字。太平御覽三百七引同。曰：「凡襲人者，以爲弗知。今已知之矣，守備必固，進必無功。」乃還師而反。晉先軫舉兵擊之，先軫，晉大夫也。大破之殽。鄭伯乃以存國之功賞弦高，○莊逵吉云：太平御覽「功」作「賞」。弦高辭之曰：「誕而得賞，則鄭國之信廢矣。爲國而無信，是俗敗也。賞一人而敗國俗，仁者弗爲也。以不信得厚賞，義者弗爲也。」遂以其屬徙東夷，終身不反。故仁者不以欲傷生，知者不以利害義。聖人之思脩，愚人之思叕。叕，短也。○馬宗霍云：説文叕部云：「叕，綴聯也。」象形。从叕之字，如綴訓「合箸也」，輟訓「車小缺復合者」。皆以聯合爲義。本注訓叕爲短者，蓋惟短則須聯，從其引申之義也。故綴、輟引申之義亦訓止，訓已。已猶止也。書傳用叕字而以短爲義者，惟見於此。其他從叕而有短義者，如説文女部云：「娺，短面也。从女，叕聲。」娺則從叕聲也。方言十三云：「䂽，短也。」廣韻六術云：「䂽，吴人呼短。」與方言合。又爾雅釋宫「宋廇謂之梁，其上楹謂之梲」，禮記明堂位篇孔疏引李巡爾雅注曰：「梲，梁上短柱也。」梲通作棳。陸德明爾雅釋文正作棳。又莊子秋水篇「掇而不跂」，郭象注曰：「掇猶短也。」又玄應一切經音義四大方便報恩經第二卷羸惙條引聲類云：「惙，短气皃也。」又廣韻十七薛云：「頢，頭短。」

是皆以叕爲聲之字，而皆有短義，並其旁證。盧文弨方言校且引淮南本文之注，謂「叕當與黜同」，惟「黜」字不見於說文耳。

忠臣者務崇君之德，諂臣者務廣君之地。何以明之？陳夏徵舒弒其君，楚莊王伐之，陳人聽令。莊王以討有罪，遣卒戍陳，戍，守也。守，欲有陳也。大夫畢賀。申叔時使於齊，反還而不賀。○王念孫云：諸書有言「還反」者，無言「反還」者。「反」當爲「及」。謂大夫畢賀之時，申叔時尚未還，及其還而獨不賀也。太平御覽兵部三十六引此正作「及還而不賀」。莊王曰：「陳爲無道，寡人起九軍以討之，○莊逵吉云：太平御覽「九軍」作「六軍」。征暴亂，誅罪人，羣臣皆賀，而子獨不賀，○莊逵吉云：太平御覽無「獨」字。何也？」申叔時曰：「牽牛蹊人之田，田主殺其人而奪之牛，○王念孫云：「牽牛蹊人之田」，太平御覽引作「人有牽牛而徑於人之田中」，是也。今作「牽牛蹊人之田」者，後人據左傳改之耳。案宣十一年左傳，孫叔時曰：「夏徵舒弒其君，其罪大矣。討而戮之，君之義也。抑人亦有言曰：牽牛以蹊人之田，而奪之牛」云云。（史記陳杞世家作「鄙語有之，牽牛徑人田，田主奪之牛」。）此文無「夏徵舒」以下四句，又無「人亦有言」之語，而即云「牽牛以蹊人之田」，則語無倫次，故必詳言之曰「人有牽牛而徑於人之田中」。後人不察文義，遂據彼以改此，而不自知其謬也。罪則有之，罰亦重矣。今君王以陳爲無道，興兵而攻，因以誅罪人，遣人戍陳。○莊逵吉云：太平御覽作「舉兵而征之，因誅罪人，遣卒戍陳」。○王念孫云：「興兵而攻」，本作「興兵而政之」。「政」與「征」同。（古字多以「政」爲「征」，不煩引證。）今本「政」誤作「攻」，又脱「之」字。夏徵舒弒其君，故曰「興兵而征之」。若言攻則非其指矣。太平御覽引此正作「舉兵而征之」。「因以誅罪人」本作「以誅罪人」，「以」與「已」同。言莊王已誅罪人，而遣人戍陳也。下文云「諸侯聞之，以王爲非誅罪人也，貪陳國也」，則此本作「以誅罪人，遣人戍陳」明矣。上文云：「莊王以討有罪，遣卒戍陳。」尤其明證也。後人不知以與已同，故加「因」字耳。莊王之伐陳，本以誅罪人，不得言因以誅罪人也。太平御覽引此已誤。○寧案：王説是也。「莊王以討有罪」景宋本及太平御覽引「以」正作「已」。又「因以誅罪人」，御覽引作「因誅罪人」，「因」即「以」字之誤。「因」俗書作「囙」，「以」古文作「㠯」，二形相似。讀者書「以」字於「因」字之旁，故又誤作「因以」耳。又「遣人戍陳」，御覽引作「遣卒戍陳」，是也。上文「以誅罪人，遣卒戍陳」，是其證。諸侯聞之，以王爲非誅罪人也，貪陳國也。蓋聞君子不棄義以取利。」○寧案：太平御覽引「取」作「爲」，今本疑後人所改。上文云「舍仁而爲佞」，（今本「爲」誤「後」。）即此「爲」字之義。王曰：「善！」乃罷陳之戍，立陳之後。諸侯聞之，皆朝於楚。此務崇君之德者也。張武爲智伯謀曰：張武，晉人。「晉六將軍，中行文子最弱，而上下離心，可伐以廣地。」於是伐范、中行。滅之矣，又教智伯求地於韓、魏、趙。韓、魏裂地而授之，趙氏不與，乃率韓、魏而伐趙，圍晉陽三年。三國陰謀同計，以擊智氏，遂滅之。此務爲君廣地者也。夫爲君崇德者霸，爲君廣地者滅。故千乘之國，行文德者王，○莊逵吉云：太平御覽作「脩德行者王」。○寧案：鮑刻太平御覽作「脩德行」，疑是也。宋本太平御覽作「文德行」，蓋「文」字即「脩」字之殘形，後人以「文德行」義不可通，故倒作「行文德」耳。湯、武是也；萬乘之國，好廣地者亡，智伯是也。非其事者勿仞也，非其名者勿就也，無故有顯名者勿處也，無功而富貴者勿居也。○王引之云：「無故有顯名者勿處也」，義與上句無別，當即是上句之注，而今本誤入正文也。下文云：「夫就人之名者廢，仞人之事者敗，無功而大利者後將爲害」。皆承上文言之，而此句獨不在内，則非正文明矣。夫就人之名者廢，仞人之事者敗，無功而大利者後將爲害。譬猶緣高木而望四方也，雖愉樂哉，○寧案：「愉」，古「偷」字。道藏本、茅本、景宋本作「偷」。說詳上「雖愈利」下。然而疾風至，未嘗不恐也。患及身，然後憂之，六驥追之，弗能及也。是故忠臣事君也，○王念孫云：「忠臣」下脱「之」字，據初學記、白帖、太平御覽引補。計功而受賞，不爲苟得；積力而受官，不貪爵禄。○王念孫云：「積力」本作「量力」，此後人以意改之也。下文云「辭所不能而受所能」，正所謂「量力而受官」也。若改量力爲積力，則非其指矣。初學記政理部、白帖四十九、太平御覽治道部十四引此，皆作「量力」。○蔣禮鴻云：「量」字意極顯明，無緣意改作「積」，「積」字不誤。積猶程也。禮記儒行篇曰：「儒有内稱不辟親，外稱不辟怨，程功積事，推賢而進達之。」以程、積竝言，是積與程同義也。又曰：「鷙蟲攫搏，不程勇者。引重鼎，不程其力。」鄭注：「程，猶量力。」是積力即程力，程力即量力也。初學記諸書所引，乃習見量力者輒改之耳。其所能者，受之勿辭也；其所不能者，與之勿喜也。辭所能則匿，欲所不能則惑。辭所不能而受所能，則得無損墮之勢，而無不勝之任矣。昔者智伯驕，伐范、中行而克之，又劫韓、魏之君而割其地。尚以爲未足，遂興兵伐趙。韓、魏反之，軍敗晉陽之下，身死高梁之東，頭爲飲器，國分爲三，爲天下笑。此不知足之禍也。老子曰：「知足不辱，知止不殆，可以脩久。」○寧案：見老子第四十四章。此之謂也。

或讐人而適足以敗之，或毀人而乃反以成之。何以知其然也？費無忌復於荆平王曰：費無忌，楚臣。復，白也。「晉之所以霸者，近諸夏也。近諸夏，國在諸夏也。而荆之所以不能與之争者，以其僻遠也。楚王若欲從諸侯，不若大城城父，而令太子建守焉，以來北方，○王念孫云：「王」上不當有「楚」字，此因下文「楚王悦之」而衍。王自收其南。是得天下也。」楚王悦之，因命太子建守城父，命伍子奢傅之。居一年，伍子奢遊人於王側，伍子奢遣説於王之左側。○劉家立云：左右曰側。許注「側」乃「右」之譌字，葢涉正文而誤也。「遣」上應有「人」字，文義方明。據正文增補。言太子甚仁且勇，能得民心。王以告費無忌，無忌曰：「臣固聞之，太子内撫百姓，外約諸侯，齊、晉又輔之，將以害楚，其事已構矣。」王曰：「爲我太子，又尚何求？」曰：「以秦女之事怨王。」王因殺太子建而誅伍子奢。此所謂見讐而爲禍者也。○寧案：「見讐而爲禍」，疑當作「讐人而適禍之。」何謂毀人而反利之？唐子短陳駢子於齊威王，唐子，齊大夫。威王欲殺之，陳駢子與其屬出亡，奔薛。孟嘗君聞之，孟嘗君封于薛。使人以車迎之。至，而養以芻豢黍粱五味之膳，日三至。冬日被裘罽，夏日服絺紵，出則乘牢車，駕良馬。孟嘗君問之曰：「夫子生於齊，長於齊，夫子亦何思於齊？」對曰：「臣思夫唐子者。」孟嘗君曰：「唐子者，非短子者耶？」曰：「是也。」孟嘗君曰：「子何爲思之？」對曰：「臣之處於齊也，糲粢之飯，藜藿之羹，冬日則寒凍，夏日則暑傷。自唐子之短臣也，以身歸君，食芻豢，飯黍粱，服輕煖，乘牢良，○王念孫云：「粢」當爲「粱」，此涉上文「糲粢」而誤。上文云：「糲粢之飯，藜藿之羹」，是粢爲食之粗者。賈逵注晉語云：「粱，食之精者。（見文選陸機君子有所思行注。）此與「芻豢」對文，則當言黍粱，不當言黍粢。上文云「養以芻豢黍粱五味之膳」，是其明證也。且粱與良爲韻，若作「粢」則失其韻矣。○寧案：道藏本、景宋本作「黍粢」，故王校云然。莊本不誤。臣故思之。」此謂毀人而反利之者也。○寧案：「謂」上疑當有「所」字，與上文「此所謂見譽而爲禍者也」一律。是故毀譽之言，不可不審也。

或貪生而反死，或輕死而得生，或徐行而反疾。何以知其然也？魯人有爲父報讎於齊者，刳其腹而見其心，坐而正冠，○莊逵吉云：太平御覽「正」作「拭」。○寧案：作「拭」於義爲長。下文云：「使被衣不暇帶，冠不及正。」更衣故云束帶，拭冠故云正冠。若此作「坐而正冠」，則下文豈亦當言「衣不及更」耶。下「正冠」同。起而更衣，徐行而出門，上車而步馬，顏色不變。其御欲驅，撫而止之曰：「今日爲父報讎，○寧案：「今日」二字與下「今」字複，太平御覽四百八十二引無二字。以出死，非爲生也。今事已成矣，又何去之！」追者曰：「此有節行之人，不可殺也。」解圍而去之。使被衣不暇帶，○于鬯云：姚廣文云：「被」疑讀爲「彼」。冠不及正，蒲伏而走，上車而馳，必不能自免於千步之中矣。○楊樹達云：「被」，劉家立集證本作「彼」，「千」作「十」，皆是也。景宋本作「被」作「千」，誤與此同。○寧案：「被」作「彼」是也。「衣不暇帶」「冠不及正」對文，作「被衣」則句法參差矣。「千」作「十」似未必然。人走不自免於十步之中，或有之，馬馳而云不出十步，則馬與人何以異。大鵬水擊三千里，是其比。今坐而正冠，起而更衣，徐行而出門，上車而步馬，顏色不變，此衆人所以爲死也，而乃反以得活。此所謂徐而馳遲於步也。○顧廣圻云：「徐而馳」，有脱。疑作「徐疾於走」，承「徐行」言之，「馳遲於步」，承「步馬」言之。○寧案：如顧説，馳與步相較，而徐與走則不類矣。疑當作「徐而疾，遲而速」，與上文「或徐行而反疾」相應。下文「有知徐之爲疾，遲之爲速者，則幾於道矣」，是其證。今本文有奪誤，又多後人臆補，故不可讀。夫走者，人之所以爲疾也；步者，人之所以爲遲也。今反乃以人之所爲遲者反爲疾，○王念孫云：此當作「今乃反以人之所以爲遲者爲疾」。上文曰：「此衆人所以爲死也，而乃反以得活。」卽其證。今本「乃反」二字誤倒，又脱一「以」字，衍一「反」字。明於分也。有知徐之爲疾，遲之爲速者，則幾於道矣。故黄帝亡其玄珠，使離朱、捷剟索之，離朱明目，捷剟疾利，搏善拾于物，二人皆黄帝臣也。○王念孫云：「剟」與「掇」通。「剟」上當有「攫」字。脩務篇曰：「離朱之明，攫掇之捷。」高彼注曰：「離朱，黄帝時人，明目，能見百步之外，秋毫之末。攫掇，亦黄帝時捷疾者。」是也。此注當作「離朱明目，見物捷疾。攫剟善於搏拾物。（高注脩務篇曰：「攫，搏也。」注要畧曰：「掇，拾也。」）二人皆黄帝臣也。」今本正文脱「攫」字，注文尤多脱誤。劉績不能釐正，乃於「剟」上增「捷」字，（諸本及莊本同。）與脩務篇不合，非也。○于鬯云：脩務訓云：「離朱之明，攫掇之捷。」掇、剟字通。是攫剟以捷稱，故亦稱捷剟。道藏本脱「捷」字，王襍志因欲據脩務補「攫」字，而以「捷」字爲劉績所增，非也。各本皆作「捷」字，無作「攫」字者。且離亦非氏也。離者，明也。以朱明目，故稱之曰離朱，與攫剟之稱捷剟正同。抑攫亦非氏也，亦以其善攫而稱之。然則剟攫、剟捷又一也。古人稱謂多如此。○寧案：于説是也。注景宋本作「離朱明目，剟捷疾利，搏善拾於物」，「剟捷」二字誤倒。道藏本作「離朱明目物捷疾利搏善拾於物」，「搏善拾於物」王校作「善於搏拾物」，王校是也。上二句今本「離朱明目，捷剟疾利」不誤。王據藏本增删，不可從。而弗能得之也，於是使忽悗而後能得之。忽悗，黄帝臣也。忽恍善忘之人。

聖人敬小慎微，動不失時，百射重戒，射，象也。〇吴承仕云：射象義不相應，「象」當爲「豫」，形壞作象也。孟子曰：「序者，射也。」儀禮古文作豫，今文作序。鄭注云：「豫，讀如成周宣榭災之榭。」豫、射同部聲近，故注以豫訓射。説山篇「巧者善度，知者善豫」，注云：「豫，備也。」晉語「戒莫如豫」，韋注云：「豫，備也。」此文百射與重戒對文，蓋事豫則立，不豫則廢之義。注家用聲訓之例，讀射爲豫，眇合雅詁，非許慎莫能爲也。〇金其源云：竊謂注之訓射爲象者，以孟子滕文公「序者射也」，易繫辭「易之序也」，釋文「陸云『象也』，虞本作象」之故。然儀禮鄉射禮「豫則鉤楹内」，注：「周禮作序。」今文豫爲序，是序、豫古今字，射即序，序即豫也，故爾雅釋詁豫、射同詁。百射重戒者，承上「敬小慎微」而言，謂凡百豫備而重申戒令也。〇寧案：吴、金説是也。儀禮鄭注：「豫，讀如成周宣榭災之榭。」説文無「榭」字，新附有之，蓋「榭」即「射」也。禍乃不滋。計福勿及，慮禍過之，同日被霜，蔽者不傷，愚者有備，與知者同功。夫爝火在縹煙之中也，一指所能息也；〇寧案：「一指」下脱「之」字。「一指之所能息」，「一墣之所能塞」，同一句式。道藏本、中立本、茅本、景宋本皆有「之」字。唐漏若鼷穴，一墣之所能塞也。〇馬宗霍云：「唐」字無注。下文云「且唐有萬穴」，彼注云：「唐，堤也。」本文「唐」字義同。説文土部云：「堤，滯也。」𨸏部云：「隄，塘也。」唐之訓堤，蓋爲「隄」之借字。本書主術篇「若發城決唐」，高注云：「唐，隄也。」字正作「隄」。説文土部無「塘」字，大徐本新坿始有之。故「隄塘」之「塘」，古即假「唐」爲之。不惟本書作「唐」，周書作雒篇之「隄唐」，國語周語之「陂唐」，皆其例也。隄所以壅水，故本文言「唐漏」矣。又案説文口部云：「唐，大言也。」引申爲凡大之稱。由大義而廣之，又爲空虛。管子地員篇「黄唐無宜也」，尹知章注云：「唐，虚脆也。」即其證。段玉裁曰：「凡陂塘字古皆作唐，取虚而多受之意。」是也。然陂唐之水必以隄爲障，此唐之所以又訓隄也。及至火之燔孟諸而炎雲臺，孟諸，宋大澤。雲臺，高至雲也。○楊樹達云：孟諸、九江、荆州皆實指一地，獨雲臺泛設，於文不類。「臺」當爲「夢」，字之誤也。爾雅釋地云：「宋有孟諸，楚有雲夢。」本書地形篇亦云：「楚之雲夢，宋之孟諸。」羣書治要引尸子貴言篇云：「熛火始起，易息也，及其焚雲夢、孟諸，雖以天下之役，抒江漢之水，弗能救也。」此爲淮南文所本，正以雲夢、孟諸對言，其明證矣。據注文則所見本已誤。或疑雲夢藪澤，火不能焚，然孟子不云「益烈山澤而焚之」乎？水決九江而漸荆州，雖起三軍之衆，弗能救也。夫積愛成福，積怨成禍，若癰疽之必潰也，所浼者多矣。浼，污也。諸御鞅復於簡公諸御鞅，齊臣。簡公，齊君。曰：「陳成常、宰予二子者，甚相憎也，宰予，孔子弟子，仕於齊。○梁玉繩云：成是謚，當衍。（説見吕氏春秋校補。）臣恐其構難而危國也，君不如去一人。」簡公不聽。居無幾何，陳成常果攻宰予於庭中，而弑簡公於朝。○俞樾云：「攻」乃「殺」字之誤。殺宰予，弑簡公，君臣異辭，其實一也。下文曰「廷殺宰予」，是其明證。○李哲明云：按陳成常卽陳恒，與之相憎者爲闞止，事見哀公十四年左傳。闞止字子我，傳文數稱子我。宰予亦字子我，後人遂誤以爲宰予耳。正文與注俱誤。又闞止之亂，陳恒執簡公於舒州，尋弑之。傳文甚晰，非卽弑於朝也。○寧案：吕氏春秋愼勢篇、説苑正諫篇皆作「攻宰予於庭」，淮南本吕氏春秋，俞説不可從。又案：宰予疑闞止之誤，見史記索隱。困學紀聞十一引龜山楊氏曰：「當是時，有闞止字子我，死於田常之亂，是必傳之者誤而爲宰我也。」則王氏應麟亦主是説。此不知敬小之所生也。魯季氏與郈氏鬭雞。季氏、郈氏皆魯大夫。郈氏介其雞，介，以芥菜塗其雞翅也。○劉文典云：吕氏春秋察微篇高注：「介，甲也。作小鎧著雞頭也。」與淮南此注不同。蓋許、高之異也。左昭二十五年傳：「季、郈之雞鬭，季氏介其雞。」賈逵云：「擣芥子爲末，播其雞翼，可以坌郈氏雞目。」（史記魯世家集解引服虔説同。）許君爲賈逵弟子，此注即用師説。人閒篇之爲許注本，益信而有徵矣。説文艸部：「芥，菜也。」亦與此注「芥菜」訓合。

而季氏爲之金距，金距，施金芒於距也。○寧案：介雞者季氏，爲之金距者郈氏，故下文云：「禍之所從生者，始於雞距。」（今本「距」誤「定」。）謂郈昭伯因雞距得禍也。此郈、季二氏互誤，當從左傳及魯世家訂正。

季氏之雞不勝，季平子怒，因侵郈氏之宫而築之。郈昭伯怒，傷之魯昭公曰：傷，毁譖也。

禱於襄公之廟，舞者二人而已，時魯禱先君襄公，八佾之舞庭者，凡二人也。○劉文典云：「禱」疑當爲「禘」。説文示部：「禘，祭也。」「禱，告事求福也。」有事於先君之廟，用八佾之舞，則當言禘。吕氏春秋察微篇作「禘於襄公之廟也。」高注：「禘，大祭也。」左昭二十五年傳亦作「將禘於襄公」，皆其證矣。注「時魯禱先君襄公」，則所見本已作「禱」矣。○吴承仕云：朱本、景宋本並作六佾。承仕案：左氏昭二十五年傳：「將禘於襄公，萬者二人。」歐陽士秀孔子世家補曰：「魯隱公考仲子之宫，初用六佾。」則魯羣公廟庭，亦皆六佾可知。本篇爲許注，許治左氏學，説義必與左氏相應。疑本作「六佾」者近之，莊本「六」作「八」，蓋淺人妄爲之。又案吴仁傑説，二人不成列，「二人」當作「二八」。左氏及淮南作「二人」者，皆誤文也。義亦可通。○寧案：「舞者二人而已」，盧文弨鍾山札記以爲當作「二八」，説甚詳。又案：注「八佾」，道藏本、茅本亦作「六佾」。昭二十五年公羊傳：「昭公告子家駒曰：『季氏爲無道，僭于公室久矣！吾欲弑之，何如？』子家駒曰：『諸侯僭于天下，大夫僭于諸侯，久矣！』昭公曰：『吾何僭矣哉？』子家駒曰：『設兩觀，乘大路，朱干玉戚以舞大夏，八佾以舞大武，此皆天子之禮也。」」疑此以正禮言作「六佾」。莊本作「八佾」，乃後人據公羊所改。其餘盡舞於季氏。季氏之無道，無上久矣！弗誅，必危社稷。」公以告子家駒，子家駒，魯大夫。子家駒曰：「季氏之得衆，三家爲一。三家，孟氏、叔孫、季氏。○寧案：注，「叔孫」當依景宋本作「叔氏」。其德厚，其威強，君胡得之！」○于鬯云：「得」疑當作「待」，涉上文「得」字而誤。上文云：「季氏之得衆，三家爲一。其德厚，其威強。」是昭公實無以待季氏也。故曰「君胡待之」。○寧案：「君胡得之」，謂君何所得而誅之也。故公羊傳注云：「欲使昭公先自正，乃正季氏」也。于説未必是。昭公弗聽，使郈昭伯將卒以攻之。仲孫氏、叔孫氏相與謀曰：○寧案：「仲孫氏」慶父之後，諱慶父弑閔公，故更爲孟氏。劉家立集證作「孟孫氏」，改字無謂。「無季氏，死亡無日矣。」遂興兵以救之，郈昭伯不勝而死，魯昭公出奔齊。故禍之所從生者，始於雞定；○莊逵吉云：本或作「雞足」，或作「雞距」，唯藏本作「定」。定，題也。疑藏本是。○王念孫云：「雞定」當依劉本作「雞足」，字之誤也。上文云季氏與郈氏鬭雞，爲之金距，故曰禍「始於雞足」。且足與稷爲韻。（泰族篇「獄訟止而衣食足」，亦與息、德爲韻。老子「禍莫大於不知足」，與得爲韻。）若作定則失其韻矣。莊伯鴻以定爲「麟之定」之定，大誤。○金其源云：竊謂定不當釋題。廣雅釋器云：「定謂之耨。」爾雅釋器云：「斪斸謂之定。」李巡注云：「定，鉏屬。」王氏懷祖云：「定者，斫物之稱，今江、淮間謂以斧斫物曰釘，音帶定反，是其義也。」施金芒於雞距，可以斫物如鉏，故謂之雞定。○寧案：中立本作「雞距」。上文云「季氏爲之金距」，下文云「季氏金距」，此「距」字與上下文一例相承，蓋「距」字缺右誤爲「足」，又誤爲「定」耳。王氏念孫以韻校作「雞足」，疑此文不協韻。金説迂晦尤非。及其大也，至於亡社稷。故蔡女蕩舟，齊師大侵楚。齊桓公與蔡姬乘舟，姬蕩舟，公懼，止之。公怒，歸之蔡。蔡人嫁之。公伐楚，至召陵而勝之也。〇王念孫云：「侵」上不當有「大」字，此因上文「及其大也」而衍。〇寧案：注「公懼止之，公怒歸之蔡」，二句文不相屬。中立本「止之」下有「不可」二字，當據補。兩人構怨，廷殺宰予，簡公遇殺，身死無後，陳氏代之，齊乃無吕；兩家鬭雞，季氏金距，郈公作難，〇俞樾云：郈昭伯，魯大夫，不得稱郈公，乃郈氏之誤。上文云「郈氏介其雞」，是其明證也。今作郈公者，涉下文「魯昭公出走」而誤。又案：「魯昭公出走」句，王氏念孫謂衍「公」字，以上下文皆四字句故也。然上文云「簡公遇殺，身死無後」，疑此文本作昭公。昭公不稱魯，猶簡公不稱齊，後人誤加「魯」字，遂致句法參差，而王氏乃議删「公」字，失之矣。〇寧案：「季」、「郈」二字互誤，説詳上。季氏亦不得稱公，「公」當作「氏」是也。景宋本正作「氏」。魯昭公出走。故師之所處，生以棘楚。楚，大荆也。禍生而不蚤滅，若火之得燥，水之得溼，浸而益大。癰疽發於指，其痛遍於體。故蠹啄剖梁柱，蟁䖟走牛羊，此之謂也。〇劉台拱云：説苑談叢篇作「蠹蝝仆柱梁」。蝝，蚍蜉子也，此作「啄」者誤。「剖梁柱」亦當作「仆柱梁」，梁與羊爲韻也。〇向宗魯云：「蠹啄」當從説苑作「蠹蝝」。爾雅「蝝，蝮蜪」，與下「蟁䖟」爲對。「梁柱」亦當從之乙轉。〇楊樹達云：劉校乙「梁柱」爲「柱梁」，是也，改「啄」爲「蝝」則非是。説文蝝下云：「蚍蜉子。」劉蓋讀「啄」爲「蝝」，故以蚍蜉子爲釋，然蚍蜉不聞食木也。啄者，啄木鳥也，與蠹爲食木之蟲者正同，故可以剖柱梁也。説苑作「蝝」，乃形近誤字。〇寧案：楊謂啄爲啄木鳥，臆説也。爾雅釋鳥「鴷，啄木」，郭注：「口如錐，長數寸，常啄樹食蟲。」説山篇云：「啄木愈齲。」楊謂「與蠹爲食木之蟲者正同」，夫蠹食木，啄木食蠹，猶芎藭異器，何正同之有？且不聞啄木鳥飛入人家剖柱梁也。「啄」，説苑作「蝝」，是也。説文「蝝，蝮蜪也。劉歆説蝝，蚍蜉子。」又「螘，蚍蜉也。」

爾雅釋蟲：「蚍蜉，大螘。」藝文類聚九十七引廣志曰：「有飛蟻，有木蟻。」爾雅翼云：「螘有翅者，柱中白螘之所化也，以泥爲房，詰曲而上，往往變化生羽。」故此云「剖柱梁」，何謂蚍蜉不聞食木也？又案：「剖」當爲「踣」，字之誤。「踣」同「仆」，與説苑合。

人皆務於救患之備，而莫能知使患無生。夫使患無生易於救患，而莫能加務焉，○寧案：「加」字疑當爲「知」，形近而誤也。上文云「人皆務於救患之備，而莫能知使患無生」，此云「莫能知務」，正承上二句言之。蓋言知與不知，作「加」則非其指矣。則未可與言術也。晉公子重耳過曹，曹君欲見其駢脇，使之袒而捕魚。釐負羈止之曰：「公子非常也。○王念孫云：「非常」下脱「人」字。韓子十過篇作「晉公子非常人也」。從者三人，皆霸王之佐也。三人，謂狐偃、趙衰、胥臣。遇之無禮，必爲國憂。」君弗聽。重耳反國，起師而伐曹，遂滅之。身死人手，社稷爲墟，禍生於袒而捕魚。齊、楚欲救曹，不能存也。聽釐負羈之言，則無亡患矣。今不務使患無生，患生而救之，雖有聖知，弗能爲謀耳。○于省吾云：按「耳」字不詞。景宋本「耳」作「且」，下屬爲句，當從之。○寧案：于説是也。此言不務使患無生，患生而救之，聖知弗能爲謀。下文「且患禍之所由來者萬端無方」，進而闡明曲爲之備之非計。又下文「且唐有萬穴，塞其一，魚何遽無由出；室有百户，閉其一，盜何遽無從入」，更進而闡明其救不勝救。兩「且」字，行文層次甚明，若作「耳」字上屬，既與上文語氣不合，又與下文文義不屬也。「且唐有萬穴」，「且」字道藏本、中立本亦誤「耳」，是且、耳相誤之證。茅本與景宋本同。患禍之所由來者，萬端無方。是故聖人深居以避辱，静安以待時。小人不知禍福之門户，妄動而絓羅網，雖曲爲之備，何足以全其身！譬猶失火而鑿池，被裘而用箑也。且唐有萬穴，唐，隄也。言隄之有萬穴也。○寧案：道藏本、景宋本作「塘」，通「唐」。原本玉篇𨸏部引許叔重云：「隚，隄也。」集韻：隚，「爾雅：廟中路謂之隚。通作唐。」今本爾雅釋宮本作「唐」。塞其一，○寧案：「一」當爲「十」，字之誤也。下言「室有百户，閉其一」，萬與百爲大數，十與一爲小數，大數異，故小數亦異。若下言百之一，此言萬之一，則非其比也。道藏本、景宋本作「塞有十」，「有」乃「其」字之誤，而「十」字不誤，可互校。魚何遽無由出？室有百户，閉其一，盜何遽無從入？夫牆之壞也於隙，劒之折必有齧，齧，缺也。聖人見之密，故萬物莫能傷也。○陳觀樓云：「密」當爲「蚤」，字之誤也。上文「禍生而不蚤滅」，即其證。○寧案：陳説是也。景宋本正作「蚤」。太宰子朱侍飯於令尹子國，子朱、子國皆楚大夫。○梁玉繩云：左傳哀十七年「王與葉公枚卜子良，以爲令尹。沈尹朱曰：『吉，過於其志』」云云。他日改卜子國，而使爲令尹」。此太宰子朱，疑即沈尹朱。○寧案：古書言侍飲，侍食，無言侍飯者，此「飯」乃「食」字之誤。禮曲禮「侍食於長者」，玉藻「侍食於先生異爵者」，論語鄉黨「侍食於君」，是也。北堂書鈔百四十四、太平御覽八百六十一，引皆作「侍食」，是其證。令尹子國啜羹而熱，○寧案：北堂書鈔、太平御覽引，皆不重「令尹」二字。投卮漿而沃之。○王念孫云：下既言沃之，則上不當更言投。舊本北堂書鈔酒食部三引此「投」作「援」，是也。援，引也。謂引卮漿而沃之也。作投者，字之誤耳。太平御覽飲食部十九所引與書鈔同，唐余知古渚宮舊事亦同。明日，太宰子朱辭官而歸。其僕曰：「楚太宰，未易得也。辭官去之，何也？」子朱曰：「令尹輕行而簡禮，其辱人不難。」明年，伏郎尹而笞之三百。郎尹，主郎官之尹也。夫仕者，先避之見終始微矣。○王念孫云：「夫仕者先避」，當作「夫上仕者，先避患而後就利，先遠辱而後求名」。仕與士同。（曲禮「前有士師」，鄭注：「士或爲仕。」爾雅：「士，察也。」小雅節南山篇「弗問弗仕」，鄭箋：「仕，察也。」豳風東山篇「勿士行枚」，大雅文王有聲篇「武王豈不仕」，毛傳竝云：「事也。」漢郎中馬江碑、士喪儀、宗成陽靈臺碑「故有靈臺嗇夫魚師衛士」，士皆作仕。）避患、遠辱，謂上文太宰子朱辭官之事。今本「仕」上脱「上」字，「先避」下脱「患而後就利，先遠辱而後求名」凡十二字。文子微明篇作「故上士先避患而後就利，先遠辱而後求名」，是其證。「之見終始微矣」上當有「太宰子朱」四字，此亦承上文而言，子朱見令尹之輕行簡禮，而知其必將辱人，即辭官而去，可謂見其始而知其終，故曰「太宰子朱之見終始微矣」。夫鴻鵠之未孚於卵也，一指篾之，則靡而無形矣；及至其筋骨之已就，而羽翮之既成也，則奮翼揮䎉，䎉，六翮之末也。凌乎浮雲，背負青天，膺摩赤霄，赤霄，飛雲也。翺翔乎忽荒之上，析惕乎虹蜺之間，○莊逵吉云：各本皆作「徜徉」，藏本作「析惕」。○寧案：景宋本與藏本同。中立本作「彷徉」。雖有勁弩利矰微繳，蒲且子之巧，亦弗能加也。江水之始出於岷山也，可攓衣而越也；○寧案：茅本「衣」作「裳」。及至乎下洞庭，騖石城，洞庭在長沙，石城在丹陽。○寧案：「乎」當作「其」，與上文「及至其筋骨已就」一律。景宋本正作「其」。經丹徒，丹徒在會稽。起波濤，波者涌起，還者爲濤。○寧案：注上「者」字當爲「水」，涉下「者」字而誤。説文：「波，水涌流也。」是其證。大藏音義一、又十二、四十一、一百引許注：「潮水涌起，還者爲濤。」「潮」乃「波」之誤字，即此處注文。舟杭一日不能濟也。○馬宗霍云：説文「杭」爲「抗」之或體，古皆假「杭」爲「抗」。説文方部云：「斻，方舟也。」方舟謂併兩船也。方言卷九「方舟謂之潢」，郭璞注云：「揚州人呼渡津舫爲杭，荆人呼潢。」本文「舟杭」正謂渡江舫也。散言之，舟亦曰杭。漢書司馬相如傳下「蓋周躍魚隕杭」，顔師古注引應劭云：「杭，舟也。」是其證。是故聖人者，常從事於無形之外，而不留思盡慮於成事之内，是故患禍弗能傷也。

人或問孔子曰：「顔回何如人也？」○寧案：見列子仲尼篇。説苑雜言篇作子夏問，多子張。又論衡定賢篇文本淮南。曰：「仁人也。丘弗如也。」「子貢何如人也？」曰：「辯人也。丘弗如也。」「子路何如人也？」曰：「勇人也。丘弗如也。」賓曰：「三人皆賢夫子，而爲夫子役，何也？」孔子曰：○寧案：「孔子曰」，莊本誤作「夫子曰」，據宋本藏本改正。「丘能仁且忍，辯且訥，勇且怯。以三子之能，易丘一道，丘弗爲也。」孔子知所施之也。秦牛缺徑於山中，牛缺，隱士。○寧案：事見吕氏春秋必己篇。而遇盜，奪之車馬，解其橐笥，拖其衣被。拖，奪也。○劉文典云：説文：「褫，奪衣也。讀若池。」錢大昕云：「説文無池字，當爲拕。」易「終朝三褫之」，陸德明音義云：「褫，鄭本作拕，徒可反。」拕、奪聲亦相近也。○寧案：「奪之車馬」，「之」當爲「其」，與下二句一律。蜀藏本正作「其」。盜還反顧之，○寧案：「盜還反」三字無義，疑涉下「還反殺之」而衍。盜還反殺之是也，何顧之而還反也？無懼色憂志，驩然有以自得也。盜遂問之曰：「吾奪子財貨，劫子以刀，而志不動，何也？」秦牛缺曰：○寧案：吕氏春秋高注云：「牛，姓也，缺，其名，秦人也。」上文已稱秦牛缺，許注云「牛缺，隱士」，則此「牛缺」上不當又舉「秦」字，蓋涉上而衍。「車馬所以載身也，衣服所以揜形也，○寧案：「衣服」當作「衣被」，承上文「拖其衣被」言也。道藏本、中立本、茅本、景宋本皆作「衣被」。聖人不以所養害其養。」○寧案：「所」下脱「以」字，「其」當爲「所」。「所以養」謂車馬衣被也，「所養」謂身也。説在道應訓。盜相視而笑曰：「夫不以欲傷生，不以利累形者，世之聖人也。」以此而見王者，必且以我爲事也。」還反殺之。此能以知知矣，而未能以知不知也；能勇於敢，而未能勇於不敢也。凡有道者，應卒而不乏，遭難而能免，故天下貴之。今知所以自行也，而未知所以爲人行也，其所論未之究者也。人能由昭昭於冥冥，則幾於道矣。詩曰：「人亦有言，無哲不愚。」此之謂也。

事或爲之，適足以敗之；或備之，適足以致之。何以知其然也？秦皇挾録圖，挾，銷也。秦博士盧生使入海還，奏圖録書于始皇帝。○吴承仕云：朱本「銷」作「鋪」。案：「挾」當爲「披」。注云「披，鋪也。」廣雅：「披，張也。鋪，陳也。」披、鋪義通，聲紐亦近，故注以鋪訓披。莊本文注並誤，則蹤跡幾不可尋矣。上文「挾甲笴」，各本誤「挾」爲「被」，其比同。○寧案：吴説是也。道藏本、景宋本「銷」皆作「鋪」。又案：注「圖録」二字誤倒。通鑑秦紀：始皇三十二年「因奏録圖書」，注：「録圖書，如後世讖緯之書。」今本正文不誤，道藏本、中立本、景宋本注亦不誤。見其傳曰：「亡秦者胡也。」因發卒五十萬，使蒙公、楊翁子蒙公，蒙恬也。楊翁子，秦將。○孫志祖云：今人但知蒙恬築長城，不聞楊翁子之名。曜北云：始皇紀有楊端和，豈卽楊翁子耶？○陳直云：秦、漢人稱蒙恬皆曰蒙公。鹽鐵論伐功篇云：「蒙公爲秦擊走匈奴，若鷙鳥之追羣雀。」又險固篇及揚雄河東賦亦皆稱蒙恬爲蒙公。楊翁子不見于其他古籍，當爲華陰楊氏，與楊端和、楊熊、楊喜等人爲一族。將，築脩城，西屬流沙，起隴西臨洮縣。北擊遼水，遼水，遼東。○顧廣圻云：「擊」疑當作「繫」，史記所謂「屬之遼東」也。屬、繫、結皆同義。（揚子法言淵騫篇「起臨洮，擊遼水」，誤與此同。）○俞樾云：「擊」字無義，疑「罄」字之誤。爾雅釋詁：「罄，盡也。」言北盡遼水也。史記作「起臨洮，至遼東」，至即有盡義。○馬宗霍云：俞說未必是。易蒙卦上九爻辭「擊蒙」，陸德明釋文云：「擊，馬、鄭作繫。」本文「擊」字疑亦當作「繫」，繫猶系也。周禮天官太宰「以九兩繫邦國之民」，鄭玄注云：「繫，聯綴也。」然則「北擊遼水」，猶言北與遼水相聯也。上文「西屬流沙」，下文「東結朝鮮」，說文尾部云：「屬，連也。」「連」、「結」亦與「繫」義同。又案周書作雒篇「南繫于洛水，北因于郟山」，孔晁注云：「繫、因，皆連接也。」彼言築成周之城，本文言築長城，詞意正同，可以互參。○寧案：「擊」假爲「繫」。周禮校人「三皂爲繫」，釋文作毄，「音計，本又作繫」。漢書景帝詔「農桑毄畜」，師古曰：「毄，古繫字。」擊從毄，說文：「毄，相擊中也。」是繫、擊字可通假。主術篇「擊戾」，泰族篇作「繫戾」，法言淵騫篇亦云「擊遼水」。此無庸改字。東結朝鮮，朝鮮，樂浪。中國內郡輓車而餉之。又利越之犀角、象齒、翡翠、珠璣，翡，赤雀。翠，青雀。圓者爲珠，⿰齒頁者爲璣。○寧案：注「⿰齒頁」當爲「纇」，形近而誤也。說文：「璣，珠不圜者。」氾論篇「明月之珠，不能無纇」，高注：「纇，磐，若絲之結纇也。」（陶方琦謂當是許注。）與說文合。景宋本作「類」，形尤相似。乃使尉屠睢尉屠睢，秦將。發卒五十萬，爲五軍，一軍塞鐔城之領，鐔城在武陵西南，接鬱林。○寧案：領，宋本、藏本作嶺，字通。漢書嚴助傳：「輿轎而踰領」。項昭曰：「領，山領也。」一軍守九疑之塞，九疑在零陵。一軍處番禺之都，番禺，南海。一軍守南野之界，南野在豫章。一軍結餘干之水，餘干在豫章。三年不解甲弛弩，使監祿無以轉餉，又以卒鑿渠而通糧道，監祿，秦將，鑿通湘水、離水之渠。○王念孫云：「無以」二字，後人所加。此言使監祿轉餉，又使用卒鑿渠而通糧道也。史記主父傳「使監祿鑿渠運糧，深入越」，是其證。「使監祿」下加「無以」二字，則文不成義矣。困學紀聞引此無「無以」二字。以與越人戰，殺西嘔君譯吁宋。西嘔，越人。譯吁宋，西嘔君名也。○陳直云：「西嘔」爲「西甌」之假字。西嘔君事，不見其他古籍紀載。吁宋爲西嘔君譯人之名。○寧案：殺一譯人何足書？陳説疑非。而越人皆入叢薄中，與禽獸處，莫肯爲秦虜。相置桀駿以爲將，而夜攻秦人，大破之，殺尉屠睢，伏尸流血數十萬。乃發適戍以備之。○劉家立云：困學紀聞引秦王「利越之犀角象齒」一節，謂秦擊越之事詳見於此。全氏謝山注云：「史記淮南王傳伍被曰：『尉它知中國窮極，使人上書求女無夫家者三萬人，以爲士卒衣補。秦皇帝可其請，發萬五千人，百姓瓦解。不一年，陳勝起。』此當在屠睢既死，發謫戍備越之時。」又云：「監祿者，史祿也。渠乃零渠。西嘔君乃西甌君。以史記南粵傳證之，知嘔卽甌也。」又嚴安上書武帝，亦云「秦皇帝使蒙恬將兵以北攻彊胡，使尉屠睢將樓船之士以南攻越，是時秦禍北構於胡，南掛於越。」當此之時，男子不得脩農畝，婦人不得剡麻考縷，考，成也。○于鬯云：高注云：「考，成也。」則以剡麻考縷爲一事，謂剡麻以成爲縷也。方言爰嗳篇云：「考，引也。」則分剡麻與引縷爲兩事，亦可解。○寧案：「剡」或作「緂」。氾論篇「緂麻索縷」，並「繝」之假字。方言：「繝，續也。」或作「撊」。羸弱服格於道，○于省吾云：按「格」應讀作「輅」，「服格」卽「服輅」。晏子春秋諫下第二十「吾將左手擁格」，王念孫謂「格」卽「輅」字，是其證。大夫箕會於衢，箕會，以箕於衢會斂。病者不得養，死者不得葬。於是陳勝起於大澤，奮臂大呼，天下席卷而至於戲。戲，地名，在新豐。○于鬯云：似當作「席卷天下」。劉、項興義兵隨，而定若折槁振落，遂失天下。禍在備胡而利越也。欲知築脩城以備亡，不知築脩城之所以亡也；發適戍以備越，而不知難之從中發也。○寧案：景宋本「備亡」下有「而」字，與「備越」下有「而」字文同一例。夫鵲先識歲之多風也，去高木而巢扶枝，扶，旁也。○王念孫云：「鵲」上脫「烏」字，下文「烏鵲之智」即其證。初學記天部上、太平御覽天部九、白帖二引此皆有「烏」字。○陶方琦云：初學記天部一、御覽九、事類賦風部引許注：「扶，傍也。」案：「旁」當作「傍」。說文：「傍，近也。」謂近枝也。太平廣記四百六十一引淮南「去喬木，巢傍枝」，亦作「傍」。○寧案：初學記天部上、白帖一、太平御覽九引「高木」亦作「喬木」。大人過之則探鷇，嬰兒過之則挑其卵，知備遠難而忘近患。故秦之設備也，烏鵲之智也。

或争利而反強之，或聽從而反止之。何以知其然也？魯哀公欲西益宅，史争之，以爲西益宅不祥。西益宅，築舊居之西更以爲田宅。○俞正燮云：論衡云：「俗有大諱四，西益宅居其一。」藝文類聚引風俗通亦有「西益宅不祥」。新序五及家語正論解則云「東益宅不祥」。○劉文典云：藝文類聚六十四、御覽一百八十引風俗通義云：「宅不西益。俗說西者爲上，上益宅者，妨家長也。」即「西益宅不祥」之說。○吳承仕云：「更以爲田宅」，景宋本作「更以爲田宅不止益」，朱本作「史以爲舊宅不止益」。承仕案：朱本近之，疑當作「史以爲舊宅不西益」。「止」字或即「西」字之譌，或尚有奪文，今難質言矣。莊本誤「史」爲「更」，誤「舊」爲「田」，皆由形近致譌。（「舊」字俗書或省作「臼」，故與「田」近。）又妄刪「不止益」三字，失之遠矣。哀公作色而怒，左右數諫不聽，乃以問其傅宰折睢。宰折睢，傅名姓。○莊逵吉云：太平御覽作曼折曜。○寧案：宋本、鮑本太平御覽百八十引皆作曼折睢。曰：「吾欲益宅，而史以爲不祥，子以爲何如？」○劉文典云：「益宅」上當有「西」字。史以西益宅爲不祥，非以益宅爲不祥也，今敓「西」字，文義不明。論衡四諱篇正作「吾欲西益宅，史以爲不祥」，是其證也。宰折睢曰：「天下有三不祥，西益宅不與焉。」哀公大悦而喜。頃復問曰：「何謂三不祥？」對曰：「不行禮義，一不祥也。嗜欲無止，二不祥也。不聽強諫，三不祥也。」○寧案：太平御覽引「強諫」作「正諫」。哀公默然深念，憤然自反，○俞樾云：憤然非自反之貌，「憤」疑「隤」字之誤。周易繫辭傳「夫坤，隤然示人簡矣」，虞注曰：「隤，安也。」馬注曰：「柔貌。」皆與自反之義合。上文「孔子讀易，至損、益，未嘗不憤然而歎」，王氏念孫謂「憤然」當作「噴然」。此誤「隤」爲「憤」，猶彼誤「噴」爲「憤」，皆形似而誤。○劉文典云：御覽百八十引「憤」作「喟」，於義爲長。○于省吾云：按俞説非是。「憤」本應作「噴」。「憤」乃「噴」之譌，「喟」乃「噴」之借，噴、喟字通，已詳王念孫説。噴然係傷感之義，下文「喟然有志焉」，「子發喟然有悽愴之心」，即其證。遂不西益宅。夫史以爭爲可以止之，而不知不爭而反取之也。智者離路而得道，愚者守道而失路。夫兒説之巧於閉結無不解，兒説，宋大夫。○梁玉繩云：事見呂氏君守篇。非能閉結而盡解之也，不解不可解也。至乎以弗解解之者，可與及言論也。或明禮義、推道體而不行，或解構妄言而反當。○寧案：「體」，道藏本、茅本作「禮」，景宋本作「礼」，皆不可通。字當作「理」。蓋「理」以聲近誤作「禮」，又以形近誤作「體」耳。此理謂小理，非大理。下文云：「此皆形於小微而通於大理者也。」「通於大理」，非此所謂「推道理」也。中立本正作「道理」。何以明之？孔子行遊，馬失，食農夫之稼，○王念孫云：「孔子行遊」四字，文不成義。此本作「孔子行於東野」，下文「野人」二字，卽承此句言之。今本「於」誤作「遊」，又脫「東野」二字。太平御覽地部二十野下引此正作「孔子行於東野」。呂氏春秋必己篇同。（今本作「孔子行道而息」，乃後人所改，辯見呂氏春秋。）又案：「失」與「佚」同。野人怒，取馬而繫之。○寧案：太平御覽五十五引作「取其馬而繫之」，呂氏春秋亦有「其」字，當據沾。子貢往說之，卑辭而不能得也。○王念孫云：「子貢」上脫「使」字。太平御覽引此有「使」字。「卑」當爲「畢」，字之誤也。畢辭，謂竟其辭也。太平御覽引此作「畢辭而弗能得」，呂氏春秋作「畢辭，野人不聽」，皆其證。孔子曰：「夫以人之所不能聽說人，譬以太牢享野獸，太牢，三牲。○寧案：「譬」下脫「猶」字，景宋本有「猶」字。道藏本作「譬以以太牢享野獸」，蓋「猶」誤作「以」，後人刪去一「以」字耳。以九韶樂飛鳥也。予之罪也，非彼人之過也。」乃使馬圉往說之。圉，養馬者。至，見野人曰：「子耕於東海至於西海，吾馬之失，安得不食子之苗？」○向宗魯云：「至」上捝「吾不」二字。馬圉之意，以爲子耕於此，吾所行者，又非他處，馬佚，安得不食子之苗？呂氏必己篇作「子耕於東海，吾不耕於西海」。彼文「至」誤作「耕」，而「吾不」二字未捝，當互正。又「大喜」當從呂覽作「大說」，說猶解也。○寧案：向說非是。東海不可以耕，不得曰「子耕於東海」。呂氏春秋必己篇作「子不耕於東海，吾不耕於西海也」。向謂彼文下句「至」誤作「耕」，是也。而「子」下捝引「不」字，則義不可通矣。彼文蓋謂彼若耕於東海之中，則吾馬不得食子之苗，今汝耕於東野，而吾又不至於西海，而行於此，安得不食子之苗乎？愚謂淮南文自不誤。「子耕於東海至於西海」作一句讀，言其富有耕地，自東海至於西海也。蓋馬圉以世俗吉利之言相對語，故野人大喜。論衡自紀篇謂「馬圉諧說而懿」是也。「喜」字亦非誤字。不得曰「子耕於東海」，而可曰「耕於東海至於西海」，若「至」上加「吾不」二字，是改通者以爲不通矣。二書所記，各擅勝場，故彼稱其辯，而此曰「巧不若拙」，拙者，謂其世俗諧語也。不當據彼以改此。野人大喜，解馬而與之。說若此其無方也，而反行。事有所至，而巧不若拙，故聖人量鑿而正枘。夫歌采菱，發陽阿，鄙人聽之，不若此延路陽局，延路陽局，鄙歌曲也。○莊逵吉云：太平御覽作延路陵陽。○王念孫云：「不若此」，「此」字因上文「若此其無方」而衍。「路」本作「露」，脱去上半耳。「陽扃」本作「以和」，因上文「發陽阿」而誤爲「陽阿」，「阿」又誤爲「扃」也。（左畔「阝」字誤爲「户」，右畔「可」字誤爲「冋」。）劉本改「扃」爲「局」，而莊本從之，謬矣。）「不若延露以和」者，言采菱、陽阿，曲之至美者也；而鄙人聽之，曾不若歌延露以相唱和。（說山篇：「欲美和者，始於陽阿采菱。」）所謂「曲高和寡」也。李善注吳都賦、月賦、舞賦、長笛賦、七啟引此，竝作「不若延露以和」，是其明證。注中「陽扃」二字，亦隨正文而衍。吳都賦注引高誘曰：「延露，鄙歌曲也。」無此二字。○寧案：文選擬魏太子鄴中集注引作「不若延露以和」，無「此」字，北堂書鈔一百六引亦無「此」字。王失引。又太平御覽五百七十二引「路」作「露」，莊引誤。又北堂書鈔引作「延露陽阿」，「露」字亦不誤。「以和」誤作「陽阿」而「阿」猶未作「扃」也。非歌者拙也，聽者異也。○寧案「非歌者拙也」，衍「者」字。尋繹上文「巧不若拙」，非謂子貢巧而馬圉拙也，蓋指説辭言之。子貢辭雖巧，乃人之所不能聽；馬圉辭雖拙，能量鑿而正枘，故野人喜。此「非歌拙也」，承上辭拙而言，作「歌者」則非其比矣。文選舞賦注引已誤，北堂書鈔陳、俞本正作「非歌拙也」，太平御覽五百七十二引同。下句「聽者異也」，「者」字疑當作「各」，蓋上句誤衍「者」字，後人遂改「各」爲「者」與之相對耳。御覽引正作「各」。故交畫不暢，暢，申也。連環不解，物之不通者，聖人不争也。

仁者，百姓之所慕也。義者，衆庶之所高也。爲人之所慕，行人之所高，此嚴父之所以教子，而忠臣之所以事君也。然世或用之而身死國亡者，不同於時也。○寧案：「同」當爲「周」，王念孫説詳上。昔徐偃王好行仁義，陸地之朝者三十二國。王孫厲謂楚莊王王孫厲，楚臣也。○向宗魯云：「莊王」當作「文王」，字之誤也。韓子五蠹篇、説苑指武篇載此事，皆作荆文王。後漢書東夷傳及史記趙世家索隱引譙周説皆同。（譙謂繆王與楚文王不同時，而後漢書竟以爲同時，蓋誤合韓子、説苑及本書以就史記而忘其時代。）渚宫舊事一用此文亦作文王，則所見本尚未誤，宜據以訂正。（孫刻舊事補注出處，誤云説苑指武篇，核其文乃本書，非説苑也。孫語本不足爲典要，恐讀者因之致疑所據説苑有異今本，特附辨之。）楚辭七諫「偃王行其仁義兮，荆文寤而徐亡」，亦以爲楚文事。（補注引此已誤作莊。）本書説山篇「徐偃王以仁義亡國」，高注：「居衰亂之世，修行仁義，爲楚文王所滅」，亦以滅徐者爲楚文王，則其所見本書，此文必尚未誤也。曰：「王不伐徐，必反朝徐。」王曰：「偃王有道之君也，好行仁義，不可伐。」王孫厲曰：「臣聞之，大之與小，强之與弱也，猶石之投卵，虎之啗豚，又何疑焉？且夫爲文而不能達其德，○寧案：道藏本、中立本、景宋本「且夫」作「且也」，茅本作「且夫」。莊從茅本，非是。爲武而不能任其力，亂莫大焉。」楚王曰：「善！」乃舉兵而伐徐，遂滅之。知仁義而不知世變者也。○寧案：「知仁義而不知世變者也」，與上文義不相屬，集證本句首沾「此」字，是也。景宋本有「此」字。茅本同，唯「此」下敚「知」字。申菽杜茝，申菽、杜茝，皆香草也。○顧廣圻云：申菽疑即申椒。集韻「萩」或作「菽」，兹消切。則菽亦有椒音。美人之所懷服也，及漸之於滫，滫，臭汁也。○寧案：原本玉篇水部引，「漸之於瀡」作「浸之瀡中」。許注：「瀡，臭汁也。」蓋「中」字誤作「于」，書作「於」，又誤倒如今本耳。大戴禮勸學篇作「漸之瀡中」，史記三王世家引「傳曰」同。荀子勸學篇：「蘭槐之根是爲芷，其漸之瀡，君子不近，庶人不服，其質非不美也，所漸者然也。」此淮南所本。浸亦漸也，疑「漸」字是。則不能保其芳矣。古者，五帝貴德，三王用義，五霸任力。今取帝王之道，而施之五霸之世，是由乘驥逐人於榛薄而蓑笠盤旋也。今霜降而樹穀，冰泮而求穫，欲其食則難矣。○顧廣圻云：「今霜」當作「令霜」。○寧案：「其」疑當作「得」。「得」字古作「㝵」，與「其」形近而誤。齊俗篇「欲得事正則難矣」，説山篇「欲得所求難矣」，氾論篇「欲得宜適致固焉則難矣」，與此同一句式。齊民要術一引正作「得」。故易曰「潛龍勿用」者，言時之不可以行也。故「君子終日乾乾，夕惕若厲，无咎」。終日乾乾，以陽動也；夕惕若厲，以陰息也。因日以動，因夜以息，唯有道者能行之。夫徐偃王爲義而滅，燕子噲行仁而亡，子噲，燕王也。蘇代説子噲讓國，遂專政。齊伐燕，大敗之，噲死也。○顧廣圻云：義、仁二字，疑當互易。下文仁、義、儒、墨，即依此爲次。○寧案：注「蘇代説子噲讓國，遂專政」，當作「蘇代説子噲讓國子之，子之遂專政」。今本脱四字，則似謂專政者蘇代，而專政者蓋子之也。國策燕策：「燕王因舉國屬子之，子之大重。」史記燕世家：「燕王因屬國於子之，子之大重。」是其證。哀公好儒而削，哀公，魯君。代君爲墨而殘。代君，趙之别國。滅亡削殘，暴亂之所致也，而四君獨以仁義儒墨而亡者，○顧廣圻云：此承上文「滅亡削殘」言之，不須又言亡矣。「而亡」二字疑出後人所加。遭時之務異也。○譚獻云：「遭時」句語不瞭，疑「所遭之時異也」寫誤。○寧案：道藏本、景宋本作「遭之時務異也」，語亦未安，無以據正。非仁義儒墨不行，○顧廣圻云：「不」下疑當有「可」字。非其世而用之，則爲之禽矣。○寧案：「爲之禽」，「之」字無所指，疑「人」字之誤。夫戟者，所以攻城也，鏡者，所以照形也。宮人得戟則以刈葵，宮人，宦侍也。○梁玉繩云：初學記引「宮人」上有「然」字，此脫。盲者得鏡則以蓋巵，○劉文典云：初學記器用部、白帖十三引「蓋巵」下竝有「盲者不可貽以鏡，亂主不可舉其疵」十四字。○寧案：「盲者不可貽以鏡」，與「盲者得鏡則以蓋巵」義複，「亂主不可舉其疵」，既與上句不類，又與下文「不知所施之也」義不相屬。疑讀者所記，誤入正文，二書據誤本引之也。不知所施之也。故善鄙不同，誹譽在俗；趨舍不同，逆順在君。○王念孫云：兩「不」字後人所加。此言善鄙同而或誹或譽者，俗使然也；趨舍同而或逆或順者，君使然也。故下文云「狂譎不受禄而誅，段干木辭相而顯，所行同也，而利害異者，時使然也」。後人於「同」上加「不」字，則義不可通矣。文子微明篇作「善否同，非譽在俗；趨行等，逆順在時」，是其證。齊俗篇云：「趨舍同，誹譽在俗；意行鈞，窮達在時。」語意正與此同。○寧案：王氏念孫刪兩「不」字，是也，而「君」字未校。「君」當作「時」，乃後人妄改。上文云：「世或用之而身死國亡者，不周於時也。」又云：「此知仁義而不知世變者也。」又云：「言時之不可以行也。」又云：「非其世而用之，則爲之禽矣。」皆言時易則事變。此「善鄙同，誹譽在俗；趨舍同，逆順在時」四句（從王校刪不字），正乃統上之詞。下文又舉狂譎、段干木爲例，以反復申言之曰：「所行同也，而利害異者，時使然也。」亦緊承時字。若作「逆順在君」，則文與上下不相應矣。故文子微明篇襲此文作「逆順在時」，齊俗篇亦云「趨舍同，誹譽在俗；意行鈞，窮達在時」，是其明證。中立本正作「時」。狂譎不受禄而誅，狂譎，東海之上人也。耕田而食，讓不受禄，太公以爲飾虛亂民而誅。○寧案：注「上人」疑當作「士人」。

集證本改「士」非。太公於士人何誅焉。段干木辭相而顯，所行同也，而利害異者，時使然也。故聖人雖有其志，不遇其世，僅足以容身，何功名之可致也！知天之所爲，知人之所行，則有以任於世矣。○王念孫云：「任於世」三字，義不相屬。「任」當爲「徑」。徑，行也。（見本經篇注及僖二十五年左傳注。）言知天知人，則有以行於世也。下文云：「知天而不知人，則無以與俗交；知人而不知天，則無以與道遊。」皆謂其不可行於世也。「徑」字或作「徑」，因誤而爲「任」。（詮言篇「下之徑衢，不可勝理」，文子道德篇「徑衢」誤作「任懼」。）文子微明篇作「即有以經於世矣」，經、徑古字通，經亦行也。（莊子外物篇曰：「不可與經於世。」）知天而不知人，則無以與俗交；知人而不知天，則無以與道遊。單豹倍世離俗，單豹，隱士。巖居谷飲，不衣絲麻，○劉家立云：「麻」當作「帛」，字之誤也。帛與穀、色爲韻，若作麻則失其韻矣。且不衣麻，將何衣乎？是以知其誤也。不食五穀，行年七十，猶有童子之顔色。○寧案：集證本刪「顔」字，是也。道藏本、景宋本皆無「顔」字。莊子達生篇作「猶有嬰兒之色」。卒而遇飢虎，殺而食之。張毅好恭，張毅，好禮之人。過宮室廊廟必趨，見門閭聚衆必下，厮徒馬圉，皆與伉禮。○寧案：道藏本、景宋本「厮」作「斯」，或字也。顧廣圻云：「斯訓賤役，見易旅卦。」然不終其壽，内熱而死。豹養其内而虎食其外，毅脩其外而疾攻其内。故直意適情，則堅强賊之；以身役物，則陰陽食之。此皆載務而戲乎其調者也。○顧廣圻云：「而戲」疑作「而虧」。○寧案：顧説是也。上文「陰陽食之」，「食」本作「蝕」。史記天官書「日月薄蝕」，韋昭云：「虧毁爲蝕。」釋名釋天云：「日月虧曰食。」此「虧乎其調」，正承「食」字言也。又案許氏以調爲和，説在詮言篇。得道之士，外化而内不化。外化所以入人也，内不化所以全其身也。○寧案：「入人」不可解，疑當爲「知人」。「知」以聲近誤爲「之」，再形誤爲「入」耳。「全其身」衍「其」字。「全身」與「知人」對文。文子微明篇正作「外化所以知人也，内不化所以全身也」。故内有一定之操，而外能詘伸、嬴縮、卷舒，與物推移，故萬舉而不陷。所以貴聖人者，以其能龍變也。今捲捲然守一節，推一行，雖以毁碎滅沈，猶且弗易者，此察於小好而塞於大道也。

趙宣孟活飢人於委桑之下，○寧案：事見左傳宣公二年，「委桑」作「翳桑」。杜注：「桑之多蔭翳者。」吕氏春秋報更篇作「骫桑」，漢書淮南厲王傳注，師古曰：「骫古委字。骫謂曲也。」而天下稱仁焉；荆佽非犯河中之難，不失其守，而天下稱勇焉；○王念孫云：「河」當爲「江」，字之誤也。犯江中之難，事見道應篇及吕氏春秋知分篇。是故見小行，則可以論大體矣。田子方見老馬於道，田子方，魏人。○孫志祖云：見韓詩外傳八。○寧案：景宋本「道」作「通」，注「魏人」下有「通道」二字。蓋「通」乃古代田土區劃之名。周禮地官小司徒「井牧其田野」，注：「井十爲通。」爾雅釋訓「不徹」，郝懿行疏：「通、達皆道路之名。」襄公三十一年左傳「不如小決使道」，杜注：「道，通。」通、道互訓。後人不知通卽道也，改通爲道，又删注文「通道」二字以滅迹，謬矣。當據正據補。道藏本脱此文「田子方」至「出而鬻之」一段。喟然有志焉，以問其御曰：「此何馬也？」其御曰：「此故公家畜也。老罷而不爲用，出而鬻之。」田子方曰：「少而貪其力，老而棄其身，仁者弗爲也。」束帛以贖之。罷武聞之，知所歸心矣。○顧廣圻云：罷武猶言老兵。齊莊公出獵，有一蟲舉足將搏其輪，○寧案：見韓詩外傳八。問其御曰：「此何蟲也？」對曰：「此所謂螳螂者也。其爲蟲也，知進而不知卻，不量力而輕敵。」莊公曰：「此爲人而必爲天下勇武矣。」迴車而避之。勇武聞之，知所盡死矣。故田子方隱一老馬而魏國載之，〇馬宗霍云：本文「隱」字讀如孟子梁惠王篇上「王若隱其無罪」之「隱」。趙岐彼注云：「隱，痛也。」此謂田子方痛惜一老馬也。「載」與「戴」同，古載、戴多通作。〇寧案：景宋本注云：「隱，哀。」今本挩。道藏本誤作「隱，定」。齊莊公避一螳螂而勇武歸之。湯教祝網者而四十國朝；昔湯出田，見四面張網者，湯教去其三面，祝曰：「欲上者上，欲下者下，無入吾網。」〇寧案：注，道藏本、茅本、景宋本無「田」字，呂氏春秋異用篇、新序五記此事，但云「湯見祝網者置四面」，亦無「田」字，蓋涉下文「無入吾網」爲後人所加。云「見四面張網者」，知非湯出田也。文王葬死人之骸而九夷歸之；文王治靈臺，得死人之骨，夜夢人呼而請葬。于旦，文王反葬以五大夫之禮。〇洪亮吉云：五大夫，秦爵，殷、周間何得有之？又云因枯骸見夢乞葬，旦而行之，亦與他書所說異。賈誼新書又云「乞葬以人君之禮」。〇寧案：注，景宋本「夜夢」下有「死」字。武王蔭暍人於樾下，武王哀暍者之熱，故蔭之於樾下。樾下，衆樹之虛也。〇俞樾云：注曰「樾下，衆樹之虛也」，此注未得。精神篇曰：「當此之時，得休越下，則脫然而喜矣。」注曰：「楚人樹上大本小，如車蓋狀，爲越。言多蔭也。越，讀經無重越之越也。」此注得之。越、樾古同字，而前後異說，疑有許、高之異。繆稱、齊俗、道應、詮言、兵畧、人間、泰族、要畧八篇標目下無「因以題篇」四字，與它篇不同，或許注也。因無塙證，故不別言之。左擁而右扇之，而天下懷其德；越王勾踐一決獄不辜，援龍淵而切其股，血流至足，以自罰也，而戰武士必其死。〇王念孫云：御覽疾病部四引此，「九夷歸之」作「九夷順」，無「之」字；「天下懷」下無「其德」二字。又疾病部四、刑法部五引此，「戰武士必其死」竝作「戰士畢死」，下有「感於恩也」四字。初學記帝王部引此云：「武王蔭暍人於樾下而天下懷之，感於恩也。」案：「九夷歸」、「天下懷」與「四十國朝」相對爲文，則「歸」下本無「之」字，「懷」下亦無「其德」二字，「戰武士必其死」下當有「感於恩也」四字。此四字乃總承上文言之，不專指越王，故初學記引武王事下亦有此四字也。陳氏觀樓曰：「戰武士必其死」，「士」字「其」字皆後人所加。淮南一書皆謂士爲武，戰武即戰士也，故御覽引作「戰士畢死」，畢，必古字通。○寧案：北堂書鈔四十四、太平御覽六百三十九、七百四十一引，「決獄不辜」皆作「決獄不當」，當從之。以覆大矣；審之於近，則可以懷遠矣。孫叔敖決期思之水，○莊逵吉云：太平御覽「決」作「作」，「水」作「陂」。而灌雩婁之野，雩婁，今廬江是。莊王知其可以爲令尹也。子發辯擊劇而勞佚齊，辯，次第也。擊劇，次第罷勞之賞，各有齊等也。或曰：子發辯擊之勞佚齊。子發築設勞佚之節，是以楚知可爲兵。齊，同也。○寧案：道藏本、景宋本辯作辨，古通。楚國知其可以爲兵主也。此皆形於小微，而通於大理者也。

聖人之舉事，不加憂焉，○顧廣圻云：「憂」疑作「擾」。察其所以而已矣。

今萬人調鐘，不能比之律；誠得知者，一人而足矣。○寧案：「誠得知者，一人而足矣」，文義不明。疑「知」下脱「音」字。脩務篇「師曠曰：『使後世無知音者則已，若有知音者，必知鐘之不調。』」故師曠之欲善調鐘也，以爲後之有知音者也。」文中三見「知音者」，可證此。說者之論，亦猶此也。誠得其數，則無所用多矣。夫車之所以能轉千里者，以其要在三寸之轄。夫勸人而弗能使也，禁人而弗能止也，其所由者非理也。昔者，衛君朝於吳，吳王囚之，衛君，衛侯輒也。吳王，夫差。欲流之於海。○寧案：

道藏本、中立本、景宋本「海」下皆有「者」字。說者冠蓋相望，而弗能止。魯君聞之，魯君，哀公。撤鐘鼓之縣，縞素而朝。仲尼入見曰：「君胡爲有憂色？」魯君曰：「諸侯無親，以諸侯爲親。大夫無黨，以大夫爲黨。今衞君朝於吴王，吴王囚之，而欲流之於海。孰意衞君之仁義而遭此難也！○王念孫云：「朝於吴王」，王字涉下句吴王而衍。上下文四言「朝於吴」，「吴」下皆無「王」字，是其證。孰，何也。言何衞君之仁義而遭此難也。朱東光不曉「孰」字之義，而於「孰」下加「意」字，斯爲謬矣。○寧案：道藏本、景宋本皆無「意」字。吾欲免之而不能，爲奈何？」仲尼曰：「若欲免之，則請子貢行。」魯君召子貢，授之將軍之印。○寧案：「印」當爲「節」，字之誤也。節，符節，乃使者所執以示信。周禮地官掌節鄭注：「王有命，則別其節之用，以授使者。」又曰：「使節，使卿大夫聘於天子、諸侯行道所執之信也。」道應篇「客往見楚王，楚王甚悦之，予以節，使於秦」，呂氏春秋首時篇「與將軍之節以如秦」，是其證。子貢辭曰：「貴無益於解患，在所由之道。」斂躬而行，○于鬯云：謂微行也。至於吴，見太宰嚭，太宰嚭甚悦之，欲薦之於王，子貢曰：「子不能行説於王，奈何吾因子也！」太宰嚭曰：「子焉知嚭之不能也？」子貢曰：「衞君之來也，衞國之半曰，不若朝於晉；其半曰，不若朝於吴。然衞君以爲吴可以歸骸骨也，故束身以受命。今子受衞君而囚之，又欲流之於海，是賞言朝於晉者，而罰言朝於吴也。且衞君之來也，諸侯皆以爲蓍龜。兆以爲蓍龜，以卜朝吴之吉凶也。○劉家立云：今本「蓍龜」下有「兆」字，宋本「兆」字在下句「今朝於吴」之上，義均不可通，乃衍文也。○寧案：劉説是也。注「以爲蓍龜」，是其證。中立本、茅本移「兆」字於「蓍龜」下，而刪去注文「以爲蓍龜」四字，以掩其迹，蓋涉本經篇「蓍龜兆」而誤。今朝於吴而不利，則皆移心於晉矣。子之欲成霸王之業，不亦難乎！」太宰嚭入復之於王，王報出令於百官曰：「比十日，而衞君之禮不具者死。」子貢可謂知所以説矣。

魯哀公爲室而大，公宣子諫公宣子，魯大夫。曰：「室大，衆與人處則譁，少與人處則悲，願公之適。」公曰：「寡人聞命矣。」築室不輟。公宣子復見曰：「國小而室大，百姓聞之必怨吾君，諸侯聞之必輕吾國。」魯君曰：「聞命矣。」築室不輟。公宣子復見曰：「左昭而右穆，昭穆，先君之宗廟。爲大室以臨二先君之廟，得無害於子乎？」○陶鴻慶云：「子」蓋「孝」之壞字，或「子」下奪「道」字。○劉文典云：「得無害於子乎」，義不可通，「子」當爲「孝」之壞字。御覽一百七十四引新序逸篇作「爲室而大，以臨二先君，無乃害於孝乎？」文雖小異，「子」正作「孝」，是其證矣。○蔣禮鴻云：子字不誤，亦不如陶氏説有奪文。子卽子道，實詞虚用，無足異者。氾論篇説周公之事文王曰：「行無專制，事無由己，身若不勝衣，言若不出口，有奉持於文王，如將不能，恐失之，可謂能子矣。」下文又説之曰：「可謂能武矣」，「可謂能臣矣。」以子臣與武對言，明子字可虚用也。劉氏不引氾論以通此文之義，顧據御覽所引新序委曲以議此文之短，可謂舍其近而求諸遠者矣。公乃令罷役，除版而去之。魯君之欲爲室誠矣，公宣子止之必矣，然三説而一聽者，其二者非其道也。夫臨河而鈎，日入而不能得一鯈魚者，非江河魚不食也，所以餌之者非其欲也。及至良工執竿，投而擐脣吻者，能以其所欲而鈎者也。夫物無不可柰何，有人無柰何。言物皆可術而治也。事有人材所不及，無柰之何也。鉛之與丹，異類殊色，而可以爲丹者，得其數也。故繁稱文辭，無益於説，審其所由而已矣。

物類之相摩近而異門户者，衆而難識也。故或類之而非，或不類之而是，或若然而不然者，或不若然而然者。○王引之云：「不若然而然」，當作「若不然而然」。若不然而然者，謂越王勾踐之事吴，請身爲臣，妻爲妾，若不叛吴而實欲滅吴也。（見下文。）若不然而然與若然而不然，文正相對。道藏本作「不若然而然」，則義不可通矣。（劉本删「若」字尤非。）下文「何謂不然而若然者」，亦當作「何謂若不然而然者」。諺曰：「鳶墮腐鼠，而虞氏以亡。」何謂也？曰：虞氏，梁之大富人也。梁，今之陳留浚儀也。家充盈殷富，金錢無量，財貨無貲。○寧案：列子説符篇「貲」作「訾」。張注：「音訾，言不可度量也。」賈逵注國語云：「訾，量也。」貲當讀與訾同。升高樓，○寧案：太平御覽九百十一引「升」作「登」，列子説符篇同。臨大路，設樂陳酒，積博其上。○莊逵吉云：列子釋文作「擊博其上」，是也。太平御覽又作「蒱博」，似非。游俠相隨而行樓下，博上者○莊逵吉云：列子釋文作「樓上博者」。射朋張，中反兩射朋張，上棋中之，以一反兩也。○莊逵吉云：太平御覽「反兩」下有「穃」字，云音揭，諸本皆無之。○劉家立云：列子説符篇「家充盈殷富」作「家充盈殷盛」，「積博其上」作「擊博其上」，「射朋張中反兩而笑」作「射明瓊張中反兩㩉魚而笑」。疑今本「富」字涉上「富人」而誤，「積」字則因聲而誤。「朋」字義不可通，疑即「明」之誤，又脱「瓊」字。「反兩」下莊氏據太平御覽所引有「㩉」字，云音揭。今按秦氏恩復所校盧注列子云：「按釋文云：『㩉字真經本或作魚。六博經作鰈，比目魚也。此言報采獲中翻得兩魚，大勝而笑，今本㩉魚是多一字也。據義用鰈不用魚，用魚不用鰈。』」如秦説，「㩉」即「鰈」字，則御覽引作「反兩㩉而笑」，與秦氏説合，知今本固脱去

「揄」字矣。今依列子、御覽改訂。又許注曰「射朋張，上棊中之，以一反兩也」，亦疑其有脱誤。張湛注云：「明瓊，齒五白也。射五白得之，反兩魚獲勝，故大笑。」則較許説爲可解。按瓊之義，桂氏馥曰：鮑宏博經云：「用十二棊，六棊白，六棊黑，所擲投謂之瓊。」史記蔡澤君傳「君獨不觀夫博者乎？或欲大投，或欲分功。」集解云：「投，投瓊也。」索隱云：「言夫博奕，或欲大投其瓊以致勝。」是也。瓊又作焭。顔氏家訓：「古者，大博則六箸，小博則六焭。」西京襍記：「許博昌，安陵人，善陸博。法用六箸，或謂之究，以竹爲之，長六分。」「究」即「焭」之誤。○向宗魯云：案「⿰禾翕」當作「鰨」，形近而誤。鰨即比目魚也。爾雅釋地釋文：「鰈本或作鰨。」説文無「鰈」字，當以「鰨」爲正。列子説符作「反兩揄魚」，釋文引六博經「揄」作「鰈」，彼文「揄」亦「鰨」之誤。○寧案：「積」當作「擊」是也。太平御覽七百五十五引藝經云：「先列棊相當，下呼而上擊之。」是其證。又案：劉謂「朋」乃「明」之誤，非是。博經云：「往來於兩朋，謂之驁鴟。」又晁公武讀書志雙陸格亦云「兩朋」。知此「朋」字不誤。又案：注文「上」字疑當爲「立」。六博經云：「棊行到處即豎之，名爲驍棊，即入水食魚。」立猶豎也。又云：「已牽兩魚而不勝者，名曰被翻雙魚，彼家獲六籌，爲大勝也。」「反兩鰨」即「被翻雙魚」也。泰族篇云「或食兩而路窮」，即謂已牽兩魚而不勝。據泰族篇文，則今本正文及注「反兩」下文無脱誤，列子自作「反兩揄魚」，淮南自作「反兩」，不當以彼例此。御覽引亦因列子誤增。**而笑，飛鳶適墮其腐鼠而中游俠。游俠相與言曰：**○寧案：太平御覽九百十一、九百二十三兩引「言」作「語」。**「虞氏富樂之日久矣，而常有輕易人之志。吾不敢侵犯，而乃辱我以腐鼠。如此不報，**○王引之云：「如」與「而」同。列子説符篇作「此而不報」。舊本「此」字誤在「如」字下，今乙正。**無以立務於天下。**務，勢也。○王引之云：務與勢義不相近，「務」當爲「矜」，字之誤也。（矜、務二字隸書往往譌溷。管子小稱篇「務爲不久」，韓子難篇作「矜僞不長」。又管子法法篇「矜物之人無大士焉」，韓詩外傳「矜而自功」，今本「矜」字竝誤作「務」。）列子説符篇「立矜」作「立慬」，慬與矜古同聲而通用，猶「穫」之爲「矜」也。張湛注列子云：「慬，勇也。」此注云：「矜，勢也。」勢與勇亦同義。説山篇云：「立慬者非學鬭争，慬立而生不讓。」氾論篇云：「立氣矜，奮勇力。」韓詩外傳云：「外立節矜，而敵不侵擾。」是立矜卽立慬也。趙策云：「勇哉氣矜之隆。」史記王翦傳云：「李將軍果勢壯勇。」是矜與勢、勇竝同義。○吴承仕云：王説是也。朱本注下有校語云：「務一作慬」，是朱所見別本有作慬者，尤足證成王説。請與公僇力一志，悉率徒屬，而必以滅其家。」○王念孫云：此處叙事未畢，當有脱文。太平御覽引此「滅其家」下有「其夜乃攻虞氏，大滅其家」十字，是也。上文云：「鳶墮腐鼠，而虞氏以亡。」此處必有此十字，方與上文相應。因兩「滅其家」相亂，故寫者誤脱之耳。列子作「至期日之夜，聚衆積兵以攻虞氏，大滅其家」，是其證。此所謂類之而非者也。何謂非類而是？屈建告石乞屈建，楚大夫也。石乞，白公之黨。○孫志祖云：此亦見説苑權謀篇。屈建在白公前，不同時，困學紀聞言之矣。曰：「白公勝將爲亂。」石乞曰：「不然。白公勝卑身下士，不敢驕賢，其家無筦籥之信，闕楗之固，○寧案：「闕」乃「關」之形誤。道藏本、中立本、茅本、景宋本皆作「闕楗」。大斗斛以出，輕斤兩以内。而乃論之，以不宜也。」屈建曰：「此乃所以反也。」居三年，白公勝果爲亂，殺令尹子椒、司馬子期。子椒、子期皆白公之季父。○孫志祖云：子椒當作子西。此所謂弗類而是者也。何謂若然而不然？子發爲上蔡令，○寧案：太平御覽六百三十六引有注云：「子發，楚威王臣也，在春秋後。」民有罪當刑，獄斷論定，決於令尹前，○王念孫云：「尹」字後人所加。決於令前，謂決於上蔡令之前，非謂令尹也。太平御覽刑法部二引此無「尹」字。子發喟然有悽愴之心。○寧案：御覽引「悽愴」作「慘恤」。罪人已刑而不忘其恩。此其後，子發盤罪威王而出奔。盤，辟也。發得罪，辟於威王。○俞樾云：「盤罪」二字甚爲無義。「盤」疑本作「服」，「服」古字作「𦨈」，與「般」字相似，往往致誤。爾雅釋詁「服、宜、貫、公，事也」，釋文曰：「服，又作般。」荀子賦篇「讒人服矣」，楊注曰：「服，本或作般。」竝其證也。「服」誤爲「般」，因又誤爲「盤」耳。服者，負之叚字。攷工記車人注：鄭司農曰：「服，讀爲負。」是負、服一聲之轉，古得通用。「服罪威王而出奔」，言其負罪而出奔也。高注曰：「盤，辟也。」是其所據本已誤。○于省吾云：注及俞説並非。「盤」應讀爲「畔」。漢張表碑「畔桓利貞」，「畔桓」即「盤桓」，是其證。畔、叛古同用。此言子發背畔得罪於威王而出奔也。○寧案：太平御覽六百三十六引作「子發得罪於威王」。中立本補注云：「盤一作得。」疑許、高本之異。刑者遂襲恩者，恩者逃之於城下之廬，追者至，踹足而怒踹足，躍足也。○吴承仕云：朱本、景宋本「躍」並作「蹀」。案：蹀足是也。玄應一切經音義卷三、卷四並云：「踹，蹀足也。」蹀足即投足。呂氏春秋古樂篇「投足以歌八闋」，高注：「投足猶蹀足。」蹀譌作躍，非其義矣。○寧案：「追者至，踹足而怒」，文義不明，似怒者乃追者也。覩下文，「踹足」上當有「刑者」二字。中立本正作「刑者踹足而怒」。又案：吴謂「躍足」當作「蹀足」，是也。道藏本、茅本亦作「蹀足」。太平御覽引正文「踹」作「蹀」，即涉注文而誤。曰：「子發視決吾罪而被吾刑，○王念孫云：「視」當爲「親」，字之誤也。「親決吾罪」，即上文所云「決於令前」也。韓子外儲説左篇載子皋出走之事，與此相似，云子皋問跀危曰：「吾不能虧主之法令，而親跀子之足。」彼言「親跀子足」，此言「親決吾罪」，其義一也。○寧案：王説是也。太平御覽六百三十六引正作「親」。怨之憯於骨髓，憯，痛也。○寧案：景宋本「怨」上有「吾」字，太平御覽引同，據沾。使我得其肉而食之，其知厭乎！」追者以爲然，○寧案：道藏本、中立本、景宋本「追者」下有「皆」字，太平御覽引同，據沾。而不索其内，果活子發。此所謂若然而不然者。何謂不然而若然者？昔越王句踐卑下吴王夫差，請身爲臣，妻爲妾，奉四時之祭祀，而入春秋之貢職，委社稷，效民力，隱居爲蔽，而戰爲鋒行，○王念孫云：「隱居爲蔽」，當作「居爲隱蔽」，言越之事吴，居則爲隱蔽，而戰則爲前行也。今本「隱」字誤在「居爲」之上，則文不成義。韓策云：「韓之於秦也，居爲隱蔽，出爲雁行。」語意正與此同。○寧案：王説是也。景宋本作「居隱爲蔽」，後人不能是正，又倒「居隱」作「隱居」耳。禮甚卑，辭甚服，其離叛之心遠矣。然而甲卒三千人以禽夫差於姑胥。姑胥，地名。○梁玉繩云：韓子喻老篇：「殺夫差於姑蘇。」古胥、蘇通。○寧案：此下疑脱「此若不然而然者也」句。以上四段文字，乃舉例申言物類之相摩近而異門户者衆而難識，每段一例，每例皆以一問始，一結收。一問：「諺曰：鳶墮腐鼠而虞氏以亡，何謂也？」結曰：「此所謂類之而非者也。」二問：「何謂非類而是？」結曰：「此所謂弗類而是者也。」三問：「何謂若然而不然？」結曰：「此所謂若然而不然者。」四問：「何謂若不然而然者？」（此句依王念孫説校改。）獨此無結語，與前三例不一律，蓋涉下文「此四策者不可不審也」兩「此」字相亂而脱誤耳。二句乃四段總結，非一例結語也。此四策者，不可不審也。夫事之所以難知者，以其竄端匿迹，立私於公，倚邪於正，而以勝惑人之心者也。○蔣禮鴻云：「勝惑」二字義不相屬，「勝」當作「務」，字之誤也。務讀爲瞀。商君書靳令篇曰：「國以六蝨授官予爵，則治煩言生，此謂以治致治，以言致言；則君務於説，官亂於治。」（今本作「言官亂於治邪」，「言」字「邪」字衍。）務與亂對，亦借爲瞀。若使人之所懷於内者，與所見於外者，若合符節，則天下無亡國敗家矣。○寧案：「敗家」集證本改「破家」，是也。道藏本、中立本、茅本、景宋本皆作「破家」。夫狐之捕雉也，必先卑體彌耳，以待其來也。○王念孫云：「捕」當爲「搏」，字之誤也。「彌耳」當爲「弭毛」，「毛」字因「弭」字而誤爲「耳」，後人又改「弭」爲「彌」耳。楚辭離騷注曰：「弭，按也。」言卑其體，按其毛，以待雉之來也。太平御覽人事部一百三十五、獸部二十一竝引此云：「夫狐之搏雉也，必卑體弭毛，以待其來也。」高注呂氏春秋決勝篇云：「若狐之搏雉，俯體弭毛。」即用淮南之文。吳越春秋勾踐歸國外傳亦云：「猛獸將擊，必弭毛帖伏。」○寧案：景宋本「弭」字不誤。雉見而信之，故可得而禽也。使狐瞋目植睹，植睹，柱尾也。○顧廣圻云：「植睹」似當作「植尾」，注作「植尾，柱尾也。」○于鬯云：姚廣文云：「植」與「直」同。吳越春秋范蠡曰：「大王勿疑，直眂而行。」眂與視同。晉書阮籍傳：「籍散髮箕踞，醉而直視。」釋氏通鑑僧志言「相貌奇古，直視不瞬。」與此云「植睹」一也。○吳承仕云：「植睹」「柱尾」，文注竝不可通。疑本文「睹」當作「脽」，注文當云：「植脽，柱尾也。」皆形近而誤。說文：「脽，尻也。」古人尻尾得通言之。獸怒欲有所搏殺，則瞋目豎尾，以作氣勢。柱，謂支柱。柱尾，猶言豎尾矣。○金其源云：按廣雅釋詁「睹，視也。」本書主術訓「今夫橋直植立而不動」，是植，直立不動也。「瞋目植睹」者，怒目如直立不動以視之也。○寧案：吳說近之。莊子馬蹄篇「翹足而陸」，釋文云：「足，崔本作尾。」又本書脩務篇「翹尾而走」，翹尾即柱尾。使作「植睹」，則注不當訓尾。金氏引主術，不知「橋植」當連讀。見必殺之勢，雉亦知驚憚遠飛以避其怒矣。夫人僞之相欺也，○莊逵吉云：太平御覽作「夫人僞詐以相欺」。非直禽獸之詐計也，物類相似若然，而不可從外論者，衆而難識矣，是故不可不察也。

淮南子集釋卷十九

漢涿郡高誘注

脩務訓

脩，勉。務，趨。聖人趨時，冠皾弗顧，履遺不取，必用仁義之道以濟萬民。故曰脩務，因以題篇。

或曰：「無爲者，寂然無聲，漠然不動，引之不來，推之不往，如此者，乃得道之像。」或人以爲先爲術如此，乃可謂得道之法也。○寧案：注，據道藏本、中立本、茅本、景宋本「謂」下沾「爲」字。吾以爲不然。嘗試問之矣：以爲不如或人之言，嘗問之于聖人矣。若夫神農、堯、舜、禹、湯，可謂聖人乎？有論者，必不能廢。言五人可謂聖人耶？有論者，何能廢其道也？以五聖觀之，則莫得無爲明矣。言不得無爲也。古者，民茹草飲水，采樹木之實，食蠃蛖之肉，○莊逵吉云：太平御覽「蛖」引作「蚌」。時多疾病毒傷之害。害，患也。○王念孫云：「疾病」本作「疹病」。後人誤讀「疹」爲瘡疹之「疹」，以「疹、病」二字爲不類，故改爲「疾病」，而不知此「疹」字即疢疾之「疢」，非瘡疹之「疹」也。小雅小弁篇及左傳成六年、哀五年釋文竝云：「疢或作疹。」廣雅音云：「疢，今疹字也。」襄二十三年左傳「季孫之愛我，疾疢也」，吕氏春秋長見篇注引此「疢」作「疹」。文選思玄賦「思百憂以自疹」，後漢書張衡傳作「疢」。小雅小宛釋文引韓詩云：「疹，苦也。」越語云：「疾疹貧病。」是「疹」與「疢」同也。史記貨殖傳正義、太平御覽皇王部三、資産部三、鱗介部十三引此並作「疹病」。是其證。又泰族篇「以調陰陽之氣，以合四時之節，以辟疾病之菑」，亦是本作「疾疹」而後人改爲「疾病」也。（太平御覽治道部五引此已誤。）文子上禮篇作「疾疢之灾」，是其證。○寧案：史記貨殖列傳正義引「害」作「患」，太平御覽八百二十三引同。又引高注「患，害。」疑今本誤。於是神農乃始教民播種五穀，菽、麥、黍、稷、稻也。相土地宜燥濕肥墝高下，相，視也。燥，乾也。墝，埆。高，陵也。下，隰也。○王念孫云：「宜」上脱「之」字。太平御覽皇王部三引此有「之」字。○劉文典云：御覽八百二十三引「宜」作「原隰」，當是異本。○寧案：「相土地宜燥濕肥墝高下」，文不成義。王校作「相土地之宜」，與「燥濕肥墝高下」亦義不相屬，疑太平御覽皇王部三引「之宜」二字（今本又脱「之」字）當在「高下」下。泰族篇「察陵陸水澤肥墽高下之宜」，句法與此正同。太平御覽八百二十三引「宜」作「原隰」亦非，注云「下，隰也」，正文不當更有隰字。宋本、藏本注作「下濕也」，則正文「下」與「濕」複，知注作「下濕」亦非。嘗百草之滋味，水泉之甘苦，令民知所辟就。當此之時，一日而遇七十毒。此神農之爲也。○王念孫云：「遇」字後人所加。太平御覽皇王部三、資産部三、百卉部一及寇宗奭本草衍義序例引此並作「一日而七十毒」，無「遇」字。路史禪通紀同。堯立孝慈仁愛，使民如子弟。言雖役使其民，必加仁愛，遇之如己之子弟也。西教沃民，東至黑齒，北撫幽都，南道交趾。沃民西方之國。黑齒東方之國。陰氣所聚，故曰幽都，今雁門以北是。交趾南方之國。四者遠裔，不覩聖人之化，故親往行教導，撫之以仁義也。放讙兜於崇山，竄三苗於三危，放，棄也。讙兜，堯佞臣也。崇山，南極之山。三苗，蓋謂帝鴻氏之裔子渾敦，少昊氏之裔子窮奇，縉雲氏之裔子饕餮。三族之苗裔，故謂之三苗。三危，西極之山名。一曰：放三苗國民於三危也。○洪亮吉云：今攷孟子「舜流共工于幽州」，賈逵左傳注：「窮奇，共工也，其行窮而好奇。」「放讙兜于崇山」，賈逵云：「渾敦，讙兜也。」「殛鯀于羽山」，賈逵云：「檮杌，鯀也。」惟饕餮不言，則竄三危者，當卽指饕餮耳。又高注「崇山南極之山」，「羽山東極之山」，幽則北極，獨不言西極。孔安國曰：「三危西裔之山。」水經注「三危山在敦煌南。肅州圖經云：白龍堆東倚三危，北望蒲昌，是爲西極要路」是矣。流共工於幽州，殛鯀於羽山。堯時有共工官。鯀，禹父，爲治水，績用不成，堯殛之。羽山，東極之山。是則堯之爲。鴻範曰：「鯀則殛死。」然則渾敦、窮奇、饕餮生至四裔可知也。舜作室，築牆茨屋，辟地樹穀，令民皆知去巖穴，各有家室。○劉文典云：初學記居處部、白帖十一引「室」下竝有「此其始也」四字。御覽百八十七引亦有「始也」二字。○寧案：上下文但列舉事蹟，歷述神農、堯、舜、禹、湯皆莫得無爲，類書引「各有家室」下云「此其始也」，文例不當有此句，疑是注文殘闕誤入。南征三苗，道死蒼梧。三苗之國在彭蠡，舜時不服，故往征之。書曰：「舜陟方乃死。」時舜死蒼梧，葬于九疑之山，在蒼梧馮乘縣東北，零陵之南千里也。○寧案：檀弓上疏：鄭案：淮南子云：「舜征三苗而遂死蒼梧。」文小異。又案：注「九疑」諸本作「九嶷」，字通。禹沐浴霪雨，櫛扶風，禹勞力天下，不避風雨，以久雨爲沐浴。扶風，疾風，以疾風爲梳櫛也。○莊逵吉云：中立府四子本作「沐浴霪雨，梳櫛扶風」。○王念孫云：「沐」下本無「浴」字，此涉高注「沐浴」而誤衍也。沐霪雨，櫛扶風，相對爲文，多一「浴」字，則句法參差矣。（劉本又於「櫛」上加「梳」字以對「沐浴」，尤非。）藝文類聚帝王部一、太平御覽皇王部七、文選謝朓和王著作八公山詩注引此皆無「浴」字。莊子天下篇「禹沐甚雨，櫛疾風」，此卽淮南所本。○俞樾云：「浴」字衍文，王氏念孫已訂正矣。「扶」字疑卽「疾」字之誤。隸書「疾」字或作「疾」，見圂令趙君碑，「扶」字作「扶」。見桐柏廟碑，兩形相似，故誤耳。○陶方琦云：御覽九引許注：「扶風，奔風。」案「扶」乃「疾」字。藝文類聚引淮南作「櫛疾風」，是許本也。周禮攷工記「忿埶以奔」，注：「奔猶疾也。」莊子正作「疾風」。許作「疾風」，與高作「扶風」正異。覽冥訓「降扶風」，高注：「扶風，疾風也。」（劉子知人篇「櫛奔風」，即用許注義。）決江疏河，決巫山，令江水得東過，故言決。疏道東注於海，故言疏。鑿龍門，闢伊闕，龍門本有水門，鰪魚遊其中，上行得上過者便爲龍，故曰龍門。禹闢而大之，故言鑿。伊闕，山名。禹開截山體，令伊水得北過入洛水，故曰闕也。○莊逵吉云：「鰪」一本作「鯆」字。○吴承仕云：朱本作「鯆」，並非也。字當爲「鮪」，形近誤爲「鯆」，轉寫爲「鰪」，遂譌爲本無之字矣。氾論篇注云：「鮪，大魚，長丈餘。仲春二月，從西河上，得過龍門便爲龍。先師説云。」漢書注、水經注説並同。此字當作「鮪」之證。御覽九百三十六引此注正作「鮪」。又案：「鮪魚游其中」，高似孫緯畧引作「由其中」。○蔣禮鴻云：注「鰪」字無以下筆，「鯆」字亦非。此當作「鮪」。氾論篇「牛蹏之涔不能生鱣鮪」，高注曰：「鮪大魚，亦長丈餘，仲春二月，從西河上，得過龍門便爲龍。先師説云也。」漢書司馬相如傳李奇注曰：「周、洛曰鮪，出鞏山穴中，三月遡河上，能度龍門之限，則得爲龍矣。」水經河水注：「爾雅云：鱣，鮪也，出鞏穴，三月則上渡龍門，得渡爲龍矣。否則點額而還。」并其證也。脩彭蠡之防，乘四載，隨山栞木，平治水土，定千八百國。脩，治也。彭蠡澤名，在豫章彭澤縣西。防，隄也。四載：山行用蔂，水行用舟，陸行用車，澤行用蕝。隨，循也。栞，石栞識之。四海之内凡萬國，禹定千八百國。是禹之所爲也。○吴承仕云：書咎繇謨、禹貢並有此語，今古文家所同，無以栞木爲栞石者。今注作石，不審其何緣致譌。○楊樹達云：吴誤讀高注，因疑其譌，其説非也。注首云栞者，出正文，石栞識之，則詳釋栞之之事。石栞識之，猶云以石栞識之。漢人注簡，畧以不言耳。○馬宗霍云：「乘四載，隨山栞木」二語見尚書咎繇謨。僞孔傳云：「所載者四：謂水乘舟，陸乘車，泥乘輴，山乘樏。」説文木部下欙引「虞書曰：『余乘四載。』水行乘舟，陸行乘車，山行乘欙，澤行乘輴。」「樏」爲「欙」之隸省。「輴」爲「輴」之别體。「泥」猶「澤」也。是僞孔傳卽用許説。閻若璩謂「許所據古文尚書多十六字」。其實説文「水行乘舟」以下云云，蓋亦自古相傳書説，所以釋「四載」者，故僞孔本之以爲傳，非古文尚書經文也。諸書説「四載」，水舟、陸車無異詞，餘二載各殊。史記夏本紀作「泥行乘橇，山行乘檋」。河渠書作「泥行蹈毳，山行卽橋」。漢書溝洫志作「泥行乘毳，山行則梮」。孔穎達尚書疏引尸子作「山行乘樏，泥行乘蕝」。並可與本文高注相參。服虔、孟康、如淳、應劭、韋昭、徐廣諸家各執一解。孔疏所謂「古篆變形，字體改易，説者不同，未知孰是」，大抵異字同義，物一而名别也。「隨山栞木」一語，又見禹貢。説文木部引作「桀木」，訓爲「槎識也」。「桀」卽「栞」之古文。槎之義爲衺斫。「槎識」蓋卽斫木爲號之意。史記夏本紀述咎繇謨作「行山栞木」，述禹貢作「行山表木」，司馬貞史記索隱云：「表木，謂刊木立爲表記。」則表猶識也。高注釋「栞」爲「石栞識之」，蓋謂以石栞而識之，似與正文「栞木」不相應。且他書亦未見有言栞之於石者，不審高注何所據也。〇寧案：漢書地理志顔師古注亦云：「栞，古刊字，言刊斫其木，以爲表記。」注，疑當作「栞表識之」或「栞槎識之」，「石」乃「表」或「槎」之殘形，衍一「栞」字。「槎」訛「差」，又訛爲「石」。「表」訛「石」亦似之。

湯夙興夜寐，以致聰明；輕賦薄斂，以寬民氓；早起夜寐，以思萬事，能得其精，故曰「以致聰明」。寬猶富也。野民曰氓。〇吴承仕云：寬不得訓富。以注校之，寬當爲實。説文：「實，富也。」哀公問鄭注云：「實猶富也。」是其證。布德施惠，以振困窮；弔死問疾，以養孤孀。幼無父曰孤。孀，寡婦也。雒家謂寡婦曰孀婦。百姓親附，政令流行，乃整兵鳴條，困夏南巢，譙以其過，放之歷山。鳴條，地名。南巢，今廬江居巢是。譙，責也，讓夏桀之罪過也。歷山蓋歷陽之山。是湯爲之也。○吴承仕云：注文當作「是湯之爲也」。上文注「神農之爲」，「堯之爲」，「禹之所爲」，句例同。○寧案：注「讓夏桀之罪過也」，道藏本、中立本、景宋本皆作「讓其罪過於歷山」，與正文不合。蓋「於」字乃「放」字之誤，下脱「之」字。今本乃後人妄改。又案史記夏本紀正義引淮南子云：「湯敗桀於歷山，（律書正義引作「湯伐桀，放之歷山」。餘同。）與妹喜同舟浮江，奔南巢之山而死。」當是許注佚文。此五聖者，天下之盛主，勞形盡慮，爲民興利除害而不懈。懈，惰也。奉一爵酒，不知於色，言其輕也。○梁玉繩云：吕氏春秋報更篇「齊王知顏色」，注「知猶發也」。又自知篇「知於顏色」，注「知猶見也」。○馬宗霍云：高注於正文「知」字無釋。本篇下文「今使六子者易事而明弗能見者何」？彼注云：「見猶知也。」又吕氏春秋自知篇「文侯不説，知於顏色」，高注云：「知猶見也。」是「見」、「知」二字可互訓。尋墨子經説上「知也者，以其智過物而能貌之若見」，則「知」通於「見」，蓋爲最古之義。本文「知」字亦當訓「見」。「不知於色」，猶言不見於色。蓋物之輕者，舉之不覺力，故無難色見於面也。太平御覽四百六十九人事部、七百六十一器物部並引淮南此文，「於色」皆作「於邑」。「色」、「邑」形近，當由傳寫之譌。然人事部入之憂條內，「於邑」與憂義相因，則誤作「於邑」，其來已久。蓋或校者不知「知」有「見」義，改「色」作「邑」，相承遂不悟耳。劉家立淮南集證本作「不知於邑」，不言所據，實卽轉襲御覽之誤也。○蔣禮鴻云：「不知於色」猶不見於色，言顏色不變也。春秋左傳昭公二十八年：「晉侯聞之而後喜可知也。」杜注云：「喜見於顏色。」顧炎武杜解補正曰：「古人多以見爲知。吕氏春秋『文侯不説，知於顏色』，注『知猶見也』。」顧氏所引吕氏春秋見自知篇。吕氏春秋報更篇「齊王知顏色」，注：「知猶發也。」「知」字義皆同。作「於邑」則義不相屬，非也。○寧案：管子心術篇「外見於形容，可知於顏色」，知亦見也。挈一石之尊，則白汗交流，言其重也。又況贏天下之憂而海内之事者乎，○王念孫云：「海内」上脱「任」字。藝文類聚人部四、襍器物部、太平御覽人事部一百一十、器物部六引此皆有「任」字。○馬宗霍云：本文「海内」上「任」字，依王念孫校補。「贏」與「任」爲對文，義猶儋也。言儋天下之憂也。莊子庚桑楚篇「南榮趎贏糧七日七夜至老子之所」，陸德明釋文云：「贏音盈。案方言：『贏，儋也。齊、楚、陳、宋之間謂之贏』。」是贏得訓儋之證。今方言卷七作「攍，儋也」。説文手部無「攍」字，古蓋假「贏」爲之。「儋」或从手作「擔」，亦説文所無也。○寧案：太平御覽四百一引「贏」作「焦」，「任」作「平」，當是別本。其重於尊亦遠也。遠猶多也。○劉文典云：藝文類聚七十三、太平御覽七百六十一引「遠也」竝作「遠矣」，當從之。○于省吾云：景宋本「也」正作「矣」。且夫聖人者，不耻身之賤而愧道之不行，不憂命之短而憂百姓之窮。是故禹之爲水，以身解於陽盱之河，爲，治水。解，禱以身爲質。解讀解除之解。陽盱河蓋在秦地。○楊樹達云：下句云：「湯苦旱，以身禱於桑山之林。」注云：「桑山之林能興雲致雨，故禱之。」然則禹解於陽盱之河，亦必有故，而高不言。按穆天子傳云：「至於陽紆之山，河伯無夷之所都居。」陽紆即陽盱。然則禹解於此者，殆以河伯所居故耶？惟穆傳云陽紆之山，則此文河字殆誤，疑「河」字當作阿，形近誤爾。○馬宗霍云：水經注河水篇云：「山海經曰：『河水又出於陽紆陵門之山，而注于馮逸之山。』穆天子傳曰：『天子西征至陽紆之山，河伯馮夷之所都居，是惟河宗氏。』淮南子曰：『昔禹治洪水，具禱陽紆』，蓋於此也。高誘以爲陽紆秦藪，非也。」據此則「陽盱」即「陽紆」。酈駁高注，但亦未能實指陽紆究在何處。且山海經穆天子傳所記多悠邈恍惚之詞，亦不可信也。○鍾佛操云：高注「爲治」下衍「水」字。爲，治也，解，禱也，皆詮釋之詞而省「也」字耳。宋本無「蓋」字。○寧案：道藏本、中立本、茅本皆無「蓋」字，當刪。湯旱，以身禱於桑山之林。桑山之林能興雲致雨，故禱之。○王念孫云：「禹之爲水」，蜀志郤正傳注、齊民要術序、文選應璩與岑文瑜書注、太平御覽皇王部七、禮儀部八引此並無「之」字。「湯旱」，蜀志注、齊民要術序、文選注並引作「湯苦旱」。太平御覽引作「湯爲旱」。案：爲者治也，水可言爲，旱不可言爲，作「苦旱」者是也。禹爲水、湯苦旱相對爲文。今本「禹」下衍「之」字，「湯」下又脱「苦」字耳。（劉本作「湯之旱」亦非。）「桑山之林」，蜀志注、齊民要術序、文選注引作「桑林之際」。太平御覽引作「桑林之下」。案主術篇曰「湯以身禱於桑林之際」，則作「際」者是也。今本作桑山之林者，涉注文而誤。（高注「桑山之林」是解「桑林」二字，非正文本作桑山之林也。呂氏春秋順民篇「湯乃以身禱於桑林」，高注亦云：「桑林，桑山之林。」）○寧案：北堂書鈔九十引作「桑林之野」，「野」字亦當爲「際」。「桑林」乃桑山之林，不當更言野。然亦「桑林」二字連文，亦王説之一證。聖人憂民，如此其明也，○寧案：太平御覽引「聖人」下有「之」字，是也。下文「聖人之憂勞百姓甚矣」，此與同例。而稱以無爲，豈不悖哉！悖，繆也。

且古之立帝王者，非以奉養其欲也；聖人踐位者，非以逸樂其身也。逸，安也。爲天下强掩弱，衆暴寡，詐欺愚，勇侵怯，○寧案：「詐欺愚」，疑詐當爲智。上下句强弱、衆寡、勇怯皆正反相對舉爲文，愚之反義爲智，非詐也。本經篇「飾智以驚愚」，主術篇「怯服勇而愚制智」，兵畧篇「力敵則智者勝愚」皆以愚智對舉，可以例此。懷知而不以相教，積財而不以相分，故立天子以齊一之。齊，等。一，同也。○莊逵吉云：藏本無「一」字。葉本有，太平御覽引亦有。○寧案：從葉本及太平御覽引，是也。下文「立三公九卿以輔翼之」，「立諸矦以教誨之」，「輔翼」「教誨」皆二字連文，此與同例，故注云：「一，同也。」文子自然篇襲此文亦作「齊一」。中立本、茅本、景宋本皆脱。茅本又删高注「一同也」三字以就誤文，殊謬。爲一人聰明而不足以徧照海内，故立三公九卿以輔翼之。輔，正也。翼，佐也。○寧案：景宋本「照」作「燭」。絶國殊俗，僻遠幽閒之處，不能被德承澤，故立諸侯以教誨之。絶，遠。殊，異。能猶及也。立置以爲遠國君。是以地無不任，時無不應，官無隱事，國無遺利，言官無隱病失職之事，以利民，故無所遺亡也。所以衣寒食飢，養老弱而息勞倦也。若以布衣徒步之人觀之，則伊尹負鼎而干湯，伊尹處于有莘之野，執鼎俎和五味以干湯，欲調陰陽行其道。詩曰：「實唯阿衡，實左右商王」是也。呂望鼓刀而入周，呂望姜姓，四岳之後。四岳佐禹治水有功，賜姓曰姜氏。呂望其後，居殷，乃屠于朝歌，故曰鼓刀。入周，自殷而往。爲文王太師，佐武王伐紂，成王封之于齊也。○寧案：注，道藏本、景宋本「姜氏」下有「有」字。中立本作「曰」，亦「有」字之誤。百里奚轉鬻，百里奚，虞臣。自知虞公不可諫而去，轉行自賣於秦，爲穆公相而秦興也。管仲束縛，管仲傅相齊公子糾，不死子糾之難而奔魯，束縛以歸，齊桓公用之而伯也。孔子無黔突，墨子無煖席。黔言其突竈不至於黑，坐席不至於温，歷行諸國，汲汲於行道也。○莊逵吉云：突音深，俗本作「突」字誤。○梁玉繩云：劉勰新論云：「仲尼棲棲，突不暇黔；墨翟遑遑，席不及暖。」語本此。文選班固答賓戲云：「孔席不㬉，墨突不黔。」注引文子自然篇曰：「墨子無黔突，孔子無㬉席。」與此互異。庾信陝州五張寺碑云：「墨突未黔，孔席無煖。」韓愈諍臣論云：「孔席不暇煖，墨突不得黔。」蓋皆依用文子也。若元好問句云「孔、墨不煖席」，詩家用事，又不足據也。○蔣超伯云：後漢書蘇竟傳注作「孔席不煖，墨突不黔」。杜詩亦云：「賢有不黔突，聖有不暖席。」今本孔、墨二字誤倒，當互易之。莊氏謂「突」當作「突」，鑿矣。○寧案：太平御覽四百三十一引「孔」、「墨」二字互乙，四百一引同今本，當是許、高之異，故文子襲此文，古本與今本亦異，非必墨突而孔席也。不應據彼改此。又莊伯鴻改「突」爲「突」，不可從。吴承仕已駁之矣。見人閒篇。是以聖人不高山，不廣河，蒙恥辱以干世主，○王念孫云：藝文類聚、太平御覽引「主」下竝有「者」字。非以貪禄慕位，欲事起天下利而除萬民之害。聖人蓋謂禹、稷。不以山爲高，不以河爲廣，言必踰度之。事，治也。○王念孫云：「事起天下利」本作事天下之利，故高注云「事，治也」。今本「利」上脱「之」字，其「事」下「起」字則後人依文子加之也。事天下之利，除萬民之害，相對爲文，「事」下不當有「起」字。藝文類聚人部四、太平御覽人事部四十二、七十二引此竝作「欲事天下之利，除萬民之害也」。是其證。○楊樹達云：王校「利」上補「之」字，是也，而校删「起」字則非是。「欲事起天下之利，而除萬民之害」，謂欲從事於起天下之利，除萬民之害也。「事」字統起利除害兩事爲言，如王説，非原文立言之旨矣。泰族篇云：「今不知事修其本，而務治其末。」韓非子解老篇云：「務致其福則事除其禍，事除其禍則思慮熟。」事修其本，事除其禍，與此語例正同。○于省吾云：王謂今本「利」上脱「之」字，是也。王每依文子以改本書，而此「起」字謂爲後人依文子加之，是不得其解而爲意説也。至類書展轉相鈔，衍奪互同，尤不足據。按注訓事爲治，非也。「事」「使」金文同字。上言「是以聖人不高山，不廣河，蒙恥辱以干世主，非以貪禄慕位」，故此接以「欲使起天下之利而除萬民之害」。使謂使世主爲之也。利言起而害言除，正相對爲文。○寧案：楊説是也。貪禄慕位，起利除害，蓋正反以明六聖之志。上言五聖者，勞形盡慮，爲民興利除害，此言六聖蒙恥辱，干世主，亦爲民起利除害。位在帝王與布衣徒步異，而從事於爲民起利除害同。于氏讀「事」爲「使」，其義轉迂。上言「興利」，此言「起利」，字異而義一也。亦明王氏删「起」字之非。又案：據藝文類聚及太平御覽兩引，「害」下猶當有「也」字。注，度，宋本、藏本作「渡」，字通。蓋聞傳書曰：神農憔悴，堯瘦臞，舜黴黑，禹胼胝。由此觀之，則聖人之憂勞百姓甚矣。甚，重也。○劉文典云：「百姓」下當有「亦」字，而今本敚之。藝文類聚二十、御覽四百一引，並作「則聖人之憂勞百姓亦甚矣」。○寧案：有「亦」字是。上文謂五聖贏天下之憂，曰「其重於尊亦遠矣」，此言「聖人之憂勞百姓亦甚矣」，其比同。齊民要術序引亦有「亦」字。故自天子以下至於庶人，四胑不動，思慮不用，事治求澹者，未之聞也。○顧廣圻云：「不動」當作「不勤」。○寧案：顧校是也。齊民要術序引正作「勤」。又要術「思慮不用」下有「而」字，於義爲長。

夫地勢水東流，人必事焉，然後水潦得谷行；水勢雖東流，人必事而通之，使得循谷而行也。○俞樾云：循谷而行，謂之谷行，甚爲不辭。且水注谿曰谷，水之東流，豈必循谷而行乎？於義亦不可通。「谷」疑「沿」字之誤。「沿」字缺壞，止存右半之「㕣」，因誤爲「谷」矣。荀子禮論篇、榮辱篇楊倞注竝曰：「沿，循也。」然則，沿行者，循行也。高注本作「循沿而行」，蓋以循訓沿耳。又下文説申包胥事曰：「於是乃贏糧跣足，跋涉谷行。」夫申包胥自楚至秦，非必行於谷中。且其下説所經歷之地，曰峭山，曰深谿，曰川水，曰津關，乃獨以「谷行」二字冠之，則於文轉爲不備矣。「谷」亦「沿」字之誤。沿亦循也。申包胥恐爲吴軍所得，不敢從正路，循沿邊際而行，故曰沿行。楚策載此事曰：「於是贏糧潛行。」是其義也。○向宗魯云：彼是「涉谷」連文，俞説大謬。○馬宗霍云：高注釋「谷行」爲「沿谷而行」，固未盡善。俞氏謂「谷」爲「沿」之誤字，亦非也。説文谷部云：「泉出通川爲谷。」引申之，則谷有通義。從谷之字，如「䜫」訓「通谷也」，「㕡」訓「深通川也」，𨸏部「隫」之古文从谷作「⿰谷賣」，訓「通溝也」，皆谷有通義之證。然則「水潦得谷行」者，猶言水潦得通行也。又案水之通行必由地中。谷亦有中義。老子第六章「谷神不死」，陸德明釋文云：「谷，中央無者也。」是其證。水由地中行謂之谷行，於義尤順。由此義而廣之，谷又有濳伏之義。易井卦九二爻辭「井谷射鮒」，虞翻注云：「巽爲谷。」同人卦九三爻辭「伏戎于莽」，虞注又云：「巽爲伏。」是「谷」與「伏」可通也。淮南本篇下文説申包胥事曰：「於是乃贏糧跣足，跋涉谷行。」此之「谷行」，猶言伏行。戰國策楚策載此事曰「於是贏糧濳行」，又「谷」與「濳」相通之證。伏猶濳也。蓋申包胥欲避吳軍耳目，故濳伏而行耳。俞氏乃謂此「谷」字亦「沿」字之誤，若如其説作「跋涉沿行」，更不辭矣。禾稼春生，人必加功焉，故五穀得遂長。加功謂「是藨，是蓘」，耘耔之也。遂，成也。聽其自流，待其自生，則鯀、禹之功不立，而后稷之智不用。○向宗魯云：鯀治水無功，不當與禹竝論；禹、稷對言，亦不當以鯀側之也。要術一引作大禹，疑是。若吾所謂無爲者，私志不得入公道，嗜欲不得枉正術，循理而舉事，因資而立權自然之勢，而曲故不得容者。曲故，巧詐也。○王念孫云：「因資而立」下脱一字，當依文子自然篇作「因資而立功」。立功與舉事相對爲文。氾論篇曰：「聖人隨時而動静，因資而立功。」説林篇曰：「聖人者，隨時而舉事，因資而立功。」皆其證也。「事」、「功」二字，承上文「必事」、「必加功」言之。下文「事成」、「功立」，又承此文言之。今本脱「功」字，則既與上句不對，又與上下文不相應矣。「權自然之勢」，當依文子作「推自然之勢」，字之誤也。原道篇曰：「天下之事不可爲也，因其自然而推之。」主術篇曰：「推不可爲之勢，而不循道理之數。」高注：「推，行也。」今本「推」作「權」，則非其指矣。○寧案：王説是也。主術篇「推不可爲之勢」，文子自然篇「推」亦誤「權」，可以例此。事成而身弗伐，伐，自矜大其善。功立而名弗有，不名有其功也。○王念孫云：「事」下脱「成」字，劉依文子補入，是也。「政」當爲「故」，字之誤也。故事成而身弗伐，功立而名弗有，乃結上之詞。劉不審文義而刪去「政」字，誤矣。○寧案：道藏本、茅本、景宋本作「政事而身弗伐」，故王說云然。中立本作「政成而身弗伐」，「政」字未刪，又脫「事」字。非謂其感而不應，攻而不動者。○王引之云：「攻」當爲「攷」。「攷」今「迫」字也，故文子作「迫而不動」。原道篇云「感則能應，迫則能動」，精神篇云「感而應，迫而動」，莊子刻意篇云「感而後應，迫而後動」，皆其證也。說文：「攷，迮也。」徐鍇曰：「迮，猶切近也。」玉篇曰：「攷，附也。」是古迫迮字本作「攷」。今諸書皆作「迫」，未必非後人所改也。此「攷」字若不誤爲「攻」，則後人亦必改爲「迫」矣。若夫以火熯井，以淮灌山，此用己而背自然，故謂之有爲。火不可以熯井，淮不可以灌山，而以用之非其道，故謂之有爲也。○蔣禮鴻云：「淮」當作「甕」，字之誤也。論衡順鼓篇：「夫大山失火，灌以壅水。」孫詒讓曰：「壅當爲甕，形聲之誤。」卽其證也。若夫水之用舟，沙之用鳩，泥之用輴，山之用蔂，○馬宗霍云：水用舟，泥用輴，山用蔂，與禹乘四載所用之物同。沙用鳩者，爾雅釋詁云：「鳩，聚也。」沙之體散，因其散而聚之。聚之必有其具，故卽以鳩名之耳。○寧案：「鳩」字道藏本、景宋本作「肆」，宋本文子自然篇作「駯」，纘義本作「駯」，音乃鳥反。王念孫以爲「肆」乃「駯」之誤，莊本依呂氏春秋改「鳩」，非是。說在齊俗篇。馬氏臆說不可從。夏瀆而冬陂，因高爲田，○王念孫云：「田」當爲「山」，字之誤也。因高爲山，所謂「爲高必因丘陵」也。若田則有高原下濕之分，不得但言因高矣。文子自然篇正作「因高爲山」。○寧案：「田」字疑當爲「臺」。「臺」字俗書作「台」，因誤爲田也。孟子梁惠王上篇「雖有臺池鳥獸，豈能獨樂哉」？故臺、池相對爲文。說山篇「因高而爲臺，就下而爲池」，文與此同，是其證。文子襲用此文，自有改易，不足以證此。因下爲池，此非吾所謂爲之。此皆因其宜用之，故曰「非吾所謂爲」。言無爲。

聖人之從事也，殊體而合于理，殊，異也。體，行也。理，道也。其所由異路而同歸，其存危定傾若一，志不忘於欲利人也。何以明之？昔者，楚欲攻宋，墨子聞而悼之，墨子名翟。悼，傷也。○寧案：注，道藏本、中立本、景宋本「名翟」下有「宋大夫」三字，今本脱。自魯趍而十日十夜，足重繭而不休息，裂衣裳裹足，至於郢見楚王。自，從。趍，走。郢，楚都，今南郡江陵北里郢是也。○王念孫云：「趍而」下脱「往」字。北堂書鈔衣冠部三、太平御覽服章部十三、工藝部九引此皆有「往」字。呂氏春秋愛類篇作「自魯往」。皆其證。「裂衣裳裹足」，衍「衣」字。太平御覽工藝部引此有「衣」字，亦後人依俗本加之。舊本北堂書鈔衣冠部裳下，（陳禹謨依俗本加「衣」字。）太平御覽服章部裳下引此皆作「裂裳裹足」。呂氏春秋愛類篇同。文選廣絶交論「裂裳裹足」，李善注引墨子公輸篇亦同。後漢書郅惲傳注引史記亦云：「申包胥足腫蹠盭，裂裳裹足。」（今見吴越春秋。）若云裂衣裳裹足，則累於詞矣。○吴承仕云：高注文當云：「今南郡江陵北十里故郢是也。」説在説山篇。曰：「臣聞大王舉兵將攻宋，計必得宋而後攻之乎？亡其苦衆勞民，頓兵挫鋭，負天下以不義之名，而不得咫尺之地，猶且攻之乎？」頓，罷。挫，辱折。鋭，精。攻無罪之實，故負天下以不義之名，猶且必攻也。○王念孫云：漢魏叢書本改「剉」爲「挫」而莊本從之，非也。道藏本、劉本竝作「剉」，太平御覽工藝部引此亦作「剉」，則舊本皆作「剉」明矣。説文：「剉，折傷也。」莊子山木篇、呂氏春秋必己篇竝云「廉則剉」。高注呂氏春秋云：「剉，缺傷也。」經傳或作「挫」者，借字耳。後人多見「挫」，少見「剉」，遂改「剉」爲「挫」，謬矣。高注本訓剉爲折，今本「折」上有「辱」字，亦後人所加。○馬宗霍云：「亡其」二字，在本文爲轉語之詞。亡讀爲無，其猶乃也，亡其猶言無乃也。呂氏春秋愛類篇：「必得宋乃攻之乎？亡其不得宋且不義猶攻之乎？」卽淮南此文所本。戰國策韓策曰：「聽子之謁而廢子之道乎？又亡其行子之術而廢子之謁乎？」史記范雎傳：「意者，臣愚而不概於王心邪？亡其言臣者賤而不可用乎？」皆以亡其爲轉語之例。〇于省吾云：亡乃轉語，亡其猶抑其，景宋本改「亡」爲「忘」，失之。〇寧案：注，「實」乃「宋」字之誤。諸本皆作「宋」，當據改。王曰：「必不得宋，又且爲不義，曷爲攻之？」墨子曰：「臣見大王之必傷義而不得宋。」王曰：「公輸天下之巧士，〇劉文典云：古書無言「巧士」者，「士」當爲「工」，字之誤也。呂氏春秋愛類篇正作「公輸般，天下之巧工也」。愼大覽同。作雲梯之械，設以攻宋，曷爲弗取？」公輸，魯般號，時在楚。雲梯，攻城具，高長上與雲齊，故曰雲梯。械，器。設，施也。〇寧案：景宋本「雲梯」上有「爲」字。太平御覽七百五十二引同。當據補。墨子曰：「令公輸設攻，臣請守之。」於是公輸般設攻宋之械，墨子設守宋之備，九攻而墨子九却之，〇劉文典云：「九攻」上疑敓「公輸般」三字。今本呂氏春秋愛類篇亦敓，御覽三百二十引有。墨子公輸篇「公輸盤九設攻城之機變，子墨子九距之」。御覽三百三十六引尸子「公輸九設攻城之具機變，墨子九拒之」。呂氏春秋愼大覽注：「公輸般九攻之，墨子九卻之。」皆其證矣。弗能入。入猶下也。於是乃偃兵輟不攻宋。輟，止也。段干木辭祿而處家，魏文侯過其閭而軾之。閭，里。周禮二十五家爲閭。軾，伏。軾敬有德。曲禮曰：「軾視馬尾。」又曰：「兵車不軾，尚威武也。」其僕曰：「君何爲軾？」文侯曰：「段干木在，是以軾。」其僕曰：「段干木布衣之士，君軾其閭，不已甚乎？」文侯曰：「段干木不趍勢利，懷君子之道，隱處窮巷，聲施千里，聲，名也。施，行也。寡人敢勿軾乎？勿，無也。段干木光於德，寡人光於勢；〇馬宗霍云：本文兩「光」字，當讀如書堯典篇「光被四表」之「光」。僞孔傳云：「光，充也。」孔穎達疏謂「光，充。釋言文」。案今郭注本爾雅釋言作「桄，充也」。陸德明釋文曰：「桄，孫作光。」孫卽孫炎。是孔疏所據爾雅蓋孫本，而僞孔傳與之合。本文「光」字亦取「充」爲義。謂段干木充於德，寡人充於勢也。又案「光」之言「廣」。詩周頌敬之篇「學有緝熙于光明」，毛傳云：「光，廣也。」國語周語「叔父若能光裕大德」，韋昭注云：「光，廣也。」皆其證。充與廣義近，以「廣」詁本文之「光」，亦通。段干木富於義，寡人富於財。勢不若德尊，財不若義高。干木雖以己易寡人不爲。使干木之己賢，易寡人之尊，不肯爲之也。○寧案：「干木」上應有「段」字。段干複姓。上下文段干木凡八見，無作「干木」者。注，「使干木之己賢」，文不成義。疑「之己」二字誤倒，上脱「以」字。「干木」上亦當有「段」字。謂段干木以己之賢，易寡人之尊，不肯爲之也。呂氏春秋期賢篇亦不稱「干木」。高注：「謂以己之德，易寡人之處，不肯也。」彼作「以己之德」此作「以己之賢」耳。吾日悠悠慙于影，影，形影也。子何以輕之哉？」其後秦將起兵伐魏，司馬庾諫曰：「段干木賢者，庾，秦大夫也。或作「唐」。○孫志祖云：呂子期賢篇作司馬唐。其君禮之，天下莫不知，諸侯莫不聞，舉兵伐之，無乃妨於義乎！」於是秦乃偃兵，輟不攻魏。夫墨子跌蹏而趍千里，以存楚、宋，跌，疾行也。蹏，趨走也。○王引之云：書傳無訓跌爲疾行者，「跌」當爲「趹」。（音決。）注當作「趹蹏，疾行也。趨，走也」。（見説文。）今本「趹」字皆誤作「跌」，注内「蹏」字又誤在「趨，走也」之上。廣雅：「駃，奔也。赽，疾也。」「駃」、「赽」竝與「趹」通。玉篇：「趹，疾也。」下文「敕蹻趹步」，高彼注云：「趹，趣也。」（「趣」與「趨」通。）是疾行爲趹也。説文：「赽，踶也。」漢書武帝紀「馬或奔踶而致千里」，踶亦奔也。（顏師古誤訓踶爲蹋，辯見廣雅疏證。）「踶」、「蹏」古字通，（集韻：「蹏」或作「踶」。）是疾行又爲蹏也。合言之則曰趹蹏。

古馬之善走者謂之駃騠，駃騠之言趹踶也。疾行謂之趹蹏，故曰「趹蹏而趨千里」。○于省吾云：按趹蹏訓疾行，人之疾行而言趹蹏，他書無徵。兵畧「有蹏者趹」，「趹」通「趃」。説文：「趃，踶也。」卽莊子馬蹄「怒則分背相踶」之「踶」也。此文「跌」字不誤。漢書揚雄傳「不知一跌將赤吾之族也」，注：「跌，足失厝也。」「蹏」應讀作蹉跎之「跎」。易訟上九「終朝三褫之」，釋文：「褫，鄭本作拕。」説文：「褫，奪衣也。讀若池。」人間「拕其衣被」，錢大昕讀「拕」爲「褫」。「褫」之通「拕」，猶「蹏」之通「跎」矣。文選西京賦注引廣雅：「蹉跎，失足也。」是跌跎均謂足之失據也。跌跎而趍千里乃形容其奔趨之踣頓顛仆也。上言「自魯趍而十日十夜，足重繭而不休息，裂衣裳裹足」，故以跌跎爲言也。段干木闔門不出，以安秦、魏，夫行與止也，其勢相反，而皆可以存國，此所謂異路而同歸者也。異路，謂行與止也。同歸，謂歸於存國也。今夫救火者，汲水而趍之，或以甕瓴，或以盆盂，其方員鋭橢不同，盛水各異，其於滅火，鈞也。故秦、楚、燕、魏之謳也，異轉而皆樂，轉，音聲也。○劉文典云：文選和伏武昌登孫權故城詩注引「魏」作「趙」。九夷八狄之哭也，殊聲而皆悲，一也。東方之夷九種，北方之狄八類。○劉家立云：「一也」二字與「謳者樂之徵也」兩句，文義俱不相接。「憤於中則應於外，故在所以感」，句法亦未完全。俞氏曲園引文子精誠篇「故在所以感之矣」以爲證，其説甚塙。疑「之矣」二字，寫者誤衍於「殊聲而皆悲」句下，後人以其不詞，改爲「一也」，又於「謳者」句上增一「夫」字以牽合上下文義，而不知其不可通也。○寧案：劉校删「一也」二字，似是也。然文子「謳者」上亦有「夫」字，似非後人所增。夫謳者樂之徵也，哭者悲之效也，徵，應也。效，驗也。憤於中則應於外，憤，發也。故在所以感。感，發也。○俞樾云：感下本有「之矣」二字，傳寫脱之，則文義未完。文子精誠篇正作「故在所以感之矣」。夫聖人之心，日夜不忘於欲利人，其澤之所及者，效亦大矣。效，功也。

世俗廢衰，而非學者多：非者不善之辭，故曰非。「人性各有所脩短，若魚之躍，若鵲之駮，此自然者，不可損益。」推此揆之，故不欲學。○俞樾云：「非學者多」下有闕文。或是「言」字，或是「曰」字，未敢臆補。蓋「人性各有所脩短」云云，乃世俗非學者之説，意謂人性之自然者，非學所能損益也。下文「吾以爲不然」，則淮南自爲破之之説。○寧案：疑「多」下當是「曰」字。呂氏春秋務本篇云：「人之議多曰。」其比同。吾以爲不然。夫魚者躍鵲者駮也，猶人馬之爲人馬，筋骨形體，所受於天不可變。以此論之，則不類矣。言人自爲人，馬自爲馬，不相類也。○于鬯云：「以此論之，則不類矣」，此二句與上文不接。高注殊爲强説。疑在下文「又況人乎」之下。○劉文典云：「猶人馬之爲人馬」，義不可通。疑本作「猶人之爲人，馬之爲馬」。高注言「人自爲人，馬自爲馬」，是其證。○楊樹達云：古書無以「人馬」連言者，疑「犬馬」形近之誤。○寧案：劉説是也。道藏本、景宋本作「猶人馬之爲馬」，蓋「人」下脱「之爲人」三字。校者不知，乃於「爲」下加「人」字，而不知其不可通矣。俶真篇「各樂其成形」，高注：「謂人成虎形，虎成人形。」今本敚誤，亦合二句爲一作「謂成虎形人」，其比畧似。楊樹達以爲「犬馬」之誤，尤非。又案：于氏移「以此論之」八字於「又況人乎」之下，其説大謬。此文謂魚之躍、鵲之駮，若人之爲人，筋骨形體受於天，馬之爲馬，筋骨形體亦受於天，此不可變者，而人之性乃可變者。何以變之？學是也。非學者以不可變之魚躍鵲駮，推論可變之人性，故曰「以此論之，則不類矣」。二句正總上之詞。高注以爲人自爲人，馬自爲馬，人與馬不相類，固未達本文之義。然于氏何謂與上文不接也？「夫馬之爲草駒之時」云云，又以「夫」字另起下文，謂形之爲馬不可變，而跳躍揚蹏，翹尾而走之野性則可教使之變。以馬性可變，申言人性之可變，故曰「又況人乎」？使如于說，置二句於「又況人乎」之下，則句中「此」字，不知何指矣。指馬性之可變乎？而非學者以魚躍鵲駮不可變論之，固非以馬性可變論之也；指魚躍鵲駮不可變乎？則二句不當易置。于氏於文似未了了。夫馬之爲草駒之時，跳躍揚蹏，翹尾而走，人不能制，馬五尺以下爲駒，放在草中，故曰草駒。翹，舉也。制，禁也。齕咋足以嗜肌碎骨，蹶蹏足以破盧陷匈。咋，齧也。嗜，穿也。○楊樹達云：說文齒部云：「齰，齧也。从齒昔聲。或从乍作齚。」「咋」當爲「齰」之或作。蹏，說文訓足。蹶蹏義不相承，亦與上句齕咋不類。「蹏」當讀爲「踶」。說文足部云：「踶，躗也。」玉篇云：「踶，蹋也。」莊子馬蹄篇云：「怒則分背相踶。」蓋踶者，馬舉足以蹋人，故云破盧陷匈矣。「盧」假爲「顱」。說文頁部云：「顱，頭顱，首骨也。」及至圉人擾之，良御教之，圉，養馬官。擾，順也。掩以衡扼，連以轡銜，則雖歷險超塹弗敢辭。故其形之爲馬，馬不可化，其可駕御，教之所爲也。馬聾蟲也，無知也。○寧案：道藏本、中立本、景宋本注作「蟲喻無知也」。太平御覽八百九十六引作「聾蟲，無知也」。說林篇注作「聾，無知也」。疑當作「聾，喻無知也」。諸本無緣衍「喻」字。而可以通氣志，猶待教而成，又況人乎？

且夫身正性善，發憤而成仁，○王念孫云：「成」下脱一字。劉本補「仁」字而諸本從之，未知是否。帽憑而爲義。帽憑，盈滿積思之貌。○王念孫云：「帽」當爲「愲」，字之誤也。廣雅曰：「愲恲，忼慨也。」（愲音謂。恲，普耕反。）「愲恲」與「帽憑」聲近而義同。愲恲而爲義，猶言忼慨而爲義耳。楚辭離騷注云：「楚人名滿曰憑。」故高注云「愲憑，盈滿積思之貌」。又離騷「喟憑心而歷茲」，王注云：「喟然舒憤懣之心。」「喟憑」與「愲憑」義亦相近。性命可說，不待學問而合於道者，堯、舜、文王也；言有善性命可教說者，聖人不學而知之者，堯、舜、文王。詩云「不識不知，順帝之則」是也。沉醨耽荒，不可教以道，不可喻以德，嚴父弗能正，賢師不能化者，丹朱、商均也。丹朱堯子。商均舜子。弗能化，詩云「誨爾諄諄，聽我藐藐」，是其類也。○寧案：注，藐，道藏本、中立本、景宋本作「邈」，字同。詩大雅抑作「藐」。曼頰皓齒，形夸骨佳，不待脂粉芳澤而性可說者，西施、陽文也；曼頰，細理也。夸，弱也。佳，好也。性猶姿也。西施、陽文，古之好女。○陶方琦云：文選七發注、辨命論注、御覽三百八十一引許注：「陽文，楚之好人也。」按：好人，美人也。許注多稱楚人，是其例。說文：「媄，色好也。」○于鬯云：夸者，夸毗也。爾雅釋訓云：「夸毗，體柔也。」累言夸毗，單言但曰夸。○楊樹達云：高訓夸爲弱，失其義。類聚引作「姱」，蓋讀「夸」爲「姱」，是也。楚辭禮魄云：「姱女倡兮容與。」王逸注云：「姱，好貌。」「夸」與「佳」文異而義同。○寧案：太平御覽引作「曼顔皓齒，形姱骨佳，不待脂粉芳澤而美者，西施陽文也。」引許注云：「陽文，楚好女也。」是許本「頰」作「顔」，「夸」作「姱」，「性可說」作「美」，與高本畧異。許注與文選引亦畧異。啳睽哆噅，籧篨戚施，雖粉白黛黑弗能爲美者，嫫母、仳倠也。「啳」讀權衡之「權」，急氣言之。「睽」讀「夔」。「哆」讀大口之「哆」。「噅」讀楚蔿氏之「蔿」。籧篨，偃也。戚施，僂也。皆醜貌。嫫母、仳倠，古之醜女。「嫫」讀如模範之「模」。「仳」讀人得風病之「靡」。「倠」讀近「虺」。「仳倠」，一說：讀曰「莊維」也。○孫詒讓云：「靡」無風病之義，注「靡」當作「痱」。說文疒部云：「痱，風病也。」○劉文典云：詩新臺傳：「籧篨，不能俯者。戚施，不能仰者。」御覽蟲豸部引薛君章句云：「戚施，蟾蜍，喻醜惡。」高注云「醜貌」本韓詩說。韓與毛訓異而意同也。晉語：「籧篨不可使俯，戚施不可使仰。」又：「戚施直鎛，籧篨蒙璆。」韋昭注：「籧篨，直者。戚施，瘁者。」亦與高說相近。又凡物之粗惡者曰籧篨。説文：「籧篨，粗竹席也。」方言：「簟，自關而西，其粗者謂之籧篨。」〇楊樹達云：「啳」字當爲「齤」之或字。説文齒部云：「齤，缺齒也。一曰曲齒。从齒类聲，讀若權。」高讀「啳」爲權衡之「權」，與許讀正合。「䐜」當作「睽」，形近字誤也。説文目部云：「睽，目不相聽也。从目癸聲。」哆，説文訓張口，高訓大口，與許説同。「喎」當爲「瘑」之或作。説文疒部云：「瘑，口咼也。从疒，咼聲。」又口部云：「咼，口戾不正也。」瘑讀韋委切，與高讀蔿氏之蔿者亦合。〇于省吾云：「啳」應讀作「顴」。从卷从雚字通。詩盧令「其人美且鬈」，箋：「鬈讀當爲權。」玉篇女部「婘」同「嫿」。是其證。廣雅釋詁：「䐜，醜也。」説文：「哆，張口也。」文選辨命論注引通俗文：「喎，口不正也。」顴䐜哆喎，言顴部醜陋，口大而不正也。〇寧案：疑啳應讀爲腃，或作臛，又通𡽜。列子楊朱篇「筋節𡽜急」，釋文：「或作臛。」廣韻：「腃，筋節急也。」集韻同。故𡽜與腃通。是腃䐜，即臛䐜，即𡽜䐜，即啳䐜也。玉篇：「臛䐜，醜貌。」與高注正合，是其明證。又案：孫云「靡」當作「痱」，段氏説文隹字注引已正。又案：注「一説讀曰莊維」，「莊」當是「牝」字之譌。「牝」誤「壯」，又誤作「莊」耳。痱虺、牝維，一聲之轉。夫上不及堯、舜，下不及商均，〇王念孫云：「下不及」當爲「下不若」，言不似商均之不肖也。比上則言不及，比下則言不若。下文「美不及西施，惡不若嫫母」，即其證。今作下不及者，因上句「及」字而誤。文選辨命論注引此正作「下不若商均」。美不及西施，惡不若嫫母，此教訓之所諭也，諭，導也。而芳澤之所施。〇馬宗霍云：「此教訓之所諭也，而芳澤之所施」兩語，翫其文勢，上句「也」字似當移在下句之末。此蓋舉中人爲言，故可導之以教訓而施之以芳澤也。〇寧案：馬説是也。景宋本上句無「也」字，是其致誤之迹。且子有弒父者，然而天下莫疏其子，何也？愛父者衆也。儒有邪辟者，而先王之道不廢，何也？其行之者多也。今以爲學者之有過而非學者，則是以一飽之故，絶穀不食，以一蹪之難，輟足不行，惑也。蹪，躓，楚人謂躓也。言以飽而不食，蹪而不行，喻丹朱、商均不可教化而非學，故謂之惑也。○王念孫云：以一飽之故絶穀，義不可通。「飽」當爲「餶」，字之誤也。（注同。）「餶」與「噎」同。説文：「噎，飯窒也。」字又作「饐」。漢書賈山傳「祝餶在前，祝鯁在後」，顔師古曰：「餶古饐字。」一饐而不食，與一蹪而不行，（高注：「蹪，躓也」。）事正相類。説苑説叢篇：「一噎之故，絶穀不食，一蹶之故，卻足不行。」語卽本於淮南。今俗語猶云因饐廢食。今有良馬不待策錣而行，○陶方琦云：御覽七百四十六引許注：「錣，策端有鐵也。」○寧案：太平御覽引許注，「鐵」當爲「鍼」，形近而誤。道應篇許注：「策，馬捶端有針，以刺馬，謂之錣。」列子説符篇釋文引許慎注淮南子云：「馬策端有利鍼，所以刺不前也。」氾論篇高注亦云：「錣，揣頭箴也。」箴或字，針俗字。駑馬雖兩錣之不能進，爲此不用策錣而御則愚矣。爲良馬能自走，不復用箠，得駑馬無以行之，故曰愚也。○孫志祖云：「兩」，考證據別本改「册」。○梁玉繩云：「兩」有多義。按左氏宣十二年、哀二十七年俱云「兩馬」，兩訓飾，此「兩」字當仍之。○寧案：孫説是也。三句「策錣」二字緊密相承，不得第二句獨作「兩錣」。若訓兩爲飾，則飾與馬之進與不進何與焉？是「兩」乃「册」字之誤也。「兩」古文作「㒳」，與「册」形近。「册」古文「笧」，通「策」。景宋本兩「策」字皆作「册」，茅本同。寫者改「冊」爲「策」如今本，而「兩」字致誤之迹晦矣。蜀藏本「策」字「兩」字皆作「冊」，中立本則皆作「策」，是其明證也。注「不復用箠」，疑「箠」亦「策」字之誤，故蜀藏本作「冊」。

夫怯夫操利劍，擊則不能斷，刺則不能入，及至勇武攘捲一擣，則摺脇傷幹，武，士也。楚人謂士爲武。摺，折也。○楊樹達云：「捲」與「拳」同。幹亦脅也。昭公二十五年左傳云：「唯是楄柎，所以藉幹者，請無及先君。」莊公元年公羊傳云：「於其乘焉，搚幹而殺之。」皆其例也。〇馬宗霍云：「捲」蓋爲「拳」之借字。説文：「拳，手也。从手𢍏聲。」攘捲一擣，謂攘手一擣也。下文云：「爲此棄干將鏌邪而以手戰則悖矣。」此之「手戰」，即承上文之「攘捲」而言也。史記孫子列傳：「夫解褋亂紛糾者，不控捲。」司馬貞索隱曰：「捲即拳也。」文選司馬遷報任少卿書「張空拳」，李善注引李登聲類云：「拳或作捲。」皆「捲」通作「拳」之證。李善注又引桓寬鹽鐵論曰：「陳勝無將帥之兵，師旅之衆，奮空捲而破百萬之軍。」又引何宴白起故事：「白起雖坑趙卒，向使預知必死，則前驅空捲，猶可畏也，況三十萬被堅執鋭乎。」是桓、何二書亦假「捲」爲「拳」。「空捲」猶言徒手也。詩小雅巧言篇「無拳無勇」，毛傳曰：「拳，力也。」國語齊語「桓公問曰：『於子之鄉有拳勇股肱之力秀出於衆者乎？』」韋昭注曰：「大勇爲拳。」此則又皆假「拳」爲「捲」。（説文所引齊語作捲乃正字也。）蓋二字本義雖別，然拳从𢍏聲，捲从卷聲，卷亦从𢍏聲。又舒之則爲手，卷之則爲拳，即形聲以求義，其脈絡自相貫。故經傳於二字多互用不分也。爲此棄干將鏌邪而以手戰則悖矣。所謂言者，齊於衆而同於俗。今不稱九天之頂，則言黄泉之底，九天，八方中央，故曰九。頂極高，底極卑也。是兩末之端議，何可以公論乎？公，平也。〇劉台拱云：「兩末之端議」，於文不合有「端」字。韓非難勢篇：「兩末之議也，奚可以難夫道理之言乎哉？」意與此同。

夫橘柚冬生，而人曰冬死，死者衆；薺麥夏死，人曰夏生，生者衆。衆，多。〇王念孫云：「橘柚」本作「亭歷」。時則篇「孟夏之月，靡草死」，高注曰：「靡草，薺、亭歷之屬也。」（呂氏春秋孟夏篇注及鄭注月令引舊説並同。）呂氏春秋任地篇「孟夏之昔，殺三葉而穫大麥」，高注曰：「三葉，薺、亭歷、菥蓂也。是月之季枯死。」本書天文篇曰：

「五月爲小刑，薺麥、亭歷枯，冬生草木必死。」案：亭歷、薺麥皆冬生夏死，此言亭歷冬生，薺麥夏死者，互文耳。後人改「亭歷」爲「橘柚」，斯爲不倫矣。太平御覽藥部十亭歷下引此正作「亭歷冬生」。○劉文典云：宋黃震日抄引「生者衆」作「生者多」也。○寧案：日抄引是也。死者衆與生者多對文。道藏本、景宋本作「生者衆多」，無注，蓋「衆」字涉上而衍。中立本作「生者衆」，注云「多也」。「衆」字無庸注釋，蓋後人不知衍「衆」字，爲與上句一律，將「多」字移作注文，下加「也」字，今本又於注文加「衆」字，而誤益遠矣。氾論篇注引正作「生者多」，與日抄合，是其明證。又案氾論篇注引作「橘柚冬生」，使如王説，則後人依誤本淮南改之與？江、河之回曲，亦時有南北者，而人謂江、河東流；攝提鎮星日月東行，而人謂星辰日月西移者，以大氏爲本。歲星在寅曰攝提。鎮星，中央土星，鎮四方，故曰鎮。氏猶更。言其餘星辰皆西行，故曰「大氏爲本」也。○劉台拱云：日月無東行之理。（此與左行右行無涉。）下文因星辰而及日月，古書自有此例。寫者因下文言日月，遂於上句沾「日月」二字。作書者之謬不至此。胡人有知利者，而人謂之駤，駤，忿戾惡理不通達。胡人性皆然，亦皋多。駤讀似質，緩氣言之者在舌頭乃得。○楊樹達云：説文至部云：「⿱孫至，忿戾也。从至。至而復孫，孫，遁也。讀若摯。」高訓駤爲忿戾惡理不通達，意與⿱孫至同。或許所據淮南本作「⿱孫至」，故據以立訓耶？○寧案：「⿱孫至」即「懫」。書多方「亦唯有夏之民叨懫」，注：「貪叨忿懫。」説文引作「⿱孫至」。又案：注「亦皋多」，當作「皋多者言」，故下句注云「亦以多者言」。越人有重遲者，而人謂之訬，訬，輕利急，亦以多者言。訬讀燕人言趮操善趍者謂之訬同也。○吳承仕云：文選吳都賦注引高注曰：「訬，輕利急疾也。」本此。今注文奪「疾」字，文意不具，應據補。○寧案：原本玉篇言部：「訬，聲類亦魦字。許叔重注淮南：『楚人謂剽輕爲害之鬼爲魦。』」（今本「人」誤

「辭。」）以多者名之。若夫堯眉八彩，九竅通洞，而公正無私，堯母慶都，蓋天帝之女，寄伊長孺家，年二十無夫。出觀于河，有赤龍負圖而至，曰赤龍受天下之圖。有人赤衣，光面，八彩，鬢顙長。赤帝起，成元寶，奄然陰雲。赤龍與慶都合而生堯，視如圖。故眉有八彩之色，洞達聖道也。無私，無所愛憎也。○陶方琦云：意林引許注：「眉理八字也。」高注乃引春秋合誠圖語。○鍾佛操云：八彩見元命苞、尚書大傳、孔叢子、論衡。○寧案：注「鬢顙長」下有脱文。太平御覽八十引春秋合誠圖作「鬢鬓長七尺二寸」。一言而萬民齊。一言，仁言也。齊，無倦。○馬宗霍云：「齊」當讀如國語周語「外內齊給」之「齊」。齊猶肅也。賈子新書禮容語下正作「外內肅給」，此「齊」通作「肅」之證。又左氏文公二年傳「子雖齊聖」，杜預注亦訓「齊，肅也」。然則「一言而萬民齊」者，謂萬民聞其一言而皆肅然也。又案説文齊之本義爲「禾麥吐穗上平」。由平義引申之則爲整。故韋昭國語注訓齊爲整。肅又整義之引申也。整肅者嚴正之意。高注釋齊爲「無倦」者，無倦卽不懈惰，不懈惰斯與嚴正之意相因矣。舜二瞳子，是謂重明，言能知人，舉十六相。作事成法，出言成章。作事爲後世所法。論語：「舜有天下，焕乎其有文章，巍巍乎！」此之謂也。禹耳參漏，是謂大通，參，三也。漏，穴也。大通天下，摧下滯之物。○鍾佛操云：參漏見帝王世紀、論衡骨相篇。興利除害，疏河決江。傳曰：「劉子觀于雒汭曰：『微禹吾其魚乎？』」故曰「興利除害」也。文王四乳，是謂大仁，乳所以養人，故曰「大仁」也。○鍾佛操云：四乳見元命苞、易林、白虎通。天下所歸，百姓所親。文王爲西伯，遭紂之虐，三分天下而有二，受命而王。故曰「百姓所親」也。臯陶馬喙，是謂至信，喙若馬口，出言皆不虛，故曰「至信」。○金其源云：韓詩外傳以臯陶之喙與堯顙、舜目、禹頸並舉，似指其形，非言其聲。然本書主術訓云：「故臯陶瘖而爲大理，天下無虐刑，有貴於言者也。」漢書外戚傳「飲瘖藥」注，「瘖，不能言也」，故下篇泰族訓云「瘖者不言」，則似言其聲，非指其形。喙而日馬，謂其聲若馬嘶。嘶者，玉篇云：「噎也。」廣韻：「噎或作咽。」集韻：「咽，聲塞也。」蓋謂其聲塞不能言也。決獄明白，察於人情。察猶知也。禹生於石。禹母脩己，感石而生禹，折胸而出。○梁玉繩云：漢書漢武紀師古注：「禹治鴻水，通轘轅山，化爲熊。謂塗山氏曰：『欲餉，聞鼓聲乃來。』禹跳石誤中鼓。塗山氏往，見禹方作熊，慚而去，至嵩高山下，化爲石，方生啟。禹曰：『歸我子！』石破北方而啟生。事見淮南子。」宋洪興祖楚辭天問補注亦云出淮南子。今此書唯有「禹生於石」句，豈別見於注而今本闕佚耶？俟考。○吴承仕云：注「折」當爲「𡍮」，隸變作「坼」，故譌爲「折」。此用詩生民「不𡍮不副」語。下文注云「愊背而出」，「愊」、「副」字同。○寧案：吴校是也。道藏本正作「坼」。契生於卵。契母，有娀氏之女簡翟也，吞燕卵而生契，愊背而出。詩云「天命玄鳥，降而生商」是也。○王引之云：舊本「禹生於石」在「契生於卵」之上。案此段以私、齊爲韻，明、章爲韻，通、江爲韻，仁、親、信、情爲韻，石、射爲韻。若「禹生於石」句在前，「契生於卵」句在後，則失其韻矣。今改正。史皇產而能書。史皇，倉頡。生而見鳥跡，知著書，故曰史皇。或曰頡皇。○寧案：注「故曰」，景宋本作「號曰」。太平御覽七百四十五引同。羿左臂脩而善射。羿，有窮之君也。○莊逵吉云：吴處士江聲曰：「羿有窮君，不得云賢者，高注非是。此乃堯時之羿耳。」○劉文典云：左臂雖長，何益於射？「左」當爲「右」，字之誤也。御覽三百六十九引正作「羿右臂長而善射」。○寧案：劉謂「左」當爲「右」，非也。國策西周策「我不能教子支左屈右」，注：「支左屈右，善射法也。」蓋左臂長，支遠則力省，使右臂長，屈後則力費。太平御覽八十二引帝王世紀：「羿學射於吉甫，其辭佐長，（「辭」乃「臂」字之誤。俗書「辭」作「辞」，與「辟」形似。「佐」卽「左」。）故亦以善射聞。」爲「左」字不誤之確證。太平御覽七百四十五引同今本。又案：注文有捝誤，江氏未能校正。俶真篇「是故雖有羿之知而無所用之」，注：「是堯時羿，善射，能一日落九烏，非有窮后羿也。」本篇與俶真篇皆高注，高氏不當有此誤。蓋此文「羿」上捝「是堯時」三字，「羿」下捝「非」字，非本謂羿爲有窮之君也。若此九賢者，千歲而一出，猶繼踵而生。以千歲爲近，明聖賢之難。今無五聖之天奉，堯、舜、禹、湯、周文王也。奉，助也。四俊之才難，才千人爲俊，謂皋陶、稷、契、史皇。○寧案：「才千人爲俊」，文義不明。中立本「才」下有「出」字。又泰族篇「智過萬人者謂之英，千人者謂之俊」，則才下當有「過」字。欲棄學而循性，是謂猶釋船而欲蹷水也。蹷，履也。○王引之云：案太平御覽皇親部一引河圖著命曰：「脩己見流星意感生禹。」又引禮含文嘉曰：「夏姒氏祖以薏苡生。」又引孝經鉤命決曰：「命星貫昴，脩紀夢接生禹。」是禹之生，或以爲感流星，或以爲吞薏苡，無言生於石者。史記六國表「禹興於西羌」，集解引皇甫謐曰：「孟子稱禹生石紐，西夷人也。」蜀志秦宓傳曰：「禹生石紐，今之汶山郡是也。」注引譙周蜀本紀曰：「禹本汶山廣柔縣人也，生於石紐，其地名刳兒坪。」水經沫水注曰：「廣柔縣有石紐鄉，禹所生也。」是石紐乃地名，禹生石紐，猶言舜生於諸馮，文王生於岐周，非謂感石而生也。徧考諸書，無禹生於石之說。禹當爲啟。郭璞注中山經泰室之山云：「啟母化爲石而生啟，在此山。見淮南子。」是淮南古本有作「啟生於石」者。及考漢書武帝紀詔曰：「朕至於中嶽，見夏后啟母石。」應劭曰：「啟生而母化爲石。」師古曰：「禹治鴻水，通轘轅山，化爲熊，謂塗山氏曰：『欲餉，聞鼓聲乃來。』禹跳石誤中鼓。塗山氏往，見禹方作熊，慙而去，至嵩高山下，化爲石，方生啟。禹曰：『歸我子。』石破北方而啟生。事見淮南子。」又御覽地部十六引淮南與師古注略同。又北堂書鈔后妃部一亦引淮南石破生啟。蓋許慎本作「啟生於石」，書鈔、御覽及師古注所引卽許慎之注，郭璞所云「啟母化爲石而生啟，見淮南子」者，亦用許慎注也。且此段以堯、舜、禹、文王、皋陶、契、啟、史皇、羿九人言之，故謂之九賢，又謂之五聖四俊。若既言禹耳參漏，又言禹生於石，則僅八人，不得稱九矣。高據誤本禹生於石爲説，則九賢内少一賢，而五聖四俊亦不能如數，不得已乃據上文所稱五聖神農、堯、舜、禹、湯而取湯入五聖，又據上文言后稷之智而以稷入四俊，不知彼此各不相蒙也。且彼處五聖内有神農，何以舍之而取湯？此段九賢内有羿，又何以不得與列？若此者皆不可解矣。以文義求之，五聖蓋卽堯、舜、禹、文王、皋陶，四俊蓋卽契、啟、史皇、羿也。○寧案：「是謂猶釋船而欲蹷水也」，「謂猶」連用不詞。「謂」字疑當在上句「欲棄學而循性」上，蓋承上「非學者多曰人性各有所脩短」云云言之，與下文「而謂學無益者」同例。夫純鉤魚腸之始下型，擊則不能斷，刺則不能入，純鉤，利劍名。魚腸，文理屈辟若魚腸者，良劍也。「型」或作「盧」。○王念孫云：「鈎」皆當爲「鈞」，字之誤也。覽冥篇曰「區冶生而淳鈞之劍成」，齊俗篇曰「淳均之劍不可愛也，而歐冶之巧可貴也」，皆其證。道藏本、劉本皆誤作「鈎」，朱本改「鈎」爲「鈞」，是也。茅本又改爲「鉤」而莊本從之，且并覽冥篇亦改爲「鉤」，斯爲謬矣。舊本北堂書鈔武功部劍下三引此文皆作「純鈞」，（陳禹謨改其一爲純鉤而删其二。）越絶外傳記寶劍篇曰「一曰湛盧，二曰純鈞」，廣雅曰「醇鈞，劍也」，其字亦皆作「鈞」。且齊俗篇作「淳均」，若是「鉤」字，不得與「均」通矣。左思吴都賦「吴鈎越棘，純鈞湛盧」，上句言吴鈎，下句言純鈞，若作「純鉤」，則「鉤」字重出矣。○寧案：景宋本正作「純鈞」。及加之砥礪，摩其鋒剽，則水斷龍舟，龍舟，大舟也。○寧案：舟雖大，以木爲之，未足以明刀劍之利也。「舟」字當是「冉」字之誤。「冉」卽「髯」。水斷龍髯，謂可以鬭蛟龍也。文選七命注引下文「苗山之鋋，羊頭之銷，雖水斷龍舟，陸剸犀甲」，「龍舟」正作「龍髯」。下引許注「銷，生鐵也」，又引高注「苗山，利金所出」云云同今本，蓋高本作「舟」而許本作「髯」，實許本爲長。陸剸犀甲。言利也。明鏡之始下型，矇然未見形容，及其粉以玄錫，摩以白旃，鬢眉微豪，可得而察。旃，摩。微，細。察，見。○王念孫云：「粉以玄錫」，本作「扢以玄錫」，扢者，摩也。高注云「於摩」，（道藏本如是。各本皆作「摩磨」。）「於」即「扢」字之誤。隸書「於」字或作「扵」，形與「扢」相似，故「扢」誤爲「於」。廣雅曰：「扢，磨也。」（「磨」與「摩」通。玉篇：扢，柯礙、何代二切，摩也。）淮南要畧「濡不給扢」，高注曰：「扢，拭也。」漢書禮樂志郊祀歌「扢嘉壇」，孟康曰：「扢，摩也。」此云「扢以玄錫，摩以白旃」，是扢與摩同義。故高注云：「扢，摩。」道藏本正文「扢」字誤作「粉」，注內「扢」字又誤作「於」，後人不得其解，遂改高注「於，摩」爲「摩，磨」，莊本又改爲「旃，摩」，斯爲謬矣。初學記器物部九引此竝作「粉以玄錫」，亦後人依誤本淮南改之。太平御覽學部一、服用部十九、珍寶部十一竝引作「扢以玄錫」。又高注吕氏春秋達鬱篇云「鏡明見人之醜，而人扢以玄錫，摩以白旃」，即用此篇之語，是其明證矣。又「旃」下舊本脱「則」字。今以上文例之，當有「則」字。又初學記、太平御覽引此竝有「則」字。今據補。○寧案：景宋本誤與藏本同。夫學，亦人之砥錫也，而謂學無益者，所以論之過。以，用也。過，非也。

知者之所短，不若愚者之所脩，短，缺。脩，長也。明有所不足，謂愚有所不昧也。○吳承仕云：明有所不足下「謂」字衍，應删。○馬宗霍云：注文「謂」字當在「明」字上，傳寫誤在「足」字下，「明有所不足，愚有所不昧」兩語，承正文知短愚脩而申之，故冠以「謂」字。謂猶言也。吳承仕以「謂」字爲衍文應删，非是。賢者之所不足，不若衆人之有餘。衆，凡也。○王念孫云：「有餘」上亦當有「所」字。何以知其然？夫宋畫吳冶，刻刑鏤法，亂脩曲出，宋人之畫，吳人之治，刻鏤刑法，亂理之文，脩飾之巧，曲出於不意也。○章太炎云：按莊子田子方「宋元君將畫圖，衆史皆至，受揖而立，舐筆和墨，在外者半。有一史後至者，儃儃然不趨，受揖不立，因之舍。公使人視之，則解衣般礴贏。君曰：『可矣，是真畫者也。』」此宋人善畫之證。○楊樹達云：「刑」當讀爲「型」，故與法爲對文。○于省吾云：如注說則「亂」、「脩」二字平列，有乖本義。「亂脩」與「曲出」對文，言所脩者亂，所出者曲，極言其文理之繁縟也。其爲微妙，堯、舜之聖不能及。及猶如也。○劉文典云：御覽七百五十引注「宋人之畫，吳人之治」，「之」竝作「工」，「及」下有「也」字。八百三十三所引同。○寧案：太平御覽引注兩「之」字作「工」，是也。此釋「宋畫吳治」，作「之」字無義。俶真篇「越舲」，高注：「舲，小船也，越人所便習。」彼云「便習」，此云「工」，其比同，不曰越人之舲也。蔡之幼女，衛之稚質，蔡國，今南陽河曲。衛，故在河内，後徙頓丘，今東陽郡。稚質，亦少女也。○吳承仕云：地理志：「汝南郡上蔡，故蔡國，後徙新蔡。」注言今南陽，非其地。河曲之名，亦所未憭。不審爲傳寫之譌，抑舊本故如是也。又案：注言後徙頓丘，今東陽郡。續郡國志東郡有鄧丘縣。今注誤衍「陽」字，雍刪。（朱本河曲作胡曲，景宋本「河」亦作「胡」。尋管蔡世家，成王封度子胡於蔡，則「胡」字或爲蔡侯之名，上下並有奪文，故不可解。莊本作「河」，於義益遠。要之此注自多譌奪，不能輒斷。）梱纂組，襍奇彩，抑墨質，揚赤文，梱，叩椓。纂織組邪文，如今之短没黑耳亦言其巧也。○陶方琦云：孫奭孟子音義引許注：「捆，織也。」按說文無「捆」字，惟「稇」下云：「絭束也。」孫氏引許君義當屬淮南，故與高注正異。○劉文典云：御覽三百八十一引無「梱」字「襍」字，又引注作「纂組，織組也，如今之綬也，没黑見赤，其工也」。○寧案：「梱」，孟子滕文公上作「捆」。趙注：「捆猶叩椓也。」與高注合。說文：「纂似組而赤。」「組，綬屬。」漢書景帝紀「錦繡纂組」，臣瓚引許慎云：「纂，赤組也。」高注疑當作「纂組，織邪文如今之綬，没黑見赤，言其巧也」。今本「組織」二字誤倒，「綬」誤「短」，「見赤」誤作「耳亦」，與太平御覽引可互校。又案「抑墨質」道藏本、中立本、茅本、景宋本「墨」皆作「黑」，當從之，故注云没黑見赤。

禹、湯之智不能逮。言不能及二國之女巧也。

夫天之所覆，地之所載，包於六合之内，託於宇宙之間，陰陽之所生，血氣之精，含牙戴角，前爪後距，奮翼攫肆，蚑行蟯動之蟲，喜而合，怒而鬬，攫，搏也。肆，極也。蚑讀車跂之「跂」。蟯讀饒多之「饒」。○于省吾云：注「攫，搏也。肆，極也。」按搏極不詞，注説非是。「肆」應讀作「殺」，二字音近相假。詩皇矣「是伐是肆」，即是伐是殺。夏小正七月「狸子肇肆」，傳：「其或曰：肆，殺也。」攫搏與殘殺二義平列。（又詳吕氏春秋新證仲春紀「無肆掠」下。）見利而就，避害而去，其情一也。雖所好惡，其與人無以異。一，同。人亦避害就利，有不相如，故言「雖」也。然其爪牙雖利，筋骨雖彊，不免制於人者，知不能相通，才力不能相一也。各有其自然之勢，勢，力也。無稟受於外，無有學問，受謀慮於外，以益其思也。故力竭功沮。竭，盡也。沮，敗也。夫鴈順風以愛氣力，銜蘆而翔以備矰弋，未秀曰蘆，已秀曰葦。矰，矢。弋，繳。銜蘆所以令繳不得截其翼也。○王念孫云：「順風」下本有「而飛」二字，與「銜蘆而翔」相對爲文，今本脱此二字，則與下文不對。藝文類聚鳥部中、白帖九十四、太平御覽羽族部四引此竝作「從風而飛，以愛氣力」，説苑説叢篇作「順風而飛，以助氣力」，皆其證。螘知爲垤，貛貉爲曲穴，虎豹有茂草，野彘有艽莦，槎櫛堀虚，連比以像宮室，○陶方琦云：文選蜀都賦注引許注：「坒，相連也。」按本書無「坒」字，疑許本「連比」作「連坒」，故云「坒，相連也」。説文土部：「坒，地相次比也。从土比。」（廣雅：「坒，次也。」）許本作

「坒」，正與高異。陰以防雨，防，衛也。景以蔽日，蔽，擁也。○王引之云：景卽日之光，不得言景以蔽日。「景」當爲「晏」，字之誤也。繆稱篇「暉日知晏，陰諧知雨」，高注曰：「晏，無雲也。」（文選羽獵賦注引許注同。）説文：「晏，天清也。」又曰：「替，星無雲也。」「替」與「晏」通。字亦作「曣」。小雅角弓篇「見晛曰消」，韓詩作「曣晛聿消」，云「曣晛，日出也」。荀子非相篇作「晏然聿消」。史記封禪書「至中山，曣温」，漢書郊祀志「曣」作「晏」。如淳曰：「三輔謂日出清濟爲晏。」韓子外儲說左篇曰：「雨霽日出，視之晏陰之間。」晏與陰正相對，故曰「陰以防雨，晏以蔽日」。言穴居之獸，陰則有以防雨，晴則有以蔽日也。此亦鳥獸之所以知求合於其所利。今使人生於辟陋之國，辟，遠。陋，鄙小也。長於窮櫚漏室之下，長無兄弟，少無父母，目未嘗見禮節，耳未嘗聞先古，先古謂聖賢之道也。獨守專室而不出門，專室，小室也。○王念孫云：「門」下當有「户」字。不出門户與獨守專室相對爲文，且户與下母、古、寡爲韻，（「下」讀若「户」，「寡」讀若「古」，「母」合韻音莫補反，竝見唐韻正。）若無户字，則失其韻矣。使其性雖不愚，然其知者必寡矣。昔者，蒼頡作書，容成造曆，容成，黄帝臣，造作曆，知日月星辰之行度。胡曹爲衣，易曰：「黄帝垂衣裳。」胡曹亦黄帝臣也。○孫志祖云：氾論訓「伯余初作衣」，此以爲胡曹，自相乖異。后稷耕稼，○寧案：道藏本、中立本、景宋本有注云：「詩曰：播厥百穀。」儀狄作酒，見世本。奚仲爲車。傳曰：「奚仲爲夏車正，封于薛。」此六人者，皆有神明之道，聖智之迹，故人作一事而遺後世，非能一人而獨兼有之。各悉其知，貴其所欲達，達，通也。遂爲天下備。備猶用也。今使六子者易事，而明弗能見者何？見猶知也，言人各有所不通。○寧案：注，「不通」，道藏本、中立本、茅本、景宋本皆作「不能」。萬物至衆，而知不足以奄之。奄，蓋之也。周室以後，無六子之賢，賢，才也。而皆脩其業；當世之人，無一人之才，而知其六賢之道者何？○王念孫云：「知其六賢之道」，「其」字涉上文「脩其業」而衍。教順施續而知能流通。施，設。續猶傳也。○楊樹達云：「順」讀爲「訓」。高訓施爲設，設續義不相承，其說非也。今案施者延也。禮記樂記注云：「施，延也。」下文云：「名施後世」，注亦云：「施，延也。」由此觀之，學不可已明矣。已，止也。

今夫盲者，目不能別晝夜，分白黑。然而搏琴撫弦，參彈復徽，攫援摽拂，手若蔑蒙，不失一弦。參彈，并弦。復徽，上下手也。攫援，掇也。摽拂，敷也。蔑蒙，言其疾也。徽讀維車之「維」。攫讀屈直木令句欲句此木之「句」。摽讀刀摽之「摽」。○劉台拱云：注，刀摽當作「鏢」，鞘下飾也。音飄。○寧案：注，并弦，即雙彈，一按一散得聲。道藏本作「井弦」，景宋本作「無弦」，中立本作「撫弦」，蓋「并」以形似誤作「井」，又誤作「无」，書作「無」，又加手旁作「撫」耳。摽卽勾。拂謂連抹。「言其疾也」，道藏本、景宋本作「言其疾學之習」，「學」乃「舉」字之誤。「習」乃「皃」字之誤。（「皃」字缺下，因加「羽」字。）後人不解其義，遂删去下三字。中立本正作「疾舉之皃」。刀摽卽刀鏢，古通，說在天文訓。使未嘗鼓瑟者，○俞樾云：「瑟」當作「琴」。上文云「然而搏琴撫弦」，此與相應，不容異文。雖有離朱之明，攫掇之捷，猶不能屈伸其指。離朱，黄帝時人，明目能見百步之外，秋豪之末。攫掇亦黄帝時捷疾者也。何則？服習積貫之所致。○寧案：貫猶積。道藏本、景宋本有注云：「謂上不失一弦。」莊本脱。「上」下疑脱「下」字。故弓待檄而後能調，劍待砥而後能利。檄，矯弓之材，讀曰敬。砥，厲石也。玉堅無敵，鏤以爲獸，首尾成形，礛諸之功；礛諸，治玉之石。詩云「他山之石，可以爲厝」是。礛讀廉氏之「廉」。一曰濫也。○寧案：注「厝」道藏本、中立本、景宋本作「錯」。漢書地理志下晉灼曰：「厝古錯字。」木直中繩，揉以爲輪，其曲中規，規，員之也。隱括之力。唐碧堅忍之類，猶可刻鏤，揉以成器用，唐碧，石似玉，皆堅鑽之物。○吴承仕云：唐卷子本玉篇石部磿字注引作「唐磿堅力之類」，又引許叔重曰「磿，堅也」。承仕案：許本作「磿」，高本作「堅」，唯此一字爲異。玉篇引作「唐磿堅力」者，誤奪「碧」字，衍「堅」字，「力」卽「忍」字之殘。此由傳寫失之。（許注訓磿爲堅，與説文磿同。）○楊樹達云：堅忍文義不類，殆出後人妄改。唐卷子玉篇引作「唐磿堅力」，亦有誤文。余疑文當作「唐碧磿力」。知者：説文玉部云：「玲塾，石之次玉者。」「玲塾」或作「瑊玏」。司馬相如子虛賦云「瑊玏玄厲」是也。「磿力」卽「玲塾」。淮南書閉口音字與開口音字多通。此以「磿」爲「玲」，正其比。「力」則「塾」、「玏」之省字也。玲塾爲石之次玉者，與唐碧爲石似玉者正相類。淺人不知磿力之義，妄改爲堅忍耳。吴云玉篇脱去「碧」字，衍「堅」字，是也，至以「力」字爲誤，則失之。又案：玉可刻鏤而不可揉，「揉」字義不可通。此因上文「揉以爲輪」之「揉」字而衍。○于省吾云：按忍與肕、韌、仞字通。管子地員「淖而不肕」，注：「肕，堅也。」易革初九「鞏用黄牛之革」，王注：「牛之革，堅仞不可變也。」詩將仲子「無折我樹檀」，傳：「檀，彊韌之木。」釋文「韌」作「忍」。是其證。○寧案：吴説是也。使如楊説，則注不得獨釋唐碧，許注不得出磿字。又況心意乎？且夫精神滑淖纖微，○劉台拱云：「滑淖」疑「滒淖」之誤。原道篇「甚淖而滒，甚纖而微」，兵畧篇「滒淖纖微，無所不在」，作「滒」是。兵畧又云「夫能滑淖精微，貫金石，窮至遠」，疑亦「滒淖」之誤。若原道篇云「夫水所以能成其至德於天下者，以其淖溺潤滑也」，別一義。倏忽變化，與物推移，推移猶轉易也。雲蒸風行，在所設施。施，用。君子有能精搖摩監，○向宗魯云：「摩監」當作「靡覽」。要畧篇「精搖靡覽」許注：「靡小皆覽之。」（作「摩監」當是高、許之異。）○寧案：向説是也。許作「靡覽」，高作「摩監」，摩、靡古通，監、覽義近。砥礪其才，自試神明，○向宗魯云：「試」當從説苑建本篇作「誠」。（此段文多同説苑，前人未校出，故備舉之。）○楊樹達云：「自試神明」，文不可通，「試」當作「誠」，形近誤也。説苑建本篇云：「今人誠能砥礪其材，自誠其神明，睹物之應，通道之要。」即本淮南此文。字正作「誠」，是其證也。覽物之博，通物之壅，觀始卒之端，見無外之境，所觀以遠。以逍遥仿佯於塵埃之外，塵埃猶竅冥也。超然獨立，卓然離世，不羣于俗。此聖人之所以游心若此。而不能閒居静思，鼓琴讀書，○楊樹達云：「此聖人之所以游心若此，而不能閒居静思」云云，上下文義不相承接，文當有挩誤。説苑建本篇云：「卓然獨立，超然絶世，此上聖之所游神也。然晚世之人，莫能閒居心思，鼓琴讀書」，即本此文。疑此文亦當有「然晚世之人」五字，而傳寫挩之也。○寧案：如楊説，當是「而」下挩「晚世之人」四字。追觀上古，及賢大夫，○向宗魯云：上古可言追觀，賢大夫不可言追觀，「及」字蓋「友」字之誤。（友賢大夫，孟子所謂「友天下之善士」也。追觀上古，孟子所謂「尚論古之人」也。）説苑正作「友賢大夫」可證。若作「及」則義不可通，且與下講辯之義不貫也。○楊樹達云：「及」字無義，字當作「友」。「及」與「友」形近致誤耳。説苑建本篇云：「追觀上古，友賢大夫」，字正作「友」，是其證也。學問講辯，日以自娱，講論辯别然否，自娱樂。蘇援世事，分白黑利害，蘇猶索。援，别。分别白黑，知利害之所在也。○吴承仕云：注「援，别」，「别」當爲「引」。援訓爲引，經傳之常詁。今作「别」者，引、别形近，又涉下文「分别」字而誤。○向宗魯云：説苑「蘇援」作「疏遠」，是也。疏遠世事（「蘇」之爲「疏」，猶「扶蘇」之爲「扶疏」也。「援」之爲「遠」，猶「轅濤塗」之爲「轅濤塗」也。）正與上文閒居静思相承。本書作「蘇援」者，音近通用。高説非是。（又下文「分白黑利害」，王校作「分別白黑」，説苑作「分別利害」，豈説苑亦後人誤改歟。）○楊樹達云：高注云：「蘇猶索。援，引。」（據吴承仕説校正。）索引世事，文不可通。高注非是。説苑建本篇云「疏遠世事」，字作「疏遠」，文義較明。蓋淮南假「蘇」爲「疎」，假「援」爲「遠」，而劉子政用本字易其文也。上文云「逍遥仿佯於塵埃之外，超然獨立，卓然離世」，正此所謂「疏遠世事」也。籌策得失，以觀禍福，籌策曰視，非常曰觀。○王念孫云：「分白黑利害」，本作「分別白黑」（高注内「分別白黑」四字，即本於正文。）「白黑」下本無「利害」二字。今作「分白黑利害」者，「分」下脱去「別」字，遂不成句。後人以高注云「知利害之所在」，因加「利害」二字以足句耳。案高注云「分別白黑，知利害之所在」，此是因正文而申言之，謂分別白黑，則可以知利害之所在，非正文内本有「利害」二字也。有白黑斯有得失，有得失斯有禍福，故云「分別白黑，籌策得失，以觀禍福」。禍福即高注所謂利害也。若此句先言利害，則下文不必更言禍福矣。蘇援世事，分別白黑，籌策得失，皆相對爲句；若云分白黑利害，則句法參差矣。且此段以書、夫、娱爲韻，黑、福、則爲韻；若云分白黑利害，則失其韻矣。○向宗魯云：「籌策」當作「常視」。注本穀梁。○寧案：「常視」無緣誤作「籌策」。此蓋以策訓籌，下脱「常視」二字。大藏音義三十七引淮南子云：「籌，策也。」即此處注文。下文「著於憲法」，高注「憲，法也」，以法訓憲不訓法，猶此以策訓籌不訓策也。設儀立度，可以爲法則，○向宗魯云：「可以爲法則」，説苑無「可」字，當據删。窮道本末，究事之情，窮，盡也。究，極也。立是廢非，明示後人，是，善也。非，惡也。死有遺業，生有榮名。遺，餘。功，業。榮，寵也。○寧案：注，「功業」二字誤倒。此以功訓業。如此者，人才之所能逮。逮，及也。然而莫能至焉者，偷慢懈惰，多不暇日之故。偷，薄。慢，易。薄易之人，懈惰于庶幾，多言己不暇日而不學，惟此故也。○俞樾云：「不」字衍文。

多暇日者，謂其人偷慢懈惰而不學，故多暇日也。今衍「不」字，失其指矣。荀子脩身篇曰：「其爲人也，多暇日者，其出入也不遠矣。」即淮南所本。○向宗魯云：俞說是也。說苑正作「多暇日之故」。韓詩外傳曰：「暇日多者，出人不遠。」正與荀子同，愈足證高本之誤。○馬宗霍云：正文「不」字非衍。不猶無也。偷慢懈惰之人，翫歲而愒日，多無暇以從事於學，故莫能至也。高云「多言己不暇日而不學」，意亦猶是。惟增「言己」二字於「多」字下以足成其意，謂若輩多藉口己無暇日也。俞校非是。劉家立淮南集證既據俞說刪去正文「不」字，以其與注文不相應，因又竄易原注，致不可通，殊謬。○寧案：馬說是也。不學者多藉口以不暇。說山篇曰：「謂學不暇者，雖暇亦不能學矣。」高注云：「言有事務不暇學。如此曹之人，雖閒暇無務，亦不能學也。」正文及注，義與此同。是其明證。說苑作「多暇日之故」，疑劉子政改刪「不」字，取義從著書者直觀言之，非從不學者所藉口言之，不應據彼改此。又案大藏音義四十五引許注淮南子云：「婾，薄也。」又云：「或从人作偷。」蓋許作「婾」而高作「偷」。高訓薄者從許說。夫瘠地之民多有心者，勞也；心，向義之心也。沃地之民多不才者，饒也。饒，逸也。由此觀之，知人無務，不若愚而好學。自人君公卿至於庶人，不自彊而功成者，天下未之有也。詩云：「日就月將，學有緝熙于光明。」此之謂也。詩頌敬之篇，言爲善者，日有所成就，月有所奉行，當學之是明，此勉學之謂也。

名可務立，功可彊成。務，事也。彊，勉也。故君子積志委正，以趣明師；師所以取法則。勵節亢高，以絶世俗。不羣於衆也。何以明之？昔者、南榮疇恥聖道之獨亡於己，身淬霜露，敕蹻趹，跋涉山川，冒蒙荊棘，淬，浴。敕猶箸也。蹻，履。趹，趣也。不從蹊遂曰跋涉，故觸犯荊棘。南姓，榮疇字，蓋魯人也。○陶方琦云：唐本玉篇淬下引許注：「冒犯霜露也。」案廣韻淬下亦云：「犯也。」卽本許注。百舍重跰，不敢休息，百里一舍。跰，足胝生。○王念孫云：「敕蹻趹」，「趹」下本有「步」字。趹步，疾行也。（說文：「趹，馬行皃。」又云：「赽，踶也。」廣雅云：「駃，奔也。」）史記張儀傳「探前趹後，蹄閒三尋」，索隱曰：「言馬之走勢疾也。」莊子齊物論篇：「麋鹿見之決驟。」崔譔曰：「疾走不顧爲決。」「趹」、「赽」、「駃」、「決」竝字異而義同。）故注訓趹爲趨。莊子庚桑楚釋文引此正作「敕蹻趹步」。今本脫去「步」字，則文不成義。且自「身淬霜露」以下，皆以四字爲句，又以露、步爲韻，棘、息爲韻，脫去「步」字，則句既不協，而韻又不諧矣。「重跰」當爲「重趼」，字之誤也。（高注同。）「趼」讀若「繭」。莊子天道篇「百舍重趼，而不敢息」，釋文：「趼，古顯反。司馬云：『胝也。』許慎云：『足指約中斷傷爲趼。』」所引許注，卽此篇「重趼」之注也。司馬訓趼爲胝，與高注足生胝（各本「生胝」二字誤倒。今已正。）同義。劉晝新論惜時篇云：「南榮之訪道，重趼而不休。」卽用此篇之文，則「跰」爲「趼」之誤明矣。「趼」字亦作「繭」。賈子勸學篇云「南榮跦百舍重繭而不敢久息」是也。宋策「墨子百舍重繭」，高彼注云：「重繭，累胝也。」亦與此注同義。○陶方琦云：莊子大宗師釋文引司馬注：「病不能行故趼躃。」趼，古顯反。高作「跰」，誤文。高當作「繭」。上文「足重繭而不休息」，下文又云「曾繭重胝」，（宋策：「墨子聞之，重繭百舍。」後漢段熲傳注：「繭，足下傷起形如繭也。」）故高以胝訓，當是高本作「繭」，許本作「趼」也。此乃後人因許本改。○寧案：王念孫謂「趹」下有「步」字，是也。唐本玉篇緪字引淮南曰：「緪屨趹步。」許叔重注曰：「緪，敕也。趹，疾也。」「趹」下正有「步」字。蓋高本作「敕蹻」，許本作「緪屨」。又繭字云：「說文：『繭，蠶衣也。』莊子淮南並爲趼字。」南見老聃，受教一言，老聃，老子，字伯陽，楚苦縣賴鄉曲里人。今陳國東瀨鄉有祠存。據在魯南，故曰南見老子聃。一言，道合也。精神曉泠，鈍聞條達，曉，明。泠猶了也。鈍聞猶鈍惛也。○孫志祖云：困學紀聞云：「鈍閔，出淮南子。」疑此「鈍聞」乃「鈍閔」之訛。○王念孫云：「閔」與「惛」聲相近，故高注云：鈍閔猶鈍惛。方言曰：「頓愍，惛也。江、湘之間謂之頓愍。」文子精誠篇作「屯閔條達」，並與「鈍閔」同。舊本「閔」誤作「聞」，今改正。○陶方琦云：一切經音義十四引許注：「泠然，解悟之意也。」案「泠」同「聆」。齊俗訓「所居聆聆」，許注：「聆聆，意曉解也。」○于省吾云：按王說非是。金文「聞」字通作「䎽」，與「惛」字通。詳晏子春秋問上第七「荆、楚惛憂」下。「䎽」之通「惛」，並諧「昏」聲也。欣然七日不食，丈夫七日不食則斃，故以七日爲極。如饗太牢。三牲具曰太牢。○王引之云：「七日不食」上當有「若」字。「如」讀爲「而」。言聞老聃之言，若七日不食而饗太牢也。賈子云：「南榮跦既遇老聃，見教一言，若飢十日而得太牢。」是其證。文子精誠篇襲用此文而改之曰：「勤苦七日不食，如享太牢。」失其指矣。○寧案：「然」字卽「若」字之誤也。二字草書相似。文子精誠篇作「勤苦七日不食」。錢熙祚云：「勤苦句誤，與下意亦不相屬。」錢說是。「苦」字當卽「若」字之誤。後人以「欣苦」不詞，又改「欣」爲「勤」耳。景宋本淮南正作「欣若七日不食」。是以明照四海，名施後世，施，延也。達畧天地，達猶通也。畧猶數也。○馬宗霍云：本文「達畧天地」當作畧達天地，注文亦當先「畧」後「達」。高訓畧爲數，數卽術數之數。畧達天地，言其術通天地也。此與上文「明照四海，名施後世」，下文「察分秋毫」，詞例一律，皆上名詞，下動詞。今本正文「畧達」二字傳寫誤倒，並注文亦先後互易，遂與上下文不相爲儷矣。○寧案：高注訓畧爲數，於義未安。下文云「通道畧物」，高注「畧達事物也」。此云「畧天地」，猶彼言「畧物」也。蓋達以動字作名用，如下句察字例，謂孔子之通能畧天地也。書禹貢「嵎夷既畧」，傳云：「用功少曰畧。」以天地之大而言畧，其義甚確。馬氏依高注畧數之訓，謂「達畧」傳寫誤倒，知「畧達」與上下詞例一律，不知「達畧」與上下詞例一律也。察分秋豪，察，明。稱譽葉語，至今不休。葉，世也。言榮疇見稱譽，世傳相語，至今不止。○王念孫云：「葉」當爲「華」。俗書「華」字作「華」，與「葉」相似而誤。華，榮也，稱譽華語，至今不休，言榮名常在人口也。高所見本已誤作「葉」，故訓葉爲世。文子正作稱譽華語。○于省吾云：按王說殊誤。注訓葉爲世，是也。金文「葉」作「枼」。弓鎛：「至于枼，曰武靈成。」言至于後世曰武靈成也。儔兒鐘：「後民是語。」言以此語告後民也。注謂世傳相語，其說不可易也。此所謂名可彊立者。○俞樾云：「彊立」本作「務立」。上文「名可務立，功可彊成」，高注曰：「務，事也。」然則此亦當言「務立」。今作「彊立」者，乃後人據文子精誠篇改之。不知彼上文云「名可强立，功可强成」，與此文本不相同，不得據彼以改此也。吴與楚戰，吴王闔閭與楚昭王戰于柏舉。莫囂大心撫其御之手曰：「今日距彊敵，犯白刃，蒙矢石，莫，大也，囂，衆也，主大衆之官。楚卿大夫大心，楚成得臣子玉之孫。彊敵謂吴。蒙，冒。石，矢弩也。一曰：發石也。○莊逵吉云：錢別駕曰：「莫囂即莫敖。能矢石者，漢時謂之蹷張士，蹷，發石，張，挾弓也。春秋傳曰『旝動而鼓發石』是也。」○梁玉繩云：「莫囂」國策楚策作「莫敖」。漢書五行志中上注師古曰：「莫囂，字或作敖，其音同。」困學紀聞六曰：「莫敖大心深入吴軍而死。以左氏考之，卽左司馬戌也。戌者，葉公諸梁之父。」愚謂此差可。據大心乃子玉之子，此云孫訛。大心見僖二十八年，卽爲子玉之孫，至定四年死難，計百二十餘年，足知別一大心也。戰而身死，卒勝民治全，我社稷可以庶幾乎？」庶幾得安。○俞樾云：「治」字衍文。本作「卒勝民全」。此時但求民之全，不當計其治不治也。後人誤以「全」字屬下句讀，故妄增「治」字耳。楚策作「社稷其庶幾乎」，無「全」字。然則，此「全」字上屬無疑。遂入不返，決腹斷頭不旋踵，運軌而死。言入吴不旋踵，回軌而死勇，然不如申包胥之功也。○王紹蘭云：吴楚柏舉之戰在定公四年。據左氏傳說此事云：「左司馬戌敗吴師於雍澨，傷。謂其臣曰：『誰能免吾首？』吴句卑布裳剄而裹之，藏其身，而以其首免。」與此文決腹斷頭相似，無莫囂大心戰死之事。莫囂卽莫敖，楚官名。或昭王時自有名大心者，爲莫敖之官，死於柏舉之戰，其軼事見於它說。淮南博采舊聞，正可補傳文所未備。高誘乃以大心爲楚成得臣子玉之孫。考左氏僖二十八年傳云：「初，楚子玉自爲瓊弁玉纓，夢河神謂己：『畀余。』弗致也。大心與子西使榮黄諫。」杜注：「大心，子玉之子。」傳又謂之孫伯，卽大心，子玉子也。三十三年傳謂之大孫伯。文五年傳謂之成大心。計自僖二十八年（據傳稱「初，楚子玉」，是追述之辭，則大心使榮黄諫，其事且在僖二十八年前矣。）至定四年，中隔文、宣、成、襄、昭五世，共一百二十七年。當其使榮黄諫子玉時，最少亦得一二十歲。柏舉之役，成大心已一百三四十許人，安得有距彊敵，犯白刃，蒙矢石，遂入不返之事？且又未聞其官莫敖也。高氏之言，斯爲不斂矣。申包胥竭筋力以赴嚴敵，伏尸流血，不過一卒之才，在車曰士，步曰卒。如此者，一人之功也。○寧案：注「如此者」，道藏本、中立本、景宋本「如」作「而」。「而」「如」古通。不如約身卑辭，求救於諸侯。申包胥，楚大夫，與伍子胥友者。子胥之亡，謂申包胥曰：「我必覆楚國。」申包胥曰：「子能覆之，我必興之。」及昭王敗於柏舉，奔隨，申包胥如秦乞師。故曰不如求救於諸侯。○俞樾云：「竭筋力」以下，皆申包胥之言也。申包胥下當有「曰吾」二字，而今脱之。楚策曰：「棼冒勃蘇曰：『吾被堅執鋭赴强敵而死，此猶一卒也，不若奔諸侯。』」是其明證。於是乃贏糧跣走，跋涉谷行，贏，裹也，一曰：囊。跣走，不及著履也。不蹊遂曰跋涉。○吴承仕云：注「不蹊遂」，朱本「不」下有「從」字。案朱本是也。上文「跋涉山川」，注云「不從蹊遂曰跋涉」，是其證。○向宗魯云：「跋涉谷行」本作「道涉谷行」。道，由也，從也。涉谷，地名。謂由涉谷行也。史記魏世家曰：「伐楚，道涉谷，行三千里而攻冥阸之塞。」劉伯莊音義曰：「秦兵向楚有兩道，涉谷是西道，河外是東道。」索隱云：「涉谷是往楚之險路。」據此則包胥由楚至秦，從涉谷行，宜也。下文云：「赴深谿，游川水。」若作「谷行」而訓爲行於谷中，於文爲複矣。寫者不知涉谷爲地名，又習見「跋涉」連文而改「道」爲「跋」，失其恉矣。（上文「水潦得谷行」，俞氏讀爲「沿行」，並謂此亦當作「沿行」，肊説不可從。）又高氏於上文「跋涉山川」注云：「不從蹊遂曰跋涉。」則此不當重出，疑亦後人所增。

上峭山，赴深谿，游川水，峭山，高山。深谿，大壑。游，渡。自楚至秦所經由也。犯津關，躐蒙籠，蹷沙石，蹠達膝，○王念孫云：此下缺一字。楚策作「蹠穿膝暴」。○向宗魯云：「蹠達膝」下當有「暴」字。楚策作「蹠穿膝暴」，是其證。曾繭重胝，七日七夜至於秦庭。犯，觸。觸津關則踐躐蒙籠之山。一曰：葛虆所蒙籠，言非人所由。蹷，僵。蹠，足。達，穿也。幽通賦曰「申重繭以存荊」是也。○王念孫云：蹷訓爲僵，雖本説文，而此「蹷」字則非其義。蹷者，蹋也，謂足蹋沙石也。「蹷」或作「蹶」，説文作「⿺走厥」，云「蹠也」。（主術篇注曰：「蹠，蹈也。」楚辭九章注曰：「蹠，踐也。」文選舞賦注引許慎淮南注曰：「蹠，蹋也。」）呂氏春秋知化篇「子胥兩袪高蹶而出於廷」，高注曰：「蹶，蹈也。」司馬相如上林賦「蹷石闕」，郭璞曰：「蹷，蹋也。」漢書申屠嘉傳「材官蹶張」，如淳曰：「材官之多力，能腳蹋强弩張之，故曰蹶張。」是足蹋謂之蹷也。申包胥跋涉谷行，故足蹋沙石而蹠爲之穿。若訓蹷爲僵，則與上下文不相貫注矣。

鶴跱而不食，晝吟宵哭，面若死灰，顔色黴黑，鶴跱，跱立貌。言不動不食，黴黑其面色，欲速得秦救也。涕液交集，以見秦王，秦王，秦哀公也。○寧案：玉篇：「目汁出曰涕。」是涕即液也，不得更言液。「液」字乃「流」字之誤。交集乃涕流之狀，不言流而曰交集，則於詞不當。覽冥篇「孟嘗君爲之增欷歍唈，流涕狼戾不可止」，高注：「狼戾，猶交横也。」義與此同，是其證。道藏本、中立本正作「涕流交集」。曰：「吴爲封豨脩蛇，蠶食上國，虐始於楚。封、脩，皆大也。豨、蛇，喻貪也。蠶食，盡無餘。上國，中國。虐，害。始，先也。言將以次至秦也。○吴承仕云：文選李斯上書注引高誘淮南子注曰：「蠶食，無餘也。」無「盡」字。寡君失社稷，越在草茅，寡君，昭王。越，遠，在于隨矣。百姓離散，夫婦男女，不遑啟處，遑，暇。啟，跪。處，安也。使下臣告急。」秦王乃發車千乘，步卒七萬，屬之子虎，秦大夫子車鍼虎。傳曰：「率車五百乘以救楚。」凡三萬七千五百人。此云千乘，步卒七萬，不合也。○梁玉繩云：國策作革車千乘，卒萬人，亦不合。○王紹蘭云：左氏定五年傳：「申包胥以秦師至，秦子蒲、子虎帥車五百乘以救楚。」又案文六年傳：「秦伯任好卒，以子車氏之三子奄息、仲行、鍼虎爲殉。」是子車鍼虎殉穆公而葬矣。偏考書傳，未聞其死而復生也。卽使復生，且自文六年至定五年，計一百十七年。秦風黄鳥篇「維此鍼虎，百夫之禦」，當殉葬時，最少亦得二十歲，則秦師救楚之年，鍼虎已百三十七歲。卽使復生，安得尚能帥師？明子虎非鍼虎也。高氏此注，校之以莫囂大心爲成大心，尤爲不敏矣。踰塞而東，塞，函谷。一曰：武關塞也。擊吴濁水之上，果大破之，以存楚國，濁水蓋江水。傳曰：「敗吴于公壻之谿。」公壻之谿，楚地。烈藏廟堂，著於憲法。此功之可彊成者也。烈，功。憲，法也。夫七尺之形，心知憂愁勞苦，膚知疾痛寒暑，人情一也。一，同也。○寧案：道藏本、中立本、茅本、景宋本上「知」字作「致」。「疾痛」作「痛疾」。聖人知時之難得，務可趣也，○寧案：「務」下奪「之」字。時之難得、務之可趣對文。據景宋本沾。苦身勞形，焦心怖肝，不避煩難，不違危殆。怖肝猶戒懼。蓋聞子發之戰，子發楚威王將。○寧案：注，道藏本、中立本、景宋本「將」上有「之」字，「將」下有「也」字。進如激矢，合如雷電，解如風雨，員之中規，方之中矩，破敵陷陳，莫能壅御，澤戰必克，克，勝也。攻城必下。彼非輕身而樂死，務在於前，遺利於後，故名立而不墮。名，武中寧國之名。墮，廢也。○吴承仕云：朱本「中」作「勇」。承仕案：朱本近之。景宋本與莊本同。此自强而成功者也。成猶立也。是故田者不强，囷倉不盈；强，力也。官御不厲，心意不精；精，專也。將相不强，功烈不成；烈，業也。侯王懈惰，後世無名。世猶身也。詩云：「我馬唯騏，六轡如絲，詩云，小疋皇皇者華之篇。六轡四馬。如絲，言調勻也。載馳載驅，周爰諮謨。」以言人之有所務也。諮難也。詩言當馳驅以忠信往諮難，事之不自專己，眘之至，乃聖人之務也。○吴承仕云：注首「諮難也詩」四字，朱本作「諮難也謨」，景宋本作「諮難曰謨」。承仕案：景宋本是也。左氏襄四年傳「咨難爲謀」，此注正用彼文。本既誤「曰」爲「也」，淺人又改「謨」爲「詩」，則幾於妄作矣。又案：「不自專己」上，「之」字衍，當刪。○馬宗霍云：「周爰諮謨」，今毛詩作「周爰咨謀」。陸德明釋文云：「咨本亦作諮。」爾雅釋詁云：「謨，謀也。」説文言部云：「謨，議謀也。」書咎繇謨「謨明弼諧」，史記夏本紀作「謀明輔和」，是謨與謀通也。或謂淮南所引爲魯詩，故與毛詩異字耳。尋繹高注「諮難也」三字當連讀，所以解詩中「謨」字。左氏襄公四年傳「咨難爲謀」，是其所本，非訓諮爲難也。「詩言當馳驅以忠信往諮難」爲一句，此句所以申釋詩意，故曰「詩言」。「忠信」二字解詩中「周」字。「忠信爲周」本毛傳之文，毛傳又本之魯語，謂此詩之意，言遇有患難，當馳驅而往，盡忠信以謀之也。「事之不自專己」爲一句。「眘之至」爲一句。事必諮訪，是不自專也。「眘」者，「慎」之古文。不自專己，故曰慎之至也。如此釋之，注文自順。吳承仕淮南舊注校理據景寫宋本謂「注首『諮難也詩』四字當作『諮難曰謨』，本既誤『曰』爲『也』，淺人又改『謨』爲『詩』，則幾於妄作」；又謂「『不自專己』上『之』字衍，當删」。案此亦可以備一説。然今本注文要自可通。○寧案：道藏本「詩」字亦作「謨」。據道藏本、中立本、景宋本「也詩」二字乃「曰謨」之誤，其迹甚顯。馬氏謂「諮難也」三字連讀，所以解詩中「謨」字。然則三字非釋句而釋字，注首不先出「謨」字，似非注例。吳説近之。

通於物者不可驚以怪，通，達也。言怪物不能驚之也。喻於道者不可動以奇，喻，明也。非常曰奇。察於辭者不可燿以名，燿，眩也。名，虚實之名。審於形者不可遯以狀。遯，欺也。狀，貌也。世俗之人，多尊古而賤今，故爲道者，必託之於神農、黄帝而後能入説。説，言也。言爲二聖所作，乃能入其説于人，人乃用之。亂世闇主，高遠其所從來，因而貴之；爲學者蔽於論而尊其所聞，相與危坐而稱之，正領而誦之。此見是非之分不明。誦之，諭若影之隨形，響之應聲，效言之，不知其理，故曰不明也。夫無規矩，雖奚仲不能以定方圓；無準繩，雖魯般不能以定曲直。是故鍾子期死而伯牙絶絃破琴，知世莫賞也；鍾，官氏。子，通稱。期，名也。達於音律。伯牙，楚人，覩世無有知音若子期者，故絶絃破其琴也。○劉台拱云：説苑説叢作「世莫可爲鼓也」，與下語爲韻。今作世莫賞也，意淺而語不文，疑改。○寧案：劉説是也。呂氏春秋本味篇作「以爲世無足復爲鼓琴者」，韓詩外傳九作「以爲世無足與鼓琴也」，今本出後人所改無疑。惠施死而莊子寢説，言見世莫可爲語者也。惠施，宋人，仕于梁，爲惠王相。莊子名周，宋蒙縣人，作書廿三篇，爲道家之言。○吳承仕云：案藝文志：莊子五十二篇。經典釋文序録：「崔譔注二十七篇。向秀注二十六篇。司馬彪注五十二篇，内有解説三篇。郭象注三十三篇。」此注稱二十三篇，並不合。朱本、景宋本作三十三篇，與序録所述郭注本同。然許、高皆漢人，所見不必與郭象適相應。疑廿卅形近而誤，未知孰是。○寧案：吴氏讀於「説」字絶句，（見舊注校理校語前出正文及注。）「言」字下屬。然「知世莫可爲鼓」，「見世莫可爲語」，相對爲文，「見」上似不當贅一「言」字。今本上言「知世莫賞也」，此亦例不當有「言」字。説苑説叢篇作「鍾子期死而伯牙絶絃破琴，而世莫可爲鼓也；惠施死而莊子深瞑不言，見世莫可與語也」。疑今本「言」上奪一字，與「絶絃破琴」對文，無可據補。又案：注，道藏本、茅本亦作三十三篇。吕氏春秋必己篇高注作「著書五十二篇，名之曰莊子」，與藝文志合。作三十三篇者，疑後人依郭象注本改。今本作二十三篇，則又三十三篇之誤文也。夫項託七歲爲孔子師，孔子有以聽其言也。○寧案：景宋本「七歲」上有「年」字。以年之少，爲閭丈人説，救敲不給，何道之能明也？閭，里也。敲，横也。丈人，長老之稱。年少爲之説事，老人敲其頭，自救不暇，何能明道也？○吴承仕云：文當作「敲，横擿也」。説文：「敲，横擿也。」左氏釋文説同。此本「横」下誤奪「擿」字。朱本作「櫝也」，「櫝」即「擿」字之譌，又誤奪「横」字。兩本互勘，則誤文可定也。○寧案：注云「年少爲之説事，老人敲其頭」，則字當作「毃」。説文：「毃，擊頭也。」又案公羊傳宣六年「以斗摮而殺之」，何休注：「摮猶擊也，摮謂旁擊頭項。」「摮」即「敲」，「摮」即「毃」，蓋二字古或通用。又案道藏本、中立本、景宋本「長老」下無「之稱」二字。昔者，謝子見於秦惠王，惠王説之。以問唐姑梁，唐姑梁曰：「謝子山東辯士，固權説以取少主。」謝，姓也。子，通稱。唐姑梁，秦大夫。言謝子辯士也，常發其巧説以取少主之權。少主，謝子之君。一曰：謂惠王。惠王，秦孝公之子也。○王引之云：「權」本作「奮」，「奮」字上半與「權」字右半相似，又涉注内「權」字而誤也。高注曰「常發其巧説以取少主之權」，發字正釋奮字。（史記樂書集解引孫炎樂記注曰：「奮，發也。」）「以取少主之權」，乃加「之權」二字以申明其義，非正文有「權」字也。呂氏春秋去宥篇正作「將奮於説以取少主」。○金其源云：按春秋繁露玉英：「權，譎也。」廣雅釋詁：「譎，欺也。」呂覽順説「臣弗得也」，注：「得猶取也。」左傳哀公二十四年「得太子適郢」，注：「得，相親悦也。」謂常以欺人之説取親悦於少主也。○寧案：注，道藏本、景宋本作「子，通稱也，唐姓，名姑梁」，莊本脱「也」字「姓名」二字。惠王因藏怒而待之，後日復見，逆而弗聽也。聽猶説是也。非其説異也，所以聽者易。易，革也。夫以徵爲羽，非絃之罪；罪在聽也。以甘爲苦，非味之過。過在嘗也。楚人有烹猴而召其鄰人，以爲狗羹也而甘之。召猶請也。後聞其猴也，據地而吐之，盡寫其食。此未始知味者也。喻以惠王初説謝子，唐姑梁間之，因藏怒也。○王念孫云：「鄰人」下當更有「鄰人」二字，今本脱去，則文義不明。北堂書鈔酒食部三、初學記器物部、太平御覽飲食部十九、獸部二十二引此並疊「鄰人」二字。「盡寫其食」，亦當依初學記、太平御覽引作「盡寫其所食」。○劉文典云：「烹猴」下當有「者」字。御覽八百六十一、九百十引，並作「烹猴者」，是其證。又案：「召」，御覽九百十引作「紿」，又有注云：「徒亥切。」則「紿」當非誤字。惟八百六十一引，字仍作「召」，與今本合。疑一本作「紿」，一本作「召」也。○寧案：意林引作「楚人有烹狙召隣，隣者以爲狗羹，食甚美。後聞其狙，據地吐之。未始知味也。」文畧異。然亦重「隣」字。邯鄲師有出新曲者，託之李奇，師，樂師，瞽也。出猶作也。新曲，非疋樂也。李奇，古之名倡也。○陶方琦云：御覽五百六十五引許注：「李奇，趙之善樂者也。」意林引作「趙之善音者」。新論正賞篇：「趙人有曲者，託以伯牙之聲，世人競習之。」即用此事。指爲趙人，與許説合。

諸人皆爭學之。諸，衆也。後知其非也，而皆棄其曲。此未始知音者也。知非李奇所作而皆棄之，故未始知音也。○寧案：意林引作「邯鄲有吹者，託名李奇，人争學之。後知其非，皆棄其曲。未始知音也。」文小異。又高注「故」下當沾「曰」字，與下文注「故曰同也」一例。鄙人有得玉璞者，喜其狀，以爲寶而藏之。鄙人，小人以示人，人以爲石也，因而棄之，此未始知玉者也。故有符於中，則貴是而同今古；符，驗。驗者，有明也。是，實也。言中心能明實是者則貴之，古今一也。故曰同也。無以聽其說，則所從來者遠而貴之耳。言無中心明驗，無以聽人説之是否，但見其言遠古之事，便珍貴之耳。近世之事有可貴者，亦有不貴之也。此和氏之所以泣血於荆山之下。荆人和氏得美玉之璞于荆山之下，獻楚武王，武王以爲石，刖其右足。及文王即位，復獻之如是，乃泣血，證之爲寶。文王曰：「先王輕于刖足而重剖石。」遂爲剖之，果如和言，因號爲和氏之璧也。○寧案：和璧事見韓非子和氏篇，以爲厲王刖左足，武王刖右足，文王始剖石得美玉。覽冥篇高注以爲武王刖左足，文王刖右足，成王始剖石得美玉。此但言武王刖右足，（景宋本作左趾，道藏本、中立本作右趾。）不及左足。下言和氏泣血證之於文王，文王剖石如和言。則武王前似脱獻之厲王一段，與韓子同，然與覽冥自異也。未敢臆補。今劍或絶側羸文，齧缺卷鈓，而稱以頃襄之劍，則貴人争帶之。絶無側，羸無文，齧齒卷鈓，鈍弊無刃，託之爲楚頃襄王所服劍，故貴人慕而争帶之。一説：頃襄王，善爲劍人名。鈓讀豐年之稔。○吴承仕云：注一説以頃襄爲人名，則不得有「王」字明矣。「王」字蓋涉上文而衍。○于省吾云：按注文「齒」字，景宋本作「缺」，是也。莊本亦誤作「齒」。鈓與卷義相仿，卷鈓猶言卷曲。廣雅釋詁：「鈓，韏也。」又「韏，曲也。」琴或撥刺枉橈，闊解漏越，而稱以楚莊之琴，側室争鼓之。撥刺，不正。枉橈，曲弱。 澗解，壞。漏越，音聲散。託之爲楚莊王琴，則側室之寵人爭鼓之也。「側室」，或作「廟堂」也。○孫詒讓云：後泰族訓「朱絃漏越」，許注云：「漏，穿。越，琴瑟兩頭也。」與此注異。許義爲允。禮記樂記云：「清廟之瑟，朱弦而疏越。」鄭注云：「越，瑟底孔，畫疏之使聲遲也。」此云漏越，亦猶疏越矣。○俞樾云：「側室」二字無義。高注曰：「側室或作廟堂也。」「廟堂」亦無義。疑本作「則尚士爭鼓之」。「尚」與「上」通，尚士卽上士也。考工記「桃氏爲劍」，「弓人爲弓」，竝有「上士服之」之文，故此言琴亦曰「上士鼓之」也。上文曰：「今劍或絕側羸文，齧缺卷銋，而稱以頃襄之劍，則貴人爭帶之。」兩文相對，此曰「則上士爭鼓之」，猶彼曰「則貴人爭帶之」也。因假「尚」爲「上」，而「尚士」二字誤合爲「堂」字。淺人因改「則」字爲「廟」字。高所據或本是也。又因古本實是「則」字，遂改「堂」字爲「室」字，而加人旁於「則」字之左，使成側字，高所據本是也。○寧案：琴之制，肩下底中有長方孔曰龍池，尾前底中有長方孔曰鳳沼，池、沼統稱爲越。樂記鄭注以越爲瑟底孔，琴亦如之，許、高皆注義不明。

苗山之鋋，羊頭之銷，雖水斷龍舟，陸剸兕甲，莫之服帶。苗山，楚山，利金所出。 羊頭之銷，白羊子刀，雖有利用，無所稱託，故無人服帶也。 ○王念孫云：「鋋」當爲「鋌」，字之誤也。 鋌音挺。 説文：「鋌，銅鐵樸也。」文選七命注引此篇「苗山之鋌」，（七發注同。） 羊頭之銷」，又引許慎注曰：「鋌，銅鐵樸也。（高注：「苗山，楚山，利金所出。」義與許同。）銷，生鐵也。」是其證。 ○陶方琦云：文選七命注引許注「鋌，銅鐵樸也。 銷，生鐵也」。按説文「鋌，銅鐵樸也」，與注淮南訓正同。 論衡率性篇：「世稱利劍有千金之價，其本鋌，山中之恒鐵也。」 衆經音義十一元應曰：「鋌，銅鐵之璞，未成器用者也。」皆與許義合。説文金部：「銷，鑠金也。」非此義，當是「鐃」字。説文：「鐃，鐵文也。」次於「鋌」字篆下，卽依淮南舊文，知許本當作「鐃」也。○于省吾云：按王説與許注合。但鋌爲銅鐵樸，銷爲生鐵，銅鐵樸與生鐵，安能水斷龍舟，陸剸兕甲乎？且高注自與許説異。高本謂利金所出，可以爲鋋，又謂羊頭之銷，白羊子刀，不訓生鐵明矣。「鋋」字不誤。説文：「鋋，小矛也。」漢書司馬相如傳「鋋猛氏」，注：「鋋，鐵把短矛也。」墨子備城門「大鋋前長尺」，此就鋋之大者言之耳。劉台拱謂「銷」同「削」，是也。周禮考工記「築氏爲削」，馬注：「偃曲却刃也。」本經「無所錯其剞劂削鋸」，注：「削，兩刃句刀也。」曲禮「金工」，疏：「削，書刀也。」按近世所發現之商、周古刀有小而稍曲者，似貨刀；秉末有作羊頭形者，即此所謂羊頭之銷也。此言苗山之矛，羊頭之刀，其刃雖利，而非著名之器，故下云雖水斷龍舟，陸剸兕甲，莫之服帶。高注云：「雖有利用，無所稱託，故無人服帶也。」是高本謂因莫之稱託，故無人服帶，非謂銅鐵樸與生鐵之不可服帶也。○寧案：許訓銷爲生鐵固非，于氏謂「鋋」字不誤亦謬。高注是也。葢謂苗山乃利金所出，以其鋋鑄爲白羊子刀，雖水斷龍舟，陸剸兕甲，莫之服帶也。于謂字仍作「鋋」，訓矛，苗山之矛、羊頭之刀二物並列。案，玉篇「剸，截也」，集韻「斷也」，斷、剸同義。矛可以刺，其可斷乎？且下文云：「山桐之琴，澗梓之腹，雖鳴廉脩營，唐、牙莫之鼓也。」彼云以梓爲琴腹，此云以苗山鋋爲白羊子刀，其例正同。此非謂苗山之鋋莫之服帶，猶彼非謂澗梓之腹莫之鼓也。以鋋非鋋，不顧上下文義不相應，亦疏矣。又案大藏音義四十九引許注淮南子云：「鋋，銅鐵璞也。」與文選注引合。

山桐之琴，澗梓之腹，雖鳴廉脩營，唐牙莫之鼓也。伐山桐以爲琴，溪澗之梓以爲腹，鳴聲有廉隅。脩營，音清凉，聲和調。「唐」猶「堂」。營讀營正急之「營」也。○金其源云：按國策中山「趙倉唐」，漢書古今人表作「趙倉堂」，是唐、堂古通。韓詩外傳「孔子學琴於師堂」，文選七發「使師堂操暢，伯牙爲之歌」，則「唐」謂師堂，「牙」謂伯牙也。○蔣禮鴻云：案金説是也。枚乘七發曰：「龍門之桐，斫斬以爲琴，使師堂操暢，伯牙爲之歌。」枚叔與淮南同時，同以「堂牙」爲善琴之人，最爲明證。○寧案：道藏本、中立本、茅本、景宋本「廉」下有「隅」字，是也，注可證。廉隅、修營對文。下同。又案原道篇注「營讀疾營之營」，此疑衍「正」字。**通人則不然。**通人，通於事類。不然，不如衆人貴遠慕聲。○寧案：此注道藏本、景宋本在下句「莫邪」下。「慕聲」下有「不期，得銛利而已」七字，今本奪。**服劍者期於銛利，**○陶方琦云：據宋蘇頌校淮南題序，許本「恬」作「錟」。按蘇氏曰：「許本多用叚借，以恬爲惔。」索隱十八引淮南作「期於錟利」，知許本作「錟」，後人因别本改也。「恬」字亦當作「銛」。（史記「錟戈在後」，亦借爲「銛利」字。）**而不期於墨陽、莫邪；**墨陽、莫邪，美劍名。○梁玉繩云：史記蘇秦傳索隱：「淮南子云：『服劍者貴於剡利，而不期於墨陽、莫邪』，則墨陽匠名也。」鹽鐵論論勇篇「楚、鄭之棠谿、墨陽」，張之象注引許慎曰：「二者皆利劍名。或曰皆地名，出美劍者也。」○寧案：戰國策韓策：「韓卒之劍戟，皆出於冥山、棠谿、墨陽、合膊、鄧師、宛馮。」以墨陽爲地名。史記蘇秦傳集解引淮南子曰：「墨陽之莫邪也。」（疑卽此文。）與高、許以爲二者皆劍名、或曰皆地名又異，與索隱亦異。**乘馬者期於千里，而不期於驊騮緑耳；鼓琴者期於鳴廉脩營，而不期於濫脇號鐘；**濫脇，音不和。號鐘高聲，非耳所及也。○劉績云：濫脇、號鐘，皆古琴名，梁元帝纂要以爲齊桓公琴是也。作藍脅。○王念孫云：劉説是也。「濫」與「藍」古字通。廣雅：「藍脅、號鐘，琴名也。」楚辭九歎：「破伯牙之號鐘兮」，王注云：「號鐘琴名。」馬融長笛賦亦云：「若絙瑟促柱，號鐘高調。」宋書樂志云：「齊桓曰號鐘，楚莊曰繞梁，事出傅玄琴賦。」○寧案：墨陽、莫邪善劍也，驊騮、緑耳善馬也，濫脇、號鐘善琴也。濫脇猶焦尾，號鐘謂其聲之高朗。高注失之。**誦詩、書者，期於通道畧物，而不期於洪範商頌。**畧達物事也。「頌」或作「容」。○莊逵吉云：周禮「和容」，杜子春讀作「和頌」。攷古容貌字作「頌」，容納字作「容」，實兩分，今則通用之也。聖人見是非，若白墨之於目辨，辨，別也。○寧案：「白墨」，宋本、藏本作「白黑」，當據改。清濁之於耳聽。清，商也。濁，宮也。衆人則不然，然，如是也。中無主以受之，譬若遺腹子之上隴，以禮哭泣之而無所歸心。目不識父之顏，心不哀也。故夫孿子之相似者，唯其母能知之；知猶別也。○顧廣圻云：注當作「知猶別也」。○寧案：顧説是也。獨、猶形似而誤。蜀藏本正作「猶」。玉石之相類者，唯良工能識之；卞和是也。書傳之微者，唯聖人能論之。微，妙。論，敘也。○寧案：注，「敘」當爲「知」，字之誤也。「其母能知之」，「良工能識之」，「聖人能論之」，義皆相近。齊俗篇「以近知遠」，説山篇作「以近論遠」。高注：「論，知也。」此論有知義之證。今取新聖人書，名之孔、墨，則弟子句指而受者必衆矣。眩于孔、墨之名而或，不知其實非孔、墨所作也。○寧案：注「或」卽「惑」，古通。故美人者，非必西施之種，通士者，不必孔、墨之類。曉然意有所通於物，故作書以喻意，以爲知者也。喻，明也。作書者以明古今傳代之事，以爲知者施也。○王念孫云：如高注，則「喻意」當作「喻事」，「知者」下當有「施」字。施，設也，言作書以明事，爲後之知已者設也。又下文「故師曠之欲善調鐘也，以爲後之知音者也」，注曰：「喻上句作書爲知者施也。」（各本「知者」作「知音」，因正文「知音」而誤。今據上注改。）則正文有「施」字明矣。今本「喻事」作「喻意」，涉上句「意」字而誤。「知者」下脱「施」字，則文義不明。○楊樹達云：「意」字是。此承上句「意有所通於物」之「意」字爲文。高注乃泛説之。王氏據以改本文，大謬。又高注云「以爲知者施」，乃增字以訓説本文，非正文本有「施」字。泰族篇云：「故高山深林，非爲虎豹也；大木茂枝，非爲飛鳥也；流源千里，淵深百仞，非爲蛟龍也。」諸句並無「施」字，豈皆文義不明乎？誠得清明之士，執玄鑑於心，照物明白，不爲古今易意，玄，水也。鑑，鏡也。皆以自見，能自易，故能見物，言反易也。○吴承仕云：注文「能自易」以下十一字，語不可解。疑當作「能自見，故能見物，不反易也」。攄書明指以示之，雖闔棺亦不恨矣。攄，抒也。指，書也。朝聞道，夕死可矣，何恨之有乎？昔晉平公令官爲鐘，鐘成而示師曠。師曠曰：「鐘音不調。」平公，晉悼公之子彪。師曠識音，故知其不調。平公曰：「寡人以示工，工皆以爲調，而以爲不調何也？」而，汝也。師曠曰：「使後世無知音者則已，若有知音者，必知鐘之不調。」故師曠之欲善調鐘也，以爲後之有知音者也。諭上句作書爲知音施也。○孫志祖云：見吕氏長見篇。

三代與我同行，五伯與我齊智，我謂作書者。彼獨有聖智之實，我曾無有閭里之聞，窮巷之知者何？曾，則也。我則無聲名宣聞于閭里，窮巷之人，無有知我之賢，何故也？○寧案：「無有」，「有」字涉上而衍。彼獨有聖智之實，我曾無閭里之聞，對文。高注「無聲名宣聞于閭里」，是其證。彼并身而立節，我誕謾而悠忽。彼謂三代五伯。并身同行而五伯也立節我謂誕謾，倨傲。悠忽，遊蕩輕物也。○寧案：注有奪誤不可讀。集證本改「同行而五伯」爲「同行而齊智」，删「立節我謂」四字，雖可通，原文恐非如是也。蜀藏本上「也」字作「以」。竊謂「并身同行而五伯以立節」作一句讀，「我謂」二字衍。上文注云：「我謂作書者。」蓋讀者批五字於側，以釋此文「我」字。寫者遂誤入注文，次於「立節」之下，「誕謾」之上，其迹甚顯。而今本又脱「作書者」三字，遂不可讀耳。今夫毛嬙、西施，天下之美人，若使之銜腐鼠，蒙蝟皮，衣豹裘，帶死蛇，則布衣韋帶之人過者，莫不左右睥睨而掩鼻。言雖有美姿，人惡聞其臭，故睥睨掩其鼻。孟子曰：「西子蒙不潔，則人皆掩其鼻而過之。」是也。○向宗魯云：此言西子蒙不潔，腐鼠、蝟皮、死蛇，故不潔物也，而豹裘則非不潔物。「豹」當作「豞」，卽「狗」之異體。爾雅釋獸「熊虎醜，其子狗」，釋文：「狗或作豞。」雖與此非一物，而「狗」字固有作「豞」者矣。校者不識，仍爲「豹」字之誤而肊改之，不知詩言「羔裘豹褎」，「羔裘豹飾」，管子言「卿大夫豹飾，列大夫豹幨」，（揆度篇）豹裘不當以爲不潔。說林篇「豹裘而褉，不若狐裘而粹」，是豹裘重於狐裘也，豈腐鼠、蝟皮、死蛇之比乎？（莊子達生篇釋文引司馬云：「豹頭馬尾，一曰狗頭。」是狗、豹二字易誤之證。）○寧案：注，「則人皆掩其鼻而過之」，今本孟子無「其」字，景宋本、道藏本皆無「其」字，當據刪。**嘗試使之施芳澤，正娥眉，設笄珥，衣阿錫，曳齊紈，**笄，婦人首飾。珥，瑱也。阿，細縠。錫，細布。紈，素，齊所出。**粉白黛黑，佩玉環揄步**體搖動，撓足行。○王念孫云：說文：「揄，引也。」「揄步」之間，脫去一字。自「佩玉環」以下皆三字爲句，此獨兩字，則與上下不協。新書勸學篇作「揄鋏陂」，（今本「揄」誤作「楡」，辯見賈子。）亦三字爲句也。○于鬯云：「佩玉環揄步」五字讀成一句，義亦可通。而姚廣文云：「步下有奪字，當作揄步搖，與佩玉環爲對。」鬯謂如姚說，則下文「搖」字可卽移在此。下文「口曾撓奇，牙出曆酺」，各四字句，「曆酺」下不合有「搖」字。且高注亦不釋彼「搖」字。「口曾撓奇」，「口」疑「足」之壞文。撓奇蓋物名，亦單稱撓，下文「曾撓摩地」是也。云摩地，明指足言矣。撓奇者，蓋如今女人鞋下用木底，曾之言層也，謂重木底也，與史記貨殖傳言「跕屣」相類。姚廣文云：「撓」同「蹺」，或作「蹻」。然則，如今優人扮女著蹻乎？今蹻在鞋內，此似在鞋外，故可摩地。○寧案：依姚說，「步」下奪「搖」字，然高氏不訓「步搖」也。于氏謂下文「搖」字卽可移在此，以「牙出曆酺」爲句。竊以爲謂皓齒內鮮則可，若牙出曆酺，非夜叉而何？于氏又以「撓奇」爲物名，而「口」爲「足」之壞文，以下文「曾撓摩地」爲證，則何不以「曾撓」爲物名？下文云：「繞身若環，曾撓摩地。」則物固在首而不在足，方見繞身若環之妙；在足則摩地必然耳，何待繞身若環而後摩地乎？又史記司馬相如傳「扶輿猗靡」，集解引郭璞曰：「淮南所謂曾折摩地，扶輿猗委也。」郭璞引「撓」作「折」，則謂舞者折身摩地，「撓」非物名明矣。于氏臆説耳。要之，此有誤文，敬謝不敏也。

襍芝若，籠蒙目視，襍，佩。芝若，香草。籠蒙猶眇目視也。○王念孫云：「籠蒙目視」四字文不成義，且與上下句不協。劉績曰衍「目」字。念孫案：此當衍「視」字。高注「目，視也」，則正文作「籠蒙目」明矣。（今本「目」下有「視」字，即涉注文而誤。）廣雅亦云：「目，視也。」史記項羽紀曰「范增數目項王」是也。「籠蒙目」即籠蒙視，與「冶由笑」相對爲文。賈子作「風蝱視」，（今本「風蝱」誤作「蝱蚉。」）風蝱、籠蒙，語之轉耳。○孫詒讓云：注「籠蒙猶眇目視也」，宋本「眇」作「妙瞖」。案「妙瞖」即法言先知篇之「眇緜」也。李注云：「眇緜，遠視。」莊本「妙」作「眇」，亦通，挩「瞖」字則非。○劉文典云：荀子富國篇：「雖爲之逢蒙視。」賈子勸學篇又有「風虻視」，則視字非衍文明矣。高注「籠蒙猶眇目視也」，謂眇目而視耳，非以視字解目也。此以籠蒙視、冶由笑相對爲文，籠蒙疊韻，冶由雙聲，「視」上不當有「目」字。且下文有「目流眺」，上文若作籠蒙目，則於詞爲複。此當依劉績説衍「目」字。王氏念孫説非也。○寧案：王校是也。注，景宋本作「籠蒙由妙瞖」，蜀藏本作「眇昏」，中立本作「妙昏」，「昏」即「瞖」之缺誤。茅本作「籠蒙猶眇也瞖目視也」，「瞖」上衍「也」字。莊本奪「瞖」字甚明，孫氏詒讓已校，並收入劉文典集解本。今劉氏於簡端記又依莊本誤文以非王校，而於孫校莊本注文無説，何也？又案王念孫謂「芝」當作「芷」，辯在説林篇「蘭芝」下。

冶由笑，目流眺，冶由笑，巧笑，詩曰「巧笑倩兮」是也。流眺，睛眄也，詩曰「美目盼兮」是也。○寧案：「睛眄」不可解。道藏本、中立本作「精眄」，景宋本作「不精眄」。疑當作「目流眺，睛眄也」。説文：「眄，目偏合也。一曰：衺視也。」流眺猶流眄，張衡西京賦「眳藐流眄，一顧傾城」是也。高注以巧笑釋冶由笑，以睛眄釋目流眺。今本「流眺」上脱「目」字，「盻」涉注文「盼」字而誤。「精」假爲「睛」。景宋本「眄」字不誤，又衍「不」字。可互校。

口曾撓，奇牙出，靨酺摇，

曾，則也。撓，弱也。口則弱撓，冒若將笑，故好齒出，詩云「齒如瓠犀」是也。靨酺，頰邊文，婦人之媚也。

則雖王公大人，有嚴志頡頏之行者，無不憚悇癢心而悦其色矣。

憚悇，貪欲也。癢心，煩悶也。憚悇讀慘探之「探」也。○莊逵吉云：錢別駕云：憚讀探，必非憚字。據楚辭及馮衍賦應作「憛悇」爲是，形之譌耳。○王念孫云：錢謂「憚」當作「憛」，是也。然楚辭七諫「心悇憛而煩冤兮」，王注云：「悇憛，憂愁貌。」後漢書馮衍傳「終悇憛而洞疑」，李賢注引廣蒼云：「悇憛，禍福未定也。」皆與高注貪欲之義不同，唯賈子勸學篇「孰能無悇憛養心」，義與此同。廣韻：「悇，抽據切。憛悇，愛也。」義蓋本於淮南。○段玉裁云：説文頡訓直項，𩒺訓直項莽𡐝貌。頡頏即頡𩒺，與毛詩訓異。揚雄賦「鄒衍以頡頏而取世資」。與此皆當從直項解。○金其源云：竊謂憚不必讀探，亦非「憛」譌。廣雅釋詁：「憚，驚也。」説文無「悇」字，而於「悆」字云：「周書『王有疾不悆』，悆，喜也。」今周書作「王有疾弗豫」，釋文云：「豫，本又作忬。」禮曲禮「予一人」，注：「予、余古今字。」是「悆」即「悇」也。憚悇者，驚喜也。癢心者，文選射雉賦「徒心煩而伎癢」，注：「有伎欲呈曰伎癢。」謂驚喜其色，其心慕之而煩悶，若有伎欲呈者然也。○寧案：王謂「憚」當爲「憛」，是也。景宋本正作「憛」。注同。

今以中人之才，蒙愚惑之智，被汙辱之行，無本業所脩，方術所務，焉得無有睥面掩鼻之容哉？

○楊樹達云：「睥面」面字不可通，劉家立集證據上文改「面」作「睨」，是也。○吕傳元云：此文義不可通，句有譌誤。「睥」下當脱「睨」字，面當爲「而」字。此承上文「左右睥睨而掩鼻」言也。○寧案：「睨」字無由誤作「面」，吕説近之。又「有」字疑衍。

今鼓舞者，「鼓舞」或作「鄭舞」。鄭者，鄭袖，楚懷王之幸姬，善謌攻舞，因名鄭舞。一說：鄭重攻舞也。繞身若環，車輪倒也。曾撓摩地，扶旋猗那，動容轉曲，便媚擬神，曾撓摩地，鼓車平解。扶轉周旋，更曲意更爲之。擬，象也。○章太炎云：按「扶」即「蟠」。天文志：「奢爲扶。」鄭氏注：「扶當爲蟠。」呂覽爲欲篇之「扶木」，錢曉徵謂即「蟠木」，此「扶」亦同矣。身若秋葯被風，葯，白芷，香草也。被風，言其弱也。髮若結旌，屈而復舒也。騁馳若騖。騁馳，言其疾也。○王念孫云：高注傳寫脱誤，當作「扶於，周旋也。轉，更也。曲竟更爲之。」今本脱去「於」字兩「也」字，「轉」字誤在「周旋」上，「竟」字又誤作「意」，遂致文不成義。正文内「扶於」二字，各本多誤作「扶旋」，（「旋」字即涉注文而誤。）唯道藏本、茅本不誤。扶於、猗那，皆疊韻也。若作扶旋，則失其讀矣。史記司馬相如傳「扶輿猗靡」，集解引郭璞曰：「淮南所謂『曾折摩地，扶輿猗委』也。」「扶輿」即「扶於」。（相如傳又云「垂條扶於」。）太平御覽樂部十二引此正作「扶於」。又引高注曰：「轉，更也。曲竟更爲也。」是其證。楚辭九懷「登羊角兮扶輿」，洪興祖補注引此亦作「扶於」，而莊刻乃從諸本作「扶旋」，謬矣。「便媢擬神」，「媢」當爲「娟」。「媢」字俗書作「媚」，與「娟」相似而誤。楚辭大招「豐肉微骨，體便娟只」，王注云：「便娟，好貌也。」便娟亦疊韻，若作便媢，則失其讀矣。後漢書文苑傳注及太平御覽引此竝作「便娟」。「騁馳若騖」「騖」當作「鶩」。高注「言其疾也」，正釋「若鶩」二字。（今本「言其疾」上有「騁馳」二字，此涉正文而衍。）張衡西京賦說舞曰：「紛縱體而迅赴，若驚鶴之羣罷」是也。鶩、騖字相近，因誤爲騖。（莊子知北遊篇注「理未動而志已鶩」，釋文：「鶩，本亦作騖。」）騖與騁馳同義，若云騁馳若騖，則是騁馳若騁馳矣。且地、那爲韻，（地古讀若沱，說見唐韻正。）神、旋、鶩爲韻，（此以真、耕通爲一韻。周易、楚辭及老、莊諸子多如此。）若作「鶩」則失其韻矣。太平御覽引此，正作「騁馳若鶩」。○寧案：「扶旋」景宋本亦作「扶於」。注作「故轉周旋」，「故」字卽「於」之形誤，上脱「扶」字。章校「扶」當爲「蟠」非是。木熙者，舉梧檟，據句枉，熙，戲也。舉，援也。梧，桐。檟，梓。皆大木也。句枉，曲枝也。「枉」或作「掘」也。蝯自縱，好茂葉，言舞者若蝯，不復踐地，好上茂木之枝葉。龍夭矯，燕枝拘，言鑽蘊若蟠龍。燕枝拘，言其著樹如燕附枝也。○向宗魯云：高注牽强。枝拘卽積椒也。（俞氏古書疑義舉例有積一條。）○于省吾云：按注說乃臆解，不可從。枝拘卽積椒。說文：「積椒，多小意而止也。」廣韻四紙：「積，曲枝果也。」九虞：「椒，曲枝果也。」亦作枳椇。禮記明堂位「殷以椇」，注：「椇之言枳椇也，謂曲橈之也。」案木之曲枝爲積椒，故引申義爲屈曲之義。龍夭矯與燕枝拘對文，言其舞之姿勢，如龍蟠夭矯燕飛屈曲也。援豐條，舞扶疏，援，持也。持大條，以木舞。扶疏，槃跚貌。龍從鳥集，搏援攫肆，蔑蒙踊躍，言其舞體如龍附雲，如鳥集山，持捷大極其巧。蔑蒙踊躍，言其疾也。○于鬯云：姚廣文云：「援當作捷，涉上文援豐條之『援』而誤。注但云搏捷，並無援字，可據以訂正。」鬯謂援義亦可通，姚說未知是否。○向宗魯云：注以扶疏爲槃跚貌，蓋一音之轉。然此以扶疏與豐條對文，高注非也。說文扶下云：「扶疏，四布也。」（詩山有扶蘇，傳：「扶蘇，小木也。」「小」當作「大」，亦謂枝葉四布之木也。）○寧案：注「持」乃「搏」字形近而譌，故姚氏亦出搏字。姚從注文改正文則非，當從于說。「捷」當爲「援」，下脱「攫肆」二字。搏援攫肆明其巧，蔑蒙踊躍明其疾，蓋舉正文二句而分釋之，不得單舉「搏援」，不釋「攫肆」。又「言其疾」，道藏本、中立本、茅本、景宋本「言」字皆作「明」。且夫觀者莫不爲之損心酸足。觀者見其微妙危險，皆爲之損動中心，酸酢其足也。○王念孫云：「且」當爲「則」，字之誤也。

「則夫」二字承上「今鼓舞者」以下二十一句而言。上文云：「則布衣韋帶之人，莫不左右睥睨而掩鼻。」又云：「則雖王公大人，有嚴志頡頏之行者，無不憚悇癢心而悦其色矣。」語意竝與此同。彼乃始徐行微笑，被衣修擢。彼舞者，更復徐行小笑，被倡衣，脩擢舞，爲後曲也。○吴承仕云：朱本注作「彼，彼舞者」。承仕案：重「彼」字是也。詮言篇「直己而足物」，注云：「己，己山也。」此爲傳注通例，誤奪其一，失之遠矣。又案：擢爲舞羽，字亦作「翳」，作「掉」，作「翟」。此作「擢」，並聲近通借。夫鼓舞者非柔縱，言非其人生自柔弱，屈句委縱也。而木熙者非眇勁，眇，絶也。言其非能自有絶眇之强力也。淹浸漬漸靡使然也。淹，久也。浸，漬。漸于教久，使之柔縱眇勁。靡，教化使之然也。○王念孫云：高訓眇爲絶，而以眇勁爲絶妙之强力，於義未安。今案「眇勁」與「柔縱」相對爲文，眇讀爲「訬」，訬勁猶輕勁也。上文曰：「越人有重遲者而人謂之訬。」高彼注曰：「訬，輕利急疾。（舊本脱「疾」字，據文選注補。）訬讀燕人言躁操善趍者謂之訬同也。」後漢書馬融傳「或輕訬趬悍」，李賢曰：「訬，輕捷也。」文選吴都賦「輕訬之客」，李善曰：「高誘淮南子注曰：『訬，輕利急疾也。』訬音眇。」是訬、眇同聲而通用也。「淹浸漬漸靡」，「漬」字涉注文而衍。淹浸漸靡。皆兩字連讀，不當有「漬」字。且注訓淹爲久，浸爲漬，則正文無「漬」字明矣。○吴承仕云：「眇，絶」之訓，於古無徵，疑「絶」當爲「緜」，俗譛或誤作「綿」，故轉寫爲「絶」矣。緜，聯微也。眇亦訓微，緜眇聲近義通，故得爲連語，亦可互訓。文言眇勁者，謂其强力聯緜不絶耳。各本竝誤「緜」爲「絶」，訓義正相反，失之遠矣。（朱本注云：「自有絶妙之强力也。」淺人所妄爲，尤失文指。）○向宗魯云：王説是也。唐本玉篇言部云：許叔重注淮南：「楚俗謂剽輕爲害之鬼爲魑。」今亦以人相勁捷爲訬，是訬勁連文之證。是故生木之長，莫見其益，有時而脩；長者，令長之長。○吴承仕云：生木之長，猶言生長成遂，不得訓爲令長，其理至明。疑注當云，長讀令長之長，（「者」字或「音」字之譌。）作音非釋義也。又案：本文上言長，下言脩，則生木之長不得更作脩，可知也。高誘序曰：「淮南以父諱長，其所著長字皆曰脩。」今尋淮南書，凡長短對文皆曰脩，而長大、長養、長老、長幼諸文，並不改長爲脩。疑長短、長幼，彼時讀音已殊，故不涉諱限歟？○寧案：注「者」當爲「讀」，高注無言音某者。

砥礪磏堅，莫見其損，有時而薄；有時，積時，言非一日。教化亦然也。

藜藋之生，蝡蝡然日加數寸，不可以爲櫨棟，加猶益也。櫨，屋也。○王念孫云：藜藋當爲藜藋，（徒弔反。）字之誤也。藋，卽今所謂灰藋也。爾雅「拜，蔏藋」，郭注曰：「蔏藋似藜。」昭十六年左傳曰「斬其蓬蒿藜藋」，莊子徐無鬼篇曰「藜藋柱乎鼪鼬之逕」，是也。藜藋皆生於不治之地，其高過人，故曰「蝡蝡然日加數寸」。若藿爲豆葉，豆之高不及三尺，斯不得言日加數寸矣。藜藋皆一莖直上，形似樹而質不堅，故曰「不可以爲櫨棟」。若藿，則非其類矣。太平御覽木部六引此作藜藿，亦傳寫之誤。其百卉部藋下引此正作藜藋。後人多聞藜藿，寡聞藜藋，故諸書中藜藋字多誤爲藜藿。説見史記仲尼弟子傳。○俞樾云：高注曰：「櫨，屋也。」然則正文及注文竝當作「廬」。漢書食貨志注曰：「廬，田中屋也。」故高注訓廬爲屋。以爲廬棟，猶曰以爲屋棟。説山篇曰：「郢人有買屋棟者。」彼云「屋棟」，此云「廬棟」，其義一也。因「棟」字從木，遂并「廬」字而亦誤從木作「櫨」。櫨者，柱上柎也。若果是「櫨」字，何得以屋訓之？本經篇「標株欂櫨」，高注曰：「櫨，柱上柎，卽梁上短柱也。」然則，高氏非不知柱上柎之義，何以於此篇必變其説乎？且以文義言之，日加數寸，言其長也，屋棟之木，必取其長；若櫨則短柱耳，以方木爲之，其形如斗，故亦謂之斗拱，非必長木乃可爲之，何取於日加數寸者乎？

楩柟豫章之生也，七年而後知，故可以爲棺舟。知猶覺、覺其大。○陶方琦云：文選養生論注引許注：「豫章與枕木相似，須七年乃可別。」（文選注引延叔堅注云云。叔堅即叔重之譌。後人因東漢有延篤字叔堅，遂增入「延」字。）○劉文典云：「七年而後知」，文選注、藝文類聚八十八引竝作「七年可知」。（史記司馬相如傳集解亦云「生七年乃可知也」。）○寧案：宣八年公羊傳：「而者何？難也。乃者何？難也。」故此言「而後」，史記集解言「乃」。文選注藝文類聚引與「七年」義不合。夫事有易成者名小，難成者功大。君子脩美，雖未有利，福將在後至。美，善也。故詩云：「日就月將，學有緝熙於光明。」此之謂也。以說在上章也。

淮南子集釋卷二十

漢涿郡高誘注〇陶方琦云：此篇許注。

泰族訓

泰言古今之道，萬物之指，族於一理，明其所謂也，故曰「泰族」。〇曾國藩云：族，聚也，羣道衆妙之所聚萃也。泰族者聚而又聚者也。始之又始曰泰始，一之又一曰泰一，伯之前有伯曰泰伯，極之上有極曰泰極，以及泰山、泰廟、泰壇、泰折，皆尊之之辭。

天設日月，列星辰，調陰陽，張四時，日以暴之，夜以息之，風以乾之，雨露以濡之。其生物也，莫見其所養而物長；其殺物也，莫見其所喪而物亡：此之謂神明。聖人象之，故其起福也，不見其所由而福起；其除禍也，不見其所以而禍除。〇馬宗霍云：「由」、「以」一聲之轉。廣雅釋詁四，「由」與「以」同條共訓。本文上言「所由」，由卽以也。下言「所以」，以卽由也。互文耳。義猶自也，從也。〇寧案：文本尸子貴言篇。遠之則邇，延之則疎；〇寧案：王念孫云「延」當作「近」。說在覽冥篇。稽之弗得，察之不虛；日計無算，歲計有餘。〇寧案：「日計無算」，「無算」當作「不足」，此後人未解「日計不足」之義，以爲歲計有餘，日計安得不足，而以意改之也。文子精誠篇正作「日計不足，歲計有餘」。本書俶真篇亦云：「日計之不足，歲計之有餘。」莊子庚桑楚篇「今吾日計之而不足，歲計之而有餘」，卽淮南文所本。夫淫之至也，莫見其形而炭已重矣。風之至也，莫見其象而木已動矣。日之行也，不見其移，騏驥倍日而馳，草木爲之靡，縣熢未轉，縣熢，邊候，見虜舉熢，轉相受，行道里最疾者也。○劉文典云：「縣熢未轉」，御覽八百九十六引作「懸峰未薄」，又引注云：「懸峰，馬蹄下雞舌也。」與今注迥殊，疑許、高之異也。而日在其前。○寧案：句末當有「矣」字，與上文「炭已重矣」、「木已動矣」一律。太平御覽八百九十六引正有「矣」字。故天之且風，草木未動而鳥已翔矣，鳥巢居，知風也。其且雨也，陰曀未集而魚已噞矣，魚潛居，知雨也。以陰陽之氣相動也。故寒暑燥溼，以類相從；聲響疾徐，以音相應也。故易曰：「鶴鳴在陰，其子和之。」○寧案：易中孚九二爻辭。高宗諒闇，三年不言，四海之内寂然無聲；一言聲然大動天下。○俞樾云：「聲然」二字，文不成義。「聲」當作「罄」，涉上文「四海之内寂然無聲」而誤也。周書太子晉篇「師曠罄然又稱曰」，孔注曰：「罄然，自嚴整也。」是其義也。下文「故聖人者，懷天心，聲然能動化天下者也」，「聲然」亦「罄然」之誤。能，讀爲而。○楊樹達云：如俞説，一言罄然爲一言嚴整，文豈可通乎？愚謂「聲」當爲「謦」之誤字。説文言部云：「謦，欬也。」莊子徐無鬼篇云：「又況昆弟親戚之謦欬其側者乎？」釋文引李注云：「謦欬，喻言笑也。」謦欬爲言笑，故淮南言謦然，文義正相貫串。劉家立集證不知俞説之未諦，改「聲」爲「罄」以從之，謬矣。○馬宗霍云：俞説非也。周書述師曠對言於太子晉，則彼「罄然」之「罄」，當讀爲「磬折」之「磬」。左氏僖公二十六年傳「室如懸罄」，陸德明釋文云：「罄亦作磬。」是罄與磬通之證。禮記曲禮上「立如齊」，鄭玄注云：「磬且聽也。」孔穎達疏申注曰：「磬者，謂屈身如磬之折殺。」周書「罄然」，正狀師曠對言時屈身恭謹之貌。孔晁所謂「自嚴肅」者，亦謂自肅其容以示敬于尊者耳。與淮南本文「聲然」之義相去絶遠。尋李鼎祚周易集解離卦六五爻辭下引虞翻注云「震爲聲」。頤卦彖傳李氏自解亦云「震，聲也」。又震卦彖傳曰「震驚百里，驚遠而懼邇也」。震既爲聲，故聲亦有震義。說文聲雖訓音，而如「聲威」「聲勢」之「聲」，莫不涵震驚之意。余謂本文「聲然」亦當取義於震。「一言聲然」，猶言「一言震然」。震則動，故下文云「大動天下」，又云「聲然能動化天下者也」。俞氏於上下文之「聲然」皆以爲「磬然」之誤，疏矣。震與振同。荀子正論篇云：「通達之屬，莫不振動從服，以化順之。」可與淮南「動化天下」之語相參。○寧案：楊謂「聲」當爲「謦」，謦欬爲言笑。言笑然大動天下，義亦未安，從馬說。是以天心呿唫者也。○李哲明云：呿唫謂開閉。呂覽重言篇「君呿而不唫」，注：「呿，開。唫，閉也。」故一動其本而百枝皆應，若春雨之灌萬物也，渾然而流，沛然而施，無地而不澍，無物而不生。故聖人者懷天心，聲然能動化天下者也。故精誠感於內，形氣動於天，則景星見，黃龍下，祥鳳至，醴泉出，嘉穀生，河不滿溢，海不溶波。○楊樹達云：說文水部云：「溶，水盛也。」「溶」疑當讀爲「涌」。說文云：「涌，滕也。」故詩云：「懷柔百神，及河嶠嶽。」逆天暴物，則日月薄蝕，五星失行，四時干乖，○寧案：「干乖」不詞，「乖」當爲「乘」，字之誤也。周語「晉不知乘」，韋注：「乘，陵也。」說文：「干，犯也。」「四時干乘」，謂陰陽陵犯也。景宋本正作「干乘」。文子精誠篇襲此文作「四時相乘」。是其證。晝冥宵光，山崩川涸，冬雷夏霜。詩曰：「正月繁霜，我心憂傷。」天之與人，有以相通也。故國危亡而天文變，世惑亂而虹蜺見，萬物有以相連，精祲有以相蕩也。精祲，氣之侵人者也。

故神明之事，不可以智巧爲也，不可以筋力致也。天地所包，陰陽所嘔，雨露所濡，化生萬物，瑤碧玉珠，翡翠玳瑁，文彩明朗，潤澤若濡，摩而不玩，久而不渝，○王念孫云：「雨露所以濡生萬物」，（道藏本如是。）本作「雨露所濡，以生萬殊」，「瑤碧玉珠」本在「翡翠瑇瑁」之下。（「瑇」，各本作「玳」，俗字也，今據太平御覽引改。依漢書當作「毒冒」。）道藏本「濡以」二字誤倒，「萬殊」誤作「萬物」，「翡翠瑇瑁」又誤在「瑤碧玉珠」之下。案「雨露所濡」爲句，「以生萬殊」爲句，如藏本則失其句矣。且此段以嘔、濡、殊、珠、濡、渝爲韻，如藏本則失其韻矣。劉本作「雨露所濡生萬物」，又脱去「以」字。漢魏叢書本乃於「生萬物」上妄加「化」字，而莊本從之，斯爲謬矣。太平御覽工藝部九引此，正作「雨露所濡，以生萬殊，翡翠瑇瑁，瑤碧玉珠」。○劉台拱云：「玩」同「刓」，五丸反。史記酈生陸賈傳「爲人刻印，刓而不能授」，漢書作「玩」。○馬宗霍云：説文玉部云：「玩，弄也。」本文「摩而不玩」，摩亦有弄義。若訓玩爲弄，則詞意複。「玩」蓋「刓」之借字。説文刀部云：「刓，剸也。」剸在首部，爲「𩠐」之重文。訓爲「截也」，與刀部「剬」義相近。剬訓「斷齊也」。廣韻二十八獮以「剬」同「剸」，訓爲「細割」，是刓有斷截割切之義。楚辭懷沙篇「刓方以爲圜兮」，王逸注又訓刓爲削，義亦相近。引申之，則刓猶損也，缺也。淮南本文承「瑤碧玉珠，翡翠玳瑁」言之，謂諸物皆天地所生，色澤文彩，成之自然，雖摩弄之而不缺損也。與下句「久而不渝」意正相儷。史記酈生陸賈傳「刻印刓而不能授」，裴駰集解引孟康曰：「刓斷無復廉鍔也。」漢書酈傳「刓」作「玩」。但韓信傳「刻印刓忍不能予」，所説是一事，字又作「刓」。即此「玩」、「刓」相通之證也。○寧案：「化生萬物」當作「以生萬殊」，王校是也。景宋本作「以生萬物」，「殊」字誤而「以」字不誤。又案：古「包」、「孚」通，此「包」當讀爲「孚」，與「嘔」爲韻。奚仲不能旅，旅，部旅也。○金其源云：按孔子家語子貢問「旅樹而反坫」，注：「旅，施也。」謂奚仲不能施工也。魯般不能造，○俞樾云：「旅」字無義，疑「放」字之誤。廣雅釋詁：

「放，效也。」言天地所生者，雖奚仲不能放效之，雖魯般不能造作之也。高注曰「旅，部旅也」，其所據本已誤。○馬宗霍云：注釋旅爲部旅，似未安。俞疑「旅」爲「放」字之誤，亦非也。「旅」蓋「臚」之借字，「臚」「旅」聲相近。儀禮士冠禮「旅占」，鄭玄注云：「古文旅作臚。」周禮秋官司儀「皆旅擯」，鄭注云：「旅讀爲鴻臚之臚。」是「旅」通作「臚」之證。國語晉語「風聽臚言於市」，韋昭注云：「臚，傳也。」史記叔孫通傳「大行設九賓臚句傳」，裴駰集解引漢書音義：「傳從上下爲臚。」淮南本文「旅」字亦當以「傳」爲義。下文云「此之謂大巧」，然則「奚仲不能旅」者，謂天地化生之巧，雖奚仲不能傳之也。次句「魯般不能造」，刱作曰造，傳授曰旅，義正相對。○寧案：俞氏謂「旅」字疑「放」字之誤，似是也。畢沅輯墨子佚文有此段，「旅」正作「放」，謂見太平御覽。今御覽七百五十二引淮南此文，在墨子後，蓋畢氏誤作墨子也。注「旅，部旅也」，疑當作「放即效也」，亦形近而譌。

此之謂大巧。

宋人有以象爲其君爲楮葉者，象，象牙也。三年而成，莖柯豪芒，鋒殺顏澤，亂之楮葉之中而不可知也。○劉文典云：「莖柯豪芒，鋒殺顏澤。」疑當爲「豐殺莖柯，豪芒繁澤」。韓非子喻老篇正作「豐殺莖柯，毫芒繁澤」。列子說符篇作「鋒殺莖柯，毫芒繁澤」，是其證也。「鋒」，當依韓非子作「豐」，淮南、列子作「鋒」，皆聲之誤。豐殺猶言肥瘦也。○向宗魯云：韓子喻老篇作「豐殺莖柯，毫芒繁澤」。列子說符「豐」作「鋒」，與此同。「顏澤」二書皆作「繁澤」，疑此誤。○于省吾云：按列子說符亦作「鋒殺」，韓非子喻老作「豐殺」，「鋒」與「豐」乃音之譌。道應「豐上而殺下」，是「豐殺」古人成語。

列子曰：「使天地三年而成一葉，則萬物之有葉者寡矣。夫天地之施化也，嘔之而生，吹之而落，豈此契契哉！」○馬宗霍云：詩小雅大東篇「契契寤歎」，即本文「契契」所出。毛傳云：「契契，憂苦也。」本文承上爲楮葉之人言，則「契契」有鍥而不舍之意。

夫三年而成一葉，勤亦至矣，故此之「契契」，蓋爲勤苦之貌，言天地施化，純任自然，必不若是也。故凡可度者，小也；可數者，少也。至大，非度之所能及也；至衆，非數之所能領也。故九州不可頃畝也，八極不可道里也，太山不可丈尺也，江海不可斗斛也。故大人者，與天地合德，日月合明，鬼神合靈，與四時合信。○王念孫云：此用乾文言語也，「日月」、「鬼神」上並脱「與」字。文子精誠篇正作「與日月合明，與鬼神合靈」。○寧案：王説是也。景宋本「鬼神」上有「與」字。故聖人懷天氣，抱天心，○俞樾云：文子精誠篇作「懷天心，抱地氣」，是也。上文云「故聖人者懷天心」，則此文亦當作「懷天心」矣。「懷天心」之文，既與文子同，則下句亦當作「抱地氣」矣，傳寫誤耳。上文「故聖人者懷天心」下，疑亦當有「抱地氣」三字。今闕此句，文義不備。○楊樹達云：俞説非也。要畧云「懷天氣，抱天心」，與此文正同，知非有誤字矣。文子襲用淮南之文多改竄，凡文可兩通者，即不當據彼以改此。劉家立集證不知俞説之誤，改本文爲「懷天心，抱地氣」，謬矣。○蔣禮鴻云：要畧篇曰：「泰族者，所以覽五帝三王懷天氣，抱天心，執中含和，德形於内。」與此文正同，明俞説非是。合而爲一，則曰懷天心；開而爲二，則曰懷天氣，抱天心：義本無乖剌也。執中含和，不下廟堂而衍四海，○王念孫云：文選東都賦注引此，作「不下廟堂而行於四海」，於義爲長。文子精誠篇亦作「不下堂而行四海」。○于省吾云：按作「而行四海」，是也。石鼓文「佳舟以行」之「行」，亦作「術」，與「衍」相似，故易譌。變習易俗，民化而遷善，若性諸己，○于省吾云：按「性」「生」古字通。金文「性」字通作「生」。文子精誠「性」作「出」，義相仿，可證此文之不應讀性如字也。能以神化也。詩云：「神之聽之，終和且平。」夫鬼神視之無形，聽之無聲，然而郊天望山川，○寧案：「郊天」下集證本沾「地」

字，是也。「郊天地，望山川」，對文。詩周頌：「昊天有成命，郊祀天地也。」蓋古者，冬至祀天於南郊，夏至祀地於北郊，作「郊天」則於文不備，且不對矣。**禱祠而求福，雩兑而請雨，**兑，說也。○章太炎云：按說文祝下云：「一曰从兑省，易曰：兑爲口、爲巫。」兑與說古字通。周禮大祝：「掌六祈以同鬼神示。六曰說」，注：「以辭責之。」董仲舒救日食祝曰：「炤炤大明，瀸滅無光，奈何以陰侵陽，以卑侵尊，是之謂說也。」又云：「攻說用幣而已。」疏：「謂天災有幣無牲。」然則兑即說也。使巫祝以口說神，謂之兑，亦謂之說。旱乃天災，故有幣無牲也。春秋繁露求雨篇：「祝曰：昊天生五穀以養人。今五穀病旱，恐不成實，敬進清酒膊脯，再拜請雨，雨幸大澍。」此雩之辭也。若說則以辭責之，其所責或是句龍后稷等，若五帝則不得責也，其責之辭則亡矣。○楊樹達云：周禮春官大祝云：「掌六祈以同鬼神示：一曰類，二曰造，三曰禬，四曰禜，五曰攻，六曰說。」**卜筮而決事。詩云：「神之格思，不可度思，矧可射思！」此之謂也。**

天致其高，地致其厚，月照其夜，日照其晝，陰陽化，列星朗，非其道而物自然。○王念孫云：下三句本作「列星朗，陰陽化，非有爲焉，正其道而物自然」。自「天致其高」至「列星朗」，是說天、地、日、月、星，而「陰陽化」一句則總承上文言之。今本「列星朗」句在後，則失其次矣。且厚、晝爲韻，化、焉、然爲韻。（化字古音在歌部，焉、然二字在元部，歌、元二部古或相通。陳風東門之枌篇以差、原、麻、娑爲韻，小雅桑扈篇以翰、憲、難、那爲韻，隰桑篇以阿、難、何爲韻。逸周書時訓篇「鵙鳥猶鳴，國有訛言，虎不始交，將帥不和，荔挺不生，卿士專權」，莊子天運篇「孰隆施是，孰居無事淫樂而勸是」，淮南詮言篇「爲善則觀，爲不善則議，觀則生責，議則生患」，說林篇「百梅足以爲百人酸，一梅不足以爲一人和」，泰族篇「其美在和，其失在權，水火金木土穀異物而皆仕，規矩權衡準繩異形而皆施，丹青膠漆不同而皆用，各有所適，物各有宜」，皆其證也。差、施、議、宜四字，古在歌部，説見唐韻正。）若「列星朗」句在後，則失其韻矣。「非有爲焉，正其道而物自然」者，然，成也。（廣雅：「然，成也。」大戴禮武王踐阼篇「毋曰胡殘，其禍將然」，謂其禍將成也。莊子繕性篇「莫之爲而常自然」，謂常自成也。楚辭遠遊「無滑而魂兮，彼將自然」，謂彼將自成也。又見下。）言天地陰陽非有所爲，但正其道而萬物自成也。原道篇云：「萬物固以自然，（以與已同。）聖人又何事焉！」語意正與此同。下文云：「故陰陽四時，非生萬物也；雨露時降，非養草木也；神明接，陰陽和，而萬物生矣。」卽此所謂「非有爲焉，正其道而物自然」也。道藏本「非有」下脱「爲焉正其」四字，則文不成義。劉本作「正其道而物自然」，無「非有爲焉」四字，亦非。（若本無「非有爲焉」四字，則藏本不得有「非有」二字矣。主術篇曰：「是故繩正於上，木直於下，非有事焉，所緣以脩者然也。」語意正與此同。）莊本作「非其道而物自然」，則其謬益甚。文子精誠篇作「列星朗，陰陽和，非有爲焉，正其道而物自然」，是其明證矣。（和字亦與焉、然爲韻。）故陰陽四時，非生萬物也；雨露時降，非養草木也；神明接，陰陽和，而萬物生矣。故高山深林，非爲虎豹也；大木茂枝，非爲飛鳥也；流源千里，淵深百仞，非爲蛟龍也：○王念孫云：太平御覽鱗介部二引此，「流源」作「源流」，「淵深」作「深淵」，是也。源流者，有源之流，原道篇云「源流泉浡，沖而徐盈」是也。今作「流源」，則文不成義。「深淵」與「源流」相對爲文，猶上文言「高山深林」、「大木茂枝」也。今作「淵深」，則與上文不類矣。○楊樹達云：「蛟龍」疑當作「龍蛟」，淺人以書傳通言「蛟龍」，故妄乙之耳。此文以豹、鳥、蛟爲韻，作蛟龍則失其韻矣。（古音鳥在幽部，與豪部合韻。）致其高崇，成其廣大，山居木棲，巢枝穴藏，○俞樾云：「枝」乃「跂」字之誤。「巢跂」、「穴藏」，相對成義。史記梁孝王世家索隱引通俗文曰：「高置立跂棚曰跂閣。」即此跂字之義。巢高故言跂，穴深故言藏。**水潛陸行，各得其所寧焉。夫大生小，多生少，天之道也。故邱阜不能生雲雨，涔水不能生魚鼈者，小也。**○王念孫云：滎水，小水也。說文：「滎，絶小水也。」韓詩外傳曰：「滎澤之水，無吞舟之魚。」漢書揚雄傳「梁弱水之濎濙兮」，服虔曰：「昆侖之東有弱水，度之若濎濙耳。」師古曰：「濎濙，小水之貌。」濙與滎同。道藏本、劉本皆作滎，太平御覽鱗介部四引此同。朱本改「滎」爲「涔」而莊本從之，斯爲謬矣。（朱不知滎爲小水，而誤以爲禹貢「滎波既豬」之「滎」，故妄改之。）○寧案：景宋本亦作「滎」。**牛馬之氣蒸生蟣蝨，蟣蝨之氣蒸不能生牛馬。**○劉家立云：上文「大生小，多生少」，故「魚鼈」句下曰「小也」。此「蟣蝨」句下亦應有「少也」二字，方足以結束上文。今本脱去，則文義不完。○寧案：應脱「者少也」三字。**故化生於外，非生於内也。夫蛟龍伏寢於淵，而卵割於陵。**蛟龍，鼈屬也。乳於陵而伏於淵，其卵自孕。○王念孫云：「割」當爲「剖」，字之誤也。（漢書高惠高后文功臣表「剖符世爵」，今本「剖」誤作「割」。）剖謂剖卵而出也。原道篇「羽者嫗伏」，高注曰：「嫗伏，以氣剖卵也。」文選海賦「剖卵成禽」，李善曰：「剖猶破也。」初學記鱗介部、白帖九十五、太平御覽鱗介部二引此，竝作「卵剖」。開元占經龍魚蟲蛇占引作「卵孚」，又引許慎注曰：「孚，謂卵自孚。」也孚、剖聲相近，故高注曰「蛟龍乳於陵而伏於淵，其卵自孚」也。（今本「自孚」作「自孕」，此後人妄改之也。說文：「孕，裹子也。」「孚，卵孚也。」其義迥殊。一切經音義二引通俗文曰：「卵化曰孚。」淮南人閒篇曰：「夫鴻鵠之未孚於卵也，一指蔑之則靡而無形矣。」）○陶方琦云：史記集解百二十八、開元占經百二十引許注：「蛟龍，龍屬也。」案史記龜策傳「明月之珠，蚗龍伏之」，徐廣引許注作「蚗龍」，索隱謂「蚗」應作「蛟」。說文：「蛟，龍屬也。」漢書武帝紀注引許君說：「蛟，龍屬也。」今注「蛟龍」不誤，「鼈」

乃「龍」之誤文。又占經引許注：「孚，謂卵自孚也。」乃約文；其全文，今本是也。説文：「孚，卵孚也。」人閒訓：「夫鴻鵠之未孚于卵也。」通俗文：「卵化曰孚。」○寧案：王念孫謂「割」當爲「剖」，景宋本正作「剖」。開元占經引作「孚」，蓋高作「剖」而許作「孚」也。此篇許注，當從占經引。「剖」字蓋後人據高本改。又初學記、白帖引「伏寢於淵」作「潛伏於川」，疑亦許、高之異。滕蛇雄鳴於上風，雌鳴於下風，而化成形，精之至也。故聖人養心莫善於誠，至誠而能動化矣。今夫道者，藏精於内，棲神於心，静莫恬淡，○寧案：「静莫」，道藏本、景宋本作「静漠」，詩巧言「聖人莫之」，釋文：「又作漠同。」訟繆胸中，訟，容也。繆，静也。○王引之云：高所見本作「訟」，故訓爲容，訟、容古同聲也。其實「訟」乃「説」字之誤，「説」，古「悦」字。「繆」與「穆」同，穆亦和悦也。大雅烝民箋曰：「穆，和也。」管子君臣篇「穆君之色」，尹知章曰：「穆，猶悦也。」「説穆胸中」者，所謂不改其樂也。文子精誠篇正作「悦穆胷中」。邪氣無所留滯，四枝節族，毛蒸理泄，○向宗魯云：「理」當作「裡」（裏），形聲相近而誤。毛與表通，（表從毛聲。）「毛蒸裡泄」，猶言外蒸内泄也。詩「不屬於毛，不罹於裏」，叚毛爲表與此同，毛、裏舉亦與此同。○楊樹達云：「族」讀爲「腠」。節謂關節，腠謂腠理。「毛蒸理泄」，謂毛孔腠理有所蒸發。○寧案：向説是也。釋名：「毛，貌也，在表所以别形貌。」故毛有表義。楊氏望文生義。則機樞調利，百脉九竅，莫不順比，其所居神者得其位也，豈節拊而毛修之哉！聖主在上，○寧案：景宋本「上」下有「位」字，茅本同，據沾。廓然無形，寂然無聲，官府若無事，朝廷若無人，○寧案：「事」當爲「吏」，與人對舉。「事」字古作「叓」，形近而譌。新語至德篇：「君子之爲治也，塊然若無事，寂然若無聲，官府若無吏，亭落若無人，閭里不訟於巷，老幼不愁於庭。」即淮南文所本。無隱士，無軼民，○孫志祖云：焦竑云：「軼」讀爲「逸」，軼、逸通。○馬宗霍云：「無軼民」，羣書治要引「軼」作「逸」。說文車部云：「軼，車相出也。从車，失聲。」兔部云：「逸，失也。从辵、兔。兔，謾訑善逃也。」人部云：「佚，佚民也。从人，失聲。」是則就本義言，車失謂之軼，兔失謂之逸，人失謂之佚。「佚民」正字當作「佚」，作「逸」或「軼」，皆通假字，逸、佚互用，經典常見，無煩舉證。漢書王褒傳「因奏褒有軼材」又揚雄傳下「機駭蠭軼」，又叙傳上「良樂軼能於相御」，顔師古注竝云：「軼與逸同。」玄應一切經音義九大智度論第十卷逸馬條云：「逸，古文軼同。」此則「軼」通作「逸」之證也。無勞役，無寃刑，四海之內，莫不仰上之德，象主之指，夷狄之國，重譯而至，非户辯而家說之也，推其誠心，施之天下而已矣。詩曰：「惠此中國，以綏四方。」内順而外寧矣。太王亶父處邠，狄人攻之，杖策而去，百姓攜幼扶老，負釜甑，踰梁山，而國乎岐周，非令之所能召也。秦穆公爲野人食駿馬肉之傷也，飲之美酒，韓之戰，以其死力報，非券之所責也。券，契也。○王念孫云：「責」上脱「能」字。上文云「非令之所能召也」，下文云「非刑之所能禁也」，「非法之所能致也」，是其證。○陶方琦云：羣書治要引許注：「券，契也。」按說文：「券，契也。」與注淮南說合。密子治亶父，○寧案：「密子」，齊俗篇作「宓子」，道應篇作「季子」，「密」乃「宓」之誤，「季」乃「孚」之誤，孚、宓聲近相通。說詳道應篇。「亶」，道藏本作「單」，字通。史記曆書「端蒙單閼二年」，徐廣曰：「單閼一作亶安。」巫馬期往觀化焉，見夜漁者得小卽釋之，非刑之所能禁也。孔子爲魯司寇，道不拾遺，市買不豫賈，○王念孫云：「買」字卽「賈」字之誤而衍者也。「市不豫賈」，謂市之鬻物者，不高其價以相誑豫，（「誑豫」見周官司市注。）非謂買者也。荀子儒效篇作「魯之鬻牛馬者不豫賈」，淮南覽冥篇及史記循吏傳竝云「市不豫賈」，多一「買」字則文不成義，且與上句不對矣。田漁皆讓長，讓長，分別長者得多。○陶方琦云：羣書治要引許注「長者得多」，佚上四字。而辬白不戴負，辬白，頭有白髮。○陶方琦云：羣書治要引許注：「斑白，頭有白髮。」按：說文：「辬，駁文也。」「皤，老人頭白也。」「𩑶，須髮半白也。」○寧案：「辬」，道藏本作「斑」，景宋本作「班」。說文：「班，分瑞玉。」禮王制篇：「班白不提挈。」是「斑」乃「辬」之或體，「班」乃借字。非法之所能致也。夫矢之所以射遠貫牢者，弩力也；○寧案：「牢」當爲「堅」避隋諱改，羣書治要引作「堅」。其所以中的剖微者，正心也。○王念孫云：「正心」本作「人心」，與「弩力」相對爲文。今作「正心」者，後人妄改之耳。羣書治要及太平御覽工藝部二引此，竝作「人心」。○劉文典云：王氏謂「正心」當爲「人心」，是也。唐武后所造「人」字作「𤯔」，形與「正」字相似，傳寫遂誤爲「正」矣。古書人字多有譌爲「正」者，皆由當時寫本致誤也。賞善罰暴者，政令也；其所以能行者，精誠也。故弩雖强不能獨中，令雖明不能獨行，必自精氣所以與之施道。○劉文典云：羣書治要引「自」作「有」。故攄道以被民而民弗從者，誠心弗施也。○寧案：漢書司馬相如封禪書「攄之無窮」，師古曰：「攄，布也。」攄道猶施道。羣書治要引作「總道」，非。

天地四時，非生萬物也，神明接，陰陽和，而萬物生之。○寧案：上文云：「故陰陽四時，非生萬物也；雨露時降，非養草木也；神明接，陰陽和，而萬物生矣。」其文不遠，此不當重出。且彼文所以明萬物之生出於自然，各得其所寧，此進而闡述爲治之道，在於因民之性，乃重述上文，斯爲贅設。疑是讀者所約書，以明上下文義之承接，故致寫者誤入耳。聖人之治天下，非易民性也，拊循其所有而滌蕩之，故因則大，化則細矣。能循，則必大也；化而欲作，則小矣。〇王念孫云：「化」字義不可通。「化」當爲「作」，字之誤也。聖人順民性而條暢之，所謂因也。反是，則爲作矣。（「作」字本爲「𠂣」，與「化」相似而誤。「滌蕩」與「條暢」同，文子作「條暢」。）原道篇曰：「任一人之能，不足以治三畝之宅也。循道理之數，因天地之自然，則六合不足均也。」故曰：「因則大，作則細矣。」高注本作「能循，則必大也；欲作，則小矣」，今本「欲作」上有「化而」二字，則後人依已誤之正文加之耳。文子道原篇作「因卽大，作卽細」，自然篇作「因卽大，作卽小」，皆其證。呂氏春秋君守篇曰：「作者擾，因者平。」任數篇曰：「爲則擾矣，因則靜矣。」語意畧與此同。〇陶方琦云：羣書治要引許注：「能循，則必大也；欲作，則小矣。」按：今本「化」字當爲「作」。文子亦云「作則細」。說文：「細，微也。」「小，物之微也。」〇向宗魯云：王氏誤甚。長短經是非篇引孟子曰：「天道因則大，化則細」云云。愼子因循篇：「天道因則大，化則細。因也者，因人之情也。人莫不自爲也，化而使之爲我，則莫可得而用。」皆淮南所本。孟子文僅佚文數句，而愼子所云「化則細」之意甚明。高注有「化而欲作」語，正本文有「化」字之明證。王氏以「化而」二字，後人依已誤之正文加之，不知「化而欲作」四字，見老子三十七章，高語本道德經，意正密合，（老子以自化爲貴，卽此所謂因；以化而欲作爲非，卽此所謂化；云「吾將鎭之以無名之樸」，卽謂舍化就因。）非淺人所得妄加也。治要引正文注文皆同今本，則唐本亦如此。陶氏因王氏誤說，乃改治要以就之，將誰欺？〇于省吾云：按：王說非是。「化」、「爲」古字通。書堯典「平秩南訛」，僞傳：「訛，化也。」史記五帝本紀作「便程南爲」，（汲古閣本作「南譌」。）漢書王莽傳作「以勸南僞」。按僞、爲字通，古籍習見，不煩舉證。詩正月「民之訛言」，說文作「民之譌言」。方言三：「譌，化也。」是「化」可讀「爲」，其證至顯。「化則細」卽「爲則細」。爲與作義同。呂氏春秋任數「爲則擾矣，因則靜矣」，可爲作「爲」之證。注文

「化而欲作」，即「爲而欲作」。王氏改「化」爲「作」，則注之「作而欲作」爲不詞，遂不得不删「化而」二字矣。○寧案：向說是也。道應篇太公答武王之問，即引老子曰：「化而欲作，吾將鎮之以無名之樸也。」

禹鑿龍門，闢伊闕，決江濬河，東注之海，因水之流也。后稷墾草發菑，糞土樹穀，使五種各得其宜，因地之勢也。湯、武革車三百乘，甲卒三千人，討暴亂，制夏、商，因民之欲也。故能因，則無敵於天下矣。夫物有以自然，而後人事有治也。故良匠不能斲金，巧冶不能鑠木，金之勢不可斲，而木之性不可鑠也。埏埴而爲器，窬木而爲舟，鑠鐵而爲刃，鑄金而爲鐘，因其可也。駕馬服牛，令雞司夜，令狗守門，因其然也。民有好色之性，故有大婚之禮；有飲食之性，故有大饗之誼；有喜樂之性，故有鐘鼓筦絃之音；有悲哀之性，故有衰絰哭踊之節。故先王之制法也，因民之所好而爲之節文者也。因其好色而制婚姻之禮，故男女有別；因其喜音而正雅頌之聲，故風俗不流；因其寧家室、樂妻子，教之以順，○馬宗霍云：「教」上疑脱「而」字。上文「因其好色而制婚姻之禮」，「因其喜音而正雅頌之聲」，下文「因其喜朋友而教之以悌」，句例相同，皆以「而」字爲轉語，則本句當有「而」字可知。羣書治要所引已與今本同，蓋傳寫奪失舊矣。又「順」字治要引作「孝」。案：下句云「故父子有親」，則似作「孝」爲長。廣雅釋詁云：「悌，順也。」若作「順」，則與下文「悌」字義複。且孝次以悌，亦恒語也。故父子有親；因其喜朋友而教之以悌，故長幼有序。然後脩朝聘以明貴賤，饗飲習射以明長幼，○王念孫云：「饗」當爲「鄉」，字之誤也。經解射義竝云：「鄉飲酒之禮，所以明長幼之序。」是其證。羣書治要引此正作「鄉飲」。時搜振旅以習用兵也，搜，簡車馬。出曰治兵，入曰振旅。○陶方琦云：羣書治要引許注：「蒐，簡車馬也。」按：經傳多作「蒐」，亦作「獀」。齊語：「春以獀振旅。」○馬宗霍云：羣書治要引此文「搜」作「蒐」，「兵」下無「也」字。以上下句例之，則「也」字疑誤衍。文選陸士衡辯亡論上「蒐三王之樂」，李善注云：「蒐與搜古字通。」經傳多用「蒐」字。爾雅釋詁「蒐，聚也」，公羊昭公八年傳「蒐者何，簡車徒也」，詩召南騶虞篇序「蒐田以時」，皆是。入學庠序以脩人倫。此皆人之所有於性，而聖人之所匠成也。故無其性，不可教訓；有其性，無其養，不能遵道。繭之性爲絲，然非得工女煮以熱湯而抽其統紀，則不能成絲。卵之化爲雛，○寧案：「化」字以上下文例之，亦當爲「性」。韓詩外傳五第十七章正作「卵之性」。非慈雌嘔煖覆伏，累日積久，則不能爲雛。人之性有仁義之資，非聖人爲之法度而教導之，則不可使鄉方。○寧案：「聖人」，道藏本、中立本、茅本、景宋本皆作「聖王」。故先王之教也，因其所喜以勸善，因其所惡以禁姦，故刑罰不用而威行如流，政令約省而化燿如神。故因其性則天下聽從，拂其性則法縣而不用。

昔者，五帝三王之蒞政施教，必用參五。何謂參五？仰取象於天，俯取度於地，中取法於人，乃立明堂之朝，行明堂之令，明堂，布令之宮，有十二月之政令。○吴承仕云：注，景宋本作「布政之宮」，御覽六百二十四引與景宋本同。○蔣禮鴻云：「乃立明堂之朝」上脱「仰□天□」一句。上文提綱三句曰：「仰取象於天，俯取度於地，中取法於人。」下文三節分疏，其二節之首，曰「俯視地理」，曰「中考乎人德」，則此有脱句可知。以調陰陽之氣，以和四時之節，以辟疾病之菑。○寧案：「調陰陽之氣，和四時之節」，乃上承「立明堂之朝，行明堂之令」言，「辟疾疹之菑」，（「病」當爲「疹」，依脩務篇王念孫說改。）乃上承「調陰陽之氣，和四時之節」言，今以三「以」字冠首，則三句竝列爲文，非其義也。次「以」字當作「而」，則語意甚明。道藏本、中立本、景宋本正作「而和四時之節」，太平御覽六百二十四引同，是其證。俯視地理，以制度量，察陵陸水澤肥墽高下之宜，立事生財，以除飢寒之患。中考乎人德，○劉文典云：御覽引作「中之考乎德」。○寧案：上文言「仰取象於天，俯取度於地，中取法於人」，下文三節分疏，曰「仰□天□」，（依蔣校。）曰「俯視地理」，承天、地二字，知此亦當作「人德」也。如太平御覽引則文不相承。疑「之」卽「人」字之誤爲後人所倒。以制禮樂，行仁義之道，以治人倫而除暴亂之禍。乃澄列金木水火土之性，澄，清也。故立父子之親而成家；別清濁五音六律相生之數，以立君臣之義而成國；○王念孫云：「故立父子之親」，亦當爲「以立父子之親」，與下文相對。文子上禮篇正作「以立」。「清濁五音」亦當依文子作「五音清濁」。○俞樾云：「故立」當從文子上禮篇作「以立」，王氏念孫已訂正矣。惟「木水」二字傳寫誤倒，當作「水木」，蓋金、水、木、火、土，相生之序，故本之以立父子之親也。察四時季孟之序，以立長幼之禮而成官。○寧案：季孟非序也。文子上禮篇作「察四時孟仲季之序」，當從之。此之謂參。制君臣之義，父子之親，夫婦之辨，長幼之序，朋友之際，此之謂五。乃裂地而州之，分職而治之，築城而居之，割宅而異之，○寧案：「分職而治之」，「職」當爲「國」，字之誤也。「國」古作「戜」，與「職」右半相似。裂地而州，分國而治，築城而居，割宅而異，由九州之大，至一宅之細，皆就地域區劃以次言之，間以「分職而治」，則不類矣。文子上禮篇正作「分國而治之」，是其證。分財而衣食之，立大學而教誨之，夙興夜寐而勞力之。○劉台拱云：「勞力」卽「勞來」，來字有力音也。○馬宗霍云：「勞力」猶「勞來」也。孟子滕文公篇上「放勳曰勞之來之」，爾雅釋詁：「勞，來，勤也。」詩大雅下武篇「昭茲來許」，鄭箋云：「來，勤也。」烝民篇「威儀是力」，鄭箋云：「力猶勤也。」周禮秋官大司寇「上功糾力」，鄭玄注云：「力，勤力。」是「勞」、「來」、「力」三字同義。「來」、「力」雙聲，古音又同在之部，故或曰「勞來」，或曰「勞力」，其義一也。本文「夙興夜寐而勞力之」，蓋謂早夜勤於民事也。史記周本紀「武王曰：『日夜勞來，定我西土。』」「夙夜勞力」與「日夜勞來」正同。又案：說文力部云：「勑，勞勑也。从力，來聲。」然則本字當作「勑」，今作來者從其聲，作力者從其形，皆勑之省借字。經典多作「勞來」，作「勞力」者，惟見於此。此治之綱紀也。然得其人則舉，失其人則廢。堯治天下，政教平，德潤洽。在位七十載，乃求所屬天下之統，令四岳揚側陋。四岳舉舜而薦之堯，堯乃妻以二女，以觀其內；二女，娥皇、女英。任以百官，以觀其外；○向宗魯云：「任」當作「仕」，「仕」與「事」通，卽孟子所謂「百官事舜於畎畝之中」也。（書鈔三引此已誤。）既入大麓，烈風雷雨而不迷，林屬於山曰麓，堯使舜入林麓之中，遭大風雨不迷也。乃屬以九子，堯有九男。贈以昭華之玉而傳天下焉。昭華，玉名。以爲雖有法度而絑弗能統也。絑，堯子也。○陳直云：說文：「絑，虞書丹朱如此。」與本文同。

夫物未嘗有張而不弛，成而不毀者也，惟聖人能盛而不衰，盈而不虧。神農之初作琴也，以歸神，及其淫也，反其天心。○王念孫云：此文本作「神農之初作琴也，以歸神杜淫，反其天心」；（白虎通義曰：「琴者，禁也。所以禁止淫邪，正人心也。」琴操曰：「昔伏羲氏作琴，所以禦邪僻，防心淫，以修身理性，反其天真也。」）及其衰也，流而不反，淫而好色，至於亡國。」「流而不反」正對「反其天心」言之，「淫而好色」正對「杜淫」言之。下文曰：「夔之初作樂也，皆合六律而調五音，以通八風；及其衰也，以沈湎淫康，不顧政治，至於滅亡。」句法皆與此相對。此以淫、心爲韻，色、國爲韻；下文以音、風爲韻，（風字古音在侵部，說見唐韻正。）康、亡爲韻。文子上禮篇作「聖人之初作樂也，以歸神杜淫，反其天心；至其衰也，流而不反，淫而好色，（今本此下有「不顧正法，流及後世」八字，蓋後人所加，羣書治要引文子無此八字。）至於亡國」，是其明證矣。文選長笛賦注引上三句云：「神農之初作瑟，（瑟字與今本不合，所引蓋許慎本。）以歸神反望，及其天心。」「杜淫」作「反望」，「反其」作「及其」，皆傳寫之誤，（「反望」之反，蓋涉下「反其天心」而誤。淫、望，反、及，皆以形近而誤。）而句法正與文子同。若今本，則錯脱不成文理，且失其韻矣。

夔之初作樂也，夔，堯典樂官也。皆合六律而調五音，以通八風；及其衰也，以沉湎淫康，不顧政治，至於滅亡。

蒼頡之初作書，○寧案：以上下文例之，「書」下當有「也」字。以辯治百官，領理萬事，愚者得以不忘，智者得以志遠；○王念孫云：「志遠」本作「志事」。以書記事，無分遠近，不當獨言「志遠」。後人以兩「事」字重出，故改「志事」爲「志遠」耳。不知古人之文，不嫌於複，且兩事字自爲韻，（上下文皆用韻。）若作「志遠」，則失其韻矣。文子正作「智者以記事」。○寧案：愚者得以不忘，蓋志事也。身所經，志以不忘。自身以上，則曰志遠。此愚、智所以異。若「志遠」作「志事」，則愚、智何殊焉？疑「志遠」二字誤倒。至其衰也，爲姦刻僞書，以解有罪，以殺不辜。

湯之初作囿也，以奉宗廟鮮犞之具，生肉爲鮮，乾肉爲犞。○寧案：說文無「犞」字，當是「犒」字之誤。說文亦無「犒」字，蓋「槁」之俗字也。僖公二十六年左傳「公使展喜犒師」，正義引服虔曰：「以師枯槁，故饋之以飲食。」周禮書作「鱻薨」。

天官庖人「凡其死生鱻薨之物」，鄭司農云：「鱻謂生肉，薨謂乾肉。」天官𠭯人「辨魚物爲鱻薨」，鄭注「鱻，生也。薨，乾也。薨本又作槁。」槁與稾同。曲禮下「稾魚曰商祭」，注：「稾，乾魚。」疏：「稾，乾也。」與此許注合。**簡士卒，習射御，以戒不虞；及至其衰也，馳騁獵射，以奪民時，罷民之力。**○王念孫云：「罷民之力」當作「以罷民力」，與上句相對爲文。上文「以解有罪，以殺不辜」，與此文同一例。文子正作「以罷民力」。○劉文典云：初學記居處部引，作「馳騁游獵，以奪人之時，勞人之力」。○寧案：初學記引兩「人」字，避唐諱改。**堯之舉禹、契、后稷、皐陶，政教平，姦宄息，獄訟止而衣食足，賢者勸善而不肖者懷其德；及至其末，朋黨比周，各推其與，**○馬宗霍云：説文舁部云：「與，黨與也。」勺部云：「与，賜予也。」予部云：「予，推予也。」經傳多假「與」爲「推予」之「予」，假「予」爲「予我」之「予」，「与」本與「予」同意。俗皆以「與」代「与」，於是「與」行而「与」晦。而「與」之本義知之者亦鮮。本文「各推其與」，承「朋黨比周」言，正用「與」之本義，謂各推其黨也。「與」字从舁与會意。舁訓共舉也，共舉而与之謂之「與」，故本義爲朋黨矣。又案説文手部云：「攩，朋羣也。从手，黨聲。」黑部云：「黨，不鮮也。从黑，尚聲。」是「朋黨」「黨與」本字當作「攩」。今通作「黨」，亦聲借字也。**廢公趨私，内外相推舉，姦人在朝而賢者隱處。**○王念孫云：「内外相推舉」，句法與上下文不協。且「推」字與上文「各推其與」相複，蓋衍文也。文子無「推」字。○寧案：王校未盡也。「内外」二字當乙轉。中立本、茅本、景宋本皆作「外内」，文子上禮篇同。下文又云：「外内搔動」，是其比。**故易之失也卦，書之失也敷，樂之失也淫，詩之失也辟，禮之失也責，春秋之失也刺。**○王念孫云：此六句非淮南原文，乃後人取詮言篇文附入，而加以增改者也。下文云「故易之失鬼，樂之失淫，詩之失愚，書之失拘，禮之失忮，春秋之失訾」，與此六句相距不過數行，而或前後重出，或彼此參差，其不可信一也。下文「易之失鬼」六句，高氏皆有注，而此獨無注，若原文有此六句，不應注於後而不注於前，其不可信二也。太平御覽學部二所引，有下「易之失鬼」六句，而無此六句，其不可信三也。天地之道，極則反，盈則損。五色雖朗，有時而渝；茂木豐草，有時而落；物有隆殺，不得自若。故聖人事窮而更爲，法弊而改制，非樂變古易常也，將以救敗扶衰，黜淫濟非，○于鬯云：濟當訓止。天文訓高注云：「濟，止也。」或謂當讀爲「擠」。說文手部云：「擠，排也。」○寧案：于說是也。時則篇「三月春風不濟」，高注亦云：「濟，止。」又通「霽」，霽亦止也。爾雅釋天：「濟謂之霽。」郭注：「今南陽人謂雨止爲霽。」韓詩外傳五第九章作「絀繆淪非」。絀、黜古通用。說文水部「淪，没也」。與止亦義近。以調天地之氣，順萬物之宜也。

聖人天覆地載，日月照，陰陽調，四時化，萬物不同，無故無新，無疏無親，故能法天。天不一時，地不一利，人不一事，是以緒業不得不多端，趨行不得不殊方。五行異氣而皆適調，○莊逵吉云：太平御覽作「而皆和」，無「適調」字。六藝異科而皆同道。○莊逵吉云：太平御覽無「同」字。○寧案：王念孫云：「此本作五行異氣而皆和，六藝異科而皆通。」竊疑蓋許、高之異。說在詮言篇。温惠柔良者，詩之風也；○劉文典云：初學記文部引作「温惠淳良，詩教也」。御覽六百八引，「柔」亦作「淳」。淳龐敦厚者，書之教也；○劉文典云：「淳龐」，書鈔引作「純尨」，御覽引作「純元」。○寧案：純、淳通用。太平御覽引「元」乃「尨」字之誤。說文犬部「尨，犬之多毛者」，引申爲襍亂之意。文選四子講德論「厖眉耆耇之老」，注：「厖，襍也。」是尨、厖相通。

厖又通龐。左傳成十六年「民生敦厖」，俶真篇「蘆苻之厚，通於無墊，而復反於敦龐」，「敦龐」即「敦厖」，故北堂書鈔作「純厖」，即「淳龐」。上句初學記及太平御覽引「柔」作「淳」，與此複，非是。初學記引「詩之風也」作「詩教也」，蓋與禮記經解相亂而誤。御覽引同今本。清明條達者，易之義也；○劉文典云：御覽引「明」作「凈」。書鈔引「義」作「教」。○寧案：太平御覽引「凈」乃「明」之誤字，北堂書鈔九十五引仍作「明」。又書鈔引「義」作「教」，與「書之教也」複，御覽引仍作「義」。恭儉尊讓者，禮之爲也；○楊樹達云：「尊」當讀爲「剸」。説文刀部云：「剸，減也。」類書作「撙」，不知「尊」爲假字，疑其不可通而改之耳。○馬宗霍云：禮記曲禮上「是以君子恭敬撙節退讓以明禮」，疑即此文所本。説文無「撙」字。錢大昕云：「撙當爲剸。説文：『剸，減也。』」段玉裁云：「剸、撙古今字，蓋隸變也。」然則此文作「尊」，蓋又「剸」之省借字也。荀子不苟篇「恭敬繜屈」，仲尼篇「恭敬而僔」，「繜」、「僔」義皆與「剸」同，可與淮南互參。寬裕簡易者，樂之化也；○莊逵吉云：太平御覽「裕」作「和」。刺幾辯義者，春秋之靡也。○劉文典云：御覽引「幾」作「譏」，「義」作「議」。故易之失鬼，易以氣定吉凶，故鬼。樂之失淫，樂變至於鄭聲，淫也。詩之失愚，詩人怒，怒近愚。○莊逵吉云：「怒」疑當作「怨」。○顧廣圻云：「怒怒」疑當作「怨思」。書之失拘，書有典謨之制，拘以法也。禮之失忮，禮尊尊卑卑，尊不下卑，故忮也。○莊逵吉云：太平御覽「忮」作「亂」。春秋之失訾。春秋貶絶不避王人，書人之過，相訾也。○劉文典云：御覽引此六句，「失」下皆有「也」字。六者，聖人兼用而財制之。○馬宗霍云：「財」與「裁」同，古字通用。易泰卦象傳「后以財成天地之道」，陸德明釋文云：「財，荀本作裁。」漢書律曆志下引易亦作「裁」。又管子心術篇「聖人因而財之」，尹知章注云：「財同裁字訓。」皆其證。廣雅釋言云：「裁，制也。」

然則「財制」連文，蓋亦複語。○寧案：馬説是也。太平御覽六百八引「財」作「裁」。又下文云：「五者相反，聖人兼用而財使之。」繆稱篇云：「伎能而裁使之者聖人也。」許注：「裁，制也。度其能而裁制使之。」（正文及注依王念孫校）此作「財使」彼作「裁使」，尤爲財、裁相通之明證。

失本則亂，得本則治。其美在調，其失在權。水火金木土穀異物而皆任，規矩權衡準繩異形而皆施，丹青膠漆不同而皆用，各有所適，物各有宜。輪圓輿方，轅從衡横，勢施便也。驂欲馳，服欲步，驂，騑。服，車中央馬也。帶不厭新，鉤不厭故，處地宜也。關雎興於鳥而君子美之，爲其雌雄之不乖居也；○王念孫云：「乖」當爲「乘」，字之誤也。（羅願爾雅翼引此已誤。）乘者，匹也，言雌雄有別，不匹居也。廣雅曰：「雙、耦、匹、乘，二也。」月令「乃合累牛騰馬」，鄭注曰：「累、騰，皆乘匹之名。」家語好生篇曰：「關雎興於鳥而君子美之，取其雌雄之有別。」毛詩傳亦云：「雎鳩鷙而有別。」（鄭箋曰：「摯之言至也，謂王雎之鳥雌雄情意至，然而有別。」戴先生毛鄭詩考正曰：「案：古字鷙通用摯。夏小正『鷹始摯』，曲禮『前有摯獸』，是其證。春秋傳郯子言少皞以鳥名官，雎鳩氏，司馬也。説曰：『鷙而有別，故爲司馬，主法制。』義本毛詩，不得如箋所云明矣。」念孫謹案：淮南説林篇「神龍不匹，猛獸不羣，鷙鳥不雙」，義與毛詩同。）「有別」即此所云「不乘居」也。漢張超誚青衣賦亦曰：「感彼關雎，性不雙侶。」列女傳仁智傳曰：「夫雎鳩之鳥，猶未嘗見其乘居而匹處也。」（張華鷦鷯賦云：「繁滋族類，乘居匹游」。）此尤其明證矣。鹿鳴興於獸，君子大之，取其見食而相呼也。泓之戰，軍敗君獲，宋襄公與楚戰於泓，楚人敗之，獲襄公。○鍾佛操云：君獲，謂襄公受喪師之辱也。廣雅釋詁三：「獲，辱也。」非謂俘獲也。○金其源云：案公羊昭公二十三年傳「君死於位曰滅，生得曰獲」，是襄公曾爲楚生得矣。然左傳曰「公傷股」，穀梁曰「則兵敗而身傷焉」，史記「襄公傷股」，皆言傷，無言獲者，此其言獲何？廣雅釋詁：「獲，辱也。」謂受傷股之辱，非謂生得之獲也。○寧案：鍾、金説是也，而注未校。泓之戰在僖公二十二年，道藏本、中立本、景宋本許注皆作「襄公獲也」。茅本作「獲襄公」，是茅一桂已誤爲俘獲字，故改注以就其誤，而莊本從之也。而春秋大之，取其不鼓不成列也。宋伯姬坐燒而死，伯姬，宋共公夫人。夜失火，待傅母不至，不下堂，而及火死之也。春秋大之，取其不踰禮而行也。成功立事，豈足多哉，方指所言，而取一槩焉爾。王喬、赤松去塵埃之間，離羣慝之紛，慝，惡也。吸陰陽之和，○寧案：「吸」字與下「吸」字複。道藏本亦作「吸」，景宋本作「及」，集證本改作「飲」，疑當是「服」之形譌。食天地之精，呼而出故，吸而入新，踈虚輕舉，乘雲游霧，可謂養性矣，而未可謂孝子也。周公誅管叔、蔡叔，以平國弭亂，可謂忠臣也，而未可謂弟也。○王念孫云：此當作「可謂忠臣矣，而未可謂弟弟也」。上文云「可謂養性矣，而未可謂孝子也」，是其證。○孫詒讓云：當作「而未可謂悌弟也」，與上下文「未可謂孝子」、「未可謂忠臣」、「未可謂慈父」文例同。湯放桀，武王伐紂，以爲天下去殘除賊，可謂惠君，而未可謂忠臣矣。○寧案：「伐紂」，道藏本、中立本、茅本、景宋本皆作「誅紂」，當據正。「惠君」下脱「矣」字。下「矣」字當爲「也」。下文「良將」下亦脱「矣」字。集證本改不誤。樂羊攻中山，未能下，中山烹其子，而食之以示威，可謂良將，而未可謂慈父也。故可乎可，而不可乎不可；不可乎不可，而可乎可。舜、許由異行而皆聖，伊尹、伯夷異道而皆仁，箕子、比干異趨而皆賢。故用兵者，或輕或重，或貪或廉，此四者相反，而不可一無也。輕者欲發，重者欲止，貪者欲取，廉者不利非其有。故勇者可令進鬬，而不可令持牢；重者可令埴固，而不可令淩敵；貪者可令進取，而不可令守職；廉者可令守分，而不可令進取；信者可令持約，而不可令應變：五者相反，聖人兼用而財使之。○俞樾云：「勇者」當作「輕者」。上文云：「故用兵者，或輕或重，或貪或廉，此四者相反，而不可一無也。輕者欲發，重者欲止，貪者欲取，廉者不利非其有。」然則此承上文而言，亦當以輕、重、貪、廉對舉，其本作「輕者」明矣。淺人不尋上下文理，見有「進鬬」之文，妄改爲「勇者」，非其舊也。又按：上言四者，而下言五者，義亦可疑。且輕與重反，貪與廉反，所謂「四者相反」也。信，則與何者相反乎？乃云「五者相反」，義不可通。疑「信者可令持約，而不可令應變」十二字，淺人竄入，淮南本無此句，「五者」亦作「四者」，與上文相應。因竄入「信者」句，遂改「四」爲「五」以合之，而不悟其不可通耳。夫天地不包一物，陰陽不生一類。海不讓水潦以成其大，○劉文典云：藝文類聚八、白帖六引，竝作「海不讓水，積以成其大」。○寧案：「海不讓水潦」與「山不讓土石」對文，若作「海不讓水，積以成其大」，則下句應作「山不讓土，□以成其高」。類書引當是異本。山不讓土石以成其高。夫守一隅而遺萬方，取一物而棄其餘，則所得者鮮，而所治者淺矣。

治大者道不可以小，地廣者制不可以狹，位高者事不可以煩，民衆者教不可以苛。夫事碎難治也，法煩難行也，求多難澹也。寸而度之，至丈必差；銖而稱之，至石必過。石秤丈量，徑而寡失；○寧案：「事碎難治也，法煩難行也」，疑當作「事煩難治也，法苛難行也」。「事煩難治」，承上文「事不可以煩」言之，「法苛難行」，承上文「教不可以苛」言之，如今本則錯亂不相承矣。文子上仁篇正作「事煩難治，法苛難行」。簡絲數米，煩而不察。言事當因大法，如簡閱絲數米，則煩而無功也。○寧案：簡訓閱。周禮春官大宗伯「大田之禮，簡衆也」，孔疏：「簡，閱也。」此注不得言「簡閱絲數米」。疑當作「簡，閱。言事當因大法 如閱絲數米，則煩而無功也」。蓋注作雙行，第一行十字，次行九字，寫者將第一行行首「簡閱」二字誤入次行之首，因删第一行末「閱」字以就其誤，故如今本耳。故大較易爲智，曲辯難爲慧。故無益於治而有益於煩者，聖人不爲；無益於用而有益於費者，智者弗行也。故功不厭約，事不厭省，求不厭寡。功約易成也，事省易治也，求寡易澹也。衆易之，於以任人易矣。孔子曰：「小辯破言，小利破義，小藝破道，小見不達，必簡。」○王念孫云：「必簡」上當更有「達」字。此言見大者達，達則必簡，猶樂記言「大樂必易，大禮必簡」也。文子上仁篇作「道小必不通，通則必簡」，是其證。○俞樾云：「小」上當有「道」字，因涉上句「小藝破道」，兩「道」字適相連，寫者止於上句道字下作二小畫以識之，而遂脱去也。「見」乃「則」字之誤。「則」字闕壞，止存左旁之「貝」，因誤爲「見」矣。「達」下當更有「達」字，亦因止作二小畫而脱去也。其文本曰：「道小則不達，達必簡。」文子上仁篇作「道小必不通，通則必簡」，與此文小異而義同。若如今本，則不成文理矣。○寧案：大戴記小辨篇云：「小義破道，道小不通，通道必簡。」亦王、俞説之一證也。小辨篇「小藝」作「小義」，文子上仁篇同，道藏本、景宋本亦作「小義」，疑「義」字涉上而譌。下文云「小快害義，小慧害道」，云害義，不云義復害道也。論語述而篇：「志於道，據於德，依於仁，遊於藝。」疏：「藝，六藝也。此六者，所以飾身耳，劣於道德與仁，故不足依據，故但曰遊。」其爲人也，小有才，未聞君子之大道，故曰「小藝破道」也。河以逶蛇故能遠，山以陵遲故能高，陰陽無爲故能和，道以優游故能化。○王念孫云：

「陰陽無爲故能和」，後人所加也。此以河之透蛇、山之陵遲喻道之優游，若加入「陰陽無爲」二句，則與透蛇、陵遲、優游之義，咸不相比附矣。且「陰陽無爲」與「河以透蛇」三句，句法亦屬參差。太平御覽地部二十六引淮南無此二句，說苑説叢篇、文子上仁篇並同。夫徹於一事，察於一辭，審於一技，可以曲說，而未可廣應也。○寧案：「未可」下當有「以」字。與下文「治大」、「陳軍」、「饗衆」三句文同一例。文子上仁篇正有「以」字。文本管子宙合篇作「而不可以廣舉」，是其證。蓼菜成行，甂甌有萛，○馬宗霍云：說文瓦部云：「甂，似小瓿，大口而卑。用食。」「甌，小盆也。」艸部云：「萛，艸也。」廣韻五支云：「萛，萛母，即知母草，出字林。」此文「甂甌有萛」，若依文釋之，甂甌皆陶器。是謂兩器之中有萛母草也。於義甚無取。尋本書詮言篇云：「蓼菜成行，瓶甌有堤。」與此文正同。彼作「瓶甌」，此作「甂甌」者，瓶亦甂之類也。然則此之萛字，蓋「堤」字同聲之借。許君彼注云：「堤，瓶甌下安也。」謂堤爲瓶甌下之安。「下」字不連「安」爲義。案說文土部堤訓「滯也」，與「止」義畧同。許於彼注以安釋之者，安猶坐也。凡器物得坐則安，故曰安。坐亦止也，乃堤本義之引申。周禮春官巾車「安車」，鄭玄注云：「安車，坐乘車。」即安得訓坐之證。說文人部云：「侳，安也。从人，坐聲。」又其旁證也。是知「甂甌有萛」，猶言甂甌有坐也。今人放置器物，欲其安穩，亦多爲坐以承之。俗或作「座」。在漢則謂之「堤」耳。又案「安」字古與「案」通。史記秦始皇本紀「安土息民」，司馬貞索隱曰：「賈誼書安作案。」荀子勸學篇「安特將學襍識志順詩書而已耳」，楊倞注云：「安或作案。」皆其例。許注「瓶甌下安」者，即瓶甌下之案也。說文木部云：「案，几屬。」几案亦可以承器物，以此義釋「堤」亦通。○于省吾云：按「萛」、「堤」字通。詮言「瓶甌有堤」，注：「堤，瓶甌下安也。」○陳直云：「萛」當讀爲「提」。○寧案：「萛」乃「匙」之借字。「匙」或作「㮛」，誤爲「堤」。說在詮言篇。稱薪而爨，數米而炊，可以治小，而未可以治大也。員中規，方中矩，動成獸，止成文，可以愉舞，而不可以陳軍。〇劉文典云：御覽三百七引，「愉舞」作「諭衆」。〇于省吾云：按詮言「員之中規，方之中矩，行成獸，止成文，可以將少，而不可以將衆」，文義與此相仿。俞樾謂彼文「獸」爲「獻」之誤，訓獻爲賢，殊有未允。俶真：「是故文章成獸」，又「龍蛇虎豹，曲成文章」。漢龍氏竟「刻畫奇守成文章」，守、獸字通，詳呂氏春秋新證君守篇。石鼓文「□徒如章」，謂徒屬之行次如文章也。然則「行成獸」者，謂獸毛有文理，與「止成文」相對爲義，不應別爲之說也。

滌盃而食，洗爵而飲，盥而後饋，可以養少，而不可以饗衆。今夫祭者，屠割烹殺，剝狗燒豕，調平五味者，庖也；陳簠簋，器方中者爲簠，圓中者爲簋也。列樽俎，設籩豆者，祝也；齊明盛服，淵默而不言，神之所依者，尸也。宰、祝雖不能，尸不越樽俎而代之。故張瑟者，小絃急而大絃緩；立事者，賤者勞而貴者逸。舜爲天子，彈五絃之琴，調南風之詩，而天下治。周公肴臑不收於前，鐘鼓不解於懸，而四夷服。趙政晝決獄而夜理書，趙政，秦始皇帝。御史冠蓋接於郡縣，覆稽趨留，戍五嶺以備越，築脩城以守胡，然姦邪萌生，盜賊羣居，事愈煩而亂愈生。〇寧案：藝文類聚五十二引此文作：「張琴瑟者，小絃絙而大絃緩；（注：絙者急也。）立事者，賤者勞而貴者逸也。禹爲天下，彈五絃之琴，歌南風之詩；周公肴膳不撤於前，鐘鼓不解於懸，而四夷服。嬴秦正晝決獄，夜理書，（注：正，秦始皇名也。）御史冠蓋相接於道，戍五嶺以備越，（注，五嶺：鐔城之嶺，九疑之塞，番禺之都，南野之界，射干之水。）築脩城以守胡，然姦邪萌生，而亂愈滋。」引文中有明係誤文者，如「舜」誤「禹」，「築」誤

「桀」，此外猶多與今本異，當是別本如是。故法者，治之具也，而非所以爲治也。而猶弓矢中之具，而非所以中也，〇王念孫云：「而猶」當爲「亦猶」。隸書「而」、「亦」下半相似，故「亦」誤爲「而」。（趙策「趙雖不能守，亦不至失六城」，舊本「亦」誤作「而」。）黄帝曰：「芒芒昧昧，因天之威，與元同氣。」故同氣者帝，同義者王，同力者霸，無一焉者亡。〇劉文典云：御覽七十七引注云：「於三者無一，雖口於世，俱滅亡。」〇寧案宋本太平御覽引注無「口」字，疑「口」當爲「囗」，以示奪文。

故人主有伐國之志，邑犬羣嘷，伐國，逆天之行，則時必有大禍。〇吴承仕云：「大禍」，「大」當爲「犬」。邑犬羣嘷，卽犬禍之事也。五行志云：「犬，兵革失衆之占。」如淳曰：「犬吠守，似兵革。」此注義與彼近。異苑云：「隆安初，吴郡治下，狗常夜吠。狗有限而吠聲甚衆，無幾有孫恩之亂。」是其事。雄雞夜鳴，庫兵動而戎馬驚。戎馬，兵馬也。雞夜鳴而兵馬起，氣之感動也。〇寧案：注「起」上當有「驚」字，「起」字蓋以足成「驚」字之義也。太平御覽三百二十九引注，宋本作「戎馬起」，鮑本作「戎馬驚」，可互校。今日解怨偃兵，家老甘臥，巷無聚人，妖菑不生，非法之應也，精氣之動也。故不言而信，不施而仁，不怒而威，是以天心動化者也；〇俞樾云：「天心動化」本作「無心動化」，因「無」字作「无」，故誤爲「天」耳。文子上仁篇亦作「天心」，誤與此同。而精誠篇曰：「一言而大動天下，是以无心動化者也。」「无」字不誤，可據以訂正上仁篇，卽可以正淮南子矣。〇楊樹達云：「以無心動化」，文不可通，俞校謬也。本篇上文及要畧並云「懷天氣，抱天心」，則「天心」爲淮南習用之語，決非誤字。又上文云：「一言謦然大動天下，是以天心呿唫者也。」句例正與此同，可以爲證。文子精誠篇作「无」者，乃「天」之形近誤字。俞氏不求文義之安，乃欲以文子精誠篇之誤文，訂淮南子及文子不誤之文，謬矣。劉家立集證不知俞校之謬，改「天」爲「无」以從之，妄甚。○蔣禮鴻云：「以天心動化」，即上文所謂「因天之威」。上文又曰：「故聖人者，懷天心，聲然能動化天下者矣。」（「聲然」之「聲」，即孟子「仁言不如仁聲入人之深」之「聲」，言其感應之速，如聲出響隨也。俞氏改作「馨」字，非是。）此云「以天心動化」，文義全與彼同。上文又曰：「一言聲然大動天下，是以天心呿唫者也。」此即文子精誠篇所本。是精誠篇「无」字乃「天」字之誤，而淮南皆不誤，至明。俞氏所改，可謂以不狂爲狂矣。○寧案：楊、蔣以文子精誠篇「无心」爲誤字，是也。景宋本文子正作「天心」。施而仁，言而信，怒而威，是以精誠感之者也；施而不仁，言而不信，怒而不威，是以外貌爲之者也。故有道以統之，法雖少，足以化矣；無道以行之，法雖衆，足以亂矣。治身，太上養神，其次養形；治國，太上養化，其次正法。神清志平，百節皆寧，養性之本也；肥肌膚，充腸腹，供嗜欲，養生之末也。○于鬯云：「性」當讀爲「生」。下文云「養生之末也」，此用「性」字，下用「生」字，文異而義同。道藏本下文「生」字亦作「性」，於義尤不可通，足見「性」之當讀爲「生」矣。民交讓争處卑，委利争受寡，力事争就勞，日化上遷善，而不知其所以然，此治之上也。○王念孫云：「治之上」當爲「治之本」，對下文「治之末」而言。上文「養性之本」、「養性之末」，即其證。今作「治之上」者，涉上文「治國，太上養化」而誤。文子下德篇正作「治之本」。○寧案：王説是也。下文「上世養本，而下世事末」，正承此而言。又云：「治之所以爲本者，仁義也；所以爲末者，法度也。」義與此同，皆以本、末對舉。利賞而勸善，畏刑而不爲非，法令正於上，而百姓服於下，此治之末也。上世養本，而下世事末，此太平之所以不起也。夫欲治之主不世出，而可與興治之臣不萬一，○俞樾云：「興」字衍文，蓋卽「與」字之誤而衍者。高誘注呂氏春秋觀世篇引此文曰：「欲治之君不世出，可與治之臣不萬一。」是其明證。文子下德篇亦無「興」字。以萬一求不世出，此所以千歲不一會也。○王念孫云：「以萬一求不世出」，當作「以不萬一求不世出」。「不萬一」三字，卽承上句言之。文子下德篇作「以不世出求不萬一」，呂氏春秋觀世篇注引淮南作「以不萬一待不世出」，皆其證。

水之性，淖以清，窮谷之汙，生以青苔，青苔，水垢也。○劉文典云：文選張景陽襍詩注引作「窮谷之洿，生以蒼苔」。又引高注：「蒼苔，水衣也。」○寧案：文選謝玄暉直中書省注引亦作「蒼苔」，月賦注引高注同張景陽襍詩注，正見許、高之異。不治其性也。掘其所流而深之，○莊逵吉云：御覽「掘」上有「若」字。茨其所決而高之，茨，積土填滿之也。○馬宗霍云：說文艸部云：「茨，以茅葦蓋屋。」本文「茨」字，注以「積土填滿」釋之，則非茨之本義。說文土部云：「垐，以土增大道上。」增土與積土同。依注說，則「茨」蓋「垐」之借字。「茨」、「垐」同從次聲，故通用。借「茨」爲「垐」，猶上文借「䞕」爲「堤」也。使得循勢而行，乘衰而流，衰，下也。○王引之云：衰與下義不相近。「衰」當爲「衺」，字之誤也。說文：「衺，污衺下也。」字通作「邪」。史記滑稽傳「污邪滿車」，集解引司馬彪曰：「污邪，下地田也。」故高注訓衺爲下。○俞樾云：衰乃等衰之「衰」。水之從高流下，必有次第，故曰「乘衰而流」。高注訓衰爲下，未得。王氏引之因以「衰」爲「衺」之誤字，更非矣。雖有腐髊流漸，弗能汙也。腐髊，骨也。漸，水也。○莊逵吉云：太平御覽「漸」作「澌」，「澌」字爲是。○楊樹達云：字當从仌作「澌」。說文仌部云：「澌，流冰也。」楚辭九歌云：「流澌紛兮將來下。」文云「流澌」，正與此同。王注云：「澌，解冰。」此注「水」字乃「冰」字之誤。其性非異也，通之與不通也。風俗猶此也。誠決其善志，防其邪心，啟其善道，塞其姦路，與同出一道，則民性可善，而風俗可美也。○莊逵吉云：太平御覽作「風俗可遷矣」。○寧案：「與同出一道」，文意不明，「與」下當有「民」字。文子下德篇作「與民同出一道」。又案：莊氏引御覽五十八誤衍「可」字。所以貴扁鵲者，非貴其隨病而調藥，貴其摩息脉血，知病之所從生也；言人之喘息，脉之病可知。○寧案：「血」乃「而」字形譌。下「病」字當從景宋本作「疾」。鹽鐵論輕重篇「扁鵲撫息脉而知疾所由生」，即語本淮南。所以貴聖人者，非貴隨罪而鑒刑也，貴其知亂之所由起也。○寧案：「隨罪」上當有「其」字。「非貴其隨病而調藥」，「非貴其隨罪而鑒刑」，句法一律。文子下德篇襲此文作「非貴其隨罪而作刑」，有「其」字。若不脩其風俗，而縱之淫辟，乃隨之以刑，繩之以法，法雖殘賊天下，弗能禁也。○王念孫云：「繩之法法」，文不成義，當依劉本作「繩之以法」。茅本作「繩之以法，法雖殘賊天下」，以次「法」字屬下讀，亦非。（莊本同。）文子下德篇作「棄之以法，隨之以刑，雖殘賊天下，不能禁其姦矣」，則劉本是也。○寧案：道藏本「法」上無「以」字，（景宋本同。）故王校云然。中立本同劉本。禹以夏王，桀以夏亡；湯以殷王，紂以殷亡：非法度不存也，紀綱不張，風俗壞也。○劉文典云：御覽六百二十四引「張」下有「而」字。三代之法不亡，而世不治者，無三代之智也；六律具存，而莫能聽者，無師曠之耳也。○寧案：「無三代之智也」，「智」當爲「聖」，字之誤也。此承上文「所以貴聖人者」言之，若作「無三代之智」，則是貴智而非貴聖也，非其指矣。下文「法雖在，必待聖而後治律雖具，必待耳而後聽」，正與此反覆申言貴聖之義。「必待耳而後聽」，承「無師曠之耳」，「必待聖而後治」，承「無三代之聖」，「智」字之誤，明矣。又下文「故國之所以存者，非以有法也，以有賢人也；其所以亡者，非以無法也，以無賢人也」，再申言貴聖之義。兩「賢」字亦當爲「聖」。道藏本、中立本、景宋本下句作「以無聖人也」，太平御覽六百二十四引同。下句曰「以無聖人」，則上不得言「以有賢人」。彼兩「賢」字當爲「聖」，與此前後一脈相承。此「智」字之誤，又其明證。故法雖在，必待聖而後治；律雖具，必待耳而後聽。故國之所以存者，非以有法也，以有賢人也；其所以亡者，非以無法也，以無賢人也。晉獻公欲伐虞，宮之奇存焉，爲之寢不安席，食不甘味，而不敢加兵焉。賂以寶玉駿馬，宮之奇諫而不聽，言而不用，越疆而去，荀息伐之，兵不血刃，抱寶牽馬而去。〇王念孫云：「去」當爲「至」，此涉上文「越疆而去」而誤。僖二年公羊傳正作「虞公抱寶牽馬而至」。〇楊樹達云：「去」字不誤，王校謬也。公羊傳云：「宮之奇諫，虞公不從其言，終假之道以取郭。還，四年，反取虞，虞公抱寶牽馬而至。」此就見滅之虞公言之，故云至也。此文云：「荀息伐之，兵不血刃，抱寶牽馬而去。」此就滅虞之荀息言之，故云去也。兩文主名不同，立文遂異。王氏欲以公羊傳記虞公之辭，用之於荀息，不亦傎乎！劉家立集證不知王校之謬，改「去」爲「至」以從之，斯爲巨謬矣。故守不待渠壍而固，攻不待衝降而拔，得賢之與失賢也。〇梁玉繩云：「降」當爲「隆」。汜論云「隆衝以攻」，又鹽鐵論繇役篇注引此文作「攻不待衝隆而拔」，可證。〇于鬯云：姚廣文云：「降」當「隆」字之誤。汜論訓：「晚世之兵，隆衝以攻。」衝隆、隆衝，順倒一也。注云：「隆，隆高也。衝，所以臨敵城，衝突壞之。」隆音轉如臨。詩皇矣篇「與爾臨衝」，韓詩作「隆衝」。毛傳云：「臨，臨車也。衝，衝車也。」蓋臨車在上臨下，衝車從旁衝突，皆攻城之具也。

兵略訓云：「不待衝隆雲梯而城拔」，是此文確證。崿謂姚説蓋是。但謂「降」爲「隆」之誤，非也。隆即諧降聲，降即可讀爲隆。○于省吾云：「衝降」即「衝隆」，降古音讀如洪，與隆音近字通。禮記喪服小記注「以不貳降」，釋文：「降，一本作隆。」詩都人士「綢直如髮」，箋「無隆殺也」，釋文：「隆，俗本作降。」是其證。詩皇矣「與爾臨衝」，韓詩作「隆衝」。兵略「故攻不待衝隆雲梯而城拔」，是「隆衝」亦作「衝隆」，「衝隆」即「衝降」。上言「故守不待渠壍而固」，「渠壍」與「衝隆」對文。故臧武仲以其智存魯，而天下莫能亡也；璩伯玉以其仁寧衛，而天下莫能危也。易曰：「豐其屋，蔀其家，窺其户，闃其無人。」無人者，非無衆庶也，言無聖人以統理之也。民無廉恥，不可治也；非脩禮義，廉恥不立。民不知禮義，法弗能正也；非崇善廢醜，不向禮義。○馬宗霍云：此文分爲兩句，義最顯白，言非崇善廢醜，則不知向禮義也。與上文「非脩禮義，廉恥不立」，意正相承。羣書治要引同。劉家立淮南集證改作「非崇善廢醜，而向禮義」，易「不」字爲「而」字以爲一句，文理文勢，兼失之矣。○寧案：茅本同今本。道藏本、中立本、景宋本皆作「而向禮義」，劉氏蓋據誤本。無法不可以爲治也，不知禮義，不可以行法。法能殺不孝者，而不能使人爲孔、曾之行；○馬宗霍云：羣書治要引此文，「孔、曾」作「孔、墨」。下文孔子、墨子並舉，則似以作孔、墨爲是。校者或以此當舉孝者以對不孝者，而曾子有孝稱，故易墨爲曾耳。○寧案：馬説未必是也。下文竊盗與廉對，此自當不孝與孝對。文子上禮篇襲此文，作「能殺不孝者，不能使人孝」，是其證。若作孔、墨，墨子與孝不孝無涉，行文無此例。蓋此言孔、曾，下文自舉孔、墨，若謂必相承，則下文不及伯夷，何也？此過信類書之過也。法能刑竊盗者，而不能使人爲伯夷之廉。孔子弟子七十，養徒三千，人皆入孝出悌，言爲文章，行爲儀表，教之所成也。墨子服役者百八十人，皆可使赴火蹈刃，死不還踵，化之所致也。夫刻肌膚，鑱皮革，被創流血，至難也，然越爲之，以求榮也。越人以箴刺皮爲龍文，所以爲尊榮之也。○王念孫云：「越」下脱「人」字。高注「越人以箴刺皮」，即其證。羣書治要引此正作「越人」。○陶方琦云：羣書治要引許注「越人以箴刺其皮爲龍文」，按卽越人鬋髮文身之説。原道訓「鬋髮文身，刻畫其體，納墨其中，爲蛟龍之狀」，義亦相同。聖王在上，明好惡以示之，○劉文典云：羣書治要引作「聖人在位，明好憎以示人」。○寧案：「之」字作「人」是也，作「之」不明所指。文子上禮篇亦作「明好惡以示人」。下文「嬉戲害人」，「人」當爲「之」，此「人」「之」相誤之證。經誹譽以導之，親賢而進之，賤不肖而退之，○孫志祖引焦竑云：「誹」讀爲「毁」，誹、毁古通用。無被創流血之苦，而有高世尊顯之名，民孰不從？

古者法設而不犯，刑錯而不用，○馬宗霍云：羣書治要引此文「刑錯」作「刑措」。説文金部云：「錯，金涂也。」手部云：「措，置也。」此謂刑置而不用，則當以作「措」爲本字，作「錯」假借字也。非可刑而不刑也，百工維時，庶績咸熙，禮義脩而任賢得也。故舉天下之高以爲三公，一國之高以爲九卿，一縣之高以爲二十七大夫，一鄉之高以爲八十一元士。故智過萬人者謂之英，千人者謂之俊，百人者謂之豪，十人者謂之傑。○陶方琦云：大藏音義四十七引許注：「俊，謂絶異於人也。」又「傑，特立也」。今注敚，宜補。明於天道，察於地理，通於人情，大足以容衆，德足以懷遠，信足以一異，知足以知變者，人之英也。德足以教化，行足以隱義，○馬宗霍云：爾雅釋言「隱，占也」，郭璞注云：「隱，度。」邢昺疏申之曰：「占者視兆以知吉凶也。必先隱度，故曰隱占也。」是則隱者有先事而度之意。文選崔瑗座右銘「隱心而後動」，蔡邕郭有道碑「隱括足以矯時」，李善注引劉熙孟子注云：「隱，度也。」又管子禁藏篇「下觀不及者自隱也」，尹知章注云：「隱，度也。」皆與郭合。本文「隱」字亦當訓度。由先事而度之意引申之，則凡事之闇合者亦得謂之隱。然則「行足以隱義」者，猶言行足以闇合於義耳。又案左氏昭公二十八年傳「心能制義曰度」，孔穎達疏曰：「心能制斷時事使合於義，是爲善揆度也。言預度未來之事皆得中也。」余謂有諸内而後形諸外，行能度義，正緣心能制義而然。所制在心，是之謂隱。○寧案：馬訓隱爲度，是也，以義爲仁義字，非也。德足以教化，行足以隱義對文，義猶隱也。俶真篇「不可隱儀揆度而通光耀者」，隱儀揆度四字疊義。兵畧篇「兵之所隱議者，天道也」，隱議即隱儀。此作「隱義」，漢書鄒陽傳「使東牟、朱虚東褒義父之後」，應劭曰：「猶春秋褒邾儀父也。」師古曰：「義讀曰儀。」上文「刺幾辯義」，太平御覽六百八引義作議。蓋議、儀、義相通，此非仁義字也。

仁足以得衆，明足以照下者，人之俊也。行足以爲儀表，知足以決嫌疑，廉足以分財，○寧案：「足以分財」，當作「可以分財」。上二句以兩「足」字對，此二句以兩「可」字對，蓋涉上而誤。道藏本、中立本、茅本、景宋本皆作「可」，文子上禮篇同。信可使守約，作事可法，出言可道者，人之豪也。守職而不廢，處義而不比，見難不苟免，見利不苟得者，人之傑也。英俊豪傑，各以小大之材，處其位，得其宜，由本流末，以重制輕，上唱而民和，上動而下隨，四海之内，一心同歸，背貪鄙而向義理，○王念孫云：「義理」本作「仁義」，此後人妄改之也。貪則不義，鄙則不仁，貪鄙與仁義正相反，故曰「背貪鄙而向仁義」，若作「義理」，則失其指矣。且義與和、隨、靡爲韻，若作「義理」，則失其韻矣。文子上禮篇正作「背貪鄙、嚮仁義」。○寧案：王説非也。「義理」當爲「禮義」，蓋「禮義」誤倒作「義禮」，因改作「義理」耳。上文云：「非脩禮義，廉恥不立。民不知禮義，法弗能正也；非崇善廢醜，不向禮義。無法不可以爲治也，不知禮義，不可以行法。」又云：「百工維時，庶績咸熙，禮義脩而任賢得也。」凡五舉「禮義」，以申言法必因禮義而後行。此云「背貪鄙而向禮義」，正與上文「非崇善廢醜，不向禮義」文義正反相承，即以總束上文，不得忽言仁義也。文子上禮篇蓋依誤本淮南所改。其於化民也，若風之摇草木，無之而不靡。今使愚教知，使不肖臨賢，雖嚴刑罰，民弗從也。○劉文典云：羣書治要引「也」作「者」。小不能制大，弱不能使强也。故聖主者舉賢以立功，不肖主舉其所與同。文王舉太公望、召公奭而王，桓公任管仲、隰朋而霸，此舉賢以立功也。夫差用太宰嚭而滅，秦任李斯、趙高而亡，此舉所與同。○寧案：「同」下當有「也」字，與「此舉賢以立功也」一律。羣書治要引有「也」字。故觀其所舉而治亂可見也，察其黨與而賢不肖可論也。

夫聖人之屈者，以求伸也；枉者，以求直也；故雖出邪辟之道，行幽昧之塗，將欲以直大道，成大功。○王念孫云：羣書治要引此「直」作「興」是也。興大道，成大功，文義正相比附。今作「直大道」者，涉下文「不得直道」而誤。猶出林之中，不得直道，拯溺之人，不得不濡足也。伊尹憂天下之不治，調和五味，負鼎俎而行，伊尹七十説湯而不用，于是負鼎俎，調五味，僅然後得用。五就桀，五就湯，將欲以濁爲清，以危爲寧也。周公股肱周室，輔翼成王，管叔、蔡叔奉公子禄父而欲爲亂，周公誅之，以定天下，緣不得已也。管子憂周室之卑，諸侯之力征，夷狄伐中國，民不得寧處，故蒙恥辱而不死，將欲以憂夷狄之患，平夷狄之亂也。○顧廣圻云：「夷狄之患」，當作「中國之患」，見要畧。宋刻已誤。○劉家立云：要畧曰：「天子卑弱，諸侯力征，桓公憂中國之患，苦夷狄之亂。」此文作「周室之卑，諸侯之力征」，「卑」下應補「弱」字，方與「諸侯」句相對。「將欲以憂夷狄之患，平夷狄之亂」文不成義，亦當依要畧作「憂中國之患」也。○馬宗霍云：說文夊部云：「憂，和之行也。从夊，㥑聲。」心部云：「㥑，愁也。从心从頁。」人部云：「優，饒也。从人，憂聲。一曰倡也。」經傳皆假「憂」爲「㥑」，假「優」爲「憂」，「㥑」則晦而不用，於是憂愁之義行，而憂和之本義荒矣。本文「將欲以憂夷狄之患」，憂上有「欲以」二字，不可訓愁，當用憂和本義。和有寬緩之意，言將欲以和緩夷狄之患也。孔子欲行王道，東西南北七十說而無所偶，故因衞夫人、彌子瑕而欲通其道。衞夫人，衞靈公夫人南子也。彌子瑕，衞之嬖臣。此皆欲平險除穢，由冥冥至炤炤，動於權而統於善者也。夫觀逐者於其反也，而觀行者於其終也。故舜放弟，周公殺兄，猶之爲仁也；文公樹米，文公，晉文公也，樹米而欲生之也。○寧案：新語輔正篇、說苑襍言篇、劉子觀量篇並云「文公種米」。太平御覽八百二十三引同。世說新語尤悔篇劉注引作「文公種菜」，「菜」卽「米」字之誤。曾子架羊，架，連架，所以備知也。○楊樹達云：新語輔政篇、說苑襍言篇並有此語。孫詒讓札迻校說苑云：「架爲迦之假字。說文辵部云：『迦，迦互，令不得行也。』管子戒篇云：『東郭有狗，嘊嘊旦暮，欲齧我猳而不使也。』尹注猳作枷，云『謂以木連狗』。後漢書馬融廣成頌云：『枷天狗。』蓋枷者，以木連繫畜獸，使不得觸逸之名，故高誘訓爲連架，架羊猶枷狗矣。」樹達按：孫說至塙。注文「備知」，「知」字蓋誤。○向宗魯云：案注「知」乃「失」字之誤。然以架爲連架，於義未合，「架」乃「駕」之借字，（本書「宮架」「宮駕」互見，是其例。）謂以羊駕車。（古之羊車，非以羊駕也，至晉、宋人乃以羊駕車，亦不常。）米不可種而生殖，羊不可駕以致遠，正相類也。 説苑襍言及新語皆作「曾子駕羊」。（新語本又作「枷」，亦「駕」之借。）○寧案：孫説近之。 説苑襍言篇云：「太公田不足以償種，漁不足以償網，治天下有餘智。 文公種米，曾子駕羊，孫叔敖相楚，三年不知軶在衡後，務大者固忘小。」新語亦以爲「智者之所短，不若愚者之所長。」夫狗嚾嚾不可制，故以木連之。 牧者驅羣羊，一鞭而已。 驅羣羊乃牧者之所長，而曾子之所短也，故必枷羊如枷狗，而後能制之，然無害於爲智也。使如向説，以「架」乃「駕」之借字，謂曾子不知羊不可駕以致遠。 然御乃孔門之一科，曾子固知馬可駕以致遠矣，以羊易之，此好事者不爲，非務大者固忘小，而智者有所短之義也。 猶之爲知也。

當今之世，醜必託善以自爲解，邪必蒙正以自爲辟。 ○王念孫云：「辟」字義不可通，當是「辭」字之誤。（「辭」或作「辤」，與「辟」相似。）「自爲辭」猶自爲解耳。 ○劉文典云：「辟」假爲「譬」。「託善以自爲解」，「蒙正以自爲譬」，相對爲文，義亦正相對。 説文言部：「譬，諭也。」徐鍇曰：「猶匹也，匹而論之也。」王氏欲改字釋之，非。 遊不論國，仕不擇官，行不辟汙，曰「伊尹之道也」；分別争財，親戚兄弟搆怨，骨肉相賊，曰「周公之義也」；○劉家立云：「親戚」下有「兄弟」二字，乃誤衍也。 「親戚搆怨，骨肉相賊」，兩句相對爲文，骨肉即指兄弟而言，何須複出也。 應删去。 行無廉恥，辱而不死，曰「管子之趨也」。行貨賂，趣勢門，立私廢公，比周而取容，曰「孔子之術也」。此使君子小人，紛然淆亂，莫知其是非者也。

故百川竝流，不注海者不爲川谷；○俞樾云：既云「百川」，則不得又云「不爲川」，「川」字衍文也。 後人因下句云「不爲君子」，故妄增「川」字，使字數相當耳。 文子上義篇正作「不注海者不爲谷」。○寧案：爾雅：「水注谿曰谷。」蔡邕月令章句：「衆流注海曰川。」曰「川谷」，蓋以別於谿谷，無「川」字則義不可通矣。趨行躊馳，○王念孫云：「躊」與「舛」同。說文云揚雄作舛字如此。莊子天下篇「其道舛駁」，文選魏都賦注引作「躊駁」，又引司馬彪注曰：「躊與舛同。」躊馳，謂相背而馳也。俶真篇曰：「二者代謝舛馳。」説山篇曰：「分流舛馳。」玉篇引作「僢馳」。氾論篇曰「見聞舛馳於外」，法言叙曰「諸子各以其知舛馳」。舛、躊、僢，字異而義同。道藏本作「躊」，各本皆誤爲「踼蹐」之「蹐」，而莊本從之，斯爲謬矣。又下文「知能躊馳」，各本亦誤作「蹐」。○寧案：中立本、景宋本亦作「躊」。大藏音義八十四、九十六引許注：「躊，相背也。」又九十六云：「淮南子作僢，音義竝同。」不歸善者不爲君子。故善言歸乎可行，善行歸乎仁義。田子方、段干木輕爵禄而重其身，不以欲傷生，不以利累形；李克竭股肱之力，領理百官，輯穆萬民，使其君生無廢事，死無遺憂：此異行而歸於善者。田子方、段干木、李克皆魏文矦臣，故皆歸于善。張儀、蘇秦，家無常居，身無定君，約從衡之事，爲傾覆之謀，濁亂天下，撓滑諸矦，使百姓不遑啟居，或從或横，或合衆弱，或輔富强，此異行而歸於醜者也。故君子之過也，猶日月之蝕，何害於明！小人之可也，猶狗之晝吠，鴟之夜見，何益於善！夫知者不妄發，○王念孫云：「夫知者不妄發」，羣書治要引作「夫知者不妄爲，勇者不妄發」，是也。下文「擇善而爲之」及「事成而功足賴」，皆承「知者不妄爲」而言，「計義而行之」及「身死而名足稱」，皆承「勇者不妄發」而言。今本脱「爲」字及「勇者不妄」四字，則與下文不合。説苑説叢篇亦云：「夫智者不妄爲，勇者不妄發。」（今本「發」誤作「殺」。）○寧案：王説是也。文子上義篇亦作「智者不妄爲，勇者不妄殺。」（「殺」字誤同説苑。）擇善而爲之，計義而行之，故事成而功足賴也，身死而名足稱也。雖有知能，必以仁義爲之本，然後可立也。知能蹐馳，百事竝行，聖人一以仁義爲之準繩，中之者謂之君子，弗中者謂之小人。君子雖死亡，其名不滅；小人雖得勢，其罪不除。使人左據天下之圖而右刎喉，愚者不爲也，〇俞樾云：「刎」下當有「其」字。文子上義篇作「左手據天下之圖，而右手刎其喉」。〇劉文典云：俞說是也。「右」下當有「手」字。本書精神篇正作「右手刎其喉」。呂氏春秋不侵篇、知分篇高注、後漢書仲長統傳、世說新語文學篇注同。〇向宗魯云：俞說是也。「左」、「右」下仍當有「手」字。呂氏不侵篇、知分篇注兩引淮南記，皆作「左手據天下之圖，右手刎其喉」。（精神篇「左據天下圖，而右手刎其喉」，上句挩「手」字、「之」字，而下句「手」字、「其」字皆又未挩。又御覽四百七十四引韓詩外傳：「莊子曰：左手據天下之圖，右手刎其吭，愚者不爲也。」）身貴於天下也。〇劉文典云：「身」當爲「生」，字之誤也。本書精神篇、呂氏春秋知分篇高注、世說新語文學篇注，字並作「生」，是其證。〇寧案：「身」字不誤，劉說非也。此言「身貴於天下」，「義貴於身」。故下文又反覆申言之曰：「天下大利也，比之身則小；身之重也，比之義則輕。」身比天下，義比身，與此緊密相承，是其明證。精神篇自作「生貴於天下」，行文又異。世說新語文學篇注引乃精神篇文，非本篇文也。呂氏春秋知分篇注引此文作「生」，當是「身」字之誤。劉氏不察下文，反引彼誤文爲證，傎矣。死君親之難，視死若歸，義重於身也。天下大利也，比之身則小；身之重也，比之義則輕；〇俞樾云：「身之重也」，本作「身，（句。）所重也」，與「天下，（句。）大利也」一律，涉上下句兩言「比之」而誤。文子上義篇作「身之所重也，比之仁義則輕」，「所」字不誤，「之」字亦涉上下句而衍。〇寧案：俞說是也。道藏本、中立本、茅本、景宋本正作「身，所重也」。義，所全也。詩曰：「愷悌君子，求福不囘。」言以信義爲準繩也。

欲成霸王之業者，必得勝者也。能得勝者，必强者也。能强者，必用人力者也。能用人力者，必得人心者也。能得人心者，必自得者也。○王念孫云：「欲成霸王之業」，「欲」亦當爲「能」，言必得勝，而後能成霸王之業也。下文四「能」字，皆與此文同一例。若云「欲成霸王之業」，則與下句不合，且與下文不類矣。詮言篇「能成霸王者，必得勝者也」以下八句，竝與此同，是其證。故心者，身之本也；身者，國之本也。未有得己而失人者也，未有失己而得人者也。故爲治之本，務在寧民；寧民之本，在於足用；足用之本，在於勿奪時；勿奪時之本，在於省事；省事之本，在於節用；節用之本，在於反性。未有能摇其本而静其末，濁其源而清其流者也。○王念孫云：「節用」皆當爲「節欲」，此因上文「足用」而誤也。文子下德篇作「節用」，亦後人以誤本淮南改之。齊俗篇云「治欲者不以欲，以性」，又云「欲節事寡」，故曰「省事之本，在於節欲；節欲之本，在於反性」。今本「節欲」作「節用」，則非其指矣。詮言篇云「省事之本，在於節欲；節欲之本，在於反性」，以上八句，皆與此同。齊民要術引此，亦作「節欲」，又引注云：「節，止。欲，貪。」此皆其明證矣。○寧案：齊民要術一引「在於勿奪時」下注云：「言不奪民之農要時」；「在於節欲」下注云：「節，止。欲，貪」；「在於反性」下注云：「反其所受於天之正性。」當是高注佚文。故知性之情者，不務性之所無以爲；知命之情者，不憂命之所無柰何。故不高宮室者，非愛木也；不大鐘鼎者，非愛金也。直行性命之情，而制度可以爲萬民儀。今目悦五色，口嚼滋味，耳淫五聲，七竅交争以害其性，日引邪欲而澆其身夫調，身弗能治，柰天下何！〇寧案：王念孫云：「夫調」當爲「天和」，上衍「身」字。（説在詮言篇）竊謂「天和」上「身」字非衍文，蓋「且」字之誤，當在「弗能」上。「且」、「身」形近，又涉上「身」字誤爲「身」，文不成義，故後人移「身」字於「澆其」下，以「日引邪欲而澆其身」絶句耳。文子下德篇作「身且弗能治」，是其證。故自養得其節，則養民得其心矣。

所謂有天下者，非謂其履勢位，受傳籍，稱尊號也；言運天下之力，而得天下之心。〇寧案：「言」下疑當有「其」字，上文云「非謂其」，是其證。文子下德篇作「言其」。紂之地，左東海，右流沙，前交趾，後幽都。師起容關，〇莊逵吉云：太平御覽「關」作「閭」。至浦水，士億有餘萬。〇莊逵吉云：太平御覽無「士」字。〇寧案：太平御覽八十三引無「士」字，是也。上言「師起」云云，且楚人謂士爲武，知此不當有「士」字。御覽引帝王世紀云：「起師自容閭，至浦水，與同惡諸侯五十國，凡十七萬人，距周於商郊之牧野。紂師皆倒戈而戰」，文與淮南畧同。十萬爲億，故曰「億有餘萬」也。或以「士」爲「七」字之誤，亦非。又案：太平御覽引「容關」作「容閭」，與帝王世紀合，當從之。景宋本作「容閲」，蓋「閭」與「関」、「閲」皆形近，「関」又書爲「關」，因以致誤。然皆倒矢而射，傍戟而戰。〇于省吾云：按「傍」字不詞，「傍」應讀「方」。古籍傍、旁同用。儀禮士喪禮「牢中旁寸」，注：「今文旁爲方。」書堯典「共工方鳩僝功」，史記五帝紀「方」作「旁」，是其證。孟子梁惠王「方命虐民」，注：「方猶逆也。」案：方命即背命，方與背一聲之轉，故訓爲逆。書堯典「方命圮族」，史記五帝紀「方」作「負」。廣雅釋詁：「背，負也。」「背」通「偝」。禮記明堂位「天子負斧依」，注：「負之言偝也。」釋文：「偝，本又作背。」「方戟而戰」，猶言背戟而戰。上言「倒矢而射」，倒與方互文耳。武王左操黃鉞，右執白旄，以麾之，○莊逵吉云：太平御覽「以」作「而」。○孫志祖云：後漢書蔡邕傳注引亦作「而」。則瓦解而走，遂土崩而下。○莊逵吉云：太平御覽「下」作「亡」。紂有南面之名，而無一人之德，○王念孫云：「德」本作「譽」，「無一人之譽」，謂無一人稱譽之也。此言紂失人心，故雖有南面之名，而實無一人之譽。譽與名相對爲文。後人改爲「無一人之德」，則文不成義矣。太平御覽皇王部八引此，正作「無一人之譽」。文子下德篇同。御覽皇王部七又引譙周法訓云：「桀、紂雖有天子之位，而無一人之譽。」此失天下也。故桀、紂不爲王，湯、武不爲放。周處酆、鎬之地，方不過百里，○王念孫云：「酆、鎬」下衍「之」字。此以「周處酆、鎬」爲句，「地方不過百里」爲句，兩句中不當有「之」字。呂氏春秋疑似篇亦以「周宅酆、鎬」爲句。○寧案：王説非也，「之」下蓋脱「間」字。下言「地方不過百里」以面積言，故上曰「之間」也。呂氏春秋疑似篇曰「周處酆、鎬，近戎人」，未可以例此。要畧篇曰：「文王處岐周之間，地方不過百里。」氾論篇同。又説苑裸言篇：「文王處酆，武王處鎬，酆、鎬之間，百乘之地。」皆其證。而誓紂牧之野，○寧案：墨子明鬼篇「與殷人戰乎牧之野」，即此三字所本。集證本作「於牧野」，劉氏妄改，無據。入據殷國，朝成湯之廟，表商容之閭，封比干之墓，解箕子之囚，乃折枹毁鼓，偃五兵，縱牛馬，搢笏而朝天下，○王念孫云：道藏本、劉本「搢笏」作「挺肳」。案：「肳」當爲「曶」，曶，古笏字也。皋陶謨「在治忽」，鄭本作「曶」，注云：「曶者，笏也。臣見君所秉，書思對命者也。君亦有焉。」穆天子傳曰：「天子搢曶。」今作「肳」者，「曶」變爲「吻」，又誤爲「肳」耳，無煩改爲「笏」也。「挺」當爲「捷」。隸書「捷」字或作「揵」，形與「挺」相似，因誤爲「挺」。「捷」與「插」同，言插笏而朝天下也。小雅鴛鴦篇「戢其左翼」，韓詩曰：「戢，捷也，捷其噣於左也。」士冠禮注：「扱柶於醴中。」鄉射禮注：「搢，插也。」大射儀注：「搢，扱也。」内則注：「搢，猶扱也。」釋文插、扱二字竝作捷。管子小匡篇「管仲詘纓捷衽」，字並與插同。「捷曶」猶搢笏也。後人不知挺爲捷之誤，而改挺爲搢，義則是而文則非矣。○寧案：景宋本作「挺曶」，「挺」字誤而「曶」字未改。

百姓謌謳而樂之，諸侯執禽而朝之，得民心也。闔閭伐楚，五戰入郢，燒高府之粟，破九龍之鐘，楚爲九龍之簴以縣鐘也。○陶方琦云：御覽五百七十五引許注：「刻簴爲九龍以縣鐘也。」又引賈子云：「毀十龍之鐘。」張華博物志：「子胥伐楚，燔其府庫，破其九龍之鐘。」藝文類聚鼎類引淮南「破九龍之鼎」，又引高注曰：「刻九龍於鼎，以爲名，言大鼎。」與此又異，乃許、高之別也。禮明堂位「夏后氏之龍簨虡」，鄭注：「飾簨以鱗屬，又於龍上刻畫之爲重牙。」與許説正合。鞭荊平王之墓，荊平王殺子胥之父，故鞭其墓以復讎。○寧案：王念孫云「荊平」下衍「王」字。説在主術篇。舍昭王之宫。吴之入楚，君舍乎君室，大夫舍大夫舍也。○寧案：注「大夫舍大夫舍」，下「舍」字當作「室」，與上句「君室」同。道藏本、景宋本、中立本皆作「室」。

昭王奔隨，百姓父兄攜幼扶老而隨之，乃相率而爲致勇之寇，皆方命奮臂而爲之鬭。○王念孫云：此當作「乃相率致勇而爲之寇」，與下句相對爲文。各本「而爲」二字誤在「致勇」之上，則文不成義。「方面」與「奮臂」亦相對爲文。道藏本、劉本皆作「方面」，漢魏叢書本面誤爲命，而莊本從之，斯爲謬矣。○俞樾云：「乃相率而爲致勇之寇」，文不成義，當作「乃相率爲勇而致之寇」，與下句相對。致如致師之致，寇即謂吴人也，言致死於吴也。下文曰「各致其死，却吴兵，復楚地」，是其義也。王氏念孫改爲「相率致勇而爲之寇」，然百姓却敵，初非爲寇，於義不可通矣。○于鬯云：「方」蓋讀爲「放」。廣雅釋詁云：「放，效也。」然則放命者，猶言效死也。道藏本「命」字作「面」，殊不可通。○

馬宗霍云：此文不誤，王校非也。「相率而爲致勇之寇」者，之猶於也。「寇」斥吴人，吴人入寇於楚，故昭王奔隨。此謂百姓隨王出奔者，相率而爲致勇於吴寇也。「之」與「於」通，語詞恒見。下文「各致其死」，卽承此「致勇」而言。若如王説，是謂百姓自爲之寇，理不可通矣。俞樾知訂王説之非，而謂「當作乃相率爲勇而致之寇」，亦失原文之意，不可從。又案説文方部云：「方，併船也。」引申之，凡併謂之方，併與竝同。此文「方命」猶竝命也。百姓同仇，衆志赴敵，故曰竝命。「竝命奮臂」與「相率致勇」義正相貫。若作「方面」，於義無取。○寧案：王氏念孫不釋「方面」。于謂「方」讀爲「放」，放，效也。馬謂「方命」猶竝命。皆於義未安。愚謂方謂方直、方正也。方命猶云正直之名命。尚書堯典「方命圮族」，孔疏云：「好此方直之名命而行事。」此蓋謂吴人入寇，百姓出於衛國家，衛社稷，以堂堂正正之名，奮臂而爲之鬬也。當此之時，無將卒以行列之，各致其死，○王念孫云：「卒」當爲「率」，「率」與「帥」同。將帥所以統三軍，故無將帥則無行列。若卒則卽在行列之中，不得言無將卒以行列之也。隸書「率」或作「卛」，（見漢韓勑造孔廟禮器碑。）形與卒相似，故書傳中「率」字多誤爲「卒」。却吴兵，復楚地。靈王作章華之臺，靈王，楚君。發乾谿之役，靈王伐齊，以恐吴，次於乾谿也。○寧案：「伐齊」當作「伐徐」，字之誤也。史記楚世家：「十一年伐徐，以恐吴，靈王次於乾谿以待之。」此許注所本。道藏本、中立本、茅本、景宋本皆作「伐徐」。外内搔動，百姓罷敝，弃疾乘民之怨而立公子比，弃疾、公子比，靈王之兄弟。○寧案：注「公子比」下脱「皆」字。道藏本、中立本、景宋本有「皆」字，又脱「公子比」三字。茅本又删「皆」字以就脱文之誤，尤非。史記楚世家：「康王寵弟公子圍、子比、子晳、弃疾，圍立是爲靈王。」故曰「皆靈王之兄弟」也。百姓放臂而去之，餓於乾谿，食莽飲水，莽，草也。○劉文典云：御覽果部十二菱條下引此文，作「百姓避而去之，乃食菱飲水，枕塊而死」。泰族篇乃許注本，此文注「莽，草也」，是許君所見本字正作「莽」。說文茻部：「茻，衆艸也。」亦與此注正合。惟御覽引文在果部菱條下，則「菱」亦非誤字。此當是許本作「莽」，高本作「菱」耳。枕塊而死。楚國山川不變，土地不易，民性不殊，昭王則相率而殉之，靈王則倍畔而去之，得民之與失民也。故天子得道，守在四夷；天子失道，守在諸侯。諸侯得道，守在四鄰；諸侯失道，守在四境。故湯處亳七十里，文王處酆百里，皆令行禁止於天下。周之衰也，戎伐凡伯于楚邱以歸。凡伯，周大夫，使于魯，而戎伐之楚邱。○于省吾云：按今山東曹縣東南有楚丘亭。驫羌鐘「[illegible]敚楚京」，楚京猶楚丘也。爾雅釋丘：「絶高爲之京。」故得道則以百里之地，令於諸侯；失道則以天下之大，畏於冀州。故曰：無恃其不吾奪也，恃吾不可奪。行可奪之道，而非篡弒之行，無益於持天下矣。

凡人之所以生者，衣與食也。今囚之冥室之中，雖養之以芻豢，衣之以綺繡，不能樂也，以目之無見，耳之無聞。穿隙穴，見雨零，則快然而嘆之，○王念孫云：嘆與「快然」，義不相屬，「快然而嘆之」當作「快然而笑」，衍「之」字。下文「肆然而喜」，「曠然而樂」，與此文同一例。俗書「笑」字作「咲」，「嘆」字作「嘆」，二形相似而誤。○寧案：王謂「嘆」當爲「笑」，是也，然「之」字非衍文，蓋「又」字之誤，屬下句，與下文兩「又況」文例正同。集證本改「又」，當從之。況開戶發牖，從冥冥見炤炤乎！從冥冥見炤炤，猶尚肆然而喜，又況出室坐堂，見日月光乎！見日月光，曠然而樂，又況登泰山，履石封，以望八荒，視天都若蓋，江、河若帶，又況萬物在其間者乎！○王念孫云：下「又況」因上「又況」而衍。「萬物在其間」，卽承上文言之，非有二義。其爲樂豈不大哉！且聾者，耳形具而無能聞也；盲者，目形存而無能見也。夫言者，所以通己於人也；聞者，所以通人於己也。瘖者不言，聾者不聞，既瘖且聾，人道不通。故有瘖聾之病者，雖破家求醫，不顧其費。豈獨形骸有瘖聾哉？心志亦有之。○寧案：「志」字卽「心」字之誤而衍也。下文「心之塞也，莫知務通也」，「心」下無「志」字，則此亦不當有「志」字。孟子告子上篇：「今有無名之指，屈而不信，非疾痛害事也。如有能信之者，則不遠秦、楚之路，爲指之不若人也。指不若人，則知惡之；心不若人，則不知惡，此之謂不知類也。」莊子逍遥遊篇：「豈唯形骸有聾盲哉，夫知亦有之。」皆淮南所本。孟子無「志」字。莊子亦非二字連文。文子符言篇正作「心亦有之」，是其證。夫指之拘也，莫不事申也，心之塞也，莫知務通也，不明於類也。夫觀六藝之廣崇，窮道德之淵深，達乎無上，至乎無下，運乎無極，翔乎無形，廣於四海，崇於太山，富於江、河，曠然而通，昭然而明，天地之間，無所繫戾，○俞樾云：「繫戾」當爲「擊戾」，主術篇「曲得其宜，無所擊戾」是也。「擊戾」猶拂戾也。擊者，毄之叚字，說見荀子脩身篇。○馬宗霍云：本書主術篇「曲得其宜，無所擊戾」，此文「繫戾」猶「擊戾」也。「繫」與「擊」通，見易蒙卦上九爻辭。釋文：「擊戾，義猶乖隔。」說詳主術篇。無所擊戾，卽無所乖隔也。上文云「曠然而通，昭然而明」，通明與乖隔義正相反。既通且明，則天地之間自無所乖隔矣。其所以監觀，豈不大哉！○寧案：「所以」，景宋本作「於以」。人之所知者淺，而物變無窮，曩不知而今知之，非知益多也，問學之所加也。夫物常見則識之，嘗爲則能之，故因其患則造其備，○俞樾云：「因」乃「困」字之誤，言困於患難則造作其備也。與下句「犯其難則得其便」一律。○寧案：俞說是也，氾論篇「故民迫其難則求其便，困其患則造其備」，是其證。犯其難則得其便。夫以一世之壽，而觀千歲之知，今古之論，雖未嘗更也，其道理素具，可不謂有術乎！人欲知高下而不能，教之用管準則說；欲知輕重而無以，予之以權衡則喜，欲知遠近而不能，教之以金目則快射；金目，深目，所以望遠近射準也。○方苞云：淮南子曰：「金目可以望遠。」古書多以音近而字譌，「金」當作「晶」，「晶」，即今眼鏡，以水晶爲之也。或曰：金石本一類，即以金爲晶也。○陳觀樓云：「則快」二字與「則說」、「則喜」相對爲文，「快」下不當有「射」字，蓋因高注「射準」而衍。下文「豈直一說之快哉」，正與此句相應。莊本依劉本作「快射」，亦非。○梁玉繩云：金目似即今之千里眼鏡，故注云「深目」。○金其源云：按易蒙卦「見金夫」注：陽爲金，一陽而二陰。金目者，一目也。蓋射者取準，如木工審曲，衹用一目，故曰「金目」。而注以深目釋之者，山海經海外北經云：「深目國爲人舉一手一目。」殆因其國人皆一目，而號深目，故以深目釋金目歟？○陳直云：金目即後代稱爲望山也。○寧案：道藏本、景宋本皆作「射快」，「射」字即「則」字之誤而衍。又況知應無方而不窮哉！犯大難而不懾，見煩繆而不惑，晏然自得，其爲樂也，豈直一說之快哉！○俞樾云：「知應無方而不窮哉」句衍「知」字「哉」字。「應無方而不窮，犯大難而不懾，見煩繆而不惑」三句一律，皆蒙「又況」二字爲文。因涉上文「欲知高下」「欲知輕重」「欲知遠近」而誤衍「知」字，則與下二句不一律，遂於句末加「哉」字，使自爲句，而文義隔絶矣。○于鬯云：姚廣文云：「『快』句絶。上文曰說、曰喜，皆一字，何獨此二字，且二字連文無義。下文『射者數發不中』二十字，當在『快』字之下，『又況知應無方而不窮哉』十字，當在『其爲師亦博矣』之下，均係錯簡。『人教之以儀則喜』，喜字複，疑當爲『善』字之誤。」案：如姚說，但中多一「射」字。今依其說，録文如下：「人欲知高下而不能，教之用管準則說；欲知輕重而無以，予之以權衡則喜；欲知遠近而不能，教之以金目則快；射者數發不中，人教之以儀則善矣，又況生儀者乎！犯大難而不懾，見煩繆而不惑，晏然自得，其爲樂也，豈直一說之快哉！夫道，有形者皆生焉，其爲親亦戚矣；享穀食氣者皆受焉，其爲君亦惠矣；諸有智者皆學焉，其爲師亦博矣，又況知應無方而不窮哉！人莫不知學之有益於己也，然而不能者，嬉戲害之也。」（「之」字原作「人」，依王雜志改。）〇寧案：姚說不可從。「射者數發不中，教之以儀則喜矣」，改「喜」爲「善」無據，且與說、喜、快三字義不相近，安見說之、喜之、快之而非善也者。且使四句竝列爲文，不當於此「教之」上更著一「人」字。其理一也。「又況生儀者乎」一語，獨承上「儀」字爲文，亦非統上之詞。然以「射者數發不中」二十字以總束上文三事，則文理自順。其理二也。有形者皆生焉，享穀食氣者皆受焉，諸有智者皆學焉，非知應無方而何？不當綴「又況知應無方」一句以爲遞進之語。其理三也。俞說亦非。能「應無方而不窮」，則「犯大難而不懾，見煩繆而不惑」自在其中，今刪「知」字「哉」字，令三句皆蒙「又況」二字爲文，則文義複矣。刪一「射」字則原文自通，無煩臆改。

夫道，有形者皆生焉，其爲親亦戚矣；享穀食氣者皆受焉，其爲君亦惠矣；諸有智者皆學焉，其爲師亦博矣。射者數發不中，人教之以儀則喜矣，又況生儀者乎！人莫不知學之有益於己也，然而不能者，嬉戲害人也。〇王念孫云：「害人」本作「害之」，此涉上下文「人」字而誤。羣書治要及太平御覽學部一引此竝作「嬉戲害之也」。人皆多以無用害有用，故智不博而日不足。以鑿觀池之力耕，則田野必辟矣；以積土山之高脩隄防，則水用必足矣；以食狗馬鴻雁之費養士，則名譽必榮矣；以弋獵博奕之日誦詩讀書，聞識必博矣。○劉文典云：「聞識」上敓「則」字。上文「則田野必辟矣」，「則水用必足矣」，「則名譽必榮矣」，句上並有「則」字。羣書治要引此文，正作「則聞識必博矣」，尤爲明證。御覽六百七引，作「則識必博矣」，雖敓「聞」字，「則」字尚存。故不學之與學也，猶瘖聾之比於人也。

凡學者能明於天人之分，通於治亂之本，澄心清意以存之，見其終始，可謂知畧矣。天之所爲，禽獸草木；人之所爲，禮節制度，構而爲宮室，制而爲舟輿是也。治之所以爲本者，仁義也；所以爲末者，法度也。凡人之所以事生者，本也；其所以事死者，末也。本末，一體也，其兩愛之，一性也。○王念孫云：下「一」字因上「一」字而衍。此言本末兼愛，人性皆然。「性也」二字，與孟子「食色，性也」同義，「性」上不當有「一」字。劉依文子上義篇删去「一」字，是也。先本後末謂之君子，以末害本謂之小人，君子與小人之性非異也，所在先後而已矣。○王念孫云：「所在」當作「在所」。草木洪者爲本，而殺者爲末；○劉家立云：「草木之性」六句，相對爲文。今本「草木」下脱「之性」二字，文義不完。禽獸之性，大者爲首，而小者爲尾。末大於本則折，尾大於要則不掉矣。○梁玉繩云：本左昭十一年傳「末大必折，尾大不掉」。故食其口而百節肥，灌其本而枝葉美，天地之性也。天地之生物也有本末，○王念孫云：此本作「天地之性物也有本末」，「性」卽「生」字也。後人不識古字，乃於「天地之性」下加「也」字，又加「天地之生」四字，斯爲謬矣。上文「食其口而百節肥」二句，皆指人事言之，與天地之生物無涉，不得於「天地之性」下加

「也」字以承上文也。其養物也有先後，人之於治也，豈得無終始哉！故仁義者，治之本也，今不知事脩其本，而務治其末，是釋其根而灌其枝也。且法之生也，以輔仁義，今重法而棄義，是貴其冠履而忘其頭足也。○王念孫云：「義」上脱「仁」字。太平御覽治道部五引此已誤。上下文皆言仁義，無但言義者。故仁義者，爲厚基者也，不益其厚而張其廣者毁，不廣其基而增其高者覆。趙政不增其德而累其高，故滅；智伯不行仁義而務廣地，故亡其國。語曰：「不大其棟，不能任重。重莫若國，棟莫若德。」○王念孫云：「亡」下本無「其」字，「故亡」爲句，「國語曰」爲句。後人誤以「故亡國」爲句，「語曰」爲句，因妄加「其」字耳。「不大其棟」四句，魯語文也。○寧案：王説是也。太平御覽六百二十四引於「亡」字句絶，無「其」字。（宋本御覽將「國語曰」誤作另一條，正以國語連文。）國主之有民也，猶城之有基，木之有根，根深則本固，基美則上寧。○王念孫云：「本」當爲「木」，上文「木之有根」，即其證。○俞樾云：根即本也，不得云「根深則本固」。「本」乃「末」字之誤。上文云「草木洪者爲本，而殺者爲末」是也。後人習於根本之説，遂妄改爲「本」字，失其義矣。「根深則末固」與下句「基美則上寧」一律。説文木部曰：「木上曰末。」然則末即木之上也。「末固」、「上寧」，文異而義同。王氏念孫據上文「猶城之有基，木之有根」，謂「本」當作「木」，然則下句「上」字亦當作「城」字矣。下句不言城，知此句亦不言木，王説非也。○楊樹達云：王説「本」當作「木」是也。末爲木上，何固與不固之有？俞氏好標新異，遂不顧文義之安，疏矣。劉家立集證不知俞説之謬，改「本」爲「末」以從之，謬矣。又案「基美則上寧」，文當有挩誤。蓋此文以城之有基，木之有根，喻國之有民，疑本當云「基美則城堅，民安則上寧」，文義始完。今本脱去五字，而云「基美則上寧」，則設喻之意既不完，亦與上句「根深則木固」文不相對，失其義矣。○寧案：王、俞、楊三說似均未安。「根深則本固」，道藏本、中立本、景宋本「則」皆作「卽」，太平御覽六百二十四引同。項羽本紀「吾翁卽若翁」，是其義。上文云「不務修其本而務治其末，是釋其根而灌其枝也」，以根枝喻本末，故曰「根深卽本固」也。下句承「本固」言之，「基美則上寧」，猶云本固則上寧，不言「本固」而言「基美」，變文耳。後人以古「卽」、「則」相通，故改「卽」爲「則」，以與下句相對，不知上句乃自釋之詞，遂失其義。

五帝三王之道，天下之綱紀，治之儀表也。今商鞅之啟塞，啟之以利，塞之以禁，商鞅之術也。申子之三符，申不害治韓，有三符驗之術。韓非之孤憤，韓非說孤生之憤志。○楊樹達云：韓非書有孤憤篇，憤法術之士，勢孤乏助也。許注難通，疑有誤文。○馬宗霍云：史記韓非傳「故作孤憤、五蠹、內外儲、說林、說難十餘萬言」，司馬貞索隱云：「孤憤，憤其孤直不容於時也。」與許注可相參。張儀、蘇秦之從衡，蘇秦合六國爲從，張儀說爲衡。皆掇取之權，一切之術也，○于省吾云：按古言一切與今俗異。史記李斯傳「請一切逐客」，正義：「一切猶一例。」上言「今商鞅之啟塞，申子之三符，韓非之孤憤，張儀、蘇秦之從衡」，下言「非治之大本，事之恒常」，故曰一例之術也。非治之大本，事之恒常，可博聞而世傳者也。○寧案：「大」字卽「本」字之誤而衍。本書諱「恒」爲「常」，「恒」、「常」義複，「恒」字乃後人所加。「治之本」、「事之常」對文。「博聞」無義，「聞」乃「內」字之誤。「聞」字草書似「內」。道藏本、景宋本皆作「內」。「內」卽「納」字。「博內而世傳」，謂廣博采納而世傳之也。子囊北而全楚，北不可以爲庸；子囊，楚大夫。北，逐走。庸，常也。○顧廣圻云：「逐走」當作「遁走」。○寧案：顧說是也。「遁」古作「逯」。

漢書匈奴傳贊「如其後嗣遯逃竄伏」，師古曰：「遯古遁字。」班固叙傳「擕手遯秦」，師古曰：「遯古遯字。」「遯」同「遁」。「遯」與「逐」形似，因以致誤。弦高誕而存鄭，誕不可以爲常。○寧案：原本玉篇言部引「弦高誕而存鄭」，許叔重曰：「誕，謾也。」當據補。今夫雅、頌之聲，皆發於詞，本於情，故君臣以睦，父子以親。故韶、夏之樂也，聲浸乎金石，潤乎草木。今取怨思之聲，施之於絃管，聞其音者，不淫則悲，淫則亂男女之辨，悲則感怨思之氣，豈所謂樂哉！趙王遷流於房陵，秦滅趙王，遷之漢中房陵。○劉文典云：文選恨賦注引高注：「秦滅趙，虜王遷，徙房陵。房陵在漢中。山木之謳，歌曲也。」尤本「高誘曰」下有「趙王張敖」四字，乃淺人所加。○寧案：趙王遷，即悼襄王子幽繆王遷也。且趙可言滅，趙王不可言滅。（公羊傳昭四年何休注：「据國言滅。」）注不當言「秦滅趙王，遷之漢中房陵」也。疑「王遷」上脱「虜」字，下脱「徙」字，如文選注引高誘注。思故鄉，作爲山水之謳，山水之嘔，歌曲。○王念孫云：「山水」當爲「山木」，字之誤也。（高注同。）史記趙世家集解正義及文選恨賦注引此竝作「山木」。聞者莫不殞涕。荆軻西刺秦王，高漸離、宋意爲擊筑，而謳於易水之上，荆軻，燕人，太子丹之客。丹怨秦王，故遣軻刺之。高漸離、宋意皆太子丹之客。筑曲二十一弦。易水，燕之南水也。○趙森甫云：按燕丹子及新論陶潛詠荆軻詩竝作宋意，與此合。水經易水注作宋如意，而國策史記竝逸宋意之名，可異也。○吴承仕云：水經易水注引高誘曰：「易水，逕故安城外東南流。」疑即此處注文。今泰族篇爲許慎注本，故校高注詳畧有異。聞者莫不瞋目裂眦，髮植穿冠。○劉文典云：文選養生論注引作「荆軻爲燕太子丹刺秦王，高漸離、宋如意爲擊筑，而歌於易水之上，荆軻瞋目裂眦，髮植衝冠」。因以此聲爲樂而入宗廟，豈古之所謂樂哉！故弁冕輅輿，可服而不可好也；弁冕，冠也。太羹之和，可食而不可嗜也；太羹不和五味。○劉家立云：今本「太羹之和」，「和」應作「味」。「和」古作「咊」，與「味」相似，又涉注内「不和五味」而誤。不知注文係解「味」字，非解「和」字。下文云「無味者，正其足味者也」，正承此句而言，則本作「味」字明矣。應改正。朱弦漏越，朱弦，練絲。漏，穿。越，琴瑟兩頭也。○寧案：修務篇高注：「漏越，音聲散。」與許異。一唱而三嘆，可聽而不可快也。故無聲者，正其可聽者也；其無味者，正其足味者也。吠聲清於耳，兼味快於口，非其貴也。○王念孫云：「吠聲清於耳」，義不可通。「吠」當爲「呹」，字之誤也。「呹」與「咬」同。張衡東京賦「咸池不齊度於䵷咬」，薛綜曰：「䵷咬，淫聲也。」玉篇：「呹，於交切，婬聲。」廣韻：「咬，於交切，淫聲。」是呹與咬同，故曰「呹聲清於耳，非其貴也。」故事不本於道德者，不可以爲儀；言不合乎先王者，不可以爲道；音不調乎雅、頌者，不可以爲樂。故五子之言，五子謂商鞅、申子、韓非、蘇秦、張儀也。所以便說掇取也，非天下之通義也。

聖王之設政施教也，必察其終始，其縣法立儀，必原其本末，不苟以一事備一物而已矣。見其造而思其功，觀其源而知其流，故博施而不竭，彌久而不垢。夫水出於山而入于海，稼生于田而藏於倉，聖人見其所生，則知其所歸矣。故舜深藏黄金於嶄巖之山，所以塞貪鄙之心也。○梁玉繩云：原道注云：「舜藏金於嶄巖之山，藏珠於五湖之淵，以塞貪淫之欲。」豈別有所本耶？或此處闕文？○劉文典云：御覽八百十引，「金」下有「千斤」二字。○蔣禮鴻云：「之山」當作「丘山」。隸書「之」或作「之」，與「丘」形相似，故「丘」誤作「之」。文選郭有道碑文「棲遲泌丘」，李善注：「毛詩曰：『衡門之下，可以棲遲；泌之洋洋，可以療飢。』」王念孫曰：「毛以泌爲泉水，此言泌丘，則與毛傳異義。案廣雅曰：『邱上有木爲柲邱。』此碑云『棲遲泌邱』。而周巨勝碑亦云『洋洋泌邱，於以逍遥』。又束晳元居釋曰：『學既積而身困，夫何爲乎祕邱？』抱朴子云：『厠高潔之條貫，爲祕邱之俊民。』泌、柲、祕字異而義同。蔡邕、張揖、束晳、葛洪並以泌爲邱名，與毛說異，蓋本於三家也。」然則詩「泌之」或作「泌丘」，是「之」、「丘」相誤之例也。「嶄岩丘山」卽覽冥篇之「丘山嶄岩」，說見前。○寧案：蔣說非也。陸賈新語術事篇「故舜棄黃金於嶄巖之山，禹捐珠玉於五湖之淵，將以杜淫邪之欲，絶琦瑋之情」，卽本文及原道篇高注所本。新語及原道篇注皆作「之山」，且「嶄巖之山」與「五湖之淵」對文，作「丘山」則不對矣。覽冥篇自作「丘山嶄巖」，不得以彼例此。又案新語及原道篇注引無「千斤」二字，太平御覽引不足據。 儀狄爲酒，禹飲而甘之，遂疏儀狄而絶旨酒，○劉文典云：北堂書鈔刑法部流刑條下，卽淮南此文，作「儀狄造酒，禹嘗而美之，曰：『後世必有以酒亡國者。』乃疏儀狄」。「疏」非刑也，書鈔何以入刑法部流刑類中？此疑「疏」本作「流」，右半相同而誤。○寧案：說文酉部：「酒，造也，吉凶所造也。古者，儀狄作酒醪，禹嘗之而美，遂疏儀狄。」今本及北堂書鈔引與說文合。書鈔入刑法部，偶誤耳。說林篇「盜跖見飴，曰可以黏牡」，入太平御覽獸部鼠類。書鈔誤與彼同。 所以遏流湎之行也。 師涓爲平公鼓朝謌北鄙之音，衞靈公宿於濮水之上，聞琴音，召師涓而寫之，蓋師延所爲紂作朝謌北鄙之音也。○寧案：古書師涓、師延多相亂，說詳原道篇。此正文師涓，道藏本、景宋本皆作師延，與原道篇高注合。顧廣圻校依注改「延」作「涓」，與吕氏春秋高注合，與原道篇高注又異。本篇許注，或許本作師涓也。 師曠曰：「此亡國之樂也。」靈公進新聲平公，平公以問師曠，師曠曰：「紂以師延作靡靡之樂。紂亡，師延東走，自投濮水而死。得此音必於濮上也。」○寧案：注「紂以師延作靡靡之樂」，道藏本、景宋本「以」作「子」，顧廣圻謂「子」當作「使」是也。原道篇高注正作「紂使師涓作鄙邑靡靡之樂」。今本作「以」非。太息而撫之，○俞樾云：「撫」下脱「止」字，本作「太息而撫止之」。史記樂書作「師曠撫而止之」，韓非子十過篇作「師曠撫止之」，論衡紀妖篇作「曠撫而止之」，竝有「止」字，是其證。所以防淫辟之風也。

故民知書而德衰，知數而厚衰，知券契而信衰，知械機而實衰也。實，質也。○蔣禮鴻云：正文及注「實」字宋本皆作「空」，作空者是也。空與矼義同。莊子人間世篇：「德厚信矼，未達人氣。」釋文云：「徐古江反，崔音控。簡文云：慤實貌。」莊子之德厚信矼，即此文之德厚信空也。空字重言則曰空空。呂氏春秋下賢篇：「空空乎其不爲巧故也。」高注：「空空，慤也。」字又從心作悾悾。廣雅釋訓：「悾悾，誠也。」王氏疏證曰：「論語泰伯篇：『空空而不信。』包咸注云：『悾悾，慤也。』大戴禮王言篇曰：『大夫忠而士信，民敦，工朴，商慤，女憧，婦空空。』空與悾通。論語子罕篇：『有鄙夫叩於我，空空如也。』亦謂鄙夫以誠心來問也。故釋文云：『空空，鄭或作悾悾。』皇侃疏以空空爲無識，失之。」據此，空與矼，空空與悾悾，其義一也。許氏訓空爲質，質與誠慤亦一義。今本淮南子作「實」者，校者不達假借之義而臆改之也。

巧詐藏于胸中，則純白不備，而神德不全矣。琴不鳴而二十五絃各以其聲應，○王念孫云：劉本「琴」作「瑟」，與下文「二十五絃」合。文子微明篇亦作瑟。軸不連而三十輻各以其力旋。○寧案：「連」當爲「運」，缺上而誤。齊俗篇「如車軸不運於己」，是其義。「旋」當爲「疾」，「疾」古文作「𤕫」，與「旋」形似。玉篇：「疾，速也。」道藏本、景宋本正作「軸不運而三十輻各以其力疾」。絃有緩急小大然後成曲，○王念孫云：「成曲」上亦當有「能」字。

文子微明篇正作「然後能成曲」。車有勞逸動静而後能致遠。〇王念孫云：史記漢書多以「軼」爲「逸」，道藏本、劉本皆作「軼」。漢魏叢書本改「軼」爲「逸」而莊本從之，未達叚借之義。使有聲者，乃無聲者也；能致千里者，乃不動者也。故上下異道則治，同道則亂。位高而道大者從，事大而道小者凶。故小快害義，小慧害道，小辯害治，苛削傷德。〇梁玉繩云：「苛削傷德」，明藏本亦同。説苑説叢云：「苛心傷德，大政不險。」蓋言苛且之心則傷德也。「削」字必訛。今藏本改「苟」爲「苛」，未是。〇劉文典云：羣書治要引「削」作「峭」，文子微明篇同。〇寧案：茅本、景宋本、蜀藏本「苛」皆作「苟」。大政不險，故民易道；〇劉文典云：羣書治要引「道」作「遵」。〇寧案：羣書治要引「遵」字當是「導」字之誤。今本「道」乃「導」之借字。至治寬裕，故下不相賊；至忠復素，故民無匿情。〇王念孫云：「下不相賊」，「相」字後人所加。賊，害也。政寬則不爲民害，故曰「至治寬裕，則下不賊」。若云「下不相賊」，則非其指矣。文子微明篇作「至治優游，故下不賊」，是其證。「民無匿情」，「情」字亦後人所加。「匿」與「慝」同。（齊俗篇曰「禮儀飾則生僞匿之士」，逸周書大戒篇曰「克禁淫謀，衆匿乃雍」，管子七法篇曰「百匿傷上威」，韓子主道篇曰「處其主之側，爲姦匿」，荀子樂論篇曰「亂世之文章匿而采」，字竝與「慝」同。又管子明法篇「比周以相爲匿」，明法解「匿」作「慝」；韓詩外傳「仁義之匿，車馬之飾」新序節士篇「匿」作「慝」；史記酷吏傳「上下相爲匿」，漢書「匿」作「慝」；後漢書班固傳典引「慝亡迴而不泯」，文選「慝」作「匿」。）言至忠復素，（「中」與「忠」同。劉本依文子改「中」爲「忠」而莊本從之，亦未達假借之義。）則民無姦慝也。後人誤以匿爲「藏匿」之「匿」，而於「匿」下加「情」字，則非其指矣。且匿與賊爲韻，若作「匿情」則失其韻矣。羣書治要引此作「至德樸素，則民無慝」，是其證。○寧案：王說是也。文子微明篇襲此文作「至忠復素，則無僞匿」，亦以賊、匿爲韻。齊俗篇「禮義飾則生僞匿之士」，太平御覽五百二十三引作「僞慝」。商鞅爲秦立相坐之法，而百姓怨矣；相坐之法，一家有罪，三家坐之。吴起爲楚減爵禄之令，而功臣畔矣。減爵者，收減羣臣之爵禄。○王引之云：「減爵禄之令」，本作「張減爵之令」。張，施也，施減爵之令也。秦策云「吴起爲楚悼損不急之官」，即此所謂「減爵」也。高注云：「減爵者，收減羣臣之爵禄。」則正文本作「減爵」明矣。道應篇載吴起之言曰：「將衰楚國之爵而平其制禄。」蓋減爵則禄亦因之而減，故注言「收減羣臣之爵禄」，非正文内本有「禄」字也。「張減爵之令」與「立相坐之法」相對爲文。今本作「減爵禄之令」，則文不成義。此因高注而誤衍「禄」字，又脱去「張」字也。文子微明篇曰：「相坐之法立則百姓怨，減爵之令張則功臣叛。」語皆本於淮南，則此文本作「立相坐之法，張減爵之令」明矣。商鞅之立法也，吴起之用兵也，天下之善者也。然商鞅之法亡秦，○寧案：「商鞅之法亡秦」，主名爲法，與下文「察於刀筆之跡，而不知治亂之本」文不相屬。「之」當爲「以」，與「吴起以兵弱楚」句法一律，蓋涉上「商鞅之立法」而誤。道藏本、中立本、茅本、景宋本皆作「以法」。察於刀筆之跡，而不知治亂之本也。吴起以兵弱楚，習於行陳之事，而不知廟戰之權也。晉獻公之伐驪，得其女，非不善也，然而史蘇嘆之，晉獻公得驪姬，使史蘇占之。史蘇曰：「俠以銜骨，齒牙爲禍也。」○寧案：晉語作「挾以銜骨，齒牙爲猾」。韋注：「挾，猶會也。骨，所以鯁刺人也。猾，弄也。齒牙，謂兆端左右釁坼有似齒牙，中有從畫，故曰銜骨。骨在口中，齒牙弄之，以象讒口之爲害也。」俠通挾，景宋本作「挾」。「禍」乃「猾」字形似而誤。見其四世之被禍也。吴王夫差破齊艾陵，勝晉黄池，非不捷也，軍之所獲爲捷。而子胥憂之，見其必禽於越也。小白奔莒，小白，齊桓公。重耳奔曹，非不困也，而鮑叔、咎犯隨而輔之，知其可與至於霸也。句踐棲於會稽，脩政不殆，○孫志祖云：「殆」與「怠」同。謨慮不休，知禍之爲福也。襄子再勝而有憂色，趙襄子再勝，謂伐狄，勝二邑。畏福之爲禍也。故齊桓公亡汶陽之田而霸，魯莊公使曹子刼桓公，取汶陽之田，桓公不背信，諸侯朝之也。智伯兼三晉之地而亡。聖人見禍福於重閉之內，而慮患於九拂之外者也。九拂，九曲，是折投拂不見處也。○王念孫云：「禍」字因上文兩「禍」字而衍。「見福於重閉之內」（此承上文鮑叔輔小白、咎犯輔重耳及勾踐脩政於會稽言之），「慮患於九拂之外」，（此承上文史蘇歎晉獻，子胥憂吳王及襄子再勝而有憂色言之。）相對爲文，則福上不當有「禍」字。文子微明篇無「禍」字。○吳承仕云：「折投拂」三字連文無義，疑「投」字衍。折拂猶云曲戾，曲戾故不可見。

原蠶一歲再收，原，再也。○王念孫云：「收」本作「登」，此後人以意改之也。爾雅曰：「登，成也。」天文篇曰「蠶登」、「蠶不登」是也。爾雅翼引此作「收」，則所見本已誤。齊民要術、本草圖經及太平御覽資産部五、木部四引此竝作「登」。太平御覽木部又引注云：「登，成也」，是其證。○劉文典云：意林引「收」作「熟」，「收」之爲誤字益明矣。○寧案：「登」字無由誤作「收」也，「收」當爲「升」，蓋高本作「登」，許本作「升」也。呂氏春秋孟夏紀「農乃收麥」，高注：「升，獻。」（今本「升獻」二字誤入正文。）畢沅曰：「月令作『農乃登麥』，升猶登也。舊本作『收』，今據注定爲『升』。」漢書地理志「益州郡收靡」，注：「李奇曰：靡音麻，卽升麻。」此收、升聲類相同致誤之證。意林引作「熟」，蓋「升」以形近誤爲「⿰丬十」，又以聲近誤爲「熟」耳。此篇許注，意林引亦許本。太平御覽引注，當是高注佚文，王念孫氏校「收」爲「登」，蓋誤高爲許，義是而字非也。劉家立集證不知王校之誤，遂改「收」爲「登」，又補入高注「登，成也」，妄矣。**非不利也，然而王法禁之者，爲其殘桑也。**○寧案：太平御覽九百五十五引注：「殘，害也。」當是高注佚文。與「登，成也」同條，故知之。**離先稻熟，而農夫耨之，**稻米隨而生者爲離，與稻相似。耨之，爲其少實。○陶方琦云：意林引許注：「稻米落地而生爲離稻。」按說文秜字下云：「稻今年落，來年自生謂之秜。」秜卽離也。意林引作「落地」，與說文「今年落」正同。（御覽八百二十三引作「茢，先稻熟」。注：「茢，稆。」此高注，故與許注異。）○吳承仕云：陶說近之。今注文「稻米隨而生」，當作「墮地而生」。字正作「陊」，落也。通作「墮」，轉譌爲「隨」，又奪「地」字，故語不可通。御覽引作「茢」，離、茢一聲之轉。注文「稆」，當爲「稗」。齊民要術水稻篇引作「蘺」，並引高誘曰：「蘺，水稗。」此高注佚文，足以證御覽傳寫之失。（洪焱祖注爾雅翼引高注與要術同，蓋轉録他書，非能親見高注本也。）○寧案：「耨之」下，依上下文例當有「者」字。太平御覽八百二十三引有「者」字。**不以小利傷大穫也。家老異飯而食，殊器而亨，子婦跣而上堂，跪而斟羹，非不費也，然而不可省者，爲其害義也。待媒而結言，聘納而取婦，紱絻而親迎，**○王引之云：「初」字義不可通，「初」當作「冠」。字書「冠」字左畔作「冗」，與「衣」相似，「寸」與「刀」相似，故「冠」誤爲「初」。冠，謂弁也。齊風甫田傳曰：「弁，冠也。」士昬禮「主人爵弁」，鄭注曰：「爵弁，玄冕之次，大夫以上親迎冕服。」是也。「冠絻（絻與冕同。）而親迎」，兼貴賤言之。劉本改作「紱絻」，（諸本及莊本同。）則但有大夫以上，於義爲不備矣。且「紱」與「初」字不相似，若是「紱」字，無緣誤爲「初」也。○孫詒讓云：「初」當爲「袀」，形近而誤。袀絻者，謂玄衣而冕。禮記郊特牲說昬禮云：「玄冕齊戒。」又哀公問云：「冕而親迎。」「袀冕」卽玄冕也。前齊俗訓云：「尸祝袀袨，大夫端冕。」注云：「袀，純服。」是其義也。（文選閒居賦李注引左傳服虔注云：「袀服，黑服也。」又引説文云：「袀服，玄服也。」今本説文衣部作「袗，玄服也。」）王校未塙。非不煩也，然而不可易者，所以防淫也。使民居處相司，有罪相覺，於以舉姦，非不掇也，然而傷和睦之心，而構仇讐之怨。○王念孫云：末二句當從羣書治要所引作「然而不可行者，爲其傷和睦之心，而構仇讐之怨也」。今本「然而」下脱去「不可行者爲其」六字及「也」字，則語意不完，且與上五條不對矣。故事有鑿一孔而生百隟，樹一物而生萬葉者。○俞樾云：「生百隟」本作「開百隟」，涉下句而誤也。下文曰：「所鑿不足以爲便，而所開足以爲敗。」是其證。所鑿不足以爲便，而所開足以爲敗；所樹不足以爲利，而所生足以爲濊。愚者惑於小利，而忘其大害。○劉文典云：羣書治要引此下有「不可以爲法也」六字。昌羊去蚤虱而人弗庠者，爲其來蛉窮也；○王念孫云：「庠」當爲「席」，字之誤也。昌羊，昌蒲也。蛉窮，蚰蜒也。（竝見説林注。）言昌蒲能致蚰蜒，故人不以爲席也。太平御覽蟲豸部八引此正作「席」。○寧案：太平御覽此下引高誘曰：「蛉窮，幽、冀謂之蛸蚿，入耳之蟲。」當是説林篇高注佚文。貍執鼠而不可脱於庭者，爲搏雞也。○寧案：「爲」下亦當有「其」字。故事有利於小而害於大，得於此而亡於彼者。故行棊者，或食兩而路窮，行棊，謂大博也。○吴承仕云：「大博」當爲「六博」，形近而譌。○寧案：六博經云：「已牽兩魚而不勝者，名曰被翻雙魚，彼家獲六籌，爲大勝也。」「食兩」又曰「反兩」，卽牽兩魚。路窮，謂被翻雙魚也。説詳人閒篇。又案：楚辭招魂注：「投六箸，行六棊，是爲六博。」此「六」誤「大」，吴説是。或予踦而取勝。予踦，予對家奇一棊也。偷利不可以爲行，而智術不可以爲法，○寧案：「智術不可以爲法」，衍「不」字。「偷利不可以爲行」，承「或食兩而路窮」言之；「智術可以爲法」，承「或予踦而取勝」言之。「愚者惑於小利而忘大害」，是「偷利」也；「不以小利傷大穫」，是「智術」也。愚智對舉甚明。故下文云：「仁知，人材之美者也。」若作「智術不可以爲法」，則下文不得美仁知。蓋後人惑於淮南一書多非智術，故於「可以爲法」上加「不」字，而不知其與上下文義相乖謬矣。道藏本、中立本、茅本、景宋本皆作「智術可以爲法」。故仁知、人材之美者也。所謂仁者，愛人也；所謂知者，知人也。愛人則無虐刑矣，知人則無亂政矣。治由文理，則無悖謬之事矣；刑不侵濫，則無暴虐之行矣。上無煩亂之治，下無怨望之心，則百殘除而中和作矣，此三代之所昌。○王念孫云：「此三代之所昌」，當從羣書治要所引作「此三代之所以昌也」。今本脱去「以」字「也」字，則文義不明。故書曰：「能哲且惠，黎民懷之。何憂讙兜，何遷有苗。」○寧案：道藏本注云：「讙兜、有苗，舜所放佞人也。」（諸本「佞」下脱「人」字。）當據補。智伯有五過人之材，智伯美髯長大，一材也；射御足力，二材也；材藝畢給，三材也；攻文辯慧，四材也；强毅果敢，五材也。○陶方琦云：羣書治要引許注與今注正同。「攻文」作「巧文」。○馬宗霍云：羣書治要引注文「材藝畢給」作「伎藝畢極」，「攻文辯慧」作「巧文辯惠」。給猶足也，極猶至也，義竝通。攻、巧形近，疑當作「巧」。蜀刊道藏輯要淮南二十八卷本注文「攻」正作「巧」，與治要引同。○寧案：注，「髯」當爲「鬢」，「材藝」當作「伎藝」，「攻文」當作「巧文」。道藏本作「美鬢」，中立本、景宋本作「功文」，亦非。國語晉語九：「瑶之賢於人者五：美鬢長大則賢，（韋注：鬢，髮額也。）射御足力則賢，伎藝畢給則賢，巧文辯惠則賢，（韋注：巧文，巧於文辭。）彊毅果敢則賢。」此淮南及許注所本，是其塙證。後人習言美髯，少言美鬢，因以致誤也。惠、慧古字通。而不免於身死人手者，不愛人也。齊王建有三過人之巧，力能引強，走先馳馬，超能越高。〇陶方琦云：羣書治要引許注與今注正同。而身虜於秦者，不知賢也。任用后勝之計，不用淳于越之言也。〇陶方琦云：羣書治要引許注，「任用」上有「齊王建」三字，應補。〇寧案：羣書治要引是也。景宋本有「王建」二字，脱「齊」字。道藏本、中立本作「二君」，即「王建」二字之殘形，後人不解，故删之耳。故仁莫大於愛人，知莫大於知人。二者不立，雖察慧捷巧，劬禄疾力，不免於亂也。〇盧文弨云：「禄」當作「録」，或古人以音同得借用也。〇馬宗霍云：羣書治要引「知莫」之「知」作「智」，「察慧」之「慧」作「惠」，此皆通用字。又無「劬禄疾力」四字，「亂也」作「亂矣」，此則意爲節改也。盧文弨云：「禄當作録，或古人以音同得借用也。」今案白虎通論制禄云：「禄者，録也。」詩周南樛木篇孔穎達疏引孝經援神契云：「禄者，録也。」又秦風小戎篇毛傳「棨，歷録也」，陸德明釋文云：「歷録一本作歷禄。」周禮天官職幣「皆辨其物而奠其録」，鄭玄注云：「故書録爲禄。」皆「禄」「録」相通之證。本書主術篇「凡人之性，莫貴於仁，莫急於智。仁以爲質，智以行之，兩者爲本。而加之以勇力辯慧捷疾劬録」，與此文意畧同。彼正作「劬録」，又其本證也。「劬録」連文，猶言勤勞。劬與勤，録與勞，皆雙聲字。勤亦勞也。説文金部録之本義爲金色。此作駢字用，但從雙聲相假耳。又案荀子榮辱篇有「軥録疾力」語，楊倞注云：「軥與拘同，拘録謂自檢束也。疾力謂速力而作也。」君道篇正作「拘録」。楊氏此注蓋即本之彼篇。從拘起義，故有檢束之訓。余疑荀子之「軥録疾力」，似即淮南之「劬禄疾力」所從出。「禄」、「録」可通。「軥」、「拘」、「劬」同以句爲聲，故亦可通。然則以楊注施之淮南此文，似亦可備一解。〇于省吾云：按荀子榮辱篇作「軥録疾力」，「軥録」與「劬禄」以音近相假。劬禄猶言勤勞，詳劉師培荀子斠補。

淮南子集釋卷二十一

漢涿郡高誘注○陶方琦云：此篇許注。

要畧

作鴻烈之書二十篇，畧數其要，明其所指，序其微妙，論其大體，故曰「要畧」。○寧案：注，「作」字道藏本、景宋本作「凡」。

夫作爲書論者，所以紀綱道德，經緯人事，上考之天，下揆之地，中通諸理。雖未能抽引玄妙之中才，繁然足以觀終始矣。○劉家立云：才、哉古字通。蔣氏通齋窺豹集曰：「尚書大傳引古大誓曰：『唯四月，太子發上祭于畢，下至於盟津之上，乃告于司馬、司徒、司空諸節允才。』『允才卽允哉』。史記作『信哉』。又唐書麻志引顧命曰：『惟四月，才生魄。』是其證也。此外崔瑗張平子碑『維帝念功，往才汝諧』，淮南要畧『雖未能紬引玄妙之中才』，並是『哉』字。」○馬宗霍云：「雖未能抽引玄妙之中才」，此「才」字與「哉」同。說文口部云：「哉，言之閒也。从口，𢦏聲。」𢦏又从才得聲，故古卽假「才」爲「哉」。敦煌唐寫本尚書釋文殘卷舜典篇「鯀哉」作「鯀才」，「懋哉」作「楙才」，陸德明云：「古哉字作才。」又敦煌寫本及日本古寫本隸古定商書殘卷盤庚篇「往哉」之「哉」亦作「才」。皆其證。今所傳尚書經文爲唐天寶閒衛包改本，尚書釋文爲宋開寶閒李昉、陳鄂等改本，故「才」皆作「哉」。然集韻十六咍云「哉，古作才」，蓋丁度猶據未改之尚書釋文以爲說也。淮南此文之「才」，亦古文「哉」字之僅存者。「雖未能抽引玄妙之中才」，猶言未能於玄妙之中抽引其緒也。「才」在句末，初無意義。然句首有「雖」字，則是轉語。轉語之末著「哉」字，不徒助本句之語勢，兼以起下文。下文云「繁然足以觀終始矣」，「哉」字與「矣」字相呼應。秦、漢諸子文中「哉」字如此用法者甚多，正説文所謂言之閒也。又案「繁然」之「繁」，説文系部作「緐」，訓「馬髦飾也」。引申爲緐多、緐亂之稱。隸俗作「繁」。俗體行而正體晦，引申之義行，而本義亦幾於晦矣。淮南此文亦取緐多之義。其字又通作「樊」。禮記曲禮下「以纓拾矢可也」，鄭玄注「纓，馬樊纓也」，陸德明釋文云：「樊，本又作繁。」即其證。莊子齊物論云：「仁義之端，是非之塗，樊然殽亂，吾惡能知其辨。」此文之「繁然」，與莊子之「樊然」，其義正同。○蔣禮鴻云：「才」字句絶，「才」讀爲「哉」。説文：「才，艸木之初也。」「哉，言之閒也。」爾雅釋詁：「初、哉，始也。」解者謂爾雅以「哉」爲「才」，此則以「才」爲「哉」也。書舜典「往哉汝諧」，張平子碑作「往才汝諧」，是才、哉相通之證。俶真篇曰：「雖有所小用哉，然未可以保於周室之九鼎也。」説林篇曰：「聖人之於道，猶葵之與日也。雖不能與終始哉，其鄉之誠也。」句法與此同。「玄妙之中」又見下敘俶真篇語。（詮言篇：「雖不能必先載，馬力必盡矣。」宋本「載」作「哉」，疑亦當從宋本作「哉」，而於「哉」字絶句。）○寧案：三説是也。又「才」與「材」同。論語公冶長第五「無所取材」，注：「古字材、哉同。」彼以「材」爲「哉」，猶此以「才」爲「哉」也。「哉」又通「載」。哉、載皆從𢦏聲。孟子滕文公下篇「自葛載」注：「載，始也。」梁惠王下篇正作「自葛始」，與「哉」義亦相同。（爾雅釋詁：「初，哉，始也。」）詮言篇「雖不能必先載」，無庸改字。説詳詮言篇。總要舉凡，而語不剖判純樸，靡散大宗，純樸，太素也。大宗，事本也。懼爲人之惛惛然弗能知也，○俞樾云：「爲」字涉下句「多爲之辭，博爲之説」而衍，本作「懼人之惛惛然弗能知也」，與下文「又恐人之離本就末也」一律。衍一「爲」字，則文不成義。○寧案：俞説非也，「懼」當爲「則」。「則」字缺壞惟餘「目」，後人惑於下文「又恐」云云，故誤爲「思」，書作「懼」耳。「總要舉凡，而語不剖判純樸，靡散大宗，則爲人之惛惛然弗能知也」，「而不」與「則」相呼應，與下文「言道而不言事，則無以與世浮沉；言事而不言道，則無以與化游息」，同一句式。道藏本、景宋本正作「則」。爲讀去聲，與「故」字相應。故多爲之辭，博爲之說。又恐人之離本就末也，故言道而不言事，則無以與世浮沉；言事而不言道，則無以與化游息。故著二十篇，有原道，有俶真，有天文，有墬形，有時則，有覽冥，有精神，有本經，有主術，有繆稱，有齊俗，有道應，有氾論，有詮言，有兵畧，有說山，有說林，有人閒，有脩務，有泰族也。○馬宗霍云：淮南書據漢書藝文志襍家箸錄「淮南內二十一篇」，本文所舉止二十篇者，葢要畧一篇爲自序，不在正書之內。漢志則連要畧計之也。高誘序言此書大較歸之於道，號曰鴻烈。西京襍記亦稱「淮南王安箸鴻烈二十一篇，號爲淮南子。一曰劉安子」。自是隋書經籍志遂以淮南子爲名。箸錄二十一卷，卷卽篇也。每篇標題，原祇兩字。今流傳之本，惟要畧爲兩字，其他各篇篇題下皆以訓字繫之。姚範援鶉堂筆記云：「疑訓字高誘自名其注解，非淮南篇名所有，卽誘序中所云深思先師之訓也。」其說近之。然考高注於篇名下皆有「因以題篇」之語，則「訓」字恐竝非高氏所自加。故隋志亦但稱高誘注，不曰高誘訓。本書精神篇「人大怒破陰，大喜墜陽」下注云：「已說在原道也。」朱本、景宋本與蜀刊道藏輯要二十八卷本注文皆如此，亦高注本篇題下無「訓」字之證。惟莊逵吉本注文作「已說在原道訓」，疑校者所妄改，不足據。後人不察，引用淮南正文者，亦往往連「訓」字稱之，斯更失之矣。

原道者，盧牟六合，盧牟，猶規模也。○馬宗霍云：「盧牟」疑爲「矑眸」之借字。文選揚雄甘泉賦「玉女止所眺其清矑兮」，李善注引服虔曰：「矑，目童子也。」漢書揚雄傳「矑」作「盧」。孟子離婁篇上「莫良於眸子」，趙岐注云：「眸子，目瞳子也。」劉熙釋名釋形體云：「童子或曰牟子。牟，冒也，相裹冒也。」荀子非相篇「堯、舜參牟子」，楊倞注云：「牟與眸同。」皆其證。矑、眸、瞳三字皆不見於説文，蓋後起言目之專字，古蓋假盧、牟、童爲之。是「盧牟」本爲童子之名，童子爲目之精。引申之，以目注視亦得被以此稱。本文「盧牟」連文，猶言明察也。明察六合，與下文「浩然可以大觀」相應。亦即原道本篇所謂「神託於秋豪之末而大宇宙之總」也。混沌萬物，象太一之容，太一之容，北極之氣合爲一體也。測窈冥之深，○劉文典云：文選辯命論注引「窈」作「窅」。○寧案：「窈」通「窅」。呂氏春秋論威篇「窅窅乎冥冥」，本書兵畧篇作「窈窈冥冥」。以翔虛無之軫。軫，道畛也。託小以苞大，守約以治廣，使人知先後之禍福，動静之利害。誠通其志，浩然可以大觀矣。欲一言而寤，寤，覺。則尊天而保真；欲再言而通，則賤物而貴身；欲參言而究，則外物而反情。○寧案：「外物而反情」與「賤物而貴身」，兩「物」字複。「外物」當作「外欲」。原道篇：「聖人不以身役物，不以欲滑和。」不以身役物者，賤物而貴身也。不以欲滑和者，外欲而反情也。且物與身並舉，就實體言；欲與情並舉，就精神言；作外物則不類矣。道藏本、中立本、景宋本皆作「外欲而反情」。執其大指，以内洽五藏，洽，潤。瀸濇肌膚，○王念孫云：説文：「濇，不滑也。」「瀸濇」二字義不相屬，「濇」當爲「漬」。隸書「嗇」字或作「啬」，形與「責」相近，故「漬」誤爲「濇」。瀸漬與漸漬同。言内則浹洽於五藏，外則漸漬於肌膚也。説文曰：「瀸，漬也。」（廣雅同。）莊十七年公羊傳：「瀸者何？瀸，積也。」釋文：「積，本又作漬。」被服法則，而與之終身，所以應待萬方，覽耦百變也。耦，近也。○吳承仕云：朱本「近」作「通」。案近、通於義並遠，疑字當作「遇」。遇變猶應變也。釋名：「耦，遇也。」是其證。○馬宗霍云：吴説是也。「近」、「通」二字皆與「遇」形相似，蓋傳寫致誤。劉熙釋名釋親屬云：「耦，遇也。二人相對遇也。」爾雅釋言云：「遇，偶也。」史記佞幸傳「善仕不如遇合」，裴駰集解引徐廣曰：「遇，一作偶。」則注文當爲「耦，遇也」無疑。説文辵部云：「遇，逢也。」吕氏春秋淫辭篇「空雄之遇」，高注云：「遇，會也。」由逢會之義而廣之，則遇亦猶合矣。吴氏又謂「遇變猶應變」，亦通。若轉丸掌中，足以自樂也。

俶真者，窮逐終始之化，嬴垀有無之精，嬴，繞匝也。垀，靡煩也。○莊逵吉云：「垀」一本作「埒」。○于省吾云：按注説非是。莊謂「垀」一作「埒」是也。「嬴」乃「形」之音譌。「嬴」、「盈」古字通。左宣四年傳「伯嬴」，吕氏春秋知分注作「伯盈」。漢書地理志城陽國莒縣下：「故國，盈姓，三十世爲楚所滅。」「盈」即「嬴」。易屯彖傳「雷雨之動滿盈」，集解「盈」作「形」。「形」之通「盈」，猶「嬴」之通「形」也。然則「嬴埒」即「形埒」。下文「而以明事埒事者也」，注：「埒，兆朕也。」又下文「形埒之朕」，繆稱「道之有篇章形埒者」，注：「形埒，兆朕也。」列子天瑞「易無形畤」，「畤」、「埒」字通。「形埒有無之精」，言兆朕有無之精也。兆朕在有無之際，故有無之精以兆朕爲言也。○蔣禮鴻云：正文及注「垀」字疑皆當作「捋」。廣韻：「捋，摩也。」注「靡煩也」，「靡」字宋本作「摩」，摩乃正字，靡則聲同假借字也。煩者，詩周南葛覃篇：「薄汙我私。」傳云：「汙，煩也。」箋云：「煩，煩撋之，用功深。」考工記鮑人：「進而握之，欲其柔而滑也。」注云：「謂親手煩撋之。」詩釋文引阮孝緒字畧云：「煩撋猶挼莏也。」字又作「㨢」，玉篇、廣韻並云：「㨢，㨢挼也。」説文：「挼，摧也。一曰：手相切摩也。」是摩煩皆挼莏之意，以注義證之，可知「垀」當作「捋」矣。（玉篇、廣韻並云：「撋，摧物也。」與説文「挼」前一義合。）離別萬物之變，合同死生之形，使人遺物反己，○寧案：中立本、景宋本「人」下有「知」字。審仁義之間，通同異之理，觀至德之統，知變化之紀，説符玄妙之中，通迴造化之母也。造化之母，元氣太一之神。也。○王念孫云：「通迴」二字，義不相屬，「迴」當爲「迵」，（音洞。）字之誤也。迵亦通也。「通迵造化之母」，謂通乎造化之原也。呂氏春秋貴同篇「禹通三江五湖，決伊闕，迵溝陸」，上德篇「德迵乎天地」，高注竝云：「迵，通也。」（今本「迵」字皆誤作「迴」，辯見呂氏春秋。）史記倉公傳「臣意診其脈，曰迵風」，集解曰：「迵音洞，言洞徹入四肢也。」迵、洞同音，故「迵」或作「洞」，俶真篇「通洞條達」，即通迵也。世人多見「迴」，少見「迵」，故「迵」誤爲「迴」。下文「使人通迵周備」，其字正作「迵」。（道藏本、劉本如是，他本皆誤作「迴」，而莊本從之，謬矣。）○吳承仕云：朱本、景宋本「神」並作「初」。承仕案：作「初」近之。「造化之母」，與「玄妙之中」對文成義，「初」誤爲「神」，則義不相應矣。覽冥篇：「以掌握之中，引類於太極之上。」注云：「太極，天地始形之時也，上猶初也。」文義畧與此同。（王念孫校「迴」當爲「迵」，是也。）○寧案：道藏本、茅本亦作「太一之初」。天文者，所以和陰陽之氣，理日月之光，節開塞之時，列星辰之行，知逆順之變，避忌諱之殃，順時運之應，法五神之常，使人有以仰天承順，而不亂其常者也。地形者，所以窮南北之脩，極東西之廣，經山陵之形，區川谷之居，明萬物之主，知生類之衆，列山淵之數，規遠近之路，使人通迴周備，○寧案：景宋本「迴」亦作「迵」。不可動以物，不可驚以怪者也。時則者，所以上因天時，下盡地力，據度行當，合諸人則，形十二節，一月爲人一節。○寧案：注，中立本有「故曰十二節」五字，疑後人所加。以爲法式，終而復始，歲終十二月，從正月始也。轉於無極，因循倣依，以知禍福，操舍開塞，各有龍忌，中國以鬼神之事曰忌，北胡、南越皆謂之請龍。○劉文典云：墨子貴義篇「子墨子北之齊，遇日者。日者曰：『帝以今日殺黑龍於北方，而先生之色黑，不可以北。』」云云，疑即此文所謂「龍忌」也。鬼谷子本經、陰符七術篇「盛神法五龍」，陶弘景注：「五龍，五行之龍也。」疑亦龍忌之類。注未晐。○寧案：注「以鬼神之事日忌」，景宋本「事日」作「士日」，疑當爲「亡日」，蓋「亡」以形近誤作「士」，「士」以聲近誤作「事」耳。後漢書周舉傳：「舊俗以介之推焚骸，有龍忌之禁，至其亡月，咸言神靈不樂舉火，由是士民每冬中輒一月寒食。」注：「俗傳云：之推以此日被焚而禁火。」故曰「以鬼神之亡日忌」也。發號施令，以時教期，○俞樾云：「期」當讀爲「惎」。宣二年左傳「楚人惎之」，杜注曰：「惎，教也。」文選西京賦「人惎之謀」，薛綜注曰：「惎，教也。」是惎與教同義，故曰「以時教惎」。使君人者，知所以從事。覽冥者，所以言至精之通九天也，至微之淪無形也，純粹之入至清也，昭昭之通冥冥也。乃始攬物引類，覽取撟掇，撟，取也。掇，拾也。浸想宵類，浸，微視也。宵，物似也。類，衆也。○楊樹達云：「宵」假爲「肖」。說文肉部云：「肖，骨肉相似也。」○于省吾云：按「宵」「肖」字通，故云「物似也」。○寧案：楊、于說是也，而未盡也。「想」假爲「相」。注當作「浸想，微視也。宵，物似也。類，象也」。道應篇「相女童」，許注訓相爲視。此云「浸想宵類」，注但釋浸、釋宵、釋類，而不釋想，且浸無視義，是知注文「浸」下當有「想」字，而今本脱之也。廣雅釋詁：「肖、似、類，象也。」故此云「宵，物似也。」而類無衆義，「衆」當爲「象」，形似而譌。「宵類」即「肖象」。氾論篇「嫌疑肖象」，高注：「肖象，似也。」故此「宵類」連文。物之可以喻意象形者，乃以穿通窘滯，決瀆壅塞，○楊樹達云：「窘滯」連文無義，「窘」疑當作「莙」，形近誤也。莙與蘊古音近相通。說文艸部云：「蘊，積也。」下文云「莙凝天地」，「莙」亦當讀爲「蘊」。此云「莙滯」，猶彼云「莙凝」也。繆稱篇云「發莙而後快」，亦謂發蘊而後快也。○蔣禮鴻云：「決瀆」當作「決潰」。莊子大宗師篇曰「以死爲決疣潰癰」，是古人以「決潰」並言也。「穿通」「決潰」對文，作「決瀆」則不相對矣。引人之意，繫之無極，乃以明物類之感，同氣之應，陰陽之合，形埒之朕，所以令人遠觀博見者也。精神者，所以原本人之所由生，而曉寤其形骸九竅，取象與天，合同其血氣與雷霆風雨，比類其喜怒與晝宵寒暑，竝明。宵，夜。○王念孫云：「竝明」二字，後人所加也。與者，如也。（廣雅：「與，如也。」）司馬相如子虛賦：「楚王之獵，孰與寡人乎？」郭璞曰：「與，猶如也。」漢書高帝紀：「今某之業所就，孰與仲多？」顏師古曰：「與，如也。」案古書多謂如曰與，詳見釋詞。）言血氣之相從，如雷霆風雨；喜怒之相反，如晝宵寒暑也。後人不知與之訓爲如，而讀「與雷霆風雨比類」爲一句，故又於「晝宵寒暑」下加「竝明」二字，以成對文耳。不知「合同其血氣」、「比類其喜怒」相對爲文。今以「比類」二字上屬爲句，而「其喜怒」三字自爲一句，則句法參差矣。「與雷霆風雨」，「與晝宵寒暑」，亦相對爲文，今加「竝明」二字，則句法又參差矣。且此文以生、天爲韻，雨、怒、暑爲韻，今加「竝明」二字，則失其韻矣。又案：「取象於天」爲句，「合同其血氣」爲句。漢魏叢書本改「於天」爲「與天」，（莊本同）以與下兩與字相對，則又誤以「於天合同」爲句矣。皆由不知兩「與」字之訓爲如，故紛紛妄改耳。審死生之分，別同異之跡，節動靜之機，以反其性命之宗。所以使人愛養其精神，撫靜其魂魄，不以物易己，而堅守虛無之宅者也。本經者，所以明大聖之德，通維初之道，埒畧衰世古今之變，○劉家立云：「衰世」二字，疑是衍文。下文「以褒先世之隆盛，貶末世之曲政」，即承此句言之，所謂「埒畧古今之變」也。此二字即涉下文「末世」而誤衍。○于省吾云：按史記佞幸列傳「埒如韓嫣也」，集解引徐廣：「埒者，疇等之名。」左定四年傳「封畛土略」，注：「略，界也。」文選吳都賦「故其經略」，劉注：「略，分界也。」埒爲疇等，略爲分界，是埒畧卽等差類別之義，亦猶下文「差次仁義之分」之「差次」也。**以褒先世之隆盛，而貶末世之曲政也。**○寧案：「先世」當爲「先聖」，承上文「所以明大聖之德」，葢涉下句「末世」而誤也。道藏本、中立本、茅本、景宋本皆作「先聖」。**所以使人黜耳目之聰明，精神之感動，**○寧案：聰明言黜，感動不可言黜，「精神」上當有「靜」字。「黜耳目之聰明，靜精神之感動」，相對爲文；與下文「樽流遁之觀，節養性之和，分帝王之操，列小大之差」，同一句式；無「靜」字則句式不一律，且義不可通矣。原道篇「夫精神氣志者，靜而日充者以壯，躁而日耗者以老」，上文亦云「愛養其精神，撫靜其魂魄」，故曰「靜精神之感動也」。景宋本正有「靜」字。**樽流遁之觀，**樽，止也。流遁，披散也。○呂傳元云：樽當爲撙，字之訛也。撙猶節也。「撙流遁之觀」與「節養性之和」對言。管子五輔篇云：「整齊撙詘，以辟刑僇。」尹注：「撙，節也。」高此注作「撙，止也」，止與節意亦相因。（鄂刻淮南子正作撙，未知所據何本。）○楊樹達云：「樽」叚爲「剸」。說文刀部云：「剸，減也。」經傳通作「撙」。禮記曲禮上篇云：「是以君子恭敬撙節退讓以明禮。」剸與節義近，故禮記以「剸節」連言，而此文以剸、節爲對文也。許訓爲止，亦與節、減義近。**節養性之和，分帝王之操，**○向宗魯云：「操」當爲「槮」，字之誤也。（从喿从參之字多互譌，如慘、懆之類。）說文：「槮，木長也。」引詩「槮差荇菜」，則「槮差」卽「參差」，皆分別等差之意。列與別同義。**列小大之差者也。主術者，君人之事也，所以因作任督責，使羣臣各盡其能也。**○王念孫云：「因作任督責」，當作「因任督責」，謂因任其臣而督責其功也。今本「作」字卽「任」字之誤而衍者耳。主術篇曰：「因循而任下，責成而不勞。」韓子揚搉篇曰：「因而任之，使自事之。」呂氏春秋知度篇曰：「因而不爲，責而不詔。」竝與此「因任督責」同義。（莊子天道篇：「形名已明，而因任次之。」）明攝權操柄，以制羣下，提名責實，提，挈也。考之參伍，所以使人主秉數持要，不妄喜怒也。其數直施而正邪，外私而立公，使百官條通而輻輳，○寧案：道藏本、中立本、景宋本「輳」作「湊」，字通。各務其業，人致其功，此主術之明也。繆稱者，破碎道德之論，差次仁義之分，略襍人間之事，總同乎神明之德。假象取耦，以相譬喻，斷短爲節，以應小具，所以曲説攻論，應感而不匱者也。匱，乏。○馬宗霍云：「攻論」疑當作「巧論」，攻、巧形近，傳寫亂之。「巧論」與「曲説」義正相對，若作「攻」則義不類矣。本書泰族篇「智伯有五過人之材」，彼注有云「攻文辯慧」，各本皆同，惟蜀刊道藏輯要二十八卷本與羣書治要引「攻文」作「巧文」不誤。此文「巧」誤作「攻」，正與彼注同，亦其旁證也。齊俗者，所以一羣生之短脩，同九夷之風氣，通古今之論，貫萬物之理，財制禮義之宜，擘畫人事之終始者也。擘，分也。○王念孫云：「風氣」本作「風采」。文選魏都賦「壹八方而混同，極風采之異觀」，李善曰：「淮南子曰：『同九夷之風采。』高誘曰：『風，俗也。采，事也。』」是其證。後人既改「風采」爲「風氣」，復删去高注以滅其迹，甚矣其妄也。且采與理、始爲韻，若作氣則失其韻矣。○劉文典云：文選嘯賦注引作「通古之風氣，以貫譚萬物之理」，「理」下又有「譚猶著也」四字，疑是注語。要畧乃許注本，文選注所引殆高本也。○寧案：原本玉篇言部譚字引作「通古今之風氣，以貫譚方物之理」，野王案：「譚猶著也。」嘯賦注及玉篇引與今本異，而作「風氣」不殊，或高作「采」而許作「氣」也。疑二書所引，文有倒誤：「風氣」二字爲上句誤入，當作「通古今之譚，貫萬物之理」。今本「論」字乃「譚」字之誤。顧、李皆訓譚爲著，不稱許、高，則所據本其文已倒。道應者，攬掇遂事之蹤，追觀往古之跡，察禍福利害之反，考驗乎老、莊之術，而以合得失之勢者也。氾論者，所以箴縷縩繺之間，縩，綃煞也。〇陶方琦云：唐本玉篇系部引許注：「縩，綃縠也。」案「殺」乃「縠」字誤文。廣韻（十二曷）縩下云：「縠屬，出淮南子。」訓正合。〇馬宗霍云：「縩繺」二字皆不見於説文。漢書外戚傳班倢伃傳有「縩」字。「綷縩」連文，以爲紈素之聲。顏師古因以衣聲釋之。集韻十九代又訓綷縩爲鮮衣，疑亦本之漢書紈素之義而推之者也。廣韻十四黠以「煞」爲「殺」之俗體。十六怪云：「褹，衣衸縫也。」集韻十四黠云：「褹，衣縫餘。」十三駭又云：「纇褹，衣破。褹或从糸作綴。」據此，則「繺」即「綴」字，綴有衣縫之義。尋詩召南羔羊篇「素絲五緎，素絲五縫」，毛傳云：「緎，縫也。縫言縫殺之大小得其制。」毛以縫殺釋縫，蓋古即假「殺」爲「綴」。然則許注訓縩爲綃煞者，疑當作「縩繺，綃繺也」。本連縩繺二字而釋之，傳寫「縩」下脱去「繺」字。以綃釋縩，綃亦紈素之類也。以煞釋繺，猶毛傳假「殺」爲「綴」也。綃煞疑即謂綃衣之縫。衣縫必有閒，閒者隙也。縷者線也。施箴線於縫中，故云「箴縷縩繺之間」矣。就本注説之，或當如是。余又尋陸德明毛詩釋文引孫炎云：「緎，縫之界域。」由「緎」通作「域」推之，則本文「縩」字疑當通作「際」。説文𨸏部云：「際，壁會也。」縩之言際，猶緎之言域，縩爲繺之際會，猶緎爲縫之界域也。是「縩繺」連文，其義不殊，皆指衣縫而言，不必釋縩爲綃，於文意亦自通暢。〇于省吾云：按縩從祭聲，祭讀側賣切，縩繺當即今俗所謂縩衣繺衣之縩繺。縩繺平列，言縩繺綻裂也。〇寧案：馬氏前説是也。今本注「縩」下脱「繺」字。（原本玉篇引正文注文皆脱「繺」字。）「繺」乃「綴」之俗體，景宋本「繺」正作「綴」，「煞」正作「殺」。陶氏引原本玉篇許注乃黎本，作「綃縠」，羅振玉本作「縩，綃殺也。」「殺」即「殺」之俗書。黎本「縠」乃「綴」之誤字，「綴」書作「穀」，與「縠」形似。廣韻縩下云「縠屬，出淮南子」，蓋淮南以綃訓縩，故廣韻云「縠屬」，非淮南注「煞」當爲「縠」也。陶氏以爲

「煞」乃「殺」之誤文，謬矣。攕揳唲齵之郄也。攕，蒒也。揳，塞也。唲齵，錯梧也。○吴承仕云：文當作「櫼楔」。隸書手、木多相亂，故致譌。説文：「櫼，楔也。」「櫼楔唲齵之郄」謂以木札楔入唲齵而固著之，與上文「箴縷縩繺」義正相配。注云：「櫼，蒒也。」蒒當據景宋本作「薛」，「薛」即「椴」字之假。考工記：「牙得，則無槷而固。」鄭司農云：「槷，椴也。」是其義。○馬宗霍云：「唲齵」二字，許注以錯梧釋之。「梧」通作「啎」，錯啎即不相值之意。案説文口部無「唲」字，則「唲」蓋「齯」之借字。説文齒部云：「齯，老人齒。」「齵，齒不正也。」爾雅釋詁「黄髮齯齒」，郭璞注云：「齯齒，齒墮更生細者。」劉熙釋名釋長幼云：「齯，大齒落盡更生細者如小兒齒也。」考工記輪人「察其菑蚤不齵」，賈公彦疏云：「人之牙齒參差謂之齵。」據此，似齒墮更生謂之齯，參差不正謂之齵。然則本文「唲齵」連文，即謂齒不整齊也，故許注以錯梧爲解矣。不整齊則有隙。「郄」與「隙」同。莊子知北游篇「若白駒之過郄」，陸德明釋文云：「郄，本亦作隙。」史記張釋之傳「雖錮南山猶有郄」，漢書「郄」作「隙」。皆其證。「攕揳」二字，許注訓攕爲蒒，訓揳爲塞。案「蒒」景宋本作「薛」。説文艸部有「薛」無「蒒」。薛訓「艸也」，義不相屬，恐注文有誤。説文手部無「揳」字。攕訓「好手皃」，義亦不爲塞。木部云：「櫼，楔也。」「楔，櫼也。」櫼、楔互訓，則「攕揳」疑當作「櫼楔」，从木不从手。隸書偏旁木手多掍，蓋傳寫亂之。儀禮士喪禮篇、禮記檀弓篇上皆有「楔齒」之文。孔穎達禮記疏云：「楔，柱也。」淮南本文正以齒爲喻。許又訓塞，塞猶柱也。則字當從木益信。齒有隙，楔塞之，故云「櫼楔唲齵之郄」矣。上句取喻於衣縫，下句取喻於齒郄。蓋言氾論篇持論之密，無微不入，無孔不彌也。接徑直施，施，衺。以推本樸，而兆見得失之變，利病之反，所以使人不妄沒於勢利，不誘惑於事態，有符曬晲，兼稽時勢之變，而與化推移者也。○馬宗霍云：「曬晲」二字不見於説文，玉篇日部有之。曬下云：「魚儉切，日行。」晲下云：「牛禮切，日跌也。」廣韻曬在五十二儼，訓與玉篇同，晲在十一薺，訓「明也」，與玉篇異。集韻五十二儼云：「日躔謂之曬。」十一薺云：「晲，日昳。一曰明也。」案日躔猶日行，日跌猶日昃。書無逸篇「自朝至於日中昃」，僞孔傳云：「從朝至日昳。」孔穎達疏云：「昃亦名昳，言日蹉跌而下。」知玉篇訓晲爲「日跌」，即「日昳」也。是集韻「曬晲」兩字之義，又兼採玉篇與廣韻，而類篇則全與集韻同。然則「曬晲」連文，蓋狀日行之貌，日行不失次謂之曬晲。上文云：「所以使人不妄没於勢利，不誘惑於事態。」案不没不惑，則持身有則，亦猶日行之有恒，故曰「有符曬晲」矣。○于省吾云：按「曬」疑「晛」之借，「晲」係「晥」之譌。詩燕燕序「生子名完」，釋文：「完，字又作皃。」穀梁隱四年傳「君完」，釋文：「完本又作皃」，是从完从皃形近易譌之證。詩凱風「晛晥黄鳥」，傳：「晛晥，好貌。」「晛晥」亦作「暥晼」「燕婉」，謰語形況無定字也。上稱「不妄没於勢利，不誘惑於事態」，故以「有符晛晥」爲言也。○寧案：「時勢」，道藏本、中立本、茅本、景宋本作「時世」，是也。齊俗篇「故聖人論世而立法，隨時而舉事，非務相反也，時世異也」，義與此同。

詮言者，所以譬類人事之指，解喻治亂之體也。差擇微言之眇，詮以至理之文，而補縫過失之闕者也。兵畧者，所以明戰勝攻取之數，形機之勢，詐譎之變，體因循之道，操持後之論也。持後者，不敢爲主而爲客也。所以知戰陣分争之非道不行也，知攻取堅守之非德不強也。誠明其意，進退左右，無所失擊危，乘勢以爲資，清静以爲常，○王念孫云：「無所擊危」者，危與詭同。（説林篇「尺寸雖齊，必有詭」，文子上德篇詭作危。漢書天文志「司詭星」，史記天官書作「司危星」。）擊詭，猶今人言違礙也。謂進退左右，無所違礙也。睽釋文曰：「詭，戾也。」（文選長笛賦「窊隆詭戾」，李善注：「詭戾，乖違貌。」）主術篇曰：

「舉動廢置，曲得其宜，無所擊戾。」（又曰：「木擊折轊，水戾破舟。」）彼言「無所擊戾」，此言「無所擊詭」，其義一也。作「危」者，借字耳。劉績不解「無所擊危」之義，乃於「無所」下加「失」字，（諸本及莊本同。）讀「無所失」絶句，而以「擊危」二字下屬爲句，其失甚矣。○寧案：「無所」下不當有「失」字，王説是也。泰族篇云：「天地之間，無所繫戾。」此「擊」假爲「繫」，「危」乃「戾」之譌，説詳主術篇。避實就虚，若驅羣羊，此所以言兵也。○劉文典云：文選晉紀總論注引「兵」下有「者」字，與上下文一律，當據增。説山、説林者，所以竅窕穿鑿百事之壅遏，而通行貫扃萬物之窒塞者也。假譬取象，異類殊形，以領理人之意，解墮結細，説捍摶囷，摶，圓也。囷，芼也。而以明事埒事者也。埒，兆朕也。○王念孫云：墮亦解也。廣雅：「墮，脱也。」論衡道虚篇曰：「龜之解甲，蛇之脱皮，鹿之墮角。」是墮與解、脱同義，易林噬嗑之小畜曰「關柝開啟，衿帶解墮」是也。「細」當爲「紐」，字之誤也。紐亦結也。楚辭九歎王注曰：「紐，結束也。」管子樞言篇曰「先生不約束，不結紐」是也。「説」與「脱」同。「捍」當爲「擇」，字之誤也。（隸書「擇」字或作「擇」，與「捍」相似，見漢成陽靈臺碑。）「擇」與「釋」同。墨子節葬篇曰：「爲而不已，操而不擇。」易林恒之蒙曰：「郊耕擇耜，有所疑止。」韓子五蠹篇「布帛尋常，庸人不釋」，論衡非韓篇引韓子「釋」作「擇」，皆是也。脱、釋皆解也。摶囷者，卷束之名。（考工記鮑人「卷而摶之」，注：「鄭司農云：『摶讀爲縛，一如瑱之縛，謂卷縛韋革也。』」説文：「稇，豢束也。」）稇與囷聲近而義同。）「解墮結紐」，「説擇摶囷」，其義一也。「明事埒事」，下「事」字因上「事」字而衍。「明事埒」者，明百事之形埒以示人也。高注繆稱篇曰：「形埒，兆朕也。」故此注亦曰「埒，兆朕也」。○吴承仕云：王説是也。注當作「摶，團也。（摶亦訓圜，然非此所宜施。）囷，著也。」團訓聚，著訓結，與上結紐義同。本篇有「著凝天地」之文，繆稱篇注又訓著爲結，（説並詳繆稱篇。）此囷當訓著之切證。「囷」譌爲「圓」，形義尚不甚遠。「著」字形壞作「芼」，則非深思不能得也。

人間者，所以觀禍福之變，察利害之反，鑽脈得失之跡，○章太炎云：按鑽借爲讚。方言「讚，解也。」周語：「土乃脈發。」注：「脈，理也。」凡文理爲理，理之亦爲理。讚謂解之也，脈謂理之也。標舉終始之壇也。標，末也。壇，場也。○俞樾云：高注曰「壇，場也」，然終始不當以壇場言，此注未得其義。壇當讀爲嬗。説文女部：「嬗，一曰傳也。」精神篇「以不同形相嬗也」，高注曰：「嬗，傳也。」「終始之嬗」即終始之傳，作壇者，叚字也。○馬宗霍云：説文土部云：「壇，祭場也。」許君此注亦謂祭之壇場。禮記祭法篇「遠廟爲祧，去祧爲壇，去壇爲墠」，鄭玄注云：「祧之言超也，超上去意也。封土爲壇，除地爲墠。」案墠卽場也，爲場而後壇之。析言壇與場別，綜言壇亦場也。推祭法之意，遠祖之廟，在應遷之例，壇場之設，遠廟之祭於是終，新廟之祭於是始。故淮南此文云「標舉終始之壇」矣。俞説雖可備參，未爲確論。分別百事之微，敷陳存亡之機，使人知禍之爲福，亡之爲得，成之爲敗，利之爲害也。誠喻至意，則有以傾側偃仰世俗之間，而無傷乎讒賊螫毒者也。

脩務者，所以爲人之於道未淹，味論未深，見其文辭，反之以清静爲常，恬淡爲本，則懈墮分學，縱欲適情，欲以偷自佚，而塞於大道也。今夫狂者無憂，聖人亦無憂。聖人無憂，和以德也；狂者無憂，不知禍福也。故通而無爲也，與塞而無爲也同其無爲則同，其所以無爲則異。○王念孫云：「與塞而無爲也」下不當有「同」字，此因下文「同」字而衍。○馬宗霍云：此文「通而無爲也與塞而無爲也同」是總冒句。言通塞本異，而異中有其同，同無爲之形也。「其無爲則同，其所以無爲則異」是分析句，卽承上句「同」字而申之。言同中有其異，異無爲之實也。

古人行文自有此句例。王校未必是。○寧案：王說是也。說山篇云：「狂者東走，逐者亦東走，東走則同，所以東走則異。」與此同一句式，「狂者東走，逐者亦東走」下無「同」字。說林篇「湯放其主而有榮名，崔杼弒其君而被大謗，所爲之則同，其所以爲之則異」，句式亦畧同，於前二句亦不總其同或異也。馬說不可從。景宋本作「其無爲則通」，亦非。故爲之浮稱流說其所以能聽，所以使學者孳孳以自幾也。幾，庶幾也。○于鬯云：「以」字涉下文而衍。「故爲之浮稱流說其所能聽」十一字作一句讀，言諒其所能聽而稱說之也。有「以」字則義不通。○馬宗霍云：本文當讀「故爲之浮稱流說」句絕。「其所能聽」，其猶此也，即指浮稱流說而言。「其」字直貫下文，能猶耐也，謂此所以使人耐聽也，此所以使學者孳孳以自幾也。「所以」二字疊出，加足行文語勢。孟子公孫丑篇上「非所以內交於孺子之父母也，非所以要譽於鄉黨朋友也」，彼亦兩用「所以」，此正與之同。劉家立淮南集證讀「其所以能聽」上屬，合十二字爲一句，又删去下「所以」二字，以爲衍文，謬甚。泰族者，橫八極，致高崇，上明三光，下和水土，經古今之道，治倫理之序，總萬方之指，而歸之一本，以經緯治道，紀綱王事。乃原心術，理性情，○寧案：道藏本、中立本、茅本、景宋本「性情」作「情性」，當據乙。以館清平之靈，館，舍。澄徹神明之精，澄，清也。徹澄別清濁也。以與天和相嬰薄。嬰，繞抱也。○馬宗霍云：說文女部云：「嬰，頸飾也。从女賏。賏其連也。」段玉裁曰：「貝部賏，頸飾也。嬰與賏非一字，則解不應同。文選孫綽天台山賦『方解纓絡』，李引說文『嬰，繞也。』纓與嬰通；陸機赴洛中道作詩『世網嬰我身』，李引說文：『嬰，繞也。』唐初本可據。繞者纏也。一切纏繞如賏之纏頸，故其字从賏。」案段氏據李善所引說文訂正今本說文嬰下之解當作「繞也」。許君此注亦訓嬰爲「繞抱」，正與李引說文合，尤其本證，足以佐成段說。段、王諸人皆以今本淮南純出高注，未知其中有八篇爲許注。要略篇其一也。故段注說文未引及此。所以覽五帝三王，懷天氣，抱天心，執中含和，德形於内，以莙凝天地，發起陰陽，序四時，正流方，○馬宗霍云：說文艸部云：「莙，牛藻也。」此文「莙凝天地」之「莙」非其義。本書繆稱篇「情先動，動無不得，無不得則無莙」，彼篇許注釋莙爲結，本篇亦許注，則莙凝之義，當與彼注同。凝亦結也，莙可訓結，疑爲「窘」之借字，二字聲類同。說文穴部云：「窘，迫也。」廣雅釋詁一云：「窘，急也。」素問靈蘭祕典論「窘乎哉消者瞿瞿」，王冰注云：「窘，要也。」由迫、急、要諸義而引申之，皆與結義近。繆稱篇之「莙」字，莊逵吉校云：「莙，本或作窘。」亦其證也。○寧案：吳氏承仕以爲莙、蘊聲近義通，楊氏樹達説同。（詳繆稱篇。）上文「穿通窘滯」，楊以爲「窘」乃「莙」之形誤。二説近之。綏之斯寧，推之斯行，乃以陶冶萬物，遊化羣生，唱而和，動而隨，四海之内，一心同歸。故景星見，景星在月之旁，則助月之明也。祥風至，風不鳴條也。黄龍下，鳳巢列樹，麟止郊野。德不内形，而行其法藉，專用制度，○寧案：「藉」當爲「籍」，字之誤也。「專」字後人所加，道藏本、中立本、茅本、景宋本無「專」字。疑「用」下當補「其」字，「行其法籍，用其制度」對文。集證本作「專其制度」，補「其」字，是也，删「用」不删「專」，非是。神祇弗應，福祥不歸，四海不賓，兆民弗化。故德形於内，治之大本，此鴻烈之泰族也。鴻，大也。烈，功也。凡二十篇，總謂之鴻烈。

凡屬書者，所以窺道開塞，庶後世使知舉錯取舍之宜適，○寧案：道藏本、中立本、茅本、景宋本「舍」作「捨」，經傳多省作「舍」。外與物接而不眩，内有以處神養氣，宴煬至和，○章太炎云：詩谷風傳：

「宴，安也。」煬借爲蕩。詩南山傳：「蕩，平易也。」儀禮少牢注安亦訓平，宴煬謂平易耳。而已自樂所受乎天地者也。

故言道而不明終始，則不知所做依；言終始而不明天地四時，則不知所避諱；言天地四時而不引譬援類，則不知精微；○寧案：道藏本、中立本、茅本、景宋本作「不識精微」。言至精而不原人之神氣，則不知養生之機；原人情而不言大聖之德，則不知五行之差；言帝道而不言君事，則不知小大之衰；言君事而不爲稱喻，則不知動靜之宜；言稱喻而不言俗變，○寧案：「言稱喻」，道藏本、景宋本作「以稱喻」，「以」字是也。「以」通「已」。上句云「言君事而不爲稱喻」，作「爲」不作「言」，謂不爲之浮稱流説也。此則謂已爲之稱譬而不言俗變，若作「言」則與稱譬義不相屬，蓋涉上下文「言」字而誤也。則不知合同大指；已言俗變而不言往事，則不知道德之應；知道德而不知世曲，則無以耦萬方；知氾論而不知詮言，則無以從容；通書文而不知兵指，則無以應卒；已知大畧而不知譬喻，則無以推明事；知公道而不知人間，則無以應禍福；知人間而不知脩務，則無以使學者勸力。欲强省其辭，覽總其要，弗曲行區入，則不足以窮道德之意。故著書二十篇，則天地之理究矣，人間之事接矣，帝王之道備矣。其言有小有巨，有微有粗，指奏卷異，各有爲語。今專言道，則無不在焉，然而能得本知末者，其唯聖人也。今學者無聖人之才，而不爲詳説，則終身顛頓乎混溟之中，而不知覺寤乎昭明之術矣。○向宗魯云：「頓」當爲「顛」。説文頁部顛下云：「面色顛顛皃。」「顛顛」連文，正本淮南。僞鄧析子轉詞篇作「顛殞」，彼襲用此文殞，知淮南是「顛」非「頓」，後人不識「顛」字，肊改爲

「頓」耳。（楚辭「厥首用夫顛隕」，「隕」與「顛」同。說文：「顛讀若隕。」）

今易之乾坤，足以窮道通意也，八卦可以識吉凶、知禍福矣，然而伏羲爲之六十四變，八八變爲六十四卦，伏羲示其象。周室增以六爻，周室，謂文王也。所以原測淑清之道，而攟逐萬物之祖也。○馬宗霍云：說文及玉篇、廣韻諸書皆無「攟」字。吴任臣字彙補始收之，卽引淮南此文爲據，謂「攟」與「攈」同。案「攟」者「攈」之別體。說文手部云：「攈，拾也。」方言卷二云：「攈，取也。」「拾」、「取」與逐共文，義不可通。余疑「攟」蓋「窘」之借字。說文穴部云：「窘，迫也。」引申之義則爲窮。後漢書西羌傳李賢注「窘，窮也」，是其證。說文辵部云：「逐，追也。」然則「攟逐萬物之祖」者，猶言窮追萬物之祖也。窮追卽遠溯之意。夫五音之數，不過宮、商、角、徵、羽，然而五弦之琴不可鼓也，必有細大駕和，而後可以成曲。○馬宗霍云：「駕和」之「駕」，義猶「襄」也。爾雅釋言云：「襄，駕也。」襄可訓駕，故駕亦有襄義。說文衣部襄下引漢令「解衣耕謂之襄」。阮元謂「說文衣爲覆二人，故襄有偶竝之義而佐助之義卽在其中」。「偶竝」、「佐助」，猶相和也。又案詩小雅大東篇「終日七襄」，鄭箋云：「襄，駕也。駕謂更其肆。」是「襄駕」之「駕」，又兼有「更」義。淮南本文，正謂細大之音，更互相和，而後成曲。故謂之「駕和」矣。駕和者，猶樂記所云「比音而樂之」也。楚辭大招篇「伏戲駕辯」，王逸注云：「伏戲氏作瑟，造駕辯之曲。」古曲以駕名，亦其旁證也。今畫龍首，觀者不知其何獸也，具其形，則不疑矣。今謂之道則多，謂之物則少，謂之術則博，謂之事則淺，推之以論，則無可言者，所以爲學者，固欲致之不言而已也。夫道論至深，故多爲之辭以抒其情；萬物至衆，故博爲之說以通其意。辭雖壇卷連漫，絞紛遠緩，○李哲明云：案此狀其詞之曲折而廣博也。「壇卷連漫」亦可云「連卷壇漫」。文選思玄賦注：「連卷，長回皃。」莊子馬蹄篇注：「澶漫，縱逸也。」「澶」即「壇」字。單言之云連卷壇漫，絫言之則曰壇卷連漫，其義一也。○馬宗霍云：「壇」通作「儃」。楚辭惜誓篇「儃回而不息」，王逸注云：「儃回，運轉也。」此之「壇卷」，猶彼之「儃回」。又莊子田子方篇「儃儃非不趨」，陸德明釋文引李頤注云：「儃儃，舒閒之貌。」然則壇卷猶言舒卷也。所以洮汰滌蕩至意，洮汰，潤也。○陶方琦云：注「汰潤也」，當依大藏音義引作「汰，達也」。說文作「泰，滑也」，古文作「太」。「達」即「澾」字。字林：「澾，滑也。」今注「潤」乃「澾」字誤文。○向宗魯云：注「潤」當作「瀾」。說文：「汏，淅瀾也。」○寧案：向說是也。廣雅二下「汏、瀾，淅，洒也。」（大藏音義八十四、九十三引作「洗也」，「洗」與「洒」同。）疏證引淮南此注云：「洮汏，瀾也。」說山篇「深則汏五藏」，大藏音義九十三引許注「汏，達也」，乃說山篇許注佚文，謂深則達五藏也。陶氏誤說在此。使之無凝竭底滯，捲握而不散也。夫江、河之腐胔，不可勝數，然祭者汲焉，大也。一盃酒白，蠅漬其中，匹夫弗嘗者，小也。○王念孫云：「一盃酒白」，「白」字義不可通。藝文類聚褉器物部引此「白」作「甘」，是也。言酒雖甘，而蠅漬其中，則人弗飲也。隸書「甘」字或作「𠙴」，與「白」相似而誤。○俞樾云：「酒白」二字文不成義，疑本作「白酒」，而傳寫誤倒之。周官酒正職鄭注曰：「昔酒，今之酋久白酒。」然則白酒正漢時常語。藝文類聚褉器物部引此，白作甘，蓋因已倒爲「酒白」，故臆改爲「甘」字。「一盃酒甘」，亦於義不安，未足據也。○寧案：俞說是也。儀禮聘禮鄭注云：「醙，白酒也。先言醙，白酒尊，先設也。」此言雖以白酒之尊重，蠅漬其中，而匹夫弗飲也。玉篇酉部「醙，白酒也」，即本鄭注。又「醝，白酒也」。皆其證。誠通乎二十篇之論，睹凡得要，以通九野，九野，八方中央也。徑十門，八方上下也。外天地，捭山川，捭，屏去也。其於逍遥一世之間，宰匠萬物之形，亦優游矣。若然者，挾日月而不烑，挾，至也。烑，光也。○孫詒讓云：挾，當爲周挾之義。荀子禮論篇「方皇周挾」，楊注云：「挾，讀爲浹，帀也。」烑者，窕之借字。（二字聲類同。）本經訓高注云：「窕，不滿密也。」後文云「布之天下而不窕」，注云：「窕，緩也。」前俶真訓云「横扃天地之間而不窕」，氾論訓云「舒之天下而不窕」，荀子賦篇云「充盈大宇而不窕」，竝與此文意相近。○吴承仕云：孫説近之。烑字不見於説文，烑光之義，亦無他證。然廣韻宵部遥紐下有烑字，注云：「光也。」集韻、類篇據收，疑卽本之淮南注。蓋舊本如是，非傳寫之譌也。潤萬物而不秏。曼兮洮兮，足以覽矣！藐兮浩兮，曠曠兮，可以游矣！

文王之時，紂爲天子，賦斂無度，殺戮無止，○寧案：中立本、茅本、景宋本「殺戮」作「戮殺」，道藏本同今本。康梁沉湎，宮中成市，康梁，耽樂也。沈湎，淫酒也。成市，言集者多也。作爲炮烙之刑，刳諫者，剔孕婦，天下同心而苦之。○劉家立云：按本書中炮烙，均依王氏襍志攷作炮格。俞氏平議校韓子喻老篇説炮烙一條，證炮格有兩義，其説至精，今録於此，以備參攷。俞氏曰：「段氏玉裁謂『炮烙』本作『炮格』。史記索隱引鄒誕云：『烙，一音閣。』楊倞注荀子議兵篇云：『烙，音古責反。』觀鄒、楊所音皆是格字無疑。鄭注周禮牛人云：『互，若今屠家縣肉格。』意紂所爲亦相似。段氏此説，洵足訂正向來傳寫之誤。惟炮格似有二義。荀子議兵篇『紂刳比干，囚箕子，爲炮格形』，楊注引列女傳曰：『炮格爲膏銅柱，加之炭上，令有罪者行焉，輒墮火中，紂與妲己大笑。』此則炮格爲淫刑以逞之事，是一義也。若此文云『紂爲肉圃，設炮格，登糟丘，臨酒池』，則似爲飲食奢侈之事，別爲一義。蓋爲銅格布火其下，欲食者於肉圃取肉置格上，炮而食之也。如此說方與肉圃、糟丘、酒池一類，且因爲象箸而至此，正見其由小至大，箕子所以畏其卒而怖其始也。若是炮格之刑，則不特與肉圃諸事不類，且與上文爲象箸事亦絶不相干矣。吕覽過理篇曰：『糟丘、酒池、肉圃爲格。』格卽炮格。不言炮格而直曰爲格，卽承肉圃之下，是於肉圃中爲格也，其爲炮肉之格明矣。高注曰：『格以銅爲之，布火其下，以人置上，人爛墮火而死。』夫糟丘、酒池、肉圃，皆是飲食之地，何故卽於其地炮炙人乎？蓋古書説炮格者本有二義，當各依本書説之。學者但知有前一義，不知有後一義，古事之失傳久矣。」○寧案：景宋本作「炮格」不誤。**文王四世纍善，**太王、王季、文王、武王凡四世也。**脩德行義，處岐周之間，地方不過百里，天下二垂歸之。**○莊逵吉云：太平御覽「垂」作「分」。**文王欲以卑弱制强暴，以爲天下去殘除賊而成王道，故太公之謀生焉。**太公爲周陳陰符兵謀也。○劉文典云：御覽八十四引「故太公之謀生焉」作「故太公爲之謀主也」。○寧案：太平御覽引非也。「主」乃「生」之形誤，「爲」字因「生」字之誤爲後人所加，又改「焉」爲「也」，妄矣。下文「故儒者之學生焉」，「故節財薄葬閑服生焉」，「故管子之書生焉」，「故晏子之諫生焉」，「故縱横脩短之説生焉」，「故刑名之書生焉」，「故商鞅之法生焉」，此當與同一句式。注：「陰符兵謀」卽釋「太公之謀」，非釋「謀主」也。宋本御覽引誤「焉」爲「也」，無「爲」字，其致誤之迹可見矣。**文王業之而不卒，**○楊樹達云：廣雅釋詁云：「業，始也。」吕氏春秋下賢篇云：「文王造之而未遂」，此淮南語所本。高彼注云：「造，始也。」**武王繼文王之業，用太公之謀，悉索薄賦，**薄，少也。賦，兵也。**躬擐甲胄，**擐，貫著也。**以伐無道而討不義，誓師牧野，以踐天子之位。天下未定，海内未輯，武王欲昭文王之令德，使夷狄各以其賄來貢，遼遠未能至，故治三年**

之喪，殯文王於兩楹之間，殯，大斂也。兩楹，堂柱之間，賓主夾之。○于鬯云：周初用殷禮。以俟遠方。武王立三年而崩，成王在褓襁之中，○劉文典云：文選幽憤詩注引「成王」下有「幼」字。○寧案：大藏音義九十七引亦有「幼」字，當據沾。又二書「褓襁」作「襁褓」。未能用事，蔡叔、管叔輔公子祿父祿父，紂之兄子，周封之以爲殷後，使管、蔡監之。○于鬯云：高注云「祿父紂之兄子」，與史記管蔡世家言紂子不同，異聞也。而欲爲亂。周公繼文王之業，持天子之政，以股肱周室，輔翼成王。懼争道之不塞，臣下之危上也，故縱馬華山，放牛桃林，敗鼓折枹，搢笏而朝，以寧靜王室，鎮撫諸侯。成王既壯，能從政事，周公受封於魯，以此移風易俗。孔子脩成、康之道，述周公之訓，以教七十子，使服其衣冠，脩其篇籍，故儒者之學生焉。墨子學儒者之業，受孔子之術，以爲其禮煩擾而不說，說，易也。○王念孫云：如注義，則悦當爲悅。（他活反。）本經篇「其行悅而順情」，彼注云：「悅，簡易也。」義與此注同。莊本改悦爲說，未達高氏之旨。○寧案：道藏本、中立本、茅本、景宋本文作「悦」。厚葬靡財而貧民，服傷生而害事，○王念孫云：「服傷生而害事」，文義未明，「服」上當有「久」字。「厚葬」、「久服」相對爲文。墨子節葬篇多言厚葬久喪，晏子春秋外篇「厚葬破民貧國，久喪遁哀費日」，皆淮南所本也。○寧案：王說是也。道應篇即云「厚葬久喪以亶其家」，氾論篇「厚葬久喪以送死」，齊俗篇「久喪以招行」，皆其證。故背周道而用夏政。禹之時，天下大水，禹身執虆垂，以爲民先，○莊逵吉云：太平御覽「虆垂」作「畚插」，爲是，此誤也。○王念孫云：「垂」字誤而「虆」字不誤。虆，謂盛土籠也。「垂」，當爲「臿」。臿，今之鍬也。大雅緜傳云：「捄，虆也。」箋云：「築牆者，捊聚壤土，盛之以虆，而投諸版中。」「虆」字或作「蔂」。説山篇「蔂成城」，高注云：「蔂，土籠也。」韓子五蠹篇「禹之王天下也，身執耒臿以爲民先」，此卽淮南所本。耒與虆聲相近，耒臿卽虆臿也。孟子滕文公篇「蓋歸反虆梩而掩之」，趙注云：「虆梩，籠臿之屬，可以取土者也。」彼言「虆梩」，亦卽此所謂「虆臿」也。（廣雅：「梩，臿也。」）管子山國軌篇「梩籠纍箕」，纍亦與虆同。太平御覽引此，「虆」作「畚」，所見本異耳，不得據彼以改此也。「垂」者，「臿」之誤，非「插」之誤。俗書「臿」字或作「函」，（見廣韻。）「垂」字或作「臿」，（見漢富春丞張君碑）二形相似，故「臿」誤爲「垂」矣。○寧案：王説是也。景宋本正作「虆函」。剔河而道九岐，剔，洩去也。九岐，河水播岐爲九以入海也。○莊逵吉云：太平御覽作「疏河而導九支」。○劉文典云：御覽八十二引「禹之時」作「堯之時」。「九支」下引注云：「支，分。」○寧案：太平御覽八十二引蓋異本，五百五十五引仍作「禹之時」。鑿江而通九路，江水通別爲九。辟五湖使水辟人而相從也。而定東海。當此之時，燒不暇撌，撌，排去也。濡不給扢，扢，拭也。死陵者葬陵，死澤者葬澤，故節財、薄葬、閑服生焉。○王念孫云：閒與簡同。（莊子天運篇「食於苟簡之田」，釋文：「簡，司馬本作閒。」）簡服，謂三月之服也。宋書禮志引尸子曰：「禹治爲喪法，使死於陵者葬於陵，死於澤者葬於澤，桐棺三寸，制喪三月。」是也。道藏本、劉本作「閒服」，他本「閒」字皆誤作「閑」，而莊本從之，謬矣。文選夏侯常侍誄注及路史後紀引此，竝作「簡服」。齊桓公之時，天子卑弱，諸侯力征，南夷北狄，交伐中國，中國之不絶如綫。綫，細絲也。齊國之地，東負海而北障河，地狹田少，而民多智巧。桓公憂中國之患，苦夷狄之亂，欲以存亡繼絶，崇天子之位，廣文、武之業，故管子之書生焉。齊景公内好聲色，外好狗馬，獵射亡歸，好色無辯，辯，別也。○于鬯云：上文既言「内好聲色」，此不應復出「好色」字。且「好色無辯」，義亦不顯。疑「好」字本作「子女」，二字誤并爲一字，因衍「色」字。子女無辨者，謂男女無别也。○劉家立云：上文已言「内好聲色」，此不當再言「好色」，疑「好色」乃「好賢」之誤。謂景公知好賢而不能辨别其人，如梁丘據、子家噲與晏子并用，賢愚不分也。作好色則義不可通矣。作爲路寢之臺，族鑄大鐘，族，聚也。○于省吾云：按「族鑄」不詞，「族」乃「匋」之譌。金文陶文，「陶」字均省作「匋」。番生毁「族」字作「[illegible]」，筍伯大父毁「匋」字作「[illegible]」，形近而譌。「陶鑄」乃古人謰語，詳墨子新證耕柱篇「而陶鑄之於昆吾」下。墨子言啟鑄九鼎，其稱昆吾者，以昆吾善作陶，能爲嘉範也。吕氏春秋君守「昆吾作陶」，是其證。墨證未及此義，附識於此。撞之庭下，郊雉皆呴，大鐘聲似雷震，雉應而呴鳴也。○莊逵吉云：太平御覽「呴」作「雊」，有許昚注云：「鐘聲如雷震，雉皆應之。」與此畧同。○陶方琦云：當從今注全文。莊子在宥「雲气不待族而下」，司馬注云：「族，聚也。」廣雅釋詁：「族，聚也。」皆與許注合。説文：「雊，雄雉鳴也。雷始動，雉乃鳴而句其頸。」與淮南注亦合。○劉文典云：白帖六十二引注作「鐘聲似雷，雷震則雉雊」。○寧案：北堂書鈔一百八引，「撞」作「擊」，「呴」作「雊」。引許慎注云：「鐘聲似雷，雷震雉應。」一朝用三千鐘贛，鐘，十斛也。贛，賜也。一朝賜羣臣之費三萬斛也。梁丘據、子家噲導於左右，二人景公臣也。導，諫也。○顧廣圻云：「諫也」疑「誘也」。○寧案：顧説似是也。詩召南野有死麕傳云：「誘，道也。」景宋本「諫」作「謙」，即「諫」乃誤文之證。故晏子之諫生焉。晚世之時，六國諸侯，谿異谷别，水絶山隔，各自治其境内，守其分地，握其權柄，擅其政令，下無方伯，上無天子，力征争權，勝者爲右，恃連與國，恬恃連與之國。○王念孫云：「連與」二字連讀。漢書武五子傳「羣臣連與成朋」是也。「恃連與，約重致，剖信符，結遠援」，皆三字爲句，則「連與」下不當有「國」字，蓋涉注文而衍。約重致，○劉家立云：曲禮「獻田宅者操書致」，王尚書曰：「致讀爲質劑之質。」周官小宰「聽賣買以質劑」，鄭注：「質劑，謂兩書一札同而别之，長曰質，短曰劑，今之券書也。」此「重致」即「重質」，質、致古字通。剖信符，結遠援，以守其國家，持其社稷，故縱横脩短生焉。○劉家立云：上文「儒者之學生焉」，下文「刑名之書生焉」，則「縱横脩短」下當有「之説」二字，方與上下文相合。此節由文王、周公歷述至商鞅而止，此縱横之説，即指蘇秦、張儀而言也。無此二字，文義不完。申子者，韓昭釐之佐；韓，晉别國也，地墽民險，而介於大國之間，晉國之故禮未滅，韓國之新法重出，先君之令未收，後君之令又下，新故相反，前後相繆，百官背亂，不知所用，故刑名之書生焉。秦國之俗，貪狼狼，荒也。强力，寡義而趨利，可威以刑，而不可化以善，可勸以賞，而不可厲以名，被險而帶河，四塞以爲固，地利形便，畜積殷富，孝公欲以虎狼之勢而吞諸侯，故商鞅之法生焉。若劉氏之書，淮南王自謂也。觀天地之象，通古今之事，○寧案：事不可以言通，「事」當作「論」。上文云「通古今之論」，是其證。景宋本正作「通古今之論」。權事而立制，度形而施宜，原道之心，合三王之風，○顧廣圻云：「原道之心」，「道」下當有「德」字，與下句對文也。精神篇「深源道德之意」，亦可證。以儲與扈治，儲與，猶攝業也。扈治，廣大也。○顧廣圻云：王逸楚辭哀時命注：「攝葉儲治，不舒展貌。」○寧案：俶真篇高注：「儲與扈治，褒大意也。」與許注合。玄眇之中，精摇靡覽，楚人謂精進爲精摇，靡小皆覽之。○于省吾云：按精進靡小皆覽之，語不可通，注説非是。「摇」應讀作「猶」。禮記檀弓「咏斯猶」，注：「猶當爲摇，聲之誤也。」秦人猶、摇聲相近。」

是其證。「玄眇之中，精猶靡覽」，言玄眇之中，精猶不得見也。意謂精之又精，微不可極也。棄其畛挈，楚人謂澤濁爲畛挈。○楊樹達云：「畛挈」無義，注義亦不明。愚疑「挈」當讀爲「界」，挈、界古音同，故可通用。說文田部云：「畛，井田間陌也。」「界，境也。」二字義近，故得連用矣。斟其淑靜，以統天下，理萬物，應變化，通殊類，非循一迹之路，守一隅之指，拘繫牽連之物，而不與世推移也。○寧案：「之物」當作「於物」，涉上文「之路」「之指」而誤。道藏本、中立本、茅本、景宋本皆作「於」。故置之尋常而不塞，布之天下而不窕。窕，緩也。布之天下，雖大不窕也。

附録一

淮南子書目

一　二十八卷本

書名	作者	成書年代	版本
淮南鴻烈解			正統道藏本。涵芬樓景印本。
淮南鴻烈解	明劉績。	弘治十四年。公元一五〇一年。	弘治王溥刻本。
淮南鴻烈解	明黄焯：字子昭，延平人。	嘉靖九年。公元一五三〇年。	嘉靖十四年永州東山書院刊本。
淮南子	明王鎣：閩人。范慶：壽春人。	嘉靖九年。公元一五三〇年。	嘉靖九年閩中王鎣刊本。萬曆間甘來學修補刊本。明傅霖修補刊本。
淮南子	明吴仲：毘陵人。	公元？年至一五六五年。	嘉靖間吴仲刊本。
淮南鴻烈解	明張登雲：寧陽人。	萬曆七年。公元一五七九年。	萬曆七年臨川朱東光刻中立四子本。
淮南鴻烈解	明葉近山。	萬曆九年。公元一五	萬曆九年葉近山刊本。

書名	作者	成書年代	版本
		八一年。	
淮南鴻烈解	明劉宗器：福建建陽人。	萬曆二十一年。公元一五九三年。	萬曆劉氏安正堂刻本。
淮南鴻烈解	明王元賓。	公元？　年至一五九八年。	明刊本。（與安正堂本同出道藏。）
淮南鴻烈解	清蔣元庭。	嘉慶間。公元？　年至一八二〇年。	依正統道藏翻刻道藏輯要本。
淮南鴻烈解		清光緒三十二年。公元一九〇六年。	成都二仙菴重刻道藏輯要本。
淮南鴻烈解經十三卷	闕名。	公元一九二二至一九二四年。	唐氏怡蘭堂精鈔本。
淮南鴻烈間詁八卷			

二　二十一卷本

書名	作者	成書年代	版本
淮南鴻烈解			北宋小字本。清道光間劉泖生鈔本。民國八年、十八年涵芬樓景印本。

淮南鴻烈解	明茅坤。	萬曆間。公元？年至一五七八年。	萬曆閒茅坤刻本。萬曆烏程閔氏刊朱墨套印本。明陶顒校刊本。日本寛文四年前川權兵衛刊本。寶曆七年刊本。寛政十年河内屋茂兵衛刊本。寛政十二年刊本。
淮南鴻烈解	明茅一桂：歸安人。温博：字允文，烏程人。	萬曆八年。公元一五八〇年。	萬曆八年西吳茅氏刊本。
淮南鴻烈解	明汪一鸞：新安人。	萬曆十八年。公元一五九〇年。	萬曆十九年新安汪氏刊本。
淮南鴻烈解	明汪一鸞、張維城。張字宗甫，吳郡人。	萬曆二十年。公元一五九二年。	萬曆二十二年張維城刊本。萬曆間張維城挖改刊本。
淮南鴻烈解	明何允中。	萬曆二十年。公元一五九二年。	萬曆二十年何允中刊本。（在廣漢魏叢書内。）清乾隆五十六年金谿王謨刊增訂漢魏叢書本。清嘉慶間重刊廣漢魏叢書本。清光緒二年紅杏山房重刊增訂漢魏叢書本。清光緒六年三餘堂本。清光緒間敘府刊本。
淮南子	明吳勉學：新安人。	萬曆間。公元？年至一五九七年。	萬曆間刊本。明黄之寀挖改重印本。
淮南鴻烈解集評	闕名。	公元？年至一六一四年。	明閔齊伋朱墨套印本。（閔氏吳興人。）

書名	作者	成書年代	版本
淮南鴻烈解	明張象賢：蘇州人。	公元？　年至一六一九年。	明萬曆間刊本。（實汪本挖改。）
淮南鴻烈解	明張烒如：字次回，武林人。	崇禎間。公元　年至一六三〇年。	明崇禎間姚江張氏刊本。明重刊本。明花齋刊本。
淮南鴻烈解	明汪氏：練江人。	公元？　年至一六三六年。	練江汪氏述古山莊刊本。
淮南鴻烈解	清莊逵吉：字伯鴻，武進人。	乾隆五十三年。公元一七八八年。	乾隆五十三年莊氏咸寧官舍刊本。嘉慶九年姑蘇聚文堂刻本。寶慶經綸堂重刊本。光緒二年浙江書局二十二子本。光緒間湖南新化三味書局重刊本。日本明治十八年東京報告堂排印本。
淮南鴻烈解	闕名。	光緒元年。公元一八七五年。	清崇文書局子書百家本。（依閔本刻。）

三　節選本

書名	作者	成書年代	版本
新刊淮南鴻烈解二十一卷	譚叔端：茶陵人。	公元？　年至一二六〇年。	宋刊節本。

淮南子類纂三卷	明沈津。	隆慶元年。公元一五六七年。	（在百家類纂內。）
淮南子四卷	明施觀民：福清人。	萬曆元年。公元一五七三年。	萬曆二年華露校刊本。（古四家選內。）
淮南子品節七卷	明陳深。	萬曆十九年。公元一五九一年。	萬曆十九年刊本。（諸子品節內。）
淮南子片檀	明王祚昌。	萬曆間。公元？年至一六〇二年。	明萬曆間刊藍印本。
淮南鴻烈輯畧	明張榜：字賓王。李柄：字汝謙，廣陵人。	公元？年至一六一一年。	明刊本。
淮南子品類釋評	明焦竑　翁正春　朱之蕃。	萬曆四年。公元一六一六年。	（在二十九子品類釋評內。）
淮南子類編	明李元珍。	公元？年至一六二五年。	明刊朱墨套印本。（在諸子綱目類編內。）
淮南子評點	明歸有光　文震孟。	天啟五年。公元一六二五年。	天啟五年達古堂刊本。（在諸子彙函內。）
淮南子奇賞五卷	明陳仁錫。	天啟六年。公元一六二六年。	天啟六年蔣氏三徑齋刊本。
淮南子拔萃	明李雲翔。	天啟七年。公元一六二七年。	天啟七年金陵余思泉餘慶堂刊朱墨套印本。

書名	作者	成書年代	版本
淮南子粹言	明陳繼儒。	公元？　年至一六三九年。	明刊本。（在古今粹言內。）
淮南子類語	明陳繼儒　王衡。	公元？　年至一六三九年。	明刊本。（在諸子類語內。）
增定淮南鴻烈解別解	明葉紹泰：檇李人。	崇禎十五年。公元一六四二年。	崇禎十五年采隱山居刊本。清鈔本。（增定漢魏六朝別解內。）
淮南子節閱	明薛宏繹。	公元？　年至一六四四年。	明刊本。（在諸子近編正集內。）
淮南鴻烈解選	明張運泰。	公元？　年至一六四四年。	明刊漢魏六十名家文乘本。
淮南子述記一卷	清任兆麟。	嘉慶十五年。公元一八一〇年。	嘉慶十五年遂古堂刊本。（在續述記內。）
淮南子選	清張道緒。	嘉慶十六年。公元一八一一年。	嘉慶十六年人境軒刊本。
淮南子文粹三卷	清李寶淦。	光緒二十三年。公元一八九七年。	光緒二十三年手稿本。民國六年上海商務印書館排印本。（在諸子文粹內。）
淮南子精華	無名氏。	民國四年。公元一九一五年。	民國四年上海中華書局排印本。

四　舊鈔本

書名	作者	成書年代	版本
評注淮南子菁華録一卷	張之純。	民國七年。公元一九一八年。	（在評注諸子菁華録内。）
淮南子選	沈德鴻。	民國十四年。公元一九二五年。	民國十五年商務印書館排印本。
淮南兵畧閒詁第廿殘卷			日本古鈔本。

五　批校本

書名	作者	成書年代	版本
評注淮南鴻烈解	王宗沐。	公元？年至一五九二年。	明刊本。（臺灣圖書館藏。）
淮南鴻烈解二十一卷	闕名。	公元？年至一五九二年。	明刊本。（臺灣圖書館藏。）

書名	作者	成書年代	版本
淮南鴻烈解評點二十一卷	闕名。	公元？年至一六一二年。	明刊花□本。（臺灣圖書館藏。）
淮南子批校	姜辰英：字西溟，號湛園，慈谿人。	公元？年至一六九九年。	手稿本。（童藻蓀家藏。）
校淮南鴻烈解二十一卷	何焯：字屺瞻，號茶仙，人稱義門先生。	公元？年至一七二二年。	手稿本。
校淮南子	惠棟：字定宇，吴縣人。	公元？年至一七五八年	沈大成、顧廣圻、顧逵、朱邦衡過録本。
校劉注本淮南鴻烈解二十八卷	蕭江聲：常熟人，字白沙。	乾隆四十一年。公元一七七六年。	手校本。
校淮南子二十一卷	沈大成：字沃田，號勿菴，華亭人。	公元？年至一七八一年。	手校本。（録惠棟校語。）
淮南鴻烈解考證	王太岳。	乾隆四十七年。公元一七八二年。	（在四庫全書攷證內。）
校淮南鴻烈解二十八卷	闕名。	乾隆四十八年。公元一七八三年。	以錢曾所藏景宋鈔本校藏本。

淮南子校語二十一卷	趙曦明：字敬夫。	公元？年至一七八五年。	傳録本。
校莊本淮南子二十一卷	梁玉繩：字曜北。	公元？年至一七八八年。	有繆荃蓀過録本。
校茅本淮南鴻烈解二十一卷	錢塘：嘉定人，字學淵，一字萬美，號溉亭。	公元？年至一七八八年。	（僅天文、時則、兵畧三篇。）
校舊鈔本淮南子二十八卷	黄丕烈。	公元？年至一七八九年。	以道藏本校張秋塘藏舊鈔本。
點校淮南鴻烈解二十一卷	黄錫禧：宜黄人。	乾隆五十六年。公元一七九一年。	乾隆五十六年王模刊增訂漢魏叢書本。光緒二年紅杏山房重刊增訂本。光緒六年三餘堂刊增訂本。
校道藏本淮南鴻烈解二十一卷	盧文弨：字召弓，號磯漁，又號抱經，餘姚人。	乾隆五十七年。公元一七九二年。	以道藏本校莊逵吉本。
莊本淮南子校語二十一卷	梁履繩：字處素。	公元？年至一七九三年。	繆荃蓀過録。
淮南鴻烈解評點二十一卷	魯九皋：江西新城人，原名仕驥，字絜非，號山木。	公元？年至一七九四年。	評點茅坤本。

書名	作者	成書年代	版本
校淮南子二十一卷	周廣業：海寧人，字勤補，號耕崖。	公元？年至一七九六年。	徐行可先生有過録本。
校莊本淮南子二十一卷	孫志祖：字頤谷。	嘉慶四年。公元一七九九年。	嘉慶四年刊本。
校茅坤本淮南鴻烈解二十一卷	江聲：吴縣人，字叔澐，晚號艮庭。	公元？年至一七九九年。	以道藏本校茅本。
淮南子校本二十一卷	孫馮翼。	公元？年至一七九九年。	存過録本，存上海文獻圖書館。
淮南鴻烈解批校二十一卷	錢大昕：字曉徵，號竹汀，嘉定人。	公元？年至一八〇三年。	以道藏本校汪一鸞本。手校本藏上海文獻圖書館。
校淮南子二十一卷	錢坫：嘉定人，字獻之，號小蘭。	公元？年至一八〇六年。	據莊序，莊本即獻之校本。
校道藏本淮南子二十一卷	袁廷檮：吴縣人，字又愷，又字綬階，紅惠山房主人。	公元？年至一八一〇年。	手校本，藏上海市圖書館。

校中立四子本淮南鴻烈解二十八卷	王念孫：字懷祖，號石臞，高郵人。	公元？　年至一八一五年。	手校本，浙江圖書館藏。
校淮南子	翁方綱：大興人，字正三，號覃溪。	公元？　年至一八一八年。	邵懿辰藏手校本。
校北宋小字本淮南子二十一卷	顧廣圻：字千里，號澗蘋，元和人。	公元？　年至一八一八年。	校於莊逵吉本上。
精校莊刻淮南子二十一卷	許宗彥：字周生。	公元？　年至一八一八年。	
淮南子校本二十一卷	勞格：仁和人，字季言。	公元？　年至一八二〇年。	繆荃蓀過録。
莊本淮南子校語二十一卷	顧逵。	公元？　年至一八二二年。	
校北宋小字本淮南子二十一卷	陳奐：字碩甫，號師竹，晚號南園老人，長洲人。	道光十四年。公元一八三四年。	校於莊逵吉本上。
淮南子評	王闓運：字壬秋，又字壬父，湘潭人。	公元？　年至一八六九年。	馬宗霍藏。已佚。

書名	作者	成書年代	版本
過録王校淮南子二十一卷	胡澍：績溪人，字荄甫，一字甘石，號石生。	公元？年至一八七二年。	手校本，江蘇第一圖書館藏。
校淮南子二十一卷	李慈銘。	公元？年至一八七四年。	手校莊逵吉本，藏北京圖書館。
手校淮南子二十一卷	陶方琦。	光緒元年。公元一八七五年。	以宋本、藏本校莊逵吉本。
淮南子校本二十一卷	楊沂孫：常熟人，字子興，號詠春，晚號濠叟。	公元？年至一八八一年。	手校本，上海文獻圖書館藏。
淮南子點勘二十一卷	吴汝綸。	光緒十年。公元一八八四年。	民國十年蓮池書社排印本。（在桐城吴先生羣書點勘内。）
校道藏本淮南子十一卷	趙之謙：會稽人，字撝叔，號益甫，晚號無悶。	公元？年至一八八四年。	手校本，上海市圖書館藏。
淮南子校本	譚獻：字仲修，號復堂。	公元？年至一八八六年。	
淮南子校本二十一卷	許克勤：海寧人，字勉甫。	公元？年至一八九五年。	手校本，存浙江圖書館。

校録淮南子二十一卷	許在衡：山陰人，字笈雲。	光緒二十四年。公元一八九八年。	校録本，存臺灣圖書館。
校淮南子二十一卷	張鳴珂：嘉興人，字公惠，號玉珊，晚號窳翁。	公元？年至一九〇〇年。	手校本，藏南京圖書館。
淮南子校本二十一卷	諸可寶：浙江錢塘人，字遲鞠，號樸齋。	公元？年至一九〇一年。	
淮南鴻烈解評點二十一卷	秦樹聲：河南固始人。	公元？年至一九〇八年。	鼇玉館過録本。
淮南鴻烈解校本二十一卷	吴廣霈：安徽涇縣人，字瀚濤，號劍華。	宣統二年。公元一九一〇年。	宣統二年手校本。
校淮南子二十一卷	單不厂。	公元？年至一九一一年。	手校本，藏浙江圖書館。
校淮南子二十一卷	朱邦衡。	公元？年至一九一一年。	校於莊逵吉本上。
淮南子諸家校語二十一卷	王仁俊。	公元？年至一九一一年。	首二册在北京圖書館。

書名	作者	成書年代	版本
批校淮南子二十一卷	趙熙：字堯生，四川榮縣人。	公元？年至一九一一年。	四川省圖書館藏。
校淮南子二十一卷	繆荃蓀。	民國三年。公元一九一四年。	以宋本、藏本校莊本。
校異本淮南子二十一卷	王秉恩：字雪澂。	公元？年至一九一五年。	手校本，藏上海文獻圖書館。
過録王秦淮南子校語二十一卷	朱孝臧：歸安人，字古微，號彊村。	公元？年至一九一八年。	手校本，吴縣潘氏著硯樓藏。
校淮南鴻烈解二十一卷	王國維：字静安，一字伯隅，號觀堂，海寧人。	公元？年至一九二〇年。	校於涵芬樓景印劉泖生鈔本上，手校本，藏北京圖書館。
淮南子校本二十一卷	邵瑞彭：淳安人，字次公。	公元？年至一九二三年。	手校本，藏廬州丁緩卿家。
校淮南子二十一卷	沈祖緜：字瓞民。	公元？年至一九三五年。	

淮南子校記	王瀣：溧水人，字伯沆，一字伯謙，自署無想居士，晚號冬飲。	民國二十一年。公元一九三二年。	以茅一桂本校莊逵吉刊本。（在冬飲廬讀書記内。）臺灣王冬飲先生遺稿排印本。

六 箋釋

書名	作者	成書年代	版本
鼎鐫注釋淮南鴻烈解二十八卷	劉蓮台。	公元？年至一五八〇年。	明刊小字本，藏臺灣圖書館。
淮南子注 二卷	韋際明：晉江人，字聖俞，天啓貢生。	公元？年至一六三〇年。	（福建通志經籍志著録。）
淮南鴻烈補注	明仙作舟：安徽寧國人。	公元？年至一六四〇年。	（安徽通志藝文志著録。）
淮南子注	明王夫之：字而農，號薑齋，衡陽人，學者稱船山先生。	公元？年至一六五五年。	（嘉慶同治衡陽縣志、光緒湖南通志著録。）
淮南存雋	傅山。	公元？年至一六八四年。	（在霜紅龕集内。）

書名	作者	成書年代	版本
讀淮南子襍志	王念孫：高郵人，字懷祖，號石臞。	嘉慶二十年。公元一八一五年。	（在讀書襍志内。）
淮南子校補校	劉台拱：寶應人，字端臨，號子階，乾隆舉人。	公元？年至一八〇五年。	（在端臨先生遺書内。）清光緒十五年廣雅書局刊本。
淮南子襍記	王紹蘭：字南陔，浙江蕭山人，乾隆五十八年進士。	公元？年至一八二〇年。	手稿本，（在讀書襍記内。）民國四年雪堂叢刻排印本。一九八八年中華書局學術筆記叢刊排印本。
淮南子正誤十二卷	陳昌齊：字觀樓。	公元？年至一八二〇年。	（在賜書堂全集内。）嘉慶間刊本。
淮南子叢録	洪頤煊。	道光二年。公元一八二二年。	（在讀書叢録内。）
校正淮南子	牟庭。	公元？年至一八二七年。	（山東通志著録。）
淮南子平議	俞樾：德清人，字蔭甫，號曲園。	同治九年。公元一八七〇年。	（在諸子平議内。）
淮南子讀書録	曾國藩。	公元？年至一八七二年。	光緒二年北京龍文齋刊本。

淮南子襍志	徐時棟。	公元？　年至一八七三年。	（在煙嶼樓讀書志內。）民國十七年鄞縣蓬學齋排印本。
讀淮南子	蔣超伯：丹徒人，字叔起，號通齋。	公元？　年至一八七五年。	（在南漘楛語內。）光緒元年兩鬳山房校刊本。
淮南子隨筆	張文虎。	同治十三年。公元一八七五年。	（在舒藝室隨筆內。）
讀淮南子札記	陶鴻慶。	公元？　年至一八八一年。	（在讀諸子札記內。）
淮南參正	陶方琦。	公元？　年至一八八四年。	
淮南子校勘記	汪文臺：安徽黟縣人，字南士。	光緒十一年。公元一八八五年。	光緒十一年湖北崇文書局刊本。
讀淮南子揚搉	王仁俊。	光緒十九年。公元一八九三年。	光緒十九年手稿本。
淮南子札記	章太炎：浙江餘杭人，名炳麟，字枚叔。	公元？　年至一八九六年。	（在膏蘭室札記內。）一九八二年上海人民出版社章太炎全集排印本。
淮南修務訓補注	唐詠裳：錢塘人。	公元？　年至一八九九年。	
淮南子札迻	孫詒讓：字仲容，號籀高，瑞安人。	光緒三十年。公元一九〇四年。	（在札迻內。）

書名	作者	成書年代	版本
淮南子正謬	沈湛鈞：陽湖人。	光緒三十一年。公元一九〇五年。	光緒三十一年排印本。
校淮南子	于鬯：字醴尊，號香草，江蘇南滙人。	公元？年至一九一〇年。	（在香草續校書內。）一九六三年中華書局排印本。
淮南校文	向承周：字宗魯，巴縣人。	公元？年至一九三九年。	手稿本，鍾佛操有過録本。
淮南鴻烈集解二十一卷	劉文典：字叔雅，安徽合肥人。	民國十年。公元一九二一年。	民國十二年商務印書館排印本。
淮南訓義疏補	李哲明：字星樵，漢陽人。	公元？年至一九二三年。	徐行可先生藏稿。
淮南子許慎高誘注音辨證	吴承仕：字檢齋，安徽歙縣昌溪人。	民國十二年。公元一九二三年。	（在經籍舊音辨證內。）民國十二年排印本。
淮南舊注校理三卷附校理之餘	吴承仕。	民國十三年。公元一九二四年。	民國十三年付文楷齋刊本。
淮南集證二十一卷	劉家立。	民國十三年。公元一九二四年。	民國十三年中華書局排印本。
淮南子斠補	吕傳元：九江人，字貞伯。	民國十五年。公元一九二六年。	排印本。

淮南許注漢語疏	劉盼遂。	民國十五年。公元一九二六年。	北京清華大學研究院排印本。
淮南舊注參正	馬宗霍：衡陽人。	公元？　年至一九三〇年。	一九八四年齊魯書社排印本。
淮南集解補正一卷	胡懷琛。	民國二十年。公元一九三一年。	（在樸學齋叢書内。）
淮南子札記	陳準：瑞安人。	公元？　年至一九三四年。	自序見圖書館學季刊第三卷第二期。
淮南子校録拾遺一卷	劉文典。	民國二十五年。公元一九三六年。	（在三餘札記内。）民國二十七年上海商務印書館排印本。
淮南子新證	于省吾。	民國二十八年。公元一九三九年。	（在雙劍誃諸子新證内。）
淮南子證聞七卷	楊樹達。	民國三十五年。公元一九四六年。	一九五三年中國科學院排印本。
淮南子管見	金其源：寶山人，字巨山。	民國三十二年。公元一九四三年。	（在讀書管見内。）一九五七年上海商務印書館排印本。
淮南子校記	蔣禮鴻。	公元一九五六年。	（在懷任齋文集内。）公元一九八六年上海古籍出版社排印本。

書名	作者	成書年代	版本
淮南子斠證二卷補遺一卷續補一卷	王叔岷。	公元一九五三年。	（在諸子斠證內。）一九六四年臺灣世界書局排印本。
淮南子斠理二十一卷	鄭良樹：廣東潮安人。	公元一九六六年。	一九六九年嘉新水泥公司文化基金會叢書排印本。
讀淮南鴻烈集解校記一卷	劉殿爵。	公元一九六七年。	香港中文大學聯合書院學報第六期。
讀淮南子	陳直。	公元一九七三年。	（在摹廬叢著七種讀子日札內。）
淮南子校釋二十一卷	于大成：章丘人，字卿父。	公元一九六九年。	臺灣一九六九年油印本。
淮南褋志補正一卷	于大成。	公元一九七五年。	臺北文史哲出版社排印本。
淮南子辨正	徐仁甫。	公元？　年至一九八三年。	手稿本。
淮南天文訓補注	錢塘：嘉定人，大昕族子。	乾隆五十三年。公元一七八八年。	乾隆五十三年刊本。道光八年安溪淡春臺校刊嘉定縣署藏版本。

淮南天文訓存疑	羅士琳：高郵人，字小雅，又字次璆，號茗香。	道光三年。公元一八二三年。	傳鈔本。北京圖書館藏。
淮南朝夕圖解	羅士琳。	道光三年。公元一八二三年。	道光三年手稿本，道光八年王萱齡鈔本，北京圖書館藏。
淮南鴻烈音二卷	何誘。	公元？年至二一二年。	新舊唐書藝文志載此書，舊唐志題何誘，焦竑國史經籍志仍之，新唐志題高誘，隋書經籍志作淮南子音注，題高誘注。
淮南釋音	失名。據葉景揆跋知著者名璟，蓋同光間績學士。	公元？年至一八七四年。	

七　輯佚

書名	作者	成書年代	版本
許慎淮南子注	孫馮翼：瀋陽人。	嘉慶七年。公元一八〇二年。	（在問經堂叢書內。）嘉慶七年刊本。
淮南子注一卷	黃奭。	公元？年至一八五〇年。	（在黃氏逸書考子史鉤沈內。）

書名	作者	成書年代	版本
許叔重淮南子注一卷	蔣曰豫：常州人，字侑石。	公元？　年至一八七五年。	（在蔣侑石遺書內。）光緒三年蓮池書局刊本。
淮南許注異同詁四卷補遺一卷續補一卷	陶方琦。	公元一八七一年至一八八四年。	
淮南許注鈎沈	易碩：又名順鼎。	公元？　年至一八八四年。	
淮南鴻烈間詁二卷	葉德輝。	光緒十七年。公元一八九一年。	光緒二十一年長沙葉氏郎園刊本。
淮南許注異同詁校補	王仁俊。	公元？　年至一九一一年。	稿本藏北京圖書館，未完。
淮南許注異同詁三卷續九卷	王仁俊。	公元？　年至一九一一年。	未完稿。
淮南子佚文一卷	劉文典。	民國十七年。公元一九二八年。	（在三餘札記內。）民國十七年商務印書館排印本。

淮南萬畢術一卷	孫馮翼。	公元？　年至一七九九年。	（在問經堂叢書內。）嘉慶間刊本。
淮南萬畢術一卷補遺一卷再補遺一卷	茆泮林。	道光三至五年。公元一八二三至一八二五年。	（十種古逸書內。）道光十四年梅瑞軒刊本。
淮南萬畢術一卷	丁晏：江蘇山陽人，字儉卿，號柘堂。	道光七年。公元一八二七年。	（收入南菁書院叢書第三集內。）光緒十四年刊本。
淮南萬畢術二卷	葉德輝。	光緒十七年。公元一八三七年。	光緒二十一年長沙葉氏郋園刊本。
淮南萬畢術一卷	黄奭。	公元？　年至一八五〇年。	（在黄氏逸書考子史鈎沈內。）
淮南萬畢術一卷	黄以周。	公元？　年至一八七〇年。	（見黄氏自序。）
淮南萬畢術輯一卷補遺一卷附録一卷	王仁俊。	公元？　年至一九一一年。	玉函山房輯佚續編本。學古堂排印本。
周易淮南九師道訓十卷	馬國翰。	公元？　年至一八三五年。	（在玉函山房輯佚書內。）

八　譯注

書名	作者	成書年代	版本
淮南子譯注	王維庭。吴則虞。	公元一九六二年。	一九六二年中華書局排印本。
淮南子譯注	陳廣忠。	公元一九八七年。	一九九〇年吉林文史出版社排印本。

九　有關褋著

書名	作者	成書年代	版本
淮南子彙考一卷	陳夢雷。蔣廷錫。	雍正四年。公元一七二六年。	（在古今圖書集成經籍典内。）
淮南許高二注考	陸心源。	公元？　年至一八八四年。	（在儀顧堂集内。）
淮南周易古義二卷	胡兆鸞：長沙人。	公元？　年至一九〇〇年。	手稿本，中國科學院圖書館藏。
淮南子書録	吴則虞。	公元一九六二年。	載文史第二輯。

淮南子通檢一卷		民國三十三年。公元一九四四年。	民國三十三年中法漢學研究所排印本。一九八六年上海古籍出版社景印本。
淮南王書考一卷	于大成。	公元一九七五年。	臺灣文史哲出版社排印本。
淮南鴻烈遺文考	于大成。	公元一九七五年。	臺灣文史哲出版社排印本。

十 日本淮南子書録

書名	作者	成書年代	版本
手校淮南鴻烈解二十一卷	根遜志。	公元？ 年至一七六四年。	日本明和年間手校本。
淮南子考二卷	澁井孝德。	公元？ 年至一七八六年。	
淮南指迷	恩田維周。	公元一七九〇年。寛政二年。	鈔本。
淮南子考二卷	恩田維周。	公元？ 年至一七九〇年。	

書名	作者	成書年代	版本
淮南鴻烈集解訓點二十一卷	鵜飼信之。	公元一七九二年。寬政四年。	寬政四年景都前川權兵衛刊本。
淮南子注考十二卷	久保愛。	公元一七九五年。寬政七年。	
淮南子校正一卷	豬飼彥博。	公元？　年至一七九八年。	
標注淮南鴻烈集解二十一卷	宇野東山。	公元一七九八年。寬政十年。	寬政十年河内屋茂兵衛刊本。
標注改正淮南鴻烈解二十一卷	闕名。	公元一七九八年。寬政十年。	寬政十年浪華書林刊本。
淮南子考	萩原萬世。	公元？　年至一八一一年。	
淮南子考二卷	永井襲。	公元？　年至一八一八年。	
淮南子考	田園雄。	公元？　年至一八二六年。	

增注淮南子二十一卷	諸葛晃。	公元？年至一八四四年。	
淮南鴻烈解摘注一卷	諸葛晃。	公元？年至一八四四年。	
淮南子音義一卷	諸葛晃。	公元？年至一八四四年。	
淮南鴻烈解考證二卷	藤川貞。	公元？年至一八六九年。	
淮南子考一卷	鈴木弘。	公元？年至一八七〇年。	
淮南子疏證二十一卷	岡本保孝。	公元？年至一八七八年。	鈔本，故宮博物院藏。
淮南子疏證補遺六卷	岡本保孝。	公元？年至一八七八年。	鈔本，故宮博物院藏。
淮南子重言重意考	岡本保孝。	公元？年至一八七八年。	鈔本，故宮博物院藏。

書名	作者	成書年代	版本
淮南子纂評	岡本保孝。	公元？　年至一八七八年。	鈔本，故宮博物院藏。
淮南子音注出典考	岡本保孝。	公元？　年至一八七八年。	鈔本，故宮博物院藏。
校淮南子	岡本保孝。	公元？　年至一八七八年。	
新刊淮南子箋釋二十一卷	澀谷啓藏。	公元一八八五年。明治十八年。	明治十八年東京大野堯運報告堂排印本。
淮南子講義一卷	姓氏未詳。	公元？　年至一八九二年。	明治二十五年東京博文館排印本。
淮南出典考	島田翰。	公元一九〇四年。明治三十七年。	明治三十八年東京民友社排印本。民國十六年藻玉堂排印本。
淮南鴻烈解舊書考	島田翰。	公元一九〇四年。明治三十七年。	明治三十八年東京民友社排印本。民國十六年藻玉堂排印本。
和譯淮南子一卷	田岡佐代治。	公元一九一〇年。明治四十三年。	明治四十三年東京玄黃社排印本。明治四十四年再版排印本。

淮南子	服部宇之吉。	公元一九一一年。明治四十四年。	明治四十四年東京有朋堂排印本。
校訂眉評淮南子二十一卷	服部宇之吉。	公元一九一四年。大正三年。	日文著述，收入漢文大系。
淮南子國字解	菊池三九郎。	公元一九一二年。大正元年。	日文著述。大正元年東京早稻田大學出版部排印本。大正六年再版排印本。
淮南子義釋二十一卷	竹添光鴻。	公元？　年至一九一七年。	
國譯淮南子	後藤朝太郎。	公元一九二〇年。大正九年。	（收入國譯漢文大成。）大正九年國民文庫刊行會排印本。
現代語譯淮南子	小野機太郎。	公元一九二二年。大正十一年。	（收入支那哲學叢書內。）大正十一年支那哲學叢書刊行會排印本。大正十五年再版排印本。昭和五年東京坂東書院改題「支那哲學大系」排印本。
淮南子一卷	楠山春樹。	公元一九七一年。昭和四十六年。	日文著述。（收入中國古典新書內。）昭和四十六年東京明德出版社排印本。
淮南子	澤谷昭次。戶川芳郎。木山英雄。	公元？　年至一九七二年。	見中國古典文學大系總目。
淮南子索引	鈴木隆一。	公元一九七六年。昭和五十一年。	昭和五十一年京都人文科學研究所排印本。

以上就所見知及據嚴靈峯周秦漢魏諸子見知書目著録，計舊刻二十八卷本一十五種，舊刻二十一卷本三十五種，節選本二十四種，日本舊鈔本一種，批校本五十九種，箋釋書五十四種，輯佚書一十七種，譯注本二種，有關襍著七種，日本淮南子書録三十七種，都凡二百五十一種。

附録二

淮南子佚文

鄒衍事燕惠王盡忠，左右譖之。王繫之，仰天而哭，五月天爲之下霜。後漢書劉瑜傳袁紹傳注引。

安養士數千，高才者八人：蘇非、李尚、左吴、田由、伍被、毛周、雷被、晉昌，號爲八公。史記淮南列傳索隱引淮南要畧。

寧案：要畧無此文，洪頤煊以爲索隱誤高誘序爲要畧。

直木先伐，甘井先竭。藝文類聚八十八引。

烏鵲填河成橋而渡織女。白帖九引。

石破生啟。北堂書鈔二十三引。

奔車之上無仲尼，覆舟之下無伯夷。太平御覽四百五十九引。

寧案：劉文典以爲韓非子文，疑御覽誤。

湯時大旱七年，卜用人祀天。湯曰：『我本卜祭爲民，豈乎自當之！』乃使人積薪，翦髮及爪，自潔居柴上，將自焚以祭天，火將然，卽降大雨。文選思玄賦注引。

楚恭王遊於林中，有白猨緣木而矯。王使左右射之，騰躍避矢，不能中。於是使由基撫弓而眄，猨乃抱木而長號。何者？誠在於心，而精通於物。文選張茂先勵志詩注引。

黄帝化天下，漁者不争坻。文選傅長虞贈何劭王濟詩注、七命注引。

寧案：劉文典以爲此蓋約引覽冥篇文。

富貴而不道，適足以爲患。出車入輦，務以自供，命之曰顛蹷之機。肥肉厚酒，務以相强，命之曰爛腹之食。靡曼皓齒鄭、衛之音，命之曰伐性之斧。三患者，富貴之所致。太平御覽四百七十二引。

湯放桀於歷山，與妹喜同舟浮江，奔南巢之山而死。史記夏本紀正義引。

若天下無道，守在四夷；天下有道，守在海外。文選東京賦注引。

成相篇曰：「莊子貴支離，悲木槿。」藝文類聚八十九引。

劉文典云：藝文類聚注云：「成相出淮南子。」是淮南王書本有成相篇，而今逸之也。漢書藝文志襍賦十二家，有成相襍辭十一篇。王應麟云：「淮南王亦有成相篇，見藝文類聚。」

「牛膽塗目，莫知其誰。」注曰：「取八歲黄牛膽，桂三寸，著膽中，百日以成。因使巧工刻象人，丈夫著目下，爲女子著頭上，爲小兒著頤下，盛以五綵囊。先宿齋，無令人知也。」太平御覽八百九十九引。

「天雄雄雞志氣益。」注：「取天雄二枚，納雄雞腹中。搗，生食之，令人勇。」太平御覽九百九十引。

取牛膽塗熱釜，卽鳴矣。太平御覽八百九十九引。

七月七日午時，取生瓜葉七枚，直入北堂中，向南立，以拭面靨，當卽滅矣。太平御覽三十一引。

寧案：以上四條，疑皆淮南萬畢術文。

濰水、覆舟山，蓋廣異名也。太平御覽六十三引。

寧案：此墬形篇「維出覆舟」許慎注，見水經濰水注。說詳墬形訓。「水」字當是「出」字之誤。

曲張，弓名也。一名彷徨弓。太平御覽三百四十七引。

宛轉弓，今之弭弓是也。同上。

朱鼈浮於水上，必大雨。太平御覽十引。

董仲舒請雨，秋用桐木魚。初學記天部下、御覽十一引。

「槐之生也，入季春，五日而兔目，十日而鼠耳，更旬而始規，二旬成葉。」注：「規，葉始開。」太平御覽九百五十四、事類賦二十五引。

月中有桂樹。太平御覽九百五十七引。

東方之人長一丈。太平御覽三百七十七引。

扶桑在暘州，日所拂。東北方，十日所出。扶桑生暘谷中，九日居下枝，一日居上枝也。太平御覽九百五十五引。

太陰在上，蚯蚓結，爲陽侯。太平御覽九百四十七引。

越雞不能伏鵠卵。太平御覽九百二十八引。

堯舜之德，輕於鴻毛。太平御覽八十引。

雙南金。事文類聚。

通梁組纓。太平御覽六百八十五引。

寧案：齊俗篇「楚莊王裾衣博袍，令行乎天下，遂霸諸侯」，四字疑在「裾衣博袍」上。説在齊俗篇。

蝟使虎申，蛇令豹止，物有所制也。太平御覽八百九十二引。

舜無佚民，造父無佚馬。大戴記八盛德第六十六盧注引。

軍正執豹皮，所以制正其衆。後漢書輿服志注胡廣引。

附録三

淮南子總評

楊氏法言曰：「或曰：『淮南、太史公者，其多知歟，曷其雜也？』曰：『雜乎雜，人病以多知爲雜，惟聖人爲不雜。』」

又曰：「淮南子其一出一入，字直百金。」

劉氏文心雕龍曰：「列子有移山跨海之談，淮南有傾天折地之說。」

劉氏史通曰：「淮南子牢籠天地，博極古今。」

晁氏曰：「漢劉安撰淮南，厲王長子也，襲封，招致諸儒方士，講論道德，總統仁義，著内書二十一篇，號曰鴻烈。鴻，大也，烈，明也，以爲大明道之言也。避父諱，以『長』爲『修』。後漢許慎注，慎自名注曰『記上』。今存原道、俶真、天文、地形、時則、覽冥、精神、本經、主術、繆稱、齊俗、道應、氾論、詮言、兵畧、説山、説林等十七篇，李氏書目亦云第七、第十九亡，崇文目則云存者十八篇，蓋李氏亡二篇，崇文亡三篇，家本又少其一，俟求善本是正之。」

洪氏隨筆曰：「淮南王安招致賓客方術之士，作爲内書二十一篇，外書甚衆，又有中篇八卷，言神仙黄白之術。漢書藝文志淮南二十一篇，淮南外三十三篇，列於襍家。今所存者二十一卷，蓋内篇也。壽春有八公山，正安所延致客之處。傳記不見姓名，而高誘序以爲蘇飛、李尚、左吴、田由、雷被、毛被、伍被、晉昌等八人，然惟左吴、雷被、伍被見於史。雷被者，蓋爲安所斥而亡之長安上書者，疑不得爲賓客之賢者也。」

高氏子畧曰：「少愛讀楚辭淮南小山篇，聳峻瓌磊，他人制作不可企攀者，又慕其離騷有傳，窈窕多思致，每曰，淮南天下奇才也。又讀其書二十篇，篇中文章無所不有，如與莊列吕氏春秋韓非子諸篇相經緯表裏，何其意之襍出，文之沿複也。淮南之奇出於離騷，淮南之放得於莊列，淮南之議論錯於不韋之流，其精好者又如玉杯繁露之書，是又非獨出於淮南。所謂蘇飛、李尚、左吴、田由、雷被、毛被、伍被、大山、小山諸人，各以才智辯謀，出奇馳儁，所以其書駁然不一。」

又曰：「其文字殊多新特，士之厭常玩俗者，往往愛其書。況其推測物理，探索陰陽，大有卓然出人意表者。」

又曰：「淮南王尚志謀，募奇士，廬館一開，天下儁絶馳騁之流，無不雷奮雲集，蠭議横起，瓌詭作新，可謂一時傑出之作矣。」

周氏涉筆曰：「淮南子多本文子，因而出入儒、墨、名、法諸家。」

陳氏曰：按唐志又有高誘注，今本記題許慎注，而詳序文即是高誘，不可曉也。序言「自誘之少，從同縣盧君受其句讀」，盧君者，植也，與之同縣，則誘乃涿郡人。又言「建安十年，辟司空掾東郡濮陽令，十七年，遷監河東」，則誘乃漢末人，其出處畧可見。

黄氏日抄曰：「淮南鴻烈者，淮安王劉安以文辯致天下方術之士，會粹諸子，旁搜異聞以成之。凡陰陽造化，天文地理，四夷百蠻之遠，昆蟲草木之細，瓌奇詭異，足以駭人耳目者，無不森然羅列其間，蓋天下類書之博者也。」

蘆泉劉氏曰：「右淮南一書乃全取文子而分析其言，襍以吕氏春秋、莊列、鄧析、慎子、山海經、爾雅諸書，及當時所召賓客之言，故其文駁亂，序事自相舛錯。漢許慎記上，而高誘爲之註。記上，猶言標題進呈也，故稱職稱臣。先儒誤以爲慎註，又疑非誘註，按註中不知者云『誘不敏』，則爲誘註明矣。其書雖無足取，然論律吕而存古樂，論躔度而存曆數，天文地形，亦有當留心者。」

王氏文訓曰：「荀卿氏、揚雄氏則以明先聖之學爲文，淮南氏則以總統道德仁義而蹈虚守静，出入經道爲文。」

王氏卮言曰：「淮南鴻烈雖似錯襍，而氣法如一，當由劉安手裁。」

孫鑛曰：「篇中清净無爲，皆老莊陳語，正以旁喻奇陗俊拔勝，讀淮南者，當在此不在彼也。」

附録四

各本序跋

蘇頌校淮南子題序

謹案班固前漢書淮南王安招致賓客方術之士數千人，作爲内書二十一篇，外書甚衆；又有中篇八卷，書言神仙黄白之術，亦二十餘萬言。中篇者，劉向傳所謂鴻寶苑秘是也，與外書今竝亡。内書則鴻烈是也，藝文志謂之内篇。是書有後漢時太尉祭酒許慎、東郡濮陽令高誘二家之注，隋唐目録皆别傳行。今校崇文舊書與蜀川印本暨臣某家書凡七部，竝題曰淮南子，二注相參，不復可辨。惟集賢本卷末有前賢題載云：「許標其首，皆曰『閒詁』，『鴻烈』之下，謂之『記上』；高題卷首，皆謂之『鴻烈解經』，『解經』之下曰『高氏注』，每篇之下皆曰『訓』，又分數篇爲上下。」以此爲異。崇文總目亦云如此。又謂高氏注詳于許氏，本書文句，亦有小異。然今此七本皆有高氏訓叙，題卷仍各不同：或于「解經」下云「許慎記上」，或于「閒詁」上云「高氏」，或但云「鴻烈解」，或不言「高氏注」，或以人閒篇爲第七，或以精神篇爲第十八。參差不齊，非復昔時之體。臣某據文推次，頗見端緒：高注篇名，皆有「故曰因以題篇」之語，其間奇字，竝載音讀；許于篇下粗論大意，卷内或有假借用字，以「周」爲「舟」，以「楯」爲「循」，以「而」爲「如」，以「恬」爲「惔」，如此非一；又其詳畧不同，誠如總目之説。互相考正，去其重複，共得高注十三篇，許注十八篇。又按高氏序典農中郎將卞揖借八卷，會揖喪遂亡，後復補足。今所缺八篇，得非後補者？失其定著外所闕卷，但載淮南本書，仍于篇下題曰注今亡，許注仍不叙録，竝以黄紙繕寫，藏之館閣。

淮南鴻烈解二十八卷弘治王溥刻本劉績題識

右淮南一書，乃全取文子而分析其言，雜以呂氏春秋、莊、列、鄧析、慎子、山海經、爾雅諸書，及當時所召賓客之言，故其文駁亂，序事自互舛錯。漢許慎記上，而高誘爲之註。「記上」猶言標題進呈也，故稱職、稱臣。先儒誤以爲慎註，又疑非誘註。按註中不知者云「誘不敏」，則爲誘註明矣。其書雖無足取，然論律呂而存古樂，論躔度而存曆數，天文、地形，亦有當留心者。舊本殘訛，自誘註時已不能辯，如以「禁苛」爲「柰何」，類甚多。暇中據他書補數千字，改正數百字，删去百字，其疑者仍存難，釋者草草書數語釋之，易用心於博奕云。時弘治辛酉蘆泉劉績識。

淮南鴻烈解二十一卷明張烒如集評本序跋

淮南鴻烈解序

西漢自賈太傅、董江都以下，共推淮南。余讀淮南，蓋重有所感云。武帝好文學之士，司馬相如、枚皋、嚴助之徒，數見親倖。淮南王安以諸父之尊，辨博善文詞，甚爲禮重；至報書及賜，常召相如等視草，乃遣。安初獻内篇，帝愛秘之不出也。當是時，淮南名重天下，而内外諸書，愛慕者不得見，見則如獲拱璧，遂以千金敵字焉。即往者箕子陳範，仲尼聆韶，初不聞傾動人世之若此也。余觀淮南述道德，賓禮樂，經紀天地，推究人事得失之故，國家理亂之原，闇忽儵忽，儻惘無際。然係之言曰，書不盡言，言不盡意，此易之書，所爲易簡，而天下之理得也。老子先道而後德，先德而後仁，先仁而後義，先義而後禮樂，未嘗開術於韓非；韓非因名責實，候表測裏，不假途於吕氏也。嗚呼！蘭陵封而荀子成，奇貨售而吕覽出，書之所從來也尚矣。淮南子幽吸帝座，磧及馬捶。當時天子，雄材大略，喜善樂推，而公孫弘、衞青、霍去病之徒，曾自不諳鳥跡，越人適魯，覩章甫而矍然有以也。天不自高，地不自深，聖人不自神，惟推其所以而爲之。老、莊之言虚，商、韓之言刻，然學士家觀之，稱其文不厭。或曰淮南之後，無更淮南。然揚子雲亦駿材也。棲遲於哀、平之間，偃仰七十餘歲，維時侯芭服勤，桓譚扼腕，此外曾無聞焉。歷後四十餘載，法言始行，而玄終不顯其聲稱，抑何眇也！淮南之於當時，豈直雷電鬼神云爾哉！人亦有言，笻竹已瘦，蹲蹠已饑，淮南之已枵也信矣。余以是爲之序。桐鄉陸時雍昭仲父題。

鴻烈解序

諸子之興，竝祖述黄帝，黄帝世若存若亡，其言邈不可得聞矣。莊周談道德，亟稱黄帝云云，而老子著五千餘言，闕然不及黄帝，蓋古之信言人也。淮南之書，復祖述老、莊。當是時，秦焰離而聖道熄，羣言興而正教微，淮南子欲尊大其説，或自庶於知道，誠非老莊莫以也，且非獨老、莊已也。昔者、夏后氏之經山海也，窮殥紘，疏諔詭，卽支祈貳負之不啻也，則以爲博而宗之；重黎氏之司象緯也，攬斗杓，窺日月，卽璣衡昏旦之不啻也，則以爲幽而宗之；周官之著月令也，順陰陽，施制禁，卽析因夷隩之不啻也，則以爲典而宗之；司馬之戒兵戎也，審數度，嚴步伐，卽呼吸神鬼之不啻也，則以爲權而宗之；列禦寇之紀人事也，齊得喪，神倚伏，卽寢食夢覺之不啻也，則以爲達而宗之；老、莊之談道德也，外死生，棲澹漠，卽浮漚吹累之不啻也，則以爲玄而宗之。古之立言著義，博者以其辨辨，幽者以其形形，典者以其政式，權者以其智變，玄者以其一化，達者以其忘忘；惟淮南無所不然，無所不可，是夏后、周官、老聃、莊周、列禦寇、孫武、吴起、鄧析、慎到、吕不韋之徒，同冶而一鑄也。昔者、黄帝制戰陣，役鬼神，象百官，備萬物，規天槼地，燭陰洞陽，湛渫道德，飄舉雲漢，而老子云多言數窮，不如守中。世謂老子合黄帝之卷而知白守黑，不欲以多言自見，然莊周著辨，寓言十九，重言十七，而於虚静恬澹之外，寂無聞焉，豈以言之甚詳而旨之甚畧乎哉！以淮南王之辨博善文，而集衆論以成之，宜其浸淫曼衍而不知其所窮也。語曰：「菟獸於原，罾魚於河，不虞其襍，而惟其多。」世之墨守一説，暗于大通者，悵悵乎不知所之。今誠以百氏爲山林，而加彌天之網，卽傾芳倒潤，搜腧選膍，曾何以厭屠門之嚼乎？如淮南復興，正不害其夏后、周官、老聃、莊周、列禦寇、孫武、吴起、鄧析、慎到、吕不韋之徒同冶而一鑄也。余弟次回以嗜讀之餘，廣集評議，傳之同志。余嘉其有裨於世也，爲弁其説，而推極其義云。姚江張存心謙之父譔。

淮南鴻烈解批評原序

不佞得請卧田間，日從友人鹿門子品隲百氏兩京諸家言，馬、班成信史，不朽於春秋，而淮南安當建元右文之餘，亦集賢豪分局列館，剽莊、列百家，間持壹意，浩蕩汪洋，娓娓千百言，迺己自玄黄剖判，靡不究極根荄，葢詳哉其言之也。卽時瞋目批根之輩，錯出不雅馴，而里缶箏髀，使聽者艷爲希聲，不忍棄去，則句櫛之，字縷之，從其腠理，批郤導窾，歸於正途，則評釋贅行，固博士之符券也。鹿門從子一桂，故嗜書業，已訂淮南鴻烈解行海内，而鹿門子猶病其略，載取批評，讀之句若櫛，字若縷，不啻設左右廣而導之前茅也。安鴻烈其説固曲學者流，毋能爲吾儒重。而自有鹿門子之評，則馬、班氏外，未必非亞旅云。友人臨海攖寧子敬所王宗沐撰。

淮南鴻烈解輯畧原叙

余汎覽諸家，於先秦得韓非氏，於西京得劉安氏。之二子者，其爲侯王子也同，其恢奇好著書同，其究竟亦畧同，其人吾無取焉爾，其書則學士所同嚌嗜者也，而亦烏乎有辨。韓非氏、孽公子也，幾而儕韋帶，憤而爲言，言多感慨而幽沈。劉安氏，汰公子也，慮亡不帝制，侈而爲言，言多繽紛而閎廓。韓也蒿目世情之裏，而鑽入之，收其言，可裨吾精嚴，去其刻而可矣。劉也盱衡人世之表，而苞絡之，收其言，足裨吾廣博，去其誕而可矣。且夫韓也，主乎刜者也，匪直刻也，時而走於僻，劉也取材百氏，故時誕時沿時俚，其餘謂安獨刜也者，非安獨刜者也。八公氏衆竫之，劉安纔一裁之爾矣。故又時乎複，時乎襍，故韓可徧涉，而安之語必不可無裁。裁誕也，裁習也，裁俚也，裁襍也，裁複也，而千古無劉安氏儷矣。今世亦多有裁之者，知裁而離之也，未知乎裁而合之也。覩蜀錦之寸纇也，片痕也，剪而去之，而碎之以爲帶，以爲囊，惜乎其小周而不適乎大製也哉！裁文如此，不若其已。吾友張賓王及李汝謙罥季取鴻烈手定之，剔去其濊，而總爲全瑜，驟閲之，二十一章猶是故局焉。縷而按之，脉絡猶是也，滋洽矣；氣格猶是也，滋勁矣；枝理猶是也，滋秩矣；薅去而滋藻矣；庸刊而滋奇矣。試取韓公子言覼之，而乃非敵也。劉安氏之言曰，作書喻意，俟清明之士，執玄鑑於心者焉，微三君子，疇當之？子雲有言，千載而下，有子雲者知子雲。嗚呼！疇知乎千載而下，不爲劉安氏也者，功劉安氏也哉！金陵顧起元撰。

淮南鴻烈解跋

不佞誦文自先秦以下，竊心好淮南。淮南之去古遠矣，然人不嗜玄酒而嗜醴齊，則於人稍近之也。余師昭仲氏，嘗進退千古，於淮南可否略半。聞言者，謂淮南駢膾旨人，殘膏餘瀝，沾溉百代，而昭仲師卑置古人，不禁虩虩然驚河漢而無極也。然昭仲師志存經世，所遊神在范大夫、黄石公之間，而繁文綺語，雅非所好，其於淮南固不啻逕庭之矣。古之稱是書者，謂一出一入，字挾風霜，昭仲師之腹，不幾爲風穴之口而玄霜之島乎哉！跡其聲稱，震燿江南，而賦詩賁憤，唾壺擊裂，其所遇亦可悲矣。故志此爲淮南一解嘲云。武林張煒如大赤父跋。

淮南子二十八卷明嘉靖九年王瑩刻本後序

淮南子云淮南賓客集而著書也。集中所記，雖醇駁不一，要之漢猶近古也。壽州古淮南地，鎣不敏，承乏于兹，弔古問俗，因慨是書之鮮焉。或曰鮮矣安之以，於戲有是哉！「子胥自沉，吴不斷水；申生自經，晉不絶繩。」安之叛，叛於書也，書何負於安？使招賓客而篤信其書，雖今存可也，書以安廢可乎哉！因憶居楚時，少華先生嘗進諸館下，欲梓而未果，乃復搜諸篋中，得河南板，然種種多魚豕脱漏參焉，旋復止。既而沔中童太史聞之，乃寄善本以勗其存。居亡何，值有公委慮囚之潁，清鹽之徐、之滁、之和，編差之亳，盤倉之英、六，每攜之行，暇則參互考校，得其一二。然恐井蠡之窺測，未可以盡信也，因與其鄉進士范子慶共訂正焉，乃刻。嘉靖上章攝提格玄月既望，後學閩中王鎣書于仕學堂之龍雷窟。

淮南鴻烈解二十八卷萬曆朱東光刻中立四子本序及其他

淮南子題辭

郭子章曰：余讀鴻烈解，其篇目始原道，終要畧，而天文、時則、説山、説林，纚纚總總，然擘其大會，蓋沉博絶麗之書也。自有子部以來，未有若是書有理而且備者，豈史稱淮南好讀書，無聲色犬馬嗜慾他好，專精力於是書，故與抑蘇飛、晉昌等相論次而供繕之有人與？何其無普氾不際，無驫首不及，無忽區不實，無嘤喋不貫，儲與扈治，四達無竟若是之詳哉！文帝詔淮南撰離騷賦，旦受令，頃刻而成，則又不假於大小山之徒者。其書當漢世已盛行，劉向爲之校定，許慎爲記上，高誘爲注釋，畢矣。淮南先是屬九江，今爲壽州，隸中都。攀龍氏曰：「余行州邑，望八公山之叢桂，思爲刊布其書。嘉靖間壽州已刻淮南，顧未得高氏注本，相奎廣藏書，何以慰中都士而儛之？」余曰唯唯。余李建寧得注本於長年家，攜之行，李遂出以授梓。豈惟中都之士，今海内就奇觚者，嗜古如饑渴，於管氏淮南二注本，莫不悇憛癢心焉，是刻所裨助學林廣矣。

敍中立四子刻後

夫玉樓金闕清都之秘，丹書緑字仙靈之窟，玄夷赤鯉水府之藏，天吳龍伯大荒之迹，虛無漭瀁何之乎？吾嘗愕而不信。然乃觀於鍾離四子者，則堪輿亦大寥闊矣，而乃得有四子也有如堪輿不大寥闊，即彼四子者，且將走山嶽，破雷電，決宇宙而出之也，而庸得有之四物者哉！夫之四物者，亦大妙矣！弘邕玄旨，胚渾萬象，莫妙於道德；任放巵言，横騖六合，莫妙於南華；圜機含潤，綜虚以實，莫妙於筦氏；蒐博馳辯，發玄於龘，莫妙於鴻烈。是神物者也，頎人曠士尚焉，後有作者，得其一枝，輒妙絶千古，是以上掩鴻荒，下呑來悊，卓然共推以爲宗。嘗試流覽，如墮萬仞之岩，神摇而目眴，舌爲咋而不得下也，而世儒徃徃譚六藉。夫六藉者，固世儒之所駕以彈四子者也，乃四子之譚仁義道德，顧誠出六藉下哉！彼且取仁義道德，詭而之乎玄虚瑰瓌以爲播弄者也。夫五穀養生，丹砂補腦，何害其兩存？即孔氏手定六藉而北面柱下，嗟嗟！寧獸老子其猶龍也與哉！夫世儒固不大於孔子也，令後世之奓口雌黄者，與四子分曹而握筆，能措一語乎？故吾於四子而信堪輿之寥闊也，而又皆産於鍾離。鍾離者，今所稱中都，寔我高皇帝龍興之地，又名臣將相之所産也。乃四子寔先開是即土風慱大以厚，而靈氣之來，信有自矣。不佞來守兹郡，得縱觀我高皇帝與諸名世之遺烈，而又得讀四子也，泱泱哉大風乎！豈非不世之遭耶？於時觀察朱公刻檄彙四子。命叙其後，夫余言惡能爲四子役哉！則惟摇神眴目，信寥闊之無量焉。龔丘張登雲攀龍書。

刻中都四子集叙

叙曰：自文章家師心創製，立爲篇目，勒成一家言，蓋始於柱下之道德云。繇是以來，各著書以子名號者，無慮千億，諸能總覈萬畧，錯綜百氏，蔚爲論著之宗以雄長千古，則可僂指也。老氏尚矣！若莊、若管、若淮南，姚姚乎其語閎大，無涯有涯，有際無際，自本自標，由精由觕，無所不晐，無所不至。大堂之鏄鮮，莫喻其藻，昆侖之枝斯，莫比其奇，飛狐之隘峽，莫埒其險，五通之莊馗，莫並其暢，陵陰之神漠，莫况其幽，何有乎？何不有乎？即通如仙聖，捷如章亥，核如夷堅，誕如齊諧，莫得其洸洋矣。以老氏觀之，又日在歲之中，仁義在道德之内，而至至者與各出而並馳，信爲百家之冠，後有作者，能當其顔行否也？中都刺長張君攀龍，道源洙、泗，詞倒江、淮，諸家衆技，罔不究極。政暇取郡志閲之，嘉四君子皆鍾郡之靈，而悲老、莊僅列於仙釋，與華佗諸人竝，於是行縣之亳，訪天静宫之遺迹，過濠梁挹玄流之長波，遊潁上眺東海之静雲，經壽春擘八公山之叢桂，庶幾乎旦暮遇之。則以其地先是或隸汝寧，或入九江，今皆屬中都，而併收四子於區域之中，良亦奇矣！復念士生其地，未能盡見四子之書，使不爲刊布，是握獨掔之寶，無以尉斯民春饑之望也。第書乏善本，老、莊之註舛雜，而房氏、高氏二註被宋人削去，則博如楊太史用脩，以不見二書註爲嗛。

張君乃求得高註本於郭工部相奎，得房註本於王博士鳳翎，遂彙爲中都四子集。值兵憲，朱公以文武才輝，備兵潁上，譚劒之暇，即繙羣書以說，而尤注心四子。張君進是集，遂手爲裁訂以授之梓。余承乏郡佐，顧軌鞭弭，無能爲役，略加參考，而與徽吴生子玉校證，君遂刻之郡齋。夫尼父至聖，尤稱老氏，孟子紬楊墨，不一言及莊，後人因史記置申、韓同傳，遂以無情之極言之，亦異矣！自如孟子與淳于、申、騶同傳，又何爲者？觀弟子職諸篇，夷吾幼從事學林，其言治道，切名實，則老吏宿學不能自解免，山海之政，何於今行之不變？至鴻烈所論，莫非口堯舜而不詭於孔子之道，史稱其喜讀書，無他犬馬聲色嗜好，其所蘊藉可知矣。當漢之時，許慎即爲記上，其屬書離辭，不可廢也。二子論治，視老、莊尤詳。君守郡以如烹小鮮之言書于座右。淮南廣之曰：「爲刻削者，曰致其酸鹹而已矣。」是何言之周而儆之至也！余三四寮貳，唯唯矜式。今海内追古爲治，文章政事，並術三五，則四子集之刻，其所裨助豈淺小哉！萬曆己卯孟夏之吉，鳳陽府通判蜀瀘李太和拜手謹識。

淮南鴻烈解二十一卷明茅一桂温博校訂明萬曆九年葉氏近山刊本

重校淮南鴻烈解引

余不佞，於古人書蓋未嘗不欲蒐獵其概云。六合之内，馮馮漏漏惟一理，如天之伏，如地之偃，如日月之明，如山海之流峙，如鳥獸昆蟲草木之飛之走之句之萌，安往非此理之靡散哉？吾懼乎惛惛而弗能窮也，不由博物奚知焉？第余性善忘，每釋卷有茫然之恨。一日，得淮南鴻烈解讀之不能休，迺作而曰：「嘻！君子不以人廢言，有味乎其言之也。」昔劉安不務遵藩臣職，丞輔漢天子，而剸懷邪辟之計，身死國除，爲天下咲，至今人人羞稱之。若其所著書二十有一篇，君子稱其大則幬天載地，細則淪於無垠，古今治亂存亡禍福，華夷詭異瓌畸之事，靡所不具。其義著，其文富，信也。其間雖不免剽剥儒、墨、老、莊、陰陽、儀、秦、董、賈諸君之説，而氣法如一，要之亦不甚詭于大道。烏程温博允文氏，嘗爲余論諸子曰：「文字之奇宕者漆園，論議之温醇者河汾，學問之該練者則淮南子。」余甚韙之。惜也，高注繁蕪脱謬，且多魚魯之文。今年春，與允文彙藏經鈔本，參相校讎，攟摭經傳，而稍稍爲之損益。已嘗試披襟讀之，於凡所稱支分派落，靡蔵於六合者，裒然其在我几席間哉！或曰：「此鴻烈之完善本也。」因出而鏤諸木，以與世之博物君子共焉。萬曆壬午歲夏四月，歸安茅一桂仲父識。

淮南鴻烈解二十一卷明萬曆汪一鸞刻本序

刻淮南鴻烈解序

淮南鴻烈一書，昔人論之詳矣。大都裒籍外家深美之論，聚狐成裘，緇縞不一，要以去周未遠，淵源睹記，自多格語。今考其書，原道德則依莊、列，推陰陽則準星官，辨方輿則賅山海，紀四時則徵月令，綜政術則襍申韓，以至離騷之奇，爾雅之正，文、鄧之辯博，儀、秦之短長，雋絶瓌琦，無所不有。葢當是時，招致賓客八公之徒，各纂見聞，取林安手，成一家言，匪直一人一手之烈也。今上以明經興士，罷黜百家，諸儒生斤斤尺幅，壹禀六經之文，即莊、列微言頗謬聖經者，斥不中率，何論淮南。顧是書之作，篇非一指，指非一辭，引物連類，藻思風生，操觚之士，沾匄膏馥，往往有味其言。楊雄氏至謂淮南子一出一入，字直百金，斯亦足奇矣！時刻魯魚，鮮有佳本。姻氏汪生一鸞英年嗜古，耽玩枕中，爰取吴興壽陽二本參復讎定。新付剞劂。篇内字從直音，故多譌舛，而因於高氏訓釋相沿久遠，未敢遽下雌黄，中間盤錯，疏亦未備，姑存其舊，以俟方來，庶幾䍐見闕疑之遺意云耳。萬曆辛巳人日潁陽許國撰。

淮南鴻烈解二十一卷明萬曆顧氏刻本序跋

校鴻烈内書序

不佞嘗從二三友人士，品隲百氏兩京諸家言，馬、班成信史，不朽於春秋，其文則父子耳。老氏登壇主符，蒙莊氏爲申令，荀、楊諸子，顧在下風，定六書者，與之同儕，舛矣。劉安集當代文人，成書鴻烈，大都藂道德之爐，漾逍遥之派，錯以申、韓，綴以韋、翟，毋乃贅乎！汪子曰：色尚玄素，而目猶羨黼黻之觀，音首洞越，而耳不猒激楚之調，勢之所必造也。鴻烈雖摭拾羣書乎，要以布法崔嵬，命旨泓奥，編珠貫玉，吐葩振藻，寸楮並爲雲章，辟之遊金谷中，花鳥呈奇，甍櫩標異，二八遞舞，笙鏞迭奏，令人驟以目聽而亦驟以耳視，文章之鉅麗，所可□原。觀其上述太清，下迄古字，精之而無朕垠也，大之而不可圉也，繽紛蘢蓯而不可縷指也，奇正變幻而莫定其伍也，晉、魏諸名家無能涉其巔厓矣。不佞遍閲諸本，訂真贋，舉異同，則既有年，亥豕之患，庶幾免乎？若夫超余訓解而上之，則以俟諸覽者。萬曆壬辰歲秋八月既望，歙邑汪一鸞識。

徐波跋

庚午歲莫，積陰四十日不解，山村新歲，又有酒食相招之例，凡六時中，飲酒、高枕、讀書，各居其二。此書再閲自小除夕至人日卒業。崇禎四年正月九日，秋香山堂記。

淮南子删評序

淮南王安所著書，其論理之言，頗本莊、列，而揣情摩事，往往造微。然而一篇之中，每有駁襍，又有重複，其患也博而寡要，旨而無序，割之則多精言，合之則少倫次，蓋當時出於八公之手，未能鎔金而使一範也。近代張賓王始能删而整致之，可謂精而要矣。然亦不免於有疵：强求其合而并去其犖确之處，削剟之功太多而神韻不流，功罪亦參半焉。予向讀其書，有意删煩去亂，而猶未敢先以示人也。今年至湖上，人事之暇，復爲點染一過，聽友人之意而刻行之，不知賓王見以爲何如也。倘有未合，請起淮南於九原而問之。吴郡汪明際題。

淮南鴻烈解二十一卷跋

右淮南鴻烈解二十一卷。按淮南王事，已略見高誘序。如通考所引晁、陳二家之説及洪氏隨筆、高氏子畧，論次是書，已具載本書卷首，亦不復采。但據高序，王與蘇飛、李尚、左吳、田由、雷被、毛被、伍被、晉昌等八人及諸儒大山、小山之徒，共講論道德，總統仁義，而著此書，則是八公之外，原别有大山、小山其人。而王逸序楚詞，乃謂「淮南王安博雅好古，招懷天下俊偉之士，自八公之徒，咸慕其德而歸其仁，各竭才智，著作篇章，分造辭賦，以類相從，故或稱小山，或稱大山，其義猶詩有小雅、大雅也」。王逸、高誘皆後漢人，而其説不同如此。今考漢書淮南王安本傳，謂「招致賓客方術之士數千人，作爲内書二十一篇，外書甚衆，又有中篇八卷，言神仙黄白之事」。竊意此八公者，乃相與作外書、中篇之人，而此内書則大山、小山之徒爲之也。雖已軼其姓名，要於高誘所謂儒者，或庶幾焉。若八公中左吳、伍被，皆與王共畫反計，而雷被又以被斥亡之長安上書者，豈足與之言仁義道德哉！謨嘗讀王諫伐閩越書，竊嘉其有忠愛之心，而文尤卓犖，即微此書，亦可以不朽，惜乎其終爲客所註誤也。汝上王謨識。

黄丕烈校淮南鴻烈解二十八卷舊鈔本跋

此淮南鴻烈解二十八卷舊鈔本，余得諸顔家巷張秋塘處，云是其先世青父公所藏，卷中有校增字如高誘撰文云云，皆其筆也。淮南子世有二本，一爲二十一卷，出於宋本，一爲二十八卷，出於道藏本，至二十卷者，錢述古所謂流俗本也。近時莊刻謂出于道藏，顧澗蘋取袁氏五硯樓所藏道藏本校之，知多訛脱。余却手臨一本。頃從都中歸，高郵王伯申編脩聞余收淮南本極多，屬爲傳校。又五柳居陶藴輝思得善本淮南付梓，余家居無事，思爲校勘，遂借袁本重校於此本，道藏面目，畧具于是矣。道藏刻于正統十年十一月十一日，卷首碑牌可證。行欵每葉十行，大小十七字。此本字細行密，不及鈎勒。卷中有青父校增字句，當據别本，今悉照道藏删去，雖是弗存，以歸畫一，暇日當取宋刻正之。辛酉九月重陽後二日，蕘圃黄丕烈識。

又

余收得宋刻，係曹楝亭藏書，故五柳主人於揚州得之，以歸余者也。子書唯淮南世鮮宋刻，故近今翻刻，從前校讐，皆未及宋刻。余既收得，同人慫恿校出，忽忽未有暇也。偶一校及，又中止。年來目力漸衰，遇小字甚不明了，此書宋刻字既小，又多破體，并印本漫漶處，故校難。而所校之本又係小字舊鈔，兼細如蠅頭，故校尤難。前輟校不知幾何年，而今兹三月下澣一日，始復校。此旬日之間，事阻者三四日，草草畢工，略其面目，於破體字及宋刻誤字之灼見者，亦復不記出，一則省工夫，二則改正字從破體，雖曰存真，反爲費事。唯於古字古義或有可取者，仍標其異而出之，雖疑者亦存焉，蓋慎之也。校書取其佳處，或因疑而（此處膠片脱一行）猶兢兢守此意耳。丙□四月朔丕烈。

北宋本淮南鴻烈解二十一卷顧廣圻跋

汪君閬源收藏宋槧淮南子，予借讀一過而書其後曰：此於今日，洵爲最善之本矣。如原道訓「欲宍之心亡於中」「宍」未誤爲「寅」也；「所謂志弱者」「弱」下未衍「而事強」三字也；「大道坦坦，去身不遠，求之近者，往而復反」，注「近謂身也」，在「能存之此」句上，未錯入前「迫而能應」句上也；天文訓「積陰之寒氣爲水」未删去「者」字也；「十二月指子」「子」未誤爲「丑」也；地形訓「決眦」「眦」未誤爲「胔」也；「寒冰之所積也」「冰」未誤爲「水」也；「牡土之氣」「牡」未誤爲「壯」也；時則訓「飾羣牧」「牧」未誤爲「物」也；「以索姦人」「索」未誤爲「塞」也；精神訓「則是合而生時于心也」「于」未誤爲「干」也；「輕舉獨往」「往」未誤爲「住」也；「非能使人弗欲也，欲而能止之，非能使人勿樂也，樂而能禁之」，上「也欲」二字，下「也樂」二字未脱也；本經訓「太清之治也」「治」未誤爲「始」也；「推移而無故」「推」字未脱也；主術訓「東至湯谷」「湯」未誤爲「暘」也；（又説林訓「日出湯谷」亦未誤，惟天文訓「日出於暘谷」已誤。)「是故臣盡力死節以與君計，君計功垂爵以與臣市」，「君計」未誤爲「君訓」，「臣市」未誤爲「臣是」也；(按明本及今通行本「君」下「計」字「臣」下「市」字均脱去。)「采椽不斲」「斲」未誤爲「斷」也；「夫據榦而窺井底」「榦」未誤爲「除」也；「而不足者逮於用」「逮」未誤爲「建」也；「知饒饉有餘不足之數」「饒」未誤爲「饑」也；繆稱訓「故君子懼失義」「義」上未衍「仁」字也；齊俗訓「故不爲三年之喪」，注「三年之喪始於武王」，注中「始」字未誤入正文末也；「而刀如新剖硎」「硎」字未分爲「刑石」二字而誤入注中也；「處勢然也」「勢」未誤爲「世」也；「是由發其源」「是由」未誤爲「由是」也；道應訓「石乞入曰」，注「石乞白公之黨也」，「乞」俱未誤爲「乙」也；「在其内而忘其外」「在」下「其」字未脱也；「楚軍恐取吾頭」「軍」未誤爲「君」也；「無所不極」「極」未誤爲「及」也；「於是佽非瞋目勃然」「瞋」未誤爲「瞑」也；「其政惛惛」「惛惛」未誤爲「悶悶」也；詮言訓「性有以樂之也」「性」未誤爲「生」也；「時去我走」「走」未誤爲「先」也；兵略訓「抏泰山」「抏」未誤爲「抗」也；説山訓「夜之不能脩於歲也」「於」未誤爲「其」也；「故寒者顫」「者」字未脱也；説林訓「罾者舉之」「罾」未誤爲「罜」也；「不若尋常之纆索」「纆」皆未誤爲「纏」也；「或善爲故」「善」未誤爲「惡」也；「賊心亡止」「亡止」二字未合而誤爲「忘」一字也；人閒訓「無爲貴智」「智」下未衍「伯」字也；「今君欲爲霸王者也」「君」未誤爲「王」也；「聖人見之蚤」「蚤」未誤爲「密」也；脩務訓「欣若七日不食」「若」未誤爲「然」也；「今夫毛牆西施」「牆」未誤爲「嬙」也；（餘篇皆已誤。）「无不憛悇癢心而悦其色也」「憛」未誤爲「憚」也；泰族訓「四時干乘」「乘」未誤爲「乖」也；「雨露所濡，以生萬物」「濡」未誤倒爲「以濡」也；「與鬼神合靈」「與」字未脱也；「而卵剖於陵」「剖」未誤爲「割」也；「挺曶而朝天下」「曶」未誤爲「朐」也；要略「作爲炮格之刑」「格」未誤爲「烙」也；（餘篇皆已誤。）「禹身執虆臿」「臿」未誤爲「垂」也。以上諸條，實遠出道藏本之上，而他本無論矣。至於注文足正各本之誤者，尤不勝枚舉，兹弗具述。高郵王懷祖先生嘗校定是書，所訂道藏以來各本之失而求其是，往往與宋槧有闇合者，將傳其副以寄之，必能爲此本第一賞音矣。嘉慶庚辰中秋前十日，元和顧千里書於思適齋。

全書共闕五葉，又有顛倒之處，今俟查明開列細數，夾在每卷之中，候校定可也。澗薲又記。

又楊紹和題識

高郵王懷祖先生讀書襍志中辨證淮南諸條，多同此本，而所據專主道藏本，以明劉績本輔之，並未嘗獲見宋刊，故澗薲居士以爲闇合也。洎道光庚辰，文簡公太夫子續輯補志一卷，詳載居士所識宋本與道藏本不同之字及平日勘訂是書之譌，則卽從此本校出者。世行諸子，不乏舊帙，惟是書自北宋已有舛脱，爾雅疏、埤雅、集韻、太平御覽各書所引，往往視今本同誤，最少佳刻。若此至精至善之本，實於人間無兩，固碩果之僅存者矣。咸豐壬子，先公得於袁浦，亟思鋟木，以惠藝林。乃校未及半，會江南寇起，日治軍書，事遂中輟。比年和鄉居多暇，而學殖淺落，又未敢懷鉛提槧，且北地手民，亦鮮工剞劂，正不知何時得酬斯願，用承先公未竟之志也。撫書遠想，曷禁慨然。同治癸亥菊月，東郡楊紹和讀畢識。

淮南子惠棟校本跋

癸酉三月，從中立四子本校。李太和序云襲丘張攀龍登雲得高注於郭工部相奎，彙爲此集，且云高注被宋人削去，楊用脩亦不及見，余案之誠然。内繆稱、齊俗、道應、詮言、兵畧、人間、泰族、要畧九篇，仍與今本同也。松崖。

癸酉十月，余友朱君文游得舊刻本于義門何氏家塾，卷編禮、樂、射、御、書、數，卷次與中立本同而注較詳，又從校正。末録義門跋語。渠以出入爲離合半，輕其書故耳，非子雲意也。義門於學全疎，惟考據畧有頭緒，其校讐多善本耳。二十七日校畢識此。松崖。（葛洪西京襍記載淮南王安著鴻烈二十一篇，云字中皆挾風霜，揚子雲以爲一出一入。子雲之言，葢謂其離合半耳，後人多誤會之。右録義門跋語。）

淮南子二十一卷莊逵吉刻本顧之逵臨惠棟校跋

定宇先生所校本，向藏滋蘭堂朱氏，以茅一桂刊本爲底，復以諸本參校，内有宋本御覽考證處。今朱君秋崖復以新刻參校，云與六藝本大致相同，度校在上，余因借録一過。其刻本之誤與朱君度本之誤，尚俟用墨筆拈出也。

又同上本顧廣圻跋

此刻實未真見藏本，所見傳校藏本者耳，故其所言藏本，大率如扣槃捫燭而已。甲寅春季，借讀松崖先生校，隨用道藏正其甚謬處，餘尚未悉出，不啻徑庭矣。三月晦日，廣圻記。

朱邦衡臨惠棟校並校莊逵吉刻本跋

先生校在茅一桂刊本上，校中云又一本者，疑是諸本外别以舊刻本相參，内以宋本御覽考證處最爲精善。今莊令所刻是本，乃從藏本校刊，大畧與六蓺本相同，錯謬亦復不少。然兩本互有得失處，廢一不可，惜莊君所見善本尚少耳。其案中引據御覽，缺文誤字，余悉以硃增改之。壬子八月二十六日校畢記此。秋崖朱邦衡。

淮南子北宋本陳奐題識

此北宋本，舊藏吴縣黄蕘圃百宋一廛，後歸同邑汪閬源家。高郵王懷祖先生屬余借録，寄至都中，遂倩金君友梅景鈔一部，藏之於三百書舍，顧澗薲景鈔豫大其賈四十金者，即此本也。道光四年三月陳奐識。

淮南子二十一卷莊逵吉刻本陳奐校宋本跋

北宋淮南書二十一卷，此最善本也，舊藏蘇州黄主政士禮居，後歸山塘汪氏。高郵王尚書借鈔屬校，字多漫漶，讎對頗不易易。奐與汪道不相謀者也，其書不能稽覽，未及過録，常自恨惜。顧澗薲翁曾有影鈔本，稱甚精核，胡君雨塘以四十白金换得之，卽士禮舊藏本也。今向雨塘借校，重睹至寶，又爲蘭鄰先生札屬，代校一過，其不同處，悉書於字側而並箸行欵如宋，孰得孰失，必有能辨之者矣。道光十四年三月，長洲陳奐計五十日校斁識此。

淮南子二十一卷莊逵吉刻本陳倬培之跋

日讀訛書，妄生駮難，大方笑之，故讀書不可無善本也。高郵王氏讀書襍志精確不磨，於淮南尤邃密，蓋以道藏本爲主參，以羣書所引訂正，凡九百餘條，末又附以元和顧氏參校宋本與藏本之不同及顧氏所訂諸條，蓋至是而搜剔靡遺，洵爲淮南之善本矣。天寒漏永，涉獵及此，以各本之是非，朱筆録於下方，以王、顧兩家之緒論，墨筆録於上方。自惟譾陋，但剩陳言，别無新得，譬之土龍芻狗，塊然形質，不有性靈。然困而求之，庶於古昔義訓，漸能引伸，較愈於今之名公巨卿，珍藏宋本，鐍諸篋笥而不觀者。同治壬申長至丙夜陳倬記。

淮南子二十一卷莊逵吉刻本李慈銘跋

同治癸亥三月，得於京師廠市。此本爲莊伯鴻據道藏本校刊，旌德呂文節更據羣書治要引吕朱筆校注於眉間及行中。世傳淮南子率多明槧，固脱誤不可讀，而道藏所收，亦非善本。莊氏此校所是正者，寥寥無幾。乾嘉閒，自孫淵如氏、洪筠軒氏喜讀道書，謂可以補正古籍，一時嗜奇者，遂廣相搜采，過而存之，其實非也。治要勑取奇零，更不足據，然得失亦往往相形。學者治古人書而偏有所尊信，積非成是，其害益甚，是貴博取而闕疑耳。高郵王氏讀書襍志中有論此書者二十二卷，又坿劾顧澗薲氏校宋本一卷，皆精宓多可取云。會稽李慈銘炁伯識。

淮南子二十一卷莊逵吉刻本顧廣圻校記

此淮南王書，武進刊本，校則嘉定錢坫獻之也。錢實未見道藏，所見校道藏本耳，故其稱説全無一是。今悉用道藏改正，弆之篋中，倘後有好事重付剞劂，則道藏之真面目，可從此而識矣。顧廣圻記。

盧文弨重校關中新刻淮南子題辭壬子

此刻從藏本出，載高誘注爲詳，不似俗本之删削，然亦尚有一二遺漏者。余往年在太原，復取藏本細校，乃知書中古字，多出錢君獻之所改，非藏本之舊也。如「瞻」作「澹」、「能」作「耐」、「兖」作「沇」、「讓」作「攘」、「霸」作「伯」、「憾」作「感」、「施」作「敀」之類，殊可不必。其中閒引文弨所説，今都不復省記，且傳寫不無錯誤，定不免爲通人所嗤，安能一一正之。廣陵世講秦太史敦夫，好學士也，知余别有校本，託爲傳之。此書經江陰趙文學敬夫曦明、杭州孫侍御詒穀志祖、梁孝廉處素履繩博引詳證，足稱善本，非余一人之力所能至，是因并題數語歸之，庶不没其所自。

汪文臺淮南子校勘記黄彭年跋

南士先生手校書數十種，十三經校勘記識語已刊行。其子錫蕃繕所校淮南子校語出以質余，察所據各本，有未經録出者尚居十之三四。其已録有鄂本已改不必録者，有與所引之書不同或據别刻者，有舉一書不全引者，有見數書不全引者，有一句數字不同不全引者，有一書數部不同不全引者，有一書數句不同不全引者。又間有引書不注書名，采各家校語不注何人，引御覽或稱第幾卷或只稱御覽，引文子或稱某篇或只稱文子，引藝文類聚或只稱類聚，引王懷祖、王伯申、劉績、陳觀樓諸校本或稱名、或稱字、或稱姓。先生原録莊氏校刊本上，是未成之藁，章大令壽康覆校，體例亦未畫一，因屬夏生葆彝重校排寫，存崇文書局刊坿鄂本之後。先生皖南宿儒，隱居教授，余少時從程君伯敷見先生撰英吉利考略，刻之京師。伯敷，先生之弟子也，余未識先生，重伯敷之學行而敬其師，今爲校勘遺編，而伯敷已繼先生早逝，追懷良友，彌用慨然。光緒十一年季冬之月，貴筑黄彭年跋。

新刊淮南鴻烈解二十一卷宋刊節本繆荃蓀跋代

淮南子二十一卷宋刊節本，每半葉十行，行十八字，小字同。高□□□□□□□□□黑口單邊，板心標「淮一」二字，首行「新刊淮南鴻烈解卷第一」，次行「太尉祭酒臣許慎記上」，卷末有「茶陵後學譚叔端纂校」一行，目録後有兩方印，一模黏一耕□譚氏，一鼎式「書鄉」二字。淮南止見小字影鈔宋本，此本字畫精雅，紙墨均舊，然各書目均未著録，似是道家所刊，而譚叔端亦無可考；節去本文約十之四，注每卷刻許慎名，然既不全采許注，亦不全采高注，畧存數條而已。至其佳處，今以莊本校之，如原道訓「而大與宇宙之總」未脱「與」字，「欲肉之心亡於中」「肉」不作「害」，「俗上氣力」「上」不作「尚」，「不謀而成」「謀」不作「爲」，「結激楚之遺音」「音」不作「風」；俶真訓「藋蔰炷煌」「藋」不作「萑」，「炷」不作「炫」，「秉皓白而不湼」「湼」不作「黑」；墬形訓「昭之以日月」「昭」不作「照」；時則訓「遠鄉皆至」「鄉」不作「方」，「以索姦人」「索」不作「塞」；覽冥訓「推蹶三王之法度」「度」不作「籍」，「仁人處位而不言」「人」不作「君」，「保其性命於天而不夭於人」「性」不作「修」，「天」上有「於」字，「皆枉生而無其本者也」「枉」不作「狂」；精神訓「精神者天之有也」未脱「者」字；主術訓「靺鞈鐵鎧」「靺」不作「鞅」，「無功而妄賞」「妄」不作「厚」，「其計事可用」「事」不作「乃」，「雖遇煩難之事」未脱「遇」字；繆稱訓「無蔽財」「蔽」不作「廢」，「夜行者瞑目而前其手」未脱「者」字；齊俗訓「令三月嬰兒」「令」不作「今」，「不中規」「中」不作「得」，「成不力者」「力」不作「強」，「而仁不能解也」「仁」不作「人」；道應訓「其度安至」「至」不作「在」，「奚適而無道也」「而」不作「其」，「明日又復往」未脱「日」字；兵畧訓「整鷺舉麟」「整」不作「整」；説山訓「魂曰：『無有。』魄曰：『何無有何得而聞也』」未脱「魄曰何無有」五字，「善且不可爲」「不可」不作「由弗」，「六畜生多耳目者不祥」「祥」不作「詳」；説林訓「無餌之鉤」「鉤」不作「釣」，「十牖畢開」「畢」不作「之」；詮言訓「使在己者得宜」「宜」不作「而」，「隨時三年，時去我走，先時三年，時在我後」不作「時去我先，去時三年」，「自信其能」「能」不作「情」；人閒訓「病温而強之食」「温」不作「溼」，「推道理而不行」「理」不作「體」，「延露陽曲」「曲」不作「局」；修務訓「此教訓之所俞也」「俞」不作「諭」，「項橐年七歲」未脱「年」字，「服劍者期於銛利」「銛」不作「恬」，「孿子之相似者」「孿」不作「攣」；泰族訓「雨露所潤」「潤」不作「濡」；要畧「經山林之形」「林」不作「陵」，「乃始物物引類」上「物」字不作「攬」，「則通其所以無爲」「通」不作「同」；與王懷祖先生讀書襍志所引大半相合，其佳可知。莊本固未足憑，譚君仲修許益齋欲刊影宋本爲校勘記，從無見過此本者，故雖節本亦摹播之，取其罕見也。歲在閼逢攝提格小陽月，貴池劉世珩跋。

吴摯父淮南子評點本跋

先師吴摯父先生淮南子評點，由辟畺録出，舊注之善者，并録存之，步瀛與辟畺同司校勘之役。謹案先生評淮南子書有二説：前説以爲八公之徒諷王安勿反；後説以爲王安自作，而力辨史記淮南之反爲寃獄。今取其書而紬繹之，後説益信。大氐古人之書，決非漫然而作。世之治淮南書者，往往玩其藻采，疏其詞句，至於故訓同異，亦有綴拾而鉤稽之者，乃於著書之人與夫所以著書之旨，獨罕及之。則是所謂「紀綱道德，經緯人事」，以及「與世浮沉」，「與化游息」者，終滑滑然而弗能知。及讀先生評，始見其憂讒畏譏之心，時時流露。推此以讀諫伐閩越、招隱士諸篇，其意愈顯，而後讀者之精神與作者之精神，相與肸蠁無閒。先生嘗教人由古人文字，窺見古人意旨，信乎非虚語也。淮南書馬融注不傳，傳者唯許、高二家，又爲後人所亂。仁和勞氏格、會稽陶氏方琦，並據蘇子容校淮南子題序，斷原道以下十三篇有「題篇」者爲高注，繆稱以下八篇無「題篇」者爲許注，而高注中又時有許注羼入。陶氏考其異同，用力尤勤，而終不能悉爲剖别。辟畺甄録舊注，不復標爲某氏者，殆以此歟？又今淮南書通行者爲莊氏校道藏本，雖黄蕘圃力詆之，然其長終不可没，故並擇録莊校以助學者參考云。辛酉七月霸縣高步瀛跋。

錢塘淮南天文訓補注序跋

錢塘自序

淮南鴻烈解有許慎、高誘兩家注，隋書經籍志竝列于篇。至劉昫作唐書經籍志，唯載高注，則許注已佚于五季之亂矣。而新唐書及宋史藝文志仍竝列兩家，謂唐時許注猶存，歐陽氏得其故籍，以爲志，可也，宋時安得復有許注，而修史志者猶采入之歟？觀陳氏書錄解題有曰：「既題許慎記上，而序文則用高誘，然則許注既佚，宋人以其零落僅存者羼入高注，遂題許慎之名，而其未羼入者，仍名高注可知也。要其冠以高誘之序，則高注爲多矣。」今世所傳高氏訓解，已非全書，而明正統十年道藏刊本，首有高誘之序，內則題太尉祭酒臣許慎記上，一如陳氏所云，是卽宋時羼入之本，以校高注，增多十三四，其閒當有許注也。夫以淮南王之博辯善文辭，爲武帝所尊重，復得四方賓客如九師八公者，廣采羣籍，作爲是書，固已極魁瑋奇麗之觀，而東漢兩大儒，各以博識多聞之學，事爲之證，言爲之詁，亦既疏解畧盡矣。道藏本雖不全，而祼有二家之注在焉，猶愈于訓解之止出一家，而又爲庸妄子之所芟削者。獨天文訓一篇，道藏本未嘗增多訓解一字，而中有「誘不敏也」之文，其注亦遂簡畧，蓋此篇決出於誘之所注，而誘于術數未諳，遂不能詳言其義耳。然吾謂三代古術，往往見于周禮、左氏春秋傳、史記律、曆、天官書中，其可以相質證者，賴有此篇。儒者而弗明乎是，卽經史之奥旨，何由洞悉而無疑也哉！竊不自揆，推以算數，稽諸載籍，于高氏所未及者，皆詳言之。亦時正其舛謬，如「天一元始，正月建寅，日月入營室五度，天一以始建」，卽是顓頊厤上元，則「天一」當爲「太一」，而高氏無注；「二十四時之變」，反覆比十二律，故一氣比一音，而注以十二月律釋之；「淮南元年，太一在丙子，冬至甲午，立春丙子」，厤術所無，蓋時己酉冬至脱其日名，甲子自爲立春之日，重言「丙子」，本與下文「二陰一陽成氣二，二陽一陰成氣三」相連，卽釋太一丙子之義，而截「立春丙子」爲句，閡以注語，似立春僅去冬至四十二日：此皆舛錯尤大者。余之補注，不爲高氏作疏，正不妨直糾其失耳。書成于己亥之夏，戊申秋復改正數條，遂繕爲定本焉。乾隆五十三年九月九日，嘉定錢塘序。

謝墉序

高誘注淮南其序謂「深思先師之訓，參以經傳道家之言，比方其事，爲之注解」，始知道家之書，繇來已久。夫天道遠，人道邇，言人莫精于儒書，談天則不得廢道藏。昔班生謂道家本出史官，葢天文之學，掌諸馮相，原非異術也。漢志七畧有太壹襍子陰陽、候嵗、雲氣、星諸篇，此其傳之古有，專門名家。迨其後唐都洛下閎，皆爲方士之伎，而儒者鮮肄業及之矣。易曰：「仰以觀于天文。」今一翹首，莫不見七政、二十八宿，非必睿聖始得辨之也。乃極探幽索隱之士，其于晨夕縣象者，弗能識其一二，是可嗤也。官失而學在四夷，叔重之注淮南，其存于道藏者固宜，嘗讀宋廬陵羅氏路史，多援丹壺諸書爲證，要亦汲古者旁搜之一道也。溉亭之補注天文訓，於高、許二家之後，此物此志夫！夫律法，算數之始也；而日景，律法之原也。言天文者，不能不讐算，言算學者，不能不求日景。尺寸從黄鐘生，即從日景定。淮南之訓天文，而終之以律度者，義葢取諸此。溉亭心知其意，既精其業而注之，且爲之圖説以章之，其旨正，其文博，以視八公、大小山，大有逕庭矣。讀是書者，其毋以溉亭之學爲淮南學哉！溉亭邃於經學，以是舉賢書成進士，亟請于銓曹就教授南歸，著書之嵗月方多，尚其以道藏證儒書，而勿使儒術淪于道流，敢以是朂焉。乾隆庚子六月二十日，嘉禾友人謝墉。

錢大昕序

溉亭主人嘿而湛思，有子雲之好；一物不知，有吉茂之耻。讀淮南天文訓，謂其多三代遺術，今人鮮究其旨，乃證之羣書，疏其大義，或意有不盡，則圖以顯之，洵足爲九師之功臣，而補許、高之未備者也。嘗考天之言文，始于宣尼贊易，言一陰一陽之謂道，道有變動故曰爻，爻有等故曰物，物相襍故曰文，則天文卽天道也。經傳言天道者，皆主七政、五行、吉凶、休咎而言。子貢億則屢中，而猶謂性與天道不可得而聞，則天道之微，非箕子、周公、孔子不足以與此。此子産譏裨竈焉知天道，而梓慎之見屈于叔孫昭子也。然古者祝宗卜史，亞于太宰，馮相、保章，官以世氏，習其業者，皆傳授有本，非矯誣疑衆。五紀、六物、七衡、九行，子卯之忌具存，昏旦之中可紀，天道不謟，文亦在兹。是以名卿學士，就而咨訪，以察時變。覩火流而知失閏，望烏帑而識棄次，八會之占驗于吴、楚，玉門之策習于種、蠡。雖小道有可觀，而夫子焉不學，詎如後之學者，未窺六甲，便衍先天，不辨五行，迺汩洪範，握算昧正負之目，出門迷鉤繩之方也哉。秦火以降，曲籍散亡，淮南一篇，略存古法，漑亭爲引而伸之，觸類而長之，讀之可上窺渾蓋宣夜之原，旁究堪輿叢辰之應。但恐君山而外，無好之者，不免覆醬瓿之嘲爾。竹汀居士大昕。

陶澍序

漢淮南王安，招集八公、大小山之徒，作書二十一篇，統名曰鴻烈。解爲之注者，有許慎、高誘兩家。今許注已佚，惟高注存。然亦非其舊，間有許注錯襍其中。天文訓者，特鴻烈之一篇，後世陰陽五行之説，多祖述於此。高注或未能悉得其義例，葢疇人之學，非宿學世業，不能通其奥也。乾隆中，嘉定錢進士塘，特取而爲之補注。以淮南所用爲顓頊厤，信而有徵，以八風配奇門，亦足訂術家休生相次之謬。惟本書所言「土生於午，壯於戌，死於寅」，今卽不用其説。豈天事微渺，其名以命之，數以紀之者，皆出於人之所爲，可隨時而轉易乎？又「太陰在四仲，歲星行三宿，太陰在四鉤，歲星行二宿」，四鉤之義，高注詳之，三宿、二宿，高氏無注。葢本書後文太陰在丑，歲星舍尾、箕，太陰在寅，歲星舍斗、牛，卽二宿也。太陰在子，歲星舍氐、房、心，太陰在午，歲星舍胃、昴、畢，卽三宿也。錢氏引左傳「婺女，元枵之維首」，以「元枵次有三宿，則大梁、鶉火、大火亦必三宿，其餘八次，僅得二宿可知」，輾轉相證，似忘本書之已自注於後。然淮南亦第就漢時十二宫次舍言之，揆之於今，多有不合。葢恒星東移，約七十年而差一度，則亦未可膠柱而鼓瑟矣。是書向無刻本，適余門人淡君春臺作宰嘉定，因囑令表章之。淡君因與毛君嶽生、陸君珣以莊本校字句之同異而付之梓。錢氏爲竹汀先生猶子，好學深思，喜著書，卽此卷單行，可以見其一斑，識者無徒以陰陽五行家目之也。道光八年春，安化陶澍。

翁方綱序

溉亭進士以所著淮南天文訓補注上下二卷見示，予讀而歎其賅洽。其曰「臣許慎記上」者，從道藏也。予曩於道藏見是文而類之。既而證以晁、陳二家之書，晁曰「慎標其首，皆曰閒詁」，陳云「叙言誘少從同縣盧君受其句讀，盧君者，植也，與之同縣，則誘乃涿人；又言建安十年辟司空椽，除東郡濮陽令，十七年遷監河東，則誘漢末人也」。是皆與許叔重不合。又嘗稽昭明文選李善注所引高誘淮南注校之，卽今所傳道藏注本，又卽以此卷「九野」一條屬吕覽正文，而高注雖有詳畧，究無殊旨。然則「許慎記上」之文，恐當闕疑矣。溉亭且存此說，他日有以訂定，幸必寄示也。乾隆庚子五月二十七日，北平友人翁方綱。

淡春臺跋

淮南子二十一篇，初名鴻烈篇，高氏所云「鴻，大也，烈，明也，以爲大明道之言也」。其中天文訓一篇，論述閎深，尤多三代遺術。許注既佚，高注言復簡畧，閒有殘闕，以故學者益艱研究。嘉定錢溉亭先輩，學問奥博，而於天文律吕之術，測算尤邃，嘗取此篇爲之補注。名物訓詁，説既精確不遺，至于太陰、太歲之分，四仲、四鉤之辨，歲行刑德，日辰義保，以及律吕相生，日月主比，刌度豪釐，穿井淵瀆，明于無垠，達乎有象。又補爲十五圖以著其尤難明者，信非碩儒不能作也。雲汀中丞夫子得其稿本，以春臺適宰是邑，命爲校刻。因與邑人陸君子劭、寶山毛君生甫互勤參攷。二君皆嗜古好學。生甫尤精步算，通漢儒述數之學。既以莊本攷其異同，復正其傳寫舛誤。春臺用益殫極思慮，鉤稽邃密，意有所見，附識于下。自愧學殖淺薄，加以從事簿書，日就荒落，弗克疏析深義。凡所稱引，謬誤之譏，知不能免。惟于中丞夫子表章絶學，嘉惠人士至意，或庶幾仰副萬一云。道光八年歲次著雍困敦病月望日，安漢後學淡春臺書於邑署之懷陸堂。

淮南許注異同詁陶方琦自序

淮南道藏本較通行本爲𣗥密，而踳敓亦甚，方琦讀而病之，遂爲淮南參正一書。許、高二注，竝出東漢，汝長詁記，説尤古樸，濮令之注，雖祖南郡，要非其匹也。己巳之歲，閒居無事，繙帑羣册，刺取許氏之逸説，眘爲一卷。舊傳道藏本有許注羼入，相沿累代，疇能釐析？嘗疑原道以次十三篇多詳，原道、俶真、天文、墬形、時則、覽冥、精神、本經、主術、氾論、説林、説山、脩務。繆稱以次八篇多略，繆稱、齊俗、道應、詮言、兵略、人閒、泰族、要略。詳者當是許、高注襍，略者必係一家之言，解故簡墕，尤近許氏。後讀宋蘇魏公文集内有校淮南子題叙，畧云：「是書有後漢時太尉祭酒許慎、東郡濮陽令高誘二家之注，隋、唐目録，皆别傳行。今校崇文舊書與蜀川印本暨臣某家書凡七部，竝題曰淮南子，二注相參，不可復辨。惟集賢本卷末前賢題載云：『許標其首，皆是「閒詁」「鴻烈」之下，謂之「記上」，開元占經所引淮南閒詁皆許氏說。琦案：王氏漢藝文志攷正亦云許慎注淮南曰「閒詁」，其注曰「記上」。晁公武郡齋讀書志謂「許慎注標其首皆曰『閒詁』，次曰『淮南鴻烈』，自名注曰『記上』。」高題卷首，皆謂之「鴻烈解經」，呂覽高誘叙云誘「作淮南孝經解」。「解經」之下，曰「高氏注」，每篇下皆曰「訓」，又分數篇爲上下。』道藏凡原道、俶真、天文、墜形、時則、主術、人閒皆分上下卷。以此爲異。崇文總目亦云如此。又謂高氏注詳于許氏，本書文句亦有小異。然今此七本皆有高氏訓叙，題卷仍各不同，或于『解經』下云『許慎記上』，或于『閒詁』上云『高氏』，或但云『鴻烈解』，或不言『高氏注』，或以人閒篇爲第七，或以精神篇爲第十八，差參不齊，非復昔時之體。臣某據文推次，頗見端緒：高注篇名皆有『故曰因以題篇』之語，其間奇字，竝載音讀；誘自叙云：「比方其事，爲之注解，悉載本文，竝舉音讀。」故十三篇中音讀最詳，而許注八篇音讀闃宋，淄、澠之别，不言可知。許于篇下麤論大意，卷内或有叚唶用字，以『周』爲『舟』，以『楯』爲『循』，以『而』爲『如』，以『恬』爲『惔』，如是非一。又其詳畧不同，誠如總目之説。互相攷證，去其重複，共得高注十三篇，許注十八篇」云云。此與方琦舊説適相脗合。原道以次十三篇皆有「故曰因以題篇」字，高注本也。繆稱以次八篇皆無「故曰因以題篇」等字，許注本也。彖取舊輯許氏逸注比而勘之，原道以次十三篇，許注與高注文義多異；繆稱以次八篇，許注與今注文義多同。其異者，正見二注之竝參；其同者，益見許注之不謬。況隋唐書經籍志淮南子載許慎注二十卷，高誘注二十一卷；舊唐書載淮南子商詁二十一卷，「商詁」乃「閒詁」之譌，不言許慎注，明系敚文。高誘注二十一卷；新唐書所載卷目都合。新唐書直云「許慎注二十一卷」不云「商詁」，知舊唐書無「許慎注」三字，乃佚文也。惟宋史藝文志載許慎注二十一卷，高誘注十三卷。今原道以次有「題篇」者適十三篇，意者，北宋時高注僅存此數，與蘇魏公高注得十三篇之説，如出一揆。至云許注二十一卷，乃合高注而言之，宋蘇氏云：「互相攷證，去其重複，共得高注十三篇，許注十八篇。」「十」字疑衍文。蓋高注十三篇，許注八篇，正合二十一篇之數，故云「去其重複」。否則八篇卽繆稱以次無「題篇」之八篇，十篇之注，淆入高注十三篇中，不可復識矣。宋時安得有許注全本？宋史誤也。知高注篇内，必襍附許氏殘注，故宋本及道藏本竝題爲「漢太尉祭酒許慎記上」，錢溉亭曰：「宋時安得復有許注？」大抵「許注既佚，宋人彖以零落僅存者，羼入高注，彖題許慎之名」。又云：「正統道藏本，卽宋時羼入之本，校通行高注增十三四，其間當有許注。」是也。而繆稱以下八篇，全無高注，斯盡存許氏殘説，故注獨簡質，竝無「故曰因以題篇」等字。莊氏逵吉曰：「繆稱訓下數篇，標目下皆無『因以題篇』四字，注又簡畧，蓋不全者也。」此莊氏不見蘇魏公序文，故云此。方琦又讀宋本淮南，其繆稱篇題首有「淮南鴻烈閒詁」，於要畧篇亦題「閒詁」二字。閒詁，許注本也，知繆稱至要畧八篇，塙爲許注舊本無疑，而前人志別之苦心，不絕如縷矣。千古沉惑，重相剖晰，所望同志信以傳信。即一書中有文義互異者，正見許、高之判。如繆稱篇無「題篇」字，爲許注本。之「紂爲象箸而箕子嘰」，與說山訓有「題篇」字，爲高注本。之「紂爲象箸而箕子唏」，異也；詮言篇無「題篇」字，爲許注本。之「猨狖之捷來措」，繆稱篇同。與說林訓有「題篇」字爲高注本。之「猨狖之捷來乍」，異也；詮言篇許注本。之「羿死於桃棓」，注訓棓爲大杖。與說山訓高注本。之「羿死桃部」，注訓桃部地名。異也；道應篇無「題篇」字，爲許注本。之「孔子勁杓國門之關」，與主術訓有「題篇」字，爲高注本。之「孔子之通，力招城關」，異也；道應篇許注本。之「周鼎著倕，使齕其指」，與本經訓有「題篇」字，乃高注本。之「周鼎著倕，使銜其指」，異也；修務訓有「題篇」字，爲高注本。「純鈞魚腸之始下型」，與齊俗篇無「題篇」字，爲許注本。之作「湻均」，異也；覽冥訓有「題篇」字，爲高注本。之「上契黃壚」，與兵畧篇許注本。之作「黃盧」，異也；原道訓高注本。之「京臺」，與道應訓許注本。之作「強臺」，異也；原道訓高注本。之「六瑩」，與齊俗訓許注本。之作「六英」，異也；汜論訓高注本。之「淄、澠」，與道應訓許注本。之作「菑、澠」，異也；齊俗訓許注本。之「隅眥之削」，與本經訓高注本。之「隅差之削」，異也。後人不知八篇、十三篇之分，動有疑其互異者，其未經竄改亦尟矣。幸得數事以爲左諗，其它又有可攷者。如原道訓「三仞之城」下注云「八尺曰仞」，而覽冥訓注作「七尺曰仞」，以說文「仞，伸臂一尋八尺」推之，知云八尺者，乃許注矣。墬形訓「百果所生」下注云「在木曰果，在地曰蓏」，而時則訓注作「有核曰果，無核曰蓏」，以説文「在木曰果，在艸曰蓏」推之，知云在木、在地者，乃許注矣。又注中有言某或作某者，多爲許説。如原道訓「昔者馮夷、太丙之御也」，高注云「夷或作遲，丙或作白」，而文選七發引許注正作「馮遲太白，河伯也」。俶真訓「騎飛廉而從敦圄」，高注「敦圄似虎而小，一曰仙人名」，而史記索隱引許注正作「涫圄，仙人也」。氾論訓「段干木晉國之大駔」，高注「駔，驕怚。一曰：駔，市儈也」，而御覽引許注正作「駔，市儈也」。俶真訓「谿子之弩」，高注「谿子爲弩所出國名也，或曰谿子，蠻夷也，以柘桑爲弩」，而史記索隱引許注正作「南方谿子蠻夷，出柘弩及竹弩也」。又如詩經正義引許注「楚人謂寡婦曰霜」，文選注引許注「楚人謂水暴溢曰瀠」，列子釋文引許注「楚人謂袍曰裋」，衆經音義引許注「楚人謂柱碣曰礎」，知二十一篇中引楚人謂某曰某者，多是許注矣。以是類索，古誼益出。至若當時許本，必與今本文義互有異同。如文選注引「坒，相連也」，「璐，美玉也」，「裝，束也」，「猥，總凡也」，皆指爲許注淮南之説，一見再見，信而可徵，而撣究本書，或多變易。即近攷史傳志注及古冊徵引，與今本縣區者，多爲許氏義矣。蓋今時淮南之本，迭經變竄。唐人引淮南之注，開元占經及意林、羣書治要等書。皆爲許本，故與今高注竝異。後人不知，家曰翳隱也。攷淮南之注，傳者惟許、高二家。惟後漢馬融傳言融曾爲淮南注，隋志不録，書已早逸。然高誘之師爲盧植，植之師卽爲馬融。誘自序云「從故侍中同縣盧君受其句讀，誦舉大義」，是高誘當親見馬氏注本，承用師説，必多相合，故與許氏注説亦不甚異也。況高出漢季，去許未遠，所云「深思先師之訓」，卽指馬氏注本，故音訓之詳，碻非魏、晉以後可隸。今必別白同異，亦繇許注久湮，後人尟知精討，疑信相乘，古解日替，如劉盧泉以爲許愼記上，而高氏爲之注，疑許氏竝無注。又如南宋以後諸儒引高注，皆謂爲許注之類是也。㒸使南閣舊義，踳駮羼亂於高氏注中，亦非高氏所安也，故爲異同詁四卷。方琦復著淮南許注存疑一書，以輯存其賸義，凡北堂書鈔、初學記、藝文類聚、太平御覽諸書所引淮南舊注，不標許君注者，雖與高氏注異，亦退入存疑中，非得碻徵，不輕采入。頻年悤患，汔未卒業，先出此書，以質同學，畧傅徵据，特取照記，箇絲數米，煩而不詧，竊幸不受鴻烈之譏也。同治辛未夏日，會稽陶方琦自叙。

又譚獻跋

乾、嘉而降，言漢學者，多尚許、鄭。高密之學，具有完書，汝長説文，迭相師祖，其外無聞也。五經異義，沓於殘佚之餘；淮南記上，標於羼紊之末。相傳許君舊詁，殽入涿郡，亦復不尟，歲月緜曖，因而仍之，然昔册徵引，二家歧列。漢貌好爲淮南之學，剌取古説，剖判異同，得其元珠，邳張隆恉。獻取宋蘇氏之説，精爲鼇别，卓識博聞，曠世無兩。至若捃摭蹶精，詁解底塙，南閣之義，賴以不隳。獻竊謂二家之注，竝峙漢季，相去不遠，當聞妙諦，可於異中求同，亦當同中别異。漢貌篤於學，此書而外，尚有淮南參正二十餘卷暨鄭氏易疏、魯詩故訓纂、尒雅漢注述、説文古讀攷諸書，雖未卒業，許、鄭之學，彞然可觀，扶墜匡微，獻有千古。當世好學，非漢貌其誰與歸！杭州譚獻。

淮南鴻烈閒詁序跋

葉德輝輯淮南鴻烈閒詁序

淮南子漢人注凡二家：其標題云淮南鴻烈解經者，高誘注也；云淮南鴻烈閒詁者，許慎注也。隋、唐志皆二家并載，舊唐志許本題作「淮南商詁」，「商詁」即「閒詁」之譌，非異名也。唐人注書及類書，亦皆二家并引，字句音讀，劃然不同。北宋時二書淆亂，蘇魏公集校淮南子題序已云「崇文舊書與蜀川印本暨臣某家書凡七部，并題淮南子，二注相參，不復可辨」。又云：「惟集賢本卷末有前賢題載云：『許標其首，皆曰「閒詁」，「鴻烈」之下，謂之「記上」，高題卷首，皆謂之「鴻烈解經」，「解經」之下曰「高氏注」，每篇之下皆曰「訓」』，崇文總目亦云如此。」又云「今此七本皆有高氏訓叙，題卷仍各不同，或於『解經』之下云『許慎記上』，或於『閒詁』上云『高氏』，或但云『鴻烈解』，或不言『高氏注』」。又云：「高注篇名皆有『故曰因以題篇』之語，其閒奇字，并載音讀；許于篇下粗論大意，卷内或有假借用字，以『周』爲『舟』，以『楯』爲『循』，以『而』爲『如』，以『恬』爲『惔』，如此非一。又其詳畧不同，誠如總目之説。」據此則蘇氏所見，已孱亂如此，而晁、陳二家書目，乃有許注，無高注，殆以許書名重，奪高屬許，不復考其分合之故耶？明本相沿，亦題「漢太尉祭酒許慎記上」，而首冠以高誘序，書中音切有緩言急言等文，亦與高注吕覽同例，其決非許本可知。而世人猶共珍秘，以爲孤本廑存，非深知此書源流者也。余從説文解字、唐本玉篇、水經注、齊民要術、玉燭寳典、史記集解、索隱、前後漢書注、羣書治要、意林、文選注、北堂書鈔、初學記、藝文類聚、開元占經、元應一切經音義、慧琳一切經音義、希麟一切經音義、華嚴經音義、莊子釋文、列子釋文、詩正義、李瀚蒙求注、白孔六帖、爾雅疏、太平御覽、太平廣記、事類賦、政和重修經史證類本草、歲時廣記、史炤通鑑釋文、事物紀原等書，輯得文注全者三百五十餘事，有文無注者三十餘事，皆明題許注，塙然可據者也。太平御覽引無名人注，與今高誘注不同，顧氏廣圻校道藏本淮南子附輯于後，疑爲許注，兹以別無他證，未敢著録。其與高注并引，文各不同，或上引「許慎曰」而下連引，可以類推者，不在此例。惟治要、意林雖未明稱許注，而證以他書同引者，可以類推。且唐人所見，時許、高二本尚未孱合，則其異於高注者，可灼知其爲許注矣。開元占經或稱淮南閒詁，或上稱淮南子，下稱「記曰」，自是許注原文。近刻以記爲注，謬矣。説文艸部芸下，虫部蜹下，同引淮南王説，今淮南無此文。蓋唐人讀説文，箋識其旁，久而迸入之者。史記龜策傳集解兩引許君説淮南云云，則説卽注文也。天文訓高誘注引舊説，許在高前，舊説亦卽許注。觀主術訓「發鉅橋之粟」，高注下引「一説鉅鹿漕運之橋」，與史記集解殷本紀、漢書張良傳注引許注合，卽此可得一證。其餘諸書所引與高注異者，既無明文，又無互證，槩從捐棄，以成一家之言，讀者幸勿譏其陋畧斯可矣。光緒十七年辛卯歲四月，長沙葉德輝叙。

淮南鴻烈閒詁跋

漢儒注書之名，約有數家，曰傳、曰注、曰解、曰箋、曰解詁，而無「閒詁」之名。或問「閒詁」之名義，余應之曰：此箋類也。衆家之中，傳、注、解詁，皆各成一家言，惟箋則必集諸説以折衷之，此鄭氏詩箋所以昉也。釋文引鄭六藝論云：「注詩宗毛爲主。其義若隱畧，必更表明。如有不同，卽下己意，使可識别。」此語説箋例最明。説文云：「箋，表識也。」卽鄭説所引申。本書「閒詁」，猶言夾注，與箋同實而異名。説文：「閒，隙也。」墨子經説上：「閒，謂夾者也。」又云：「閒，不及旁也。」蓋其書爲許君未卒業之書，僅約畧箋識其旁，若夾注然，故謂之閒詁。其書本傳不載，隋、唐志始著録，題作許慎注。舊唐志有淮南商詁二十一卷，劉安撰，不言注人。下有淮南子注解二十一卷，高誘撰，則題「商詁」者，是許注本矣。「商詁」義不可通。近人俞正燮癸巳類稿書開元占經目録後云：「淮南閒詰者，許慎所上也，占經引至多。程、張學俗，改作『閒話』，閣本疑之，改作『淮南人閒訓』」云。是以「閒詁」爲「閒詰」。又趙之謙勇盧閒詰序云：「『閒詰』云者，淮南之佚，單文廑存，散見他籍，太史公所謂「書缺有閒」，閒則詰之，儒者之責」。亦與俞説同，而不知皆非也。古人箸書，無以「詰」名者。孔叢子有詰墨篇，乃僞書不可信。且詰者駁義之名，非訓詁之名。許君此書訓詁詳明，何爲而名詰乎？伯兄輯此書，竭十年之力，冥搜博采，始克成編。因據蘇魏公集校定淮南子序標題，又據蘇魏公本草圖經引淮南許慎記結銜，恐讀者不達其恉，因余有答或問之説，命畢其義以爲之跋。孔子曰：「名不正則言不順。」讀者勿以俞、趙之説揺惑于中則幸也。光緒二十年甲午歲冬十月，同懷弟德炯謹跋。

淮南子斠補序

陳祺壽序

九江呂生傳元，沈潛好學，年十七從余遊，授以爾雅、説文，昕夕孜孜，志在由小學以通經學。禮家之大戴，尤所竺嗜。旁涉諸子，醉心淮南，嘗據景宋、道藏諸本暨唐、宋類書稱引者，校莊氏逵吉槧本，又徧觀近儒説淮南之書，補其不逮，每有所得，以質於余，爲别其是非。久之得若干條，寫成定本，請爲序。觀生之所爲，詳於校勘，審於訓詁，恪守高郵王氏家法，具見讀書細心，一字不苟。且能鑽味於諸家解説之外，所謂後來之秀者非耶？雖然，顧有進焉。諸子者，羣經之輔也。生以通經爲幟志，讀諸子，尤當究心與經關通者。卽以淮南高注論之，其經學淵深，葢亦未易闚測矣。必如吾家樸園先生輯三家詩遺説考，使承學之士，知高氏所引之詩爲魯詩學；必如吾師俞曲園先生輯孟子高氏學，使承學之士，知高氏所據之孟子非趙岐本：庶幾創通大義，有裨經學。生志通經，能臚高注所引羣經，益之以國策呂覽二注，探索鉤致，分别部居，勒爲成書，題曰「羣經高氏學」，則諸子輔經之説，豈不信而有徵哉！斠補一編，視爲羣經之權輿可也。歲在丙寅孟陬之月，丹徒陳祺壽譔序。

曾文正經史百家襍鈔例言於著述門論著類云：「著作之無韵者，經如洪範、大學、中庸、樂記、孟子，諸子曰篇、曰訓、曰覽。」愚按文正葢謂呂氏春秋之「八覽」，淮南子之「二十訓」也。竊疑淮南之某某訓，訓字高氏所加，非淮南原有，據要畧有「故著書二十篇，有原道有俶真」云云可證。本無訓字，文正偶未晳耳。金樓子聚書篇云：「范鄱陽胥經餉書，如高道注戰國策之例是也。」四庫館輯永樂大典本改「道」爲「誘」，館臣案云：「『誘』原本作『道』，謹校改。」愚按：「道」不當改。詩召南「吉士誘之」，毛詩：「誘，道也。」高涿郡名誘，字道，名字正相應。古人表字往往有一字者，朱錫鬯曾言之，見曝書亭集。右夙所疑者二則，并書示傳元，以待商搉。系序後者，本謝金圃序逸周書、序荀子，王蘭陔序潛夫論箋注故事，非破例爲文也。

陳邦懷序

吾友呂君貞伯，鑽研故訓，壹志校讐，問字於家大人者三數年矣。嘗治大戴記，尤喜周、秦以來諸子。近成淮南子斠補一卷，出示稿草，屬爲弁言，邦懷魯鈍，於古子書未嘗習也。展讀君書，如原道訓之「鶘鷞」，君據山海經注、太平御覽訂爲「鷫鸘」之譌。墬形訓「無角者膏而無前，有角者指當作「脂」。而無後」，君據大戴記訂「無前」字下、「無後」字下皆當補「齒」字，與上文「戴角者無上齒」文法自爲一例；主術訓「制觡伸鉤」，君謂「制」與論語「折獄」之折同義，釋文「魯讀『折』爲『制』」；氾論訓「不讓福」，君謂「讓」當讀若何休公羊叙「時加釀辭」之釀，釋文作「讓辭」；兵畧訓「放旗而入」，君謂「放」當爲「㫃」，㫃，説文讀偃，此言偃其旌旗也。此皆前賢未逮而精塙可信者也。愚管亦間有可申君説者。如道應訓「玄玉百工」，注「三當作二玉爲一工也」，君據左傳杜注「玉環同工共樸，自工爲雙」，謂「玄玉百工」之「工」，當如「同工」之「工」。邦懷按：金壇段氏注説文珏字，引淮南書曰：「元玉百工，注：二玉爲一工」，工與珏雙聲，百工即百珏也。此亦可與君稱引相發明者也。君所斠訂，多據宋本、藏本，然二本恐未可盡信。如原道訓「混混滑滑」，注「滑讀曰骨也」，君據宋本、藏本及雲笈七籤訂今本「滑滑」當作「汩汩」。邦懷案：注「滑讀曰骨也」，可證原書是作「滑」矣。本經訓「野莽白素」，注「莽，草也」，君據宋本、藏本謂「莽」字下脱「槁」字。邦懷案：泰族訓「食莽飲水」，注亦作「莽，草也」，可互證也。主術訓「萬民之所公見也」，君據宋本、藏本，謂「公見」當作「容見」。邦懷案：原道訓「此俗世庸民之所公見也」，注「公，詳也」，可互證也。此皆有待商榷於君者也。抑更有疑不能決者。如繆稱訓「聖人之道，猶中衢而致尊邪」，注「道六通謂之衢」。莊氏逵吉云：「六應作四，字之誤。」邦懷案：爾雅「四達謂之衢」，不云四通謂之衢，莊説未信。陶氏方琦云：「意林引許注：衢，六通。」邦懷疑此爲高注原文而非許注，今本殆爲後人竄改，六通與雅説雖殊，而亦見於莊子，天下篇云：「六通四辟。」知高説必有所受矣。疑非許注者，説文「衢，四達謂之衢」，亦本雅訓，則注此不應作「衢，六通」，以自戾其説耳。齊俗訓「夫騏驥千里，一日而通；駑馬十舍，旬亦至之」，此本荀子勸學篇語義。邦懷疑「十舍」當爲「不舍」之譌，或「十駕」之譌，此皆待質於君者也，并書以詳之。丹徒陳邦懷。

淮南鴻烈集解序

劉文典自序（畧）

胡適淮南鴻烈集解序（畧）

淮南舊注校理序

清儒治淮南書者，以高郵王氏爲最。近人劉文典撰集解，旁徵異文，博采衆説，雖有疏漏，用力故以勤矣。淮南注舊有許、高二家，自全宋來，已掍不可理。陶方琦始爲異同詁，識別異誼，使各有分序，不相干亂，其文理密察，誠諸師所不能到。然淮南注本，傳寫久譌。

原道、俶真、天文、墬形、時則、覽冥、精神、本經、主術、氾論、説山、説林、脩務諸篇，有許、高二家錯褋之文，則踳駮益甚，而讀如讀若之等，尤難訓知。前人勤治本文，於訓説未嘗厝意也。陶氏有作，志在專輯許説，本不旁及高義，文句譌奪，又未能一一正之也。往時輯録經籍音切，嘗取淮南舊讀，疏通證明之，得四十七事。今觀劉氏集解，於注文沿誤，顯白可知者，多未發正。頗以暇日，從事校讎。尋莊逵吉刊本，自謂依據道藏，昔人已譏其妄有删易，未足保信。莊本既世所行用，集解又因而不革，懼其詿誤後學，故今一依莊本，而以異本勘之。復就昔人撰述，下訖筆語短書，凡所徵引，稍有采獲。更以唐、宋類書所録，參伍比度，辨其然否。愚所未達，丘蓋不言。至於注家説義有違，則不復彈正也。班孟堅云："「校理祕文。」校者，校其短長。理者，理其肴亂。竊取斯言，命曰「校理」。比況作音諸條，説在經籍舊音辨證，兹不再出。甲子元日，吴承仕。

淮南子證聞序

彭序(畧)

自序(畧)

後序(畧)